"十三五"国家重点出版物出版规划项目

杨立新 著

中国继承法研究

中国当代法学家文库
Contemporary Chinese Jurists' Library

中国人民大学出版社
·北京·

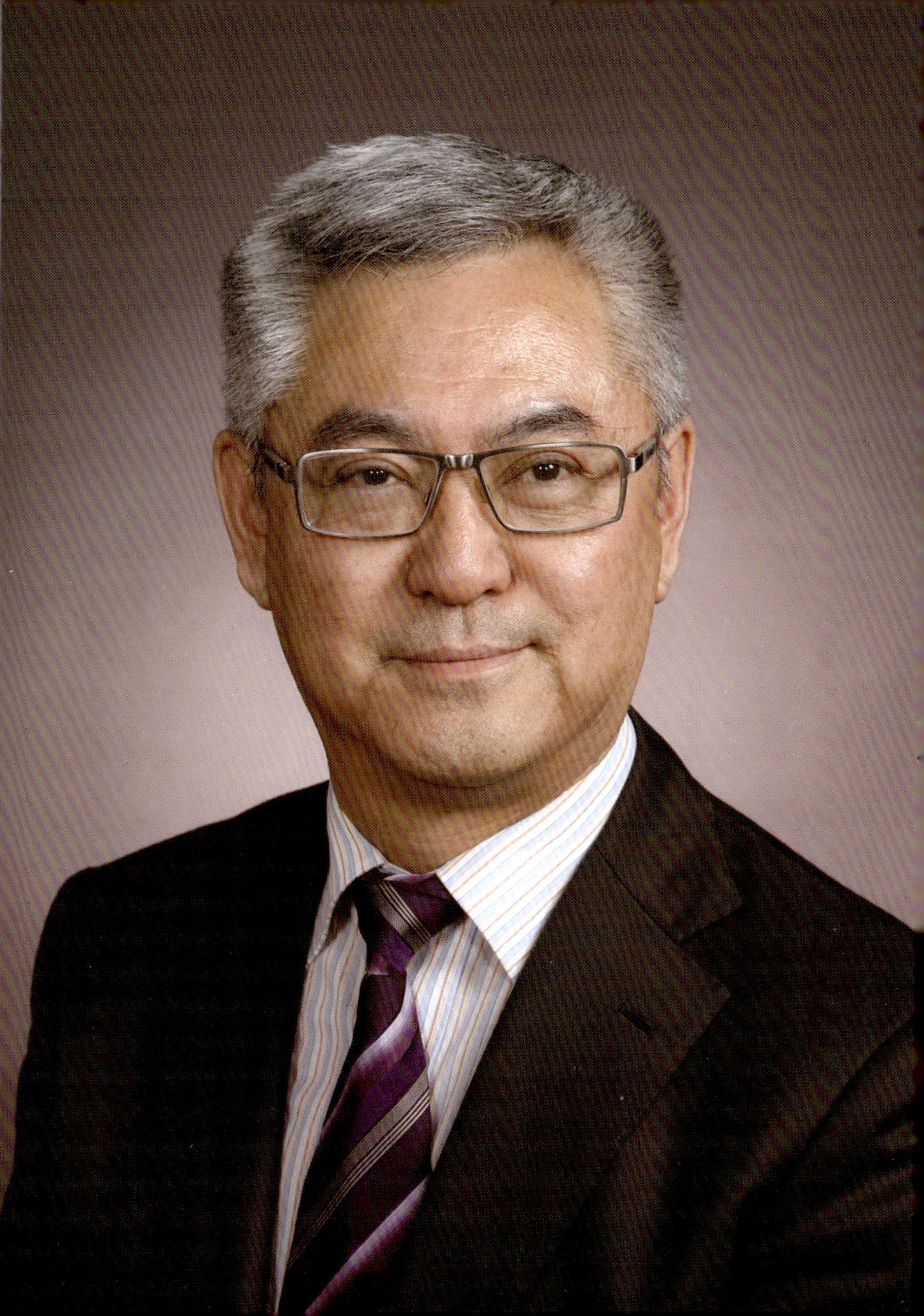

作者经历

现任

教育部人文社会科学重点研究基地中国人民大学民商事法律科学研究中心学术委员会副主席、研究员

广东财经大学法学院特聘教授

全国人民代表大会常务委员会法制工作委员会立法专家委员会立法专家

最高人民检察院专家咨询委员会委员

最高人民法院案例指导工作专家委员会委员

《中国大百科全书》第三版法学卷民法学分卷主编

兼任

澳门大学法学院兼职教授

福建师范大学特聘教授

西北大学兼职教授

国家法官学院兼职教授

国家检察官学院兼职教授

通化师范学院客座教授

吉首大学客座教授

曾任

最高人民检察院检察委员会委员、民事行政检察厅厅长、检察员

最高人民法院民事审判庭审判员、审判组组长

吉林省通化市中级人民法院常务副院长、刑事审判庭副庭长、审判员

天津大学卓越教授

烟台大学法学院副教授

荣誉

国务院政府特殊津贴享受者

首届全国优秀教材建设一等奖

第十届钱端升法学研究成果特等奖

天津市社会科学优秀研究成果一等奖

全国检察机关法学研究金鼎奖一等奖

北京市师德标兵

吉林省劳动模范

吉林省振兴中华一等功

著述

《中国侵权责任法研究》《中国民法总则研究》《中国物权法研究》《中国人格权法研究》《中国婚姻家庭法研究》等学术专著数十部

《民法总则》《物权法》《合同法》《人格权法》《婚姻家庭继承法》《侵权责任法》等教材数十部

在《中国社会科学》《法学研究》《中国法学》等刊物发表学术论文约 600 篇

前　言

1985年制定的《中华人民共和国继承法》经修订后被编纂在《中华人民共和国民法典》（以下简称《民法典》）第六编继承编，使我国的继承法成为《民法典》的基本组成部分。作为中国法学会民法典编纂工作领导小组继承编草案建议稿研究项目的负责人，我一方面对继承法入典并且在《继承法》的基础上有了较大的进步感到欣喜，另一方面也对继承编存在的不足感到遗憾。不过，立法是立法机关的任务，参与立法的学者和专家尽到自己的责任就完成任务了，没有必要遗憾。

民法理论研究者，面对《民法典》继承编，应当看到通过《民法典》继承编的编纂我国的民法继承规范的进步，我国的遗产继承制度在原有基础上进行的改进，对于保护自然人的私有财产权利，特别是在生前支配自己的财产所有权和其他财产权利方面享有自主决定权，可以发挥更好的规范作用。同时，增加侄子女和甥子女的代位继承权、打印遗嘱、遗产管理人等继承规则，以及废止公证遗嘱效力优先原则，都有利于保障被继承人的支配权、继承人的继承权，以及其他利害关系人的合法权益。因而《民法典》继承编的编纂使我国的继承法律制度适应了市场经济发展和保障私人财富传承的需求，有了相当大的完善。

当然，民法理论研究者在看到立法进步的同时，更要看到我国《民法典》继

前言

承编在完善我国继承法律制度方面存在的不足，并对不足提出改进的意见。这是理论研究者的职责，也是推动我国继承法律进步之所需。

因此，要研究我国《民法典》继承编，对其现有适应社会发展要求、保护自然人财产权利的规定进行正确解读，进行教义学的解释论研究，更要对继承法律制度的不足提出改进建议，使我国继承法正确实施，保护好自然人私人财富的传承权利，维护正常的遗产流转秩序。

基于上述认识，我撰写了这部研究我国继承法的专著，全面阐释了上述见解的理论基础和适用、改进我国继承法律规则的方法，为完善我国的继承立法贡献一己之力。

虽然我研究继承法多年，也经历了《民法典》继承编编纂的立法过程，但对其深刻法理的掌握还有不足，故对本书论述中存在的问题，请热心读者批评指正。

感谢中国人民大学出版社政法分社的领导和编辑，对本书进行的严谨、细致和非常专业的编辑、校对给本书增添了光彩。

中国人民大学民商事法律科学研究中心研究员　杨立新

2024年11月1日·北京

目 录

绪 论　《民法典》对我国继承制度的改进与不足 …………………… 1
第一节　编纂《民法典》继承编的指导思想与主要意见 ……………… 1
　　一、《继承法》的产生背景与存在的主要问题 ………………………… 2
　　二、修订继承法律制度的障碍与完善继承法律制度的基础 ………… 13
　　三、编纂《民法典》继承编的指导思想和篇章结构设计 …………… 23
　　四、编纂《民法典》继承编应当着重修改的继承规则 ……………… 28
第二节　《民法典》继承编的立法进展、特点和重点与具体适用要求 … 39
　　一、《民法典》完善我国继承规则的主要进展 ………………………… 39
　　二、《民法典》完善我国继承规则的特点和重点 ……………………… 51
　　三、对《民法典》规定的继承制度现状的评估及适用的基本要求 …… 55
第三节　我国的继承法律制度应当继续完善 …………………………… 64
　　一、规定更能够保护自然人私人财产权的法定继承人范围 ………… 64
　　二、规定更符合市场经济社会需求的法定继承顺序 ………………… 67
　　三、规定更完善的遗嘱继承各项制度 ………………………………… 73
　　四、增设其他应当规定而没有规定的继承规则 ……………………… 79

第一编　继承法与继承权

第一章　继承与继承法 ··· 87
第一节　继　承 ··· 87
一、继承的概念和法律特征 ·· 87
二、继承的本质 ·· 89
三、继承的分类 ·· 93
第二节　继承法 ··· 97
一、继承法的概念和性质 ·· 97
二、继承法的立法体例 ··· 100
三、继承法的历史发展 ··· 102
四、我国继承法的基本原则 ······································· 110

第二章　继承法律关系与继承权 ···································· 119
第一节　继承法律关系 ·· 119
一、继承法律关系概述 ··· 119
二、继承人 ··· 123
三、遗产 ··· 128
第二节　继承权概述 ·· 138
一、继承权的概念 ··· 138
二、继承权的性质 ··· 141
三、继承权的两种含义 ··· 143
第三节　继承开始 ·· 146
一、继承开始的概念和意义 ······································· 146
二、继承开始时间的确定 ··· 149
三、继承开始处所的确定 ··· 153
第四节　继承方式及优先顺序 ···································· 155
一、继承方式的不同立法宗旨 ····································· 155

二、不同继承方式的优先顺序 ⋯⋯⋯⋯⋯⋯⋯⋯⋯⋯⋯⋯⋯⋯⋯⋯ 157
第五节　继承权、受遗赠权的放弃与接受 ⋯⋯⋯⋯⋯⋯⋯⋯⋯⋯⋯⋯ 159
　　一、继承权放弃 ⋯⋯⋯⋯⋯⋯⋯⋯⋯⋯⋯⋯⋯⋯⋯⋯⋯⋯⋯⋯⋯ 159
　　二、继承权接受 ⋯⋯⋯⋯⋯⋯⋯⋯⋯⋯⋯⋯⋯⋯⋯⋯⋯⋯⋯⋯⋯ 163
　　三、放弃继承权和限定继承的效力 ⋯⋯⋯⋯⋯⋯⋯⋯⋯⋯⋯⋯⋯ 166
　　四、接受或者放弃受遗赠 ⋯⋯⋯⋯⋯⋯⋯⋯⋯⋯⋯⋯⋯⋯⋯⋯⋯ 169
第六节　继承权的丧失 ⋯⋯⋯⋯⋯⋯⋯⋯⋯⋯⋯⋯⋯⋯⋯⋯⋯⋯⋯⋯ 170
　　一、继承权丧失概述 ⋯⋯⋯⋯⋯⋯⋯⋯⋯⋯⋯⋯⋯⋯⋯⋯⋯⋯⋯ 170
　　二、继承权丧失的类型和法定事由 ⋯⋯⋯⋯⋯⋯⋯⋯⋯⋯⋯⋯⋯ 173
　　三、继承权丧失的效力 ⋯⋯⋯⋯⋯⋯⋯⋯⋯⋯⋯⋯⋯⋯⋯⋯⋯⋯ 181
第七节　继承权恢复与宽宥 ⋯⋯⋯⋯⋯⋯⋯⋯⋯⋯⋯⋯⋯⋯⋯⋯⋯⋯ 183
　　一、继承权恢复与宽宥的概念 ⋯⋯⋯⋯⋯⋯⋯⋯⋯⋯⋯⋯⋯⋯⋯ 183
　　二、《继承法》及其司法解释关于宽宥规定的缺陷 ⋯⋯⋯⋯⋯⋯ 185
　　三、宽宥立法的比较分析 ⋯⋯⋯⋯⋯⋯⋯⋯⋯⋯⋯⋯⋯⋯⋯⋯⋯ 189
　　四、《民法典》规定的继承权恢复和宽宥规则 ⋯⋯⋯⋯⋯⋯⋯⋯ 194
　　五、提出《民法典》应当规定宽宥制度的具体建议 ⋯⋯⋯⋯⋯⋯ 196
第八节　继承回复请求权 ⋯⋯⋯⋯⋯⋯⋯⋯⋯⋯⋯⋯⋯⋯⋯⋯⋯⋯⋯ 201
　　一、继承回复请求权的概念 ⋯⋯⋯⋯⋯⋯⋯⋯⋯⋯⋯⋯⋯⋯⋯⋯ 201
　　二、继承回复请求权的性质 ⋯⋯⋯⋯⋯⋯⋯⋯⋯⋯⋯⋯⋯⋯⋯⋯ 207
　　三、继承回复请求权的行使 ⋯⋯⋯⋯⋯⋯⋯⋯⋯⋯⋯⋯⋯⋯⋯⋯ 209

第二编　继承方式

第三章　法定继承 ⋯⋯⋯⋯⋯⋯⋯⋯⋯⋯⋯⋯⋯⋯⋯⋯⋯⋯⋯⋯⋯⋯ 213
　第一节　法定继承概述 ⋯⋯⋯⋯⋯⋯⋯⋯⋯⋯⋯⋯⋯⋯⋯⋯⋯⋯⋯⋯ 213
　　一、法定继承的概念、特征和沿革 ⋯⋯⋯⋯⋯⋯⋯⋯⋯⋯⋯⋯⋯ 213
　　二、法定继承的适用范围及与遗嘱继承的关系 ⋯⋯⋯⋯⋯⋯⋯⋯ 217

目 录

第二节 法定继承人范围 ……………………………………………… 220
　一、法定继承人范围的概念和确定因素 ………………………… 220
　二、《民法典》规定的法定继承人范围 ………………………… 222
　三、对法定继承人范围的完善 …………………………………… 229

第三节 法定继承人的继承顺序 ……………………………………… 232
　一、法定继承人的继承顺序概述 ………………………………… 232
　二、我国法定继承人的继承顺序 ………………………………… 235
　三、法定继承人继承顺序的完善 ………………………………… 238

第四节 代位继承 ……………………………………………………… 241
　一、代位继承的概念和沿革 ……………………………………… 241
　二、代位继承权的性质 …………………………………………… 243
　三、代位继承的构成要件 ………………………………………… 246
　四、代位继承的法律效力 ………………………………………… 251

第五节 配偶法定继承顺序的改革建议 ……………………………… 252
　一、配偶为法定第一顺序继承人存在的问题及改进的必要性 … 252
　二、配偶法定继承顺序立法例的比较研究 ……………………… 254
　三、据以确定配偶法定继承零顺序的主要因素 ………………… 262
　四、修改《民法典》时应当怎样规定配偶法定继承零顺序 …… 267

第六节 孙子女、外孙子女等法定继承顺序的改革建议 …………… 269
　一、《民法典》的规定无法切实保障孙子女、外孙子女等的
　　　继承权 ………………………………………………………… 270
　二、对晚辈直系血亲继承权法律保障的立法比较 ……………… 273
　三、确定晚辈直系血亲为第一顺序继承人才能保障其继承权 … 281
　四、对晚辈直系血亲法定继承制度改革的建议 ………………… 285

第七节 法定继承中继父母子女形成扶养关系的认定 ……………… 287
　一、据以研究的典型案例 ………………………………………… 287
　二、对认定形成扶养关系的继父母子女为法定继承人的不同看法 … 289

三、应当进一步说明的其他三个问题…………………………………… 299

第四章 遗嘱继承…………………………………………………………… 302
第一节 遗嘱继承概述………………………………………………… 302
一、遗嘱继承的概念、沿革和特征………………………………… 302
二、遗嘱继承的适用条件和意义…………………………………… 306
第二节 遗嘱与遗嘱能力……………………………………………… 308
一、遗嘱概述………………………………………………………… 308
二、遗嘱能力………………………………………………………… 310
第三节 遗嘱的形式…………………………………………………… 314
一、自书遗嘱………………………………………………………… 314
二、代书遗嘱………………………………………………………… 317
三、打印遗嘱………………………………………………………… 319
四、录音录像遗嘱…………………………………………………… 321
五、口头遗嘱………………………………………………………… 323
六、公证遗嘱………………………………………………………… 326
七、密封遗嘱………………………………………………………… 328
第四节 遗嘱的内容…………………………………………………… 330
一、遗嘱内容的概念………………………………………………… 330
二、遗嘱的主要内容………………………………………………… 331
第五节 遗嘱见证人和必留份………………………………………… 334
一、遗嘱见证人……………………………………………………… 334
二、必留份…………………………………………………………… 337
第六节 遗嘱的变更、撤回、内容抵触与共同遗嘱………………… 341
一、遗嘱的变更、撤回与内容抵触………………………………… 341
二、共同遗嘱………………………………………………………… 347
第七节 遗嘱的效力…………………………………………………… 351
一、遗嘱效力的概念………………………………………………… 351

二、遗嘱有效 ·········· 352
　　三、遗嘱无效和遗嘱不生效 ·········· 353

第八节　遗嘱的执行概述 ·········· 357
　　一、遗嘱的执行和遗嘱执行人 ·········· 357
　　二、遗嘱执行人的法律地位 ·········· 359
　　三、遗嘱执行人的确定 ·········· 360
　　四、遗嘱执行人的职责 ·········· 362

第九节　后位继承、替补继承与遗嘱信托 ·········· 363
　　一、后位继承 ·········· 363
　　二、替补继承 ·········· 366
　　三、遗嘱信托 ·········· 368

第十节　自书遗嘱典型案例点评 ·········· 370
　　一、自书遗嘱形式要件的意义及要求 ·········· 370
　　二、涉自书遗嘱形式要件的典型案例以及不同看法 ·········· 375

第五章　遗赠、遗托和特留份 ·········· 382

第一节　遗　赠 ·········· 382
　　一、遗赠概述 ·········· 382
　　二、遗赠与有关制度的区别 ·········· 386
　　三、遗赠的效力 ·········· 389
　　四、遗赠的执行 ·········· 392

第二节　遗　托 ·········· 393
　　一、遗托概述 ·········· 393
　　二、遗托与遗赠、附条件的遗赠 ·········· 395
　　三、遗托的效力 ·········· 398

第三节　特留份 ·········· 399
　　一、我国特留份制度的缺失及后果 ·········· 400
　　二、国外的特留份立法例 ·········· 401

三、《民法典》设立特留份制度的必要性 …………………… 406
四、特留份的规则设计 …………………………………………… 409

第三编　遗产的处理

第六章　遗产的管理与分割 …………………………………… 419
第一节　遗产管理人 ……………………………………………… 419
一、遗产管理与遗产管理人 ……………………………………… 419
二、遗产管理人的产生 …………………………………………… 420
三、法院指定遗产管理人 ………………………………………… 424
四、遗产管理人的职责 …………………………………………… 426
五、遗产管理人的报酬 …………………………………………… 429
第二节　遗产管理人失职损害赔偿责任 ………………………… 430
一、对遗产管理人失职损害赔偿责任的定义与应探讨的问题 … 430
二、产生遗产管理人失职损害赔偿责任的基础法律关系 ……… 436
三、遗产管理人失职损害赔偿责任的归责原则、构成要件与
具体承担 …………………………………………………… 441
第三节　遗产的清理 ……………………………………………… 451
一、继承的通知 …………………………………………………… 451
二、遗产的保护 …………………………………………………… 454
三、继承前的析产 ………………………………………………… 456
四、遗嘱适用法定继承 …………………………………………… 459
第四节　遗产债务清偿 …………………………………………… 461
一、遗产债务的概念、范围与清偿顺序 ………………………… 461
二、有限（限定）继承 …………………………………………… 466
三、执行遗赠 ……………………………………………………… 468
四、遗产分割后继承人、受遗赠人清偿遗产债务的顺序 ……… 470
五、遗产债务清偿时间 …………………………………………… 473

目录

第五节 遗产的分割 474
    一、遗产的分割概述 474
    二、遗产分割的原则和方法 480
    三、胎儿的继承能力和应继份 484

第六节 对配偶再婚时继承财产的保护与无人继承又无人受遗赠的遗产 486
    一、对配偶再婚时继承财产的保护 486
    二、无人继承又无人受遗赠的遗产 489

第七节 《民法典》应当补充归扣规则 494
    一、归扣概述 495
    二、对归扣的客观评价及学界的不同态度 500
    三、归扣的发展趋势与我国立法应采取的中间路线 506

第七章 转继承、遗赠扶养协议与共同继承 511

第一节 转继承 511
    一、转继承概述 511
    二、转继承的构成要件和法律效果 516

第二节 遗赠扶养协议 518
    一、遗赠扶养协议的概念、特征与法律地位 518
    二、遗赠扶养协议的意义以及与继承契约 523
    三、遗赠扶养协议的内容和效力 528
    四、遗赠扶养协议典型案例及其分析 532

第三节 共同继承 538
    一、共同继承概述 538
    二、共同继承关系的发生 548
    三、共同继承人的权利与义务 551
    四、共同继承关系的消灭和共有遗产的析产 559

参考文献 565

绪 论
《民法典》对我国继承制度的改进与不足

《民法典》于 2020 年 5 月 28 日在第十三届全国人民代表大会第三次会议上通过,我国自 1949 年以来的第一部民法典诞生了,使我国历经多年形成的类法典化的松散民法终于被统一的《民法典》所替代,成为新时代调整民事法律关系的基本法。《民法典》对《继承法》规定的我国继承法律制度为什么要进行修改,进行了哪些修改和完善,在实践中应当如何适用,以及还有哪些需要进一步完善的问题,需要进行深入研究。在对我国的继承法律制度进行全面解读之前,笔者通过参加编纂《民法典》的立法实践和继承法理论研究的体会,对照整理,对这些问题先进行概括说明。

第一节 编纂《民法典》继承编的指导思想与主要意见

编纂《民法典》,在完成了《中华人民共和国民法总则》之后,开始编纂分则各编,其中就包括把《中华人民共和国继承法》编纂为民法分则的继承编。中国法学会民法典编纂项目继承编专项课题组全面展开工作,对《继承法》存在的问题进行了梳理,提出问题清单。在此基础上,经过反复修改,完成了《民法分则继承编专家建议稿草案》，提交中国法学会，并形成民法典分则各编草案建议稿，报送全国人大常委会法工委。课题组认为，1985年制定并实施的《继承法》已经完成了它的历史使命，面对当代社会经济形势和时代特点，应当对其进行全面修订，编纂成一部符合时代要求和人民群众希望的民法分则继承编。

一、《继承法》的产生背景与存在的主要问题

（一）《继承法》的产生过程

1. 第一次民法立法高潮中的继承法立法

1949年以来，特别是1956年以来，经过公私合营、社会主义改造以及农村合作化运动，在社会主义公有制的基础上，每一个自然人拥有的财富不多，整个社会对继承制度的需求也不是特别迫切。所以，在1949年废除了国民党伪法统和"六法全书"以后，我国的继承制度并没有完整地建立起来。① 在认识上，继承作为私有财产的传承制度，没有得到重视且受到歧视，被视为资产阶级法权的余毒。

在这一时期，立法机关曾于1958年3月提出一部《中华人民共和国继承法（草稿）》（以下简称《继承法草稿》），全文共30条，分为第一章通则、第二章法定继承、第三章遗嘱继承、第四章清偿债务、第五章附则。这部《继承法草稿》是《继承法》的雏形，规定了遗产的范围、继承人的范围、胎儿的应继份、继承权；同时规定了法定继承人是配偶、子女、父母、兄弟姐妹、祖父母，法定继承的第一顺序为配偶、子女、父母，第二顺序为兄弟姐妹，第三顺序为祖父母。在遗嘱继承中，规定公民可以通过遗嘱处理他（她）的个人遗产，承认遗嘱继承和遗赠，规定遗嘱的形式是书面的或者口述的。在清偿债务方面，规定了继

---

① 有的学者认为那时已经建立了革命法制和人民的法定继承制度。参见朱平山：《法定继承初探》，载《法学研究》1981年第6期。

承人对被继承人的个人债务,只有在遗产的实际价值限度内负责清偿①的有限继承原则。

2. 第二次民法立法高潮中的继承法立法

20世纪60年代,随着国家经济形势好转,民法立法又列入立法日程,开始了第二次民法编纂高潮。在此期间,出现了多部民法草案的初稿、草稿、试拟稿、修改稿。不过,这些民法草案几乎都没有继承法的内容,仅有的几个条文也都非常简单。比如在《中华人民共和国民法草案初稿》(北京政法学院民法教研室,1963年)中,关于继承只规定了一个条文,即第77条:"夫妻有互相继承遗产的权利。父母子女有互相继承遗产的权利。国家依法保护公民的财产继承权。"② 中国社会科学院法学研究所于1963年4月提出的《中华人民共和国民法草案》没有规定继承权。直到1964年7月1日全国人大常委会办公厅提出的《中华人民共和国民法草案试拟稿》,也仅仅在第63条规定了"公民死亡后的遗产,按照规定可以由其配偶、子女和父母继承"③。而1964年11月1日的草稿完全删除了规定继承权的这个条文。

从1966年开始,私有财产被认为是资产阶级法权的产物,是社会主义公有制的对立物,普通公民除了生存所需,几乎没有多余的财产。对于公民死亡时仅有的些许遗产,即使发生继承纠纷,在司法实践中也不准称为继承纠纷,而称为"遗产纠纷"。笔者在1975年到人民法院工作后,在一个辖区内有400多万人口的中级人民法院受理的上诉案件中,"遗产纠纷"寥寥无几,每年不会超过10件。

3. 第三次民法立法高潮中的继承法立法

直到1978年以后,对私有财产的继承才成为正当的财富传承,可以正大光明地称为继承遗产,但缺少具体的继承制度。同时,海外遗产继承亟须我国法律

---

① 参见何勤华、李秀清、陈颐:《新中国民法典草案总览》(中卷),法律出版社2003年版,第450－453页。
② 何勤华等:《新中国民法典草案总览》(下卷),法律出版社2003年版,第13页。
③ 何勤华、李秀清、陈颐:《新中国民法典草案总览》(下卷),法律出版社2003年版,第107页。

为依据。正是在这种情况下，在第三次民法立法高潮中，1980年8月15日，全国人大常委会法制委员会民法起草小组提出了《中华人民共和国民法草案征求意见稿》，即"民法一草"，其中第六编是"财产继承"，从第473条到第501条，一共有29个条文，规定了财产继承的通则、法定继承、遗嘱继承、债务的清偿和其他规定。具体内容与1958年的《继承法草稿》基本相同。1981年4月10日，"民法二草"仍然在第六编规定"财产继承"，从第398条到第426条共29个条文。1981年7月31日，"民法三草"第六编规定"亲属、继承"，其中第二章规定继承的一般规定①，第三章规定法定继承，第四章规定遗嘱继承，第五章规定遗赠，第六章规定五保户遗产和无人继承遗产的处理，第七章规定债务的清偿，第八章规定继承的特别规定，从第427条到第455条，也还是29个条文。1982年5月1日的"民法四草"第六编规定"财产继承权"，规定了通则、法定继承、遗嘱继承、无人继承遗产的处理、债务的清偿、继承的特别规定，从第385条到第412条，共有28个条文。②

立法机关在完成"民法四草"后，认为在改革开放初期进行完整的民法典立法条件还不成熟，因此将民法典的完整立法计划改为成熟一部制定一部的"批发改零售"的立法计划，排在首位的就是继承法，在"民法四草"继承编的基础上，提出《继承法（草案）》，于1985年通过，颁布了《继承法》。

4. 小结

从上述列举的情况看，我国在1949年到1985年的民事立法活动中，继承法的立法准备分为三个阶段：第一个阶段是1958年至1965年，民事立法草案仅仅提到继承权，基本上没有规定具体的继承制度，只有在1958年的《继承法草稿》中才有关于继承制度的设想。第二个阶段是1966年到1978年，是我国民事立法的空白期。第三个阶段，自1980年始，在历次民法草案中都规定了继承制度，篇幅基本上在28条左右，基本内容与1958年《继承法草稿》大体相同。事实

---

① 该草案的第一章是"亲属"。
② 参见何勤华、李秀清、陈颐：《新中国民法典草案总览》（下卷），法律出版社2003年版，第431、488、549、611页以下。

上，1958年《继承法草稿》是"民法四草"第六编"财产继承权"的基础，二者的大体结构与内容都基本相同。

（二）有关继承制度的司法解释发展

在上述期间，最高人民法院就继承制度颁布了若干司法解释。1963年，《最高人民法院关于贯彻执行民事政策几个问题的意见（修正稿）》比较具体地规定了继承制度的主要规则。

1979年，第二次全国民事审判工作会议《关于贯彻执行民事政策法律的意见》又对前述规定进行了修改和补充，进一步完善了继承的具体规则。[1]

《继承法》实施之后，最高人民法院发布了《关于贯彻执行〈中华人民共和国继承法〉若干问题的意见》（已失效），全国法院统一适用《继承法》的规则。

（三）《继承法》制定的历史背景

《继承法》制定的历史背景有以下突出特点：

第一，国家开始改革开放但还处于初期。经过10年来的思想束缚，面临着巨大的思想和制度负担，各种不合理的制度根深蒂固，各项改革措施都在"摸着石头过河"，旧的思想还有强大的影响力。在这样的形势下，不可能出现完整、科学的民事立法，建立完善的民事制度。同样，依法保护私有财产、保障财富传承的继承制度也正在经受着考验。

第二，初步确立了私有财产的合法性与保护制度。1982年《宪法》，一方面承认私人享有合法的财产权[2]，另一方面宣称社会主义公有财产神圣不可侵犯[3]，对公有财产和私有财产采取两种不同程度的保护，体现着对私有财产保护的继承制度不可能是完善的。《继承法》第3条第5项明确规定，"法律允许公民所有的生产资料"才是公民可以继承的遗产；如果是法律不允许公民持有的生产资料，就不能作为遗产继承。这样规定的原因在于，"社会主义的继承制度，则是建立在生产资料社会主义所有制基础上，它只能继承生活资料以及不能用来从事剥削

---

[1] 参见朱平山：《法定继承初探》，载《法学研究》1981年第6期。
[2] 《宪法》（1982年）第13条第1、2款规定："国家保护公民的合法的收入、储蓄、房屋和其他合法财产的所有权。""国家依照法律规定保护公民的私有财产的继承权。"
[3] 《宪法》（1982年）第12条第1款规定："社会主义的公共财产神圣不可侵犯。"

的生产资料"①。这体现了对公有财产和私有财产保护程度的差别，带有改革开放初期的时代烙印。

第三，计划经济是当时社会经济的基本形态。在制定《继承法》的1985年，尽管改革开放已经开始实行，经济体制也在改革中，但还没有商品经济的提法，社会还处于计划经济时期。在计划经济基础上制定的《继承法》，不可能具有市场经济继承法的特点，天然地体现着计划经济的特征。《继承法》存在的诸多问题，是当时的社会经济基础作用于继承法律制度的结果。

第四，全国公民整体处于普遍贫穷状态。正是由于以上原因，在1985年前后的社会生活中，普遍贫穷是公民的基本经济状态。其间，普通工人的年工资收入在400元到500元之间，即使地市一级的高级领导干部的年收入也不会超过2 000元，公民无法聚集大量财富，在其死亡时没有多少遗产可供继承。由于普遍贫穷形成的遗产范围狭窄，在继承法律制度上就没有建立复杂的、能够对大量遗产进行传承的继承制度。因而《继承法》对于遗产管理人、遗嘱执行人、遗产清单、遗产清算等需求都没有规定。《继承法》规定继承规则的简单化，与普遍贫穷的社会环境是一致的。

第五，苏联继承制度是我国继承法立法的主要参照蓝本。1958年《继承法草稿》有一个特别值得注意的现象，就是在有关条文的下面注明参考的是哪一部法律。在其30个条文中，去掉"附则"的4个条文和第一章"总则"的第1个条文，其余25个条文有18个条文借鉴的是《苏俄民法典》继承编的内容。例如，第14条规定的法定继承人范围和第15条规定的法定继承人顺序，借鉴的都是《苏俄民法典》第418条。② 由于《苏俄民法典》是一部计划经济时代的民法典，也是一部体现人民普遍贫穷的民法典，所以其继承制度不可能是一部先进的继承法。我国以这样一部落后的继承法为蓝本制定的《继承法》，不可能符合市场经济社会的需求。

---

① 史怀璧：《略论我国继承制度的几个基本问题》，法律出版社1957年版，第16页。
② 参见何勤华、李秀清、陈颐：《新中国民法典草案总览》（中卷），法律出版社2003年版，第452页。

（四）《继承法》规定的继承制度存在的主要问题

经过30多年的司法实践和理论研究，能够清楚地看到《继承法》规定的继承制度存在的缺陷。把《继承法》修订为民法分则继承编，应当着重解决的主要问题如下。

1. 基本继承制度与社会经济状况对继承的需求不相适应

《继承法》规定的继承制度与我国现实社会的实际情况不相适应。具体表现是：

首先，《继承法》制定时的社会经济形态与今天的市场经济完全不同，继续采用计划经济的继承制度，远远不能适应当代社会市场经济对继承制度的需求。

其次，我国经过40多年的改革开放，社会经济状况良好，特别是通过原《物权法》规定物权平等保护原则之后，法律对私有财产予以平等保护，鼓励了民事主体创造财富的热情和积极性，私人财富大大增加，因而对遗产继承制度提出了新的要求。

再次，自1986年《民法通则》颁布实施以来，私法自治观念和主体权利意识大大增强，已经与1985年制定《继承法》时对私人权利缺乏保障的状况不一样。在当代，人们要求自由支配自己的财产，同时也要求能够自由支配自己死后的遗产分配，因此需要在遗产继承制度中更好地保障被继承人的意志自由，而《继承法》显然还不能提供这样的保障。

最后，必须看到的是，在世界范围内，遗产的传承规律是沿着直系血亲的顺序向下流转，尽量减少遗产在直系血亲中向上或者向旁流转，更不可能将姻亲也作为法定继承人。《继承法》规定的继承制度显然没有准确地反映这种遗产传承规律。

2. 《继承法》总则规定中存在的问题

首先，《继承法》关于一般规定的主要问题，是规定的继承法一般规则不足。《继承法》第2条规定："继承从被继承人死亡时开始。"本条不仅规定了继承的开始时间，而且包含了当然继承的意思，即继承开始后继承人立即取得遗产上的各种权利，而不必以继承的接受、遗产管理等为前提。由于其规定的保护继承

权、继承权男女平等原则都是民法基本原则的应有之义，因而应规定于《民法典》总则编，不必在继承法或者继承编中规定。

其次，规定的遗产范围受到限制。《继承法》第 3 条尽管规定了遗产"是公民死亡时遗留的个人合法财产"，从正面概括了遗产范围，但在概括规定了遗产范围之后，又作了限制性规定，不符合保护继承权的原则。第 3 条第 5 项规定"法律允许公民所有的生产资料"才能成为遗产，是计划经济对遗产范围的限制，完全不符合当今社会的要求。特别是《继承法》第 4 条关于"个人承包应得的个人收益，依照本法规定继承。个人承包，依照法律允许由继承人继续承包的，按照承包合同办理"的规定，完全否定了土地承包经营权的用益物权属性，不符合《物权法》的规定。

最后，继承权及继承规则的缺失。继承权是继承法的核心问题，但《继承法》对其规定不足，表现在：

一是关于继承权的丧失。继承权丧失制度，是"当事人不能因违法行为而获得利益原则"的体现。① 《继承法》的规定，一方面是未明确规定绝对丧失与相对丧失，另一方面是规定的丧失事由不足。《继承法》第 7 条规定继承权丧失的原因包括：故意杀害被继承人的；为争夺遗产而杀害其他继承人的；遗弃被继承人的，或者虐待被继承人情节严重的；伪造、篡改或者销毁遗嘱，情节严重的。上述规定的继承权丧失事由的范围过窄，且不尽合理，在立法上明显失衡。同时，对继承人重新获得继承权即继承权回复条件的规定过于苛刻，没有特别尊重被继承人的意愿。

二是缺少继承回复请求权的规定。《继承法》仅在第 8 条规定了继承权纠纷的诉讼时效，而没有规定继承权回复请求权。对于继承立法如何体现继承回复请求权的独特性质，继承回复请求权是否具有专属性，继承回复请求权的效力如何，继承回复请求权是否存在特殊的诉讼时效等，都缺乏具体规定。

此外，关于继承权的接受和放弃。在当然继承与概括继承的前提下，继承人

---

① 参见刘正全、汪福强、彭桐亮：《继承权丧失制度解析及立法修改建议》，载《南方论坛》2013 年第 3 期。

从被继承人死亡之时起，承受被继承人的遗产，由于遗产是权利与义务的综合体，故上述两项原则可能会使继承人负担较重的义务。缓和的方法是建立完善的继承接受与放弃制度，以保障继承人的选择自由。《继承法》第25条规定了继承权的放弃，同时规定继承开始后，继承人没有表示放弃的，视为接受继承。接受与放弃继承的权利，属于继承权的必要内容，在性质上属于形成权，这种规定使放弃继承的时间过长，且会使继承活动一直处于不确定状态，而受遗赠人的承认或放弃权行使期间是2个月。诸如放弃继承行为可否附条件、附期限，放弃继承行为可否成为债权人的撤销权的客体等，都没有作出规定。

3. 法定继承制度存在的问题

（1）法定继承人范围过窄

《继承法》有关法定继承人范围的规定，主要问题是法定继承人范围太窄，不利于保护自然人的继承权，不符合《宪法》第13条第2款的规定。目前只规定配偶、子女、父母和兄弟姐妹、祖父母（父系祖父母）、外祖父母（母系祖父母）为法定继承人，孙子女、外孙子女为代位继承人。此外任何血亲都不能继承被继承人的遗产。我国实行计划生育已经多年，一孩家庭的数量占家庭总数的较大比例，加之规定的法定继承人范围太窄，不能使遗产尽可能地留给与死者有一定血缘关系的亲属，存在无人继受的遗产被收归国家或集体所有的可能性增大，不利于保护自然人的私有财产继承权。

（2）法定继承顺序过少，确定顺位不当

《继承法》规定法定继承人的顺序主要有三个问题：一是，法定继承人的继承顺序过少，不利于保护自然人的继承权，如果没有第一、二顺序的法定继承人，遗产就被收归国家或者集体所有，不能使遗产尽可能地保留给与被继承人有血缘关系的亲属，有悖于《宪法》规定的"保护公民的私有财产权和继承权"原则。二是，将配偶规定为固定的第一顺序继承人，既不科学也不合理，完全是照搬《苏俄民法典》的规定。这样规定的理由是，"因为夫妻是家庭中的主要成员，经济联系较其他人更为密切，如不固定在第一顺序，很容易产生被继承人死亡后，在没有子女、父母的情况下，把财产的一部分给予和被继承人关系不很密切

的兄弟姊妹继承，这是不合理的"①。但是，如果被继承人的父母、子女均已去世，处于第一顺序的配偶继承全部遗产，将导致被继承人的其他血亲继承人不能取得任何遗产，不利于保护被继承人的血亲继承人的利益。三是，将父母和子女安排在同一法定继承顺序，不能将遗产集中保留在被继承人的子女及其后代的家庭中，不利于实现遗产的育幼职能；将导致被继承人的遗产同时向长辈亲属和晚辈亲属上、下流动，如果被继承人的父母继承后死亡，其继承的遗产将由被继承人的父母之父母（被继承人的祖父母、外祖父母）、被继承人的父母之子女（被继承人的兄弟姐妹）同时继承。如果被继承人的父母之父母、被继承人的父母之子女死亡，他们继承所得的遗产就由更远的亲属继承而发生上下甚至左右的流动。这将不能使遗产尽可能地集中保留在被继承人的晚辈亲属（子女及其后代）的家庭中，不符合遗产流转规律。

（3）法定应继份残缺

《继承法》第13条和《最高人民法院关于贯彻执行〈中华人民共和国继承法〉若干问题的意见》第33、34条规定存在的问题，主要有两个方面：一是，配偶的法定应继份规定不科学，规定配偶是第一顺序法定继承人，原则上配偶与第一顺序的其他继承人平均分配遗产。配偶应当采取无固定继承顺序，并根据配偶参与继承的不同法定继承顺序而决定其法定应继份。只有这样，才能兼顾保护配偶继承人与血亲继承人的利益。二是，对其他继承人的应继份没有规定。

（4）关于丧偶儿媳和丧偶女婿的法定继承权问题

《继承法》第12条规定："丧偶儿媳对公、婆，丧偶女婿对岳父、岳母，尽了主要赡养义务的，作为第一顺序继承人。"作这样的规定有以下好处：一是弘扬了我国各民族赡养老人的优良传统，二是有利于巩固我国社会主义的家庭，三是有利于减轻社会的负担。② 丧偶儿媳和丧偶女婿是根据权利义务相一致的原则取得第一顺序继承人的资格的。③ 最高人民法院华东分院1953年5月14日的

---

① 史怀璧：《略论我国继承制度的几个基本问题》，法律出版社1957年版，第32－33页。
② 参见李皓光：《儿媳女婿继承权的管见》，载《上海司法》1982年第7期。
③ 参见刘淑珍编著：《继承法知识和案例分析》，辽宁大学出版社1985年版，第92页。

《对有关继承问题的批复意见》认为：儿子已死而未改嫁的媳妇，对公婆的遗产，一般应有与公婆和其他子女共同继承之权。① 但是，丧偶儿媳与公婆、丧偶女婿与岳父母不存在血亲关系而是姻亲，被列为法定继承人且为第一顺序法定继承人，既不科学，也不合理。直系姻亲不能作为被继承人的法定继承人，这是各国继承立法的通例。如果尽了主要赡养义务的丧偶女婿、丧偶儿媳作为法定继承人，其本人继承一份遗产，其子女通过代位继承也能继承一份遗产，实际上就取得了双份遗产，这会出现不公平的后果，损害同一顺序其他法定继承人的利益。②

4. 遗嘱继承规则不敷应用

在遗嘱继承中，《继承法》存在的主要问题是：第一，遗嘱处分权利规定的内涵和外延相对不足。没有明确遗嘱设立的主体、遗嘱继承的主体、受遗赠的主体等问题。第二，《继承法》第17条关于遗嘱的形式、效力的规定过于简陋，不利于遗嘱人设立、变更、撤回遗嘱，缺少打印遗嘱、录像遗嘱、密封遗嘱等形式，特别是规定公证遗嘱具有最高效力，无法保证被继承人的遗嘱自由。同时，对于夫妻共同遗嘱、后位继承与替补继承等都没有规定，不能顺应社会发展及民众继承观念的变化，不能为被继承人满足遗嘱意愿提供足够选择的路径。第三，《继承法》第20条规定了遗嘱的撤销、变更，而不是规定遗嘱的撤回，因为遗嘱根本不存在撤销的问题。第四，《继承法》第22条规定的遗嘱行为能力不科学，没有规定遗嘱行为能力的最低起点，而仅仅规定无民事行为能力人或限制民事行为能力人所立的遗嘱无效，不能适应当代社会的需求，在1950年代就有人提出遗嘱行为能力应当规定为16岁或者14岁。③ 此外，有关遗嘱指定、遗嘱的生效、遗嘱效力的打破、遗嘱的通知与公布、遗嘱执行人、继承人处分遗产的限制等规

---

① 参见吴培洪：《浅谈丧失配偶的媳妇或女婿对公婆、岳父母遗产的继承问题》，载《上海司法》1981年第1期。

② 典型案例如：甲与乙为夫妻，共生育三个儿子A、B、C，均已婚，B妻对甲善尽赡养义务。甲死亡时，没有分割遗产，为共同继承。后A死亡。C妻对乙善尽赡养义务，后C死亡。乙死亡后，A与C的子女主张代位继承，均无异议；C妻主张依照第一顺序继承人继承，对B妻提出以第一顺序继承人继承表示反对；B妻提出异议，认为自己也有继承权。这起典型案件说明了将丧偶儿媳、丧偶女婿作为第一顺序继承人存在的矛盾。

③ 参见史怀璧：《略论我国继承制度的几个基本问题》，法律出版社1957年版，第43页。

则,《继承法》都没有具体规定。

5. 遗赠扶养协议规则不足,亦未规定继承协议

《继承法》第 31 条规定了遗赠扶养协议制度,在实际生活中发挥了重要的作用,产生了很好的效果,但也存在一些问题。例如,受遗赠人的范围排除了法定继承人,而遗赠扶养协议中的扶养人即属于受遗赠人,所以,被继承人不能与法定继承人签订遗赠扶养协议,因而排除了继承协议的适用。在遗赠扶养关系中,双方当事人的权利与义务应依遗赠扶养协议的约定确定,不能作为普通合同完全由合同法调整,继承法必须对遗赠扶养协议的订立、效力等基本问题作出规定,但《继承法》并未规定遗赠扶养协议生效的实质要件和形式要件等,在实践中容易产生纠纷,影响遗赠扶养协议制度的执行和作用的发挥。

《继承法》缺少被继承人可以与法定继承人协商继承事宜,并于继承开始前发生法律效力的制度设计,即继承协议制度。由于司法实践不承认继承协议的效力,以至于按照合同履行了赡养义务的继承人于继承开始后不能取得约定的遗产,而当初放弃继承又未履行赡养义务的继承人主张继承遗产却可以得到支持的事例屡见不鲜。而继承协议在成熟的继承法立法例中都有成例①,我国继承制度亟须补充。

6. 遗产处理制度存在较多缺陷

《继承法》规定的遗产处理制度过于简陋,存在太多的缺陷和漏洞。第一,继承开始的通知,忽略了对遗产债权人、受遗赠人的保护,通知对象仅限于其他继承人和遗嘱执行人,没有规定通过公示催告程序进行公告,遗产债权人申报债权,受遗赠人主张受遗赠,不利于保护被继承人的债权人、受遗赠人的权益,其结果势必给不知被继承人死亡事实的继承人、遗产债权人以及其他遗产取得权人的利益带来损害。第二,继承开始的地点未规定,不利于解决遗产纠纷的属地管辖。第三,遗产保管的规定不完善,仅规定存有遗产的人应当妥善保管遗产,任何人不得侵吞或者争抢,是远远不够的。第四,在遗产债务清偿制度中,遗产债

---

① 例如,《德国民法典》第 1941 条规定:"被继承人可以以合同指定继承人以及指示遗赠和负担(继承合同)。订立合同的另一方和第三人均可以被指定为继承人(合同所定的继承人)或受遗赠人。"

务的范围过于模糊，规定不具体，界定遗产债务没有统一的标准可遵循；遗产债务清偿顺位不清，清偿主体不明，遗产债务清偿程序缺失，对于遗产不足以清偿遗产债务时的处理程序未明确。第五，关于遗产分割与遗产债务清偿的顺序没有专门规定，但从《继承法》第33条的规定看，似乎是继承人先继承遗产，然后再由继承的遗产清偿遗产债务。在现代社会生活中，遗产内容丰富，遗产债务复杂，先分割遗产后清偿债务不利于继承案件的圆满解决，故应当在遗产分割前先清偿债务。第六，没有规定特留份制度，无法限制被继承人不当处分遗产的行为，无法保障法定继承人的特留份权，对特留份的份额和顺序都没有规定。

二、修订继承法律制度的障碍与完善继承法律制度的基础

《继承法》开始实施至今已经30多年了，经历了改革开放，我国社会经济形势发生了重大变化，与立法当时的社会现状不可同日而语。将《继承法》修订为《民法典》继承编，应当根据当代的社会经济形势及个人财富的变化情况，对《继承法》规定的继承规则进行全面修改，使继承制度跟上时代发展的要求。

（一）《继承法》存在问题的主要原因

《继承法》存在上述问题的主要原因，概括起来有以下四点。

1. 制定《继承法》时作为立法社会背景的计划经济的影响

我国在制定《继承法》时改革开放刚刚开始，尚未深入进行。尽管当时已经提出改革开放的目标并且开始实施，但在社会经济形态上仍然是计划经济，没有动摇其基础，没有开始实行市场经济体制。在遗产范围上作出"法律允许公民所有的生产资料"的限制性规定，就是计划经济的产物。在计划经济体制下，个人财产受到限制，个人拥有的财富很少，主要的个人财富是生活资料。实行市场经济体制之后，公民拥有的财富急速增加，特别是个人投资的私人企业、股份制企业等蓬勃发展，企业主和股东以及其他个人拥有大量财富。目前价值十几亿元、几十亿元的遗产纠纷屡见不鲜。对于数额巨大、类型多样的遗产纠纷，需要完善的继承法律制度进行调整，以确保遗产转移的合法性和稳妥性，进而保证社会的

稳定。作为经济基础的经济体制的嬗变以及个人财富的剧增，必然导致继承法律制度变化。计划经济的社会背景，必然导致继承法律的落后和不足。反之，在社会经济发生巨变之后，继承法律制度不变倒是不正常现象。

2. 自然人的普遍贫困状况没有给继承立法提出更多的要求

在计划经济时期，我国普遍存在贫困，每一个人都没有太多的财富，甚至将个人拥有过多的财产认为是走向资本主义。普遍贫困反映到继承关系上来就是被继承人没有太多的遗产可供继承。在当时，我国自然人没有私人住宅，没有汽车等大型交通工具，没有较高的工资收入，直至今天也没有私人所有的土地。在这种情况下，无论是对遗嘱继承还是法定继承，社会都不存在较高的要求，不需要完善的继承制度，也没有可能提出完备的继承立法要求。可以说，1985年《继承法》是一部穷人的继承法，不能体现社会普遍富有、市场经济体制下的社会对继承的需求，存在诸多残缺是可以理解的。

3. 在私法领域国家利益至上主义的影响

在我国社会的立法和司法工作中，曾经长时间受"左"的思想影响。这不仅表现在1966年之前的"人治"思想，以及在1966—1976年不准提遗产继承，遗产继承被认为是资产阶级的产物，只准称作"遗产纠纷"的做法，而且在改革开放之初，仍然有"左"的思想影响存在。在私法领域，"左"的思想的重要表现就是国家利益至上。《继承法》缩减法定继承人范围、精简法定继承顺序、遗产处理的税款优先原则等，都体现了国家利益至上主义的思想影响。这种立法貌似维护国家利益，实际上是以国家利益侵害私人财产利益，违反私权保护优先的原则。[①]

4. 在私法领域中没有肃清苏联民法思想的影响

1949年以来，我国的民法在废除了国民政府的"六法全书"之后，全盘继受苏联民法。在此后几十年中，苏联民法思想和传统一直对我国民法产生着巨

---

① 直至近年来的私法立法中，这种做法才普遍规定了类似《侵权责任法》第4条第2款关于"因同一行为应当承担侵权责任和行政责任、刑事责任，侵权人的财产不足以支付的，先承担侵权责任"的规定，体现了私权优先原则。

影响，即使在1960年代中苏关系全面冰冻之后，苏联民法思想仍然在影响着我国民法建设和民法理论研究，1980年代制定《继承法》就存在这种情形，例如，规定的法定继承只有两个顺序，其中配偶是第一顺序继承人，并且列在第一顺位之首。① 30多年来，我国几乎所有的人都认为，这样的规定是天经地义的，是不可怀疑、不可动摇的继承法规则。② 可是，这种立法不是市场经济国家民法的立法惯例，而是源于苏联民法的规定。1922年《苏俄民法典》第418条第1款规定："依法得为继承人者系子女（包括养子女）、配偶、被继承人之父母无劳动能力者，以及其他无劳动能力之人，而由被继承人于其死亡前赡养在一年以上者。"③ 1961年《苏联和各加盟共和国民法纲要》第118条第1款规定："在法定继承的情况下，死亡人的子女（包括养子女）、配偶和父母（养父母）为第一顺序继承人，他们的继承份额相等。"④《继承法》第10条就是借鉴这一立法例，甚至将配偶改变为第一顺序继承人之首。苏联这种立法以及配偶固定继承顺序的做法，影响着捷克、斯洛伐克、新加坡、泰国、马来西亚、越南、蒙古、匈牙利等国的继承法立法，不符合市场经济对继承制度的要求。原因是，配偶实行无固定继承顺序即零顺序，能够让配偶和有相当血缘关系的继承人都有分得部分遗产的可能性，避免遗产全部由配偶继承这种不公平现象的发生。

（二）我国继承法实现现代化改革的主要障碍

我国立法机关曾经提出修订《继承法》的计划，并且在2012年实际进行过一年的修订工作，但是修订工作一波三折，没有进行到底。

在2011年3月，举行的第十一届全国人大第四次会议期间，全国人大代表提出3件议案要求修改《继承法》。2012年，全国人大法律委员会认为，《继承法》是1985年制定的，随着我国经济社会发展，家庭关系、财产关系发生了深刻变化，有关继承范围、方式，包括虚拟财产能否继承等问题的规范，需要在继

---

① 《继承法》第10条。
② 参见杨立新：《编纂民法典应当肃清前苏联民法的影响》，载《法制与社会发展》2016年第2期。
③ 中央人民政府法制委员会编：《苏俄民法典》，王增润译，王之相校，新华书店1950年版，第169页。
④ 中国社会科学院法学研究所译：《苏联民法纲要和民事诉讼纲要》，法律出版社1963年版，第49页。

承制度中进一步完善，故建议将《继承法》修改列入全国人大常委会2012年立法工作计划。① 与此同时，学界也多次举办关于修订《继承法》的研讨会，对修法表示了极大的热情，并希望通过继承法的理论研究，为立法实践作出贡献。立法机关在2012年对修订《继承法》进行了较为充分准备并实际进行之后，却倏然偃旗息鼓，取消了修法计划。2013年10月30日，公布"十二届全国人大常委会立法规划"，被纳入新一轮立法规划的法律有68件，其中属于第一类项目即条件比较成熟、任期内拟提请审议的法律草案项目有47件，属于第二类即需要抓紧工作、条件成熟时提请审议的法律草案项目有21件，修订《继承法》不在这两类规划中，甚至在第三类项目即立法条件尚不完全具备、需要继续研究论证的立法项目中也未提及修订《继承法》。② 因而，已经紧锣密鼓进行了一年多的《继承法》修订工作不得不停止进行。

我国民法学者对修订《继承法》工作的搁置至为惋惜和困惑。尽管已经宣布中国特色社会主义法律体系基本形成，但在民法这一重要组成部分仍是不完善的，仅仅是一部民法单行法集合的"散装"民法，况且这部由多个单行民事法律拼成的"散装"民法的各个部分不协调，存在较多重复、疏漏甚至相互冲突的问题。

修订《继承法》，既契合了现代继承法理论发展的动向，又关照到社会现实生活的实际需求，是我国继承法律制度现代化的必由之路。但是，与社会各界特别是民法学者表示出的极大热情相反，部分司法系统的法官却表示出对于修订《继承法》的保守态度，不理解、不支持甚至反对修订《继承法》。他们在著述抑或修法研讨会中表达了对修订《继承法》必要性的疑惑和担忧。综合而言，反对修订《继承法》的主要意见是：第一，从立法规制的技术层面看，《继承法》的规定已经较为完备，辅之以《最高人民法院关于贯彻执行〈中华人民共和国继承法〉若干问题的意见》的规定，立法和法律适用规则均没有太大的缺陷；第二，

---

① 参见"修改继承法——法律委建议列入今年立法计划"，载法制网，http://www.legal daily.com.cn/rdlf/content/2012-01/05/content_3267588.htm?node=34018，最后访问时间：2014年12月7日。

② 参见"（授权）十二届全国人大常委会立法规划"，载新华网，http://news.xinhuanet.com/2013-10/30/c_117939129.htm，最后访问时间：2014年12月7日。

当前的社会生活并未出现与《继承法》规定的继承制度相悖的重大变化，《继承法》规定的继承法律制度以及司法解释规定的规则，基本上能够解决当前社会生活所产生的继承纠纷，况且在继承案件不多的情况下[①]，修订《继承法》并没有实践上的急迫需要。

（三）对反对修订《继承法》意见的回应

学者认为，反对修订《继承法》的意见和理由，在理论上和实践中都是不正确的。理由是：

第一，《继承法》规定的继承法律并不完善。首先，从法律条文的数量及所占篇幅上观察，该法只有37个条文，数量较少，占当时民法规范条文总数即1193条的3.11%。而1930年的民国民法继承编就有88个条文，占全部条文总数即1225条的7.19%。《德国民法典》全文有2385条，继承法编为394条，占16.48%；《日本民法典》全文有1044条，继承编为163条，占15.62%。相比之下，《继承法》的条文数量少、所占篇幅小，可以直接反映《继承法》的立法技术粗糙、制度缺漏、规则简陋等弊病。其次，从法律制定的背景看，我国《继承法》的立法编纂是自1955年正式开始，立法时间跨度30年，并且起草工作先后进行了四次。《继承法》制定"当时我国正处于改革开放初期，实行的是单一公有制的计划经济体制，整个社会物资严重匮乏，广大工人、农民家庭中基本上没有什么财产，继承关系极为简单，加之当时我国法学教育和法学研究刚刚恢复，对于继承法律制度的重要意义认识不足，因此造成现行继承法过于简略，遗漏了许多重要的继承制度"[②]，带有较为浓厚的政治考量因素，在世界范围内也仅有原东欧社会主义国家如此。再次，从我国继承制度的合理性看，存在较多的不尽如人意的问题，这样的制度设计难言合理且正当。最后，从我国继承制度的适用性看，法条规定难以满足现有社会生活以及继承实践的需要，《继承法》存在的问题都说明了这一点。这些事实证明，我国即使有《继承法》以及相关司法解释，但受

---

① 例如，有法官认为，基层法院每年受理的有关继承纠纷的案件占受案总数的比例一直都较低，二审案件更是少之又少，因此，《继承法》虽可随时代变迁作适当调整，但总体上仍要坚持相对稳定，不宜也无须作出较大的改变。

② 马忆南：《婚姻家庭继承法学》（第3版），北京大学出版社2014年版，第229-230页。

制于《继承法》立法的先天不足以及司法解释的模糊定位，我国的继承制度仍然存在较多"硬伤"，所以，"继承法本身的诸多漏洞和缺陷，也限制了继承制度调整功能的进一步发挥，不符合建设社会主义和谐社会对法律调整的要求"①。

第二，《继承法》实施30多年来，我国已经实现从计划经济体制向市场经济体制的成功转轨，市场经济带来私有财产种类的扩大、内容的增多，以及对家庭、亲属关系潜移默化的影响，使得《继承法》已经无法满足和适应社会经济生活的需求。30多年前制定《继承法》时，并未实行市场经济体制转换。社会经济背景的巨大差异，使《继承法》必须作出相应的调整，只有这样，才能够适应经济体制的改变。这些最基本的社会规律是修订《继承法》最重要的理论根据。至于法院、法官受理的继承案件的多少以及提出的问题的难度，并不能证明《继承法》不必进行修订。② 理由是：首先，我国公证机构承担了处理大量继承纠纷的任务。公民的遗嘱继承通常要先进行公证，进而才有可能涉及遗嘱继承纠纷，故通过公证而解决的纠纷数量远远大于法院受理的继承纠纷数量。③ 其次，《继承法》规定不能解决的诸多继承问题，当事人向法院起诉时被驳回或者不予受理，就会迫使更多的当事人在此情形下回避法院诉讼方式，自行解决或者任其发展甚至酿成更大纠纷。例如，《继承法》欠缺密封遗嘱形式的规定，因而因密封

---

① 马忆南：《婚姻家庭继承法学》（第3版），北京大学出版社2014年版，第229-230页。
② 例如，在2012年6月16日至17日，在西南政法大学举办的"我国继承法修改热点难点问题研讨会"中，渝北区人民法院民一庭的黄卫庭长就认为，虽然理论界认为修改《继承法》已迫在眉睫，而实务界觉得欠缺修改的必要性，因为在实务过程中，一些瑕疵完全可以通过部门法规定和司法解释解决。参见"我国继承法修改热点难点问题研讨会会议综述"，载西北民商法律网，http://xbmsf.nwupl.cn/Article/ShowArticle.asp?ArticleID=706，最后访问时间：2014年12月7日。
③ 我国公证协会副会长、上海市公证协会会长、上海市东方公证处黄群主任指出，目前公证整个行业有3 000余家公证机构，25 000名从业人员，13 000名公证人员，年均办理公证1 000万件，其中与继承业务相关的一年大概10万件，与遗嘱相关的一年大概60万件。与继承业务相关的继承业务情况，分三大块：一为继承公证，二为继承权公证，三为与继承相关的其他公证。从目前的数据来看，公民实现继承权的途径，依据《继承法》第15条的规定分为两类：公民协商一致的过户，不协商的进行调解和诉讼。因为现实中继承权的过户登记需要公证证明，所以公证处办证数量与法院有较大的反差。法院办理的婚姻案件一年为160余万件，继承案件13余万件，而公证处办理的继承案件达到61余万件。参见"我国继承法修改热点难点问题研讨会会议综述"，载西北民商法律网，http://xbmsf.nwupl.cn/Article/ShowArticle.asp?ArticleID=706，最后访问时间：2014年12月7日。

第一节 编纂《民法典》继承编的指导思想与主要意见

遗嘱发生的继承纠纷,当事人即使起诉到法院,也会被驳回,今后再有类似情形,当事人自会认为没有必要向法院起诉,这些情况当然不会反映到法院的法律适用中,自然会使法官认为《继承法》在此规定上没有欠缺;再如,《继承法》没有规定特留份而仅仅规定必留份,因遗嘱侵害其他继承人继承权的问题,通常采取其他方式如认定遗嘱违反公序良俗而被宣告无效,而这样的解决径路完全剥夺了遗嘱人处分自己遗产的权利。故部分司法实务工作者认为《继承法》及其司法解释规定的继承制度,能够应对现实生活中的继承纠纷,因而修订《继承法》缺乏紧迫性的理由,实属以偏概全,不能反映社会生活对《继承法》的真实需求。

(四)我国编纂民法典给继承法现代化提供的契机

《中共中央关于全面推进依法治国若干重大问题的决定》明确地规定了"依法保障公民权利,加快完善体现权利公平、机会公平、规则公平的法律制度,保障公民人身权、财产权、基本政治权利等各项权利不受侵犯,保障公民经济、文化、社会等各方面权利得到落实,实现公民权利保障法治化",以及"加强市场法律制度建设,编纂民法典"的任务,将其作为加强依法治国的重要举措予以规定。继承权为自然人享有的重要财产权,继承法是民法典的必要组成部分,完成编纂民法典的任务,无论如何都必须完成《继承法》修订入典工作。

问题在于,完成《中共中央关于全面推进依法治国若干重大问题的决定》的任务,在更大的意义上是一项政治性任务,而不是一项真正意义上的立法任务,因而,时间性、时效性、立法的完善性,都在考验着《继承法》入典的具体制度的改革程度。因此,对于《继承法》的修订入典,在对继承制度自身内在逻辑、立法技术、具体继承制度方面进行深入的改革,建立一套完整的、具有时代特点的我国继承制度,仍然是有悬念的。换言之,学者对《继承法》修订入典的深切期待,是需要时间和实践检验的。

"在现代社会,遗产的转移不仅涉及被继承人的利益和继承人的利益,还涉及遗产债权人的利益和社会经济秩序的安全。"[①] 继承法作为调整继承法律关系

---

① 陈苇:《外国继承法比较与我国民法典继承编制定研究》,北京大学出版社2011年版,第35页。

的私法规范，除了承担为自然人行使私人财产所有权提供最后一次法律保障的任务，还在某种程度上维系家庭、社会的和睦与有序性，使社会结构稳定和延续。随着我国经济和社会的发展与进步，私人财富不断积累、个人思想观念更新迅速，修订《继承法》入典，必须努力将学者的担忧化为修法的动力，力争在民法典编纂中完成一部比较现代化、与时代发展相适应的继承法。

在当代社会，继承法律制度是必不可少的私法制度，没有一项完善的继承法律制度，私人的财富传承就无法得到保障。修订《继承法》入典的基础是：

1. 继承制度历来是民法的重要组成部分

最早期的人类活动是一种茹毛饮血、食不果腹的生存状态，自然不会出现生产资料的剩余，也就缺乏出现继承的可能性。而后在出现了恩格斯在《家庭、私有制和国家的起源》中所描述的情形，即"家畜的驯养和畜群的繁殖，创造了前所未有的财富的来源，并产生了全新的社会关系"①之后，出现了财产的继承问题，但此时以及在相当长一段时间里的继承，都仅是以一种事实状态存在，至多归属于一种氏族习惯，而并没有被立法成文。随着社会生产力的发展，氏族瓦解、核心家庭成为继承财产的主要流动范畴，母权制度最终被以男性为中心的父权制度取而代之，"其主要标志之一，就是按男性计算世系和按父系进行继承"，而"这种状况随着奴隶制社会的建立，就形成了部落酋长的世袭制和财产继承制，并且用法律的形式将其固定下来。如公元前 18 世纪的《汉穆拉比法典》，其中有关继承权的规定达 23 条，内容比较详尽"②。而后的封建社会延续并细化了奴隶制时期有关继承的简单立法规则，着眼于我国，发展最为显著的即是宗祧继承③，其"实质上是一种身份继承"④，是嫡长子才拥有的对于宗族身份的继承权制度，而此时的财产继承仅是身份继承的后果之一，故奴隶制以及封建制的运行机制造就了身份继承在继承制度中的主导地位。而后于资本主义、社会主义制度

---

① 《马克思恩格斯全集》（第 21 卷），人民出版社 1965 年版，第 65 页。
② 巫昌祯、王德意：《继承法概论》，浙江人民出版社 1987 年版，第 1—2 页。
③ 近代有学者指出，古代对于宗祧，叫作"继承"，对于财产而不涉及宗祧的，叫作"承受"。参见吴之屏：《民法继承编论》，上海法政学社 1933 年版，第 2 页。
④ 程维荣：《中国继承制度史》，中国出版集团、东方出版中心 2006 年版，第 37 页。

第一节　编纂《民法典》继承编的指导思想与主要意见

下，物质资源的丰富以及社会体制的日趋完善，使继承制度发生了根本性变化，以财产继承为核心、兼具身份继承的现代继承制度得以确立。

纵观继承制度之历史流变，继承自始被身份、财产两个民法所调整的关系所围绕，我国以及域外的诸多立法实践也都将继承作为民法的重要组成部分加以规制。①

2. 继承制度一直为各国民法所规制

虽然现代各国均承认继承法为民法之一部，但受制于各国的立法传统及理念之差异，各国继承法于民法中的位置以及编排体例却不尽相同，故在理论上分为特别立法主义与法典主义两种。② 对于大多数非成文法国家与尚无民法典的国家而言，继承法因无民法典而被单列制定为民法之特别法自不待言③；对于诸如传统大陆法系及继受其立法意旨的国家等，都采法典主义立法例，将继承法置于民法典之中，这也是当今世界继承制度制定法之主流。例如，独立成编的有德国、日本、瑞士、俄罗斯等。其中，《德国民法典》将继承置于民法典最后一编第五编，《日本民法》完全沿袭《德国民法典》的编排体例，但较之于前者，除了拥有总则，具体章节内容与前者大相径庭；而《瑞士民法典》在总则后的四编中，继承法位列人格法、亲属法之后，物权法之前，其具体内容设置更是别具一格④；俄罗斯虽然将其婚姻法部分规定于《俄罗斯联邦家庭法典》中，但仍然将继承制度部分置于《俄罗斯联邦民法典》中，受制于通过施行顺序，继承编位于

---

① 在晚清修订民律草案时，修律官即提出我国存在着"固有民法"，所以在事实上，"固有民法"所体现出的诸如继承受宗法支配、民法制定法具有分散性以及民事规范的法律渊源具有多样性等均从侧面说明继承制度是归民法调整范畴的。参见张晋藩：《从晚清修律官"固有民法论"所想到的》，载《当代法学》2011年第4期。

② 参见彭诚信：《继承法》，吉林大学出版社2007年版，第3-4页。

③ 《朝鲜民法》在此是为数不多的例外，其将继承法从民法中分离出来，单独规定到家族法典中是其鲜明特征。之所以如此，是因为朝鲜将财产的继承和家庭的维系视为一项重要资源，也是潘多克否体系的还原。参见[韩]崔达坤：《朝鲜民法的制定及其变化——以比较分析式研究为中心》，载《朝鲜法律体系的考察（1）——民事关系法》，世宗研究所1994年版，第48页。转引自《韩国民法典 朝鲜民法》，金玉珍译，北京大学出版社2009年版，《朝鲜民法》说明部分第11页。

④ 参见《瑞士民法典》，殷生根译，艾棠校，法律出版社1987年版，第29-40页。

民法典第三部分，在民法典的七编中位于第五编。① 继承法并未独立成编的立法例以法国、奥地利为代表。《法国民法典》将继承规定于其民法典第三编"取得财产的各种方法"中，继承列于该编第一章，遗嘱及相关制度列于该编第二章"无偿处分财产"中；而《奥地利普通民法典》将继承权和遗嘱分列为两章规定于其第二编物权部分，其立法意旨是继承与遗嘱均因关涉物之所有权人在死亡后对该物享有物权的延展效力。

参照以上各国的立法体例可以看出，由于各国对继承法之性质认知相异，以及对民法典体系的整体安排各有考虑，继承法在民法典中的位置并不一致，但是毋庸置疑，各国均将继承法作为民法典中的重要部分而列入其中。皆因各国均希望通过将继承制度规定于民法典中，以法典之力为继承这一行为提供标准范式化与适法准则，继承制度在保障财产之合法流转、促使人格之充分彰显的同时，蕴含激励财富创造、维护社会稳定的良法之效。

3. 我国编纂《民法典》为完善我国继承制度提供契机

从我国目前的立法体例看，《继承法》以单行法的形式予以颁布实施，无法明确归类为法典主义抑或是特别立法主义，但是，由于我国是成文法典国家，编纂民法典是民法进一步发展的必由之路。党的十八届四中全会研究了全面推进依法治国若干重大问题，作出了《中共中央关于全面推进依法治国若干重大问题的决定》，明确地规定："依法保障公民权利，加快完善体现权利公平、机会公平、规则公平的法律制度，保障公民人身权、财产权、基本政治权利等各项权利不受侵犯，保障公民经济、文化、社会等各方面权利得到落实，实现公民权利保障法治化"以及"加强市场法律制度建设，编纂民法典"。继承权是自然人享有的重要财产权，继承编是民法典重要且必要之组成部分的理念，都概括规定于上述决定之中，这实质上为修改《继承法》并编纂民法典提供了重要的决策基础。所以，与其说该决定为作为民法体系中重要构成部分的继承法提供修订之"契机"，不如说其对《继承法》之修订形成良性"倒逼"。因为有了上述决定作为政策指

---

① 参见《俄罗斯联邦民法典》，黄道秀译，北京大学出版社2007年版，第383-408页。

第一节 编纂《民法典》继承编的指导思想与主要意见

向,并委以承担编纂民法典的历史任务,所以修订《继承法》成为既不存在争议也无推脱理由的立法任务,这不仅关涉是否认真贯彻执行上述决定,也是民法学界对于编纂民法典这一重任的应有态度。此外,对《继承法》的修订,不仅需要对继承制度自身内在逻辑、立法技术进行深度考量,还"必须注重与其他财产法和身份法的协调,立法体例与制度设计也要避免与民法的其他规则产生冲突"[①],进而能与民法典中的其他人身、财产制度有机结合、并行不悖。

三、编纂《民法典》继承编的指导思想和篇章结构设计

(一) 编纂《民法典》继承编的指导思想

以《继承法》作为基础编纂《民法典》继承编,应当遵循以下指导思想。

1. 继承制度与社会经济发展状况相一致原则

毫无疑问,中国当今的经济社会与1985年是完全不一样的。在制定《继承法》的1985年,我国还在实行计划经济体制,个人财富状况相对贫困,《继承法》基本上是一个"穷人"的继承法。经过多年的改革开放,我国今天的经济状况出现了巨大变化,不仅国家的经济实力已经走向世界前列,而且个人财富有了重大变化。

"继承法最清楚地说明了法对于生产关系的依存性"[②],因此,必须坚持继承制度与社会经济发展状况相一致的原则。一个社会的继承制度,须与社会财富状况相一致,在国民的财富达到一定程度时,如果没有相应的、完善的继承制度,就无法合理、合法地分配被继承人的遗产,就会造成财产流转秩序的混乱,甚至影响社会秩序的安定。只有实现继承制度与社会经济发展状况相一致,才能避免这些问题,也才能妥善处理自然人死亡后的遗产分配问题。

2. 继承制度繁简与社会实际需要相一致原则

将《继承法》修改为《民法典》继承编还要解决的重要问题,就是怎样对待

---

① 杨立新、刘德权、杨震主编:《继承法的现代化》,人民法院出版社2013年版,第1页。
② 转引自张晋藩:《中国民法史》,人民出版社2023年版,第1712页。

继承制度的繁简问题。《继承法》规定的继承制度非常简陋,整部法律才有37个条文。显而易见,《继承法》的条文和篇幅不符合实际生活的要求,必须进行全面修订。应当看到的是,继承制度的繁简程度,必须与社会个人财富的实际情况相适应。在我国自然人的财富大量增加的情况下,继承纠纷出现了各种不同情况,其复杂疑难程度也远不是多年前面临的那种程度,必须建立全面的、能够适应经济形势发展和个人财富变化状况的继承制度。在编纂《民法典》继承编时,应当尽量增加可以适用的继承制度,使被继承人在生前能够有更多的支配自己身后遗产的自由,而不要出现由于没有法律相应规定而使其支配遗产行为无效的后果,进而使其遗产不能按照其生前意志进行传承。只有规定了完备的继承制度,这样的问题才能避免。

3. 继承制度与遗产流转规律相一致原则

遗产流转规律,实际上就是长辈尊亲属积累的财富在其死亡后向其血亲传承的方向,即家族积累的财富是向何方向传承,故遗产流转的方向就是人类社会遗产流转的规律。这个方向不是依据立法者的主观意志就可以改变的,而是人类社会繁衍生息几千年来形成的规律。概言之,遗产流转是向下流转,即由长辈尊亲属向晚辈卑亲属移转。

这个规律的形成有以下几个原因:第一,长辈尊亲属对于自己积累的财富,最大的意愿是将其传承给自己的卑亲属,让自己的卑亲属能够享受自己积累的财富给他们带来的家族荣耀以及亲情;第二,人类繁衍生息的基本规律是长辈尊亲属先死亡,晚辈卑亲属后死亡,尽管有可能出现"白发人送黑发人"的情况,但毕竟是特例而不是常态;第三,遗产由长辈尊亲属继承,因继承人存世时间不长,很快就将发生新的继承关系,其继承人有可能是原被继承人的姻亲以及旁系血亲,使遗产改变流转方向。

因此,在各国继承法立法中,都尊重遗产流转的规律和方向,而不是逆该规律而行,进而很少见到父母可以作为第一顺序法定继承人的立法例。法国继承法规定,在被继承人死亡时,对于其健在的长辈尊亲属,继承并不是取得遗产的所有权,而是由长辈尊亲属分割遗产中应继部分的收益权,遗产的所有权实际由被

继承人的晚辈卑亲属享有,形成"虚的所有权";在被继承人的长辈尊亲属死亡后,长辈尊亲属继承人享有的遗产收益权消灭,晚辈卑亲属继承人享有的"虚的所有权"转变为实的所有权。

这样的规定,反映的正是遗产流转规律。将父母作为第一顺序继承人不符合遗产流转方向,编纂《民法典》继承编应当予以特别注意。

4. 继承法改革与婚姻家庭等民法制度改革相一致原则

编纂《民法典》继承编,必须与婚姻家庭等民法制度改革相一致。

首先,继承法既是财产法也是身份法,继承制度的基本要求是被继承人的遗产在其法定继承人中进行分配。我国现行婚姻家庭法包括《婚姻法》和《收养法》,在亲等、亲系以及亲属范围等方面都存在较大问题:所谓的"近亲属"概念,仅包括配偶、子女、父母、祖父母、外祖父母、兄弟姐妹和孙子女、外孙子女,这样界定亲属范围过于狭窄,同时规定以世代亲确定亲属关系远近的做法也不正确,无法分清血亲关系的亲疏。正是因为这个原因,《继承法》出现了法定继承人范围偏窄,法定继承顺序过少,以及发生无人继受遗产的可能性过大等问题。故《民法典》继承编的编纂必须与婚姻家庭编的编纂相一致,即婚姻家庭编在亲属范围、亲等、亲系等方面,与继承编规定的继承制度相衔接,构成完整、和谐的体系。

其次,继承编的编纂还要与《民法典》总则编的规定相协调,特别是民事行为能力、民事法律行为与意思表示等基本的民法规则,应当贯彻在继承编中。

最后,继承编的内容还应当与合同编、物权编以及侵权责任编的规定相协调,不至于出现民法分则之间的相互矛盾。

5. 肃清"左"的思想与坚持民族习惯相一致原则

编纂《民法典》继承编有一个重要问题就是要肃清"左"的思想的影响,要在继承制度中肃清苏联民法的影响。我国的现行继承制度有三方面传承:一是中国古代继承制度,性质是封建的继承制度;二是《大清民律草案》开始至民国确立的现代继承制度,继受的是德国、法国、日本等国市场经济条件下的继承制度;三是《继承法》规定的继承制度,主要继受的是苏联计划经济下的继承制

度。《继承法》多数照搬苏联"左"的继承法立法思想和制度，具有简陋、粗疏的弊病。问题是，经过30多年的适用，我国民众已经习惯了这种计划经济条件下的继承制度，把落后的、"左"的苏联继承制度奉为经典而无法进行改革。在2012年修改《继承法》的过程中，遇到的最大阻力就是这些"左"的思想，使改革计划经济的继承制度、建立市场经济社会的继承制度遭到质疑。例如，父母作为第一顺序法定继承人是不合理的，其来源就是苏联民法。1922年《苏俄民法典》第418条规定："法定继承人是被继承人的子女、配偶和丧失劳动能力的父母。"1964年《苏俄民法典》第532条规定："第一顺序——子女、配偶和父母，以及死亡人死亡后出生的子女。"编纂《民法典》继承编，如果依据遗产流转规律，把父母从第一顺序继承人确定为第二顺序继承人，就会遭到"不孝"的谴责而广受批评。

我国是市场经济社会，既不能恢复中国古代的封建继承制度，也不能继续固守苏联计划经济的继承制度而不变，而是应当依照市场经济社会的客观实际需要构建我国的继承制度。因此，不论是改革继承制度，还是改革整个民法制度，都面临着一项重要的任务，就是要肃清"左"的思想影响[①]，坚持市场经济的民族特色。

（二）对《民法典》继承编的总体结构和内容安排的设想

将《继承法》修订为《民法典》继承编，应当首先对其总体结构和具体内容作出安排。对此，基本设想是：

《继承法》一共五章：第一章是"总则"，第二章是"法定继承"，第三章是"遗嘱继承和遗赠"，第四章是"遗产的处理"，第五章是"附则"。重新建构《民法典》继承编的篇章结构，应当着重讨论的问题是：

第一，将法定继承放在遗嘱继承之前的做法是否适当。在继承制度中，遗嘱继承排斥法定继承的效力，各国继承法的立法例通常把"遗嘱继承"放在"法定继承"之前，突出遗嘱继承的重要性和优先效力。《继承法》把法定继承放在遗嘱继承之前，因而容易被误解为法定继承优先。但是，《继承法》毕竟已经适用

---

① 参见杨立新：《编纂民法典必须肃清前苏联民法的影响》，载《法制与社会发展》2016年第2期。

了30多年，在实践中有了先入为主的思维，维持法定继承在先、遗嘱继承在后的现状也不是不可以；同时，关于继承人的范围等一般性规定，已经规定在法定继承部分，如果作出改动，会牵涉很多部分，特别是在遗嘱继承中也要适用。因此，确定对法定继承和遗嘱继承现有的立法顺序不作改动。

第二，《继承法》的五章结构原则上可以保持。《继承法》修订后编入《民法典》成为继承编，不再是一部独立的法律，因而没有必要规定"附则"一章，况且在"附则"中规定的有关继承的涉外法律适用问题，《涉外民事关系法律适用法》已经作了规定，不必再作规定。因而《继承法》的第五章可以挪作他用，规定其他内容。

第三，把遗赠扶养协议和继承协议统合在一起，作为新的一章规定。在继承法律制度中，遗赠扶养协议尽管以遗赠为前提，但并不是遗赠，不是单方法律行为，属于双方当事人的合意。因此，遗赠扶养协议与继承协议虽然不是同一类继承制度，一种属于遗赠性质，另一种属于继承制度，但二者有共同点，即都属于继承制度中的双方法律行为，因此存在统合在一起规定的可能性和理论基础。因而将第五章"附则"部分的内容删除以后，可以将腾出来的立法空间留给遗赠扶养协议和继承协议，将继承制度中的两种双方法律行为放在一起，构成新的一章，并将其提到"遗产的处理"一章之前。

综上所述，对《民法典》继承编五章的各章内容的设计思路是：第一章"通则"，主要规定继承的原则、遗产范围、继承权、继承权的丧失和回复以及法定继承、遗嘱继承、遗赠扶养协议、继承协议效力等规则。第二章"法定继承"，规定法定继承人的范围、继承顺序以及有关法定继承的其他规则。第三章"遗嘱继承与遗赠"，规定的是继承中的单方民事法律行为，对遗嘱、遗嘱继承、遗赠以及遗嘱的执行等具体规则作出规定。第四章"遗赠扶养协议与继承协议"，将继承制度中的这两种双方民事法律行为放在一起规定具体的规则。第五章"遗产的处理"，将遗产处理的规则规定得具体、完善。

上述民法分则继承编五章内容的逻辑结构是：第一章规定的是继承权和继承的一般规则，第二章规定的是法定继承规则，第三章规定的是按照单方民事法律行为发生的继承（遗赠）关系，第四章规定的是按照双方民事法律行为发生的继承（遗赠）关系，第五章规定的是遗产处理规则。这样的体系结构完整、顺畅，反映了继承法律制度中的逻辑关系，层次清楚，结构明确，制度完整。

四、编纂《民法典》继承编应当着重修改的继承规则

中国法学会民法典编纂项目继承编专项课题组向中国法学会提出了《民法分则继承编专家建议稿草案》，针对《继承法》存在的上述问题，认为应当着重修改以下继承规则。

（一）通则中应当对继承的一般规则进行重大修改

在《民法典》继承编"通则"中，建议稿对以下问题提出了重要的修改意见。

1. 增加继承的定义

《继承法》没有对继承概念作出定义，继承编应当首先对继承概念作出界定。建议稿提出的意见是："本法所称的继承，是指按照法律规定或者遗嘱指定，将自然人死亡时遗留的个人财产，转移给其近亲属承受的法律制度。"这是对继承采狭义概念界定[①]，将遗赠和遗赠扶养协议排除在继承概念之外。同时规定，死亡的自然人为被继承人，取得遗产的近亲属为继承人，死者遗留的个人财产为遗产，从而明确继承法律关系的主体和客体。

2. 增强遗产范围的弹性

对于遗产的范围，《继承法》的规定比较狭窄，限制了被继承人的遗产范围。《民法典》继承编对此应当怎样规定，有两种意见：一是认为应当只规定一个概括的遗产概念，即遗产是被继承人死亡时遗留的个人合法财产，这是多数国家继承法的立法例；二是认为对遗产范围适当进行列举还是有必要的。[②] 建议稿采

[①] 参见郭明瑞、房绍坤：《继承法》（第2版），法律出版社2004年版，第1页。
[②] 参见郭明瑞、房绍坤：《继承法》（第2版），法律出版社2004年版，第1页。

第一节 编纂《民法典》继承编的指导思想与主要意见

"列举＋兜底"的方法规定遗产范围，有利于全面覆盖当前和可预见的未来的遗产范围，直接回应转型时期出现的新型财产的可继承性，同时还可以澄清司法实务的争议。

建议稿的意见是："遗产是被继承人死亡时遗留的个人财产，包括：（一）被继承人享有的财产所有权、用益物权、担保物权和占有；（二）被继承人享有的债权；（三）被继承人享有的知识产权、股权、合伙权益中的财产权益；（四）因自然人死亡而获得的补偿金、赔偿金等，法律另有规定的除外；（五）非专属于被继承人的其他财产权利。"这样的规定，即使列举也比较概括，具有较大的弹性，不会造成限制遗产范围的后果。①

3. 增设遗产管理人制度

针对《继承法》没有规定遗产管理人，对遗产管理有欠周到，导致容易受到侵害的问题，建议稿认为须加强对遗产的管理，设置遗产管理人进行专门管理。故作出规定：在继承开始后，被继承人留有有效遗嘱的，遗嘱执行人为遗产管理人。没有遗嘱或者遗嘱无效的，继承人应当及时举行会议推举遗产管理人。共同继承人未推选遗产管理人的，全体继承人共同行使遗产管理人的职责，但继承人中放弃继承权者不在此限。没有继承人、全部继承人放弃继承权或继承人不明时，被继承人生前住所地的村民委员会或居民委员会，可以作为遗产管理人。这样规定，对如何确定遗产管理人，根据不同情况设置不同方法，保证在继承开始后有确定的遗产管理人，使遗产不受侵害。

4. 明确接受或放弃继承或者遗赠的规则

针对《继承法》对接受或放弃继承或者遗赠的规则规定不明确的问题，建议稿作了特别规定，即："继承人放弃继承的，应当在知道或者应当知道自己可以行使继承权开始两个月内，向遗产管理人、遗嘱执行人或人民法院作出书面的放弃继承的表示。到期没有表示的，视为接受继承。""受遗赠人应当在知道或者应当知道受遗赠后两个月内，作出接受或者放弃受遗赠的意思表示。到期没有表示的，视为放弃受遗赠。"对继承人和受遗赠人的意思表示推定采取了相反的方向：

---

① 参见杨立新：《民法分则继承编立法研究》，载《中国法学》2017年第2期，第79-80页。

继承人到期没有表示放弃继承的，视为接受继承；而受遗赠人到期没有作出接受或者放弃意思表示的，视为放弃受遗赠。上述推定区别了继承人与受遗赠人的身份特征及社会的接受程度，比较符合实际情况。

5. 明确继承权丧失与回复的规则

针对《继承法》第7条关于继承人丧失继承权的规定存在欠缺的问题，建议稿规定了比较详细的规则。首先，规定继承人有下列行为之一的丧失继承权：一是故意杀害被继承人的；二是为争夺遗产而杀害其他继承人的；三是遗弃被继承人或者虐待被继承人情节严重的；四是伪造、篡改或者销毁、隐匿遗嘱的；五是以欺诈或者胁迫的手段，迫使或者妨碍被继承人设立、变更或者撤销遗嘱，情节严重的。其次，规定继承权丧失的上述事由，准用于受遗赠权的丧失。最后，规定继承权丧失后可以根据实际情况而恢复，主要是第三至五种情形，如果经过被继承人的宽宥，可以确认对继承人丧失的继承权予以恢复；被继承人知道继承人有上述三种情形之一而丧失继承权，但仍在遗嘱中指定其为继承人的，视为宽宥，继承权亦恢复。

争议较大的是第一种情形，即对继承人故意杀害被继承人后确有悔改表现的，可否经被继承人的宽宥而回复继承权，有的认为不能宽宥，有的认为杀害被继承人的情节比较复杂，有未成年人实施该行为，也有成年人实施该行为但有中止、未遂等情形，被继承人对其予以宽宥的，应当准许。① 建议稿采第二种意见，认为在目前独生子女比较普遍的情况下，确认在上述情形下，被继承人作出宽宥而发生恢复继承权的效力，符合实际情况。

6. 明确规定继承回复请求权

针对《继承法》对继承回复请求权没有明确规定的问题，建议稿明确规定继承回复请求权。继承回复请求权包含两种情形：一是确认继承人资格的权利，继承人认为自己的继承人资格受到侵害的，有权向法院起诉，确认自己的继承人资格，以产生得以对抗任何以继承人的名义侵占遗产的效力；二是当遗产被他人侵

---

① 以上不同意见，参见杨立新主编：《继承法修订入典之重点问题》（第2版），中国法制出版社2016年版，第188-189页。

第一节 编纂《民法典》继承编的指导思想与主要意见

占时,可以继承人的名义对遗产占有、管理、处分的人请求返还遗产。对于继承人主张行使继承回复请求权的,准用《民法典》关于诉讼时效的一般性规定,继承编不再另设继承回复请求权的诉讼时效。

(二) 对法定继承制度作出重大改革

1. 扩大法定继承人范围

针对《继承法》规定的法定继承人范围过窄的问题,建议稿特别规定必须扩大法定继承人的范围,由现在的"配偶、子女、父母、兄弟姐妹、祖父母外祖父母"扩展到四亲等以内的直系血亲。这样规定的目的是,尽量减少在继承中出现无人承受遗产的情形。事实上,四亲等以内的其他直系血亲参与继承的机会很少,但是作出这样的规定,就会尽量减少无人承受遗产被收归国有或者集体所有的发生。

2. 改变法定继承顺序

建议稿对法定继承顺序进行了全面改革,改变了原来借鉴自苏联立法例的做法。首先,规定法定继承有四个顺序:第一顺序是子女及其晚辈直系血亲,以亲等近者优先;第二顺序是父母;第三顺序是兄弟姐妹及其子女,祖父母、外祖父母;第四顺序是其他四亲等以内的直系血亲。其次,规定配偶无固定继承顺序,与第一顺序或者第二顺序的法定继承人共同继承,当第一顺序和第二顺序的法定继承人缺位时,配偶单独继承。

改变法定继承顺序的理由是:第一,遗产流转应当遵循向下流转的规律,因此,第一顺序是子女及其晚辈直系血亲,孙子女、外孙子女加入第一顺序继承人范围,取消代位继承;当第一顺序子女及其晚辈直系血亲都存在时,亲等近者优先,即子女继承;当子女缺位时,孙子女、外孙子女为第一顺序继承人。第二,如何对待父母的法定继承人顺序,按照遗产流转方向和人的生死规律,父母继承子女的遗产较为少见,同时也须防止遗产向旁系血亲流转,遗产由兄弟姐妹及其子女继承,因而使财产落入甥侄子女手中,故父母应作为第二顺序继承人,在子女或者孙子女、外孙子女存在时,父母不继承,这并不违反中国的孝道原则,也并非违反子女对父母的赡养原则,并且世界上绝大多数国家的继承法都规定父母

是第二顺序继承人。第三，配偶为无固定顺序继承人，对于保障配偶的法定继承权并无妨碍，同时，根据配偶的应继份规则，配偶与第一顺序血亲继承人共同继承时，其应继份为遗产的1/2；与第二顺序血亲继承人共同继承时，其应继份为遗产的2/3；无第一顺序和第二顺序血亲继承人时，配偶继承全部遗产。这种做法是大多数市场经济国家的通行规则，而将配偶作为第一顺序法定继承人是苏联民法的立法例，应当予以改进。①

3. 取消丧偶儿媳、丧偶女婿的第一顺序继承人地位

《继承法》规定，丧偶儿媳对公婆、丧偶女婿对岳父母尽了主要赡养义务的，作为第一顺序继承人，违反姻亲不能作为继承人的继承法通例，应当予以改革。建议稿规定，确立丧偶儿媳、丧偶女婿酌分遗产的制度，规定继承人以外的与被继承人共同生活的人，或者对被继承人扶养照顾较多的人，或者依靠被继承人扶养的人，应当适当分得遗产。丧偶的儿媳对公婆、丧偶的女婿对岳父母扶养较多的，应当根据扶养的情况和亲情，酌情分给适当遗产。用这种方法处理，既能够实现鼓励丧偶儿媳、丧偶女婿赡养对方父母的社会效果，也能够保证继承制度遵守姻亲不能作为继承人的基本规则，还能够避免出现更多的争议。

（三）部分改革遗嘱继承和遗赠规则

1. 规定遗嘱行为能力

《继承法》第22条第1款规定的内容中包含遗嘱行为能力的意思，但不明确。借鉴各国关于遗嘱行为能力的规定，建议稿确定16周岁以上的自然人可以设立遗嘱，有遗嘱行为能力。这与我国关于劳动能力的法律规定相一致。建议稿还规定，遗嘱人立遗嘱后丧失遗嘱行为能力的，不影响其所立遗嘱的效力。

2. 增加法定遗嘱方式

《继承法》规定的法定遗嘱方式范围过窄，应当进一步扩大，使被继承人对于设置遗嘱有更多的选择自由。建议稿增加了以下遗嘱方式。

---

① 对于上述问题的论证，参见杨立新、和丽军：《我国配偶法定继承的零顺序改革》，载《中州学刊》2013年第1期。

第一,对现实生活中普遍存在,在司法实践中争议较大的打印遗嘱作出规定。对通过计算机打印出来的遗嘱,应当根据不同情况加以确认:对于立遗嘱人亲笔书写"本遗嘱是立遗嘱人的真实意思表示",且在遗嘱的每一页结尾处签名,注明年月日和遗嘱页数的打印遗嘱,可以认定为自书遗嘱;不符合上述规定,但是有两个以上见证人签名的打印遗嘱,认定为代书遗嘱。

第二,增加录像遗嘱。既然录音遗嘱为法定遗嘱方式,就应当同时承认录像遗嘱的效力。

第三,增加密封遗嘱。遗嘱人可以将自书遗嘱、代书遗嘱、录音录像遗嘱密封后,交给公证机关、律师事务所、有关组织机构或者个人保存。遗嘱人和遗嘱保存人应当在遗嘱密封处签名或加盖公章。

第四,否定公证遗嘱效力优先原则,确定遗嘱人所立数份遗嘱内容相冲突的,以最后所立遗嘱效力优先,避免出现遗嘱人在紧急情况下修改公证遗嘱,却因无法及时通过公证程序而不能表达自己真实意愿的后果。

3. 规定遗赠的类型

针对《继承法》对遗赠的类型没有具体规定的问题,建议稿规定遗赠分为两种类型:一是对特定遗产的遗赠。遗嘱生效后,遗嘱执行人、遗产管理人或者占有遗产的继承人,负有向接受遗赠的受遗赠人移交相应遗产的义务。二是概括遗赠。概括承受全部遗产的受遗赠人,在接受与放弃遗赠意思表示的作出,以及权利、义务的承担上,除另有规定外,视同继承人,按照继承人的继承规则确定接受遗赠的规则。

4. 承认并限制夫妻共同遗嘱

各国继承法对共同遗嘱有肯定与否定两种不同的立法例。[①] 建议稿采取德国立法例,规定在夫妻共同遗嘱符合法定条件时确认其效力。建议稿确定的规则是:夫妻可以设立共同遗嘱。共同遗嘱的效力以配偶一方死亡前婚姻关系存续为前提。夫妻互相指定对方为继承人的遗嘱,自配偶一方死亡时生效;配偶一方撤回指定的,另一方的指定失效。夫妻可以共同指定遗嘱继承人或者受遗赠

---

① 参见杨立新主编:《继承法修订入典之重点问题》(第2版),中国法制出版社2016年版,第206页。

人，若无相反内容，共同遗嘱在夫妻一方生存时，对遗嘱继承人和受遗赠人不发生效力。

5. 确定遗嘱生效的时间

遗嘱的生效时间并不完全与遗嘱人死亡的时间重合，因此应当明确规定遗嘱的生效时间，也允许遗嘱对生效时间附条件或者附期限。建议稿规定，遗嘱自遗嘱人死亡时发生效力；如果遗嘱所附生效条件尚未成就、所附始期尚未到来，则遗嘱自条件成就、期限到来时发生效力。遗嘱继承人或受遗赠人于遗嘱发生效力前死亡，丧失或者放弃继承权或受遗赠权且没有替补继承人、替补受遗赠人的，遗嘱相应部分不发生效力，依照法定继承处理。[①]

6. 明确规定特留份以限制遗嘱自由

特留份的立法目的在于对被继承人遗嘱自由的限制，从而使遗产保留于家族或者家庭之中，因此特留份是必须规定的。[②] 建议稿规定，被继承人的配偶、晚辈直系血亲、父母享有特留份继承权。特留份额是其法定应继份的1/2。

对于不适用特留份的情形，建议稿规定：一是特留份继承人丧失继承权的；二是被继承人与扶养人签订遗赠扶养协议，使特留份继承人无须承担扶养义务的；三是因生存配偶的过错，被继承人已经提起离婚诉讼或双方已就离婚达成协议的；四是特留份继承人于继承开始后放弃继承权的；五是特留份继承人因遗嘱继承而取得相当于特留份的遗产的。

7. 设置遗嘱执行人

《继承法》缺少对遗嘱执行人的具体规定，而遗嘱执行人是遗嘱执行中的重要主体，应当对遗嘱执行人作出规定。建议稿规定，遗嘱人可以在遗嘱中指定遗嘱执行人，也可以委托他人指定，受托人应当在遗嘱开启后10日内指定遗嘱执行人，并通知已知的遗产承受权利人和其他利害关系人。遗嘱人未指定遗嘱执行

---

① 参见杨立新：《民法分则继承编立法研究》，载《中国法学》2017年第2期，第83页。
② 对此理由的论述，参见杨立新、和丽军：《对我国继承法特留份制度的再思考》，载《国家检察官学院学报》2013年第4期。

人,又未委托他人指定的,由继承人协商选定。不能达成一致意见时,由全体有完全民事行为能力的继承人担任遗嘱执行人。

对于遗嘱执行人的职责,建议稿规定,遗嘱执行人应当严格依照遗嘱人的意愿,忠实、勤勉地执行遗嘱,使遗嘱内容得以实现。遗嘱执行人在执行遗嘱的职责范围内,视为继承人的代理人。遗嘱执行人的职责内容、辞任、解任、共同执行,准用遗产管理人的规定。

8. 增加后位继承和替补继承

建议稿对《继承法》没有规定的后位继承和替补继承作出了明确的规定。对于后位继承,规定遗嘱人可以指定后位继承人按照一定的条件或者期限取得前位继承人已经继承的遗产。遗嘱人未规定后位继承人取得遗产的条件的,遗产在前位继承人死亡时归属于后位继承人。对后位继承,建议稿规定了具体规则。对于替补继承,规定遗嘱人可以在遗嘱中为继承人或者受遗赠人指定替补继承人或者替补受遗赠人。继承人或者受遗赠人先于遗嘱人死亡、丧失继承权或者受遗赠权、放弃继承权或者受遗赠权时,由替补继承人、替补受遗赠人承受相应遗产。

(四) 增设继承领域中双方法律行为规则

在继承领域中,除了法定继承和属于单方民事法律行为的遗嘱继承及遗赠,遗赠扶养协议和继承协议法律关系的性质都是双方民事法律行为,相互之间的差别是比较明显的,因此建议稿单设一章,规定遗赠扶养协议和继承协议的主要规则。

1. 遗赠扶养协议

对于遗赠扶养协议,《继承法》有明确规定,但对于遗赠扶养协议的解除等没有规定,《最高人民法院关于贯彻执行〈中华人民共和国继承法〉若干问题的意见》第56条对此作出了规定。建议稿对这些规定作了整理,规定了"遗赠扶养协议的订立"和"遗赠扶养协议的解除"两个条文。

2. 继承协议

在现实生活中,以订立继承协议处理继承问题的情形比较常见。目前我国的继承协议主要有两种:一是被继承人和法定继承人协商确定继承事宜,并于继承

开始前发生法律效力的协议；二是在法定继承人之间协商继承事宜，并于继承开始前发生法律效力的协议。在国外，继承协议通常是指第一种，对第二种继承协议通常不承认其效力。

根据我国的实际情况，首先，建议稿确认前一种继承协议的效力，规定被继承人可以与继承人订立继承协议，约定被继承人死亡后，由该继承人按照继承协议约定的内容继承遗产。协议对继承人继承遗产的部分未作明确约定的，视为继承全部遗产。其次，对于存在较多的继承人之间订立的被继承人没有参与继承协议的情况，例如，继承人之间约定有的尽赡养义务继承遗产，有的不继承遗产也不负赡养义务，建议稿认为不能一概而论，应当以不违背公序良俗为限认定其效力，按照继承协议确定继承事宜。

建议稿还对继承协议的订立条件、继承协议的解除、继承协议的撤销以及继承协议不得强制执行等作出了规定。

（五）全面修订"遗产的处理"规则

在继承领域中，遗产处理至关重要，被继承人的遗产通过遗产处理而转化成继承人的财产并取得所有权。《继承法》关于遗产的处理规定比较简单，不能完全适应现实生活需要，需要进行较大的补充修正。

1. 补充继承开始的地点

继承的地点与继承遗产纠纷的管辖地密切相关，是必须规定的内容。建议稿规定，继承开始的地点是被继承人生前的住所地或主要遗产所在地。被继承人生前的住所地与经常居住地不一致的，以经常居住地为继承开始的地点。

2. 补充继承开始时遗产的临时管理规则

针对《继承法》没有规定继承开始时遗产的临时管理规则的问题，建议稿补充规定：继承开始后，遗产的占有人或者知道被继承人死亡的继承人应当作为临时保管人妥善保管遗产，遇有遗产易腐烂、变质等紧急情况的，为了保全遗产的价值，可以对遗产予以合理处分。无人继承或继承人不明的遗产，由负责处理被继承人死亡事件的部门或基层组织作为临时保管人。临时保管人负有向遗嘱执行人或遗产管理人报告遗产情况并移交遗产的义务。

3. 详细规定遗产管理人的有关规则

《继承法》对遗产管理人规定得特别简陋，仅仅规定"存有遗产的人，应当妥善保管遗产，任何人不得侵吞或者争抢"。建议稿对遗产管理人的选任、遗产管理人的指定、遗产管理人的职责、遗产管理人的授权书与裁定、遗产管理人的报酬请求权、遗产管理人的辞任和卸任，都规定了比较详尽的规则，以保障遗产的安全。

4. 规定遗产分割前的遗产处理规则

《继承法》对遗产分割前的处理的规定也比较简单，缺少必要的具体规则，存在较大的漏洞，容易在继承开始后出现争议。针对这些情形，建议稿规定了以下规则：第一，应当制作遗产清单，遗产管理人应当在就任后6个月内编制遗产清单，利害关系人有证据证明遗产清单错误的，可以请求人民法院予以变更。第二，遗产分割前，遗产的归属应当认定为所有的继承人共同共有。第三，应当特别保护被继承人的债权人的债权，因而规定了债权的通知与公告、遗产债务清偿的限度、遗产债务清偿的顺序、遗产分割与债务清偿的规则；对于未到期、条件未成就的债务或者有争议债务的处理，也规定了遗产债权人的撤销权。

5. 增加遗产分割的规则

对于遗产的实际分割，首先应当增加的是继承人请求分割遗产的权利，规定遗产债务清偿后，继承人可以随时请求分割遗产。对于遗产实物分割的限制规定了以下情形：一是共同继承人的约定或遗嘱指定遗产于一定期间内不得分割的；二是遗产分割将会严重损害其价值的。

对于遗产分割的顺序，《继承法》第27条作出了规定。建议稿增加了遗嘱继承和遗赠的扣减，规定遗嘱继承与遗赠同时存在的，清偿遗产债务后，剩余遗产的实际数额不足遗嘱所列的遗产数额时，应当对遗嘱继承或者遗赠的数额，按应得份额的比例进行扣减。

建议稿增加了继承人下落不明的遗产的处理，规定遗产分割时继承人下落不明，不能确定其死亡，经人民法院判决该继承人失踪的，由其财产代管人管理其

继承的遗产。遗产分割时继承人下落不明,经申请人民法院判决宣告该继承人死亡的,其应分得的遗产由其继承人继承。

6. 完善无人继受遗产的处理规则

《继承法》对无人继承又无人受遗赠遗产的处理,规定比较简单,应当继续完善具体规则。建议稿规定,无人继承又无人受遗赠的遗产,遗产债务清偿后,归国家所有;死者生前是集体经济组织成员的,归其所在集体经济组织所有。同时规定:遗产移交国家或集体经济组织前继承人出现的,遗产管理人应当将遗产移交给继承人,并报告遗产处理情况;遗产管理人此前的职务行为对继承人有效。遗产移交国库或集体经济组织之后继承人出现的,自继承开始后5年内,继承人可以请求国家或者集体经济组织返还其应继承的遗产;原物不存在的,可以请求折价返还。

继承,无论是作为一种文明、一项习惯还是作为一种制度,都承担了将前代之人所积累的物质资源、文化结晶、政治身份、社会地位传递给后代人的任务。也正是在这种绵延嬗变、薪火相传中,继承逐渐从一种单纯的社会行为发展成为一项复杂的法律制度,亦完成了一个从身份继承到财产继承的发展历程。

对上述几项继承制度存在的问题和改进意见,应当利用编纂《民法典》将《继承法》修订为继承编的机会,对继承法进行一次大手术,明确继承编保护被继承人支配遗产自由的原则,明确法定继承、遗嘱继承、遗赠、遗赠扶养协议和继承协议的基本规则,规定遗产分割的具体规则,保护被继承人债权人的合法债权,保护继承人的继承权,让被继承人在规定的继承方式中有更多的选择余地,使其自由支配遗产的意愿得到保障,调整继承法律关系,能够使我国"形成全社会对公民财产长久受保护的良好和稳定预期"[①]。

---

① 《中共中央、国务院关于完善产权保护制度依法保护产权的意见》。

第二节 《民法典》继承编的立法进展、特点和重点与具体适用要求

一、《民法典》完善我国继承规则的主要进展

《民法典》在《继承法》的基础上制定的继承编，与《继承法》相比，在结构上仍然保持"一般规定""法定继承""遗嘱继承和遗赠""遗产的处理"四章；在条文上由原来的37条增加到45条；在继承规则上，通过增加条文和对原条文的修改，规定了18条新规则，与其他条文一道，形成了我国继承法律的规则体系。

《民法典》完善我国继承制度和规则的主要进展表现在以下方面。

（一）有关完善继承"一般规定"的进展

《民法典》继承编"一般规定"是继承通则，有三项重要的修改。

1. 相互有继承关系的数人在同一事件中死亡的先后顺序推定

《民法典》第1121条第2款规定，相互有继承关系的数人在同一事件中死亡，难以确定死亡时间的，推定没有其他继承人的人先死亡。都有其他继承人，辈份不同的，推定长辈先死亡；辈份相同的，推定同时死亡，相互不发生继承。增加的这一新规则，吸收的是《最高人民法院关于贯彻执行〈中华人民共和国继承法〉若干问题的意见》第2条规定的规则[①]，除了文字的修改，具体内容没有变化。

自然人的死亡时间是继承开始的时间。被继承人死亡时间的法律意义，就在于不论自然人是自然死亡还是宣告死亡，都从其死亡时开始继承。两个以上相互

---

① 该条的内容是："相互有继承关系的几个人在同一事件中死亡，如不能确定死亡先后时间的，推定没有继承人的人先死亡。死亡人各自都有继承人的，如几个死亡人辈份不同，推定长辈先死亡；几个死亡人辈份相同，推定同时死亡，彼此不发生继承，由他们各自的继承人分别继承。"

有继承权的人在同一事件中死亡，如果不能确定死亡的先后时间，就无法确定继承应当怎样进行，因而在同一事件中各死亡人的死亡时间如何确定，直接影响各自继承人的继承利益。在相互有继承关系的数人在同一事件中死亡的先后顺序规则中，数人已经死亡是客观事实，包括自然死亡和宣告死亡，而不是推定死亡①；法律进行推定的，是数人在同一事件中死亡的先后顺序。

关系各自继承人继承利益的关键就在于死亡先后顺序的推定。这一规则的要点是：首先，相互有继承关系的数人在同一事件中死亡，都有其他继承人，如果他们的辈份不同，推定长辈先死亡，晚辈后死亡，因而存在正常的继承关系，即长辈先死亡，同一事件中死亡的晚辈继承人就可以继承其遗产，晚辈继承人也死亡了，就由他的其他继承人继承他的遗产；其次，如果同一事件中死亡的人辈份相同，则推定他们同时死亡，使他们在相互之间不发生继承关系，他们的遗产由他们各自的继承人分别继承。规定这样的推定规则，有几十年司法经验作为立法的基础，完全符合遗产继承规律的要求。

2. 遗产范围由"概括＋列举"改为"概括＋排除"

《民法典》第1122条规定，遗产是自然人死亡时遗留的个人合法财产，但是，依照法律规定或者根据其性质不得继承的除外。这是对《继承法》第3条规定的遗产范围作出的重大修改，由过去对遗产范围的"概括＋列举"的方式，改变为"概括＋排除"的立法模式。

《继承法》第3条首先概括规定，遗产是公民死亡时遗留的个人合法财产；接着具体列举公民的收入，公民的房屋、储蓄和生活用品，公民的林木、牲畜和家禽，公民的文物、图书资料，法律允许公民所有的生产资料，公民的著作权、专利权中的财产权利，公民的其他合法财产，都是遗产。这种对遗产范围"概括＋列举"的立法方法的最大缺陷如下：一是列举不完全，须另加概括性的兜底条款，即确定"公民的其他合法财产"在其死亡后也是遗产；二是既然规定了公民死亡时遗留的个人合法财产是遗产，又加具体列举，构成双重规范模式，在立法

---

① 这里所说的不是死亡推定，不是说不包括宣告死亡的推定，而是说即使是宣告死亡的，如果是数人在同一事件中已经被宣告死亡，也存在死亡先后顺序的推定问题，也适用这一死亡先后顺序推定规则。

第二节 《民法典》继承编的立法进展、特点和重点与具体适用要求

成本上不经济；三是列举式的规定会发生误导，对没有列举的遗产，法官在办案时就不敢断言。对此，应当采纳《德国民法典》第 1922 条的规定方法，即："因人之死亡（继承之开始），其财产（遗产）概括移转于其他一人或数人继承（继承人）。"[①] 其中所说的财产（遗产），就是遗产范围，规范简洁、明了。《民法典》基本上采纳了这种立法方法。

按照《民法典》第 1122 条规定遗产范围的新规则，可以确定遗产范围是：第一，自然人死亡时遗留的个人合法财产都属于遗产。只要属于个人的合法财产，在其死亡时，就全部转化为被继承人的遗产。这与《民法典》第 124 条第 2 款关于"自然人合法的私有财产，可以依法继承"的规定相一致。第二，排除在遗产范围之外的是：依照法律规定或者根据其性质不能继承的财产，如国有资源的使用权，自然人可以依法取得和享有，却不得作为遗产继承；根据其性质不得继承的财产，如与自然人人身不可分离的具有抚恤、救济性质的财产权利（例如定期金赔偿请求权），不能作为遗产由其继承人继承。这一规定改变了《继承法》第 3 条规定的缺陷，采用了科学的方法界定遗产范围，是《民法典》完善继承新规则的成功之作。

3. 增加规定丧失继承权与受遗赠权的事由和被继承人享有宽宥权

《民法典》第 1125 条规定，继承人丧失继承权的事由如下：一是故意杀害被继承人；二是为争夺遗产而杀害其他继承人；三是遗弃被继承人，或者虐待被继承人情节严重；四是伪造、篡改、隐匿或者销毁遗嘱，情节严重；五是以欺诈、胁迫手段迫使或者妨碍被继承人设立、变更或者撤回遗嘱，情节严重。继承人如果有前述第三项至第五项行为，确有悔改表现，被继承人享有宽宥权，明确表示宽恕或者事后在遗嘱中将其列为继承人的，该继承人不丧失继承权。受遗赠人有前述情形，丧失受遗赠权。这些规则对《继承法》第 7 条的主要修改完善是：

第一，继承权丧失，是指继承人因发生法律规定的事由失去继承被继承人遗产的资格，分为绝对丧失和相对丧失。继承权绝对丧失，是指因发生某种使继承人丧失继承权的法定事由时，该继承人对被继承人的继承权便终局地丧失，不得

[①] 《德国民法典》，台湾大学法律学院、台大法学基金会编译，北京大学出版社 2017 年版，第 1393 页。

也不能再享有对被继承人的继承权。继承权相对丧失,是指虽发生某种法定事由使继承人丧失继承权,但是,在具备一定条件时,继承人也可以最终不丧失继承权,所以又叫继承权非终局丧失。① 这一条文规定,继承人故意杀害被继承人,或者继承人为争夺遗产而杀害其他继承人,是继承权的绝对丧失;遗弃被继承人或者虐待被继承人情节严重,伪造、篡改或者销毁遗嘱情节严重,以欺诈或者胁迫手段迫使或妨碍被继承人设立、变更或撤销遗嘱情节严重的,为继承权的相对丧失。其中新增加的继承权相对丧失的法定事由是上述第五项情形,增加这一丧失继承权事由的理由是:上述第四项事由是行为人亲自对遗嘱人的遗嘱做手脚,以达到自己的非法目的;而第五项事由是行为人通过作用于遗嘱人的外力而使其所立遗嘱的意思表示不真实。这种行为虽然不是行为人亲自实施对遗嘱的改变,但是,通过欺诈或者胁迫等手段,使遗嘱人表达了处理遗产的非真实意思表示,也是非法改变遗嘱人意志的严重违法行为。将其规定为丧失继承权的法定事由是非常正确的。

第二,以法定继承权的丧失为前提,宽宥是指被继承人在情感上对继承人实施的丧失继承权行为的谅解和宽恕,表达被继承人对继承人继承资格的再次认可,恢复其已丧失的继承权。② 在继承人丧失继承权后,只要被继承人对继承人予以宽宥,就能够恢复继承人已经丧失的继承权。《继承法》没有规定宽宥制度,司法解释只对此作了部分规定。这是《民法典》规定的新规则,应当予以充分肯定。在被继承人和继承人之间,都有血缘关系或者特殊的亲属关系,被继承人对犯有过错的继承人予以宽宥,准许其继承自己的遗产,是符合情理的。继承人遗弃被继承人,或者虐待被继承人情节严重;伪造、篡改、隐匿或者销毁遗嘱,情节严重;以欺诈、胁迫手段迫使或者妨碍被继承人设立、变更或者撤回遗嘱,情节严重,尽管丧失了继承权,但是,过后确有悔改表现,被继承人明确表示宽恕,或者事后在遗嘱中将其列为继承人而推定其对继承人的宽恕,就表达了被继

---

① 参见和丽军:《继承权丧失研究》,法律出版社2017年版,第28-29页。
② 参见杨立新、和丽军:《关于恢复继承权宽宥制度的重新思考》,载《东南学术》2013年第1期,第140页。

承人宽宥的意思表示。前者为明示的宽宥，后者为推定的宽宥。经过被继承人的宽宥，该继承人恢复了继承权，可以继承被继承人的遗产。宽宥作为被继承人的单方意思表示，不需要相对方即继承人作出任何意思表示，就能够产生法律效力。所以，增加宽宥规则既符合民间习惯，也是我国继承制度改革的一个重大进展，对被继承人支配其遗产的自由意志给予了充分的尊重。[1]

第三，《民法典》第 1125 条第 3 款规定，受遗赠人实施了上述五种行为之一的，丧失受遗赠权。这是一项新的继承规则，也是遗赠规则中的应有之义。

（二）有关完善法定继承规则的进展

《民法典》在"法定继承"一章增加了一款新规定，修订了一个条文的部分内容。

1. 被继承人的兄弟姐妹的子女可以代位继承

《继承法》第 11 条只规定了被继承人的子女的晚辈直系血亲的代位继承，范围比较窄。《民法典》第 1128 条增加第 2 款，规定："被继承人的兄弟姐妹先于被继承人死亡的，由被继承人的兄弟姐妹的子女代位继承。"规定被继承人的兄弟姐妹的子女有代位继承权的主要价值是扩大法定继承人的范围，在一定程度上改变了我国法定继承人范围过窄，在旁系血亲继承人中只有兄弟姐妹的现状，使侄子、侄女、外甥、外甥女能够成为代位继承的法定继承人，代位继承其伯、叔、姑、舅、姨的遗产，减少形成无人继承遗产的概率。

2. 扩大酌分遗产请求权的主体范围

《继承法》第 14 条规定的酌分遗产的主体如下：一是对继承人以外的依靠被继承人扶养的缺乏劳动能力又没有生活来源的人，二是继承人以外的对被继承人扶养较多的人。对前者的酌分遗产须具备三个要件：一是依靠被继承人扶养，二是缺乏劳动能力，三是没有生活来源。这样的要求太严格。《民法典》第 1131 条规定："对继承人以外的依靠被继承人扶养的人，或者继承人以外的对被继承人扶养较多的人，可以分给适当的遗产。"这样规定，对前者成为酌分遗产请求权人的要求，就减掉了后两个要件，只要是依靠被继承人扶养的人，就可以分给适

---

[1] 参见杨立新：《我国继承制度的完善与规则适用》，载《中国法学》2020 年第 4 期，第 91 页。

当的遗产，即依靠被继承人扶养的人虽然没有继承权，但是，可以根据实际情况分给适当遗产，使酌分遗产请求权的主体范围有所扩大，能够保障这些依靠被继承人扶养的人不因被继承人的死亡而生活无着。

（三）有关完善遗嘱继承和遗赠规则的进展

《民法典》对遗嘱继承和遗赠增加了一项新规则，修改了三项原来的规则，使遗嘱继承的法律规则比先前有了较大进展。

1. 确认打印遗嘱是有效的遗嘱形式

打印遗嘱是指遗嘱人通过电脑制作，用打印机打印出来的遗嘱。《继承法》没有规定这种遗嘱形式的原因是立法当时电脑尚未普及；人们使用打字机打印的书写方法也比较少见，打印遗嘱还没有出现规范的必要。《民法典》第1136条规定："打印遗嘱应当有两个以上见证人在场见证。遗嘱人和见证人应当在遗嘱每一页签名，注明年、月、日。"这是《民法典》根据时代发展和科技进步作出的新规定，确认了打印遗嘱形式，弥补了我国遗嘱形式的空白，适应了电脑普及后很少有人用笔写作的社会生活和司法实践需要。

由于《继承法》没有规定打印遗嘱，在司法实践中对打印遗嘱的效力存在较多争议，有的认为是自书遗嘱，有的认为是代书遗嘱。其实，打印遗嘱既不是自书遗嘱，也不是代书遗嘱，而是独立的遗嘱形式[①]，应当依照其特点确定其效力。鉴于打印遗嘱应用的普遍性和判断的复杂性，《民法典》第1136条规定打印遗嘱是法定的遗嘱形式，对符合条件要求的，应当确认其法律效力。打印遗嘱有效的要件为：一是遗嘱为电脑制作、打印机打印出来的文本形式；二是有两个以上的见证人在场见证，并在打印遗嘱文本的每一页签名；三是遗嘱人也必须在打印遗嘱文本的每一页签名；四是在打印遗嘱文本上注明立遗嘱的年、月、日。只要具备这些要件，则打印遗嘱发生遗嘱效力。

目前，规定打印遗嘱是合法遗嘱形式的立法例较少，例如，《土库曼斯坦民法典》第1183条规定："以通常认可的技术手段制成的书面遗嘱，须有遗嘱人的亲笔签名。在遗嘱人订立遗嘱并亲笔签名时，须有两名见证人确认遗嘱是其在场

---

① 参见张萱、陶海荣：《打印遗嘱的法律性质与效力》，载《法学》2007年第9期，第141页。

时以上述技术手段订立的。遗嘱人亲笔签名后,应在遗嘱人和两名见证人均在场的情形下以在遗嘱上添加注明见证人的姓、名和住所地之记载方式毫不迟延地对订立的遗嘱进行证实。"《魁北克民法典》第728条规定:"如遗嘱由第三人或运用技术手段书写,遗嘱人和证人应当在没有其签名的此等文件的每一页上画押或签名。""如遵守了其他手续,每一页上画押或签名的阙如不妨碍作为当着公证人订立的公证遗嘱无效的遗嘱作为当着证人订立的遗嘱有效。"《埃塞俄比亚民法典》第885条规定:"遗嘱人打印的自书遗嘱,除非在每一页上都载有表明它是自书遗嘱的手写说明,无效。"《越南民法典》第634条也有类似的规定。这些关于打印遗嘱的规定,有的是基于用人工打印机打印的方式,有的是用电脑和打印机打印的方式,不论采用何种方式的打印遗嘱,确定其有效的条件是基本相同或者相似的。《民法典》确认打印遗嘱的效力有立法例支持,体现了当代社会新的科技手段运用对打印遗嘱的要求。

2. 确认录像遗嘱是有效的遗嘱形式

《继承法》第17条只规定了录音遗嘱,规定的条件也比较简单,只要有两个见证人在场见证即可。《民法典》第1137条规定:一是增加录像遗嘱形式,称为录音录像遗嘱;二是增加遗嘱人和见证人应当在录音录像中记录其姓名或者肖像,以及年、月、日。录音录像遗嘱是新型的遗嘱方式,是指以录音录像方式录制下来的遗嘱人的口述遗嘱,其实就是视听遗嘱。录音录像遗嘱究竟是一种还是两种遗嘱方式,在录像遗嘱中自然包括录音,而纯粹的录音遗嘱中就没有录像,使用当前的科学技术制作视频遗嘱虽然并不存在难度,但是,仍然存在以录音记录遗嘱的可能性,故将录音录像遗嘱分为两种不同方式还是必要的。

3. 明确其他不具有见证能力的人不能作遗嘱见证人

《继承法》第18条对遗嘱见证人的资格作了规定。《民法典》第1140条规定:"下列人员不能作为遗嘱见证人:(一)无民事行为能力人、限制民事行为能力人以及其他不具有见证能力的人;(二)继承人、受遗赠人;(三)与继承人、受遗赠人有利害关系的人。"这一条文增加了"其他不具有见证能力的人"不能作遗嘱见证人的规定。遗嘱见证人,是指订立遗嘱时亲临遗嘱制作现场,对遗嘱

真实性予以证明的第三人。除自书遗嘱之外，其他各种遗嘱皆应有或者可有见证人参与，以确保遗嘱的真实及方式正确，因而见证人及其信用如何，遗嘱见证人证明的真伪，都直接关系着遗嘱的效力。《继承法》第18条规定体现了这些要求。《民法典》第1140条增加规定的是，不具有遗嘱见证人资格的人也包括其他不具有见证能力的人。见证人是否具有见证能力，应当以参加设立遗嘱见证时为准。遗嘱见证能力，是指能够辨别遗嘱人设立遗嘱时具体精神状况和遗嘱内容是否真实的能力。在该条中，使用的是"其他不具有见证能力的人"，所谓其他，针对的是无民事行为能力人和限制民事行为能力人，是指这些人之外的、不具有见证能力的人。例如，虽然具有完全民事行为能力，但是智力发展不够健全的人，不能辨别遗嘱人设立遗嘱时的精神状况是否符合设立遗嘱的要求，对遗嘱内容是否真实缺乏正常的判断能力，属于其他不具有见证能力的人。这些人不能作为遗嘱见证人，即使作了遗嘱见证人也不具有遗嘱见证的效力，会导致其所见证的遗嘱无效的后果。

4. 确立数份遗嘱内容相抵触时设立在后效力优先原则

对遗嘱人立有数份内容相抵触的遗嘱的效力，《继承法》第20条第2款虽然规定了"立有数份遗嘱，内容相抵触的，以最后的遗嘱为准"的规则，但是，第3款又规定了"自书、代书、录音、口头遗嘱，不得撤销、变更公证遗嘱"的公证遗嘱效力优先原则，限制了遗嘱人的遗嘱自由。如果遗产的流转不符合被继承人的意志，就是对他的自由意志的侵害，损害了他的人格尊严。[①] 对此，《民法典》第1142条第3款强调"立有数份遗嘱，内容相抵触的，以最后的遗嘱为准"的原则，删除了公证遗嘱效力优先原则，使遗嘱设立在后效力优先原则成为判断遗嘱效力的最高、最终原则。这是对数份遗嘱内容相抵触时效力判断标准的正确规定。遗嘱人立有数份内容相抵触的遗嘱，规定公证遗嘱具有最高效力，其他任何形式的遗嘱都不能变更、撤回公证遗嘱，就有可能将并不代表遗嘱人最终真实意思的公证遗嘱的效力绝对化，一旦遗嘱人在设立公证遗嘱后，临终之前想要撤

---

① 参见杨立新：《民法典分则编的核心价值是维护人的尊严》，载《福建论坛（人文社会科学版）》2019年第5期，第154页。

回或者变更以前设立的公证遗嘱，因不能及时作出新的公证遗嘱，遗嘱人关于处分其遗产的真实意思表示就无法实现。数份内容相抵触的遗嘱，究竟哪一份遗嘱最能够代表遗嘱人的真实意思，当然是离遗嘱人死亡时间最近的遗嘱最真实。《民法典》确立遗嘱设立在后效力优先原则，确认数份遗嘱内容相抵触以最后的遗嘱为准，替代了公证遗嘱效力优先的错误规则，是一项正确的选择。

此外，《民法典》第1142条第1款将"遗嘱撤销"改为"遗嘱撤回"，使继承编的概念更准确，因为撤销是对已经生效的意思表示的否定，而撤回是对未生效的意思表示的否定。遗嘱设立后至遗嘱人死亡之前，遗嘱并未生效，因而使用"遗嘱撤销"的表述是不正确的。《继承法》立法时对此并不严格区别，使用了撤销的概念。《民法典》第1142条第2款规定，立遗嘱后，遗嘱人实施与遗嘱内容相反的民事法律行为的，视为对遗嘱相关内容的撤回，是对实施的与遗嘱内容相反的行为推定遗嘱人对遗嘱内容的撤回。这是具有实际操作价值的继承法律新规则。

（四）有关完善遗产的处理规则的进展

1. 增设遗产管理人的选任、职责等五项新规则

遗产管理人，是指经过授权，对死者遗产负有保存和管理职责的人。[1] 遗产管理人的重要性在于，被继承人死亡时，已经丧失民事权利能力和民事行为能力，遗产管理人就代表被继承人的意思，保存和管理被继承人的遗产，防止其遗产被他人侵夺或者争抢，使被继承人遗嘱指定或者法定的继承人、受遗赠人继承遗产或者取得遗产权利，保证被继承人的债权人的债权利益。因此，遗产管理人的产生、职责、责任、报酬，对保护遗产，保障被继承人的处置遗产意志，保护继承人及受遗赠的合法权益，保护被继承人的债权人的债权，都具有重要的意义。《继承法》没有规定遗产管理人，欠缺这一重要的继承规则，仅在第24条规定了"存有遗产的人，应当妥善管理遗产，任何人不得侵吞或者争抢"的内容。《民法典》第1145条至第1149条用五个条文，全面规定了遗产管理人制度，填补了我国继承法律规则的空白。

---

[1] 参见付翠英：《遗产管理制度的设立基础及体系架构》，载《法学》2012年第8期，第36页。

第一，《民法典》第1145条规定了遗产管理人的产生方式，确定继承开始后，遗嘱执行人为遗产管理人。没有遗嘱执行人的，遗产管理人的产生方式如下：一是继承人应当及时推选遗产管理人；二是继承人未推选的，由继承人共同担任遗产管理人；三是没有继承人或者继承人均放弃继承的，由被继承人生前住所地的民政部门或者村民委员会担任遗产管理人。有人质疑在第三种情形下，为什么没有规定居民委员会作为遗产管理人的资格，这是因为在城镇，遗产管理人直接由所在地民政部门担任，不由居民委员会作为遗产管理人。

第二，《民法典》第1146条规定，对确定遗产管理人有争议的，利害关系人有权申请指定遗产管理人。指定遗产管理人的特定情况，是对遗产管理人的确定有争议，例如：遗嘱未指定遗嘱执行人或遗产管理人，继承人对遗产管理人的选任有争议；或者遗嘱未指定遗嘱执行人或遗产管理人，被继承人没有继承人或者继承人下落不明；或者对指定遗产管理人的遗嘱效力存在争议；或者没有产生遗产管理人，遗产的债权人有证据证明继承人的行为已经或将要损害其债权利益等。出现上述情形之一，利害关系人可以向法院起诉，申请指定遗产管理人。为保证遗产的安全，避免遗产损毁，人民法院在指定遗产管理人之前，经利害关系人申请，可以对遗产进行必要的处分，即在紧急情况下（例如遗产有毁损、灭失危险时），法院可代行遗产管理人的部分职责。法院在指定了遗产管理人之后，遗产管理人应当立即就位，履行遗产管理人的管理职责，保护各方当事人的合法权益。

第三，《民法典》第1147条规定，遗产管理人应当履行的职责包括：一是清理遗产并制作遗产清单；二是向继承人报告遗产情况；三是采取必要措施防止遗产毁损；四是处理被继承人的债权债务；五是按照遗嘱或者依照法律规定分割遗产；六是实施与管理遗产有关的其他必要行为。遗产管理人应当按照上述规定的职责范围履行管理职责。

第四，《民法典》第1148条规定，遗产管理人应当依法履行职责，因故意或者重大过失造成继承人、受遗赠人、债权人损失的，应当承担民事责任。遗产管理人不论是否受有报酬，一律应以善良管理人的注意义务履行职责。其注意程

度，应与宣告失踪人之财产管理人的注意义务相同。① 遗产管理人须忠实、谨慎地履行管理职责，因遗产管理人不当履行上述义务给继承人、受遗赠人或者遗产债权人造成损害的，继承人、受遗赠人或者遗产债权人有权要求遗产管理人承担民事责任，赔偿由此造成的损失。

第五，《民法典》第1149条规定，遗产管理人有权获得报酬。遗产管理人提供遗产管理服务，既可以是有偿服务，也可以是无偿服务。在通常情况下，遗产管理人是有偿提供服务，原因是，遗产管理人是为他人的利益实施管理遗产的行为，为实现遗产的保值，保护遗产继承各方当事人的权益，因而对遗产管理人支付管理费用理所当然。故遗产管理人收费应当是常态，特别是受委托的遗产管理人更应如此。

2. 增加规定转继承的一般规则

转继承，又称再继承或第二次继承，是指继承人在被继承人死亡后、遗产分割前死亡，继承人有权继承的遗产份额转由他的合法继承人继承的继承制度。② 转继承是对遗产份额的再继承，而非继承权利的移转。《继承法》没有明文规定转继承，但是在社会生活中实际存在，并在司法实践中予以适用。《民法典》确认转继承，第1152条规定："继承开始后，继承人于遗产分割前死亡，并没有放弃继承的，该继承人应当继承的遗产转给其继承人；但是遗嘱另有安排的除外。"

继承开始后，继承人放弃继承的，应当在遗产处理前作出放弃继承的表示。没有表示的，视为接受继承。因而，继承开始，继承人只要没有放弃继承的表示，就取得了遗产的所有权，遗产分割只是法律上的认定或宣示。故转继承只是对遗产份额的再继承，而非继承权利的移转。

转继承在法定继承或者遗嘱继承中都会发生，都须具备下列要件：一是继承人在被继承人死亡后、遗产分割前死亡；二是继承人未丧失或放弃继承权；三是由死亡继承人的继承人继承其应继承的遗产份额。转继承的效力，是指符合了转

---

① 参见史尚宽：《继承法论》，中国政法大学出版社2000年版，第374页。
② 参见王作堂、魏盛礼：《试论转继承的性质》，载《中外法学》1993年第5期，第47页。

继承的要件，发生转继承的法律后果。在转继承中，作为转继承客体的被转继承人的应继份，根据死亡的被转继承人的继承方式而有差异。如果死亡的被转继承人根据法定继承方式进行继承，则其应继份为根据法定继承所取得的份额；如果被转继承人为遗嘱继承人，则依照被转继承人的遗嘱确定其所取得的应继份。转继承人取得的份额也根据继承方式的不同而有差异：转继承人在存在合法、有效遗嘱时，适用遗嘱继承取得被转继承人的遗产份额；无遗嘱或者无有效遗嘱存在时，适用法定继承取得被转继承人的遗产份额。

3. 增加规定受遗赠人丧失受遗赠权的遗产部分依照法定继承处理

《民法典》第1154条规定："有下列情形之一的，遗产中的有关部分按照法定继承办理：（一）遗嘱继承人放弃继承或者受遗赠人放弃受遗赠；（二）遗嘱继承人丧失继承权或者受遗赠人丧失受遗赠权；（三）遗嘱继承人、受遗赠人先于遗嘱人死亡或者终止；（四）遗嘱无效部分所涉及的遗产；（五）遗嘱未处分的遗产。"这一条文与《继承法》第27条规定相比，增加了受遗赠人丧失受遗赠权的遗产部分也应当依照法定继承处理的规则。遗嘱继承人丧失继承权，这一部分遗产当然应当按照法定继承办理；同样，受遗赠人丧失受遗赠权，其中遗产的相关部分也应当按照法定继承办理。《继承法》之所以没有这项规定，是因为该法第7条只规定了继承人丧失继承权，没有规定受遗赠人丧失受遗赠权。《民法典》第1125条第3款规定了"受遗赠人有本条第一款规定行为的，丧失受遗赠权"的内容，因此相对应地增加了本条的这一新规则。

4. 明确无人继承且无人受遗赠的遗产收归国有用于公益事业

在继承领域中，无论法定继承人的范围有多宽，总会出现无人继承又无人受遗赠的遗产。我国的法定继承人范围原本就狭窄，出现无人继承又无人受遗赠的遗产的概率较大，是不可避免的。将无人继承又无人受遗赠的遗产收归国有或者集体所有，究竟作何之用，不无疑问。《民法典》第1160条规定，"无人继承又无人受遗赠的遗产，归国家所有，用于公益事业"，明确了这一问题，使私人的遗产即使被收归国有，也只能用于公益事业，符合正当性原则的要求，符合国家取得无人继承又无人受遗赠的遗产的公益目的。

5. 明确法定继承人、遗嘱继承人及受遗赠人的遗产清偿顺序

在一项被继承人的遗产上,既发生了法定继承,又发生了遗嘱继承、遗赠的,究竟先由哪一部分继承的遗产承担遗产债务,既涉及对不同的继承和遗赠的效力问题,也涉及对被继承人的债权人的债权保护问题。《民法典》第1163条借鉴《最高人民法院关于贯彻执行〈中华人民共和国继承法〉若干问题的意见》第62条规定的规则,明确规定:"既有法定继承又有遗嘱继承、遗赠的,由法定继承人清偿被继承人依法应当缴纳的税款和债务;超过法定继承遗产实际价值部分,由遗嘱继承人和受遗赠人按比例以所得遗产清偿。"对法定继承和遗嘱继承、遗赠之于被继承人依法应当缴纳的税款和债务的遗产清偿顺序作出了明确规定。

依照《民法典》第1123条关于"继承开始后,按照法定继承办理;有遗嘱的,按照遗嘱继承或者遗赠办理;有遗赠扶养协议的,按照协议办理"的规定,不同的继承方式、遗赠和遗赠扶养协议的优先顺序如下:一是遗赠扶养协议,二是遗嘱继承和遗赠,三是法定继承。与这一规定相一致,在已经发生了继承、遗赠后,需要继承人以继承的遗产、受遗赠人以其接受的遗产清偿被继承人应当缴纳的税款和债务时,刚好应当按照《民法典》第1123条规定的相反顺序进行。因此,《民法典》第1163条规定的新规则是:首先,由法定继承人清偿被继承人应当缴纳的税款和债务;其次,被继承人应当缴纳的税款和债务的数额超过法定继承遗产实际价值的部分,即由法定继承人继承的遗产部分缴纳税款和清偿债务仍有不足的部分,依照有限继承原则的要求,法定继承人不再承担清偿责任,而由遗嘱继承人和受遗赠人按比例以所得遗产予以清偿。由于遗赠扶养协议的扶养人接受遗产是有对价的,因此,不承担清偿被继承人应当缴纳的税款和债务的责任。

二、《民法典》完善我国继承规则的特点和重点

(一)《民法典》完善我国继承规则的特点

《民法典》对我国继承规则的上述修改和完善,体现了以下主要特点。

1. 突出继承制度的私法属性，彰显对民事主体私有财产的保护

继承法律制度是私法制度，必须突出对个人私有财产权益的法律保护。《民法典》第113条规定："民事主体的财产权利受法律平等保护。"继承权作为继承制度的核心，受法律的平等保护。在继承领域保护私人财产权益，就是要在对遗产的处理中，将个人的私有财产权益放在最重要的地位，全面加以保护。《民法典》的这一特点主要表现在以下方面：

第一，适当扩大继承人范围，确定被继承人的兄弟姐妹的子女代位继承，体现了我国继承制度保护私人财产权益的特点。遗产就是被继承人生前所有的合法财产，是私有财产。在被继承人死亡后，遗产应当依照自己的意志或者依照法律，在其继承人的范围内进行流转，他人不得非法取得，就是保护私有财产权益的体现。法律保护的手段是按照被继承人的遗嘱或者法律的规定，尽可能地让遗产在其亲属中流转，因此，扩展继承人的范围就是最好的保护方法。《继承法》规定的法定继承人范围较窄，只规定了两个顺序的法定继承人，因而会出现较多无人继承又无人受遗赠的遗产。《民法典》增加规定被继承人的兄弟姐妹的子女为代位继承的继承人，使法定继承人的范围有所扩大，对保护私有财产权益是重要进步。

第二，为了保护被继承人处置遗产的意志，保护继承人、受遗赠人和被继承人的债权人的权益，针对《继承法》的立法不足，《民法典》用5个条文规定了遗产管理人制度，充分发挥遗产管理人的职责，更好地保护继承法律关系的客体即遗产，使继承法律关系各方当事人的权益受到保护，并保障其实现。这一规定成为《民法典》"遗产的处理"一章最大的亮点。

第三，为了更进一步体现被继承人处置其身后遗产的自由意志，《民法典》改变在遗嘱人立有数份内容相抵触的遗嘱时公证遗嘱效力优先原则，将时间在后效力优先原则作为最终原则，避免了已经立了公证遗嘱但是在临终前来不及以公证遗嘱变更或者撤回原公证遗嘱，而使自己对私有财产权益的处分存在障碍，能更好地保护私人财产权利。

2. 突出时代特点，在继承领域积极回应科技进步的要求

《民法典》紧跟时代发展，呼应科技进步的要求，主要体现在对遗嘱形式和

遗产范围规定的新规则上。对遗嘱形式，增加规定了有时代特点的打印遗嘱和录像遗嘱，使我国的遗嘱形式增多，改变了不认可打印遗嘱效力的做法，使之成为法定的遗嘱形式。将录像遗嘱与录音遗嘱结合起来，使当代科学技术发展的成果能够应用到继承领域中，使在继承领域利用当代科学技术成果的遗嘱形式得到充分肯定，走在了时代的前列。对遗产范围，尽管《民法典》对其界定采取概括式规定，没有明文将随着时代发展而产生的新型财产写进遗产范围，但是，由于《民法典》第127条已经规定了网络虚拟财产和数据以及第123条规定了知识产权的新客体，因而能够使这些有形的或者无形的新型财产都成为遗产，体现了时代的特点，因应了时代发展和科技进步对继承法律制度提出的新要求。

3. 突出私法自治，尊重被继承人对其身后遗产处置的自由意志

私法自治是民法的基本原则，也是权利人支配其财产的基本原则。这正是"民事主体按照自己的意思依法行使民事权利，不受干涉"[①] 原则的体现。在对待遗产上，《民法典》尊重和保护被继承人对遗产处置的意志，即使在没有遗嘱的情况下，在法定继承中也是按照保护和尊重财产所有权人对所有权支配的一般情形，确定法定继承规则。

对此，《民法典》的编纂达到了以下目标：首先，在法定继承和遗嘱继承中，强调遗嘱继承优先，把被继承人明确表达支配自己身后遗产的遗嘱认定为具有对遗产处置的最高效力，排斥法定继承的适用，表达了意思自治原则的要求。其次，《民法典》第1125条首次确认被继承人的宽宥权及宽宥权行使的效果，对继承权相对丧失的继承人，被继承人也可以通过宽宥而使其恢复继承权，能够取得被继承人的遗产。这是我国继承观念和规则的一个重大转变。最后，对于取得了遗产的法定继承人、遗嘱继承人及受遗赠人负担被继承人的债务的顺序，规定法定继承人首先负担遗产债务清偿义务、遗嘱继承人或者受遗赠人次之的遗产债务清偿顺序，体现了对被继承人处置自己遗产意志的尊重和保护。

4. 突出完善继承制度，补充修改继承规则

对于复杂的继承法律规则，《继承法》用37个条文予以规范，显然是不够

---

① 《民法典》第130条。

的。故《民法典》的重要任务就是要完善继承规则体系。在修订和补充的条文中，更多的是为了完善继承规则。

《民法典》在这方面努力是：第一，补充规定了相互有继承关系的数人在同一事件中死亡先后顺序推定规则，这是《继承法》没有规定的内容，最高人民法院作出的相关司法解释经过实践证明是正确的，因此规定了《民法典》第1121条第2款，将其上升为法律规范。第二，对于遗产范围的规定，第1122条纠正了《继承法》对遗产范围的不当规定，确立了以概括方式规定遗产范围的做法。第三，《民法典》第1152条规定了转继承规则，使在司法实践和社会生活中存在的转继承的习惯成为法律规范，补充了继承规则的立法不足。第四，《民法典》第1154条明确规定受遗赠人丧失受遗赠权的遗产部分，也应当依照法定继承办理，补充了我国继承规则的漏洞。

（二）《民法典》完善继承规则的重点

概括而言，《民法典》对继承法律规则进行修改和完善的重点还是比较突出的，主要是围绕完善继承规则体系进行的。

首先，《民法典》修改和完善继承规则体系的重点放在"遗产的处理"部分。《民法典》继承编分为四章，作了有实质意义的重要修改或者新增加的条文共18条，其中集中在"遗产的处理"一章的为9条，占50%；其他三章共有9条，占50%。从涉及遗产处理的9条新规则的内容看，涉及遗产管理人的条文就有5条；其他包括转继承规则1条，受遗赠人丧失受遗赠权的遗产部分依照法定继承处理规则1条，无人继承且无人受遗赠的遗产处置规则1条，接受遗产的法定继承人、遗嘱继承人及受遗赠人的债务清偿顺序规则1条，共4条。由此可以看出，《民法典》对继承规则的修改重点集中在遗产处理规则上，主要是对遗产的管理和处置规则的修改和完善。

其次，《民法典》的修改和完善也涉及继承的基本制度。主要内容是：第一，在继承的一般规则中修改和完善的规则有3条：一是对相互有继承关系的继承人在同一事件中死亡的时间推定，二是对遗产范围的规定，三是对丧失继承权事由的补充和新规定的被继承人的宽宥权。第二，关于法定继承制度的修改和完善有

两处：一是增加被继承人的兄弟姐妹的子女的代位继承，二是扩大酌分遗产请求权主体的范围。第三，在遗嘱继承中修改和完善的规则有4条：一是增加打印遗嘱的规定，二是规定录音录像遗嘱，三是规定其他不具有见证能力的人不能作见证人，四是否定公证遗嘱效力优先原则。可见，《民法典》在对"一般规定""法定继承""遗嘱继承和遗赠"这三章的编纂中，主要是对继承规则的一般性修改和补充，对基本继承制度的改变不大，基本上保持不变。

基于以上分析，可以得出的结论是，《民法典》对继承制度的修改和完善，重点是对我国继承规则的补充和完善，突出点是对遗产管理规则的修改，对我国的基本继承制度是在原有的基础上进行了一些重要补充，保持了我国基本继承制度的稳定。

三、对《民法典》规定的继承制度现状的评估及适用的基本要求

（一）对《民法典》规定的继承制度现状的评估

通过上述对《民法典》对我国继承制度与规则修改和完善的内容、特点、重点的讨论，可以得出以下评估结论。

1. 我国继承法律的基本属性没有改变

《继承法》规定的继承法律制度是建立在改革开放后的社会基础上的，与改革开放的社会经济基础基本上是相适应的。尽管当时处于改革开放的初期，个人的经济收入还不够高，经济体制的转型尚未最终完成[①]，但是，在改革开放的大环境之下建立起来的继承制度，其基本属性是符合社会经济基础和支配个人财产需要的继承法律制度。

《民法典》对我国继承规则的完善，虽然有约40%的条文进行了修改和增加，但是并没有进行重大改变，主要修改的内容还是集中在对遗产处理的规则和继承规则的完善上。其中最大的变化是增加了遗产管理人制度，体现了当代遗产处理规则的改变。这是因为，经过30多年的深入改革开放，经济不断发展，个

[①] 参见杨立新、刘德权、杨震主编：《继承法的现代化》，人民法院出版社2013年版，第4页。

人财富水平不断提升，有些人积累的财富数量巨大，被继承人死亡后有大量的遗产，需要对这些财富进行管理和分配，而不是简单的清点就能够保证遗产完整和分配的合法性。当然也有一些继承制度的改变，不过，这些都没有改变我国继承制度的本质特征，继续保持着改革开放社会的继承制度的属性，并根据时代发展的要求进行完善。

2. 我国继承法律的基本制度没有改变

我国于1985年创建的继承法律制度，除了规定继承法的一般规则，就是法定继承、遗嘱继承和遗产的处理，共有四大板块。这是自1950年代起草的继承法草案开始[1]，直到《继承法》规定的基本继承法律制度。例如，在继承顺序上，1958年3月《继承法草稿》第15条规定的法定继承顺序是，第一顺序为配偶、子女、父母，第二顺序为兄弟姐妹，第三顺序为祖父母。第16条规定孙子女、曾孙子女可以代位继承。[2] 当时立法者认为，欧陆国家民法典采取继承人范围无限制原则，规定了众多的继承顺序，"而苏俄民法则采取范围较窄的原则，只有配偶、子女、父母、兄弟姐妹以及其他丧失劳动能力并且在被继承人生前生活一年以上的才有继承权（见《苏俄民法典》第418条）。我们认为，根据中国的实际情况与历史传统，是不宜过宽和过窄的，过宽会使遗产过分分散，对遗产的使用不利，而且容易发生纠纷；过窄则又违反群众的习惯，影响家庭成员间的团结和互助"[3]。我国在改革开放之初制定《继承法》，确定的法定继承顺序就是采取这一规则，继承制度简洁、明了，容易操作。

我国社会发展到今天，与1985年相比有了重大改变，人们拥有的财富也今非昔比，需要有更加具体和细致的规则作为处理遗产的规范，不仅需要有遗嘱继承作为主导的继承制度，还要在法定继承中增加代位继承的继承人，补充规定法

---

[1] 参见何勤华、李秀清、陈颐编：《新中国民法典草案总览》（增订本）（上卷），北京大学出版社2017年版，第809—811页。

[2] 参见何勤华、李秀清、陈颐编：《新中国民法典草案总览》（增订本）（上卷），北京大学出版社2017年版，第810—811页。

[3] 《关于继承问题向彭真同志的报告》，载何勤华、李秀清、陈颐编：《新中国民法典草案总览》（增订本）（上卷），北京大学出版社2017年版，第812—813页。

定继承人丧失继承权的事由，确立被继承人的宽宥制度，在遗嘱继承和遗赠中增加打印遗嘱和录像遗嘱，特别是明确规定遗产管理人制度和转继承制度等，以适应时代的变化和被继承人实际处分遗产自由意志的需要。尽管如此，由于对继承法律的基本制度未作实质性改变，因而仍然保持了基本继承制度的稳定。

3. 我国继承法律的基本规则没有改变

《民法典》继承编在45个条文中，有18个条文是新增加或者经过修改的，数量较多，不过，大部分的修订集中在继承法律制度的具体规则的修改和完善方面，都不是对继承制度基本规则的改变。可以进行比较的是，《民法典》的前三章规定的是我国继承制度的主要规则，仅有9项修改；而"遗产的处理"一章就有9项修改和完善。可见，《民法典》不是对继承主要规则的修改，因此，《民法典》的继承规则体系没有发生根本性的改变，基本保持着原有的状况，只是纠正了部分原来不当的规定，使继承规则有所丰满而已。

（二）《民法典》规定继承法律制度保持基本稳定的原因

《民法典》对我国继承法律的基本属性、基本制度和基本规则没有根本改变，保持了我国的继承法律制度的基本稳定，没有使我国的继承法律制度发生大起大落的变化，其原因主要是我国继承法律的基本立法思想没有改变。

首先，继承法律制度涉及千家万户，制度和规则都需要稳定，对继承法律的基本属性、基本制度和基本规则不能轻易作出大的改变，避免引起社会生活秩序的重大变化。确实，继承法律制度关乎每一个家庭、每一个人，需要有稳定的制度和规则进行规范。编纂《民法典》对继承编和婚姻家庭编的规则进行修订，坚持的就是这样的立法思想，具有其合理性。例如，对父母的法定继承人顺序，《民法典》继续规定为第一顺位，曾经有过借鉴多数国家的做法，将其改变为第二顺位法定继承人的尝试[①]，但是阻力较大，多数人不接受。又如，将配偶规定为无固定顺序的法定继承人，跟随其他顺序的法定继承人进行继承，也有过尝

---

① 《民法典分则继承编草案》（室内稿）第9条第1款规定："遗产按照下列顺序继承：第一顺序：子女；第二顺序：父母；第三顺序：兄弟姐妹、祖父母、外祖父母。"

试①，很多人也不接受这样的意见。鉴于此，《民法典》规定的继承法律保持基本属性不变、基本制度不变和基本规则不变，是可以理解的。

其次，追求继承制度稳定的根源是大多数人对继承法律制度改变的接受程度。现有的继承法律制度及基本规则经过30多年的适用，绝大多数民众已经习以为常，视为必须如此的继承制度是最合理的。虽然我国继承法律制度也还存在一些不足，但是，习惯形成的力量是惊人的。例如，对于规定较窄的法定继承人范围，与五服以内为近亲、有继承权的民族习惯并不一样，即使如此，没有采纳这种传统而规定较窄的法定继承人范围，社会也是接受的，不希望改变。又如，对父母的法定继承顺序各国多不规定在第一顺序，但是，我国的习惯是父母应当成为第一顺序继承人。经过了30多年的反复适用，人民群众已经接受这样的规则，改变的社会成本过大。立法者审时度势，对继承法律制度和继承规则只进行适当的修改和完善，继续保持原有的继承基本制度不变。

正是由于我国继承法律制度的立法指导思想不变，因而才形成了《民法典》规定的我国继承法律的基本属性不变、基本制度不变、基本规则不变的结果，保持了继承法律制度和规则的稳定，符合社会的需求。

实事求是地说，由于《民法典》要保持继承制度和规则的稳定，因而《继承法》存在的一些问题还继续存在，例如，法定继承人的范围过窄、法定继承顺序过少、遗嘱继承规则不够、限制遗嘱继承的特留份权没有规定等，需要在司法实践中不断总结、完善。

（三）在司法实践中适用《民法典》继承法律制度的基本要求

《民法典》继承编规定继承法律制度虽然是私法，具有较强的示范性，然而，在法定继承等领域的规则具有强制性。新法实施需要采取妥善的方法，准确理解和正确适用继承的新规则，保障继承法律关系争议得到合理解决。

1. 坚持和明确继承制度稳定的法律适用指导思想

继承法律制度基本稳定的最大优势是，自然人处置遗产的基本观念不用发生

---

① 《民法典分则继承编草案》（室内稿）第9条第2款规定："配偶与第一顺序法定继承人或者第二顺序法定继承人共同继承，没有第一顺序法定继承人和第二顺序法定继承人的，配偶继承全部遗产。"

重大转变，仍然依照原有的支配遗产的方法处理遗产的分配，对发生的纠纷，基本的裁判要求也不必有大的改变。

一方面，自然人处置身后遗产自由的基本观念不必改变，仍然依循原有的继承规则处置遗产。继承规则的性质主要是行为规则。如果行为规则发生较大、较强烈的变化，需要付出较大的社会成本。例如，每一个自然人需要学习新规则，学习、理解不够还会付出代价。实施处置遗产的行为如果不符合变化后的规则要求，不仅对行为人发生不利的后果，而且造成社会负担。继承制度和规则保持基本稳定，只是具体规则有部分改变，对学习和掌握新的继承规则难度不大，能够使民事主体尽快适应新规则的要求，无论是被继承人还是继承人以及受遗赠人和遗产债权人，都能够尽快按照规范实施处置遗产的行为，实现遗产流转秩序的稳定。

另一方面，继承法律制度保持稳定，对于公证机构和律师事务所等法律服务机构具有重要的意义。就公证机构而言，尽管取消了公证遗嘱效力优先原则，但是，并不会损害公证机构在处理遗产方面的威信和地位。在律师事务所方面，律师代理不会有更大的技术改变，还会扩大律师代理的范围，增加遗产管理人的业务项目，更好地为当事人服务，得到更好的业绩。对于类似于中华遗嘱库的那些民间服务机构而言，能够保持和发扬其为遗嘱人服务的工作热情，更好地为遗嘱人服务。

继承规则更是裁判规则。继承法律制度和规则保持稳定，要求法官在司法实践中对遗产继承纠纷的司法裁判思路也要保持稳定，适用新的继承规则也不会形成重大转变。对我国十余万民事法官来说，在执法观念上保持稳定，坚持继承法律的基本属性不变、基本制度不变、基本规则不变对法律适用的要求，在司法实践中保持基本的裁判规则不变，将新规则作为基本裁判规则的补充，正确理解和适用《民法典》的规定，解决继承纠纷，保护当事人的合法权益。

2. 正确理解和准确适用《民法典》规定的新规则

由于《民法典》规定了一些新的继承规则，因此，存在对新规则的正确理解和准确适用的问题，否则，不能保证当事人的合法权益得到保护。

第一，对《民法典》规定的新的继承制度，应当放在民法典的大环境中进行整体理解，准确确定其含义。例如，《民法典》新增加规定的遗产管理人制度，形成了完整的规则体系。在理解和适用中应当作整体解释。例如，《民法典》第1148条规定的遗产管理人违反职责造成损害应当承担的责任，既是违约责任，又是侵权责任，在适用时，既不能依照《民法典》第584条规定的违约责任一般规则处理，也不能依照《民法典》第1165条规定的侵权过错责任确定责任，只能依照《民法典》第1148条规定，遗产管理人对一般过失造成的损害不承担责任，只有具有故意或者重大过失的，才承担赔偿责任。这正是《民法典》第176条关于依照法律承担民事责任的原则要求。

第二，对《民法典》依据法理规定的新规则，应当依照法理基础解释新规则的真实含义。例如，《民法典》第1125条第3款新增加规定的被继承人宽宥权，明确规定对故意杀害被继承人，或者为争夺遗产而杀害其他继承人的，被继承人不得宽宥。在《继承法》没有规定宽宥权的情形下，对于丧失继承权的杀害被继承人或者其他继承人，究竟是要求既遂，还是未遂、预备，可以不必过问，都可以认为丧失继承权。但是，在规定了被继承人享有宽宥权后，对那些故意杀人而没有杀死、只处于杀人预备或者未遂阶段的继承人，可以剥夺他们的继承权，被继承人予以宽宥的，是否发生行使宽宥权的后果，准许其继承遗产，并不十分明确。对此，应当对该条文规定的内容进行精准解释："故意杀害"并不是"故意杀人"的同义语，故意杀害应当是已经杀死，如果只是故意杀人预备或者未遂，不能认定为"故意杀害"，因而不丧失继承权。这样理解，可以比较圆满地处理故意杀人预备和未遂的继承人的继承权问题。例如，继承人只有杀害被继承人或者其他继承人的犯意，甚至也做了一些犯罪的准备工作，最终并没有实施杀害被继承人或者其他继承人的行为，或者实施了杀害被继承人或者其他继承人的行为而未遂，尽管也是应当予以法律谴责的，但是被继承人不认为应当剥夺其继承权，而使其不丧失继承权。凡是故意杀害被继承人或者其他继承人的，不论既遂、未遂或者预备，一律丧失继承权且不得宽宥，并不符合情理，也会限制被继承人的权利，使其不能依照自己的意志处分自己的身后遗产。对此，只有正确解

释新规则，才能使新的继承规则正确实施。当然，这只是一家之言，尚需等待有效的司法解释。

第三，对于《民法典》借鉴司法解释经验规定的新规则，应当结合司法解释的基础进行理解。《民法典》很多新规则是借鉴原来的司法解释规范制定的。例如，《民法典》第1121条第2款规定的对相互有继承关系的数人在同一事故中死亡先后顺序推定规则，借鉴的就是《最高人民法院关于贯彻执行〈中华人民共和国继承法〉若干问题的意见》第2条规定的规范。又如，《民法典》第1163条规定的已经被继承的遗产承担遗产债务的顺序，来源于该司法解释第62条的规定。这些来源于或者借鉴于司法解释而制定的新规则，都是将司法实践经验上升为法律规范，在确定这些新规则的准确含义时，应当借鉴所依据的司法解释，只有这样，才能够正确适用法律。

3. 统一理解和适用《民法典》规定的新、老规则

应当看到的是，尽管《民法典》增加的新规则和修订的新规则所占比例较大，但是，与原有的继承规则还是和谐、统一的，已经形成了一个有机整体，构成了我国继承制度比较完整的规则体系，不存在相互冲突和抵触的问题。例如，在代位继承中增加了被继承人的兄弟姐妹的子女享有代位继承权的规定，在兄弟姐妹作为继承人时，先于被继承人死亡的，按照原来的规定，其子女是不能代位继承的。在规定了这项制度之后，就给被继承人的侄子、侄女、外甥、外甥女保留了继承的机会，扩大了法定继承人的范围。这种代位继承制度，与被继承人的子女的直系晚辈血亲代位继承规则是完全协调的，形成代位继承两种类型的规则体系，保护被继承人的子女的直系晚辈血亲和被继承人的兄弟姐妹的子女的代位继承权。这也正是《民法典》将两种代位继承同时规定在第1128条的初衷。由于原有的代位继承规则和新规定的代位继承规则相统一，在适用法律时，没有太大的困难。同样，第1152条规定转继承制度，尽管《继承法》没有规定，但是，有社会生活的实际经验、司法实践和理论研究的基础，在适用中也没有明显的困难。

所以，《民法典》经过对《继承法》的修订和完善，新规则和原规则相互协

调，形成了完整的继承法律制度和具体规则，在适用中须新、老规则配合，相互统一，严格适用，维护好遗产流转秩序。

4. 区分强制性规定与任意性规定的具体适用方法

《民法典》的法律规则中既有强制性规定，也有任意性规定。在法律适用中，应当根据法律规则性质的不同分别对待。

对继承规则中的强制性规定，例如法定继承人的范围和继承顺序的规定，在司法实践中不能违反，应当按照法律的强制性规定适用。对于继承规则不足和新发现的问题，只能积累经验，进行深入的理论研究，期待今后对《民法典》继承编修法时再作进一步完善。

对继承规则中的那些任意性规定，应当依法支持权利人的选择，使权利人的权利能够实现。例如，《民法典》继承编仍然适用限定继承规则，即继承人仅以所继承的遗产范围为被继承人承担遗产债务，对于接受继承而清偿遗产债务，或者放弃继承而拒绝清偿遗产债务，继承人完全有选择权。继承人行使了选择权，与被继承人的债务人发生争议的，应当支持继承人的选择，而不能强制继承人"父债子还"，实行无限继承原则。再如，新规则规定的宽宥权属于被继承人，被继承人在符合法律规定的情况下，对丧失继承权的继承人选择宽宥，就发生宽宥的效力；拒绝宽宥，继承人就不得继承其遗产。对这些任意性的继承规则，司法应当尊重权利人的选择，不得进行强制。

5. 对欠缺的继承规则应当用好类推适用与补充法源

在实践中出现《民法典》没有具体规定的情形时，应当采用类推适用法律规则和适用补充法源规则予以补充。

对于能够类推适用的继承法律规则，尽量予以类推适用。例如，《民法典》没有规定特留份制度，继承人不享有特留份权。如果局限于法律的这一规定，将会使侵害继承人特留份权的遗嘱人处置遗产的行为无法受到法律的约束。由于特留份制度与《民法典》规定的必留份制度相近、法理相通，只是权利主体和内容有所不同，因而，对那些遗嘱人处分遗产侵害了享有特留份权的继承人的继承权的，应当准许类推适用必留份规则，就能够实现法定继承人的特留份权，保护特

第二节 《民法典》继承编的立法进展、特点和重点与具体适用要求

留份权继承人的合法权益。① 对《民法典》存在的类似问题，如果能够按照这样的思路进行类推适用，会解决存在的现实问题。

对法律没有规定的继承规则，只要不是强制性规定，应当将法理作为补充法源②，以支持权利人的选择，而不能轻易认为其意思表示违反法律。例如，有关遗嘱继承，《民法典》没有规定后位继承、替补继承、密封遗嘱等。依照私法关于法无明文禁止即可为的规则，这些规则都不是强行法。遗嘱人在遗嘱中写明"后位继承人按照一定条件或期限取得前位继承人已经继承的遗产"③，或者"为继承人或者受遗赠人制定替补继承人或者替补受遗赠人，继承人或者受遗赠人先于继承人死亡、丧失继承权或者受遗赠权、放弃继承权或者受遗赠权时，由替补继承人、替补受遗赠人承受相应遗产"④ 的内容的，只要是遗嘱人的真实意思表示，属于后位继承和替补继承的范畴，都符合继承法法理的遗嘱内容，不能认为其遗嘱违法，而应当尊重遗嘱人的选择，支持其选择的后位继承或者替补继承，实现其支配遗产的意志，使其自由支配自己的遗产。在中华遗嘱库中设立遗嘱的老年人，很多是采取秘密方式设立遗嘱，为的是避免遗嘱处分遗产的内容被其他继承人得悉而对遗嘱人不利。虽然《民法典》没有规定密封遗嘱，但是，可以将法理作为补充法源适用，确认其设立的密封遗嘱有效，按照密封遗嘱的规则处分遗产。

综上所述，随着《民法典》的颁布实施，继承编已经成为法典的组成部分之一，在实践中对继承法律关系进行法律调整。《民法典》尽管作了较多的修改，也增加了一些新的规则，使我国的继承法律制度和规则体系有了进一步的完善，但是从总体上看，对已经实施了 30 多年的继承法律基本制度和基本规则并没有

---

① 参见李贝：《〈民法典〉引入"特留份"制度的合理性追问——兼论现有"必留份"制度之完善》，载《法学家》2019 年第 3 期，第 92 - 95 页。
② 虽然《民法典》第 10 条没有规定法理是民法的补充法源，但是，在司法实践的实际操作中，是认可法理作为补充法源的。
③ 杨立新、杨震：《〈中华人民共和国继承法〉修正草案建议稿》，载《河南财经政法大学学报》2012 年第 5 期。
④ 杨立新、杨震：《〈中华人民共和国继承法〉修正草案建议稿》，载《河南财经政法大学学报》2012 年第 5 期。

作出重大修改，仍然保持着继承法律制度的基本属性，对我国的遗产流转方法和秩序的规范，对准确适用法律调整继承法律关系，是有重要意义的。在法律适用中，保持继承法律关系和遗产流转秩序的稳定，正确理解新规则，处理好发生的继承法律关系争议，就能够适应个人财富传承的实际需要，保护好人民支配身后财富和取得被继承人财富的继承权。

第三节 我国的继承法律制度应当继续完善

很显然，《民法典》规定的我国继承制度和规则都有了较大的修订和完善，取得了较好的立法成果。不过，从严格遵循科学立法、民主立法和依法立法的原则，为使我国的继承制度和规则的立法更为体系化和科学化，为保护自然人的继承权和其他利害关系人的合法权益提供更全面保障的要求出发，可以看到，《民法典》继承编的改进不够全面、科学，也不完全符合社会实际需要，在《民法典》分则各编中属于比较保守、改革不足的部分。因此，只有对《民法典》继承编进一步改革和完善，才能实现上层建筑与经济基础相适应的要求，使继承编符合市场经济社会需要和人民群众需要。

以下就《民法典》继承编规定的继承制度和规则的继续完善，提出四个方面的意见。

一、规定更能够保护自然人私人财产权的法定继承人范围

《民法典》规定法定继承人范围的大小，从表面上看，体现的是何种亲属才有权继承被继承人的遗产，但是从实质上看，表明的是国家对自然人私有财产，特别是被继承人遗产自我决定权的尊重程度。继承法规定的法定继承人范围越宽，表明国家对私人财产以及自由支配私人财产的意志就越尊重；规定的法定继承人范围越窄，表明国家对私人财产就越不尊重，对自然人支配私人财产的自我

决定权越加限制。原因是，法定继承人范围越宽，结果是可以继承被继承人遗产的继承人就越多，形成无人继承遗产的可能性就越小，属于私人财产的遗产被收归国家、集体所有的可能性就越小，反之亦然。

从比较法的角度观察，市场经济国家的继承法对法定继承人范围的规定普遍宽泛，而计划经济国家的继承法对法定继承人范围的规定普遍较窄。例如，1922年《苏俄民法典》第418条规定的法定继承人范围，只有子女、配偶、无劳动能力的父母，而有劳动能力的父母、兄弟姐妹、孙子女为代位继承的法定继承人。[1] 1964年《苏俄民法典》第532条规定，法定继承人的范围包括子女（养子女）、配偶和父母（养父母），兄弟姐妹、祖父母和外祖父母。[2] 而实行市场经济的俄罗斯现行《俄罗斯联邦民法典》第1142条至第1145条规定的法定继承人有7个顺序，五亲等以内的亲属都享有法定继承权，全面扩张法定继承人的范围。

这个比较法的事实可以说明，计划经济国家的继承法尽量限制法定继承人的范围，市场经济国家尽量扩大法定继承人的范围。限制的意义之一，就是"如果既无法定继承人，又无遗嘱继承人，或者任何继承人都不接受继承，或者遗嘱人剥夺了所有继承人的继承权，死亡人的遗产根据继承法转归国家所有"[3]。

在我国自改革开放以来，社会经济体制由计划经济转变为市场经济，而继承法规定的法定继承人范围仍然是计划经济国家的制度。这鲜明地体现在法定继承人范围的狭窄规定上，与1922年和1964年的《苏俄民法典》第418条、第532条的内容几乎相同，只有配偶、子女、父母、兄弟姐妹、祖父母、外祖父母为法定继承人，子女的晚辈直系血亲如孙子女、外孙子女为代位继承人。这样的规定显然不符合我国目前实行的社会主义市场经济体制的要求，限制了自然人支配自己私人财产的权利，限制了被继承人支配自己身后遗产的自由意志，是必须改进的。

---

[1] 参见中央人民政府法制委员会编：《苏俄民法典》，王增润译，王之相校，新华书店1950年版，第169-170页。

[2] 参见中国社会科学院法学研究所民法研究室编：《苏俄民法典》，中国社会科学出版社1980年版，第172页。

[3] 1964年《苏俄民法典》第527条第3项的内容，请参见中国社会科学院法学研究所民法研究室编：《苏俄民法典》，中国社会科学出版社1980年版，第171页。

《民法典》第1127条规定的法定继承人范围，仍然是配偶、子女、父母以及兄弟姐妹、祖父母、外祖父母；根据第1128条，孙子女、外孙子女等被继承人的晚辈直系血亲作为代位继承人，也属于法定继承人。除此之外，只增加了一种法定继承人，即被继承人的兄弟姐妹先于被继承人死亡的，由被继承人的兄弟姐妹的子女代位继承，使侄子、侄女、外甥、外甥女成为代位继承人。至于其他亲属，均不是法定继承人。

《民法典》对法定继承人范围的这种简单扩大，显然是不够的，因为按照这样的规定，仍然不能让被继承人的除上述亲属之外的亲属继承被继承人的遗产。

首先，上层建筑应当与经济基础相适应，有什么样的经济基础，就应当有什么样的上层建筑与之相协调。当上层建筑与经济基础不相适应时，经济基础就会受其反作用力影响，限制甚至损害经济基础，因而上层建筑应当随之进行改变。可是，我国长期实行计划经济，1978年以来实行了经济体制改革，经济基础实现了由计划经济向市场经济的转变，1985年制定的《继承法》却完全照搬与计划经济体制配套的《苏俄民法典》的继承法律制度，其中包括法定继承人范围的规定，脱离了市场经济的社会基础，背离了社会生活的实际需要。《民法典》在这个问题上也仍然没有根本性的改变，没有反映出市场经济对法定继承人范围的实际需求。

其次，《继承法》规定的法定继承人范围，以及稍作扩大改进的《民法典》关于法定继承人范围的规定，都是1922年和1964年《苏俄民法典》规定的法定继承人范围的翻版，将已经被他国废除的、不适应社会实际生活需要的继承制度仍然保留在《民法典》中，在21世纪民法典中继续存在，显然落后于时代发展的要求。

最后，仅仅将侄、甥纳入代位继承人的范围，在扩大法定继承人范围的问题上迈出的步子太小，在市场经济社会现实需求面前，像"小脚女人"迈出的步伐，不适应实际生活的需求。如果被继承人一旦没有设立遗嘱，或者遗嘱无效，则极有可能使被继承人的遗产因为没有法定继承人而被收归国家、集体所有。虽然《民法典》第1160条规定了"无人继承又无人受遗赠的遗产，归国家所有，

用于公益事业；死者生前是集体所有制组织成员的，归所在集体所有制组织所有"的限制性内容，但是，该遗产的性质仍然发生了变化，由私有财产变成了公有财产，无法由被继承人的其他亲属（例如血缘关系最为亲密的曾祖父母、曾外祖父母等）所继承，无法保持其私有财产的性质。四世同堂被认为是最紧密和理想的大家庭，但是，将曾祖父母、曾外祖父母都排除在法定继承人范围之外，无论是从亲情上，还是从市场经济社会生活的发展上，都是没有道理的。

对此，应当进一步解放思想，在确定法定继承人的范围上作出更加适合社会主义市场经济发展要求的规定。其实，这样的立法是很简单的，只要规定一定亲等范围内的亲属都是法定继承人就可以了。学者一直倾向于四亲等以内的亲属都是法定继承人，只要这样规定，就完全可以适应社会的实际需要。

二、规定更符合市场经济社会需求的法定继承顺序

（一）我国法定继承顺序存在的主要问题和立法态度

与《继承法》规定的法定继承人范围过于狭窄的状况相适应，我国法定继承制度中的法定继承顺序也有严重缺陷，不适应市场经济社会的需求。其表现是，法定继承顺序只有两个，配以孙子女、外孙子女等晚辈直系血亲的代位继承，且继承顺序规定得不合理，不能体现市场经济社会财富传承的基本要求。按照这样的继承顺序进行法定继承，出现的后果是不能依照遗产流转的基本规律进行继承，遗产不是按照"向下流转"，更多地出现遗产向旁流转。

对于这些问题，已经有足够多的文章进行评论，故不再对此进行说明。本书想要说明的是，这个问题并没有引起足够重视，以至于在《民法典》中对继承法存在的上述问题没有作出很好的回应，没有接受学者的立法建议，使《民法典》规定的继承制度基本上还是一部计划经济的继承法，没有跟上现实社会发展的需求。在21世纪的今天，在我国已经实行市场经济的基础之上，在全国人民基本摆脱贫困、很多人成为富豪的情况下，仍然维持这种计划经济的继承法律制度有待商榷。

(二) 改革法定继承顺序的主要问题

1. 增加法定继承顺序

《民法典》规定的法定继承顺序仍然只有两个,一是配偶、子女、父母,二是兄弟姐妹、祖父母、外祖父母,再加上被继承人的晚辈直系血亲等代位继承人。除此之外,没有其他任何亲属可以通过其他继承顺序进行继承。

应当看到的是,在如此狭窄的法定继承人范围的基础上,当然没有必要规定更多的法定继承顺序;此外,在 1985 年制定《继承法》时,我国人民缺衣少食,没有更多的遗产可供继承,因此,法律规范的是穷人的继承,是计划经济的继承制度。《民法典》的规定没有根本性的变化,仍然如此规定,其缺陷仍然存在。

在法律上的原因是,1980 年《婚姻法》规定了"近亲属"概念,在所有的亲属中,只规定近亲属之间才有亲属的身份地位和权利与义务关系,近亲属之外的其他亲属都不在法律调整的范围之内,因此形成了我国亲属法和继承法存在的这种困境而不能自拔。《民法典》没有改变"近亲属"的概念,因此在继承法的法定继承人的范围和顺序上也就没有任何改进。

这些问题都源于盲目借鉴苏联民法的传统,忽略我国的亲属和遗产流转的习惯,排斥欧陆民法的基本继承制度。

与增加法定继承顺序相应,必须首先改革现行的亲属制度,继而扩大法定继承人范围,使更多的亲属能够成为法定继承人。学者一直建议,四亲等以内的亲属都具有亲属的法律身份,都有权利与义务关系,因而都应当成为法定继承人。在这个基础上,应当确定更多的法定继承顺序,只有这样,才符合实际生活需要,继承制度方能跟上时代的发展。

2. 明确孙子女、外孙子女等卑亲属的继承顺序

《继承法》将被继承人的晚辈直系血亲(包括孙子女、外孙子女)的法定继承地位规定为代位继承的做法,来源于 1922 年《苏俄民法典》第 418 条的规定。①

---

① 《苏俄民法典》第 418 条第 2 款规定:"如被继承人之子女,有在继承开始前死亡者,则其应继份由其子女(被继承人之孙)代位继承,如其子女死亡时,由其子女之子女(继承人之曾孙)代位继承。"中央人民政府法制委员会编:《苏俄民法典》,王增润译,王之相校,新华书店 1950 年版,第 169-170 页。

《民法典》对此仍然继续坚持。应当看到，这种规定是不妥的。孙子女、外孙子女等晚辈直系血亲是被继承人最重要的亲人，是遗产流转方向中最重要的法定继承人，如果是四世同堂的家庭，曾孙子女、曾外孙子女当然是曾祖父母、曾外祖父母处分遗产的最重要的继承人；如果是五世同堂，则玄孙子女、玄外孙子女更是被继承人的心头肉了。但是，《民法典》将孙子女、外孙子女等晚辈直系血亲规定为代位继承人，而不是第一顺序继承人，就剥夺了孙子女、外孙子女直接继承祖父母、外祖父母遗产的权利；一旦其父母丧失或者被剥夺了继承权，则孙子女、外孙子女就不能依照法定继承的规定继承祖父母、外祖父母的遗产。对于曾孙子女、曾外孙子女乃至玄孙子女、玄外孙子女的继承权，虽然用代位继承方式并未否定其继承权，但是同样存在上述问题。这种法定继承顺序，怎么能体现人民的心愿，怎么能实现被继承人支配自己遗产的自由意志，怎么能符合市场经济社会的实际需求呢？

解决这个问题的根本出路，是改变孙子女、外孙子女等晚辈直系血亲代位继承的规定，而将孙子女、外孙子女以及他们的卑血亲都规定为第一顺序法定继承人。这能够使孙子女、外孙子女等在其父母缺位的情况下，以第一顺序法定继承人的身份直接继承其祖父母、外祖父母的遗产，而不至于因其父母的原因而使自己的继承权受到损害。同时，增加孙子女、外孙子女的直系卑血亲也能作为第一顺序法定继承人，在一旦孙子女、外孙子女也缺位时，他们能直接以第一顺序法定继承人的身份继承遗产，保障遗产按照遗产流转规律向下流转。

有人怀疑：一旦在同一顺位的法定继承人中规定了不同辈分的继承人，是不是会造成继承顺序的混乱呢？这个顾虑是没有必要的。在规定了子女及其卑血亲为第一顺序法定继承人之后，另加一款，规定同一顺序的法定继承人辈分不同的，亲等近者优先，即可解决这个问题，没有必要对此担忧。①

---

① 《德国民法典》第1924条规定："1. 第一顺序法定继承人为被继承人之直系血亲卑亲属。2. 继承开始时，直系血亲卑亲属有不同亲等时，以亲等较近者排除亲等较远者继承。"《德国民法典》，台湾大学法律学院、台大法学基金会编译，北京大学出版社2017年版，第1394页。

3. 明确配偶的法定继承人地位及顺序

毫无疑问,配偶是最重要的法定继承人,其继承权必须予以保障。不过,配偶作为何种顺序的法定继承人,应当可以选择。《继承法》规定配偶为第一顺序法定继承人,是源于 1922 年和 1964 年《苏俄民法典》第 418 条、第 532 条的规定,而在市场经济国家的继承法,基本上都是规定配偶为无固定顺序的法定继承人。① 这两种不同的立法例都与各自的社会经济基础相关。我国在 1985 年《继承法》中规定配偶为第一顺序法定继承人,主要依据为配偶是最为重要的亲属,必须作为第一顺序法定继承人保障其继承权。

问题在于,过于强调保障配偶的继承权,有可能忽视了其他法定继承人的继承权,因而出现不公平的后果,且保障配偶继承权并非只有规定为第一顺序法定继承人这一条出路。

对此,《民法典继承编草案》(室内稿)第 9 条第 4 款曾经规定:"配偶与第一顺序或者第二顺序继承人共同继承。没有第一顺序和第二顺序继承人的,配偶继承全部遗产。"这项规定采纳了配偶无固定顺序法定继承人的立法例,是很好的选择。但是,在《民法典继承编草案》(征求意见稿)中,就改变了这项规定,恢复了《继承法》规定的配偶为第一顺序法定继承人的做法。继而《民法典》第 1127 条仍然维持《继承法》的规定。

为什么说配偶为无固定顺序法定继承人比为第一顺序法定继承人更为妥当,理由是:

第一,配偶作为第一顺序法定继承人,其继承权无法得到有效的保障。例如,当被继承人有多名子女,且父母健在,在参与第一顺序法定继承人继承时,只能得到与所有继承人相同的份额,分配遗产数额较少。

第二,配偶作为第一顺序法定继承人具有一定的不合理性,当第一顺序继承人只有配偶一人时,就排除了其他任何第二顺序继承人继承的可能性,但是,被

---

① 笔者把无固定顺序法定继承人称为"零顺序"。配偶无固定顺序法定继承人的立法例,典型者为《法国民法典》第 734、745 条。参见杨立新、和丽军:《我国配偶法定继承的零顺序改革》,载《中州法学》2013 年第 1 期。

继承人的兄弟姐妹是其最亲近的旁系血亲,却完全不能继承。尤其是在被继承人生前,因感情破裂而分居,或配偶一方提起离婚诉讼时,配偶仍作为唯一的法定继承人,显然是不合理的。[①]

第三,将配偶、子女和父母这三种与被继承人关系完全不同的人纳入同一个继承顺序,既不属于亲等继承制,也不属于亲系继承制,在理论基础上不具有正当性。因此,建议将来《民法典》修订时,采纳配偶作为无固定顺序法定继承人的立法意见。

4. 明确父母的法定继承顺序

父母是否必须为第一顺序法定继承人呢?是否只有将父母作为第一顺序法定继承人,才能实现尊老敬老的传统呢?这是确定父母法定继承顺序存在的主要问题。

将父母作为第一顺序法定继承人的做法是很少出现的立法例,即使1922年《苏俄民法典》第418条的规定,也对父母作为第一顺序法定继承人设置了条件,即"被继承人之父母无劳动能力者",否则,"被继承人有劳动能力之父母"被作为第二顺序法定继承人。[②] 直至1964年再法典化的《苏俄民法典》第532条,才规定了"第一顺序——子女(包括养子女)、配偶和父母(养父母),以及死亡人死亡后出生的子女"并列第一顺序法定继承人的立法例。[③]《继承法》第10条规定的父母的法定继承顺序,完全是1964年《苏俄民法典》的翻版,《民法典》的这一规定同样如此。

为什么多数国家继承法并不采纳父母为第一顺序法定继承人的立法例,原因是遗产流转规律主要是向下流转,这不仅是因为父母通常是在子女之前死亡而不是在其之后死亡,父母继承子女的遗产是小概率事件;而且父母继承子女的遗产

[①] 参见马新彦、卢冠男:《民法典编纂中继承法编几个问题的探讨》,载《当代法学》2017年第3期,第72-75页。

[②] 参见中央人民政府法制委员编:《苏俄民法典》,王增润译,王之相校,新华书店1950年版,第169、170页。

[③] 参见中国社会科学院法学研究所民法研究室编:《苏俄民法典》,中国社会科学出版社1980年版,第171页。

后，通常会很快成为被继承人，因而会发生遗产向旁流转的现象，由父母的继承人继承，违反了遗产流转规律的要求，也违背作为被继承人的子女处置遗产的意志。因而，有的国家在发生父母继承时，也对其取得对遗产的权属进行限制，例如，父母继承的遗产取得的是虚的所有权，在其死亡后，真实的所有权还是要流向被继承人的直系卑血亲，顺应遗产向下流转规律的要求。①

对此，《民法典继承编草案》（室内稿）第9条曾经采纳了父母为第二顺序法定继承人的意见，规定"第二顺序：父母"。不过，在《民法典继承编草案》（征求意见稿）和第一次审议稿中，又恢复了父母为第一顺序法定继承人的规定。

很多人之所以坚持父母为第一顺序法定继承人的做法，除了"尊老敬老"的理由，还有一个理由是，子女在父母死亡之前死亡，如果更多的遗产被其子女继承，其子女取得的遗产将成为夫妻共同财产，其中一半财产就会成为儿媳（或女婿）的财产，因而更多的遗产由父母继承更容易保持在自己的血亲之中。② 当然，这些问题可以通过有效的遗嘱而强调遗产只归特定继承人继承，或者将遗产采用遗嘱方式让孙子女、外孙子女等直系卑血亲继承，避免发生这样的后果。但是问题在于：一方面，我国没有更多的遗嘱继承形式例如后位继承、替补继承来保障遗嘱自由，无法通过后位继承、替补继承的遗嘱而使被继承人的遗产由其孙子女、外孙子女等直系卑血亲继承；另一方面，我国缺少遗嘱继承的习惯，多数人不习惯以遗嘱处分遗产。在建立、健全遗嘱继承制度，人们改变不愿意立遗嘱的习惯之前，很难有效地防止出现这样的问题，以保障被继承人支配自己遗产的自由，难免形成父母与被继承人的直系卑血亲争夺遗产，无法实现遗产向下流转。所以，将来修订《民法典》时仍然应当将《民法典继承编草案》（室内稿）中父母作为第二顺序法定继承人的规定，变为立法的现实。

5. 明确其他亲属的法定继承顺序

《民法典》只是把法定继承人范围扩大到兄弟姐妹的子女，用代位继承解决

---

① 2017年6月，法国公证人协会与中国人民大学民商事法律科学研究中心举行会议，讨论中法继承法比较的问题，法国公证人协会负责人介绍了上述情况。

② 参见杨震：《我国法定继承人范围与顺序的历史检验与当代修正》，载《四川大学学报（哲学社会科学版）》2018年第1期，第166页。

他们的继承问题。如果按照学者的立法建议，将法定继承人的范围扩大到四亲等以内的直系血亲和旁系血亲，则继承顺序必须增加。如果父母作为第二顺序法定继承人、配偶作为无固定顺序法定继承人，那么，增加规定第三顺序继承人为"兄弟姐妹"以及第四顺序继承人为"其他四亲等以内的直系血亲"即可，只要接着规定"在同一法定继承顺序的继承人辈分不同的，亲等近者优先"的规则即可，不必规定更多的法定继承顺序。如果坚持现在的做法，即配偶、子女、父母为第一顺序法定继承人，兄弟姐妹、祖父母、外祖父母为第二顺序法定继承人，则应当将第一顺序的子女规定为"子女及其直系卑血亲"，同时，将其他四亲等以内的血亲规定为第三顺序法定继承人。

按照以上意见，对于法定继承人的范围和继承顺序，应当规定以下内容：

遗产按照下列顺序继承：第一顺序：子女及其晚辈直系血亲。第二顺序：父母。第三顺序：兄弟姐妹、祖父母、外祖父母。第四顺序：四亲等以内的其他血亲亲属。

上列同一顺序中的继承人有辈分不同的，以亲等近者优先继承。

配偶与第一、二、三顺序的继承人按照份额继承被继承人的遗产。

配偶与第一顺序继承人继承时，其应继份为遗产的1/2；与第二顺序继承人继承时，其应继份为遗产的2/3；与第三顺序血亲继承人共同继承时，其应继份为遗产的3/4。无第一、二、三顺序继承人的，配偶继承全部遗产。[①]

三、规定更完善的遗嘱继承各项制度

《民法典》规定的遗嘱继承制度仍然是不完善的，主要表现在：第一，将遗嘱继承规定在法定继承之后，虽然有遗嘱优先原则的明文规定，但是这样的做法仍然有损于遗嘱继承的优先地位，容易引起忽视遗嘱继承的误解。第二，遗嘱继承的主要制度不完善，无法满足遗嘱人设立遗嘱的实际需要。第三，与遗嘱继承的相关制度不配套，不能保证各方当事人通过遗嘱实现自己的利益。尽管《民法

---

① 参见杨立新：《民法典继承编草案修改要点》，载《中国法律评论》2019年第1期，第126-127页。

典》增加了打印遗嘱、录像遗嘱，废除了公证遗嘱效力优先原则，但仍然不是完善的遗嘱继承制度。

既然《民法典》规定的遗嘱继承制度还存在一些重要缺陷，就应当在适当时机对《民法典》继承编规定的遗嘱继承制度进行修改和完善，以适应遗嘱人选择遗嘱继承支配自己身后遗产的实际需要。

（一）对遗嘱规定的完善

1. 规定附条件、附期限的遗嘱及生效规则

《民法典》未规定遗嘱的生效时间是一个欠缺之处。这是因为，尽管多数遗嘱在一般情况下是在遗嘱人死亡时生效，但是，遗嘱的生效时间与遗嘱人死亡时间有时并不重合，有的遗嘱的生效时间具有特殊性。对此，有些学者认为遗嘱在遗嘱人死亡时始发生效力[1]，而有的学者认为，在接受继承时，遗嘱才生效。[2] 笔者认为，《民法典》应当明确规定遗嘱的生效时间，并允许遗嘱人在遗嘱中对遗嘱的生效时间附条件或附期限：附条件的，遗嘱人指定的条件成就时遗嘱生效；附期限的，遗嘱人指定的期限届至时遗嘱生效。

规定遗嘱可以附条件或者附期限还有一个重要的作用，就是可以与后位继承、设定附负担的继承和遗赠等规则相协调。

首先，将来修订《民法典》时应当规定："遗嘱自遗嘱人死亡时发生效力。遗嘱人死亡时其遗嘱所附生效条件尚未成就、所附始期尚未届至的，遗嘱自所附条件成就、所附期限届至时，发生效力。"这样才能准确地确定遗嘱生效的时间点。

其次，将来修订《民法典》时还应当规定："遗嘱继承人或受遗赠人于遗嘱发生效力前死亡、丧失、放弃继承权或受遗赠权，没有替补继承人、替补受遗赠人的，遗嘱相应部分不生效力，依法定继承处理。"这样，能将遗嘱的附条件和附期限与替补继承、替补遗赠结合在一起，成为统一的制度。

---

[1] 参见史尚宽：《继承法论》，中国政法大学出版社2000年版，第397页；张玉敏：《继承法律制度研究》，华中科技大学出版社2016年版，第153页；朱庆育：《民法总论》，北京大学出版社2016年版，第143页。

[2] 参见任江：《民法典继承编遗嘱形式要件效力解释论》，载《法商研究》2020年第6期，第74页。

最后，将来修订《民法典》时还应当规定："被遗嘱排除行使继承权的法定继承人，在没有其他继承人和受遗赠人、其他继承人和受遗赠人丧失或放弃权利时，或者执行完遗嘱后仍有剩余遗产的，可以依法定继承取得遗产。"遗嘱具有排除其他未被遗嘱指定的法定继承人行使继承权的效果，遗嘱有效，被排除的继承人无法继承遗产。但是，当遗嘱指定的继承人或者受遗赠人都不存在，或者遗嘱继承人和受遗赠人都丧失或放弃权利时，遗嘱无法执行，遗产仍然没有被继承。这时，被遗嘱排除的法定继承人的继承权并未消失，仍然可以按照法定继承的规定行使继承权，继承被继承人的遗产。即使按照遗嘱指定的继承人或者受遗赠人继承了应继份额，遗产还有剩余的，也同样发生上述效果。

2. 规定被增减、涂改遗嘱的效力规则

《民法典》第1142条只规定了遗嘱的撤回，没有规定遗嘱的增减和涂改是否也导致遗嘱效力的变化，这种现象在实际生活中是比较常见的，因而应当规定具体规则，明确遗嘱被增减、涂改的效力问题。将来修订《民法典》时应当增加规定："遗嘱有增减、涂改而变更遗嘱内容的，遗嘱人应当在增减、涂改处另行签名或按指印，否则，遗嘱变更的部分不发生效力。"

3. 规定受欺诈、胁迫以及因重大误解所立遗嘱应可撤销

《民法典》第1143条第2款规定的情形，即受欺诈、胁迫所立的遗嘱，为无效遗嘱，与《民法典》总则编规定的同一种法律行为为可撤销法律行为的规则相矛盾，且遗嘱行为并无特别理由应当规定为无效；同时还应补充因重大误解所立遗嘱的效力。将来修订《民法典》时应当规定："遗嘱必须是遗嘱人的真实意思表示。因受欺诈、胁迫以及因重大误解所立的遗嘱，立遗嘱人或者利害关系人可以请求人民法院予以撤销。请求撤销遗嘱的权利，应当自知道或者应当知道撤销事由之日起一年内行使。"这样就与《民法典》总则编的规定协调一致了。

4. 规定没有注明年、月、日的遗嘱的效力规则

《民法典》只规定了遗嘱绝对无效的情形，没有规定遗嘱相对无效的规则，应当增加规定。例如，没有注明年、月、日的遗嘱就属于相对无效的遗嘱。通常认为，遗嘱没有注明所立遗嘱的年、月、日，或者注明的年、月、日不完整，不

能确定所立遗嘱的具体时间,应当是无效遗嘱。但是,遗嘱须注明年、月、日的时间要求,是为了确定数份遗嘱设立时间的先后,以及确定设立遗嘱时的遗嘱人是否具有遗嘱能力。这些都需要以设立遗嘱的具体时间予以确定,如果没有注明年、月、日,就无法确定其效力,使其无效是最好的选择。但是,如果不存在上述需要准确确定遗嘱时间的条件,遗嘱即使没有注明年、月、日,也不存在这样的问题。因此,对未注明立遗嘱时的年、月、日的,应当区别对待,根据实际情况确定其效力。继承编应当规定:遗嘱人所立遗嘱的落款处没有注明或者标注不完整的年、月、日的,只有在存在遗嘱人所立的其他遗嘱且不能确定设立先后,或者不能确定遗嘱人在设立遗嘱时是否有遗嘱能力时,才可以认定该遗嘱无效;不存在上述情形的,遗嘱有效。

(二)规定特留份制度使遗嘱继承制度更完善

《民法典》是否规定特留份制度,是学者与立法机关官员长期争论、意见相当对立的一个问题。不少学者强烈认为,《民法典》应当规定"特留份"制度,发挥其限制遗嘱自由功能、继承传递功能、分配调控功能和价值保持功能,"必留份"不能取代"特留份"。① 而有的学者认为,特留份制度与我国继承法的传统原则存在冲突,其在实际操作中也会产生诸多难题和漏洞,所以应当放弃特留份制度。② 立法机关官员则认为,必留份起到了特留份的作用,规定了必留份之后,没有必要再规定特留份制度。立法机关官员的这个意见是不正确的。

特留份又称"特留财产"、"必继份"、"保留份"或者"义务份",是指被继承人通过遗嘱设立遗嘱继承时,必须依法留给继承人,不得自由处分的遗产份额。特留份是对被继承人行使权利处分自己遗产的法律限制,如果遗嘱人通过遗嘱排除了必留份权利人的继承权,则处分特留份遗产的遗嘱部分无效。各国和地区的继承法为防止被继承人通过遗嘱处分遗产而损害享有特留份权的法定继承人

---

① 参见杨立新、和丽军:《对我国继承法特留份制度的再思考》,载《国家检察官学院学报》2013年第4期;王利明:《继承法修改的若干问题》,载《社会科学战线》2013年第7期;郭明瑞:《民法典编纂中继承法的修订原则》,载《比较法研究》2015年第3期,第91页。

② 参见李贝:《民法典继承编引入"特留份"制度的合理性追问——兼论现有"必留份"制度之完善》,载《法学家》2019年第3期。

的继承权,设置特留份以为限制措施。在享有特留份权的法定继承人范围和特留份的数额上,各国规定不尽相同,有的国家规定直系血亲卑亲属的特留份为其应继份的1/2,或规定兄弟姐妹的特留份为其应继份的1/3等,特留份的数额与被继承人的亲等不同而相应增减。除法律特别规定外,被继承人不得剥夺继承人的特留份。

《民法典》没有规定特留份,只有关于"遗嘱应当为缺乏劳动能力又没有生活来源的继承人保留必要的遗产份额"的必留份制度(第1141条)。必留份大体上属于社会主义国家特有的制度,其判断标准比较抽象、烦琐,适用范围较窄,缺乏必要的规则防止遗嘱人通过生前赠与等方式损害继承人的利益。

在泸州法院审理的"张某受遗赠案"中,遗嘱人通过遗嘱将自己的部分遗产遗赠给自己的女友,该女友在主张遗赠的权利时,被法院判定为该遗嘱违背公序良俗而无效,剥夺了该女友接受遗赠的权利。对此,如果规定了特留份制度,遗嘱人除非处分了特留份范围内的遗产,损害了特留份权人的权利,应当确定该部分遗嘱无效;对于其他部分的遗产,就不是特留份所涵盖的财产,遗嘱人当然可以遗赠给任何人,并不存在违背公序良俗的问题。[①]

可见,特留份与必留份是不一样的,不仅内容不同,功能也不相同,因此,将来修订《民法典》继承编时应当专门规定特留份制度,理由是:第一,目前我国已经基本摆脱贫困,大多数人所有的财产种类和数量都在不断增多,法律应当保障被继承人处分其个人财产的权利,不得过分限制。第二,世界上多数国家均设立特留份制度,通过特留份制度适当限制被继承人自由处分遗产的权利,防止遗嘱人利用遗嘱自由原则肆意处分遗产,损害其他继承人的权益。第三,让适当范围内的继承人享有最低限度的法定继承权,具备维持"家产"延续的功能。

《民法典》将来规定特留份的内容是:"被继承人的配偶、晚辈直系血亲、父母享有特留份继承权。特留份额是其法定应继份的二分之一。特留份额应在继承开始时所存遗产的价额基础上,加上继承开始前二年内,遗嘱人赠与财产的价

[①] 该案例的案情参见宋寒亮:《再看"泸州二奶继承案"——以法社会学为视角的思考》,载《辽宁行政学院学报》2011年第10期。

额，扣除债务额后，依据法定应继份计算。既符合特留份又符合必留份的，优先适用必留份的规定。"

(三) 规定替补继承（遗赠）规则

替补继承包括替补遗赠，都是遗嘱人在遗嘱中指定了遗嘱继承人或者受遗赠人，同时又指定了遗嘱继承人的替补继承人或者受遗赠人的替补受遗赠人，在遗嘱继承人或者受遗赠人缺位时，由替补继承人或者替补受遗赠人继承遗产或者接受遗赠的遗嘱继承制度。可见，替补继承（遗赠）是延伸遗嘱自由的一种表现形式，体现了遗嘱人自由处分遗产的意志，能够更好地使遗产按照遗嘱人的意志流转。

《民法典》没有规定替补继承（遗赠），但是在社会生活中确实有实际需要，应当补充规定。如遗嘱人在遗嘱中为继承人或者受遗赠人指定了替补继承人或者替补受遗赠人，一旦遗嘱继承人或受遗赠人先于遗嘱人死亡，或者丧失继承权或受遗赠权，或者放弃继承权或受遗赠权，替补继承人或者替补受遗赠人就可以继承或者接受遗赠，防止出现无人继承也无人受遗赠的遗产。

因此，《民法典》将来应当规定："继承人可以在遗嘱中为继承人或者受遗赠人指定替补继承人或者替补受遗赠人。继承人或者受遗赠人先于遗嘱人死亡、丧失继承权或受遗赠权、放弃继承或者受遗赠时，由替补继承人、替补受遗赠人承受相应遗产。继承人可以被相互指定为替补继承人。"

(四) 规定后位继承（遗赠）规则

《民法典》也没有规定后位继承，使我国遗嘱继承制度存在欠缺而不完善。《民法典》应当确认后位继承制度是遗嘱继承中的重要制度，其优势在于：第一，能够给遗嘱人更多的遗嘱选择自由，因而有利于充分维护遗嘱人的意愿，贯彻遗嘱自由原则。第二，有利于将遗产留在家族内部，例如，后位继承制度可以将遗产遗留给继承开始时尚未出生的人，使家族财产不受损害。第三，由于我国遗嘱信托不发达，后位继承还能够部分实现类似于遗嘱信托的功能，可以形象地说，遗嘱信托是立法者教立遗嘱人怎么做，而后位继承是遗嘱人自发地去做，故法律认可后位继承，更符合我国实际情况。第四，确认后位继承制度，尽管遗嘱指定

后位继承人最终取得遗产,但在后位继承发生前,遗产归属于前位继承人支配,有利于遗产发挥更大的利用效率。例如,有人担心子女接受自己的遗产,最终会被子女的配偶分走一半,而不能将遗产由自己的孙子女、外孙子女全部继承,可以选择设立后位继承遗嘱,指定孙子女、外孙子女甚至曾孙子女、曾外孙子女作为后位继承人,就能完全解决这个顾虑。第五,在后位继承发生前,遗产归属于前位继承人,前位继承人可以进行管理和支配,予以保值增值,有利于遗产发挥更大的利用效率,而不是静等后位继承人继承遗产,而使遗产价值减损。①

因此,将来修订《民法典》时应当增加后位继承制度,规定的内容是:"遗嘱人可以指定后位继承人按照一定的条件和期限取得前位继承人已经继承的遗产。遗嘱人未规定后位继承人取得遗产条件的,遗产在前位继承人死亡时归属于后位继承人。"还应当规定:"后位继承人可以是继承开始时尚未出生的人。后位继承人只能指定一次。"最后还要规定:"后位遗赠准用后位继承的规定。"

(五)规定遗嘱执行人的职责

《民法典》第1145条只规定了遗嘱执行人的产生方式,没有规定遗嘱执行人的职责。尽管遗嘱执行人的职责与遗产管理人的职责相近,但是仍然有所不同,因而对于遗嘱执行人的职责应当作出明确规定。如果不规定清楚,遗嘱执行人没有职责的要求,将会出现遗嘱执行人错误执行遗嘱,造成侵害继承人利益的后果。将来修订《民法典》时应当规定,遗嘱执行人应当严格依照遗嘱人的意愿,忠实、勤勉地执行遗嘱,使遗嘱内容得以实现。遗嘱执行人在执行遗嘱的职责范围内,视为继承人的代理人。遗嘱执行人的职责内容、辞任、解任、共同执行,准用遗产管理人的规定。

四、增设其他应当规定而没有规定的继承规则

在其他方面,《民法典》也存在较多的不完善之处,特别是在草案的室内稿

---

① 参见杨立新:《孙子女外孙子女等继承权的保障制度改革》,载《四川大学学报》2018年第1期,第157页。

和征求意见稿中曾经规定又被删除的那些必要继承规则，使《民法典》规定的继承制度仍然不完善。对于其他继承规则，在将来修订《民法典》继承编时，还应当着重解决以下问题。

（一）修改、补充丧失继承权的宽宥制度

《民法典》第1125条第1款规定了继承权丧失的情形，第2款规定了丧失继承权的宽宥制度，补充了《继承法》没有规定宽宥制度的空白，具有重要价值。该条存在的问题是：

第一，该条第1款第4项规定的伪造、篡改、隐匿或者销毁遗嘱，情节严重的和第5项规定的以欺诈、胁迫手段迫使或者妨碍被继承人设立、变更或者撤回遗嘱，情节严重的情形，作为丧失继承权的事由，都须具备情节严重的要件，要求比较高，实际上只要继承人实施了伪造、篡改、隐匿或者销毁遗嘱的行为，以及以欺诈、胁迫手段迫使或者妨害被继承人设立、变更或撤回遗嘱的行为，无须情节严重，即应剥夺其继承权。这是因为这些违法行为既严重地损害了其他继承人的合法权益，又侵害了遗嘱人的遗嘱自由权，破坏了正常的遗产流转秩序。司法解释曾经规定，伪造、篡改、隐匿或者销毁遗嘱的行为，只有侵害了缺乏劳动能力而又无生活来源的继承人的利益，并造成其生活困难，方可认定为"情节严重"。据此解释情节严重，实施这些行为的多数人将很难受到法律制裁，对这些违法行为就难以控制。如果未构成情节严重，即使实施了这些行为，也不丧失继承权，既不合乎比较法惯例，也容易纵容严重违法。

第二，该条第2款规定，继承人丧失继承权后，经过宽宥或者事后在遗嘱中明确将其列为继承人的，即该继承人经过宽宥而不丧失继承权，但是仅限于第1款所列的第3项至第5项，而不包括第1项和第2项。首先，在表述上，应当是在丧失继承权后经过宽宥而恢复继承权，不是"该继承人不丧失继承权"。其次，考虑到中国的具体国情和生活现实，特别是经过三十多年独生子女政策的实施，家庭亲属结构简单，无民事行为能力人和限制民事行为能力人尽管可以构成故意杀害被继承人，但是只要是未造成杀人既遂的后果，都可因其年幼、心智不成熟，经过被继承人宽宥，而恢复其继承权。最后，即使成年继承人杀害被继承

人，只要是预备、未遂，被继承人予以宽宥的，也应当恢复其继承权。杀害被继承人，尽管属于未遂或者预备，也应当剥夺其继承权，但是如果不得经宽宥而恢复继承权，会造成很多被继承人的遗产无人继承的情况，导致被继承人自由支配遗产的权利受到限制。故应当在该条第2款之后增加一款，规定："因前款第（一）项情形，而继承人不具备完全民事行为能力，或者未造成严重后果、确有悔改表现的，经被继承人表示宽宥或者事后在遗嘱中明确将其列为继承人的，可以确认其恢复继承权。"

（二）增加规定继承协议

应当肯定的是，在我国现实生活中，继承协议是存在的，且应用比较广泛。这就是在数个继承人中，协议由某继承人对被继承人承担扶养义务，同时取得被继承人死亡后的遗产，其他继承人放弃继承权。在《民法典继承编草案》的室内稿和征求意见稿中，曾经规定了这样的制度，如征求意见稿第39条第1款规定："自然人可以与扶养人签订遗赠扶养协议。按照协议，扶养人承担该自然人生养死葬的义务，享有受遗赠的权利。"这一规定虽然叫作遗赠扶养协议，但实际上就是继承协议，实质上是对继承合同的明确承认①，是我国继承法立法的一项重大突破和有益探索。

遗憾的是，《民法典》删除了关于继承协议即继承契约的规定，只保留了遗赠扶养协议的内容，退回到《继承法》的条文规定，在立法态度上过于保守，无法调整现实生活中已经存在的继承契约的实际问题，使继承制度出现缺漏。删除继承扶养协议规则，原因是担忧继承人通过继承扶养协议而逃避扶养义务，其实，这种担忧是没有必要的。如果存在这种担忧，将来修订《民法典》时增加规定"逃避对被继承人的扶养义务而签订的继承扶养协议无效"的内容即可。

（三）丧偶儿媳与丧偶女婿不应规定为法定继承人

在我国，原本并没有将丧偶儿媳和丧偶女婿作为第一顺序法定继承人的习

---

① 例如，《德国民法典》第1941条第1款规定："被继承人得以契约指定继承人、订定遗赠及负担，并得选定其所应适用的继承准据法（继承契约）。"《德国民法典》，台湾大学法律学院、台大法学基金会编译，北京大学出版社2017年版，第1402页。

惯，只是对于丧偶儿媳对公、婆和丧偶女婿对岳父、岳母尽了主要赡养义务的，可以在继承中分得遗产。但是，《继承法》将这一习惯进一步改造，使其成为第一顺序法定继承人，并称之为我国继承制度的重大突破和主要特色。① 学者普遍认为这样的做法是不对的②，并建议在编纂民法典继承编时予以改进。③《民法典继承编草案》（征求意见稿）第13条采纳了这个意见，规定："丧偶儿媳对公、婆，丧偶女婿对岳父、岳母，尽了主要赡养义务的，应当分给合理份额的遗产。"这是完全正确的。但是，《民法典》第1129条又改变了这个立场，恢复了原来的规定，即"丧偶儿媳对公婆，丧偶女婿对岳父母，尽了主要赡养义务的，作为第一顺序继承人"。

这样的规定尽管是我国继承法的特色，却不符合继承法立法例中通行的姻亲没有继承人资格的继承规律，欠缺理论上的正当性。《民法典继承编草案》（征求意见稿）第13条将尽了主要赡养义务的丧偶儿媳和丧偶女婿规定为酌分遗产请求权人，与"继承人以外的对被继承人扶养较多的人"作同等处理，可以分得合理份额的遗产，既有理论的正当性，又有实践的合理性，使法定继承人范围的规定符合姻亲不得继承的理论共识，也从权利与义务相一致的角度赋予尽了主要赡养义务的继承人之外的其他人相应的权利，特别值得肯定。将来修订《民法典》时应当采用《民法典继承编草案》（征求意见稿）中的立法方案，将尽了主要赡养义务的丧偶儿媳和丧偶女婿从第一顺序继承人变更为酌分遗产请求权人。

（四）明确规定遗产分割时的清偿顺序

《继承法》在规定遗产分割时，没有注意解决遗产继承中的清偿顺序问题，仅仅在第33条第1款规定："继承遗产应当清偿被继承人依法应当缴纳的税款和

---

① 参见舒炼、余年凤：《试析丧偶儿媳、女婿对公、婆及岳父、岳母遗产的继承权》，载《法学评论》1986年第2期。

② 参见胡牧：《有关丧偶儿媳女婿对公婆和岳父母遗产继承权的三个问题——兼向舒炼、余年凤同志请教》，载《法学评论》1987年第2期；王歌雅：《〈民法典·继承编〉：编纂争议与制度抉择》，载《法学论坛》2020年第1期，第121页。

③ 参见杨立新等：《〈中华人民共和国继承法〉修正草案建议稿》，载《河南财经政法大学学报》2012年第5期；王歌雅：《〈民法典·继承编〉：编纂争议与制度抉择》，载《法学论坛》2020年第1期，第121页。

债务，缴纳税款和清偿债务以他的遗产实际价值为限。超过遗产实际价值部分，继承人自愿偿还的不在此限。"这样的规则可操作性不强，应当改进。"继承编草案"对此有所改进，规定："遗产分割前，应当支付丧葬费、遗产管理费，清偿被继承人的债务，缴纳所欠税款；但应当为缺乏劳动能力又没有生活来源的继承人保留适当的遗产。"但是，《民法典》最终放弃了这项规定，退回到《继承法》的规定，第1161条第1款规定："继承人以所得遗产实际价值为限清偿被继承人依法应当缴纳的税款和债务。超过遗产实际价值部分，继承人自愿偿还的不在此限。"这一规定毫无新意，没有体现时代的要求。在将来修订《民法典》时建议修改为："遗产债务按照以下顺序清偿：（一）合理的丧葬费用；（二）遗产管理费或遗嘱执行费等继承费用；（三）被继承人生前欠缴的税款；（四）被继承人的生前债务及家庭债务中应当由遗产承担的债务。""有证据证明遗赠扶养协议的受遗赠人履行了扶养义务的，与第（四）项债务处于同一顺位。""被继承人的遗产不足以清偿遗产债务的，在遗产债务清偿前，应当为被继承人扶养的无劳动能力，又没有生活来源的继承人保留必要的遗产份额。"只有这样，才能明确清偿顺序，便于执行。

综上所述，在我国社会的经济形态已经由计划经济转变为市场经济的情况下，应当依照经济基础决定上层建筑，上层建筑必须适应经济基础，并对经济基础发生反作用的社会发展规律的要求，对现行继承制度进行改革。在将来对《民法典》继承编进行修订时，应当放眼于世界多数国家的继承制度，认识到我国现行继承制度的局限性；着眼于保障被继承人自由支配自己身后遗产的权利，设计出完善的、符合市场经济社会实际需要的继承制度，满足个人的权利要求，建立正常的遗产流转秩序，使社会更加安定与祥和。

第一编

继承法与继承权

第一章
继承与继承法

我国现行的继承法是《民法典》继承编。研究和讨论继承法的理论和司法适用问题,首先要从研究继承和继承法的概念开始,在此基础上,展开对继承制度和规则的具体理解和适用研究。

第一节 继 承

一、继承的概念和法律特征

(一) 继承的概念

继承是一个多含义的概念,从最广义上说,是指对前人事业的承接和延续。这是政治学和社会学关于继承的含义。

民法的继承概念也有广义与狭义之分:广义的继承,是指对死者生前权利与义务的承受,不仅有财产继承,还有身份继承。[①] 或言之,继承云者,乃有法定

[①] 参见陈苇:《婚姻家庭继承法学》,群众出版社2012年版,第305页。

亲属身份者之间，因法定原因而继承他方法律上地位之谓也。① 狭义的继承，是指对死者生前的财产权利与义务的承受，又称为财产继承。

日本将继承称为相续，就是指财产在亲属之间的相续。古代法的继承是就其广义而言的，而现代法上的继承一般是就其狭义来说的。②

《民法典》使用的继承概念是狭义概念，即财产继承，是指自然人死亡时，其遗留的个人合法财产归死者生前在法定范围内指定的或者法定的亲属依法承受的法律制度。《民法典》第1119条规定的"本编调整因继承产生的民事关系"，就是指这种财产继承法律关系。

在继承中，生前所享有的财产因其死亡而移转给他人的死者为被继承人，被继承人死亡时遗留的个人合法财产为遗产，依法承受被继承人遗产的法定范围内的人为继承人。

（二）继承的法律特征

1. 继承因自然人的死亡而发生

生存的自然人为独立的民事主体，对自己所享有的财产自主地享有权利和承担义务。这是《民法典》第130条规定的"民事主体按照自己的意愿依法行使民事权利，不受干涉"的自我决定权。

自然人死亡后，不再具有民事权利能力，不再是民事法律关系的主体，原享有的财产权利和负担的义务需要有人承受，因而产生继承问题。所以，继承是因自然人死亡而发生的财产法律制度。

2. 继承关系的继承人与被继承人存在特定亲属身份关系

被继承人死亡后发生继承，但并不是任何人都可以参加继承，只有与被继承人存在一定亲属身份关系的人，才可以作为继承人参加继承。按照《民法典》的规定，继承人（包括法定继承人和遗嘱继承人）都是与被继承人有密切关系的亲属，无亲属身份关系的人不能成为继承人，只能作为受遗赠人。即使是能够继承遗产的亲属，也只有一定范围内的、与被继承人具有近亲属身份的人，才能作为

---

① 参见李宜琛：《现行继承法论》，国立编译馆1947年版，第19页。
② 参见郭明瑞等：《继承法》（第2版），法律出版社2004年版，第1页。

继承人。

3. 继承是处理死者遗产的法律制度

在现代法中，继承的标的只能是财产，不能是其他标的。因而继承的发生须以死者财产的存在为前提。继承以个人的私有财产存在为前提，在没有任何个人存在私有财产的社会，不会有也不可能存在继承制度。

4. 继承是继承人概括承受被继承人财产权利和义务的法律制度

自然人死亡，其财产权的主体必定发生变更。因此，继承是财产所有权转移的基本方式之一。不过，继承中的财产转移与一般的财产转移不同，一般的财产转移是普通财产的转移，而继承是被继承人的财产权利和义务的整体概括转移。只有依法由继承人概括地承继被继承人在财产关系中的法律地位的法律现象，才属于继承。①

二、继承的本质

（一）关于继承本质的学说

继承的本质也称继承的根据，是指继承人基于何种原因承受被继承人的遗产。对此，主要学说有以下几种。

1. 意思说

该说认为，继承的根据在于被继承人的意思，依被继承人的意思，财产由被继承人转移于继承人。正因为继承决定于死者的意思，所以，被继承人有立遗嘱的自由，在无遗嘱时，立法者也应根据人的自然情感推测死者的意思，按照法定继承确定。这种学说是自然法学派观念在对继承本质认识上的反映。他们认为，一切权利与义务变动的根据，都应求诸个人的意思，继承权也不例外。英美法系国家的继承立法较多体现了意思说，看重个人意思，推崇遗嘱自由原则。

---

① 《民法典》规定了其他一些因自然人死亡而发生的财产转移的情形，如因遗赠扶养协议而发生的死者财产的转移，由于不属于概括承受，不属于继承。之所以规定在《民法典》继承编中，是因为涉及死者遗产的处理问题。

意思说强调近现代民法的意思自治精神，寻求被继承人的意思来解释继承的本质，具有一定的合理性。但把个人意思、遗嘱绝对自由作为继承的本质，过分强调个人意思与遗嘱自由，忽视了继承制度存在的其他重要因素。20世纪后，起初实行遗嘱绝对自由的英美法系国家对遗嘱自由也进行了限制，这说明这种学说存在不合理之处。

2. 家族协同说

该说认为，继承是由于家族协同生活而发生的，没有一体的协同生活或协同感者，不应继承。依照该说，个人死后，其财产应传于一定的家族或亲属；即使被继承人得立遗嘱，遗产的一定数额也必须留给某些法定继承人。该学说对遗嘱自由持怀疑甚至否定态度，如黑格尔在《法哲学原理》一书中认为，遗嘱人依个人意志处理财产，其中有很多偶然性、任意性、追求自私目的的企图等因素在起作用，承认有权任意订立遗嘱，很容易造成伦理关系的破坏。遗嘱自由应当受到严格限制，以免破坏家庭的基本关系和违反家庭的实体性法律。死者的遗嘱之所以得到承认，也是因为家庭对已死亡家庭成员的热爱和崇敬。[①] 还有学者认为，同时代的横的共同生活不同于纵的共同生活，人的生活不仅是生存中的共同生活，还得承继前代人的生活并传至下一代，继续自己的生活。这种纵的共同生活是继承产生的母胎，继承系为人类自祖先以至乃子乃孙，维持过去、现在、未来之纵的共同生活的必然现象。

该学说具有一定的合理性。家庭至今仍是社会的基本单位，人们普遍希望将自己身后的财产继续留在家庭中，以保障自己的家庭成员，尤其是配偶和后代的生活。各国继承法将与死者共同生活的近亲属确定为法定继承人，设立特留份制度，即体现了家族协同说的思想。[②] 但是，家族协同说强调家庭共同生活，忽略被继承人的意思，否定遗嘱自由；而且随着社会的进步、经济的发展，人们私有财产的大量增加，男女平等观念的确立，导致人们的家族观念日趋衰落，如果仍用家族协同说来揭示继承的本质，则显得捉襟见肘。

---

① 参见〔德〕黑格尔：《法哲学原理》，范扬、张企泰译，商务印书馆1996年版，第191-192页。
② 参见刘文：《继承法比较研究》，中国人民公安大学出版社2004年版，第7页。

3. 死后扶养说

这种观点认为，继承的根据在于死者的扶养义务。对一定范围内的宗族或亲属负有扶养义务的人，不仅于生存中应当扶养，即使于其死亡后也应继续扶养。继承人正是基于负有扶养义务的人死亡后受扶养的权利而有权继承遗产的。依照此说，受扶养权利人与继承人应是一致的，不需要扶养的家族成员或亲属，不论其与被继承人的关系如何密切，也不得有继承权，遗产继承的范围应以扶养所必要者为限。德国、瑞士等国的应继份制度以及配偶、非婚生子女对遗产的扶养请求权即体现了这一学说。

该学说强调扶养义务，尤其是在法定继承中具有合理性。我国也有学者认为对继承的本质应当以意思说为主，以死后扶养说为辅。[1] 但是，继承不仅仅包括法定继承，还有遗嘱继承。而且在法定继承中，有的继承人不需要扶养，也可以通过继承取得遗产。换言之，继承人从来不限于受扶养的权利人。过于强调继承是对需要扶养的权利人的死后扶养，也同现代社会保障制度不符，因为需要扶养的人除了通过继承取得遗产，更重要的是需要社会保障制度的保护。

4. 无主财产归属说

这种看法认为，人的人格因死亡而消灭，虽人于生存中为财产的主体，但于死亡后其财产成为无主的财产，该无主财产应归属何人，则属于继承问题，全由国家的立法政策而定。现代立法把继承人限定在一定范围内的亲属，就是这种学说的体现。[2]

5. 共分说

这种见解认为，被继承人的财产上原本有三项所有权，即本人的所有权、亲属的所有权和国家的所有权。因为本人的财产中包含亲属和国家的帮助，所以，在被继承人死亡后应属于亲属的部分归于亲属（法定继承），应属于国家的部分由国家收回（遗产税），属于本人的部分则由本人自由处分（遗嘱处分）。共分说在被继承人的财产上拟制了三项所有权，与遗产的性质不符。

---

[1] 参见冯乐坤：《继承权本质的法理透析》，载《法律科学》2004年第4期。
[2] 参见史尚宽：《继承法论》，中国政法大学出版社2000年版，第6页。

6. 先占说

先占说认为，死者的一切权利与义务均随主体的死亡而消灭，故其财产也成为无主物，最先占有者取得其权利。而死者最近的亲属居于最先取得此无主物的地位，故各国法律皆规定死者近亲属取得遗产。先占说无法解释继承是遗产所有权的继受取得方式，因为先占是原始取得。

(二) 我国继承法对继承本质的认识

我国对继承本质也有不同认识。有的学者认为，"决定继承制度的直接根据是家庭的结构、职能和人们的愿望，而家庭的结构、职能和人们的愿望从最根本意义上是由该社会的经济基础决定的"[①]。有的学者认为，"财产继承作为一项法律制度是由社会的经济基础决定的，有什么样的经济基础，就有什么样的财产继承制度"[②]。这些学者从社会所有制或经济基础的视角分析继承的本质，难免脱离现实，因为无论是私有制社会还是公有制社会都存在基础法律制度，即使同在私有制社会，各个时期和各个国家的基础法律制度也有很大差异。因此，应当寻找新的视角探求继承的本质。

当代意义上的继承根据主要有以下三个。

1. 保障私人财富传承

说到底，继承法的基本根据是保障自然人的私人财富按照自己的意愿进行传承。继承法属于民法的财产法，但是，它保障的既不是静态的物权关系，也不是动态的债权关系，还不是无形财产的知识产权关系，而是将这些财产以及财产权利作为个人的财富，在被继承人死亡后作为遗产，按照被继承人自己支配遗产的意愿，在其选定的继承人或非继承人中传承，使继承人或受遗赠人接受被继承人的财富，继续在社会中发挥财富的作用。因此，继承法的立法根据就是要保障被继承人支配遗产的意愿，将其积累的财富进行传承，继续发挥财富对社会和对个人的作用。

2. 保障继承人的生活

在现代社会，"家"中财产权利人于死亡时对此财产的积累有所协助者，或于

---

① 张玉敏：《继承法律制度研究》，法律出版社1999年版，第18页。
② 刘春茂主编：《中国民法学·财产继承》，中国人民公安大学出版社1990年版，第33页。

过去、现在以及将来须依靠此财产始能维持其生活者,理应有权利主张取得该死亡人所遗财产。继承即因家族共同生活体内之一的成员死亡,为避免其他成员之生活陷入绝境,而使其与此共同生活曾有关系之特定生存人,承继该死亡人遗产的制度。因此,保障被继承人的继承人的生活实际需要,也是继承立法的根据之一。

3. 保障交易安全

被继承人死亡后,如果其债务亦归于消灭,无从保护被继承人的债权人,因而不能保障交易的安全。故被继承人所遗的债权、债务,均应为继承的标的,而由继承人继承,只有这样,才能够保证社会交易安全。原因是,继承制度虽以继承人生活的保障为目的,但维护被继承人债权人的权益不容忽视,故为保护被继承人债权人的利益,而可牺牲继承人权利之最大限度,宜限于继承积极财产范围之内,始可谓合情合理。[1]

继承的发生有其自然原因,也有其社会原因。从自然原因上说,继承决定于人类历史的无限性和人的生命的有限性。由于每个个人的生命是有限的,而人的历史又是无限的,人类的生命也就具有延续性,自有法律以来,这就会发生后人承受前人的权利与义务的问题。从社会原因上说,出于社会生产和再生产的需要,只有个人财产的存在和社会需要将这种个人财产关系维持下去,才会发生后人承受前人的权利与义务的问题。人类的生产本身又有两种:一种是生活资料即食物、衣服、住房以及为此所必需的工具的生产;另一种是人类自身的生产,即种的繁衍。可以说,继承正是基于这两种生产的社会需要而产生的,实质上是一种社会关系的更替。[2]

三、继承的分类

(一) 遗嘱继承与法定继承

根据继承人继承财产的方式,继承可以分为遗嘱继承和法定继承,这是对继

---

[1] 参见陈棋炎等:《民法继承新论》,三民书局2001年版,第5-7页。
[2] 参见郭明瑞等:《继承法》(第2版),法律出版社2004年版,第5页。

承最基本、适用范围最广泛的分类。

1. 遗嘱继承

遗嘱继承，是指于继承开始后，继承人按照被继承人的合法、有效的遗嘱继承被继承人遗产的继承方式。在遗嘱继承中，具体的继承人、继承顺序、应继份、遗产的管理、遗嘱的执行等都由被继承人在遗嘱中指定，也就是直接决定于被继承人生前的意思。因此，遗嘱继承也被称作"指定继承"，与法定继承相对应。

2. 法定继承

法定继承，是指继承人范围、继承顺序、继承条件、继承份额、遗产分配原则及继承程序均由法律直接规定的继承方式。在法定继承中，有关继承的各个方面是由法律直接规定的，而不是由被继承人的意思直接确定的。

就整体上说，法定继承与遗嘱继承自古代社会以来就一直存在，不过，在不同时期、不同国家，对遗嘱自由的限制程度不同。从产生的历史上说，法定继承先于遗嘱继承，因为遗嘱继承需要更高的法律技术，故以前者为旧，以后者为新，殊无疑问。① 但是，从适用上说，遗嘱继承优先于法定继承。这符合我国继承法律制度的立法形式逻辑，亦体现了进步思维与价值导向。②

（二）限定继承与无限继承

根据继承人继承被继承人财产权利与义务的范围，继承可以分为限定继承和无限继承。

1. 限定继承

限定继承又称有限继承，是指继承人得仅于一定的范围内继承被继承人的财产权利和义务的继承。在有限继承中，继承人继承被继承人的债务仅以遗产的实际价值总额为限度，对于被继承人生前所欠债务超过遗产的实际价值的部分，继承人可以不负清偿责任。

---

① 参见陈棋炎等：《民法继承新论》，三民书局2001年版，第8页。
② 参见孙骥韬：《论遗嘱制度在〈民法典·继承编〉中的体系定位》，载《学习与探索》2019年第9期，第96页。

2. 无限继承

无限继承又称为不限定继承，是指继承人必须承受被继承人的全部财产权利与义务的继承。在无限继承中，即使被继承人的债务超过其财产权利，继承人也须继承被继承人的遗产，而不得拒绝，须以自己的财产清偿被继承人生前所欠的全部债务。所谓的"父债子还"，就是无限继承的表现。无限继承强调的是保护被继承人的债权人的利益。

也有学者根据继承人有无限制的标准来区分有限制继承与无限制继承。凡有血缘关系的人均得继承而不加限制的，为无限制继承；而将继承人限定于一定范围内有血缘关系的继承，为有限制继承。这实际上涉及法定继承人的范围问题。

（三）共同继承与单独继承

根据可以参与继承的人数，继承可以分为共同继承和单独继承。

1. 共同继承

共同继承，是指依法律规定由数个继承人共同继承被继承人的遗产。共同继承人是指共同继承的数个继承人，只能是同一顺序的法定继承人。因为法定继承人的继承顺序具有排他性，若前一顺序的继承人存在，则后一顺序的继承人不得参加继承，也就不可能成为前一顺序的继承人的共同继承人。

现代法规定的继承一般为共同继承，而且由于共同继承人之间涉及遗产的分割，容易发生纠纷。

考察各国继承立法例，共同继承根据继承人的应继份又可以分为均等份额继承和不均等份额继承。均等份额继承也称为共同平均继承，是指同一顺序的继承人原则上应均分遗产；不均等份额继承，也称为共同不平均继承，是指共同继承人得继承的遗产份额不均等，其中特定的继承人比其他继承人的应继份多，其他继承人的应继份少。共同继承只发生在法定继承中，遗嘱继承中由于指定继承人的遗产份额已经确定，不存在遗产份额的分配问题，不发生共同继承。

2. 单独继承

单独继承，是指法律规定继承人仅为一人的继承，即仅由亲属中的一人继承

被继承人的遗产。如仅由长子继承、幼子继承、旁系继承（如兄亡弟继）等。因单独继承中仅由一人继承被继承人的全部遗产，所以又称为独占继承。单独继承的继承人仅为一人，是指法律规定的继承人仅为一人，而不是指实际上继承被继承人遗产的人仅为一个。单独继承是古代法上存在过的制度，现代法上已不存在单独继承。

（四）本位继承与代位继承

根据继承人参与继承时的地位，继承可以分为本位继承和代位继承。

1. 本位继承

本位继承是指继承人基于自己的地位，在自己原来的继承顺序继承被继承人的遗产的继承。例如，依《民法典》的规定，配偶、子女、父母以及对公婆或岳父母尽了主要赡养义务的丧偶儿媳或女婿为第一顺序法定继承人，由这些人参与继承时，均为本位继承。

无论是在法定继承中还是在遗嘱继承中都存在本位继承。

2. 代位继承

代位继承，是指在直接应继承被继承人遗产的顺序者不能为继承时，由其直系晚辈血亲代其地位的继承。如依《民法典》的规定，被继承人的子女先于被继承人死亡的，由被继承人的子女的晚辈直系血亲代位继承等。

在代位继承中，代位继承人只能在被代位人原来的继承顺位上继承被代位人应继承的份额，而不论代位继承人有几人。

（五）财产继承、身份继承、祭祀继承

根据广义继承的继承对象（标的），继承可以分为财产继承、身份继承、祭祀继承。这种分类只是在历史上具有意义，现代继承法不作这样的分类。

1. 财产继承

财产继承，是指继承的对象仅为财产权利与义务的继承。在财产继承中，继承人只能继承被继承人的财产权利与义务，而不能继承被继承人的人身等方面的权利与义务。在现代各国的继承法中，人们从死者处承受的只能是财产权利与义务，继承仅为财产继承。

2. 身份继承

身份继承，是指以死者生前的身份地位为继承对象的继承。在身份继承中，继承人继承的是被继承人的身份权利，如官职、爵位、户主身份等。

在古代社会，财产关系依附于身份关系，财产继承也依附于身份继承，所谓的继承，首先是对身份的继承，谁继承了身份，谁就同时继承了财产；相反，能继承被继承人财产的人不一定能继承被继承人的身份。

3. 祭祀继承

祭祀继承，是指承受祭祀宗庙资格的继承。在祭祀继承中，继承人继承的是祭祀祖先的权利与义务。祭祀继承人有权继承财产，也继承被继承人的身份。古代社会通行的嫡长子继承制就是与祭祀继承联系在一起的。

我国古代的宗祧继承制也是集祭祀继承、身份继承与财产继承为一体的继承制度，有祭祀继承权的人既可以继承被继承人的身份权，也可以继承被继承人的财产权。现代继承法的继承不包括祭祀继承，祭祀继承与财产继承相分离。

第二节 继承法

一、继承法的概念和性质

（一）继承法的概念

继承法是指调整因自然人的死亡而发生的财产继承法律关系的法律规范的总称。

继承法有实质意义继承法与形式意义继承法之分。形式意义继承法，是指冠以"继承法"名称的法律或民法典的"继承编"，如我国《民法典》及德国、瑞士、日本等国民法典中的继承编。实质意义继承法，是指有关继承关系的法律规范的总和。实质意义继承法不仅包括形式意义继承法，也包括其他法律、法规中有关继承的规范，还包括有法律效力的关于继承问题的规章、决定、指示等规范

性文件，以及最高人民法院有关继承的司法解释等。在继承法学中所研究的继承法是实质意义继承法，不限于形式意义继承法。

继承法应当规定如继承因何原因而开始，继承权应归属何人，继承人有何权利和责任，遗产应当如何清算和分配等。这些内容组成的继承法为固有意义的继承法。[①] 各国的继承法都不限于上述内容。例如，遗嘱并不完全与遗产的转移有关。立遗嘱人在遗嘱中不仅得指定继承人、遗嘱执行人及对遗产的分配办法，而且可以通过遗嘱指定其未成年子女的监护人等。尽管有的学者主张将遗嘱规定于民法总则中，而不规定于继承法中，但遗嘱大都是针对有关继承的事项而作出的，各国的立法大多将遗嘱规定于继承法中，这种做法并无不当。

（二）继承法的性质

继承法的性质是指继承法的法律属性，一般从以下六个方面理解。

1. 继承法为私法

继承法是规定因自然人死亡而发生的财产继承法律关系的法律规范，规定的是私人之间的关系，不涉及公权力事项，因而属于私法，不属于公法。民法的根本属性是私法，是规范市民社会的法；继承法作为民法的组成部分，也当然具有私法的属性。明确继承法的私法性质，有助于正确理解继承法的立法精神，正确处理继承纠纷，更好地保护自然人在继承上的合法权益。

2. 继承法为普通法

继承法是普通法而不是特别法。因为财产继承关系是自然人之间普遍存在的社会关系，所以继承法是适用于所有自然人的，而不是仅适用于某一部分人。凡我国自然人，不论其性别、年龄、出身、职业、文化程度、社会地位如何，均适用我国继承法，依继承法的规定享有继承权，并受法律的平等保护。

3. 继承法为实体法

继承法规定继承的开始、继承关系的主体、继承人的权利与义务、继承权的客体等有关主体事实上的权利与义务的实质性问题，属于实体法。继承法也存在一定的程序性规定，比如关于遗嘱订立的程序、遗产分割的程序等，但这些不是

---

① 参见史尚宽：《继承法论》，中国政法大学出版社2000年版，第12页。

程序法意义上的程序，依然属于实体法意义上的程序，因为这些程序也是针对一些实体权利与义务的规定。

4. 继承法为强行法

继承法的绝大多数规范都具有强行性，而不是任意性的，不允许当事人任意变更。继承法也有一些任意性规定，继承法规范并不全为强行性规范，但从整体上说，继承法应为强行法。继承法之所以为强行法，是因为继承不仅涉及继承当事人的利益，而且关系家庭关系的稳定和社会利益，也关系被继承人的债权人的利益，与社会的政治、经济、伦理、道德都有密切联系。

5. 继承法为固有法

固有法是指保留了较多的国家、民族和历史传统的法律。固有法对应于移植法。在我国，继承法根植于本国、本民族，在许多方面体现了我国的现实国情，体现了民族的历史传统，还有许多吸纳了习惯因素，因而是固有法。但这并不意味着我国继承法律制度是自我封闭的体系，我国也借鉴了国外成熟的立法经验，对继承法律进行完善。

6. 继承法为兼有身份法性质的财产法

在继承法是财产法还是身份法的问题上，学者有不同看法，争论较为激烈。主张继承法为身份法的理由是，继承法虽然规定财产转移的条件、方式和效力，但这不过是身份继承的伴生效力，继承法的本旨在于规定有一定身份关系的人继承被继承人财产的条件，即规定以身份关系为基础而发生的权利，因而继承法为亲属法的补充，本质上应属于身份法。[①] 认为继承法属于财产法的理由是，继承法规定的是财产转移的方式、效力和条件，其本质上为财产法，即使在容许户主权继承的法制下，在今日户主权已经没有社会意义，故户主权继承、遗产继承，均应认为亲属财产法。[②] 主张兼有身份法和财产法的理由是，现代财产属于个人支配，身份继承大都已被废止，承认财产继承，在法定继承中，继承权虽仍然为

[①] 参见［日］柳川：《相续法注释》（上），第16页。转引自史尚宽：《继承法论》，中国政法大学出版社2000年版，第14页。

[②] 参见［日］近藤：《相续法论》（上），第34页。转引自史尚宽：《继承法论》，中国政法大学出版社2000年版，第14页。

附随于一定亲属或家属地位的权利,但已不是亲属身份关系的当然效力,尤其是在指定继承中,依遗嘱进行的财产处分不以有此关系为前提,故谓之纯粹的身份法不适当。但是在私人所有权基础之上,法定继承仍然以近代家族的共同生活关系为着眼点,故继承法实为财产法与亲属身份关系的融合,以之为亲属身份关系上的财产法。[1]

继承法是兼有身份法性质的财产法,在性质上属于以亲属身份关系为基础的财产法。[2] 在我国继承法中,身份关系对继承法具有重要的作用。尽管继承法在本质上属于财产法,但继承权以一定的身份关系为前提,没有亲属身份关系,就没有继承的发生,也就没有继承制度。因此,继承法是融合了身份法和财产法的法律。

二、继承法的立法体例

继承的立法体例,是指继承法的立法形式,也被称为继承法的地位,即继承法在民法中所采的特别法主义或者法典主义。[3]

(一)各国继承法的立法体例

继承法虽为民法的一个重要组成部分,但各国对继承法的编制体例有所不同。

1. 特别法主义

采取特别法主义立法的国家,将继承法作为民事特别法予以单独立法。采取这种立法体例的,主要是实行判例法的国家和一些未制定统一民法典的国家。因为在这些国家没有成文的民法典或者统一民法典,对于继承问题只能通过单独制定继承法的方式解决。例如,英国早在 1837 年就颁布了《遗嘱条例》,规定遗嘱继承;1925 年颁布的《遗产管理条例》及以后修改该法的法规(包括 1952 年

---

[1] 参见史尚宽:《继承法论》,中国政法大学出版社 2000 年版,第 14 页。
[2] 参见张玉敏:《继承法律制度研究》,法律出版社 1999 年版,第 7-8 页;刘文:《继承法比较研究》,中国人民公安大学出版社 2004 年版,第 12 页。
[3] 参见胡长清:《中国民法继承论》,商务印书馆 1936 年版,第 1 页。

《无遗嘱继承条例》和1971年《遗产管理条例》），规定了无遗嘱继承制度。印度调整继承的法律是1925年《继承法》，同时印度教徒和伊斯兰教徒关于遗产和继承的事宜还受他们各自的属人法支配。

2. 法典主义

采取这种立法主张的国家是将继承法作为民法典的一个组成部分列入民法典。大陆法系中有民法典的国家均采用这种立法体例，如法国、德国、瑞士、日本、意大利等。在采取这种立法体例的国家，由于对继承法的认识不同，继承法在民法典中的位置也不同。主要有以下三种做法：

一是，将继承法规定于民法典中的财产取得编。这种立法体例是将继承视为财产所有权转移的一种方式，将继承与买卖、赠与等取得财产的法律行为同等看待。法国即采这种立法体例，将继承法规定于民法典的第三卷"取得财产的各种方法"之中。

二是，将继承法规定于民法的物权编。采取这种立法例的国家，是将继承权看作是财产所有权于所有人死亡后的自然延伸，继承法应为物权法的一部分。如奥地利就采取这种立法体例，将继承法规定于民法典的物权编，与占有、所有、质权、地役权等并列。

三是，将继承作为民法中的单独一编。采取这种立法体例的国家认为继承权既不属于债权，也不属于物权，而是与身份关系相联系的一项独立民事权利，因而将继承法作为独立的一编，并将其置于亲属法之后。但有的是将继承法放在物权编之前，如《瑞士民法典》；有的是将继承法放在民法典的最后一编，如《德国民法典》《日本民法典》。

（二）我国继承法的立法体例

我国的继承立法究竟采取的是何种立法体例，有不同的看法。

在2020年之前，我国没有制定《民法典》，1985年制定了《继承法》。故有的学者认为我国没有民法典，《继承法》为特别法，应属特别法主义。[①] 有的学者认为从我国的民事立法实践看，我国采取法典主义，而不采取特别法主义。尽

---

① 参见刘文：《继承法比较研究》，中国人民公安大学出版社2004年版，第3页。

管我国于 1985 年单独颁布了《继承法》，但这并不表示我国将继承法作为民法特别法看待。《继承法》仅是为了适应社会的需要，将民法的继承部分先以单行法的形式颁布，并且《继承法》是在民法草案的基础上制定的。在《继承法》颁布施行后，我国又先后制定了《民法通则》《合同法》等重要民事法律。在 2002 年《民法（草案）》中，继承法是其中一编。因此，《继承法》于将来必是作为民法典的一个组成部分而存在，如同《合同法》《物权法》和《侵权责任法》等一样。①

2020 年 5 月 28 日，我国制定了《民法典》，第六编为"继承"编，标志着我国继承法采取了法典主义立场。在适用上，继承中一些属于民法总则性的内容，应当适用《民法典》"总则"编的规定，如有关权利主体和民事行为能力、民事权利能力的规定等；具体的继承规则，适用《民法典》"继承"编的规定。

三、继承法的历史发展

（一）古代社会的继承制度

继承作为古老的法律制度，萌芽于原始社会末期的父系氏族时期，成熟于国家出现之时。

母系氏族时期，由于生产力水平极低，社会财富难以满足全体氏族成员的需要，加之人们要靠群体力量才能生存，不可能出现继承这一社会现象。

随着生产力的进一步发展，男子的社会地位不断提高，父系氏族取代了母系氏族。在父系氏族时期，私有观念逐渐形成。持有私有财产的一些个体家庭首长产生了欲在死后将其财产留给家人的想法，社会认可后，便形成了原始习惯，调整着家庭私有财产的继承关系。

当这种私有制的发展取代了原始公有制以及国家出现的时候，财产继承便成为靠国家强制力保证实施的法律制度。

奴隶制与封建制有着不同的经济基础，因而在继承法上也有不同的特点。在

---

① 参见郭明瑞等：《继承法》（第 2 版），法律出版社 2004 年版，第 16-17 页。

第二节 继承法

奴隶制社会，奴隶不是权利主体，只能作为"物"，是奴隶主的财产，可以为继承权的客体，而且继承只是发生在自由民之间。

在封建制社会，尽管在一定程度上也存在可作为物交换的奴隶，但被剥削阶级主要是农民。农民依附于土地，但是有一定的自由和财产的权利主体，已经不是权利的客体。尽管继承主要是发生在地主阶级成员之间，但农民也可以为继承权的主体。

诚然，由于各国的历史传统不同，古代各国的继承法也不完全相同。但从整体上说来，古代社会的继承制度呈现出以下特点。

1. 身份继承与财产继承并存，以身份继承为主

古代社会是身份社会、等级社会，剥削阶级需要通过身份的继承来维护其统治地位，维系社会的等级关系，因而身份继承与财产继承是联系在一起的，并且身份继承是主要的，财产继承依附于身份继承。

在我国古代，在战国时期以前主要通行"兄终弟及"的继承原则，兄长的身份由弟继承。自战国时期以来，"兄终弟及"逐渐为"父终子及"代替，确立了父死子继、嫡庶有别的宗法继承原则。宗法是以血缘为纽带调整家族内部关系，维护家长、族长的统治地位和世袭特权的法则。在继承关系上，宗法的原则是嫡长子继承制，以嫡长子为主要继承人，继承宗庙的祭祀。在宗法继承制度下，家产往往作为祭祀义务的附属物而存在。最初，只有继承爵位、家族权力、宗庙祭祀的嫡长子才能继承家产。其后，在财产继承上"诸子有份"，不仅存在嫡长子的身份继承，而且存在诸子的财产继承。[①] 但在整个古代社会，身份继承一直是继承的主要内容，成为维护封建等级制的重要保证措施。

在古罗马法中早就确立了遗嘱继承制，而其创制遗嘱继承的目的也首先是保证家长身份和家庙祭祀得以延续的需要。[②] 罗马家长利用遗嘱，选定能干的继承人为继任的新家长，以期维持己"家"之存续；如家长不采此措施时，则依法不得不遵行诸子均分原则，因而耕地细分，家族渐由乡土分离，其为继祖承孙之

---

① 参见程维荣：《中国继承制度史》，中国出版集团东方出版中心2006年版，第230页。
② 参见费安玲：《罗马继承法研究》，中国政法大学出版社2000年版，第105页。

"家"，将随而归诸消灭。① 在古印度，《摩奴法典》规定，"独有长兄可得全部父产，其余弟兄应该像依靠父亲那样依靠他生活"。古希伯来法也规定由长子继承家长身份地位。

2. 通行单独继承，单独继承与共同继承并存

在古代社会，由于实行身份继承，在身份继承上通行单独继承制，即仅由子女中的一人继承被继承人的身份，如官位、爵位、家长的身份、祭祀祖先的权力等。在单独继承中，大多实行长子继承制，但也有实行幼子（末子）继承制或弟弟继承制的。由于古代社会在身份继承的同时也存在财产继承，而在财产继承上往往是诸子有份，因而身份上的单独继承与财产上的共同继承并存。

我国自战国时期就出现身份继承与财产继承并存的现象，宗子单独享有身份继承权，他人则得享有财产继承权。

至唐代，诸子均分财产已经法制化。唐代户令中的"应分条"中规定："诸应分田宅者，及财物，兄弟均分。""兄弟亡者，子承父份。""兄弟俱亡，则诸子均分。""寡妻妾无男者，承夫分。"② 后来，不仅婚生子得共同继承遗产，非婚生子也得继承一定的财产。在古印度，依《摩奴法典》的规定，"亲生子""田生子""过继子""收养子""秘密生子"和"遗弃子"是六种有财产继承权的亲属，"姑娘生子""随妻来子""买来子""再醮妇生子""自送子"和"首陀罗生子"为六种无财产继承权的亲属。有财产继承权的亲属得继承父产。

3. 否认男女继承权平等

在古代社会，无论是奴隶制社会还是封建制社会，都从法律上否认男女继承权的平等，这与以男子为中心的家族制度有直接关系。男女的继承权不平等主要表现在以下两个方面。

（1）女儿不能与儿子一样继承父产

我国古代最初不承认女子继承权，"男承家产，女承衣箱"，女子除得于出嫁时得到一定妆奁外，不得继承家业。后来，如无儿子仅有女儿，女子得因无兄弟

---

① 参见陈棋炎等：《民法继承新论》，三民书局2001年版，第8-9页。
② 《宋刑统》，中华书局1984年版，第197页。

而承继家业。至唐代，女子继承遗产虽已经制度化，但也仅以户绝者为限。在外国古代，女儿也不能与其兄弟一样继承遗产，只有未婚女儿可以分母亲的私房。古日耳曼法规定：对动产的继承，继承顺序为子女、父母、兄弟、姐妹，但女子仅得男子遗产的一半，所以法谚说："男子以双手接受，而女子则以一只手接受"。不动产则一般只能由儿子继承，无子交回马尔克公社。

（2）妻子继承夫家财产的权利受限制

在我国古代，妻子不能继承夫家的财产，丈夫死亡后，财产由儿子继承，妻子受儿子供养；无子孙的寡妇"守志"者，得占有、管理和使用丈夫留下的财产，但不得"擅卖田宅"，更不得于改嫁时带走亡夫留下的财产。古印度《摩奴法典》规定，"未生儿子的女儿只要一死，女婿就可以立即把那份财产拿走"，但寡妇不能拿走亡夫的财产，"寡妇如果为无子的亡夫而与同族生了一个儿子，她应该把亡夫的全部财产交给那个儿子"。欧洲中世纪法兰克王国的法律承认，在同一亲等中男性优先，妻子不能继承丈夫的财产。

4. 土地为继承权的主要客体

古代社会是商品经济不发达的农业经济社会，土地是最主要的财产，遗产制度以土地所有制为基础，因而土地也就成为继承权的主要客体。在我国春秋时期前的奴隶社会，"普天之下，莫非王土"，宗子继承的首先是"封地"。后来土地私有制产生，对于土地也是由嫡长子继承。在欧洲中世纪，土地一般也由长子继承，即使在教会法的盛行时期，对土地的继承也受封建国家的法律支配。

5. 继承方式以法定继承为主

古代社会的继承制度由于强调和特别重视身份继承，强调和特别重视对作为统治阶级经济基础的土地私有制的保护，因此在继承方式上主要以法定继承为主。法定继承主要是指身份继承和祭祀继承的继承方式。古代社会也已存在遗嘱继承。例如，在《汉穆拉比法典》中就有了关于遗嘱继承的规定，在罗马法中遗嘱继承制度已经比较完善。我国早在春秋战国时期也出现了遗嘱的形式。但总的说来，欧洲封建制社会由于受宗教的影响，在动产继承上遗嘱继承适用较广泛，不动产的继承则适用法定继承。在我国古代，遗嘱继承从未成为继承的主要方

式，即使承认遗嘱继承，也往往是以"身丧户绝"为前提条件的，例如，《唐律》"丧葬令"之"户绝条"中关于"若亡人存日，自有遗嘱处分，证验分明者，不用此令"的规定。

（二）西方国家的近现代继承制度

西方国家的近现代继承制度是从中世纪的法律中发展而来，与资本主义工业化的要求相适应的。一方面，最初的资本主义继承法在立法上保留了封建制社会立法的一些痕迹；另一方面，随着资本主义生产力和生产关系的发展，各资本主义国家的立法不断修正，逐渐消除继承法中的封建残余。各西方国家的立法进程和形式也不完全一致，各自都有自己的一些特点。

西方国家的近现代继承制度主要有以下特点。

1. 取消身份继承，仅实行财产继承

近代资本主义社会"从身份到契约"，资本主义经济关系不再是一种等级制的身份关系，而是一种契约关系。资产阶级革命时就以"平等""自由""博爱""天赋人权"为旗帜。在资本主义的继承立法上，理所当然地要取消身份继承，以资本特权的继承代替了以身份继承为前提的封建特权的继承。

在西方近现代社会，身份已不再是继承的对象，只有财产才是继承权的客体，继承就是指财产继承，不再包括身份继承。

2. 取消单独继承制，实行共同继承

单独继承制以封建土地私有制为基础、以身份继承的存在为条件，是子女地位不平等的法律表现。

资本主义继承法为体现自由平等精神，取消了单独继承制，而奉行共同继承制。例如，法国资产阶级于1790年就曾宣告废止长子继承制，实行遗产均分继承。在资产阶级大革命胜利后制定的第一部民法典即《法国民法典》，明确规定了遗产均分继承的原则。该法第745条规定："子女或子女的直系卑血亲，不分性别与长幼，即使属于不同的婚姻所生，均得继承其父与母、祖父与祖母或其他直系尊血亲的遗产。""子女或子女的直系卑血亲，在其均属于第一亲等并以自己的名义继承时，按人头与相同继份继承；在他们全部或一部是代位继承时，应按

第二节 继承法

房数继承。"

英国的继承制度受教会的影响很大,在继承中强调不动产继承与动产继承两种制度。在1925年的法律颁布前,对不动产实行"一子继承"制,对动产实行共同继承制。1925年的法律废除了"一子继承"制,其后对不动产和动产继承的区别也已不严格了。

3. 继承人的继承权仍存在事实上或形式上的不平等

虽然资产阶级提出了"自由""平等"的政治口号,以"自由""平等"为私法的基本理念,但资产阶级继承法上继承人继承权的"平等"经过了一个漫长的发展历程,而实际上仍是不平等的。

最初的资产阶级继承法并没有体现其政治上所说的"人人生而平等",保留了封建法上的许多不平等条款。例如,非婚生子女的继承权与婚生子女的继承权不平等。依1804年《法国民法典》的规定,非婚生子女不得为继承人,只有经合法认领的非婚生子女可以继承其死亡父母的遗产,但其并不能与其他婚生子女以同样的份额继承。1971年1月3日的法律修改为非婚生子女得为继承人,但仅取得婚生子女应继份的一半。

1969年8月,《德国民法典》经修订,在第1934条中承认非婚生子女可取得与婚生子女相等的遗产份额,但其权利为"遗产补偿请求权",而未明确规定为继承权。

4. 遗嘱继承普遍适用,遗嘱自由与特留份制相结合

罗马法已有较发达的遗嘱继承。在欧洲中世纪,由于教会的影响,对动产继承也普遍实行遗嘱继承。受这两方面因素的影响,加之资产阶级强调"自由",西方各国的近现代继承法普遍适用遗嘱继承,实行遗嘱自由原则,遗嘱继承成为遗产继承的主要方式。

各国也普遍对遗嘱自由予以一定的限制,但限制程度不同。

一般来说,大陆法系国家对遗嘱自由的限制较多,在法律上规定了特留份制度,立遗嘱人不得以遗嘱剥夺继承人依法定继承应得到的遗产的全部,而须保留其应继份。

普通法系国家原来对遗嘱自由一般不加限制，立遗嘱人得以遗嘱自由处分其财产。在现代，普通法系国家也对遗嘱自由予以一定限制。例如，英国在1938年以前实行遗嘱绝对自由。立遗嘱人的遗嘱不仅不须经过任何人的同意，只要依一定的形式作出即发生法律效力，而且立遗嘱人可以遗嘱剥夺任何法定继承人的继承权，可自由地处分其全部财产。1938年制定的《英国家庭供养条例》则对遗嘱自由予以一定限制，准许某些受扶养人（如果再无人扶养）向法院提出申请，要求从遗产中拨付生活费用。死者的配偶、未成年的儿子、未婚的女儿、无劳动能力或不能维持自己生活的子女，以及被继承人死亡时并未再婚的前配偶，经法院审核后，均可享有此项"法定权利"。在第二次世界大战后，特别是经1966年《英国继承法》和1969年《英国家庭法改革令》对1938年法律的修正，享有"法定权利"的继承人的范围进一步扩大，死者的所有子女（包括非婚生子女和收养的子女）都在该范围之内。

可以说，现代西方国家的继承法实行的是遗嘱自由与特留份相结合的原则。

5. 重视维护遗产集中，避免资本分散

资本主义各国继承法对遗产原则上采取均分制，但均分制易造成资产分散，故各国也采取一些特别制度以维护资本的集中。例如，依据法国1961年的法律，如果遗产规模只够维持最低限度的农业经营，便可认可由生存配偶与未成年直系卑亲属共有此项遗产，而不予以分割；后来这一制度也扩大适用于农业以外的家族经营事业资产。在德国，农场也由一子继承，以维系经营事业资产的集中。

（三）中国近现代继承制度的立法

1949年之前的中国继承法的历史沿革，民国时期的学者将其分为四个时期：第一时期为光绪三十三年（1907年）之前即古代继承法时期，第二时期是光绪三十三年（1907年）年底至1928年（民国十七年）即民国民律三草，第三时期是1928年至1930年（民国十九年）即民国民法继承编立法及通过，第四时期是1930年（民国十九年）开始正式实施民国民法继承编。①

对我国继承法历史的这种分法并不准确，不过可以说明一点，即中国继承法

---

① 参见郑国楠：《中国民法继承论》，中华书局1945年版，第5页。

的近现代化是从 1907 年开始的。

中国近现代继承法的立法始于清末民初。清光绪三十三年（1907 年），由沈家本等三人为修订法律大臣，开始主持制定民律，于宣统三年（1911 年）八月完成《大清民律草案》，第五编为继承法，共分为六章，包括总则、继承、遗嘱、特留财产、无人承认之继承、债权人或受遗赠人之权利，计 110 条。

1925 年，北洋政府又着手制定民法，该民法草案的第五编也为继承法。这一继承法草案是以《大清民律草案》继承编为基础，吸取了《大清现行刑律》中民事有效部分及历年大理院的判例拟定的。该继承法草案将原草案中的继承一章分为宗祧继承、遗产继承、继承人未定及无人承认之继承三章，继承法共计 225 条。这部法律草案也未经正式通过，仅由北洋政府司法部于 1926 年 11 月通令各级法院在司法中作为法理加以引用。

1927 年 6 月，南京国民政府设立法制局，着手制定各重要法典。于 1930 年 12 月，民法继承编经立法院通过并颁布，于 1931 年 5 月 5 日施行，与继承编同时施行的还有 1931 年 1 月颁布的继承编施行法（共 11 个条文）。这是中国历史上的第一部继承法。

南京政府制定的民法继承编分为遗产继承人、遗产之继承（包括效力、限定之继承、遗产之分割、继承之抛弃、无人承认之继承等五节）、遗嘱（包括通则、方式、效力、执行、撤销、特留份等六节）等三章，共计 88 条。这部继承法具有以下特点：第一，废除宗祧继承，"遗产继承不以宗祧继承为前提"；第二，遗产继承不分男女，赋予女子继承权；第三，承认配偶有相互继承遗产的权利；第四，原则上采用法定继承制，规定特留份以限制遗嘱自由；第五，规定限定继承，继承人对偿还被继承人的债务负有限责任；第六，留有宗法制度的痕迹，非婚生子女须经抚育或认领后才能同婚生子女一样地享有继承权。

1949 年以后，我国长期没有继承法，且曾经在一段时期内把继承案件称为遗产纠纷，避讳继承概念，以限制"资产阶级法权"。

1978 年之后，开始制定《中华人民共和国民法（草案）》，先后完成四稿，都有继承编。后来因为短时期内很难制定出一部完整的《民法》，所以，改为先

第一章　继承与继承法

制定成熟的单行民法。最先出台的就是 1985 年 4 月 10 日《继承法》（经第六届全国人民代表大会第三次会议通过），共分为总则、法定继承、遗嘱继承和遗赠、遗产的处理、附则五章，共计 37 条。经过将近 30 年的实践，2011 年曾经进行过一年的修订，后来放弃。[①]

2014 年，《中共中央关于全面推进依法治国若干重大问题的决定》要求编纂民法典，立法机关决定在 5 年内完成《中华人民共和国民法典》的编纂工作。2017 年完成了《民法总则》后，开始编纂民法典分则各编，历经 3 年完成，2020 年 5 月 28 日通过立法程序，在《继承法》基础上修订完成的"继承编"，成为《民法典》第六编，实现了法典主义的继承法立法目标。

四、我国继承法的基本原则

（一）继承法的基本原则概述

继承法的基本原则，是指贯穿于我国整个继承法律制度和规范中，对具体的继承法律制度与规范具有重要指导作用的根本性准则。继承法的基本原则是我国继承法自身特色的集中体现，是我国宪法原则在继承法的具体化。

在我国民法领域，继承法的基本原则具有以下重要意义。

1. 继承法的基本原则是继承立法的准则

一部法律的制定需要在基本原则指导下进行。继承法的基本原则就是制定《民法典》继承编所依循的基本准则。正是在继承法基本原则的指导下，才使《民法典》继承编成为一部完整、和谐、进步的法律。

2. 继承法的基本原则是民事主体进行继承活动的基本准则

民事主体进行继承活动应当遵循继承法律的具体规范，比如订立遗嘱应当依法进行，要为特定的人保留必要的遗产份额。这些都是必要的，但还须遵守继承法基本原则，按照继承法基本原则的要求进行，如进行继承活动不得违反公序良

[①] 参见杨立新、杨震等：《〈中华人民共和国继承法〉修正草案建议稿》，载《河南财经政法大学学报》2012 年第 5 期。

俗原则。

3. 继承法是法官解释继承法律、补充法律漏洞的基本依据

法律不可能穷尽生活，随着社会生活的发展和变化，会出现一些新的法律问题，没有现成的具体法律规范进行调整。这就需要法官依据法律基本原则，对法律漏洞进行补充。继承法律也会出现这样的问题，需要法官发挥自由裁量权，依据继承法基本原则进行漏洞补充，正确处理继承纠纷。

4. 继承法的基本原则是继承法学研究的准则

对继承法的学术研究具有自由品性，但如果背离继承法的基本原则进行，会存在不妥当，且对继承法理论与实践不具有指导意义。在继承法学研究中应当以继承法的基本原则作为指导，准确阐释继承法的基本精神和具体规定。

(二) 继承法基本原则的内涵

我国规定法律的基本原则，有的在立法文本中进行完整描述，有的在立法文本中没有完整描述，需要进行学理解释。《民法典》仅在第1120条明确规定了保护自然人继承权的基本原则，对于其他基本原则没有明确规定，因此需要作出学理解释。

我国学者对继承法基本原则的认识不完全一致。有的学者认为我国继承法自始至终贯穿四项基本原则，即"保护公民私有财产继承权的原则；养老育幼的原则；继承权男女平等的原则；互助互让、团结和睦的原则"[1]。有的学者认为我国继承法所具有的基本原则大致可以归纳为以下六项：(1) 保护公民个人私有财产继承权；(2) 继承权男女平等；(3) 权利与义务相一致；(4) 限定继承；(5) 互谅互让，团结和睦，协商处理遗产；(6) 养老育幼，照顾病残者。[2] 还有的学者认为，我国继承法的基本原则主要有以下七项：(1) 保护公民私有财产继承权的原则；(2) 继承权平等的原则；(3) 互谅互让、团结和睦的原则；(4) 养老育幼，特别保护缺乏劳动能力又没有生活来源的人的利益的原则；(5) 权利义务相

---

[1] 佟柔主编：《继承法教程》，法律出版社1986年版，第34页；刘素萍主编：《继承法》，中国人民大学出版社1988年版，第90页。

[2] 参见刘春茂主编：《中国民法学·财产继承》，中国人民公安大学出版社1990年版，第44页。

一致的原则；（6）个人利益与社会利益相结合的原则；（7）对被继承人的债务限定继承的原则。①

《继承法》制定的时间较早，受当时社会生产力不够发达、个人拥有的财富相对较少等特殊国情，以及社会保障制度还不够完善的影响，它在某些方面具有了社会保障的功能。②《民法典》对我国的继承制度和规则作了部分修订，更多地表达了继承法的当代精神。在准确解释继承法基本原则的问题上，应当遵循《民法典》的基本原则和继承法的本质与继承法基本内容的基础，对继承法基本原则进行淳化，把一些不属于继承法基本原则的内容剔除。

笔者认为，我国继承法的基本原则应当包括继承权保护原则、继承权平等原则、遗嘱自由原则和权利义务相一致原则。

（三）继承法基本原则的具体内容

1. 继承权保护原则

继承权保护原则的法律依据，首先是《宪法》第13条关于"国家依照法律规定保护公民的私有财产权和继承权"的规定。这一规定确立了宪法保护公民继承权的基本原则，并把继承权与私有财产权并列。《民法典》第124条关于"自然人依法享有继承权""自然人合法的私有财产，可以依法继承"的规定和第1120条关于"国家保护自然人的继承权"的规定，是继承权保护原则的法律依据。保护自然人的继承权，是《宪法》确立的、《民法典》具体体现的基本原则，也是我国继承法的根本目的和任务，是我国继承立法的基础和根据。《民法典》自始至终贯穿了继承权保护这一宪法规定的原则。

继承权保护原则具有两方面的含义：一是法律保护自然人享有依法继承遗产的权利，任何人不得干涉；二是自然人的继承权受到他人非法侵害时，有权依照法律规定请求予以救济，国家以其强制力予以保护。

继承权保护原则贯穿《民法典》的始终，特别是表现在以下五个方面。

---

① 参见郭明瑞等：《继承法》（第2版），法律出版社2004年版，第31-42页。

② 参见冯乐坤：《继承制度与社会保障制度的协调——兼论法定继承制度的重新构建》，载《当代法学》2004年第4期。

(1) 确立遗产范围，依法进行保护

凡自然人死亡时遗留的个人合法财产，均为遗产，都得由继承人依法继承。《民法典》第1122条明确规定，"遗产是自然人死亡时遗留的个人合法财产"。遗产既包括自然人的生活资料，也包括自然人的生产资料；既包括自然人的有形财产，也包括自然人的无形财产。依《民法典》第1122条第2款的规定，只有依照法律规定或者根据其性质不得继承的遗产，才不得继承。

(2) 保障被继承人的遗产尽量由继承人或受遗赠人取得

被继承人的遗产一般不会被收归国家所有，尽可能地由继承人或受遗赠人取得。依《民法典》第1131条的规定，对继承人以外的依靠被继承人扶养的人，或者继承人以外的对被继承人扶养较多的人，可以分给适当的遗产。《民法典》第1160条规定，无人继承又无人受遗赠的遗产，死者生前是集体所有制组织成员的，应归所在集体所有制组织所有，而不是收归国家所有。只有死者生前不是集体所有制组织成员的，其无人继承又无人受遗赠的遗产才收归国家所有，并且要用于公益事业。这些规定都保证死者的遗产在私人领域传承。

(3) 继承人的继承权不得非法剥夺

《民法典》第1125条明确地规定了继承人丧失继承权的法定事由。除法律规定的丧失继承权的情形外，继承人的继承权不能丧失，任何组织或个人也不得非法剥夺继承人的继承权。在继承开始后，继承人没有明确表示放弃继承权的，视为接受继承，而不能作为放弃继承权处理，以保障继承人的继承权不受非法剥夺。

(4) 保障继承人、受遗赠人的继承权或受遗赠权的行使

继承人、受遗赠人可以选择接受继承或受遗赠，也有权选择拒绝继承或受遗赠。即使继承人相对丧失继承权，但是确有悔改表现，被继承人表示宽恕或者事后在遗嘱中将其列为继承人的，规定该继承人不丧失继承权，能继承被继承人的遗产。为了充分保障无民事行为能力人与限制民事行为能力人的继承权、受遗赠权，依照《民法典》关于法定代理的规定，无民事行为能力人的继承权、受遗赠权由其法定代理人代为行使；限制民事行为能力人的继承权、受遗赠权由其法定

代理人代为行使，或者征得法定代理人同意后行使。

（5）继承人享有继承回复请求权

在继承权受到他人非法侵害时，继承人可以向侵害人请求回复，也可以在法律规定的期间内通过诉讼程序请求人民法院依法给予法律保护。这就是继承回复请求权。①《民法典》虽然没有专门规定继承回复请求权，但是，依据法理和保护民事权利的规定，继承人享有继承回复请求权。②

2. 继承权平等原则

《民法典》第 4 条规定，平等原则是民法的基本原则，继承权平等原则是平等原则的具体化。

继承权男女平等原则仅是继承权平等原则的内容之一，不能完全代替继承权平等原则的内容，其还包括其他内容。

（1）继承权男女平等原则

继承权男女平等是继承权平等原则的核心和基本表现。在中国古代和近代均有女子不得继承的规定，直至 1929 年国民政府司法院法律解释，承认无论是已嫁或未嫁的女子，均得享受继承遗产的权利。③《民法典》第 1126 条明确地规定："继承权男女平等。"

继承权男女平等既是对古代以及近代社会中男女不平等的继承制度的根本否定，也是对《宪法》确认的男女平等原则以及国家在遗产继承上一贯的法律、政策的贯彻落实。继承权男女平等具有多方面的含义：一是男性与女性具有平等的继承权，不因性别差异而有所不同。二是夫妻在继承上有平等的权利，有相互继承遗产的继承权，《民法典》第 1157 条明确地规定："夫妻一方死亡后另一方再婚的，有权处分所继承的财产，任何组织或者个人不得干涉。"三是在继承人的范围和法定继承的顺序上，男女亲等相同，父系亲与母系亲平等。四是在代位继承中，男女有平等的代位继承权，不仅适用于父系的代位继承，同样也适用于母

---

① 参见张康林：《继承回复请求权研究》，中国政法大学出版社 2010 年版，第 54 页。
② 参见杨立新：《民法典对我国民事权利保护方法的成功改造》，载《国家检察官学院学报》2022 年第 4 期。
③ 参见汪澄之：《女子继承权诠释》，民治书店 1929 年版，第 35 页。

系的代位继承。

(2) 非婚生子女与婚生子女继承权平等原则

在国外的继承立法中,有的对非婚生子女的继承权进行限制。我国继承法反对这样的做法,承认非婚生子女与婚生子女的社会地位和法律地位平等,受国家法律的同等保护。《民法典》第1071条第1款明确地规定:"非婚生子女享有与婚生子女同等的权利,任何组织或者个人不得加以危害和歧视。"《民法典》第1127条第3款规定:"本编所称子女,包括婚生子女、非婚生子女、养子女和有扶养关系的继子女。"因此,非婚生子女与婚生子女同为子女,享有平等的继承权。在立法上明确了对非婚生子女与婚生子女不作区分,使之享有同样的继承权,并不因子女的婚生还是非婚生而有所区别。

(3) 养子女与亲生子女继承权平等原则

我国法律一贯确认养子女与亲生子女有同等的法律地位。《民法典》第1044条第1款规定:"收养应当遵循最有利于被收养人的原则,保障被收养人和收养人的合法权益。"明确养子女与亲生子女在亲属身份关系中的法律地位平等。养子女与亲生子女在继承权上也是平等的,《民法典》第1127条第3款明确地规定:"本编所称子女,包括婚生子女、非婚生子女、养子女和有扶养关系的继子女。"养子女与亲生子女享有平等的继承权。

(4) 儿媳与女婿在继承上权利平等原则

《民法典》第1129条规定:"丧偶儿媳对公婆,丧偶女婿对岳父母,尽了主要赡养义务的,作为第一顺序继承人。"只要儿媳或女婿符合丧偶的条件,而且对公婆或岳父母尽了主要赡养义务,就享有继承权,并不区分儿媳与儿子、女儿与女婿的不同。因此,儿媳与女婿在继承上的权利平等,也是继承权平等的表现之一。

(5) 同一顺序的继承人继承遗产的权利平等原则

《民法典》第1130条第1款规定:"同一顺序继承人继承遗产的份额,一般应当均等。"凡为同一顺序的继承人,不分男女、长幼,也不论职业、政治状况,继承被继承人遗产的权利一律平等。

3. 遗嘱自由原则

遗嘱自由是自然人生前享有通过订立遗嘱处分自己身后财产的自由权利。继承法最早实行强制保存原则，规定一家财产应由家族中一人（多为长子）继承；继之为强制分割原则，规定一家财产应由各家族平均继承；复次为遗嘱自由原则，规定一家财产究竟归属于何人，应由被继承人以遗嘱自由定之，这为近代以来通行的继承法原则。①

关于遗嘱自由是否为继承法的一项基本原则，学者之间存在很大争论。笔者认为，虽然遗嘱自由仅在遗嘱继承与遗赠中适用，但遗嘱自由体现的是自然人对自己财产的自由处分，在继承法中占据着重要位置，因此，遗嘱自由是继承法的最根本原则。随着遗嘱在我国现实生活中采用得越来越多，遗嘱自由原则也会越来越重要。《民法典》第 1133 条第 1～3 款规定："自然人可以依照本法规定立遗嘱处分个人财产，并可以指定遗嘱执行人。""自然人可以立遗嘱将个人财产指定由法定继承人中的一人或者数人继承。""自然人可以立遗嘱将个人财产赠与国家、集体或者法定继承人以外的组织、个人。"这是《民法典》对遗嘱自由原则的确认。

将遗嘱自由作为一项基本原则具有重要的社会意义：一是实行遗嘱自由有利于对自然人个人财产所有权的彻底保护，充分实现自然人支配财产权利的意志；二是实行遗嘱自由有利于发挥家庭的养老育幼职能；三是实行遗嘱自由有利于减少和预防纠纷，在法定继承中，由于遗产分割容易发生纠纷，而通过遗嘱的方式对自己的遗产预先作出处分，明确了具体的应继份，有利于避免纠纷，维护家庭团结。

遗嘱自由原则具有三方面含义：一是遗嘱内容的确定自由，在设立遗嘱时，有自由确定其遗嘱内容的权利；二是遗嘱形式的选择自由，可以根据自己的意愿和条件，按照法律规定的形式设立遗嘱；三是遗嘱变更、撤回的自由，可以自由变更或者撤回已经设立的遗嘱。②

---

① 参见胡长清：《中国民法继承论》，商务印书馆 1936 年版，第 5 页。
② 参见李宏：《遗嘱继承的法理研究》，中国法制出版社 2010 年版，第 150 页。

遗嘱自由意味着自然人享有充分的自由，可以订立遗嘱，也可以不订立遗嘱；可以按照自己的意愿订立遗嘱的内容，自由指定继承人，自由确定继承人的应继份，不受其他因素的约束。但遗嘱自由不是绝对的自由，会受到一定的限制。在大陆法系国家，各国继承立法通过特留份制度限制遗嘱自由。在起初实行绝对遗嘱自由的英美法系国家，也在20世纪通过相应立法限制遗嘱自由。

我国遗嘱自由原则受到一定限制的表现如下：一是遗嘱要受法律约束，不得违反法律的规定，违法的遗嘱无效；二是遗嘱不得违背公共秩序和善良风俗，否则该遗嘱会被认定为无效；三是实行遗嘱自由，应当对缺乏劳动能力又没有生活来源的继承人保留必要的遗产份额，否则，涉及该应当保留的必要的遗产份额部分的遗嘱处分无效。

4. 权利义务相一致原则

在继承法中，权利义务相一致是否为继承法的一项原则，既有赞成的意见，也有反对的意见。笔者赞同将权利义务相一致作为我国继承法基本原则的主张。

继承法的权利义务相一致原则，源于《民法典》第131条关于"民事主体行使权利时，应当履行法律规定的和当事人约定的义务"的规定。权利义务相一致原则是民法的基本原则，享有权利就要承担义务，只享有和行使权利而不履行法定或者约定的义务，违背民法的公平原则。虽然基于继承的本质，继承与合同不同，不严格要求权利义务相一致，在继承的产生、遗产的分配等方面也不以权利义务相一致作为决定性因素，但《民法典》规定的继承规则在许多方面体现了权利义务的一致性。把权利义务相一致作为继承法的一项基本原则，有利于保障权利人的权利，督促义务人履行义务，还有利于被继承人生前能得到较好的扶养，促使继承人履行应尽的义务，促进家庭内部的团结互助，也有利于法院处理遗产继承纠纷。这种权利义务相一致所要求的不是严格的对等，不要求等价有偿，而是有弹性的权利义务相一致。

权利义务相一致原则在继承法中主要表现在以下方面。

(1) 丧偶儿媳和女婿的权利义务相一致

丧偶儿媳对公婆、丧偶女婿对岳父母尽了主要赡养义务的，要作为第一顺序

继承人享有继承权。丧偶儿媳和丧偶女婿本不在法定继承人的继承顺序中，但因为他们对公婆、岳父母尽了主要赡养义务，所以法律规定他们享有继承权，并且是第一顺序继承人。该规定明显地体现了权利义务相一致原则。

（2）同一顺序的继承人尽了主要扶养义务的权利义务相一致

同一顺序继承人继承的遗产份额一般应当均等，但对被继承人尽了主要扶养义务的继承人，在分配遗产时可以多分；有扶养能力和有扶养条件的继承人不尽扶养义务的，在分配遗产时应当不分或者少分。在遗产份额的分配上，将继承人对被继承人所尽扶养义务作为获得遗产份额多少的一个考虑因素，体现了权利义务相一致原则。

（3）接受遗产与清偿遗产债务的权利义务相一致

继承人在接受遗产的同时，必须在所继承的遗产实际价值的限度内，对被继承人依法应当缴纳的税款和债务负担清偿的责任。清偿被继承人的债务是继承人的一项必须履行的义务，如果其接受继承就要履行这一义务，只有履行这一义务完毕还有剩余遗产的，继承人才可以享有获得剩余遗产的权利。

（4）遗赠扶养协议中的权利义务相一致

有遗赠扶养协议的，只有扶养人按照遗赠扶养协议尽了扶养义务，才有权取得遗赠。扶养人没有履行应尽的扶养义务，就不能取得被扶养人的遗产。

（5）遗托的权利义务相一致

遗嘱继承或遗赠附有义务的为遗托，继承人或受遗赠人应当履行义务，没有正当理由不履行义务的，可以取消其继承或接受遗产的权利。

（6）继父母、继子女、继兄弟姐妹的权利义务相一致

继父母、继子女、继兄弟姐妹之间如果有扶养关系，才可以互相继承遗产，这也从一个方面体现了权利义务相一致原则。

（7）尽到扶养义务不同的继承人的权利义务相一致

对被继承人生前不负有任何法定的扶养义务而对被继承人扶养较多的人，有权取得适当的遗产。相反，法定继承人虐待、遗弃、故意杀害被继承人的，丧失继承权。

第二章
继承法律关系与继承权

民事法律关系是民法的基本方法，是民法和社会私生活领域中统领一切的事物。抓住了民事法律关系就抓住了民法方法论的核心。① 同样，研究继承法的规则和理论，也必须用继承法律关系的基本方法：以《民法典》总则编规定的民事法律关系的抽象规则作为基础，同时，依照《民法典》继承编规定的继承法律关系的具体规则，将继承法律关系作为观察社会生活中继承现象的基本方法，作为规范社会生活中继承行为的基本方法，作为裁判司法实践中继承纠纷案件的基本方法，同时也作为研究继承法理论和实践的基本方法。

第一节 继承法律关系

一、继承法律关系概述

（一）继承法律关系的概念和特征

继承法律关系是民事法律关系中的一种，是由继承法规范调整的，因自然人

---

① 参见杨立新：《民法总则》（第 3 版），法律出版社 2022 年版，第 31 页。

死亡而发生的继承人与其他人在财产继承上的民事权利与义务关系。《民法典》第1119条规定的"本编调整因继承产生的民事关系",就是继承法律关系。

继承法律关系有以下五个特征。

1. 继承法律关系是一种民事法律关系

继承法律关系是由继承法规范调整的继承人与其他人之间关于遗产的权利与义务关系,以民事权利和民事义务为核心,完全符合民事法律关系的构成。因此,继承法律关系为民事法律关系的一种,在继承法对继承法律关系没有特殊规定时,适用民事法律关系的有关规定。

2. 继承法律关系以被继承人死亡为发生根据

任何法律关系的发生都须以一定的法律事实为根据。一般民事法律关系的发生都是因生存行为人的行为,而继承法律关系是因被继承人的死亡而发生,被继承人不死亡,不会发生继承法律关系。人的死亡是不依人的意志为转移的客观现象,性质上属于事件(即使自杀死亡的,对于其他人来说也是事件)而不属于行为。

继承法律关系不仅包括法定继承法律关系,还包括遗嘱继承法律关系。遗嘱继承法律关系的发生根据并不是一个单一的法律事实,而是法律事实构成,不仅要有被继承人死亡的事实,还须有被继承人生前设立合法、有效遗嘱的事实。

3. 继承法律关系是绝对性的财产法律关系

在继承法律关系中,存在的是财产流转关系,不存在与人身不可分离的人身利益,所以,它是具有财产内容的财产法律关系,不属于人身法律关系。

继承法律关系的权利主体是特定的继承人,而义务主体是不特定的继承人以外的一切人;继承人实现其权利无须借助于义务人的行为,义务人也不负有实施某种行为以使继承人实现权利的积极义务,所以继承法律关系是绝对性的财产法律关系,不是相对性的财产法律关系。

4. 继承法律关系与亲属身份关系密切相关

继承法律关系属于财产法律关系而不属于亲属身份关系,但是,这种性质上的差别并不妨碍两者之间存在密切关系。同一般财产法律关系不同的是,在继承

法律关系中,财产的内容与亲属身份关系密切相关,因此,继承法律关系是一种与亲属身份关系相联系的财产法律关系。

5. 继承法律关系的权利主体只能是自然人

在继承法律关系中,作为权利主体的继承人只能是自然人,法人、非法人组织或国家都不能作为继承人,法人、非法人组织或国家获得遗产只能通过受遗赠,或者在遗产无人继承时收归国有或集体所有,但是,这都不是继承法律关系的内容。因此,继承法律关系只能是以自然人为权利主体一方的财产法律关系。

(二) 继承法律关系的要素

继承法律关系的要素,是指构成继承法律关系的主体、客体和内容这三种必要因素。

1. 继承法律关系的主体

继承法律关系的主体,是指参加继承法律关系,并在继承法律关系中享受权利和负担义务的人,包括权利主体和义务主体。

确定继承法律关系的主体须把握以下两点:第一,符合一般民事法律关系主体的条件,具有独立的法律人格;第二,是参加继承法律关系,并能够在继承法律关系中享受权利、承担义务的人。

继承法律关系的主体是继承人与继承人之外的其他自然人、法人、非法人组织,这样才能将继承法律关系同其他相关法律关系区别开来,准确认定继承法律关系的主体只能是继承人和继承人以外的所有人(包括自然人、法人或非法人组织以及国家),权利主体为继承人,义务主体是继承人以外的所有人。

在继承法律关系的主体上,继承人只能为权利主体,而不能充当义务主体;继承人以外的人只能为义务主体,而不能充当权利主体。

在继承法律关系中,怎样看待其他遗产利害关系人的地位,值得研究。

在遗赠中,受遗赠人因遗嘱人的遗赠行为而成为受遗赠权利人,遗产是实现受遗赠权的财产基础,当继承开始时,受遗赠人接受遗赠,成为受遗赠权人。继承人继承遗产,就遗产与继承人以外的所有人发生权利与义务关系;继承人放弃遗产的,遗产作为财团,负有对受遗赠人满足其权利的义务。因而,受遗赠人成

为遗产的利害关系人。

遗产债权人，实际上是被继承人的债权人，被继承人未清偿债务而死亡，遗产成为财团，对债权人负有清偿义务，如果继承人继承遗产，则依继承的遗产范围对债权人负有清偿义务。因此，遗产债权人是遗产的利害关系人。

遗赠扶养协议的扶养人，依据遗赠扶养协议的约定，对遗赠人生前负有生养死葬的义务，在遗赠人死亡、继承开始时，扶养人就遗产享有优先受清偿的请求权，其请求权首先得到实现。所以，扶养人也是遗赠的权利人，但是优先于所有对遗产的请求权人，是地位最优先的遗产利害关系人。

2. 继承法律关系的内容

继承法律关系的内容，是指继承法律关系的权利主体即继承人所享有的权利，以及继承法律关系的义务主体即继承人以外的其他人所负担的义务。继承人所享有的权利，就是继承被继承人遗产的继承权。继承权有继承期待权与继承既得权两种含义，继承人享有选择承认或放弃继承权的权利，在承认继承权后，继承人享有遗产管理、请求分割遗产的权利等。而继承法律关系的义务主体所负担的义务是不得侵害继承人的继承权，不得妨害、干涉继承人继承权的行使。如果继承人之外的其他人侵害了继承人的继承权，继承人可以行使继承回复请求权。

遗产的其他利害关系人也对遗产享有权利，继承人以及其他任何人也不得侵害利害关系人的权利。

3. 继承法律关系的客体

继承法律关系的客体，是指继承法律关系的权利主体的权利和义务主体的义务共同指向的对象，即被继承人遗留的遗产。

继承法律关系的客体只能是遗产，没有遗产也就不存在继承法律关系，而缺少遗嘱的见证，缺少继承人、受遗赠人的行为，都不会影响继承法律关系的存在。

遗产作为继承法律关系的客体，在继承开始、继承人接受继承之前，其实是以遗产财团存在的，我国没有财团法人的概念，因而其相当于捐助法人。在继承人继承、其他遗产利害关系人实现其权利后，遗产财团的地位消灭，成为这些主

体取得的财产权客体。

（三）继承法律关系的发生、变更和消灭

1. 继承法律关系的发生

继承法律关系须因一定的法律事实的出现而发生。继承法律关系的发生，根据法定继承与遗嘱继承的分类不同而有差异。在法定继承中，继承法律关系因被继承人死亡而发生；在遗嘱继承中，除了被继承人死亡这一法律事实，还必须存在合法、有效的遗嘱这一法律事实，构成一个法律事实构成。在继承法律关系发生后，继承人就可以参加继承，行使继承权。

2. 继承法律关系的变更

继承法律关系不是固定不变的，在出现某种法律事实时会发生变更。继承法律关系的变更包括继承法律关系的主体变更、客体变更与内容变更三个方面。

3. 继承法律关系的消灭

继承法律关系在出现一定的法律事实时，有关的权利与义务关系会消灭，这就是继承法律关系的消灭。

继承法律关系消灭的法律事实有遗产分割完毕、遗产因不可抗力而全部灭失等。

二、继承人

（一）继承人的概念和特征

继承人，是继承法的基本概念，是指依照继承法的规定在法定继承或遗嘱继承中有权获得被继承人遗产的自然人。

继承人有以下三个特征。

1. 继承人必须由法律规定

继承法具有固有法的属性，同各国的政治、经济、社会传统等密切相关，具体规定应与各国的具体情况相符。什么范围内的亲属可以作为继承人，可以作为第几顺序的继承人，都由法律强制规定，不能由当事人自由决定。在遗嘱继承人

的确定上，被继承人可以指定，但根据《民法典》的规定，指定的遗嘱继承人必须是在法定继承人范围之内的人，这也体现了法律对继承人的强制规定性。

2. 继承人必须是自然人

继承人必须是自然人。自然人之外的法人、非法人组织以及国家，在一定条件下虽然可以取得遗产，但不是基于继承人的地位，而是基于受遗赠或者遗产无人继承而取得的法律地位，与继承人的性质完全不同。

3. 继承人必须是对被继承人的遗产享有继承权的人

继承人必须享有继承权，只有这样，才有资格参加继承并取得遗产。在被继承人死亡后，可以从被继承人处获得遗产的人不仅有继承人，还有其他遗产利害关系人，即符合法定条件也可以获得遗产的人，但他们都不是享有继承权的人，而是以其他根据取得遗产的人。

(二) 继承人的分类

在我国，继承人根据其继承的方式，分为法定继承人和遗嘱继承人。这是《民法典》对继承人的基本分类。

1. 法定继承人

法定继承人是直接依照《民法典》有关法定继承人的范围、顺序、继承份额等规定，对被继承人的遗产享有继承权的人。法定继承人的继承权直接来自法律规定，无须被继承人通过遗嘱予以指定。

值得注意的是，在法定继承人的界定上，认为法定继承人是直接承受被继承人遗产的继承人，是一种误解。因为法定继承人只有参加继承并通过一系列程序才能实际承受遗产，而法定继承人的范围不限于此，例如，存在第一顺序法定继承人时的第二顺序法定继承人，也是法定继承人，却不能承受遗产。

法定继承人是法定继承的基础，各国继承法都对法定继承人的范围和顺序作出了明确规定。虽然各国一般都依据婚姻关系、血缘关系、扶养关系等对法定继承人作出规定，但由于各国的现实条件及立法传统不同，在法定继承人的规定上也存在差异。

《民法典》规定的法定继承人的范围比较狭窄，包括配偶、子女、父母、兄

弟姐妹、祖父母、外祖父母，以及对公婆或者岳父母尽了主要赡养义务的丧偶儿媳或者丧偶女婿。而国外的立法例，其法定继承人的范围相较而言更加宽广。

《民法典》规定继承只有两个顺序。而《德国民法典》规定为五个顺序，《日本民法典》规定为三个顺序。相较之下，我国民法典规定的继承顺序是最少的。

在继承开始时，法定继承人并不是同时参加继承，而是依法律规定的先后顺序参加继承，只有前一顺序法定继承人不存在、全部丧失或者放弃继承权时，后一顺序法定继承人才能参加继承。

2. 遗嘱继承人

遗嘱继承人，是指在遗嘱继承中存在的，按照被继承人生前订立的合法、有效的遗嘱指定而有权承受遗产的继承人。许多学者认为"遗嘱继承人的继承权不是来自法律的直接规定，而是来自被继承人依照法律规定所设立的遗嘱。因此，遗嘱继承人是由被继承人的意志决定的"①。遗嘱继承人虽然表现为通过被继承人的遗嘱取得继承权，但与法律规定存在重要的联系。因为根据《民法典》的规定，被继承人只能在法定继承人范围之内指定遗嘱继承人，因此，遗嘱继承人的继承权离不开法律规定，必须以法律规定的法定继承人范围为基础，如果超出这一范围，就不再是遗嘱继承人而是受遗赠人。因此，遗嘱继承人的继承权应当是由法律和被继承人共同决定的。

在我国，遗嘱继承人只能是法定继承人范围之内的人，亦即遗嘱人只能指定法定继承人中的一人或数人为遗嘱继承人；法定继承人以外的人（不论自然人、法人、非法人组织）只能作为受遗赠人，而不能成为遗嘱继承人。遗嘱继承人依据被继承人的遗嘱继承遗产，不受原来的法定继承顺序的限制。

（三）继承能力

1. 继承能力的概念

继承能力，也称为继承权利能力，是指能够享有继承权的法律资格，亦即作为继承人的资格。

继承能力同民事权利能力紧密相关，是民事权利能力的一项内容。各国大多

---

① 郭明瑞等：《继承法》（第2版），法律出版社2004年版，第51页。

承认自然人自出生开始到死亡为止具有民事权利能力,因而具有继承能力,即继承人的继承能力只与自然人的生命相联系,与其他因素没有关系。[①] 继承能力与自然人年龄、智力等状况无关,因而不因当事人的民事行为能力状态不同而不同。

继承能力与继承权既存在紧密的联系,也存在本质的区别。继承能力是法律赋予的享有继承权的资格,是当事人享有和取得继承权的前提条件。只有具备继承能力的人才能成为继承人,享有继承权;不具备继承能力的人不得成为继承人,不得享有继承权。但是,继承能力仅仅是一种资格,继承权是一种独立的权利,两者不能等同,即使是继承期待权含义的继承权,与继承能力也是不同的。因为继承期待权含义的继承权会因为法定事由的发生而丧失,但继承人丧失继承期待权只是对特定被继承人继承期待权的丧失,并不丧失对其他被继承人的继承期待权,不丧失继承能力。有的学者认为,"继承开始后,立法上使用'继承权'一词,实指公民的继承能力,而不是指民事权利意义上的'期待权'"[②]。这就把继承能力混同于继承权了。继承能力不同于继承权,任何人不得非法剥夺,当事人自己也不得放弃。

2. 继承能力的确定

继承自被继承人死亡时开始,被继承人的遗产自继承开始时转移于继承人。因此,只有于被继承人死亡时即继承开始时生存的自然人,才能享有继承权,继承被继承人的遗产。在继承开始时已经死亡的人,其法律人格消灭,继承能力不复存在,因而不能成为继承人,不享有继承权。

继承人于继承开始时应为实际生存之人。这一原则被称为"同时存在"原则。同时存在,是指继承开始时继承人已经出生,且尚生存。不论是法定继承还是遗嘱继承,继承开始时的生存者才有继承能力,只有有继承能力的继承人才能实际享有继承权。这一原则为现代各国的立法所接受。

死亡包括自然死亡和宣告死亡。宣告失踪不同于宣告死亡,于继承开始时被

---

① 参见张玉敏:《继承法律制度研究》,法律出版社1999年版,第24页。
② 李双元等主编:《比较民法学》,武汉大学出版社1998年版,第966-967页。

宣告失踪的继承人也具有继承能力，不得否认其享有的继承权。

3. 胎儿的继承能力

胎儿是否具有继承能力，是一个特殊问题，有两种不同的观点和立法例。

肯定说认为，胎儿具有继承能力，得享有继承权。对此有两种立法例：一是采取罗马法上的一般主义，认为胎儿如果是活产者则于出生前有权利能力，胎儿具有附解除条件的人格，于继承开始时如同已出生，具有继承能力；如果娩出时为死产者，则其权利能力溯及地消灭。二是采取个别主义，并不一般地规定胎儿的权利能力，仅就继承、遗赠、损害赔偿等个别的法律关系视胎儿为已出生。相应在继承问题上，承认于继承开始时已受孕但尚未出生的胎儿视为已出生，具有继承能力。[1]

否定说认为，于继承开始时尚未出生的胎儿不具有继承能力，但法律采取一定的措施保护胎儿出生后的合法利益，承认于继承开始时已受孕，其后活着出生的有继承能力。

胎儿继承能力是与胎儿的权利能力结合在一起的，只有具备了权利能力，才能具备继承能力。《民法通则》和《继承法》都没有规定胎儿的权利能力问题。《民法典》第16条规定："涉及遗产继承、接受赠与等胎儿利益保护的，胎儿视为具有民事权利能力。但是，胎儿娩出时为死体的，其民事权利能力自始不存在。"可见，《民法典》采取的立场是胎儿具有限制民事权利能力，具有继承能力。换言之，胎儿具有准人格，即其民事权利能力受到限制。[2] 在其出生前，因其具有准人格，尚未具备完整的人格，故在接受继承、接受赠与等方面有受限制的民事权利能力，具有继承能力，只是因为尚未出生而不能继承，须为其保留应继份；在其出生后，其受到限制的民事权利能力转化为完全民事权利能力，具备了完全的继承能力，就可以继承遗产了。如果胎儿是死体娩出，则其受到限制的那一部分民事权利能力消灭，不具有继承能力，保留的份额应当按法定继承处理。

在继承开始后，利用人工生殖技术用被继承人生前保留的精子受孕的胎儿在

---

[1] 参见刘春茂主编：《中国民法学·财产继承》（第2版），人民法院出版社2008年版，第83页。
[2] 参见刘召成：《准人格研究》，法律出版社2012年版，第187页。

出生后,可否继承被继承人的遗产,法律无明确规定。这是现代人工生殖技术发展带来的新问题。① 法律应当因应社会发展,对不违反法律和人伦道德的新型人工生殖技术孕育的胎儿,按照传统的母体孕育胎儿对待。

与此相对应的,被继承人的精子或者卵子与对方的卵子或者精子结合产生的受精卵,尚未移植到体内(包括母亲以及代孕的孕母)的,是否应当作为胎儿对待,没有法律规定。笔者的意见是,如果被继承人死亡后,其人工授精或者试管婴儿的受精卵,在继承开始后移植于母体内,在遗产分割之前,可以将其受胎时间向前延伸至人工授精之时,为其保留应继份。

用人工技术提取的被继承人的冷冻精子、卵子,由于没有成为受精卵,不能直接移植于母体内孕育为胎儿,不具有继承能力,不能为其保留应继份。

4. 法人、非法人组织和国家的继承能力

在国外立法例上,对法人、非法人组织、国家的继承能力有不同规定。在法国、德国、瑞士、匈牙利等国家,规定法人、非法人组织、国家在民事活动中都有民事权利能力,同样可以成为继承权的主体,具有继承能力。根据《民法典》的规定,只有自然人才可以作为继承人,法人、非法人组织和国家不具有继承能力,不能成为继承人。

三、遗产

(一) 遗产的概念

遗产是继承法律关系的要素之一,是继承法律关系的客体,是继承人享有的继承权的标的,没有遗产就不存在继承法律关系。《民法典》第 1122 条第 1 款对遗产的概念有明确规定:"遗产是自然人死亡时遗留的个人合法财产。"

对遗产概念的上述界定,包含三个方面的意思:第一,遗产是自然人死亡时遗留的财产,不是自然人死亡时遗留的财产不为遗产;第二,遗产是自然人的个人财产,不属于个人的财产不能为遗产;第三,遗产是自然人的合法财产,不是

---

① 参见郭明瑞等:《继承法》(第 2 版),法律出版社 2004 年版,第 53 页。

自然人合法取得和合法享有的财产，不能为遗产。

规定遗产的范围，有两种立法例：一是认为遗产应包括两部分，即积极财产和消极财产，积极财产是指被继承人遗留的财产和财产权利，而消极财产是指被继承人的债务。德国、瑞士、日本等国家采此立法例。二是认为遗产不包括债务，专指继承人、受遗赠人净得的财产和财产权利。英美法采此立法例，在继承开始后先由信托人清偿债务，剩余的财产才是遗产。《民法典》第1122条第1款规定的遗产，仅限于财产和财产权利。

（二）遗产的法律特征

1. 时间上的限定性

被继承人死亡的时间是划定遗产的特定时间界限。在被继承人死亡之前，该自然人具有民事权利能力，依法享有各种权利和承担各种义务，得对自己的财产占有、使用、收益和处分，其他任何单位和个人均不得非法干涉。自然人死亡，不再有民事权利能力，不能享有权利和负担义务，所以于该自然人死亡时，其财产即转变为遗产。

2. 内容上的财产性

遗产只能是自然人死亡时遗留的个人财产，因而具有财产性。虽然在学说上对遗产的范围存在分歧，但是根据《民法典》的规定，遗产的范围仅包括被继承人遗留的财产和财产权利，而不包括诸如被继承人的生命权、健康权、姓名权、肖像权、名誉权等人身权利。因侵害自然人的人身权利致其死亡而应负损害赔偿责任的，死者的继承人可以请求侵权人负责赔偿，所得到的损害赔偿金属于遗产（如死亡赔偿金等）。在某些人身权利上，在被继承人死亡后还会存在一定的财产利益，如肖像、隐私等人格利益利用而产生的财产利益，对此，依据《民法典》第994条的规定，死者的近亲属作为保护人予以保护，但不能继承。

3. 范围上的限定性

遗产必须是自然人死亡时遗留的个人财产，只有在被继承人生前属于被继承人个人所有的财产，才能为遗产。虽于被继承人生前为被继承人占有，但不为其所有的他人财产，例如被继承人生前租赁、借用而于死亡时尚未返还的财产，都

不属于遗产；被继承人占有的但为其与他人共有的财产，不属于被继承人的部分也不属于遗产。自然人与他人共有财产的，如果为按份共有，则于该人死亡时，应将其份额从共有财产中分出作为遗产；如果为共同共有，则原则上应按其潜在应有份额从共有财产中分出作为遗产。

4. 性质上的合法性

自然人死亡时遗留的财产，无论是积极财产还是消极财产，并不都为遗产；只有依法可以由自然人拥有的，并且被继承人有合法取得根据的财产，才为遗产。自然人没有合法根据而取得的财产，例如非法侵占的国家的、集体的或者其他人个人的财产，不能作为遗产；依照法律规定不允许自然人个人所有的财产，也不能作为遗产。在编纂《民法典》时，学者多有建议规定遗产不必规定遗产的合法性，因为个人所有的财产就应当是合法享有权利的财产，不必再以合法性限制遗产。立法机关没有采纳这个意见，仍然坚持遗产的合法性属性。

5. 处理上的流转性

遗产是要转由他人承受的被继承人死亡时遗留的财产，因而必须具有流转性。反言之，虽为被继承人生前享有的财产权利和负担的财产义务，但因具有专属性而不能转由他人承受的，也不能列入遗产的范围。例如，以人身关系为基础的财产权利与义务，以当事人的相互信任为前提的财产权利与义务，一般都不能转让，不能作为遗产。

（三）遗产范围

界定遗产的范围有不同的立法例：一是排除式，即仅规定何种权利与义务不能继承，将不能继承的权利与义务排除出遗产的范围，未被排除的权利与义务可为遗产；二是列举式，即规定何种权利与义务可以继承，列举遗产包括的权利与义务的范围，未被列举为遗产的权利与义务不属于遗产；三是列举式与排除式相结合，既列举可为遗产的财产范围，又规定不能列入遗产的权利与义务。①

《继承法》采取第三种立法例，该法第 3 条不仅概括地规定"遗产是公民死亡时遗留的个人合法财产"，也列举了遗产的范围，还规定了不能作为遗产的财产范

---

① 参见郭明瑞等：《继承法》（第 2 版），法律出版社 2004 年版，第 86 页。

围。遗产包括自然人的收入，自然人个人的房屋、储蓄和生活用品，自然人的林木、牲畜和家禽，自然人的文物、图书资料，法律允许自然人所有的生产资料，自然人的著作权、专利权中的财产权利，自然人的其他合法财产。《继承法》第4条还规定："个人承包应得的个人收益，依照本法规定继承。个人承包，依照法律允许由继承人继续承包的，按照承包合同办理。"这是在土地承包经营初期的看法。

《民法典》改变了《继承法》对遗产范围采取的立法例，采用"概括＋排除式"的方法规定遗产范围。在概括规定遗产是自然人死亡时遗留的个人合法财产之后，再规定依照法律规定或者根据其性质不得继承的财产除外。

这种立法方法具有立法优势，理由是：对遗产的列举是永远也无法列举全面的，即使加上兜底条款，也仍然会存在大量的疑问，在法律适用上也会存在不同看法；立法采取概括式的方式规定，具体内容交由法官判断，只要是被继承人的合法财产就是遗产，容易操作。对于有些财产在继承上受到限制，加上排除的条款即可。《继承法》采取列举方式规定遗产范围，主要是为了宣示，通过适当列举遗产内容，既能够确定主要的遗产项目，又能够宣示主要的遗产范围，有利于群众掌握。相比之下，还是《民法典》继承编现在的立法方法更好。

在司法实践中适用《民法典》第1122条确定遗产范围，应当改变以前的观念。过去一提到遗产范围，观念中反映的就是依照法律规定的财产进行"对号入座"，找到了相应财产目录的属于遗产，就认定为遗产，找不到的，再分析判断是不是遗产，按照法律规定的具体判断标准确定其是否为遗产。

按照《民法典》的上述规定，首先，要依照遗产范围的概括性判断标准，确认是否符合遗产的要求，凡是符合遗产要求的，就确认为遗产。其次，按照法律规定和根据财产的性质，确认是否属于不得继承的财产，只要不属于这种财产，就是遗产。

应当看到的是，判断遗产范围适用排除方式，方法简单，内容精确，比较容易确认。在前文的列举中，将主要的依照法律规定不得继承和根据其性质不得继承的财产，基本上都列举了，范围并不宽。在判断时，一是看法律规定，二是看财产的性质，只要不属于不得继承的财产，就都是遗产，都可以继承。例如，经

济适用房是不是可以继承的遗产,法律没有确定其为不得继承,根据其性质也不属于不得继承,存在的障碍是,经济适用房主要是未缴纳或者少缴纳了国有土地使用权的出让金,在补交了国有土地使用权的出让金之后,就能够排除作为遗产的障碍,直接继承即可。

按照《民法典》第1122条的规定,遗产范围包括以下两种。

1. 自然人死亡时遗留的个人合法财产

自然人死亡时遗留的个人合法财产都属于遗产。只要属于个人的合法财产,在其死亡时,就全部转化为遗产。这样的规定,就与《民法典》第124条第2款关于"自然人合法的私有财产,可以依法继承"的规定相一致。

按照这一规定,确定死者的遗产范围,不再是按照列举的具体财产来确定,而是以死者遗留的财产是不是个人合法财产作为标准,只要符合这项标准要求的财产就是遗产。判断的要素是:第一,是不是死者生前的财产;第二,是不是死者个人的财产;第三,是不是目前还存在的财产;第四,是不是合法所有的财产。如果这四个问题都得到了肯定性回答,那么,被继承人遗留的财产就是遗产。

2. 依照法律规定或者根据其性质不得继承的财产不是遗产

不过,即使上述四个问题都得到肯定性回答的财产,也仍然要有所排除。要排除的,就是依照法律规定不得继承的财产和根据其性质不得继承的财产。

(1) 依照法律规定不得继承的财产

依照法律规定不得继承的财产,自然人可以依法取得和享有,但是,不得作为遗产继承,继承人要从事被继承人原来从事的事业,应当重新申请并经主管部门核准,不能基于继承权而当然取得。

例如,国有资源使用权,自然人可以依法取得和享有某些国有资源的使用权,如采矿权、海域使用权等。这些权利虽然从性质上说都是用益物权,但因其取得须经特别程序,权利人不仅享有使用、收益的权利,同时也负有管理、保护和合理利用的义务。国有资源使用权是由特定人享有的,不得随意转让,不得作为遗产。享有国有资源使用权的自然人死亡后,继承人要从事被继承人原来从事

的事业，须取得国有资源使用权的，应当重新申请，并经主管部门核准，不能基于继承权而当然取得。

又如，自留山、自留地。自留山和自留地是指农村集体经济组织分配给农民个人使用的少量的土地和山坡地或山岭地，农民个人享有使用权，并且具有专属性。在现实农村生活中，农村集体经济组织对自留山、自留地都是按家庭人口、劳动能力，以农户为单位分配的，一般不作过多调整，以保持其稳定性。家庭个别成员死亡，并不妨碍农户其他成员对自留山、自留地的继续经营权和使用权。但是，这并不是继承，自留山、自留地的使用权不是遗产，只是家庭共同生活的人在继续经营和使用自留山、自留地而已。

(2) 根据其性质不得继承的财产

根据其性质不得继承的财产，例如与自然人人身不可分离的具有抚恤、救济性质的财产权利，如抚恤金、补助金、残疾补助金、救济金、最低生活保障金等的财产权利，专属于自然人个人，不能作为遗产由其继承人继承。

遗产须有财产性，非财产性的权利不能作为遗产，例如，与被继承人的人身密不可分的人身权利。这些财产权利专属于自然人个人，随着符合救济条件而享有该财产权利的自然人死亡而终止，不能转移，不能作为遗产由其继承人继承，继续领取。

不过，该自然人生前已经根据此种权利而取得或应取得的部分，可以作为遗产继承。因侵权行为而导致自然人死亡的，虽然损害赔偿金作为遗产可以由其继承人继承，但损害赔偿中专属于特定人的具有救济性质的部分不得作为遗产，比如被扶养人生活费赔偿部分，应当作为个人财产直接给予需要扶养的未成年人或者丧失劳动能力又无其他生活来源的成年近亲属。

(四) 值得讨论的一些遗产

1. 土地承包经营权

土地承包经营权，是指农村集体经济组织成员对集体所有或国家所有由集体经济组织长期使用的农业土地，采取家庭承包、招标、拍卖、公开协商等方式承包，依法对所承包的土地占有、使用、收益的权利。《继承法》第 4 条规定："个

人承包应得的个人收益,依照本法规定继承。个人承包,依照法律允许由继承人继续承包的,按照承包合同办理。"根据该规定,承包经营权不能作为遗产。

因此,在自然人个人承包期间,承包人死亡时,会同时发生两种关系:其一,承包人承包应得的个人收益的遗产继承关系;其二,承包经营权的转移关系,即承包合同中承包权主体的更换。这两种关系虽有联系,但性质不同。承包人死亡时,个人承包所得的收益为遗产。承包人死亡时尚未取得承包收益的,死者生前对承包所投入的资金和所付出的劳动及其增值和孳息为承包人的收益,应为遗产(由发包单位或者接续承包合同的人合理折价、补偿)。承包合同于承包人死亡时终止,依照法律允许由继承人承包的,在承包人死亡后,承包合同中规定了由某继承人继续承包的,该继承人得依合同的规定继续承包。这里的继续承包,实际上是由继承人依原来承包合同中约定的条件承包,已属于另一个承包关系,是继承人与发包单位订立了另一承包合同。如果承包合同中没有约定在承包人死亡后由继承人继续承包,则继承人不能当然地取得继续承包的权利,但在发包人重新发包时,继承人应当有优先承包权,即在继承人提出的承包条件与他人提出的条件相同时,应当由继承人承包。[1] 2002年《农村土地承包法》第31条规定:"承包人应得的承包收益,依照继承法的规定继承。林地承包的承包人死亡,其继承人可以在承包期内继续承包。"该规定除了进一步强调了承包收益可以作为遗产继承,还实质上承认了林地承包经营权可以继承。根据新法优于旧法的适用原则,林地承包经营权可以作为遗产。但是,该法没有规定土地承包人死亡的,其继承人可以继续承包。不过,该法规定土地承包经营权的性质已经被界定为物权,且农村土地承包是以户为承包人,通常不会发生继承问题。可以通过转包、出租、互换、转让、入股等方式流转的土地经营权具有可让与性,应当承认其可以继承。

按照《民法典》的规定,农户的土地承包经营权不能继承,但是,农村土地承包经营权上设置的土地经营权是可以继承的。不过,土地承包经营权是有期限的用益物权,因而即使继承了土地经营权,在期限届满后,也应当返还给土地所

---

[1] 参见郭明瑞等:《继承法》(第2版),法律出版社2004年版,第91-92页。

有权人或者承包户。

至于承包经营的收益,是承包人的合法收入,当然属于遗产。《最高人民法院关于适用〈中华人民共和国民法典〉继承编的解释(一)》第2条规定:"承包人死亡时尚未取得承包收益的,可以将死者生前对承包所投入的资金和所付出的劳动及其增值和孳息,由发包单位或者接续承包合同的人合理折价、补偿。其价额作为遗产。"

2. 建设用地使用权

自然人享有的建设用地使用权是建筑物地基的地上权,性质是不动产用益物权,属于遗产范围,准许继承人继承。①

3. 担保物权

抵押权、质押权、留置权、优先权、所有权保留以及让与担保都是对担保标的物的价值予以直接支配并排除他人非法干涉的物权,是担保主债权实现的从权利,为财产权。担保物权是可以转移的财产权,并不具有专属性,只不过与被担保债权具有不可分离性,必须与被担保的债权一起转移。自然人生前享有的担保物权,于该自然人死亡时得与其所担保的债权一并作为遗产。

4. 债权

债权依其发生根据,可以分为合同债权、侵权行为债权、不当得利债权以及无因管理债权等,均为财产权之一种,都可以转移,并不具有专属性。在自然人死亡时,其享有的合法债权可以作为遗产。具有人身性质的债权是专属于特定债权人的,此种权利与其人身不可分离,不得作为遗产。如以某演员的表演为标的而订立的演出合同,该演员死亡,合同终止,该演员的继承人不能继承其在该演出合同中的权利。单方允诺发生的债权,多数具有人身属性,例如老年人免费乘车、游览公园之债,不能作为遗产继承。

5. 有价证券

有价证券是设立并证明某种财产权的书面凭证,有价证券的持有者对有价证券本身以及其上记载的权利享有权利,该权利具有财产性。有价证券不具有专属

---

① 参见杨立新:《对修正〈继承法〉十个问题的意见》,载《法律适用》2012年第8期。

性，可以自由流通转让，在自然人死亡时其所持有的有价证券可以作为遗产。

6. 特殊的财产权利

除了前述财产和财产权利，还有一些财产权利也应当归入遗产范畴，如保险金、住房补贴、住房公积金、基本养老金、破产安置补偿费等。

对保险金，《保险法》第 42 条规定，被保险人死亡后，遇有下列情形之一的，保险金作为被保险人的遗产，由保险人向被保险人的继承人履行给付保险金的义务：(1) 没有指定受益人，或者受益人指定不明无法确定的；(2) 受益人先于被保险人死亡，没有其他受益人的；(3) 受益人依法丧失受益权或者放弃受益权，没有其他受益人的。因此，保险赔偿金在有受益人享有受益权时，为受益人取得，不作为遗产继承；但在无受益人享有受益权时，作为遗产继承。

对男女双方实际取得或者应当取得的住房补贴、住房公积金、基本养老金、破产安置补偿费，《最高人民法院关于适用〈中华人民共和国民法典〉婚姻家庭编的解释（一）》第 25 条明确规定为夫妻之间"其他应当归共同所有的财产"。在夫妻一方死亡时，应当把住房补贴、住房公积金、基本养老金、破产安置补偿费按夫妻共同财产划分完毕后，把属于死亡的被继承人的部分作为遗产处理。

7. 经济适用房和限价商品房

经济适用房是未缴纳或者少缴纳了国有土地使用权出让金，未取得完全的建设用地使用权的房屋，但仍然是自然人享有所有权的不动产，不能排除在遗产范围之外。应当规定经济适用房可以继承，继承时应当补缴国有土地使用权出让金，以保证土地使用权也能够一并继承。

限价商品房与经济适用房尽管有所不同，但性质相似，可以适用同样的规则继承。

8. 公有住房租赁权

公有住房租赁权尽管带有物权性质，但仍然是债权。债权也是财产权，属于遗产范围，应当准许继承，概括在有财产价值的债权范围中，都是遗产。

9. 网络虚拟财产

网络虚拟财产，不论是不动产还是动产，都可以继承，都属于遗产范围，是

新型的财产，《民法典》第128条虽然没有明确规定其为物，但是规定了依照法律应当保护。

对网络虚拟财产是否可以作为遗产继承，主要分歧在于：学者一般认为网络虚拟财产是物，产生的是物权、所有权；不同的意见也是网络企业所持的观点，认为网络虚拟财产作为网络用户使用，是债而不是物，因而不能作为遗产继承。其实，这些分歧意见并不影响网络虚拟财产作为遗产，因为物权是个人的合法财产，债权也是个人的合法财产，被继承人生前享有网络虚拟财产的物权或者债权，都是其个人的合法财产，在其死亡后当然成为遗产，其继承人可以依法继承。

（五）遗产的确定

在现实生活中，被继承人生前基于家庭生活需要或其他经济目的，会与配偶、家庭成员或其他社会成员发生财产共有关系。被继承人死亡后，其遗产也就与他人的财产混在一起。只有将遗产与他人的财产区分开，才能保证遗产分割的正确性，保护继承人和其他财产所有人的合法权益。

1. 遗产同夫妻共有财产的区分

《民法典》第1153条第1款规定："夫妻共同所有的财产，除有约定的外，遗产分割时，应当先将共同所有的财产的一半分出为配偶所有，其余的为被继承人的遗产。"在存在夫妻共有财产的情况下，确定遗产时，须首先分出一半归生存的配偶所有，另外一半才能作为被继承人的遗产。

属于夫或妻一方的个人财产，在夫妻一方死亡时，应当作为死者的遗产，不得作为共有财产分割后再作为遗产。

2. 遗产同家庭共有财产的区分

《民法典》第1153条第2款规定："遗产在家庭共有财产之中的，遗产分割时，应当先分出他人的财产。"在确定家庭共有财产时，不能将家庭成员的个人财产当作家庭共同财产。家庭成员的个人财产主要包括家庭成员没有投入家庭共同生活的财产，约定家庭成员个人所有的财产，基于家庭成员的赠与而获得的财产，未成年子女于继承、受赠与、知识产权所获得的财产等。这些财产都属于个人财产，当所有人死亡时，可以作为遗产。

3. 遗产同其他共有财产的区分

财产共有关系，除夫妻共有财产、家庭共有财产之外，还存在其他形式的共有财产，如合伙共有财产等。《民法典》第 969 条第 1 款规定："合伙人的出资、因合伙事务依法取得的收益和其他财产，属于合伙财产。"当合伙人之一死亡时，应当将被继承人在合伙中的财产份额分出，列入其遗产范围。被继承人在合伙财产中的份额，应当按出资比例或者协议约定的比例确定。如果继承人愿意加入合伙，其他合伙人亦同意继承人加入的，不必对合伙财产进行分割，只需确定继承人作为新合伙人享有的合伙财产份额即可。

被继承人与他人共同购置的共同共有或者按份共有的财产，在被继承人死亡时，也应当进行析产，分出被继承人的遗产。

被宣告无效或被撤销的婚姻，在当事人同居期间所得的财产亦属于共有财产。在一方死亡时，应当将生存一方的份额分出，其余为死者的遗产。

第二节 继承权概述

一、继承权的概念

（一）继承权概念的界定

《民法典》规定继承权的概念，主要有两个条文：一是第 124 条第 1 款规定："自然人依法享有继承权。"二是第 1120 条规定："国家保护自然人的继承权。"其上位法都是《宪法》第 13 条第 2 款的规定："国家依照法律规定保护公民的私有财产权和继承权。"这两个条文从私法的角度完整地表达了《宪法》关于保护继承权的意旨。

1. 界定继承权概念的不同主张

对继承权的私法界定，学者众说纷纭，可以分为权利说与法律地位说两种主要主张。

权利说认为,继承权是继承人继承被继承人遗产的权利。有学者认为"继承权者,存在于为继承人地位上之权利也"①。有学者认为"继承权,是指公民依照法律的规定或者被继承人生前立下的合法有效的遗嘱承受被继承人遗产的权利"②。有学者认为,"继承权是指公民依照法律的规定或者被继承人生前立下的合法有效的遗嘱而承受被继承人遗产的权利"③。有学者认为,"继承权是继承人依法享有的继承被继承人遗产的权利"④。有学者认为,"继承权是指自然人依照法律的直接规定或者被继承人所立的合法有效的遗嘱享有的继承被继承人遗产的权利"⑤。

法律地位说认为,继承权所表示的是继承人的一种法律地位。例如,有学者认为"继承权是指继承人所享有的继承被继承人遗产的权利。它体现为继承人的继承地位"⑥。有学者认为,"继承权是继承人依法承受被继承人的财产法律地位权利。继承权所表示的是继承人的一种法律地位"⑦。

继承权为权利还是法律地位的分歧,反映了继承权的历史发展。古罗马人对继承权所下的定义是:"继承权是对于一个死亡者全部法律地位的一种继承。"⑧在当时,继承制度不仅包括财产继承,还包括身份继承,而且更看重身份继承,故这一定义同这一历史条件相关联。在现代社会,继承已经转变成单纯的财产继承,继承权也表现为对被继承人遗产的权利。无论是继承人在被继承人生前所享有的继承期待权,还是在被继承人死后享有的继承既得权,都不再仅仅是一种法律地位,而是直接地表现为继承人的权利。

2. 界定继承权应采权利说立场

权利说更能反映继承权的本质。因此,继承权是指自然人按照被继承人所立

---

① 招汉明:《民法继承论》,万公法律事务所1939年版,第27页。
② 佟柔主编:《继承法学》,法律出版社1986年版,第62页。
③ 刘素萍主编:《继承法》,中国人民大学出版社1988年版,第135页。
④ 巫昌祯主编:《婚姻与继承法学》,中国政法大学出版社1997年版,第284页。
⑤ 郭明瑞等:《继承法》(第2版),法律出版社2004年版,第55页。
⑥ 刘春茂主编:《中国民法学·财产继承》,中国人民公安大学出版社1990年版,第123页。
⑦ 张玉敏:《继承法律制度研究》,法律出版社1999年版,第50页。
⑧ [英]梅因:《古代法》,沈景一译,商务印书馆1997年版,第104页。

的合法有效遗嘱或法律的直接规定而享有的继承被继承人财产的权利。这也正是《宪法》第 13 条第 2 款以及《民法典》第 124 条和第 1120 条规定继承权的基本立场。

为了准确掌握继承权的概念,应当从以下几个方面理解:

第一,在继承权的主体方面,继承权只能是自然人享有的权利。[①] 继承权的主体只能是自然人,而不能是法人、非法人组织或者国家。对此,《民法典》第 124 条和第 1120 条规定得十分清楚。

第二,在取得根据方面,继承权是自然人依照合法有效的遗嘱或者法律的直接规定而享有的权利。继承权的发生根据有两种:或者是合法有效的遗嘱的指定,或者是法律的直接规定。前者产生遗嘱继承,后者产生法定继承。

第三,继承权的客体是被继承人的财产。有的学者认为继承权的客体是被继承人的遗产,不够准确,因为在继承期待权中,被继承人尚未死亡,遗产也就无从确定,只能是对其财产享有的期待权。正因为继承权是继承被继承人财产的权利,所以,继承权具有财产性。继承权的客体只能是财产,而不能是被继承人的身份或者其他人身利益。

(二)继承权与受遗赠权、酌分遗产权的关系

1. 继承权与受遗赠权的关系

受遗赠权,是指法定继承人之外的自然人、法人、非法人组织或者国家享有的,接受被继承人生前在遗嘱中遗赠的财产的权利。

受遗赠权与继承权有共同之处:第一,两者都是从被继承人处取得遗产,而且受遗赠权人与遗嘱继承权人所取得的遗产份额都根据遗嘱的指定;第二,继承权丧失的事由也大多准用于受遗赠权的丧失;第三,有关遗嘱继承权的一些规定同受遗赠权相同,比如两者都通过遗嘱获得权利。

---

① 需要注意的是,在国外立法例上,有些国家明文规定法人、国家可以成为继承权的主体,采此立法例的有法国、德国、瑞士等。如《德国民法典》第 1936 条〔国库的法定继承权〕规定:"(1)在继承开始时,被继承人没有血亲,也没有同性生活伴侣,也没有配偶的,被继承人死亡时所隶属的邦的国库是法定继承人。被继承人隶属于两个以上的邦的,其中每一个邦的国库有资格按等份继承。(2)被继承人为不隶属于任何邦的德国人的,帝国国库是法定继承人。"

但是，受遗赠权与继承权是两种不同的权利：第一，权利主体不同。继承权的主体，无论是法定继承权还是遗嘱继承权，都必须是法定继承人范围之内的人，而受遗赠权的主体是国家、集体或法定继承人范围之外的组织或者个人。第二，适用范围不同。继承权既适用于法定继承，也适用于遗嘱继承，但受遗赠权存在于遗嘱继承的领域内。第三，对权利的接受和放弃方式不同。《民法典》规定，继承开始后，遗产分割前，继承人未明确表示放弃继承权的，视为接受继承，而在继承开始60日后，受遗赠权人未对被继承人的遗赠表示接受的，视为放弃受遗赠权。

2. 继承权与酌分遗产权的关系

《民法典》还规定了酌分遗产权，第1131条规定："对继承人以外的依靠被继承人扶养的人，或者继承人以外的对被继承人扶养较多的人，可以分给适当的遗产。"继承人以外的人能够分得适当遗产的权利，被称为酌分遗产权。酌分遗产权既不属于继承权，也不属于受遗赠权，是我国法定继承制度中的一项独特的权利。①

继承权与酌分遗产权相比，区别在于：第一，继承权既存在于法定继承中，也存在于遗嘱继承中，而酌分遗产权只能存在于法定继承中。继承权的权利主体是法定继承人范围之内的人，而酌分遗产权的主体具有特定性，仅限于法定继承人之外的与死者生前形成某种扶养关系的人。第二，酌分遗产的份额同继承人的份额也不同，可以少于法定继承人的继承份额，也可以均等，甚至高于法定继承人的继承份额。

二、继承权的性质

（一）对继承权性质的不同见解

学界对继承权的性质存在分歧，主要有以下五种学说。

---

① 参见刘文：《继承法比较研究》，中国人民公安大学出版社2004年版，第33页。

1. 物权说

物权说认为，继承权是一种物权，具有排他性，当继承人继承被继承人遗产的权利受到他人侵害时，享有类似物权请求权性质的继承回复请求权。

但是，排他性并非物权所独具，人格权、知识产权等绝对权也具有排他性，所以不能根据排他性就认定继承权为物权的一种。此外，继承回复请求权同物权请求权也不同，继承回复请求权以继承权为基础，目的在于恢复到继承开始时财产继承关系的最初状态。物权说为大多数国家所不取。

2. 财产取得方式说

法国法采此说，将继承编与生前赠与、契约等编并列，放入财产取得卷。还有国家将继承和遗嘱作为所有权的取得方式加以规定，列入物权编，如《阿尔及利亚民法典》。

将继承权仅仅界定为财产的取得方式之一，并将其列入债权或物权，似都不妥当。因为继承权是一项独立的权利，不仅仅是财产的转移，还涉及身份关系等。

3. 选择权利说

选择权利说主张，继承权是一种选择权，即可以选择接受继承、放弃继承、无条件接受继承或限定接受继承的权利。

这种主张说明了继承权的一些特点，但继承权的目的不在于这些选择，而最终在于对被继承人财产权利的承受。

4. 法律地位说

法律地位说认为，继承权的性质是继承人得接替被继承人财产法上的权利与义务的一种资格或法律地位。[①] 这种资格或地位的具体内容是在继承开始后，在法定期间内享有继承选择权，继承人基于自己的法律地位得选择接受或放弃继承；并且基于继承人的选择，确定继承人的法律地位。

其实，继承权作为一项权利，并不主要体现在资格或地位方面，关键在于权利。

---

① 参见张玉敏：《继承法律制度研究》，法律出版社1999年版，第54页。

5. 独立权利说

独主权利说将继承权视为一项独立的民事权利。德国、日本、瑞士等国均采此说，将继承作为民法典的独立一编。《民法典》也是如此，把继承权作为一项独立的民事权利。

(二) 继承权的性质是独立权利

笔者赞同继承权的性质归为独立民事权利的主张。因为从权利和义务的分类上，继承权当然是一种权利，继承权人可以基于自身的权利请求为某项事项，比如接受或放弃继承，请求遗产分割，享有继承回复请求权等。继承权不同于物权、债权，是一项独立的民事权利，因为继承权具有自身的特性，无法为其他性质的权利所包容。

三、继承权的两种含义

(一) 区分继承权两种含义的依据

继承权在不同的场合具有两种不同的含义，有的学者称为客观意义上的继承权与主观意义上的继承权[1]，也有的学者称为继承期待权与继承既得权。[2]

从权利的分类看，根据权利的成立要件是否全部实现，权利可以分为既得权和期待权。既得权是指成立要件已全部实现的权利，而期待权是指成立要件尚未全部实现，将来有可能实现的权利。对继承权进行分析可以发现，在被继承人死亡前，继承人所享有的继承权，由于被继承人死亡的法律事实尚未发生，只是一种期待权，而在继承人死亡后，继承人所享有的继承权是一种既得权，成为一种现实的权利。将继承权蕴含的两种含义称为继承期待权与继承既得权比较准确，且通俗易懂。

---

[1] 参见刘素萍主编：《继承法》，中国人民大学出版社1988年版，第135-136页；郭明瑞、房绍坤：《继承法》（第2版），法律出版社2004年版，第56-61页。

[2] 参见张玉敏：《继承法律制度研究》，法律出版社1999年版，第50-53页；刘文：《继承法比较研究》，中国人民公安大学出版社2004年版，第26-29页。

(二) 继承期待权与继承既得权

1. 继承期待权

继承期待权，是指继承开始前继承人的法律地位，指的是自然人依照法律的规定或者遗嘱的指定，继承被继承人遗产的资格。

继承期待权在我国立法中有规定，例如《民法典》第 1125 条中规定的"继承权"，就是继承期待权。

继承期待权虽然不是一种现实的权利，但非常重要，是继承既得权的基础和前提。因为只有享有继承期待权的继承人，在被继承人死亡后，才可能享有继承既得权；不享有继承期待权的人，即使在被继承人死亡后也不能享有继承既得权。

继承期待权是基于法律的规定或者遗嘱的指定发生的，是不以继承人的主观意志为转移的。

法定继承人的继承期待权来自法律规定的特定亲属身份关系，如子女自出生时起取得对父母的继承期待权，妻子自结婚时起取得对丈夫的继承期待权。

遗嘱继承人的继承期待权来自有效遗嘱的指定，遗嘱指定的继承人也只能是法定继承人范围之内的人。

因此，继承人都是由法律规定的。法律对法定继承人范围的规定是以继承人与被继承人之间存在的一定的亲属身份关系为根据的，继承期待权是法律基于自然人的一定身份（如配偶、子女、父母等等）而赋予自然人的。可见，继承人具有作为继承人的资格，是以其与被继承人的亲属身份关系为前提的，是基于其与被继承人之间的身份关系而当然发生的。

继承期待权的意义也仅在于赋予继承人取得被继承人遗产的资格，保障继承人可以取得被继承人的遗产，而不是让继承人取得被继承人的某种人身利益；它也并非只要具备特定的身份（如子女）就必然享有、不会丧失的权利，也可能被剥夺（丧失）。

继承期待权实际上只是继承人将来可以参与遗产继承的客观的、现实的可能性。继承期待权的主体即继承人对于被继承人的财产并不享有任何权利。因继承

人顺序不同,而对继承期待权的效力强弱不同,而且该效力会因先顺序或同一顺序继承人的出现而全部或一部分消失,比如,当被继承人没有第一顺序继承人时,其兄弟姐妹、祖父母、外祖父母都有继承权,但如果被继承人死亡前收养一子,则其兄弟姐妹、祖父母、外祖父母的继承权落空。这种因为收养、结婚等使继承人的期待地位下降,不能认为是对继承权的侵害。[①]

2. 继承既得权

继承既得权,是指继承人在继承法律关系中实际享有的继承被继承人遗产的具体权利,是一项现实的权利。只有被继承人死亡并留有遗产,继承人具有参与继承的权利,继承人才能参与继承法律关系而享有继承既得权。

所以,继承期待权转化为继承既得权,必须具备三个条件:第一,被继承人死亡;第二,被继承人留有遗产;第三,继承人未丧失继承权。缺少其中任何一个条件,继承期待权也不能转化为继承既得权。

继承既得权是一项独立的权利,《民法典》第1124条规定的"继承权",就是继承既得权意义上的继承权。

同继承期待权相比,继承既得权的最大不同在于其是一项现实的权利,具有权利的完整性。

首先,继承既得权是继承人对遗产的权利,继承人享有请求分割遗产的权利,可以参与遗产的管理等活动,而继承期待权的继承人对被继承人的财产不享有权利,不能请求分割。

其次,继承人在取得继承既得权后,可以选择接受或放弃自己的权利,而继承期待权的继承人不能放弃继承期待权,即使表示放弃也无效。

最后,继承既得权的继承人实际参加继承,在继承法律关系中享受权利,承担一定的义务,而继承期待权的继承人仅仅享有一种期待,被推定为将来有继承被继承人财产的希望。

当然,继承既得权与继承期待权虽然存在一些区别,但是两者都属于继承权的范畴,只不过是继承权的两种含义而已。

---

① 参见郭明瑞等:《继承法研究》,中国人民大学出版社2003年版,第16-17页。

对继承既得权的性质,有的学者认为是身份权而非财产权[1],有的学者认为继承既得权也有社员权的性质。[2] 继承既得权虽然专属于一定身份的人,但这不能代表继承既得权就是身份权,继承既得权以对遗产的取得为核心,其财产权属性至为明显。在我国没有确立社员权的立法现状下,认为其为社员权缺乏基础,并且诸如参与遗产管理、参与遗嘱执行等权利,也并非继承人一定享有的,在有遗嘱执行人的情况下,继承人并不实际参与这些活动。

第三节 继承开始

一、继承开始的概念和意义

（一）继承开始的概念

继承开始,是指因一定法律事实的发生导致继承法律关系的发生。任何民事法律关系的产生都须以一定的法律事实为根据,继承法律关系亦不例外。能够引起继承法律关系发生的法律事实,就是继承开始的原因。《民法典》第1121条第1款规定:"继承从被继承人死亡时开始。"

与合同等一般民事法律关系开始的原因不同,继承的开始不是基于法律事实中的行为,而是基于被继承人死亡这一法律事实中的事件。现代各国继承法规定的继承制度都仅限于财产继承,这种继承只有在被继承人丧失了民事权利能力而不能成为自己财产的权利主体时才能发生。因此,被继承人的死亡是继承开始的唯一原因。被继承人的死亡分为自然死亡和宣告死亡,两者都导致继承的开始。

现代以来的民法认为继承是纯粹的财产继承,如果被继承人没有遗留遗产,继承也不能开始。如果被继承人仅仅遗留债务是否开始继承,日本判例认为,被

---

[1] 参见杨与龄:《民法概要》,中国政法大学出版社2002年版,第369页。
[2] 参见郭明瑞等:《继承法研究》,中国人民大学出版社2003年版,第20页。

继承人虽仅有债务，亦应继承之。① 当代继承法多采纳限定继承立场，如果被继承人仅仅遗留债务，则根据限定继承的有限责任，通常不会发生仅仅对债务的继承。但这不是否认其继承的性质：一方面，有的继承人愿意继承债务，当然也是继承；另一方面，因限定继承而不继承债务，是放弃继承权而不是否认其为继承。因此，应当赞成日本判例的做法，被继承人的遗产仅为债务的，其死亡时亦为继承开始。

（二）继承开始的意义

继承开始具有以下法律意义。

1. 确定遗产的范围

遗产是被继承人死亡时遗留的个人合法财产，是继承法律关系的客体。在被继承人死亡以前，其生前享有的各种财产经常处在不断变动之中，财产的数额、形态等都会发生变化。因此，遗产范围的确定只能以继承开始为准。只有在继承开始时，尚存的属于被继承人的财产才能确定为遗产。在继承开始以前，被继承人已经处分的财产不再属于被继承人的遗产。特别是在被继承人与他人共有财产时，如夫妻共有财产、家庭共有财产等，虽然在遗产分割前并不一定把被继承人的遗产与他人的财产分开，但在分离出他人财产时，只能按继承的开始确定共有关系的终止。在实践中，继承开始后，继承人并不立即分割遗产，继承开始与遗产分割之间往往有一段间隔时间。在这段时间内，遗产可能会发生一定的变化，如发生毁损灭失、产生孳息等，可能会影响遗产的范围，但这属于遗产的保管、使用、收益的问题，与继承开始在确定遗产范围的效力上没有关系。

2. 确定继承人的范围

在继承开始后，继承人的继承期待权即转化为继承既得权，产生了具体的继承法律关系，只有具备继承资格的人，才能成为继承人，才有权要求取得遗产。

首先，只有在继承开始时与被继承人具有近亲属身份关系的人才能享有继承权。在继承开始时已与被继承人解除婚姻关系或法律上的扶养关系的人，不是继

---

① 参见史尚宽：《继承法论》，中国政法大学出版社2000年版，第148页。

承人。

其次，只有在继承开始时生存的法定继承人或遗嘱继承人，才能享有继承既得权，可以按照法律规定或遗嘱指定继承被继承人的遗产。在继承开始时，法定继承人已经死亡的，如果已死亡的法定继承人为被继承人的子女，则该子女的应继份由其晚辈直系血亲代位继承；如果已死亡的法定继承人不是被继承人的子女，则已死亡的法定继承人丧失继承资格，也不存在代位继承。在继承开始时遗嘱继承人已经死亡的，被指定的遗嘱继承人也丧失了继承人资格。当然，如果在继承开始时，法定继承人或遗嘱继承人仍生存，只是在遗产分割前死亡，则他们仍然具备继承资格，享有继承权，就会发生转继承。

最后，在继承开始时，即使生存的法定继承人或遗嘱继承人也并非一定享有继承权。如果继承人丧失了继承权，则不能再作为继承人参加继承。只有在继承开始时没有死亡也没有丧失继承权的人，才具备继承资格，才能作为继承人参与继承法律关系。

3. 确定遗产所有权的转移

在被继承人死亡后，因为其民事权利能力消灭，死亡的被继承人不能对其所遗留下的财产再享有所有权。根据当然继承主义，继承开始后被继承人的遗产所有权便转归继承人。继承人为一人的，继承人单独继承，取得遗产的单独所有权；继承人为多人的，继承人共同继承，遗产归共同继承人共有。

4. 确定继承人的应继份

同一顺序法定继承人继承遗产的份额，一般应当均等，在特殊情况下也可以不均等。确定每个继承人的应继份，不是以遗产分割的时间为准，而是按照继承开始时确定的遗产总额计算。在分配遗产时，根据继承人的具体情况，有的应当予以照顾，有的可以多分，有的应当不分或少分。对于需要特别考虑的继承人的具体情况，应当以继承开始时的状况为准。例如，继承人是否属于生活有特殊困难的缺乏劳动能力的人，应当以继承开始时的具体情况予以确定。

5. 确定放弃继承权及遗产分割的溯及力

继承人在继承开始后至遗产分割前可以放弃继承权。继承人放弃继承权，意

味着继承人不参加继承法律关系,从继承开始就对遗产不享有任何权利。《最高人民法院关于适用〈中华人民共和国民法典〉继承编的解释(一)》第37条规定:"放弃继承的效力,追溯到继承开始的时间。"继承开始后,继承人可以具体确定遗产的分割时间。但无论何时分割遗产,其效力都应溯及继承开始。

6. 确定遗嘱的效力及执行力

遗嘱人立有合法、有效的遗嘱,是遗嘱继承产生的法律事实之一。遗嘱虽然是遗嘱人生前的意思表示,但发生效力的时间也是在继承开始之时,即遗嘱人死亡之时。在继承开始之前,遗嘱不发生法律效力,遗嘱人可以变更或撤销遗嘱。继承开始,遗嘱即发生法律效力,同时具有执行力。有时遗嘱继承的具体情况的确定亦取决于继承开始。例如,遗嘱是否为缺乏劳动能力又没有生活来源的继承人保留了必要的遗产份额,就应按遗嘱生效时该继承人的具体情况确定。

二、继承开始时间的确定

继承开始的时间就是被继承人死亡的时间。对继承开始时间的确定,是对被继承人死亡时间的确定。死亡包括自然死亡和宣告死亡两种情形。《最高人民法院关于适用〈中华人民共和国民法典〉继承编的解释(一)》第1条规定:"继承从被继承人生理死亡或者宣告死亡时开始。""宣告死亡的,根据民法典第四十八条规定确定的死亡日期,为继承开始的时间。"

(一) 自然死亡时间的确定

自然死亡又称生理死亡,是指自然人的生命在生理上的自然终结。

法律如何认定生理死亡时间,历来有种种学说,如脉搏停止说、心脏搏动停止说、呼吸停止说等。随着现代医学的发展,移植器官技术的成功和完善,各国又普遍提出了脑死亡说。当前在我国司法实践中,还是以呼吸停止和心脏搏动停止为生理死亡的时间。

具体的继承开始时间应当按下列情况确定:一是医院死亡证书中记载自然人死亡时间的,以死亡证书中的记载为准。二是户籍登记册中记载自然人死亡时间

的，应当以户籍登记的为准。三是死亡证书与户籍登记册的记载不一致的，应当以死亡证书为准。四是继承人对被继承人的死亡时间有争议的，应当以人民法院查证的时间为准。

（二）宣告死亡时间的确定

宣告死亡的时间应当如何确定？按《最高人民法院关于适用〈中华人民共和国民法典〉继承编的解释（一）》第1条第2款的规定，宣告死亡的，根据《民法典》第48条规定确定死亡时间。《民法典》第48条规定："被宣告死亡的人，人民法院宣告死亡的判决作出之日视为其死亡的日期；因意外事件下落不明宣告死亡的，意外事件发生之日视为其死亡的日期。"

按照这样的规定确定宣告死亡的日期是准确的。在具体操作上，应当区别两点：

首先，最高人民法院原来的司法解释规定，判决宣告之日为被宣告死亡之人死亡的时间。《民法典》第48条规定的是判决作出之日。这是否有区别，应当明确。按照现在规定的含义看，判决的宣告或者作出是同一时间，即宣判之日，但实际上判决作出也可以理解为宣告之前，审判长或者独任审判员签发判决书之日。对此，将"作出"理解为"宣告"或者"宣判"更为准确。在立法中，有的主张宣告死亡的日期是失踪之日或者申请宣告死亡之日，但是，在很多情况下，是利害关系人多年之后才申请宣告死亡。这时，如果将被宣告人死亡日期推定为多年以前，已经物是人非，可能给相关法律关系带来不必要的扰动。因此规定被宣告死亡的人，人民法院宣告死亡的判决作出之日视为其死亡的日期。[①] 这是正确的。

其次，对因意外事件宣告死亡的，究竟是意外事件发生之日还是结束之日，意见不一致。有的学者认为，一些意外事件的过程不止一日，应当规定意外事件结束之日；有的学者认为，意外事件发生之日与意外事件结束之日，被申请宣告死亡的人死亡概率差别并非悬殊，如规定意外事件结束之日，对于难下结论的意外事件来说，会生出何时作为意外事件结束之日的争论。立法机关最终规定，意

---

① 参见黄薇主编：《中华人民共和国民法典总则编释义》，法律出版社2020年版，第122页。

外事件发生之日视为死亡的日期。①

(三) 互有继承关系的继承人在同一事件中死亡时间的推定

1. 不同的立法例

两个以上互有继承关系的人在同一事件中死亡，不能确定死亡先后时间的，各死亡人的死亡时间如何确定，直接影响继承人的利益。对此，各国立法采取的方法主要有三种立法例：

(1) 死亡在后和死亡在先相结合的推定制

罗马法规定，数人同时遇难而不能确定死亡先后的，推定成熟子女后于父母而死亡，未成熟子女先于父母而死亡。

(2) 同时死亡推定制

日本、瑞士、德国等采取这种立法例。《日本民法典》第32条之二规定："死亡的数人中，某一人是否于他人死亡后尚生存事不明时，推定该数人同时死亡。"《瑞士民法典》第32条第2项规定："如不能证明多数人死亡的先后顺序时，得推定其为同时死亡。"

(3) 死亡在后推定制

死亡在后推定制也称为生存推定制，英国、法国采取这种立法例。英国1925年《财产法法案》第184条规定，两人同时遇难，不能确定谁先死亡的，年轻者视作较年长者后死亡。法国是采取死亡在后推定制的典范。《法国民法典》第720条规定："如相互有继承权的数人在同一事件中死亡，无从了解何人死亡在先时，对后死亡推定，依具体的实际情形确定；在无此种情形时，依年龄与性别确定。"第721条规定："在同一事件中死亡的数人均不满15岁，推定其中年龄最大的最后死去。同一事件中死亡的数人年龄均在60岁以上，推定其中年龄最小的最后死去。同一事件中死亡的数人有的年龄不满15岁，有的年龄在60岁以上，推定年幼者后死去。"第722条规定："同一事件中死亡的数人年龄在15岁以上、60岁以下而且年龄相同，或者年龄相差不到1岁，推定男性为后死者。

---

① 参见黄薇主编：《中华人民共和国民法典总则编释义》，法律出版社2020年版，第123页。

同一事件中死去的数人性别相同，应当采用能够使继承按照自然顺序开始的推定，以此确定后死亡者；依此类推，推定年轻者后死于年长者。"在同死亡者之中，有的属于 15 岁以下，其他属于 15 岁以上、60 岁以下，或者有的属于 15 岁以上、60 岁以下，其他属于 60 岁以上的，应当如何推定，没有明文规定，判例认为，应当推定 15 岁以上、60 岁以下的人后死亡。①

2.《民法典》的立场

对此，我国《最高人民法院关于贯彻执行〈中华人民共和国继承法〉若干问题的意见》曾经作出过解释，确定了死亡在先和同时死亡相结合的推定制。该司法解释第 2 条规定："相互有继承关系的几个人在同一事件中死亡，如不能确定死亡先后时间的，推定没有继承人的人先死亡。死亡人各自都有继承人的，如几个死亡人的辈份不同，推定长辈先死亡；几个死亡人辈份相同，推定同时死亡，彼此不发生继承，由他们各自的继承人分别继承。"确定的规则是，对没有继承人的死亡人和长辈的死亡人（各死亡人都有继承人）实行的是死亡在先推定制；而对同辈的死亡人（各自都有继承人）实行的是同时死亡推定制。

死亡在先和同时死亡相结合的推定制体现了两项原则：一是保护继承人利益；二是遵循自然法则。保护继承人利益原则体现了继承法保护自然人继承权的基本宗旨，是可取的；遵循自然法则原则从人的生理角度确定死亡人的死亡先后，亦有道理。但是，如果将自然法则机械地适用，将会产生有违自然法则的后果。例如，老年长辈与壮年晚辈同时遇难，推定长辈先死亡，完全符合自然法则；但是，如果壮年长辈与幼年晚辈同时遇难，同样推定长辈先死亡，则就违背了自然法则，其最终结果是损害了某些继承人的继承利益。

《民法典》第 1121 条第 2 款规定的规则是十分重要的新规则，因为两个以上相互有继承权的人在同一事件中死亡，如果不能确定死亡的先后时间，就无法确定继承怎样进行，因而在同一事件中各死亡人的死亡时间如何确定，直接影响各自继承人的利益。最高人民法院的上述司法解释在实践中反复适用，证明这个规则是适当的。因此，《民法典》采纳了这个规则，形成了这个条款。

---

① 参见史尚宽：《民法总论》，中国政法大学出版社 2000 年版，第 91 页。

相互有继承关系的数人在同一事件中死亡推定死亡先后顺序规则的要点是：

第一，相互有继承关系的数人在同一事件中死亡，难以确定死亡时间的，推定没有其他继承人的人先死亡。这样推定的好处是，虽然同时死亡的死亡者相互有继承关系，但是，没有其他继承人的人如果是先死亡的人，那么，他（她）因为没有继承人，自己又是先死亡者，就引起在继承关系发生前死亡，因而不发生继承，使继承关系简化，只由后死亡者进行继承，由于他（她）已经死亡，因此他（她）的继承人可以继承他（她）的遗产。

第二，都有其他继承人，辈份不同的，推定长辈先死亡；辈份相同的，推定同时死亡，相互不发生继承。首先，相互有继承关系的数人在同一事件中死亡，都有其他继承人，如果他们的辈份不同，推定长辈先死亡，晚辈后死亡，因而存在正常的继承关系，即长辈先死亡，同一事件中死亡的晚辈就可以继承其遗产，他（她）也死亡了，就由他（她）的其他继承人继承他（她）的遗产。如果同一事件中死亡的人辈份相同，则推定他们同时死亡，因而他们在相互之间不发生继承关系，他们的遗产由他们各自的继承人分别继承。

至于在同一事件中数人死亡，相互之间没有继承关系，则不发生上述问题。在同一事件中数人死亡，能够确定死亡的先后顺序的，也不适用上述规则，按照各自的死亡顺序确定继承关系。

三、继承开始处所的确定

（一）确定继承开始处所的方法

继承开始的处所，是继承人参与继承法律关系，行使继承权，接受遗产的场所。各国继承法一般都对继承开始的处所有明确的规定。《民法典》对此没有规定，应当依据法理确定。

确定继承开始的处所，有本籍地主义、住所地主义、死亡地主义、财产所在地主义等各种不同主张[1]，各国立法不尽一致。有的国家规定，继承开始的处所

---

[1] 参见史尚宽：《继承法论》，中国政法大学出版社2000年版，第149页。

为被继承人的住所地。如《法国民法典》第110条规定:"继承开始之地点,依住所确定。"《日本民法典》第883条〔继承开始的处所〕规定:"继承于被继承人的住所开始。"《瑞士民法典》第538条第1项规定:"继承就全部财产,在被继承人最后住所地开始。"有的国家规定,被继承人的住所和遗产所在地都可以成为继承开始的处所。

《民法典》没有明确规定继承开始的处所,学者对继承开始的处所认识不同。有的学者主张,继承开始的处所应为被继承人的生前住所地①;有的学者主张,继承开始的处所既是被继承人的生前最后住所地,也是被继承人财产所在地和死亡地②;有的学者认为,被继承人的生前住所地与被继承人死亡地、被继承人财产所在地都有可能不一致。

如果单纯以上述某一个处所作为继承开始的处所,或者将上述处所都作为继承开始的处所,不利于继承人行使继承权和接受遗产。因此,我国司法实践中采取的以被继承人的生前最后住所地或主要遗产所在地为继承开始的处所,是正确的选择。③

虽然《民法典》未对继承开始的处所作出明确规定,但《民事诉讼法》第34条第3项规定:"因继承遗产纠纷提起的诉讼,由被继承人死亡时住所地或者主要遗产所在地人民法院管辖。"这一规定对确定继承开始的处所具有参照意义。以被继承人死亡时住所地或者主要遗产所在地来确定继承开始的处所,有利于调查被继承人的遗产,有利于继承人参加继承、接受遗产,有利于分清继承人之间的责任,有利于继承人参加诉讼。④

《民法典》第25条规定:"自然人以户籍登记或者其他有效身份登记记载的居所为住所;经常居所与住所不一致的,经常居所视为住所。"被继承人死亡时的住所地,就是他的户籍所在地。如果经常居住地与住所地不一致的,经常居住地就是住所地。

---

① 参见刘春茂主编:《中国民法学·财产继承》,中国人民公安大学出版社1990年版,第519页。
② 转引自刘素萍主编:《继承法》,中国人民大学出版社1988年版,第335页。
③ 参见郭明瑞等:《继承法》(第2版),法律出版社2004年版,第188页。
④ 参见郭明瑞等:《继承法》(第2版),法律出版社2004年版,第188-189页。

主要遗产所在地的确定,应当根据遗产的具体情况,遗产既有动产又有不动产的,一般以不动产所在地为主要遗产所在地;如果遗产属于同类动产,则应以财产的多少为标准确定主要遗产所在地,动产多者为主要遗产所在地;如果不属于同类动产,则应以各处遗产的价值额确定主要遗产所在地,价值高的动产所在地作为主要遗产所在地。

(二)确定继承开始处所的意义

确定继承开始的处所为被继承人死亡时的住所地或主要遗产所在地,具有以下重要的法律意义:

第一,继承开始的处所是继承纠纷的诉讼管辖地。继承纠纷的管辖属于专属管辖,确定被继承人死亡时住所地或主要遗产所在地为继承开始的处所,就确定了法院的管辖地。这种确定便于法院查明继承开始的时间、继承人与被继承人的身份关系、遗产的范围及继承份额等问题,从而有利于法院正确解决继承纠纷。

第二,继承开始的处所关系涉外继承的法律适用。我国《涉外民事关系法律适用法》第31条至第35条规定:一是法定继承,适用被继承人死亡时经常居所地法律,但不动产法定继承,适用不动产所在地法律;二是遗嘱方式,符合遗嘱人立遗嘱时或者死亡时经常居所地法律、国籍国法律或者遗嘱行为地法律的,遗嘱均为成立;三是遗嘱效力,适用遗嘱人立遗嘱时或者死亡时经常居所地法律或者国籍国法律;四是遗产管理等事项,适用遗产所在地法律;五是无人继承遗产的归属,适用被继承人死亡时遗产所在地法律。涉外继承就要依照上述规定的地域管辖确定应当适用的准据法,都是根据继承开始的处所决定的。

第四节 继承方式及优先顺序

一、继承方式的不同立法宗旨

我国的继承方式有法定继承、遗嘱继承,还包括遗赠和遗赠扶养协议,不同

的继承方式存在优先顺序。《民法典》第1123条规定:"继承开始后,按照法定继承办理;有遗嘱的,按照遗嘱继承或者遗赠办理;有遗赠扶养协议的,按照协议办理。"这一规定与《继承法》第5条规定的内容一致。

(一)法定继承及其立法宗旨

法定继承,是按照法律的规定进行的继承,在确定继承人、继承人的顺序、继承的份额、继承的方法等方面,都是按照法律规定的规则进行。

存在的问题是:既然遗产继承是按照被继承人的意志对其死亡后的遗产进行分配,为什么要由法律作出规定呢?

适用法定继承的前提是被继承人没有合法、有效的遗嘱,如果被继承人有合法、有效的遗嘱,当然就会按照被继承人的遗嘱分配遗产,完全体现被继承人支配自己的合法财产的意愿。但是,被继承人没有遗嘱,或者虽然有遗嘱但是遗嘱因不合法而无效,就等于被继承人对其死亡后如何处置自己的遗产没有明确的意愿。在这时,法律按照其继承人与被继承人的亲属关系远近,确定法定继承的规则,推定这样的规则就体现了被继承人支配自己死亡后遗产的真实意志,按照法律规定的规则继承就实现了被继承人支配遗产的意志。

这是不得已的推定,也是最符合实际的推定。因而,法定继承虽然是法定,也仍然是按照推定的被继承人的意志进行的继承。

(二)遗嘱继承和遗赠及其立法宗旨

遗嘱继承和遗赠,都是被继承人或者遗赠人在其生前,通过遗嘱表达了自己死亡后分配其遗产的真实意志。遗嘱继承是在其继承人的范围内分配自己的遗产,遗赠是在自己的继承人范围之外分配遗产。

不论怎样,遗嘱继承和遗赠都是按照遗嘱这种单方意思表示进行的遗产分配。因此,遗嘱继承和遗赠是最能够表达被继承人分配其遗产真实意志的遗产处理方式。其立法宗旨就是保障遗嘱人的遗嘱实现,按照遗嘱指定的内容,实现遗嘱人支配自己身后遗产的意愿。

(三)遗赠扶养协议及其立法宗旨

遗赠扶养协议包括两个方面,既是遗赠,也是扶养协议,所以,是综合遗赠

和扶养的具有身份性质的合同。

由于参加遗赠扶养协议的遗赠人之外的主体是继承人之外的人，且该当事人是对遗赠人的生老病死负有义务的人，因而使这种遗赠具有了更重要的价值，不仅是死者处理自己死亡后的遗产，更重要的是在处理遗产之前，要对被扶养人的生老病死负有照顾的义务，具有鲜明的身份性质和社会意义，因而，在遗产分配制度中具有更重要的地位。

二、不同继承方式的优先顺序

正是由于法定继承、遗嘱继承和遗赠以及遗赠扶养协议的立法宗旨都体现了财产所有人对自己遗产的支配意志，体现的是作为财产所有人即被继承人对自己所有的合法财产变为遗产后的支配意志，因而，在同一个继承法律关系中同时存在上述三种分配遗产方式时，《民法典》第1123条规定了这三种遗产分配方式的效力顺序。

（一）遗嘱继承和遗赠优先于法定继承

遗嘱继承和遗赠优先于法定继承，是继承法律制度的原则。这是因为，任何人对自己的财产都有绝对的支配权，可以按照自己的意志决定自己所有的财产之命运，进行处分。同样，任何人在自己健在时对自己死后如何支配遗产，完全有自主支配权，不受任何单位和个人的干涉，对支配自己死后遗产处置的遗嘱，只要不违反法律和公序良俗，就应当按照其遗嘱处置其遗产。而法定继承是在被继承人没有订立遗嘱时，按照法律规定推定被继承人支配其遗产的意愿来处置其遗产的。相比之下，遗嘱继承优先于法定继承。

遗嘱继承优先原则包括两层含义：

第一层含义是，遗嘱继承优先于法定继承，当被继承人留有有效遗嘱时，遗嘱继承排斥法定继承，按照被继承人的遗嘱分配遗产。

第二层含义是，遗赠与遗嘱继承具有同等效力。所不同的是，遗赠是被继承人将遗产分配给自己的继承人之外的他人。尽管如此，被继承人是将遗产分配给自己的继承人,还是分配给自己的继承人之外的其他人,体现的都是被继承人支配其财产的自我决定权,因而,遗赠与遗嘱继承具有同等效力,不发生相互排斥的问题。

(二)遗赠扶养协议优先于遗嘱继承和遗赠

遗赠扶养协议的效力优先于遗嘱继承和遗赠,也是遗产继承的原则。被继承人既留有有效遗嘱(包括遗嘱继承和遗赠的遗嘱),又留有有效的遗赠扶养协议的,遗赠扶养协议优先,先按照遗赠扶养协议的约定处置遗产。这是因为遗赠扶养协议约定的是对被继承人生老病死予以扶养,并以取得其遗产为代价,因而排斥遗嘱继承和遗赠的效力。

(三)法定继承、遗嘱继承和遗赠、遗赠扶养协议的效力顺序

当一个继承法律关系中同时出现法定继承、遗嘱继承和遗赠、遗赠扶养协议时,其效力顺序是:遗赠扶养协议优先于遗嘱继承和遗赠,遗嘱继承和遗赠优先于法定继承。有遗赠扶养协议的,遗赠扶养协议排斥遗嘱继承和遗赠的效力;没有遗赠扶养协议的,遗嘱继承和遗赠排斥法定继承的适用。

在继承法律关系的法律适用中,适用上述规则的最重要问题,是把《民法典》第1123条规定的效力规则,与继承编规定的法定继承、遗嘱继承和遗赠以及遗赠扶养协议的前后顺序相区别。

在立法上,《民法典》继承编先规定的是法定继承,之后规定了遗嘱继承和遗赠,最后才在"遗产的分配"中规定了遗赠扶养协议。文字上的这种安排,很容易被不懂法律的人理解为法定继承最重要,是排在首位的继承制度,应当优先适用。然而这种理解恰恰是错误的。第1123条正是为了避免出现这样的误解,才对三种不同的遗产分配制度作出的规定。在同一个继承法律关系中,遗赠扶养协议具有最优先的地位,排斥遗嘱继承、遗赠和法定继承;在没有遗赠扶养协议时,遗嘱继承和遗赠优先适用,二者之间同时适用,不存在效力上的冲突;在既没有遗赠扶养协议,也没有遗嘱继承和遗赠,或者遗嘱继承和遗赠的遗嘱都无效时,才适用法定继承的规则继承。

第五节　继承权、受遗赠权的放弃与接受

《民法典》第 1124 条规定："继承开始后，继承人放弃继承的，应当在遗产处理前，以书面形式作出放弃继承的表示；没有表示的，视为接受继承。""受遗赠人应当在知道受遗赠后六十日内，作出接受或者放弃受遗赠的表示；到期没有表示的，视为放弃受遗赠。"对继承权的放弃和接受，采用的方法是正面规定继承权放弃，须以明示方法表明放弃继承权；对接受继承采取默示方式，没有表示的，视为接受继承。对于受遗赠，接受须以明示方式作出表示，超过期限没有表示的，视为放弃。这些规定与《继承法》第 25 条的规定基本一致，只是将接受遗赠的期间由"两个月"改为"六十日"，没有原则的改变。

一、继承权放弃

（一）继承权放弃的含义

继承权放弃又称继承权拒绝、继承权抛弃，是指继承人于继承开始后、遗产分割前所作出的，放弃其继承被继承人遗产的权利的意思表示。

继承权放弃是继承人自由表达其意志、行使继承权的表现，是一种单方民事法律行为，无须征得任何人的同意。

罗马法初期，家父权下的当然和必然继承人绝对不能拒绝继承，即为继承人，永为继承人。至裁判官法时代，才开始予以当然和必然继承人"拒绝继承的特权"。家主以遗嘱解放的奴隶，同时指定其为继承人的必然继承人，是不得拒绝继承的。只有外来继承人（任意继承人）才有接受和拒绝继承的自由，可以放弃继承权。[1]

近代各国继承法中基于个人责任的原则，继承不再是家、家族、家产或祭祀

---

[1] 参见周枏：《罗马法原论》（下册），商务印书馆 2001 年版，第 585 页。

的继承,而纯粹为个人遗产的继承,无论对于任何人,以不强制其承受继承为原则。继承人有抛弃继承的自由,一般并不限制。①

中国近代法律尽管允许继承人放弃继承,而实际上奉行"父债子还"的原则,被继承人的子女不能以放弃继承来拒绝承受被继承人的债务。

1949年之后,长期的司法实践一直承认继承权放弃,保护继承人接受或放弃继承的自由。《继承法》第25条明确规定了继承人可以放弃继承权,《民法典》第1124条继续坚持这一规则。

(二)放弃继承权与丧失继承权的区别

继承人放弃继承权与丧失继承权都不能取得遗产,其直系晚辈血亲也都不能代位继承,在后果上具有相同性,但是,在性质上完全不同。

第一,放弃继承权所放弃的是继承既得权;而丧失继承权所丧失的是继承期待权。只有没有丧失继承权的人才可以放弃继承权,丧失继承权的继承人并无继承权可放弃。

第二,放弃继承权是继承人自愿作出的意思表示,并不需要有何事由;而丧失继承权是因发生了法定事由而当然发生的,当事人不认为其继承权丧失的,法院得以裁决确认其丧失继承权。因此,放弃继承权是继承人对自己权利的一种处分,而丧失继承权是法律对实施违法行为的继承人的一种民事制裁。

第三,放弃继承权只能在继承开始后、遗产分割前实施,在继承开始前不能发生继承权的放弃;而继承权丧失的事由可以发生在继承开始以前,而且有的事由(如遗弃被继承人)只会发生在继承开始以前。②

(三)继承权放弃的要件

继承权虽得以继承人的自由意志予以放弃,但并非无所限制,放弃继承权须符合以下要件。

1. 在继承开始后、遗产分割前放弃

这是放弃继承权的时间要件。由于继承人只能于继承开始后才享有继承既得

---

① 参见史尚宽:《继承法论》,中国政法大学出版社2000年版,第325页。
② 参见郭明瑞等:《继承法》(第2版),法律出版社2004年版,第78页。

权,故继承权的放弃只能于继承开始后实施。在继承开始前,继承人并不享有可以处分的继承既得权,仅享有继承期待权,而继承期待权只是一种资格,是不得放弃的,即使放弃也不发生效力。又因为继承权的放弃是继承人对自己继承权的处分,继承权的放弃也只能在遗产分割前实施。在遗产分割后,继承人再作出的不接受遗产的意思表示,属于放弃遗产,放弃的不是继承权,而是放弃了已经取得的遗产的所有权。

为了促使继承人尽快作出决定,稳定继承关系,对继承人放弃继承权有具体的期限规定。《民法典》第1124条只是笼统地规定为,继承开始后至遗产分割前。由于遗产处理并无明确的时间限制,因而在遗产处理前,遗产为继承人共有,而一旦某继承人放弃继承,遗产的共有状态就会发生变化。如果许可继承人在长期的时间里放弃继承,不利于财产关系的稳定和对交易安全的保护。

不过,本条对受遗赠权放弃的具体期限作出了规定,受遗赠人应当在知道受遗赠后60日内,作出接受或放弃受遗赠的表示。因而似乎可以将继承人放弃继承的期限与受遗赠人接受遗赠的期限作为相同的规定,即继承人放弃继承的,应当在知道继承开始后,60日内作出放弃的意思表示,逾期未作表示的视为接受。

继承权的放弃不必采取这样的时间限制,理由有两点:一是放弃继承权的时间终点为遗产分割之前,其实是明确的,没有必要规定具体的时间要求;二是即使继承人放弃继承权的意思表示作出的时间超过了上述时限,其后果是接受继承,也不会出现继承秩序的混乱,也没有必要再规定具体的时限。

2. 原则上由继承人本人放弃

这是放弃继承权的主体要件。继承权的放弃为单方民事法律行为,应当由继承人本人亲自实施,不得代理。不过,对于无民事行为能力和限制民事行为能力的继承人而言,允许其法定代理人代理该继承人放弃继承,以保护无民事行为能力和限制民事行为能力的继承人的利益。

在继承权的放弃与接受是否能由继承人的债权人行使问题上,有肯定说与否定说两种观点。

肯定说认为,继承权于继承开始之前仅为一种期待权,该期待权因与身份不

能分离，故其不能为他人代为行使，但一旦继承开始后，被继承人财产上的一切权利与义务即概括地移转于继承人所有，放弃继承的单独行为不过为财产法上的无偿处分行为，故如有诈害债权情形，债权人自得行使撤销权。[1]

否定说认为，继承权虽具有财产属性，但是其取得是以一定身份为前提的，如果无该身份，则不得为继承人；且继承权的抛弃与结婚、离婚、收养子女或非婚生子女认领相同，属身份行为，具有人身专属性，纵因该行为而间接地对债权人的财产产生不利影响，债权人亦不得撤销，继承的承认或放弃不能作为债权人代位权的标的。[2]

笔者认为，放弃继承权须以不能侵害他人的权益为限，如果继承人故意通过放弃继承权侵害他人的合法权益，则相关的权利人可以对继承人的放弃继承权行为行使撤销权。

3. 放弃继承权不得附加条件

许多国家继承法明文规定，继承人放弃继承权不得附加条件。《继承法》没有规定继承人放弃继承权不得附加条件，《民法典》第1124条也没有规定。

司法实践与民法学界，都倾向于不允许继承人在放弃继承权时附加条件。对于继承人在放弃继承时提出的将其放弃的遗产让与某人的附加条件，继承人所附加的条件和保留的意见，应当视为继承人在接受继承以后对自己的继承份额所作的处分。[3]

4. 不得部分放弃

对于继承人是否可以部分放弃继承权，《民法典》第1124条没有明文规定。一般认为，继承的放弃具有不可分性，应当及于全部继承的财产，继承人部分放弃继承权的，应当视为继承人接受遗产后，对自己继承的遗产份额所作的处分，这不属于继承权放弃，而是继承人对自己财产权的处分。

（四）继承权放弃的方式

继承权放弃的方式，是指继承人放弃继承权时表达意思表示的方式，分为明

---

[1] 参见戴东雄：《继承法实例解说》，三民书局1999年版，第199页。
[2] 参见史尚宽：《继承法论》，中国政法大学出版社2000年版，第341-343页。
[3] 参见刘春茂主编：《中国民法学·财产继承》，中国人民公安大学出版社1990年版，第182页。

第五节 继承权、受遗赠权的放弃与接受

示与默示两种方式。

《民法典》第 1124 条第 1 款关于"继承开始后,继承人放弃继承的,应当在遗产处理前,以书面形式作出放弃继承的表示"的规定,采取的是明示方式,并且须为书面形式即要式行为。《继承法》没有明确规定放弃继承权的具体方式,因而可以是以口头方式,也可以是以书面方式向其他继承人作出。继承人用口头方式表示放弃继承的,如果继承人事后不承认,又没有其他充分的证据证明继承人表示过放弃继承权,容易形成纠纷。因此,《民法典》第 1124 条规定,放弃继承的方式为书面形式,以口头形式作出的放弃继承的意思表示无效。

二、继承权接受

继承权接受,是指继承人在继承开始后、遗产分割前,以一定的方式作出愿意接受被继承人遗产权利的意思表示。

(一)继承权接受的立法例

各国法关于继承权接受的意思表示的方式与效力的规定,与遗产的移转方式即继承的样态有关,大致有以下四种立法例。[1]

1. 当然继承主义

认为继承权利与义务的归属,系属当然,不以继承人的承认为其取得遗产的必要条件。该立法例源于日耳曼法,后为德国、法国等国民法从之。

2. 承认继承主义

认为遗产并不因被继承人的死亡而当然地归属于继承人,须俟继承人为承认继承之意思表示后,始发生归属效力。这种立法例为罗马法所采。

3. 法院交付主义

认为遗产须于法院决定将其交付于继承人时,始生归属效力。故继承权接受乃请求继承财产交付之意思表示。奥地利民法采此立法例。

---

[1] 参见戴炎辉等:《中国继承法》,三民书局 1998 年版,第 161-162 页。

4. 剩余财产交付主义

认为遗产先归属于遗产管理人或遗嘱执行人，经其清算后尚有财产时，继承人始得请求其交付。故继承权接受为财产交付请求权之行使。该立法例为英国法所采。

《民法典》第1124条第1款规定的方法是，继承开始后，继承人放弃继承的，应当在遗产处理前，以书面形式作出放弃继承的表示。没有表示的，视为接受继承。因此可以断定，我国对此采取的是当然继承主义。

（二）继承权接受的方式

对于继承权接受的方式，在大陆法系国家根据继承人对继承权接受是否附加条件（主要是对被继承人生前所欠债务是否表示以其所继承的遗产范围为限），划分为单纯承认和限定承认两种方式。

1. 单纯承认

单纯承认，是指继承人无所保留地、确定地承继被继承人财产的单方意思表示。① 换言之，此种承认使继承人无限地承受被继承人财产上的一切权利和义务。不过，现代立法的单纯承认与罗马法时的单纯承认不同，在现代的单纯承认情形下，虽然继承人对于被继承人的遗产予以概括承认，但是，其继承标的仅限于财产而不及于身份权或祭祀权。

单纯承认的情形包括：一是本于继承人的自由选择而为的单纯承认，称为"一般的单纯承认"或"任意的单纯承认"；二是本于法律强制而为的单纯承认，称为"法定的单纯承认"或"强制的单纯承认"。

这两种情形虽有差异，但是，在承继遗产的无限性上并无不同。② 一般的单纯承认为不要式行为，且继承人承认的意思表示无须向相对人为之，仅以将其意思表达于外部为已足。究为明示抑或默示，在所不问。③ 至于法定的单纯承认，则多因继承人的不正行为而发生，在此情形下，继承人不仅不许主张限定承认，

---

① 参见戴炎辉等：《中国继承法》，三民书局1998年版，第171页。
② 参见陈棋炎等：《民法继承新论》，三民书局2001年版，第214页。
③ 参见陈棋炎等：《民法继承新论》，三民书局2001年版，第215页。

亦不得为放弃继承。其实质为民法对继承人不正行为的制裁，使其对遗产债务承担无限责任。至于不正行为的种类，一般包括隐匿财产，虽为限定承认，但在遗产清册上为虚伪记载，意图诈害被继承人之债权人权利而为遗产处分等几种情况。[1] 实际上，单纯承认多因继承人未于法定期间内为限定承认或抛弃继承之意思表示而由法律推定成立。[2]

2. 限定承认

限定承认，是指继承人附加限制条件地接受被继承人的全部遗产的意思表示。

一般的限定条件是以因继承所得之遗产偿还被继承人的债务。如果继承人采取限定承认，则意味着继承人只对被继承人生前所欠债务负以其所继承的被继承人的遗产为限的清偿责任，对超出部分不负责清偿。

限定承认与单纯承认的最大区别在于责任承担上的有限性。在限定承认条件下，即便被继承人的债务超过遗产，继承人亦无须以其自己原有财产为清偿。虽然为放弃继承也可以达成此目的，但是，于继承开始之际，继承人未必能确切明了被继承人的债务是否超过遗产，若盲目为放弃的表示，后又发现遗产尚有剩余，则将悔之无及。不如自始即为限定承认，则可于承担有限责任与接受剩余财产之间两全。另外，同单纯承认相比，限定承认必须为要式行为，在一些立法例中规定限定承认必须在法定期限内以明示的方式，并且要按照法律规定将限定承认的意思表示出来。

《民法典》以继承人承担有限责任为原则，不认可单纯承认。而且在继承权接受方面，无论是明示方式还是默示方式均可。在继承开始后、遗产分割前，继承人未作出明确表示的，视为接受继承。

---

[1] 参见《法国民法典》第792条、《日本民法典》第921条。
[2] 参见郭明瑞等：《继承法研究》，中国人民大学出版社2003年版，第37-38页。

三、放弃继承权和限定继承的效力

在实践中,放弃继承权和限定继承的效力不同。

(一)放弃继承权的效力

放弃继承权的效力,指的是继承权放弃后的法律效果。继承权放弃不仅会对继承人自己产生法律约束力,而且对于放弃继承权的继承人的直系晚辈血亲、被继承人的其他继承人会产生一定的效果。

1. 对放弃继承权的继承人的效力

继承人放弃继承权,也就丧失了参加继承法律关系的资格,应当退出继承法律关系。自继承人放弃继承权时开始,继承人不承受被继承人生前的债务,也不得继承被继承人生前的财产权利。继承人放弃继承权的效力,溯及至继承开始之时,并不是其作出放弃继承表示之时。

继承人放弃继承权虽然对被继承人的遗产丧失了权利,但是,如果该继承人已经实际占有被继承人的遗产,则应当担负一定的义务。放弃继承权的继承人应当将自己占有的遗产移交给遗产管理人或其他继承人,在未进行移交前,负有继续管理义务。放弃继承权的继承人不能因为自己放弃了继承权,就对原来由自己保管的遗产置之不理,这会有损于其他继承人、受遗赠人和被继承人的债权人的权益。此外,被继承人生前与继承人之间有债权债务关系的,该债权债务也不因继承人放弃继承而消灭,仍为遗产权利与义务。

2. 对放弃继承权人的直系晚辈血亲的效力

继承人放弃继承的,其应继份是否发生代位继承,有两种立法例。一种认为,放弃继承的人"视为自始即非继承人",未曾拥有继承权,因此,放弃继承不发生代位继承。另一种视放弃继承权人于"继承开始前死亡"或遗产自始对其"未发生归属",由于放弃继承的继承人曾有主观继承权,因而,放弃继承的继承人的直系晚辈血亲可以代位继承。我国继承法仅仅将被继承人的子女先于被继承人死亡,以及被继承人的兄弟姐妹先于被继承人死亡,作为代位继承的发生原

因，在其死亡时尚未发生继承人可以放弃继承权的时限之中，因而，不发生放弃继承权人的放弃行为对直系晚辈血亲的代位继承产生影响的问题。

3. 对被继承人的其他继承人的效力

继承人放弃继承权的，其放弃的应继份应当按照法定继承处理。第一顺序的法定继承人中有人放弃继承权的，其放弃的应继份归属于同一顺序的其他继承人；没有同一顺序的继承人的，放弃的应继份归属于第二顺序的继承人；两个顺序的继承人均放弃继承权或者均不存在的，按照无人继承的遗产处理。如果遗嘱继承人放弃继承权，则遗嘱对该继承人所指定的应继份按照法定继承处理。

4. 放弃继承权的表示撤回的效力

继承人放弃继承权的，其后可否撤销其放弃继承权的意思表示，应当以继承权放弃的意思表示是否有瑕疵为标准判断。如果继承人放弃继承权的意思表示有瑕疵，是因受欺诈或胁迫而放弃，或者因行为能力欠缺而放弃，则根据民事法律行为规则，该行为应属于无效或可撤销民事行为，应当允许放弃继承权的继承人予以撤销。

对于不存在瑕疵的放弃继承权的意思表示能否撤回，有不同的规定。《继承法》对此没有明确规定，《民法典》也没作出规定。《最高人民法院关于适用〈中华人民共和国民法典〉继承编的解释（一）》第36条规定："遗产处理前或者在诉讼进行中，继承人对放弃继承反悔的，由人民法院根据其提出的具体理由，决定是否承认。遗产处理后，继承人对放弃继承反悔的，不予承认。"依最高人民法院的这一规定，法院可以决定承认继承人对放弃继承的反悔。

对于继承人放弃继承权之意思表示的撤回，应当严格限制，不能随意为之。一方面，不允许继承人随意撤回，否则影响遗产的分割和处理，不利于生产和生活；另一方面，即使允许撤回，也应当在一定的期间内为之，该时间界限就在遗产是否已经分割：分割之前可以撤回，分割之后不得撤回。

（二）限定继承的效力

《民法典》对继承权接受采取限定承认方式，其效力主要体现于以下三个方面。

1. 继承人参与继承法律关系

继承人作出限定承认的意思表示后，其取得继承既得权，法律地位可以确定，可以实际参与继承法律关系，对遗产进行占有、管理，并有权请求分割遗产。由于我国法律采取当然继承主义，继承人还须履行一定的义务，比如在继承遗产的限度内清偿遗产债务。继承权的限定承认须由本人实施，不得代理。不过，继承人是无民事行为能力人或限制民事行为能力人的，其法定代理人可以代理，但是，不得损害无民事行为能力人与限制民事行为能力人的权益。如果在继承开始时有胎儿继承人，则由其母代为进行继承权接受。

2. 继承人责任的限制

在限定承认时，继承人仅需以因继承所得的积极财产为限，对全部遗产债务承担清偿责任，即继承人唯就遗产负物的有限责任。[①] 对于遗产债权人而言，其债权额并未因继承人的有限责任而减少，债权人仍可以就其债权额之全部请求继承人偿还，只不过继承人享有以遗产为限承担责任的抗辩而已。倘若继承人以自己的固有财产清偿遗产债务，则由于债权有效存在，遗产债权人的受偿并不构成不当得利，继承人事后不得以其不知享有抗辩为由请求返还。在限定承认下，继承人虽可就遗产债务承担有限责任，但是，遗产债务的保证人或连带债务人不得享受此待遇，保证人与连带债务人仍须对全部遗产债务负偿还责任。[②] 保证人与连带债务人负清偿责任后，依法享有对继承人的追偿权。

3. 继承人固有财产与遗产分离

由于限定承认使继承人仅负物的有限责任，为公平保护遗产债权人和继承人的权利，充分实现遗产上的物的责任，必须对继承人的固有财产与遗产进行分离，使其各自享有独立的法律地位。此种分离，一方面体现在遗产与继承人财产的区分，即物质形态上的分别管理与处置，故继承人不得侵吞、隐匿或非法处分遗产；遗产债权人亦不得申请法院就继承人的固有财产为强制执行，否则，继承人可以第三人身份提出异议。另一方面还体现在继承人对于被继承人的权利与义

---

① 参见史尚宽：《继承法论》，中国政法大学出版社2000年版，第278页。
② 参见陈棋炎等：《民法继承新论》，三民书局2001年版，第234页。

第五节 继承权、受遗赠权的放弃与接受

务,不因继承而消灭。① 这些规定都有必要,否则,如果继承人对被继承人享有债权,该债权将因混同而消灭,不能从遗产中求得清偿,其结果无异于将继承人的固有财产用于清偿遗产债务;反之,如果继承人对被继承人负有债务,该债务也将因混同而不能归入遗产,亦无异于侵害了遗产债权人的利益。这两种情形皆与限定继承的本意不合,故应特设例外规定,以阻止混同效果的发生。② 我国继承法对后一种分离虽无明确规定,但从法理角度而言,亦应为同一解释。

此外,还需强调的是,前面所说的不因继承而消灭的权利与义务,不仅包括债权,亦应包括用益物权及担保物权。在因继承清算完毕而使遗产丧失独立法律地位之前,继承人与被继承人之间的一切财产上的权利与义务,均不因混同而消灭。

四、接受或者放弃受遗赠

当遗嘱人立遗嘱将其遗产遗赠给受遗赠人时,受遗赠人应当作出接受还是放弃受遗赠的意思表示。

受遗赠与继承不同。继承法律关系中的被继承人和继承人之间具有亲属身份关系,因此,即使在继承开始之后继承人没有明示表示接受继承的,也认为其没有表示放弃继承就是主张继承,皆因身份关系使然。而遗赠不同,受遗赠人并不是被继承人的继承人,因而,即使遗嘱人在遗嘱中确定了遗赠,也存在受遗赠人是否接受的问题。

因此,《民法典》第1124条第2款规定,受遗赠人在知道自己可以接受遗赠的有效遗嘱后,有60日的时限可以考虑是否接受遗赠或者放弃遗赠。受遗赠人应当在此时限内作出接受或者放弃遗赠的意思表示,按照其确定的意思处理。超过60日的期限没有作出明确意思表示的,应当视为其放弃受遗赠,拒绝接受遗赠。

---

① 参见史尚宽:《继承法论》,中国政法大学出版社2000年版,第282页。
② 参见陈棋炎等:《民法继承新论》,三民书局2001年版,第236页。

第六节　继承权的丧失

《民法典》第1125条规定："继承人有下列行为之一的，丧失继承权：（一）故意杀害被继承人；（二）为争夺遗产而杀害其他继承人；（三）遗弃被继承人，或者虐待被继承人情节严重；（四）伪造、篡改、隐匿或者销毁遗嘱，情节严重；（五）以欺诈、胁迫手段迫使或者妨碍被继承人设立、变更或者撤回遗嘱，情节严重。""继承人有前款第三项至第五项行为，确有悔改表现，被继承人表示宽恕或者事后在遗嘱中将其列为继承人的，该继承人不丧失继承权。""受遗赠人有本条第一款规定行为的，丧失受遗赠权。"这是对继承权丧失的事由和继承权丧失后被继承人宽宥的规定，与《继承法》第7条相比，最主要的修改有两处：一是增加了新的丧失继承权的事由；二是补充了被继承人宽宥的规则。

一、继承权丧失概述

（一）继承权丧失的概念和立法例

继承权的丧失，是指继承人因发生法律规定的事由失去继承被继承人遗产的资格。故继承权的丧失又称为继承权的剥夺。[①] 对于有继承权之人，因一定之行为，法律上剥夺其继承权，是为继承权之丧失。[②]

早在古罗马和日耳曼的法律中，即规定了"染血之手不得取得遗产"原则，这是继承权丧失制度的萌芽。在罗马法中，死者虽然没有另外的意思表示，但继承人或受遗赠人对被继承人或遗赠人实施不道德的行为（例如杀害被继承人或遗嘱人、依诈欺胁迫遗赠人遗嘱之作成、变更或提出无理由的不伦遗嘱之诉），认为不配为继承人时，法律上虽仍为继承人，然已取得之遗产，为剥夺遗产，归属

[①] 参见郭明瑞等：《继承法》（第2版），法律出版社2004年版，第61页。
[②] 参见李谟：《继承新论》，大东书局1932年版，第26页。

第六节　继承权的丧失

国库，由国库清偿遗产债务，履行遗赠。[①] 不过这种制裁既有民事制裁性质，也有刑事制裁性质。后世公法与私法严格划分，丧失继承权的人原本可能分得的遗产给予其他继承人，不再没收归公。

基于继承权丧失的重要性，近代各国民法基本上都对继承权的丧失作出规定，但具体制度的设计各具特色，主要有继承人缺格与继承人废除、特留份剥夺等几种不同的立法例。

1. 继承人缺格

继承人缺格，是指在一定的事由发生时，继承人基于法律的规定丧失作为继承人的资格。有两种立法例：一是继承人有缺格的事由时，当然发生继承权丧失的效果。法国、瑞士、日本民法采取这种方法。二是由于某继承人丧失继承权，而得继承法上利益之人，以丧失继承权的人为被告，提起继承财产取得撤销之诉，经判决后，发生继承权丧失的效果。德国民法采取这种方法。

2. 继承人废除

这是日本民法上特设的制度，即除继承人缺格外，另特设继承人废除制度。设置继承人缺格与废除的目的在于对继承人加以制裁，从而发生丧失继承权的效果。两种制度有以下不同：一是，废除的事由，比缺格的事由为轻；二是，废除必须由被继承人向家庭裁判所申请，以判决宣告继承人废除，而缺格是当然失格；三是，废除是对有特留份的继承人所为，而缺格对各种继承人均可发生；四是，废除者嗣后得撤销之，而缺格不存在撤销或者恢复的可能。

3. 特留份剥夺

德国民法除继承人缺格外，另设特留份剥夺制度，与日本民法上的继承人废除的机能大致相同。德国民法的特留份权是遗产债权，特留份权利人纵然因被继承人的死后处分被排除于继承之外，仍得主张特留份。特留份剥夺，是特别为剥夺此特留份权利而设的制度。该制度的要点如下：一是，被继承人以遗嘱对有特留份权利的继承人，剥夺其特留份；二是，剥夺特留份权利的事由，就直系卑亲

[①] 参见史尚宽：《继承法论》，中国政法大学出版社2000年版，第94页。

属、父母、配偶，法律分别作出不同的规定；三是，特留份剥夺的效果是，仅剥夺其特留份权利，非消灭继承人的资格；四是，因遗嘱发生效力，即发生剥夺特留份权利的效果；五是，特留份的剥夺，因宽宥而消灭。①

（二）我国的继承权丧失

我国自《继承法》第7条规定继承权丧失，《民法典》第1125条仍然坚持规定继承权丧失，仅仅是在内容上有了增加。继承权丧失是指继承人缺格，不包括继承人废除和特留份剥夺。

我国的继承权丧失有以下特征。

1. 继承权的丧失是继承人继承期待权的丧失

继承权丧失的客体是继承期待权，并非继承既得权，因为继承权丧失仅仅是继承被继承人遗产资格的丧失。而继承既得权在继承未开始前尚不存在，无从丧失。即使在被继承人死亡后发生继承权丧失的法定事由，也因继承权丧失的效力溯及继承开始时，继承既得权也无从丧失。

2. 继承权的丧失是继承人继承期待权的自然丧失

继承权的丧失是在发生法定事由时，继承人继承期待权的自然丧失，无须采取任何程序。虽然继承权的丧失会引致纠纷，有时需要提交法院裁判，但法院裁判不是继承权丧失效力发生的根据，只是从司法机关的角度进行确认。这同继承权的剥夺是不同的，继承权的剥夺需要被继承人采取一定的行为或遗嘱，而且应当履行一定的程序。

3. 继承权在发生法定事由时丧失

继承权的丧失必须存在法定事由，非有法定的事由，任何人不得非法剥夺。至于何为法定事由，各国根据自身的情况作出不同的规定。考察继承权的丧失，关键是看继承权丧失的法定事由是否存在。

---

① 参见戴东雄等：《中国继承法》，三民书局1998年版，第72-73页。

二、继承权丧失的类型和法定事由

（一）继承权丧失的类型

依照《民法典》第1125条的规定和司法实践，根据继承权丧失后能否得到恢复，将继承权丧失分为绝对丧失和相对丧失。

1. 继承权绝对丧失

继承权绝对丧失，是指因发生某种使某继承人丧失继承权的法定事由时，该继承人对特定被继承人的继承权便终局地丧失，该继承人不得也不能享有对特定被继承人已丧失的继承权。继承权绝对丧失是不可改变的，不依被继承人或者其他人的意志而变化，体现了"私法惩罚"[①]的功能和效果。

《继承法》没有明确规定哪些事由导致的继承权丧失是绝对丧失。根据《最高人民法院关于贯彻执行〈中华人民共和国继承法〉若干问题的意见》第13条的规定，可以推定因故意杀害被继承人丧失继承权的，因为争夺遗产而杀害其他继承人丧失继承权的，因伪造、篡改或者销毁被继承人的遗嘱情节严重而丧失继承权的，都为继承权绝对丧失。《民法典》第1125条总结实践经验，只将因故意杀害被继承人丧失继承权和因为争夺遗产而杀害其他继承人丧失继承权的情形规定为绝对丧失。

2. 继承权相对丧失

继承权相对丧失，是指虽因发生某种法定事由使继承人的继承权丧失，但在具备一定条件时继承人的继承权也可以最终不丧失的制度，所以又称为继承权非终局丧失。法律规定继承权相对丧失并不是为了继承人的利益，而是为了促使继承人改恶从善，尊重被继承人的意愿，贯彻养老育幼的原则。

《继承法》和《最高人民法院关于贯彻执行〈中华人民共和国继承法〉若干问题的意见》第13条规定，遗弃被继承人或者虐待被继承人情节严重的，继承

---

① 龙翼飞、阴赵丹：《〈民法典〉继承宽宥的制度价值与法律适用》，载《理论学刊》2022年第4期，第133页。

人丧失继承权。继承人其后确有悔改的表现,而被继承人生前又表示宽恕的,可以不确认继承人丧失继承权。因此,因遗弃被继承人或者虐待被继承人情节严重而丧失继承权的,即属于继承权相对丧失。

有的学者认为《最高人民法院关于贯彻执行〈中华人民共和国继承法〉若干问题的意见》第13条的规定限制过严,只要被继承人表示宽恕,就应当尊重被继承人的意愿,准许继承人继承遗产,不必要求继承人有悔改表现。对此,应当进一步明确,被继承人生前表示宽恕,应包括通过生前行为表示宽恕和以遗嘱表示宽恕,前者包括以口头、文字等明示,也包括以默示的方式,如双方关系改善,接受扶养,共同生活等。① 这种意见的核心是确认相对丧失继承权的法定事由要进一步扩大,而不要限制过严,给予相对丧失继承权的继承人悔改的机会。

《民法典》接受这样的实践经验,扩大了相对丧失继承权的范围,增加了宽宥制度。

(二)继承权丧失的法定事由

继承权丧失的法定事由,也就是得依法取消继承人继承权的原因或者理由。继承权丧失是对继承人继承权的取消,是一种严厉的制裁。根据《民法典》第1125条以及司法解释的规定,以下几种事由是继承权丧失的法定事由。

1. 继承人故意杀害被继承人

继承人故意杀害被继承人是一种严重的犯罪行为,不论其是否受到刑事责任的追究,都丧失继承权。《最高人民法院关于适用〈中华人民共和国民法典〉继承编的解释(一)》第7条规定:"继承人故意杀害被继承人的,不论是既遂还是未遂,均应当确认其丧失继承权。"

继承权的丧失事关继承人的重大利益,构成故意杀害被继承人丧失继承权的事由须具备以下三个条件。

(1)是继承人实施的

对被继承人的故意杀害行为须继承人实施,如果是继承人之外的人实施,不存在继承权丧失的问题。故意杀害被继承人丧失继承权的,既可以是法定继承

---

① 参见张玉敏:《继承法律制度研究》,法律出版社1999年版,第70页。

人,也可以是遗嘱指定的继承人。教唆杀害被继承人的,应当认定为杀人共犯,丧失继承权。

(2) 是杀害被继承人的行为

一种观点认为,继承人故意杀害被继承人,是指继承人故意侵犯被继承人人身权利,情节严重的行为,主要指故意杀人、故意伤害、诬陷、奸淫幼女、抢劫、暴力干涉婚姻自由等犯罪行为。这种意见是不对的,杀害是以剥夺生命为目的,不能扩大解释为包括"杀"和"害",不能解释为既包括杀人,也包括伤害。因此,继承人实施的行为须是以剥夺被继承人生命为目的,才能构成杀害被继承人的行为。如果继承人对被继承人实施的不法行为虽为危害人身安全的行为,但不是以剥夺其生命为目的,不能构成杀害行为。反之,只要继承人实施的行为有剥夺被继承人生命的图谋,不论出于何种动机,采取何种手段杀害,是直接杀害还是间接杀害,是亲手杀害还是教唆他人杀害,杀害行为是既遂或未遂,都构成杀害被继承人的行为。有的学者认为,为了"大义灭亲"而杀害有严重劣迹的被继承人的,不应丧失继承权。这种认识也是不对的。从刑法上说,即使被继承人有严重劣迹,他人也没有私自将其杀害的权利,对其杀害的行为可以构成犯罪;继承人不论出于何种动机杀害被继承人,都不会影响其继承权的丧失。[①]

应当肯定的是,杀害被继承人或者其他继承人的预备犯,不构成丧失继承权的事由。

(3) 继承人主观上有杀害的故意

至于继承人的杀害故意是直接故意还是间接故意,均无影响。但如果继承人主观上并无杀害被继承人的故意,则不丧失继承权。例如,继承人由于过失而致被继承人死亡的,因其并无杀害的故意,不构成故意杀害被继承人,不丧失继承权。

对因故意杀害被继承人行为而丧失继承权,有以下两个问题应当注意:

第一,继承人因正当防卫而杀害被继承人的继承权丧失问题。主流观点认为,正当防卫是在行为人受到他人不法侵害时对侵害人所实施的一种合法的、正当的自救措施,因此正当防卫是一种合法行为,不具有违法性。因此,继承人因

---

① 参见郭明瑞等:《继承法》(第2版),法律出版社2004年版,第64页。

正当防卫而杀害被继承人的,不丧失继承权。但是,如果继承人实施的防卫行为过当而构成杀人罪,继承人仍应丧失继承权。① 根据我国刑法理论,对于正当防卫造成的伤害,行为人不承担刑事责任。这说明法律认可正当防卫的合法性,因此不应让因正当防卫杀害被继承人的继承人丧失继承权。对于防卫过当,刑法规定行为人应当对过当行为承担刑事责任。这说明对防卫过当应持否定性评价,由于防卫过当一般不会构成故意杀人罪,因而不丧失继承权。

第二,未成年人故意杀害被继承人的继承权丧失问题。有的学者认为:"凡故意杀害被继承人的,不论其是否成年,也不论是否追究其刑事责任,都应丧失继承权。不满 10 周岁的未成年人杀害被继承人的,因其为无民事行为能力人,无民事行为能力也就无民事责任能力,无民事行为能力人不能认识其行为的性质和后果,主观上也就不存在故意过失问题,其杀害行为也就构不成故意。因不满 10 周岁的继承人杀害被继承人的,并不为故意杀害,所以其才不因此而丧失继承权,而并非因其他理由不丧失继承权。"② 这种主张具有合理性,也比较容易操作。但是,民事行为能力与刑事责任能力不同,继承人为 14 周岁以上的未成年人杀害被继承人的,根据刑法的规定,该未成年人达到了刑事责任年龄,具有刑事责任能力,应当承担刑事责任,14 周岁以下的未成年继承人杀害被继承人的,该未成年人不承担刑事责任。应当将继承权的丧失同故意杀害被继承人的继承人是否承担刑事责任相结合,如果被判令承担刑事责任,则继承权相应丧失,而如果未被判令承担刑事责任,则应当不丧失继承权。

2. 继承人为争夺遗产而杀害其他继承人

继承人故意杀害其他继承人,是指继承人中的一人或数人出于争夺遗产的目的而杀害居于同一继承顺序的其他继承人,或者杀害先于自己继承顺序的继承人,或者杀害被继承人在遗嘱中指定的继承人。实施杀害行为的继承人无知,认为后一顺序的继承人会妨碍他继承全部遗产而杀害了后一顺序继承人,也丧失继承权。

---

① 参见郭明瑞等:《继承法》(第 2 版),法律出版社 2004 年版,第 64 页。
② 郭明瑞等:《继承法》(第 2 版),法律出版社 2004 年版,第 64 页、第 65 页。

构成继承人为争夺遗产杀害其他继承人的行为，须具备以下两个条件：

(1) 继承人杀害的对象是其他继承人

继承人杀害其他继承人，是继承人实施剥夺其他继承人生命的违法犯罪行为。其主体为继承人，只要是继承人实施该杀害行为，不论是直接杀害还是教唆他人实施杀害行为，均可构成。但继承人的配偶或其他亲属独立实施杀害行为的，不发生继承人丧失继承权的后果。被杀害的对象只能是其他继承人，而不能是继承人以外的其他人。继承人杀害继承人以外的其他人的，尽管构成杀人罪，继承人应受刑事责任追究，但不能因此而丧失继承权。

继承人杀害其他继承人既包括法定继承人杀害遗嘱继承人的情形，也包括遗嘱继承人杀害法定继承人的情形；既包括后一顺序的法定继承人杀害前一顺序的法定继承人，也包括前一顺序的法定继承人杀害后一顺序的法定继承人，还包括继承人杀害同一顺序的法定继承人。

(2) 继承人杀害其他继承人的目的是争夺遗产

杀害行为人必须有主观上的故意，其目的是争夺遗产。继承人杀害其他继承人不是为了争夺遗产，而是为了其他目的，虽然也会受刑事责任的追究，但不能因此而丧失继承权。即使因继承人杀害了其他继承人而使继承人实际上可以多得到遗产，只要继承人杀害的动机和目的不是为了争夺遗产，其继承权也不因此而丧失。

在国外立法中，一般并不把争夺遗产的动机作为继承权丧失的限定条件，仅规定故意杀害其他继承人而被判刑的，就丧失继承权。我国法律的规定不作这种解释，因此有所不同。

3. 遗弃被继承人，或者虐待被继承人情节严重

这里实际包括两种法定事由。

(1) 遗弃被继承人

继承人遗弃被继承人，是指继承人对没有劳动能力又没有生活来源和没有独立生活能力的被继承人拒不履行扶养义务。

构成遗弃行为的条件如下：

一是，被遗弃的对象是没有独立生活能力的被继承人，例如被继承人年老、

年幼、有残疾等。被继承人虽有生活来源但没有独立生活能力的，仍可为被遗弃的对象。被继承人有独立生活能力，尽管继承人不尽扶养义务也是不合法、不道德的，但不构成遗弃。

二是，继承人有能力尽扶养义务而拒不尽扶养义务。继承人本身也是没有独立生活能力的，其无力尽扶养义务，不构成遗弃。遗弃行为是一种置被继承人于危险境地而不顾的严重的不道德、违法行为，不限于积极的行为，消极的不作为也可以构成遗弃。对于因家庭矛盾或被继承人的误解所引起的关系冷淡、联系不密切或短时期不来往，不能认定为继承人遗弃被继承人。

继承人遗弃被继承人的，均丧失继承权，而不问其是否被追究刑事责任。继承人遗弃被继承人以后确有悔改表现，而且被继承人生前又表示宽恕的，可以不确认其丧失继承权。

(2) 虐待被继承人情节严重

虐待被继承人，是指继承人在被继承人生前对其以各种手段进行身体上或者精神上的摧残或折磨。例如，经常打骂被继承人，迫使其从事不能从事的劳动，限制其人身自由等。

虐待行为与遗弃行为的后果不同。继承人虐待被继承人的，并不必然丧失继承权；只有虐待情节严重的，才丧失继承权。《最高人民法院关于适用〈中华人民共和国民法典〉继承编的解释（一）》第6条规定："继承人是否符合民法典第一千一百二十五条第一款第三项规定的'虐待被继承人情节严重'，可以从实施虐待行为的时间、手段、后果和社会影响等方面认定。""虐待被继承人情节严重的，不论是否追究刑事责任，均可确认其丧失继承权。"

如果继承人对被继承人的虐待具有长期性、经常性，并且手段比较恶劣，社会影响很坏，则可以认定为虐待情节严重。如果继承人对被继承人只是一时的不予以关心、照顾，或者因某些家务事发生争吵，甚至打骂，则不应认定为情节严重。只要继承人虐待被继承人情节严重，不论其行为是否构成犯罪，其是否被追究刑事责任，均丧失继承权。①

---

① 参见《最高人民法院关于贯彻执行〈中华人民共和国继承法〉若干问题的意见》第10条第2款。

如同继承人遗弃被继承人的情形一样，继承人虐待被继承人虽情节严重，但以后确有悔改表现，且受虐待的被继承人表示宽恕的，可以不确认其丧失继承权。

4. 伪造、篡改、隐匿或者销毁遗嘱情节严重

被继承人的合法遗嘱受法律保护，任何人不能非法改变被继承人通过遗嘱表达出来的生前意愿。伪造、篡改、隐匿或者销毁被继承人遗嘱，违背了被继承人生前的真实意愿，继承人实施这类行为往往是从利己的目的出发，为使自己多得或者独得遗产，会侵害其他继承人的合法利益。这是违反社会道德和法律的行为，应当进行制裁，通过使其丧失继承权，维护遗嘱人的合法权益。

伪造遗嘱，是指被继承人生前未订立遗嘱，继承人以被继承人的名义制作假遗嘱的行为。有的学者认为，继承人为了夺取或独吞遗产而制造假遗嘱的行为，才为伪造遗嘱的行为。[1] 继承人伪造遗嘱一般是为了多得或独吞遗产，但继承人制造虚假遗嘱的动机或目的，并不是构成伪造遗嘱的要件，《民法典》未对此强加要求。伪造的遗嘱根本就不是被继承人生前的意思表示，根本不能体现被继承人生前的意志。伪造遗嘱一般是在被继承人未立遗嘱的情形下实施的，但被继承人立有遗嘱，继承人将被继承人所立的遗嘱隐藏起来另制作一份假遗嘱，也是伪造遗嘱。在现实生活中，伪造遗嘱的人不一定都是法定继承人范围之内的人，也有可能是法定继承人范围之外的人。

篡改遗嘱，是指继承人改变被继承人所立遗嘱内容的行为。这种行为改变了被继承人生前的意志，限制了被继承人生前对其合法财产的处分。有的学者认为，法定继承人发现被继承人生前所立的遗嘱对自己不利，为了夺取或独吞遗产而进行篡改。[2] 继承人篡改被继承人的遗嘱，一般是因为被继承人所立的遗嘱对自己不利，对遗嘱予以篡改以使其内容对自己有利，但这不是构成篡改遗嘱的条件，《民法典》未对此强制要求。只要继承人改变了被继承人所立遗嘱的内容，就为篡改遗嘱。

---

[1] 参见刘文：《继承法比较研究》，中国人民公安大学出版社2004年版，第48页。
[2] 参见刘文：《继承法比较研究》，中国人民公安大学出版社2004年版，第48页。

隐匿遗嘱，是指继承人将被继承人所立的遗嘱隐藏起来拒不交出。隐匿遗嘱通常表现为被继承人所立遗嘱对该继承人不利，继承人因而将其藏匿，使被继承人的遗产不能依照被继承人在遗嘱中体现的支配遗产的意愿分配。

销毁遗嘱，是指继承人将被继承人所立的遗嘱完全破坏、毁灭。这是一种完全否定被继承人生前意愿的行为，是对被继承人生前财产处分权的剥夺。继承人之所以销毁被继承人的遗嘱，一般是因为其要达到多得或者独吞遗产的目的，但继承人因何目的和动机而销毁遗嘱，并不影响销毁遗嘱行为的构成。

继承人伪造、篡改、隐匿或者销毁被继承人的遗嘱，只有情节严重的，才丧失继承权。《最高人民法院关于适用〈中华人民共和国民法典〉继承编的解释（一）》第9条规定："继承人伪造、篡改、隐匿或者销毁遗嘱，侵害了缺乏劳动能力又无生活来源的继承人的利益，并造成其生活困难的，应当认定为民法典第一千一百二十五条第一款第四项规定的'情节严重'。"继承人伪造、篡改、隐匿或者销毁被继承人的遗嘱，并未侵害缺乏劳动能力又没有生活来源的继承人的利益或者虽侵害其利益但未造成其生活困难的，不丧失继承权。

继承人伪造、篡改、隐匿或者销毁被继承人的遗嘱，并不限于继承人亲自实施的行为。继承人授意他人伪造、篡改、隐匿或者销毁被继承人遗嘱的，只要构成情节严重，同样丧失继承权。但这类行为须有继承人的故意才能构成。继承人因过失而使被继承人的遗嘱损毁的，不能认定为销毁遗嘱。例如，某被继承人把遗嘱和其他文件、书籍放在一起，后来继承人在清理文件、书籍时因粗心大意而将遗嘱和过时的文件、书籍一起销毁，不应认定为继承权丧失。[①]

5. 以欺诈或者胁迫手段迫使或妨碍被继承人设立、变更或撤销遗嘱情节严重

前述四项法定事由是《继承法》规定的继承权丧失的法定事由。与国外立法例规定的继承权丧失事由相比之下，显得过于狭窄。国外立法例除了前述的法定事由，妨碍被继承人设立、变更或者撤销遗嘱，诬告被继承人，知道被继承人被谋杀而不告发，都导致继承人丧失继承权。《民法典》借鉴有关立法例，规定以

---

① 参见刘春茂主编：《中国民法学·财产继承》，中国人民公安大学出版社1990年版，第144页。

欺诈、胁迫的手段迫使或者妨碍被继承人设立、变更或者撤回遗嘱，情节严重的行为，也是导致继承权丧失的事由之一。

欺诈，是指继承人故意告知被继承人虚假情况，或故意隐瞒真实情况，诱使被继承人作出违背其真实意愿设立、变更或者撤销遗嘱的行为。

胁迫，是指继承人以给被继承人或其亲友的生命健康、荣誉、名誉、财产等造成损失为要挟，迫使被继承人作出违背其真实意思设立、变更或者撤回遗嘱的行为。

设立遗嘱的权利是被继承人的基本权利和自由，受法律保护。以欺诈或者胁迫的手段迫使或者妨碍被继承人设立、变更或者撤回遗嘱，严重地侵犯了被继承人的遗嘱自由和权利，使被继承人所立遗嘱违背其内心的真实意思，因此，继承人有上述行为并且情节严重的，应剥夺其继承权。

三、继承权丧失的效力

继承权丧失的效力，是指继承权丧失引致的法律后果。继承权丧失的效力包括时间效力和对人效力两个方面。

（一）继承权丧失的时间效力

继承权丧失的时间效力是指继承权的丧失于何时发生效力。继承权丧失的事由多发生在继承开始前，比如继承人故意杀害被继承人、遗弃被继承人、虐待被继承人情节严重等，但也有发生在继承开始后的，如继承人篡改、隐匿、销毁遗嘱。继承权丧失的事由无论发生在继承开始前还是继承开始后，均应自继承开始之时发生效力。如果继承权的丧失是于继承开始后由人民法院确认的，则人民法院对继承人继承权丧失的确认溯及自继承开始之时发生效力。

（二）继承权丧失的对人效力

继承权丧失不仅对继承人本身产生丧失继承权的效力，还对被继承人的其他继承人、丧失继承权的继承人的晚辈直系血亲以及从丧失继承权的继承人处取得遗产的第三人产生一定的约束力。

1. 继承权的丧失对被继承人的其他继承人的效力

继承人丧失继承权，会对被继承人的其他继承人产生重大影响。如果继承人因法定事由丧失继承权，则其应继份（无论是法定应继份还是遗嘱应继份）都转归同顺序的或后顺序的法定继承人享有。这涉及遗嘱指定的继承人是否受其他继承人丧失继承权的影响。由于遗嘱指定了遗嘱继承人的应继份，故该部分不受其他继承人丧失继承权的影响。不过，由于《民法典》规定遗嘱继承人只能在法定继承人范围内指定，如果其他继承人丧失继承权，该遗嘱继承人还可以作为法定继承人获得因其他继承人丧失继承权增加的应继份。

2. 继承权的丧失对继承人的晚辈直系血亲的效力

继承权的丧失对继承人的晚辈直系血亲的效力，实际上就是丧失继承权的晚辈直系血亲能否代位继承。

各国法律对此规定不一：一是，继承权的丧失对继承人的晚辈直系血亲不发生效力，继承人丧失继承权的，继承人的晚辈直系血亲仍然得代位继承。二是，继承权的丧失对继承人的晚辈直系血亲发生效力，即继承人丧失继承权的，其晚辈直系血亲也不得代位继承。

《民法典》未规定继承人丧失继承权时其晚辈直系血亲可否代位继承的问题。《最高人民法院关于适用〈中华人民共和国民法典〉继承编的解释（一）》第17条规定："继承人丧失继承权的，其晚辈直系血亲不得代位继承。如该代位继承人缺乏劳动能力又没有生活来源，或者对被继承人尽赡养义务较多的，可以适当分给遗产。"依此可见，《民法典》是采取第二种立场的，承认继承权的丧失对继承人的晚辈直系血亲发生效力①，只是对代位继承人缺乏劳动能力又没有生活来源，或者对被继承人尽赡养义务较多的，可以采用适当分给遗产的办法解决。

3. 继承权的丧失对取得遗产的第三人的效力

在某些情形下，丧失继承权的继承人可能已经对被继承人的遗产的全部或一部进行了处分，继承权的丧失对取得遗产的第三人是否发生效力，也有两种观点。一种观点认为，继承权的丧失对善意第三人不发生效力，不得以继承人丧失

---

① 笔者认为这一规定未必合适。对此，在代位继承问题中具体说明笔者的理由。

继承权而对抗善意第三人。[①] 另一种观点认为，继承人丧失继承权的，对所有第三人都发生效力，可以继承无效对抗从丧失继承权的人处取得遗产的所有第三人。善意第三人从丧失继承权的继承人处取得遗产的，虽然其他继承人会因丧失继承权的继承人的处分行为受到损害，但为了保护交易安全和善意第三人的利益，不应当使继承权的丧失具有对抗善意第三人的效力，而且善意第三人在取得遗产时根本无从知晓继承人丧失继承权的情形，让其承担不利后果显然不公。再者，即使其他继承人因丧失继承权的继承人的处分行为受到了损害，也可以要求丧失继承权的继承人返还不当得利、赔偿损失。如果第三人是无偿取得财产，或者其在取得财产上有恶意，则继承权丧失对第三人发生效力，其他继承人向第三人请求返还时，第三人应当返还。

第七节　继承权恢复与宽宥

一、继承权恢复与宽宥的概念

（一）继承权恢复的概念

继承权相对丧失后，可以依据法律规定的事由予以恢复。继承权恢复，是指继承人相对丧失继承权后，依据法律规定的事由，被继承人以明示或者默示的方式，使其继承权得到回复的继承制度。《民法典》第1125条第2款规定："继承人有前款第三项至第五项行为，确有悔改表现，被继承人表示宽恕或者事后在遗嘱中将其列为继承人的，该继承人不丧失继承权。"这里规定的就是继承权恢复及继承权恢复的事由即宽宥。以继承权的丧失为前提，被继承人可以通过宽宥，恢复其已丧失的继承权。

在继承人丧失继承权后，只要被继承人对继承人宽宥，就应当恢复继承人已

[①] 参见张玉敏：《继承法律制度研究》，法律出版社1999年版，第67页。

丧失的继承权。宽宥作为被继承人的单方意思表示，不需要相对方即继承人作出任何意思表示便产生法律效力。

《继承法》第 7 条没有规定宽宥制度，因此也没有规定继承权丧失的恢复。最高人民法院司法解释规定了宽宥制度，继承人实施丧失继承权的行为，在某些情况下，经过被继承人宽宥的，可以不确认其丧失继承权。问题是恢复继承权的宽宥制度适用范围较窄，仅限于遗弃、虐待被继承人的行为，与私法自治的原则不符。立法机关总结司法实践经验，接受学者的立法建议，通过《民法典》第 1125 条第 2 款规定，建立了比较全面的宽宥制度。

（二）宽宥的概念

据《词源》解释，宽宥，乃宽容饶恕之意[①]，也有解释为宽恕、原谅[②]，或者宽恕、饶恕。[③] 而宽恕，多为宽容、饶恕、原谅之意，[④] 其反义词为严惩。[⑤] 与宽宥含义相近另有宥恕一词，为赦免、宽恕之意。可见，宽宥一词，含有宽容、饶恕、宽恕、原谅之意，特指一方对他方所犯错误或过失的原谅与饶恕，其含义包括宽恕。

在继承法领域，以法定继承权的丧失为前提，宽宥是指被继承人在情感上对继承人的故意或过失行为的谅解和宽恕，表达被继承人对继承人继承身份或资格的再次认可、肯定与承认，以恢复其已丧失的继承权。《民法典》第 1125 条第 2 款使用的概念是"宽恕"，应当理解为与宽宥同义，在学理上使用宽宥的概念更为精准。

宽宥作为一方对他方过错行为的原谅与饶恕，实施的主体是被继承人，应该具有民事主体资格。有的学者认为，"宥恕系指已为某行为后，对于某行为之责

---

① 参见《辞源》（上册），商务印书馆 2012 年版，第 942 页。
② 参见许少峰编：《近代汉语大词典》（上册），中华书局 2008 年版，第 1073 页；《现代汉语大词典》（上），上海辞书出版社 2009 年版，第 1680 页。
③ 参见《汉语常用字大词典》，商务印书馆 2009 年版，第 620 页。
④ 参见《现代汉语大词典》（上），上海辞书出版社 2009 年版，第 1681 页；《现代汉语辞海》（2），光明日报出版社 2002 年版，第 654 页；《汉语常用字大词典》，商务印书馆 2009 年版，第 620 页。
⑤ 参见《汉语常用字大词典》，商务印书馆 2009 年版，第 620 页。

任付于不问之感情表示"①。故"为宥恕无须有行为能力,以有认识宥恕意义之能力为已足"②。而且,宽宥无论以何种方式作出,其必须基于行为人的内心真意。宽宥的意思表示不应拘泥于具体形式,只要被继承人通过适当的方式表明其已谅解继承人,法律便应认可其效力,不应需要继承人对被继承人的宽宥作出何种表示。即若继承人有丧失继承权的行为,被继承人知其情形后,仍以遗嘱对其为应继份之指定,或为遗产分割方法之指定,即可认为已经宥恕之。③

所以,宽宥"无须对于他方为表示,亦不受方式之拘束"④。但作为产生法律效果的行为,其方式应具有客观性而可以判定。在继承人丧失继承权后,只要被继承人对继承人宽宥,就能恢复继承人已丧失的继承权或被剥夺的特留份权。宽宥作为被继承人的单方意思表示,不需要相对方即继承人作出任何意思表示便产生法律效力。

二、《继承法》及其司法解释关于宽宥规定的缺陷

(一)《继承法》及其司法解释对宽宥的立场

《继承法》第7条规定了继承权丧失及其法定事由,但是没有规定继承权的恢复和宽宥。

《最高人民法院关于贯彻执行〈中华人民共和国继承法〉若干问题的意见》第13条规定了宽宥,但仅适用于虐待被继承人情节严重,或者遗弃被继承人,以后确有悔改表现的情形,其他三种丧失继承权的行为,不得适用宽宥制度,并且特别强调,故意杀害被继承人,以及为争夺遗产而杀害其他继承人的,不仅不可以适用宽恕制度,而且即使被继承人以遗嘱将遗产指定由该继承人继承的,都应确认遗嘱无效,使其丧失继承权。

---

① 林秀雄:《继承法讲义》,元照出版公司2006年版,第43页。
② 史尚宽:《继承法论》,中国政法大学出版社2000年版,第109页。
③ 参见陈棋炎、黄宗乐、郭振恭:《民法继承新论》(修订二版),三民书局2004年版,第71页。
④ 史尚宽:《继承法论》,中国政法大学出版社2000年版,第109页。

(二) 通过《继承法》司法解释建立的宽宥制度的内容缺陷

在《民法典》实施之前，通过司法解释建立起来的宽宥制度是有很大缺陷的，概括起来主要是：

第一，《继承法》对丧失继承权的法定事由没有严格区分绝对丧失和相对丧失，一律采取绝对丧失是不正确的，使继承人实施的丧失继承权的行为无法区分轻重，后果一概如此，缺少立法的分寸感。依据能否适用宽宥制度，继承权的丧失分为绝对丧失与相对丧失。绝对丧失的继承权不得恢复，相对丧失的继承权可以经被继承人的宽宥而恢复。如有的学者所言，通过被继承人对继承人的宽宥让其继承权得以恢复，"这样做一方面有利于教育、帮助继承人认识和改正错误，促进家庭团结和睦，另一方面也是对被继承人意志的尊重"[①]。同时，还能促使继承人改恶从善，贯彻养老育幼的原则。[②]

第二，《继承法》司法解释建立起来的宽宥制度的适用范围太窄，仅适用于《继承法》规定的虐待被继承人情节严重，或者遗弃被继承人的情形，其他丧失继承权的情形都不得适用宽宥制度。伪造、篡改或者销毁遗嘱，即使情节严重，也不一定就不准许被继承人予以宽宥。但依据我国司法解释的规定，继承权因被继承人的宽宥得以恢复的，仅发生于继承人"遗弃被继承人的，或者虐待被继承人情节严重的"情形，其他丧失继承权的情形禁止适用宽宥制度。可见，我国对宽宥的适用范围进行严格限制。除此之外，宽宥制度在我国的适用基础也不甚统一，实为不妥。

第三，规定的宽宥的适用条件过于苛刻。《继承法》司法解释规定，即使对虐待被继承人情节严重，或者遗弃被继承人的，适用宽宥也要求丧失继承权的继承人必须确有悔改表现，如果不具有这样的条件，即使被继承人予以宽宥，继承人丧失的继承权也不得恢复。这样的规则不符合意思自治原则的要求。

根据宽宥适用条件的规定，仅仅经被继承人宽宥还不足以恢复继承人因法定事由而丧失的继承权，还必须具备继承人确有悔改表现这一条件。在实践中，确

---

① 佟柔主编：《继承法教程》，法律出版社1986年版，第70页。
② 参见杨立新、朱呈义：《继承法专论》，高等教育出版社2006年版，第79页。

有悔改表现这一条件过于主观,其真正感受人为被继承人。被继承人对继承人实施了宽宥即代表其对继承人的过错行为已经谅解,这本身也意味着继承人已确有悔改。即使继承人真没有悔改,但仅从被继承人不计前嫌愿意对其遗留财产看,就已经具备了宽宥的实质要件。但依据规定,将继承人是否确有悔改表现这一纯主观感受交由第三方判断,又将判断结果作为能否适用宽宥的前提适用于被继承人与继承人,过于苛责。在现实中,尽管被继承人的宽宥往往源于继承人的悔改,但基于继承权的私权属性,对被继承人的私权行为不应再苛加其他附属条件。所以,继承权的恢复不应以继承人确有悔改为必要,对宽宥的适用范围也应作扩大性的解释,仅以被继承人生前有宽宥的意思为已足。故也有学者认为,对宽宥的方式及适用范围,均应作扩大解释,不应对继承人作确有悔改表现的要求,被继承人生前表示宽恕,应包括通过生前行为表示宽恕和以遗嘱表示宽恕,前者包括以口头、文字等明示表示,也包括以默示的方式,如双方关系改善,接受扶养,共同生活等。①

不可否认,当继承人实施故意杀害被继承人的犯罪行为及其他严重违反伦理道德等行为时,国家以公权力的方式对私权进行保护有其正当性,但公权力作用的程度应该以通过惩罚犯罪足以保护被继承人私权为原则,而不应该因为公权力的过度干预而限制被继承人在私权领域的自由,否则就意味着公权力对私权领域的过度侵入。如果公权力在惩罚犯罪的同时已严重限制被继承人在私权领域的意志自由,其正当性与合理性就值得怀疑。此时,公权力的过度干预不仅没有充分尊重被继承人的意思自治,更会剥夺被继承人自由处分财产的权利。而作为私权的继承权,是具有特定人身关系的亲属间的权利,国家公权力对此类权利不应该过分干涉,更不应对被继承人的意思自由附加不合理的限制与束缚,而是应该在排除违法犯罪行为的基础上,充分尊重被继承人的意愿,实现继承制度的真正价值。

(三)《继承法》规定的宽宥在规范手段上的缺陷

从继承人的行为对被继承人的侵害程度以及其行为恶性看,《继承法》第7

---

① 参见张玉敏:《继承法律制度研究》,法律出版社1999年版,第70页;龙翼飞、阴赵丹:《〈民法典〉继承宽宥的制度价值与法律适用》,载《理论学刊》2022年第4期,第139页。

条规定的"伪造、篡改或者销毁遗嘱,情节严重的"情形虽然对遗嘱人的遗嘱自由构成了侵害,但相较"遗弃被继承人的,或者虐待被继承人情节严重的"情形而言,其对被继承人构成的侵害更轻,行为恶性也相对更小,在此情形,不允许遗嘱人以宽宥恢复行为人已丧失的继承权,而对被继承人伤害更严重的后者允许适用宽宥,在立法技术上也有明显疏漏。而且继承权的恢复,本为纯粹私法领域的问题,《继承法》对其却进行了完全封闭的强制性规定,立法方式也与充分保障私权自由的民法原则相左。

(四)宽宥在规范目的上的缺陷

继承保证被继承人死后的财产可依当事人的意志流转归其希望的人所有,财产流转过程本身就体现着遗嘱人对其私有财产的处分。《继承法》的一项重要功能就在于最大限度地保证对私人意志自由的尊重,而财产权本身所蕴含的自由权利本性也因此得到实现。所以,非经特别且正当的理由,被继承人处分自己遗产的自由就应得到最大程度的尊重与保障。对继承权丧失后能否因宽宥而得到恢复,这自然涉及对被继承人意志自由的尊重及民事权利的保护。

在继承人故意杀害被继承人或为争夺遗产而杀害其他继承人的情形,因其触犯刑事法律,从刑事责任角度对其进行惩处是应有之义。在行为人承担刑事责任的同时,如果其没有得到被继承人的宽宥,对其私法领域的继承权进行剥夺也没有问题。但如果继承人对待被继承人的后继行为与态度,让被继承人对继承人尽释前嫌,心生怜悯与宽宥之情,被继承人因而自愿以遗嘱或遗赠的方式将财产遗留给该继承人,在被继承人的行为没有侵害其他继承人的特留份及其他人的酌分遗产请求权的前提下,法律应该认可被继承人对财产的处分行为。毕竟被继承人对其财产的处分行为是基于其民事权利而为,无涉于刑事领域的规定,更不会与之冲突。在依《刑法》对继承人的违法犯罪行为进行惩处后,应该以私法的规则对与该行为相关的民事领域的继承法律关系作出调整。按私法自治的原则,在被继承人对继承人进行宽宥后,就不应该再在民事领域里以公权力的方式对被继承人宽宥行为的效力进行限制,否则,不仅与被继承人的意愿相悖,更有违意思自治原则。

(五) 小结

《继承法》第 7 条没有规定宽宥制度，通过其司法解释建立的宽宥制度也存在较多缺陷，需要进行立法改造。在《民法典》编纂过程中，对于宽宥，一方面要充分肯定在《继承法》没有规定宽宥时，司法解释补充规定宽宥的成功之处；另一方面应当看到《继承法》立法的缺陷和司法解释规定宽宥的不足，建立完整的宽宥制度，实现继承权恢复的需要，保障被继承人支配遗产的意愿和继承人的继承权。

三、宽宥立法的比较分析

作为被继承人对继承人的过错行为是否谅解或宽恕的态度，宽宥起着恢复继承人已丧失的继承权的法律作用。目前，不同国家和地区对此都有相关法律规定，但基于立法的价值选择，宽宥制度的适用范围及程度并不相同。如德国、瑞士、葡萄牙、智利、巴西、日本、匈牙利、阿根廷的民法典，除规定继承权丧失制度以外，还规定了特留份权剥夺制度，与之对应，就存在宽宥能否同时恢复已丧失的继承权与特留份权的问题。其中，除葡萄牙、巴西仅允许以宽宥恢复已丧失的继承权外，其他国家均允许以宽宥恢复已丧失的继承权与特留份权。即使在宽宥不能恢复已丧失的继承权的情形，因法定事由而被被继承人剥夺的特留份权却允许经宽宥而恢复。

根据各国立法中宽宥能否恢复已丧失的继承权及其作用程度的不同，将各国的立法例分为三类进行比较分析。

(一) 禁止适用宽宥

在这种立法例中，所有因法定事由而丧失继承权均为绝对丧失，除部分国家规定被被继承人请求废除的特留份权可以经宽宥而恢复外，法律禁止以被继承人的宽宥恢复继承人已丧失的继承权。

采此立法例的国家较少，主要有日本、韩国、蒙古、美国、俄罗斯等国。《日本民法典》将与继承有关的权利丧失分为因缺格事由出现的继承权的丧失、

因被继承人废除的继承权的丧失及推定继承人特留份权的丧失。当继承人出现缺格事由时，继承权为绝对丧失，不因被继承人的宽宥而恢复。但被继承人可以基于宽宥随时请求家庭法院对自己所为的废除进行撤销，以恢复被被继承人废除的继承权，或恢复推定继承人因对被继承人加以虐待、重大侮辱或有其他显著劣迹时被被继承人请求废除的特留份权，且对宽宥的条件及内容没作任何要求。韩国的规定却另有特点，《韩国民法典》规定，继承人具有缺格事由时，不得为继承人，此时，继承人丧失的不仅是一般意义上的继承权，还包括丧失特留份权，且二者均不得因被继承人的宽宥而恢复。《蒙古国民法典》规定："故意杀害被继承人、法定或遗嘱继承人，故意实施其他严重犯罪行为引起上述人员死亡者，若按司法程序证实，将丧失法定或遗嘱继承权。"且继承权丧失后均不能恢复。

为缓和对被继承人意志自由的过度干预，有的国家又规定，继承人的继承权虽然不能经被继承人的宽宥而恢复，但被继承人可以通过生前赠与甚至遗赠的方式，对继承人表达自己的宽宥之情。但是也有虽然允许被继承人生前赠与却又禁止其生前遗赠以示宽宥之情的国家。

总体而言，在该种立法例中，对丧失继承权的情形绝对禁止适用宽宥，强制性规定禁止被继承人对继承人已丧失的继承权进行调整。这表明立法者对继承人的违法及不道德行为的否定程度是如此之深，以致让被继承人财产处分的私权行为完全让位于法律的价值判断。这实为一种极端的价值判断与选择。

（二）全面适用宽宥

在这种立法例中，所有因法定事由而丧失的继承权均可因被继承人的宽宥而恢复，部分国家还将宽宥适用于特留份权的恢复。目前采此种立法例的国家为大多数，其典型代表有法国、德国、瑞士、葡萄牙、智利、巴西、匈牙利、阿根廷、意大利、埃塞俄比亚、保加利亚、捷克、斯洛伐克、越南。徐国栋教授主持编写的《绿色民法典草案》所主张的宽宥立法建议就是此种立法例。①

---

① 徐国栋主编的《绿色民法典草案》第一编第四分编第 25 条规定："前数条规定的不配，在被继承人的遗嘱中明确表示原谅其继承人时，不发生之。被继承人在导致不配的事件发生后，在完全知道有关情况的条件下仍作出遗赠的，也不就遗赠发生不配。"徐国栋主编：《绿色民法典草案》，社会科学文献出版社 2004 年版，第 226 页。

第七节 继承权恢复与宽宥

《法国民法典》规定，如果被继承人在继承人实行犯罪之后或者在知道此种犯罪事实之后，仍然用遗嘱的形式明文声明其愿意继续保留该人的继承权，或者仍然向该人进行全部概括或部分概括的无偿处分，所有因犯罪或其他法定事由丧失了继承资格而被排除其继承遗产的人，均恢复其继承权。《德国民法典》并没有丧失继承权的直接规定，继承权的丧失是其他继承人通过主动针对发生继承不够格情形的继承人提起撤销之诉，来撤销已发生的、继承不够格者的遗产归属。所以，继承不够格并不立即丧失继承权，只有在撤销之诉的判决发生既判力时，撤销的效力才会导致遗产的归属视为未发生，遗产视为自继承开始时就归属于有资格继承的其他人。因此，被继承人的宽宥也并不会直接恢复继承人的继承权，而是通过排除其他继承人提起的撤销之诉的撤销效果，使其继承的遗产不会因其他继承人提起的撤销之诉而丧失，以此恢复继承人已丧失的继承权。德国的继承权丧失和恢复方式与法国不尽相同，但从最终效果来看，与法国的规定实为一致，都可以经被继承人的宽宥恢复继承人已丧失的继承权。德国法还规定，经被继承人的宽宥，可以恢复所有因出现特定情形而被被继承人剥夺后丧失的特留份权。[①] 可见，在法国和德国，均没有对继承权的丧失进行绝对丧失与相对丧失的区分，被继承人的宽宥可适用于所有继承权丧失的情形，这充分尊重了被继承人的意思自治。在该种立法例，丧失继承权的原因是法定事由而非被继承人的剥夺，这也是该种立法例与继承权因被继承人剥夺而丧失的立法例的区别。

该种立法例充分尊重被继承人的意志自由，让其能以自己的意愿消除继承权丧失的法律效果，以实现处分自己财产的自由意志。不仅允许被继承人能以宽宥的方式恢复继承人的继承权，部分国家甚至允许在被继承人不知道继承人有被剥夺继承权的情形时所为的遗嘱处分也生效力，只要求遗嘱处分发生在导致不配继承的事实后便可。《智利共和国民法典》第973条规定："如果遗嘱处分发生在导

[①] 根据《德国民法典》第2333条的规定，当继承人对被继承人、被继承人的配偶、其他晚辈直系血亲有谋害行为、实施犯罪行为或严重的故意违法行为时，被继承人可以剥夺晚辈直系血亲的特留份，该特留份的剥夺甚至准用于父母或配偶。但依据其第2337条的规定，剥夺特留份的权利因宽恕而消灭，即继承人已丧失的对特留份的继承权因被继承人的宽宥而恢复。参见陈卫佐译注：《德国民法典》（第3版），法律出版社2010年版，第627-628页。

致不配的事实之后,则不得以前数条提及的不配事由对抗该处分,即使已证实死者在订立遗嘱之时或之后并不知悉此等事实,亦同。"《阿根廷共和国民法典》对此也作出了完全相同的规定。① 《魁北克民法典》第 622 条也规定:"如果被继承人知道继承人有不配事由仍授予他利益,或在能够变更时未变更施舍性处分,该继承人的不配解销,也不得宣告他为不配。"可见,在此种立法例中,在被继承人对继承人为宽宥时,不仅不要求继承人必须确有悔改行为,有的对宽宥的适用甚至还完全超出其本身的含义范围。

从公法与私法关系的角度来看,该种立法严格遵循不同法律各司其职的原则,在继承人的行为构成违法甚至犯罪时,基于不同的价值判断与选择或对继承人科以刑罚且剥夺其继承权,或仅剥夺其继承权,法律均按其本质属性在其职责范围内发挥应有的功能。同时,基于继承权的私权属性,秉承遗嘱人的自由意志,其对财产自由处分的权利不受不当限制。法律保障自然人个人财产权不受其他规则限制与侵入的功能,也因此得到体现。对后者的肯定并不意味着对前者的否定,这只不过是不同性质的法律规范对不同层面的法律行为发挥效力使然。

(三) 选择适用宽宥

在此立法例中,依不同标准将继承权的丧失分为绝对丧失与相对丧失,宽宥的适用范围依立法的选择适用而有所不同。凡因法定事由而丧失继承权,只有继承人的过错行为情节较轻者,才可经被继承人的宽宥而恢复其继承权;继承人的过错行为情节较重者,均不能经宽宥而恢复其继承权。采此立法例的国家较少,主要是我国。

在《民法典》实施之前,我国的司法解释规定的宽宥制度已如前述。在《民法典》编纂过程中,我国学者的立法建议也是采取这种见解。梁慧星教授主持的《中国民法典草案建议稿附理由》②、王利明教授主持的《中国民法典学者建议稿

---

① 参见徐涤宇译注:《最新阿根廷共和国民法典》,法律出版社 2007 年版,第 694 页。
② 参见梁慧星:《中国民法典草案建议稿附理由侵权行为·继承编》,法律出版社 2004 年版,第 142 页。

第七节 继承权恢复与宽宥

及立法理由》所主张的便是此立法例。①

此立法例实为在法律对被继承人意志自由过度干预的情况下,仅同意被继承人在特定情况下于其私权领域有自由决断的机会。相较规定宽宥制度全面适用于继承权丧失,且没有为宽宥设置任何前提条件的立法例,我国对宽宥的规定更显不足。

另外,关于继承权绝对丧失后被继承人能否对继承人再为生前赠与,通说认为,因缺格效力的绝对性,所以自然不能因被继承人的主观宥恕而回复其继承资格,但不妨为生前赠与。至于能否为遗赠,日本通说认为继承缺格的同时,受遗赠的资格也丧失,故不得为之。② 在我国,遗赠的对象特指国家、集体或者法定继承人以外的人,他们本就无继承权,自然不存在继承权丧失后的宽宥问题,故被继承人对此类对象的生前遗赠不具有弥补宽宥在继承权绝对丧失时其遗嘱自由被限制的效果。

(四)比较结论

对上述三种不同的立法例进行综合分析,可以得出以下结论:

第一,在三种立法例中,采用全面禁止适用宽宥制度的国家较少。尽管个别国家允许以宽宥恢复已丧失的特留份权,但总体而言,其在对继承人的违法行为进行严格惩处的同时,也严重干涉了被继承人处分自己财产的自由,不符合私法自治的根本原则,故此种立法例不足取。采用全面适用宽宥制度立法例的国家最多,涉及面也较广,既包括大陆法系国家,也包括英美法系国家,且部分国家将宽宥制度适用于特留份权的恢复。采用选择适用宽宥制度立法例的国家最少,主要就是我国。可见,全面适用宽宥制度恢复已丧失的继承权是基本的立法例。

第二,从适用宽宥的价值目标来看,适用宽宥在于保护被继承人在私权领域自由处分财产的权利,防止对被继承人意志自由的过度干预,限制公权力对私权

---

① 王利明主持的建议稿第 532 条第 2 款、第 3 款规定:"继承人因前款(三)(四)(五)种情形丧失继承权,如经被继承人宽恕的,可不确认其丧失继承权。""被继承人知道继承人除前款(一)(二)项外的丧失继承资格的事由,仍然在遗嘱中指定其为继承人或对其为遗赠,视为宽恕。"王利明:《中国民法典学者建议稿及立法理由:人格权编·婚姻家庭编·继承编》,法律出版社 2005 年版,第 461 页。

② 参见史尚宽:《继承法论》,中国政法大学出版社 2000 年版,第 107 页。

的过度扩张；同时，也教育、鼓励继承人改恶从善，促进家庭团结和睦。

第三，从宽宥的适用范围来看，基于特留份权产生的基础仍在于继承权，故凡适用宽宥恢复继承权的国家，均将宽宥直接适用于被剥夺的特留份权。甚至在禁止适用宽宥制度的国家，被剥夺的特留份权也多可因适用宽宥而恢复。可见，宽宥不仅应该适用于继承权的恢复，也应该适用于特留份权的恢复。

第四，从宽宥适用的时间来看，被继承人的宽宥应于继承人的过错行为后实施方符合宽宥的本意。部分国家为保护继承人的继承权，甚至允许在被继承人不知道继承人有被剥夺继承权的情形时所为的遗嘱处分也生效力，即只要求遗嘱处分发生在导致不配继承的事实后便可。但总体而言，被继承人在知道继承人为丧失继承权的行为后对继承人为宽宥始生法律效果，才符合宽宥的本质，也是各国立法的基本趋势。

第五，从宽宥的表现形式来看，一般都只要求被继承人曾用遗嘱将遗产留归继承人，或曾为全部概括或部分概括的无偿处分，或曾有事实可推定其行为构成宽宥即可。可见，对宽宥的形式不作强行严格的要求，方符合宽宥表现形式的多样性。

第六，除我国对宽宥的适用附加继承人须"确有悔改表现"的前提条件外，其余国家都仅需被继承人单方对继承人表示宽宥即可，无须继承人再具有何种表现或具备某种前提条件，更无须由第三方判断继承人是否已悔改。可见，宽宥的适用不需任何前提条件而仅需被继承人单方意思表示即生效力是基本趋势。

四、《民法典》规定的继承权恢复和宽宥规则

（一）《民法典》规定继承权恢复和宽宥的具体规则

依照《民法典》第1125条第2款的规定，我国适用宽宥恢复继承权须具备的法定条件如下。

1. 继承人的继承权已经丧失

继承人因实施《民法典》第1125条第1款第3项至第5项规定的行为，丧

第七节 继承权恢复与宽宥

失了继承权。凡是具有上述第 3 项至第 5 项规定的事由，即遗弃被继承人，或者虐待被继承人情节严重；伪造、篡改、隐匿或者销毁遗嘱，情节严重的；以及以欺诈、胁迫手段迫使或者妨碍被继承人设立、变更或者撤回遗嘱，情节严重，因而丧失继承权的，都具备宽宥的第一个条件。

2. 丧失继承权的继承人确有悔改表现

我国对宽宥的适用，规定了继承人须"确有悔改表现"的前提条件。对此，其他立法例都认为仅具备被继承人单方对继承人表示宽宥的条件即可，无须再有继承人的表现或其他法定前提条件，更无须由第三方来判断继承人是否确有悔改。这是因为，基于宽宥的本质，实为被继承人的单方意思表示行为，不应该再对被继承人的意志自由附加任何束缚或限制。不过，条文也明确规定，丧失继承权的继承人须具备"确有悔改表现"这一前提条件，应当依照法律的规定确认这一要件。

3. 被继承人表示宽宥或者事后在遗嘱中将其列为继承人

宽宥是单方法律行为，被继承人须表明宽宥的意思表示，或者事后在遗嘱中将丧失继承权的继承人列为继承人。

至于宽宥是否须为要式行为，有的学者认为，为了慎重，并为减少纠纷，应当将被继承人宽恕的行为规定为要式法律行为。① 《民法典》未采纳这一主张。如果被继承人在遗嘱或公证书内未明示恢复继承人已经丧失的继承权，但是，遗嘱人在明知继承人丧失继承权的情况下，仍向其作出遗嘱处分，则丧失继承权的人可以在有关遗嘱处分的限度内继承财产。这其实是一种默示的宽宥意思表示。

（二）《民法典》规定的宽宥制度存在的问题

《民法典》第 1125 条第 2 款规定了宽宥制度，是正确的立法选择，符合社会需求。但是，从宽宥制度恢复继承权的基本目的看，这样的规定还存以下在问题。

第一，将故意杀害被继承人和为争夺遗产而杀害其他继承人两种情形完全排除在宽宥之外，还是值得斟酌的。理由是，故意杀害被继承人和为争夺遗产故意

---

① 参见陈苇、宋豫主编：《中国大陆与港、澳、台继承法比较研究》，群众出版社 2007 年版，第 191 页；房绍坤：《继承制度的立法完善——以〈民法典继承编草案〉为分析对象》，载《东方法学》2019 年第 6 期，第 7 页。

杀害其他继承人，并不都是严重的犯罪行为，其中犯罪未遂和犯罪预备，同样也是犯罪，但是，并非不可以原谅。《最高人民法院关于适用〈中华人民共和国民法典〉继承编的解释（一）》第 7 条规定："继承人故意杀害被继承人的，不论是既遂还是未遂，均应当确认其丧失继承权。"在这些规定中，没有区别具体情节，一律不准宽宥，就限制了被继承人的意思自治，确有欠妥之处。因此，对故意杀害被继承人和为争夺遗产而杀害其他继承人，实施的犯罪行为表现为预备或者未遂，情节不够严重的，也可以适用宽宥的规定。

对此可以认为，这两种故意杀害被继承人或者其他继承人的行为，如果是预备或者未遂的，应当认定为不属于杀害的行为。因为对杀害的界定应当是"杀"并且"害"，即应当是杀害既遂的行为，预备实际上是未实施杀害行为，未遂则是实施了"杀"的行为未达到"害"的程度。因此，笔者认为，本条规定的杀害行为应当是既遂的杀害行为。由于预备和未遂的杀人行为未达到杀害的程度，因此不认为构成丧失继承权的要件。即使将预备和未遂的杀人行为认定为丧失继承权的要件，也应当认为被继承人可以宽宥。

第二，将丧失继承权的要件限定为"确有悔改表现"，仍然要求过高。其实，宽宥的实质就是被继承人对丧失继承权的继承人的宽恕，至于丧失继承权的人是否确有悔改表现，并非宽宥的本质要求。

对于这些关于宽宥制度规定的问题，都是立法机关和司法机关没有完整接受立法建议所致，是把道德标准作为法律标准的典型表现。在将来适宜的时候修订《民法典》继承编，应当进一步解决这些问题。

五、提出《民法典》应当规定宽宥制度的具体建议

在编纂《民法典》过程中，笔者提出《民法典》应当规定宽宥制度的立法建议。其主要建议概括为以下内容。

（一）基本构想

《民法典》应明确规定宽宥制度，在继承人因法定事由而丧失继承权时，尽

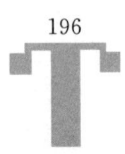

管不同国家根据其价值选择及立法倾向对宽宥制度的态度各异,但基本的趋势均是以宽宥防止对被继承人意志自由的过度干预,让其能在私权领域自由决断,以当事人的意思自治修正或限制继承权丧失制度的刚性。在编纂《民法典》时,应当从保障被继承人的个人财产处分权出发,对继承人的违法犯罪行为依法予以刑事处罚的同时,以宽宥能够恢复全部已丧失的继承权建构我国的宽宥制度模式最为妥当,这既能保证充分尊重被继承人的意思自治,又能准确表达法律对继承权的价值选择。

基于继承权的私权属性,公权力对私权领域的民事行为的自由侵入应得到控制,不应侵害被继承人的意思自治。当继承人实施与遗产继承有关的严重违反伦理道德而不得不对其进行惩处的违法行为时,法律会采取相应的措施对其进行惩处,继承人的继承权会因此而被剥夺,对行为严重构成犯罪的,法律还以刑事责任的形式予以惩处。这直接表达了法律对该类行为的价值判断与选择,继承人也为自己的违法行为付出了应有的代价。

如果被继承人已知道继承人对其实施了相应的违法行为,却仍然对继承人为遗嘱处分或财产处分,或明确表明对继承人曾有的过错行为予以宽宥,就意味着被继承人对继承人的过错行为已经原谅或宽恕,更乐意将自己的遗产留归已被法律剥夺了继承权的继承人。

此时,以宽宥恢复已丧失的继承权,既不会与科以继承人刑罚处分的法律规范相抵触,更与私法自治的精神相符合,还为私法领域亲情关系的重续与再造提供积极的方向与途径。

对此,法律应开方便之门,承认其行为的效力,以示对被继承人意愿的尊重。同时,继承人也有了更为具体的改过自新的动力与缘由,被继承人也能重新体会亲人给予的快乐及亲情的温馨,更能通过自由处分财产的方式感受到法律给予的自由。

特别是对那些因实施严重违法行为触犯刑律而被判处刑罚的继承人,法律对被继承人的宽宥更不应该无视甚至禁止。即使从继承人严重违法应受刑事惩罚的角度来说,对其犯罪行为的依法惩处不仅已经让其领受牢狱之苦,付出的代价已

经足以与应受的道德非难相适应。在继承人为自己的行为付出必须的代价后回归社会时，其最需要的便是亲人的关怀、接纳及社会的宽容，在其最需要被继承人对之宽恕、接纳且被继承人乐意如此时，法律却以强行方式对宽宥行为明令予以禁止。这种对已受到应有处罚后弃恶从良、改恶从善的人弃之不顾的做法，无论是与我国监狱工作的方针，还是法律的宗旨，甚至人道主义精神，都直接相违背。

所以，在对继承人因遗产继承所为的严重违法犯罪行为进行严格惩处并剥夺法定继承权之后，更应该将处分财产自由的权利交由被继承人自行决断，法律不应该再强行介入。此时，以被继承人的宽宥恢复继承人的继承权，不仅能保证遗嘱人的意志自由不被过分限制，还对继承人的悔悟及改过具有积极的促进作用。这既能体现对被继承人意愿的尊重，保障公民的自由权利与维护继承权的私权性质，又有利于促使继承人积极改恶从善，以从亲情关系的重建有效促使其更好地回归社会。

（二）宽宥的概念选择

从各国的立法看，各国对宽宥概念的具体表述各不相同。《德国民法典》采取"宽恕"这一明确的称谓，其第2337条、第2343条分别规定："剥夺特留份的权利因宽恕而消灭。被继承人据以指示剥夺特留份的处分，因宽恕而失去效力。""被继承人已宽恕继承不够格的人的，该项撤销即被排除。"《继承法》对此没有规定，司法解释中使用的称谓与德国法的概念相同。[①] 《法国民法典》并没有使用直接表示被继承人宽恕、宥恕、原谅或谅解继承人的词汇，而是通过对被继承人行为的描述来表明被继承人已谅解了继承人，如第728条规定："如被继承人在有继承权的人实行犯罪之后或者在知道此种犯罪事实之后，仍然用遗嘱的形式明文声明其愿意继承保留该人的继承权，或者仍然向该人进行全部概括或部分概括之无偿处分，有第726条与第727条所指的丧失继承资格之原因的人，仍然不被排除在继承之外。"日本则为"撤销对推定继承人的废除"。这些概念都表达了被继承人对继承人曾有的过失或犯罪行为的谅解或宽恕，以达到恢复继承人

---

① 《最高人民法院关于贯彻执行〈中华人民共和国继承法〉若干问题的意见》第13条规定："继承人虐待被继承人情节严重的，或者遗弃被继承人的，如以后确有悔改表现，而且被虐待人、被遗弃人生前又表示宽恕，可不确认其丧失继承权。"

因法定事由而丧失的继承权的目的。

可见，表达被继承人对继承人已经谅解，继承人因此而恢复已丧失的继承权的方式有多种，但无论是用确定的词汇明确表达，还是用描述性的语言表述，其本质含义都相同，都表明被继承人对继承人曾有的过错行为已经谅解，不希望继承人继续承担因其过错行为而不得继承遗产的不利后果。

从法律用词须具体、确定、准确的要求出发，针对各国规定不一的现状，使用具体、明确的词汇清楚地表达出被继承人对继承人的态度始为正确。因此，结合宽宥、宽恕、宥恕等词的具体含义，使用宽宥这一概念更为妥当。它所包含的宽容、饶恕、宽恕、原谅之意，能全面概括被继承人对继承人虽有过错但仍为谅解的复杂含义。

(三) 宽宥规则的具体思考

1. 宽宥制度既适用于继承权丧失也适用于特留份权丧失

根据各国立法例的比较及宽宥的本质含义，通过对被继承人的遗嘱自由、继承人的继承权利及国家对违法及严重违反伦理道德的行为进行惩处获得的效益进行权衡，应当将宽宥制度全面适用于已丧失的继承权的恢复。这既能保障被继承人个人财产自由权利的实现，也为继承人重获继承的机会提供了可能，让其更具有去恶向善的动力，以促进家庭的团结与和睦。这并没否定或消减继承权丧失规定的法律效力，也让公权力对违法犯罪的惩处与私权对公民个人权利的充分保障较好地结合起来。

基于特留份权实为不可剥夺的遗产继承权的本质，当宽宥制度适用于所有已丧失继承权的恢复时，其自然也适用于所有已丧失的特留份权的恢复。这从极少国家虽然不同意宽宥适用于已丧失继承权的恢复，却仍同意宽宥适用于已丧失的特留份权的恢复的规定也可以看出。《继承法》没有规定特留份制度，但规定特留份制度是必需的。所以，《民法典》在规定特留份及特留份权的同时，应当规定特留份权的丧失及经过宽宥而恢复的制度。《民法典》应当在对导致继承权与特留份权丧失的行为进行明确界定的基础上，同时规定宽宥制度既适用于继承权的丧失，也适用于特留份权的丧失。

2. 所有的继承权丧失和特留份权丧失行为一律适用宽宥制度

《民法典》不应当再维持关于绝对丧失继承权和相对丧失继承权的区别，即对丧失继承权的行为有的准许适用宽宥而有的不适用宽宥的两分法，将所有继承权丧失的情形统一适用宽宥制度。对新创设的特留份制度也应当纳入，一律适用宽宥制度。针对目前我国宽宥制度适用范围较窄的现状，应扩大其在继承领域的适用范围，扩大的方式主要有三种：第一，对《继承法》规定的丧失继承权的行为全部适用宽宥制度。第二，将继承人因实施与继承有关的严重违反伦理道德的行为而失去继承权的情形全部纳入宽宥制度的适用范围。第三，对《继承法》针对部分法定继承人不可剥夺的继承权而设置的特留份权，基于其与继承权为同一性质，且较普通继承份而言对继承人意义更为重大，也一并适用宽宥制度。

3. 适用宽宥不需要任何前提条件

适用宽宥制度，除我国对宽宥的适用附加了继承人须"确有悔改表现"的前提条件外，其他国家都仅要求具备被继承人单方对继承人表示宽宥的条件即可，无须再有继承人的表现或其他法定前提条件，更无须由第三方来判断继承人是否确有悔改表现。基于宽宥的本质实为被继承人的单方意思表示行为，不应该再对被继承人的意志自由附加任何不合理的束缚或限制。建议取消《最高人民法院关于贯彻执行〈中华人民共和国继承法〉若干问题的意见》设置的"确有悔改表现"这一前提条件，也不增设任何其他条件。

就宽宥的形式而言，尽管有学者认为为了慎重，并为减少纠纷，应当将被继承人宽恕的行为规定为要式法律行为。① 不可否认，将宽宥规定为要式法律行为，这的确可以减少纠纷，但这种过于严苛的要求不仅严重地束缚了当事人的自由，而且与宽宥的单方意思行为的本质内涵相抵触。所以，对宽宥的形式也不应作特别的要求，无论是被继承人以口头或遗嘱直接表达对继承人的原谅、宽恕，

---

① 参见陈苇、宋豫主编：《中国大陆与港、澳、台继承法比较研究》，群众出版社 2007 年版，第 191 页；房绍坤：《继承制度的立法完善——以〈民法典继承编草案〉为分析对象》，载《东方法学》2019 年第 6 期，第 7 页。

还是被继承人接受继承人的扶养、与之共同生活、赠与财产等，均应视为被继承人已对继承人表示了宽宥。如果被继承人在遗嘱或公证书内未明示恢复继承人已丧失的继承权，但遗嘱人在明知继承人丧失继承权的情况下仍向其作出遗嘱处分，则丧失继承权的人得在有关遗嘱处分的限度内继承财产。

（四）立法建议

基于前述，《民法典》应在对继承权及特留份权丧失行为进行明确界定的基础上，规定适用宽宥。其相关条文的具体内容应为：

继承人有下列行为之一的，丧失继承权：（1）有意不法杀害被继承人的；（2）为争夺遗产而杀害其他继承人的；（3）故意不法使被继承人丧失遗嘱能力的；（4）遗弃被继承人的；（5）虐待被继承人情节严重的；（6）伪造、篡改、隐匿或者销毁遗嘱的；（7）以欺诈或胁迫等手段，迫使或者妨碍被继承人设立、变更或者撤销遗嘱的。

继承人因前款规定丧失继承权，经被继承人宽宥的，其继承权不丧失。

如被继承人在遗嘱或公证书内未明示恢复继承人已丧失的继承权，但遗嘱人在明知继承人丧失继承权的情况下仍向其作出遗嘱处分，则丧失继承权的人得在有关遗嘱处分的限度内继承财产。

如被继承人生前未以口头或遗嘱表达对继承人的宽宥，但已接受继承人的扶养或与之共同生活，或赠与其财产等，均可理解为被继承人已宽宥继承人。

以上规定，适用于特留份权的丧失与恢复。

第八节　继承回复请求权

一、继承回复请求权的概念

《民法典》对物权请求权、人格权请求权、身份权请求权以及债的二次请求权都作出了规定，大体上形成了固有请求权的体系，成为民事权利保护请求权体

系中的一个分支。① 由于在继承编没有明确规定继承回复请求权，因而还存在一个缺项，使固有请求权的体系还不够完整。

（一）继承回复请求权的概念和特征

继承回复请求权，又称继承恢复请求权，是指在发生继承权侵害情形时，真正继承权人享有的请求侵害人或者通过法院诉讼程序，将自己的权利回复到继承开始时的状态的继承权保护的固有权利。

继承回复请求权的法律特征是：

1. 继承回复请求权是继承权中的固有权利

继承回复请求权是固有请求权，与物权请求权、人格权请求权等固有请求权具有相同的属性和地位，是继承权包含的保护自己的权利。固有请求权与侵权请求权的区别在于，当民事权利受到妨害尚未造成损害，行使停止侵害、排除妨碍等请求权时，行使的就是固有请求权；当权利受到侵害造成实际损失，需要承担损害赔偿责任时，构成侵权请求权。继承回复请求权与侵权请求权的区别同样如此。

2. 继承回复请求权是继承权受到妨害时继承人保护自己的权利

继承权未受妨害的，继承人不必行使继承回复请求权，只有继承权受到妨害的，才可以行使这一请求权，保护继承权不受妨害。对继承权妨害的主要情形，主要包括：丧失继承权人或后顺序继承人等，知悉或不知悉自己不是真正继承人，因故意或过失而占有或管理遗产；虽为真正继承人，但其排除其他共同继承人而占有或管理遗产；自称为真正继承人，占有全部或一部分遗产；虽不主张自己为继承人，但该人现实地占有或管理遗产；第三人从非真正继承人或不法占有人处受让遗产。在这些情形下，受到妨害的继承人可以行使继承回复请求权保护自己的继承权。

3. 继承回复请求权是实体权而非诉权

在发生侵害继承权的情形时，继承人可以直接基于自己的权利人地位请求侵

---

① 参见杨立新：《民法典对我国民事权利保护方法的成功改造》，载《国家检察官学院学报》2022年第4期。

第八节 继承回复请求权

害人回复其权利状态,因而继承回复请求权是实体权利,是继承权的从权利。继承人行使继承回复请求权,可以直接要求法院通过诉讼程序使其权利回复到继承开始时的状态,以保护其继承权的请求权。这是基于继承回复请求权这一实体权利进行的诉讼,继承人享有胜诉权,而不仅仅是诉讼发生的诉权。

4. 继承回复请求权的目的是使继承权回复到继承开始时的状态

继承回复请求权与其他请求权不同,其目的不在于对某特定财产的保护,而在于概括地使继承权回复到继承开始时的状态,使真正继承人可以行使继承权并继承遗产。

(二)继承回复请求权的发展

继承回复请求权滥觞于罗马法的继承之诉,但当时这一法律权利的性质为诉权。依照继承之诉,继承人可以申请确认他是被继承人的合法继承人;也可以要求占有被继承人的全部遗产,或者占有遗产中某项特定的财物;还可以请求保全被继承人的债权、他物权、损害赔偿请求权等。[①]

继承之诉是一种混合诉,包括对人之诉及对物之诉,被告包括自称为继承人而占有被继承人遗产者、普通占有人、假占有人、被继承人的债务人和供役地人等。诉讼中原告只需证明其合法继承人的资格及讼争物和权利确为遗产的一部分即可,而且只要为被继承人生前所占有的财产都应视为遗产,占有人欲提出抗辩,必须提出优于被继承人的权利而享有的本权的证据。后世各国继承罗马法的继承之诉,形成了现代的继承回复请求权。

不过,对于继承人的这一权利,在各国法上的名称不一,称为继承恢复请求权、遗产回复诉权(又称遗产诉权)、返还遗产请求权或者遗产请求权。

继承回复请求权还有以下特点:一是,继承人得向任何根据实际上并不存在的继承权而已从遗产中取得财物的人(遗产占有人),请求其返还已取得的财物。二是,行使请求权的继承人以证明其所请求各个物于被继承人死亡时属于被继承人直接或间接占有的事实为已足,无须证明被继承人对于其占有之物有所有权或其他权利。三是,原告为继承人,被告除了包括继承财产的占有人,还包括承受

---

① 参见周枏:《罗马法原论》(下册),商务印书馆2001年版,第580页。

遗产的第三人。四是，因对其认识不同而规定的时效不同。①

《民法典》没有对继承回复请求权作出明文规定，不过，在司法实践与学界中都予以认可，而且在司法实践中存在大量的继承回复请求权的诉讼。事实上，继承回复请求权是继承权的从权利，即使《民法典》未作明确规定，也不能否定继承回复请求权的存在。

（三）继承回复请求权与物权请求权、侵权请求权

1. 权利保护请求权的基本内容

权利保护请求权的体系，是理解继承回复请求权与物权请求权以及侵权请求权之间关系的基础。

请求权在民事权利中包含两个系统：一个系统是权利类型的请求权，另一个系统是权利保护请求权。前一个系统是指具有请求权性质的民事权利，如债权，以及其他民事权利中所包括的请求权内容，如身份权中诸如扶养请求权等对外、对内的请求权。② 后一个系统是对民事权利进行保护的请求权系统，包括固有请求权和侵权请求权。

固有请求权是民事权利固有的保护请求权，侵权请求权是基于权利被侵害依照侵权责任法的规定产生的权利保护请求权。这两种请求权构成民事权利保护的请求权体系。

侵权请求权是专门为了救济民事权利受到侵害的后果而设立的请求权，是侵权责任法的基本手段。当民事权利受到侵权行为侵害时，侵权责任法赋予受害人侵权请求权，在民事权利和诉讼权利之间发生请求权，使受害人即权利人可以依据侵权请求权，依法行使诉权，向法院起诉，寻求法律保护。

民事权利保护请求权体系中的固有请求权和侵权请求权结合在一起，构成了严密的民事权利保护系统，共同担负着民事权利的保护职责。这两个系统缺一不

---

① 参见郭明瑞等：《继承法研究》，中国人民大学出版社2003年版，第50页。
② 参见杨立新：《侵权责任法专论》，高等教育出版社2005年版，第132页。

可，必须同时共存，才能担负起保护民事权利的重任。[①] 继承权回复请求权属于固有请求权中的一种，与物权请求权、人格权请求权、身份权请求权等一起，构成民事权利保护自身的请求权，不属于侵权请求权的范畴；与物权请求权等固有请求权一起，与侵权请求权相并列，构成民事权利保护的方法体系。

2. 继承回复请求权与物权请求权的关系

物权请求权和继承回复请求权都属于固有请求权的内容，分别在物权和继承权中存在。物权法规定物权请求权，是各国物权立法的通例，《民法典》和《物权法》都规定了物权请求权。身份权属于亲属身份权，不仅自己存在请求权，同时也存在保护其权利的身份权请求权。[②] 人格权也包含人格权请求权，作为保护自己的请求权。对于这些固有请求权，《民法典》都作出了具体规定。同样，继承回复请求权也是固有请求权，是继承权所固有的保护自己的请求权。《民法典》没有明确规定继承回复请求权，但它也是继承权包含的内容，是继承权的从权利。

继承回复请求权与物权请求权等同属于固有请求权，性质相同，但有如下区别。

（1）权利客体不同

物权请求权是保护物权的请求权，是保护单个、特定的物权而行使的权利，是物权本身包含的保护自己的权利，而不是对包括有体物、无体物以及知识产权、债权、股权等投资权在内的遗产以及遗产的继承权进行保护的方法。继承回复请求权是保护继承权的请求权，是对继承权受到妨害而享有的保护请求权。

（2）是否适用诉讼时效不同

物权请求权不受诉讼时效限制。而继承回复请求权因为《民法典》没有作出规定，是否受到诉讼时效的限制并不明确，一般认为应当受到诉讼时效的限制。

[①] 参见杨立新、曹艳春：《论民事权利保护的请求权体系及其内部关系》，载《河南省政法管理干部学院学报》2005年第4期。

[②] 参见杨立新、曹艳春：《论民事权利保护的请求权体系及其内部关系》，载《河南省政法管理干部学院学报》2005年第4期。

对此究竟应当怎样看待，尚需深入研究。笔者认为：继承回复请求权虽然是有关继承权的请求权，是保护财产权的请求权，但是其包含着身份权的内容，因而请求确认继承人资格的，不受诉讼时效的限制；其他方面的请求权，应当受到诉讼时效的限制。

（3）妨害权利发生的时间不同

自命为继承人而行使遗产上的权利的人，须在继承开始时即已有此事实存在，才可以称为继承权被妨害。如果在继承开始后发生这个事实，则其所侵害者为继承人已取得的权利而不是侵害继承权，此时，自然无法适用继承回复请求权①，而只能适用物权请求权、侵权损害赔偿请求权等请求权。

3. 继承回复请求权与侵权请求权的关系

继承回复请求权是继承权本身固有的保护请求权，随着继承权的产生而产生，随着继承权的消灭而消灭。侵权请求权是基于权利被侵害而发生的权利保护请求权，不是权利本身的内容，而是基于侵权责任法的规定而产生的新的请求权，是基于原权利的损害而新生的权利，也称作次生请求权。

继承权能否成为侵权行为的客体，有不同的主张。肯定说认为，继承权兼具身份权与财产权双重属性，继承权的侵害因非继承人的第三人僭称为继承人而发生。②德国、瑞士、法国、日本立法或学说上认为得对于非继承人故意或过失占有遗产时，构成侵权行为③，侵害继承权不仅要求非继承人之第三人僭称为继承人而发生，须实际行使继承人之权利，达到自己为继承人之状态才行，因此，继承权为侵权行为法保护的客体。④ 否定说认为，由于侵害继承权总是表现为对遗产的侵害，而对遗产侵害的救济采用的是行使继承回复请求权，继承回复请求权之诉为确认之诉与给付之诉的结合。这些非为侵权之诉所能包括。因此，继承权不可能成为侵权行为的客体，不法行为人所侵害的不是继承人的继承权而是财产

---

① 参见杨与龄：《民法概要》，中国政法大学出版社2002年版，第371页。
② 参见王泽鉴：《侵权责任法》（第一册），中国政法大学出版社2001年版，第147页。
③ 参见史尚宽：《继承法论》，中国政法大学出版社2000年版，第127-128页。
④ 参见史尚宽：《债法总论》，中国政法大学出版社2000年版，第159页。

所有权。①

笔者认为，继承权既然作为一项独立的民事权利，可以成为侵权行为的客体，《民法典》第124条已明文予以规定。在继承权受侵害时，对于侵害继承权而导致的损害进行侵权责任救济，依照《民法典》第1165条确定损害赔偿责任。继承回复请求权是继承法特有的救济制度，具有侵权请求权所不具备的功能，可以通过概括性的请求恢复至继承开始时的状态。而侵权请求权只是对侵害继承权造成的损害进行个别性的救济。因此，继承回复请求权针对的是妨害继承权尚未造成财产的实际损害的救济，侵权损害赔偿请求权不能代替继承回复请求权的这种作用。这正是民事权利保护请求权体系设置两个请求权体系的意义之所在。

二、继承回复请求权的性质

关于继承回复请求权的性质，观点不一，主要存在以下三种学说。

1. 继承人地位恢复说

这种见解又称形成权说，认为继承回复请求权是确定合法继承人的继承地位的权利，而不是继承财产的恢复请求权。如有的学者认为："继承权为被继承人之人格或地位之包括的承继，故继承回复请求权，系真正继承人回复其地位之形成权之一种。"②

但该说颇受批判。有的学者认为："此说对被表明继承人所占有之财产权利，仍无法解决，胜诉之继承人仍须提出遗产权利之请求诉讼。"③ 亦有的学者认为："继承权不会因被他人否认而丧失，真正继承人不必依继承回复请求权之行使以回复其继承权，此时，更（得）本于继承人之身份行使继承回复请求权以回复被占有之遗产标的物。形成权说所谓继承回复请求权回复继承地位之形成权，理论上是矛盾的。所有权人之所有权被否认而所有物被占有时，并不会因此而使其所

---

① 参见马俊驹等：《民法原论》（下册），法律出版社1998年版，第990页。
② 戴炎辉：《中国继承法》，三文印书馆1981年版，第85页。
③ 戴东雄：《继承回复请求权》，载《法学丛刊》1986年第1期。

有权丧失，反而（可）基于所有权人之身份行使物上返还请求权请求返还被占有之所有物。而所有物与物上返还请求权之关系，就有如继承权与继承回复请求权之关系。若继承回复请求权仅在回复继承人之地位，则真正继承人之继承人地位回复后，仍须个别行使物上返还请求权，始得回复其被占有之遗产标的物，对真正继承人而言亦是不胜其烦。此说之不当，明确可知。"①

虽然该说被罗马法的继承之诉所采，但随着现代继承法的财产继承的性质得到确立，继承的终极目的在于取得继承的财产，若将继承回复请求权的性质单纯归结为继承人地位恢复的形成权，不免有失偏颇。虽然继承人地位的回复非常关键，但其地位恢复的最终归依在于继承人取得遗产。

2. 遗产权利回复说

这种见解又称遗产返还请求权说，认为继承回复请求权就是遗产恢复请求权，继承人所主张的是对遗产的权利。此说分为集合权利说与单独权利说。

集合权利说认为，"继承回复请求权为继承财产之个别权利（请求权）之集合"②。

单独权利说认为，"继承回复请求权，系基于继承人之继承权，由法律所认为特别独立的请求权"③，德国民法、瑞士民法均采此观点。

3. 形成权（确认资格）兼遗产返还请求权说

这种观点认为，继承回复请求权包括两个方面内容：一是确认继承人资格的请求权，二是对遗产的返还请求权。这是以确认真正继承人的继承权及请求被继承人遗产的给付为内容的请求权。日本学者多采这一观点。我国学者大都赞同此说，认为此说较符合实际情况。④

笔者认为，形成权兼遗产返还请求权说较为可采。因为继承回复请求权在行

---

① 林秀雄：《家族法论集》，汉兴书局1994年版，第333 - 334页。
② 陈棋炎：《民法继承》，三民书局1987年版，第314页。
③ 史尚宽：《继承法论》，中国政法大学出版社2000年版，第119页。
④ 参见刘春茂主编：《中国民法学·财产继承》，中国人民公安大学出版社1990年版，第187 - 188页；房绍坤：《继承制度的立法完善——以〈民法典继承编草案〉为分析对象》，载《东方法学》2019年第6期，第8页。

使中存在两个方面：一方面，由于对继承权发生争议，因而要对此进行确认；另一方面，继承人继承遗产的权利需要在诉讼中予以确定。因此，继承回复请求权具有概括性，兼有确认之诉与给付之诉的功能，其性质应为确认继承人的继承权与遗产返还请求权的结合。

三、继承回复请求权的行使

（一）继承回复请求权的权利人

与其他固有请求权一样，继承回复请求权为一项独立保护权利的请求权，在发生妨害继承权的客观事实时，继承人可以向妨害人直接提出回复请求，也可以直接向有管辖权的法院提起诉讼，请求法院通过民事诉讼予以裁决。

在一般情况下，继承回复请求权应当由继承权被侵害的继承人本人行使，但在继承人是无民事行为能力人或限制民事行为能力人时，由其法定代理人代理行使。如果胎儿的继承份额未在遗产分割时予以保留，在其尚未出生时，其母亲有权代理胎儿主张其继承回复请求权，要求保留其应继份。在胎儿出生后，其法定代理人都有权代理其行使继承回复请求权。

在共同继承中发生继承权受侵害时，行使继承回复请求权有两种不同的做法：一是共同行使，二是单一行使。[①] 在共同继承中发生的继承回复请求权应当区分具体情形予以行使。因为在共同继承中不仅共同继承人之外的人会没有合法根据地占有遗产而侵害继承权，在共同继承人内部也会发生某些继承人否认其他继承人的继承权而侵害继承权。具体情形为：一部分共同继承人侵害其他共同继承人的继承权，如独立行使遗产权利、排除其他共同继承人进行遗产分割等，该其他共同继承人可以行使继承回复请求权；真正继承人之外的表见继承人同部分共同继承人进行遗产分割，被排除的其他共同继承人可以行使继承回复请求权；共同继承人之外的其他人侵害继承权的，不论是单一继承人、共同继承人中的一部分，还是全体共同继承人，都可以成为继承回复请求权的主体，都可以行使继

---

① 参见史尚宽：《继承法论》，中国政法大学出版社 2000 年版，第 133 页。

承回复请求权。

（二）行使继承回复请求权的举证

在继承人通过向法院提起诉讼行使继承回复请求权时，继承人须证明自己是真正继承人，不必逐一证明其对遗产的真实权利。继承人应对自己享有继承权的事实，以及请求的标的物于继承开始时属于被继承人占有等而为被告所妨害的事实，负举证责任，无须对被继承人的原有所有权及其他权利举证。

（三）行使继承回复请求权的诉讼时效

继承回复请求权的行使是否受诉讼时效约束，《民法典》没有明确规定。参照《民法典》对物权请求权、人格权请求权、身份权请求权行使不受诉讼时效约束的规定，行使继承回复请求权请求确认继承人资格的请求权，理应一视同仁，不受诉讼时效的限制，在任何时候都可以行使；对其他保护继承权的请求权，应当受到诉讼时效的限制。

不过，在遗产分割完成后，继承回复请求权应当在诉讼时效内行使，超出诉讼时效期间的，对方产生抗辩权，可以对继承回复请求权的行使提出抗辩。理由是，如果在遗产分割完成后，继承回复请求权不受诉讼时效的限制，将会使继承法律关系永远处于不确定的状态。

第二编

继承方式

第三章
法定继承

法定继承是《民法典》规定的主要的继承制度，在被继承人没有设立有效遗嘱的情况下，适用法定继承规则处分被继承人遗留的遗产。我国的法定继承规则比较粗线条，具体规则规定不够，法定继承人的范围过窄、法定继承顺序不仅狭窄，而且不尽合理，因而在解释《民法典》关于法定继承规则之外，还应当对法定继承的一些具体问题进行深入探讨，以便在将来适当时机修订《民法典》继承编时，制定适合市场经济需求的财富传承制度。

第一节 法定继承概述

一、法定继承的概念、特征和沿革

（一）法定继承的概念

法定继承，是指继承人范围、继承顺序、继承条件、继承份额、遗产分配以及继承程序均由法律直接规定的继承方式。《民法典》继承编第二章规定的就是"法定继承"。

对法定继承的概念如何界定，有两种不同的意见：一是继承方式说，认为"法定继承，是指由法律直接规定继承人的范围、继承的先后顺序以及遗产分配原则的一种继承方式"①。二是法律制度说，认为"法定继承是继承人的范围、顺序和遗产的分配原则都由法律直接规定的继承制度"②。这两种看法都认可法定继承是法律直接对继承人的范围、顺序等予以规定，只不过在认定法定继承是一种继承方式还是一项法律制度上存在分歧。

将法定继承认定为继承方式或者继承法律制度并不矛盾，因为法定继承是继承人继承时的一种方式，但法定继承也是由若干有关继承人范围、继承顺序、遗产分配等规则组成的法律制度，只不过在界定时所选取的角度不同而已。由此可见，法定继承是同遗嘱继承相对应的一种继承方式，也是与遗嘱继承相对应的一种继承法律制度。

法定继承具有以下含义。

1. 法定继承是一种基本继承方式

被继承人死亡后，其遗留的财产必须作为遗产转移给他人，而转移遗产的两种基本方式就是法定继承与遗嘱继承。法定继承是依照法律直接规定的继承人范围、顺序、份额等，将死者遗产转归继承人的一种继承方式。

2. 法定继承是由法律直接规定的遗产传承的方式

在法定继承中，哪些人作为继承人，继承人依何种先后次序参加继承等，都由法律直接规定，而不是由被继承人或者其他人决定的。

3. 法定继承是由法律直接规定继承人遗产分配规则的继承方式

在法定继承中，继承人应如何分配遗产，各个继承人应继承多少份额的遗产，也是由法律直接规定的，不是由被继承人决定的，继承人也不得改变。

4. 法定继承是间接体现被继承人支配遗产意志的继承方式

法定继承是依照法律的直接规定继承遗产，不是依照被继承人的意愿继承遗产。所以，法定继承制度直接体现了国家的意志，间接地体现了被继承人的意

---

① 刘素萍主编：《继承法》，中国人民大学出版社 1988 年版，第 185 页。
② 张玉敏：《继承法律制度研究》，法律出版社 1999 年版，第 189 页。

志，因为被继承人没有表达自己的真实意思，或者虽然表达但是不符合遗嘱生效的要求，因而继承人不是直接按照被继承人的意思继承，只是依推定的被继承人的意思进行的继承。[1]

(二) 法定继承的特征

1. 法定继承具有强烈的身份性

法定继承中的继承人是由法律直接规定的，而不是由被继承人指定。各国法律规定法定继承人的范围、顺序和份额，一般依据婚姻关系、血缘关系和扶养关系，法定继承人一般只是与被继承人有亲属身份关系的人。有英国学者认为，无遗嘱继承规则来源于十分流行的家庭观念，并且它可以说是家庭法的附录。[2] 由此可见，法定继承人具有强烈的人身性，建立在身份关系的基础之上。

2. 法定继承具有法定性

法定继承的法定性，是指法定继承的继承人范围、继承人的继承顺序、继承人的应继份以及遗产的分配原则都是由法律直接规定的，而不是由被继承人决定的。当然，法律规定法定继承是从推定被继承人的意愿出发的，而不是随意规定的。

3. 法定继承具有强行性

法律关于法定继承的规范为强行性规范，不得任意排除其适用，任何人不得改变法律规定的继承人的范围，也不得改变法律规定的继承人参加继承的先后顺序等，继承人在继承遗产时须按照法律规定的应继份及遗产分配原则分配遗产。在法定继承中也有任意性规范的适用，例如关于遗产的分配，就可以由继承人按照法律规定的原则协商确定，不过，这也是在遵循法律规定的遗产分配原则基础上的协商。

(三) 法定继承的沿革

1. 国外法定继承的沿革

法定继承的语源来自罗马法，原意为"无遗嘱继承"。法定继承早于遗嘱继

---

[1] 参见郭明瑞等：《继承法》（第2版），法律出版社2004年版，第93页。
[2] 参见［英］F. H. 劳森、B. 拉登：《财产法》，施天涛等译，中国大百科全书出版社1998年版，第207页。

第三章　法定继承

承,是原始社会后期最先在习惯法上确立的制度。法定继承在《汉穆拉比法典》中就已初步成形,基本内容有:法定继承人的范围限于家庭成员之内,法定继承人的继承权可在一定条件下被剥夺,遗嘱继承优先于法定继承。在罗马法时期,法定继承制度渐趋完备,《优士丁尼法典》详尽规定了继承人的范围、继承顺序、应继份、代位继承等。日耳曼法最初完全没有遗嘱的痕迹。在古代社会,法定继承是最主要的继承方式。梅因在评价遗嘱继承时指出:"在所有自然生长的社会中,在早期的法律学中是不准许或是根本没有考虑过'遗嘱权'的,只有在法律发展的后来阶段,才准许在多少限制之下使财产所有者的意志能胜过他血亲的请求。"① 这一看法正确地说明了法定继承在历史上的地位和存在的原因。

近现代资本主义各国都存在法定继承制度,只是两大法系略有差异:英美法系以遗嘱继承为主,法定继承为辅,例如原实行遗嘱绝对自由的英国,现在也已对遗嘱自由加以一定限制②;而大陆法系各国主要继受罗马法,大多以法定继承为主,如日本民法。这种区别也与不同国家的亲属制度有关。

2. 中国法定继承的沿革

我国古代的继承主要是法定继承,着重于祭祀和身份,以嫡长子继承为主,女子一般无继承权,根据宗法关系确定继承人的范围,是宗法制度的继承。尽管也存在遗嘱继承的现象,但遗嘱继承仅限于财产继承,继承标的少于法定继承。

直至近代,我国的继承制度才在本质上有了变化,实行现代意义的财产继承,遗嘱继承也成为继承的重要方式,并且优先于法定继承,但法定继承仍为继承的主要方式。

1949年以来,《婚姻法》规定了近亲属间的法定继承权,但由于那时没有更多的财富,在实际生活中财富传承的需求并不强烈,只存在争议不大的遗产纠纷。1978年以后,在法律实务中逐渐重视法定继承。1985年制定了《继承法》,最高人民法院发布了《关于贯彻执行〈中华人民共和国继承法〉若干问题的意见》,对法定继承作出了具体规定,形成了我国比较完善的法定继承制度。

---

① [英]梅因:《古代法》,沈景一译,商务印书馆1959年版,第101页。
② 在英美法系国家,一般使用"无遗嘱继承"(intestate succession),而不用"法定继承"一词。

随着社会和市场经济的不断发展，个人财富逐渐增加，有的还积累了大量的私人财富，继承制度继续完善，且我国国民遗嘱意识不强，因而对法定继承的需求越来越强烈。为因应社会需要，《民法典》继承编对法定继承规则进行了一定程度的完善。

二、法定继承的适用范围及与遗嘱继承的关系

（一）法定继承的适用范围

法定继承的适用范围，是指在何种情形下适用法定继承。

各国继承法在法定继承与遗嘱继承的关系上，无不确认遗嘱继承优于法定继承。在继承开始后，应当首先适用遗嘱继承方式，在不能适用遗嘱继承方式时，才按法定继承方式继承。这就是"遗嘱在先原则"。[1]《民法典》第1123条也确立了这一原则，明确规定："继承开始后，按照法定继承办理；有遗嘱的，按照遗嘱继承或者遗赠办理；有遗赠扶养协议的，按照协议办理。"

在遗嘱在先原则的基础上，《民法典》第1154条对我国法定继承的具体适用范围作出了规定，结合该条规定以及具体司法实践，有下列情形适用法定继承。

1. 被继承人生前未立遗嘱

遗嘱继承虽然优先于法定继承，但遗嘱继承必须以合法、有效遗嘱的存在为前提，如果被继承人生前未立遗嘱，则被继承人的全部遗产应当按照法定继承处理。我国古代人民就没有立遗嘱的习惯，即使在现代立遗嘱的人也为数不多，而且劳动人民比较贫困，拥有的财产数额较少，法定继承是普遍适用的继承方式。

2. 遗嘱继承人放弃继承或者受遗赠人放弃受遗赠

继承开始后，遗嘱继承人可以放弃继承，受遗赠人也可以放弃受遗赠。遗嘱继承人放弃继承和受遗赠人放弃受遗赠的，其放弃继承和受遗赠的遗产部分，适用法定继承处理。如果是部分遗嘱继承人放弃继承或部分受遗赠人放弃受遗赠，而其他遗嘱继承人未放弃继承或其他受遗赠人未放弃受遗赠的，则对其他遗嘱继

---

[1] 参见刘素萍主编：《继承法》，中国人民大学出版社1988年版，第188页。

承人或受遗赠人未放弃继承或受遗赠的遗产部分，不适用法定继承。

3. 遗嘱继承人丧失继承权或受遗赠人丧失受遗赠权

遗嘱继承人和受遗赠人在发生法定事由时，其继承权和受遗赠权会丧失。遗嘱中指定的继承人在发生《民法典》规定的丧失继承权的事由时，丧失其继承权的，不得为继承人。遗嘱指定的受遗赠人丧失受遗赠权的，也不得为受遗赠人。因此，遗嘱继承人丧失继承权或受遗赠人丧失受遗赠权的，遗嘱指定由其继承或受遗赠的遗产部分，适用法定继承。

4. 遗嘱继承人、受遗赠人先于遗嘱人死亡

遗嘱继承人、受遗赠人先于被继承人死亡的，其因不具有继承能力或受遗赠能力而不能继承、受遗赠，遗嘱指定由其继承、受遗赠的财产部分适用法定继承。

5. 被继承人所立遗嘱无效部分所涉及的遗产

遗嘱的无效可以分为全部无效和部分无效。如果是遗嘱全部无效，则被继承人的所有遗产都应当按照法定继承处理；如果遗嘱部分无效，遗嘱无效部分所涉及的遗产适用法定继承。

6. 被继承人所立遗嘱未处分的财产

有的被继承人虽然生前立有遗嘱，但是，该遗嘱只是对其所拥有的部分财产进行遗嘱处分，并未对全部财产予以处分，对于未处分的部分遗产，不能推定被继承人按照遗嘱处理，应当按照法定继承处理，由被继承人的法定继承人取得该部分遗产。

（二）法定继承与遗嘱继承的关系

法定继承与遗嘱继承是两种基本的继承方式，两者之间存在错综复杂的关系。

1. 法定继承与遗嘱继承的联系

（1）法定继承与遗嘱继承可以并存

法定继承与遗嘱继承虽然是两种不同的继承方式，但两者并不对立，可以并存适用。这也是现代各国继承法普遍采取的基本规则。比如，在被继承人立有合法、有效遗嘱对其部分遗产进行处分时，继承开始后，对于遗嘱所处分的部分遗

产应当按照遗嘱继承办理,而对于遗嘱未涉及的遗产部分按照法定继承处理。这时就存在法定继承与遗嘱继承的并存适用。

(2) 法定继承是遗嘱继承的基础

虽然遗嘱继承优先于法定继承适用,但被继承人在订立遗嘱时,必须遵照法定继承的有关规定。在我国,立遗嘱人虽然可以指定继承人,但遗嘱继承人必须限定在法定继承人范围之内,法定继承有关法定继承人范围的规定是遗嘱继承的基础。如果立遗嘱人指定法定继承人范围之外的人承受遗产,则不再是遗嘱继承,而是遗赠。

(3) 法定继承是对遗嘱继承的补充

法定继承虽与遗嘱继承并行,而且是一种主要的继承方式,但在效力上低于遗嘱继承,遗嘱继承的效力优先于法定继承。在继承开始后,存在合法、有效遗嘱的,应优先适用遗嘱继承或遗赠;只有在不存在遗嘱或者遗嘱无效以及未对有关遗产进行处分等情形时,才能适用法定继承。因此,法定继承是对遗嘱继承的补充。

(4) 法定继承是对遗嘱继承的限制

在遗嘱继承中,立遗嘱人不能违反法律的限制规定,例如立遗嘱人处分特留份或者必留份的遗嘱无效。尽管遗嘱继承适用在先,法定继承适用在后,遗嘱继承限制了法定继承的适用范围,但同时法定继承也是对遗嘱继承的限制。

2. 法定继承与遗嘱继承的区别

(1) 继承事项的产生基础不同

在遗嘱继承中,被继承人用遗嘱的方式,按照自己的意志指定自己的遗产由哪些人继承、继承多少,关于继承人以及应继份的确定主要决定于被继承人对继承人的经济情况的关注以及彼此的感情好坏等。在法定继承中,法律根据血缘关系、婚姻关系以及扶养关系,直接确定继承人的范围、继承的顺序、遗产分配原则以及继承份额等。

(2) 体现被继承人意愿的程度不同

法定继承与遗嘱继承都体现被继承人的意愿,但是两者在程度上不同。在遗

嘱继承中，遗嘱是被继承人意愿的直接表示与体现，根据遗嘱确定继承人以及继承份额，是对被继承人意愿的尊重。在法定继承中，虽然它是对被继承人意愿的一种法律推定——被继承人愿意把自己的财产留给与自己关系最密切的近亲属，但在法定继承人、继承份额的确定上，都是由法律直接加以规定的，对被继承人的意愿体现并不充分。

（3）继承人参加继承的顺序不同

在遗嘱继承中，继承开始后，遗嘱继承人就按照遗嘱的内容参加继承，获得遗产，不受法定继承顺序的限制。即使被指定的遗嘱继承人是第二顺序的法定继承人中的继承人，也依遗嘱参加继承。在法定继承中，继承开始后，先由第一顺序继承人参加继承；当没有第一顺序继承人或者第一顺序继承人全部丧失继承权或放弃继承权时，第二顺序继承人才可以参加继承。

第二节 法定继承人范围

一、法定继承人范围的概念和确定因素

（一）法定继承人范围的概念

法定继承人范围，是指在适用法定继承方式时，哪些人能够作为被继承人遗产的继承人。

《民法典》关于法定继承人范围的规定具有法定性与强行性，只有法律条文明确列举的才可以作为法定继承人，其他人也可能取得被继承人的遗产，但他们不是基于法定继承人的法律地位，在取得遗产的本质上不同。法定继承人范围的确定直接关系被继承人亲属的权益。

（二）确定法定继承人范围的因素

确定法定继承人范围的主要因素如下。

第二节 法定继承人范围

1. 血缘关系

自古至今血缘关系的远近是法定继承的重要依据,在决定法定继承人的范围方面起着重要的作用,血缘关系包括亲生父母和亲生子女、同父母的兄弟姐妹之间的全血缘关系,同父异母或同母异父的父母子女关系及基于此而发生的兄弟姐妹之间的半血缘关系,养父母子女及养兄弟姐妹间的拟制血缘关系。

2. 婚姻关系

婚姻关系是家庭关系的基础,基于婚姻关系形成的配偶是最重要的法定继承人,现代各国基本上都将其作为法定继承人。

3. 扶养关系

家庭成员之间基于人身依赖关系形成的相互扶养、帮助的关系,也是决定法定继承人范围的一个重要方面。《继承法》第12条规定的对公、婆尽了主要赡养义务的丧偶儿媳以及对岳父、岳母尽了主要赡养义务的丧偶女婿可以作为第一顺序法定继承人。

4. 民族传统和继承习惯

各国确定法定继承人的范围,同本国的社会现实、民族传统、继承习惯等各方面因素有关。

现代各国继承立法规定法定继承人的范围有以下两种情况:一是采取"亲属继承无限制主义"。此种立法不受亲等的限制,如《德国民法典》规定的法定继承人的范围是:配偶,被继承人的直系血亲卑亲属,父母及其直系血亲卑亲属,祖父母(外祖父母)及其直系血亲卑亲属,曾祖父母及其直系血亲卑亲属,高祖父母及其直系血亲卑亲属。这实际上几乎把与死者有血亲关系的一切生存着的人都列入了法定继承人的范围。二是采取"亲属继承限制主义"。采此种立法例的国家有法国(以十二亲等为限)与意大利(以六亲等为限)。

我国《民法典》虽然也以血缘关系和婚姻关系所产生的亲属身份关系为基础确定法定继承人的范围,但对法定继承人的范围规定是最窄的之一,仅限于近亲属,具体包括:配偶、子女(特定情形下,其晚辈直系血亲可以代位继承)、父母、兄弟姐妹、祖父母、外祖父母,以及对公婆或岳父母尽了主要赡养义务的丧

偶儿媳或女婿。《民法典》尽管补充了侄子女和甥子女可以代位继承，但是，这种做法最大的问题就是法定继承人的范围过窄，不仅将被继承人子女之外的晚辈直系血亲都作为代位继承人，将被继承人的兄弟姐妹的子女作为代位继承人，而且排斥除此之外的其他任何亲属作为法定继承人，特别容易发生无人继承遗产的情形，如此无人继承遗产就要收归国有或者集体所有，因而使私人财富不能在亲属之间传承。这样的做法是不正确的。

二、《民法典》规定的法定继承人范围

《民法典》第1127条和第1129条对我国的法定继承人范围作出了规定。我国法定继承人范围如下。

（一）配偶

配偶，是指合法婚姻关系存续期间一方对另一方的称谓，夫以妻为配偶，妻以夫为配偶。在继承法中，配偶特指在被继承人死亡时没有离婚且尚生存的配偶。

对于配偶的继承权，采取男女平等主义，只是近代法律思想的产物。当代各国继承法对配偶的继承权有两种立法例：一是配偶为无固定顺序的法定继承人，在继承时根据继承法的规定与其他继承人按一定比例获得应继份；二是配偶为固定顺序继承人，我国继承法采取此立法例，将配偶规定为第一顺序继承人。

配偶是共同生活的伴侣，共同生活、协力同心、互相关心、相互照顾，当夫妻一方死亡时，无论是从家庭经济关系方面看，还是从被继承人的意志方面看，配偶都应当是法定继承人。不过，将配偶直接规定为第一顺序的继承人存在较多的弊病，应当采用第一种立法例。①

作为继承人的配偶必须在被继承人死亡时与被继承人之间存在合法婚姻关系，在被继承人死亡时已经解除婚姻关系的，不为被继承人的配偶，不得享有继承权。一方已经提起离婚，或法院一审已判决离婚，但判决尚未生效时一方死

---

① 参见杨立新、和丽军：《我国配偶法定继承的零顺序改革》，载《中州学刊》2013年第1期。

亡，另一方是否仍然享有继承权，有的学者认为赋予另一方继承权既违反死者遗愿，也不符合我国的民族传统和伦理习惯，建议参考《德国民法典》第1933条关于排除生存配偶的继承权和先取权的规定。① 笔者认为，只要夫妻双方尚未解除婚姻关系，即使在离婚诉讼中，或法院已经作出双方离婚的判决但发生效力前死亡的，另一方仍享有继承对方遗产的权利。

《民法典》规定了无效婚姻和可撤销婚姻。对于无效或可撤销的婚姻，已经宣告无效或者予以撤销，即自始无效，当事人不具有夫妻的权利和义务。在无效或被撤销的婚姻中的配偶不属于继承法所称的配偶，一方死亡，另一方对其遗产不享有继承权。

确定配偶为法定继承人，还有三个问题需要研究。

1. 事实婚姻的当事人

对于未按《民法典》有关规定办理结婚登记而以夫妻名义共同生活的男女，当一方死亡时，另一方可否以配偶身份主张享有继承权，大陆法系一般认为配偶欲获得继承权，必须以被继承人死亡时婚姻关系存在为要件，配偶继承权的规定于事实上夫妻无适用余地。② 我国学者有不同的观点。③ 根据《最高人民法院关于适用〈中华人民共和国民法典〉婚姻家庭编的解释（一）》第7条规定的原则，未按《民法典》第1049条规定办理结婚登记而以夫妻名义共同生活的男女，同居期间一方死亡的，若双方同居关系发生在1994年2月1日民政部《婚姻登记管理条例》公布实施以前，男女双方已经符合结婚实质要件，双方成立事实婚姻关系，则生存的一方可以配偶身份对另一方的遗产主张继承权；若双方同居关系发生在1994年2月1日民政部《婚姻登记管理条例》公布实施以后，男女双方符合结婚实质要件，且双方后来补办了结婚登记，则另一方当然得以配偶身份继承对方的遗产，而未补办结婚登记的，另一方对死亡一方的遗产不得以配偶身份主张享有继承权。

---

① 参见张玉敏：《继承制度研究》，成都科技大学出版社1994年版，第246页；张家骥、天野：《配偶法定继承顺序安排的价值取向与利益诉求》，载《南通大学学报》2019年第2期，第84页。
② 参见陈棋炎等：《民法继承新论》，三民书局2000年版，第48页。
③ 详见房绍坤等：《继承法》，法律出版社1999年版，第62页。

2. 准婚姻关系的当事人

准婚姻关系与事实婚姻关系有严格区别，并非同一性质。在准婚姻关系当中，同居的双方当事人之间不是亲属，不发生配偶的身份地位，也不发生配偶的权利与义务关系，因而不属于法定继承人的范围，他们之间不产生继承关系，不得相互继承遗产。

3. 同性婚姻关系和同性性伴侣关系的当事人

我国不承认同性婚姻关系和同性性伴侣关系，即使同性双方同居，也不发生亲属关系，相互之间不享有继承权，一方死亡，另一方不能继承其遗产。

（二）子女

子女作为被继承人的最近的直系卑亲属，被规定为第一顺序法定继承人，但关于子女范围的界定并不一致。有的国家仅规定婚生子女的继承权，或虽规定非婚生子女的继承权却有种种限制——有的必须经过准正程序，有的规定继承份额仅为婚生子女的1/2。我国《民法典》第1127条第3款规定："本编所称子女，包括婚生子女、非婚生子女、养子女和有扶养关系的继子女。"这种规定比较全面、合理。

1. 婚生子女

婚生子女不论是随母姓还是随父姓，不论是已婚还是未婚，也不论结婚后是到男方家落户还是到女方家入赘，都有继承父母遗产的权利。根据继承法对胎儿继承利益的特殊保护，不仅于父母死亡前出生的子女有继承权，而且于父亲死亡前已受孕在其父亲死亡后活着出生的子女有继承权。

2. 非婚生子女

虽然非婚生子女的父母之间的两性关系是非法和不道德的，应当受到道德谴责，但非婚生子女的出生只能是父母的过错，而非婚生子女对此完全是无辜的，应当与婚生子女受到同等的法律保护。

在现实生活中，剥夺非婚生子女继承权的现象较多发生，应当在司法实践中特别加以注意。非婚生子女的出生是父母的过错，但他们是无辜的，其继承权应当充分予以保护。

3. 养子女

收养关系一经成立，养子女便取得同婚生子女同等的法律地位，当然有权继承养父母的遗产。由于其与生父母间的权利与义务关系已经解除，在与生父母的权利与义务关系未恢复前，养子女无权继承生父母的遗产。针对收养人与被收养人年龄差距很大，以养祖父母与养孙子女名义生活的，在继承中应当视为养父母与养子女关系进行继承。《最高人民法院关于适用〈中华人民共和国民法典〉继承编的解释（一）》第10条规定："被收养人对父母尽了赡养义务，同时又对生父母扶养较多的人，除可以依照民法典第一千一百二十七条的规定继承养父母的遗产外，还可以依照民法典第一千一百三十一条的规定分得生父母适当的遗产。"

4. 有扶养关系的继子女

有扶养关系的继子女有双重继承权，既可以继承继父母的遗产，还可以继承其生父母的遗产。《最高人民法院关于适用〈中华人民共和国民法典〉继承编的解释（一）》第11条规定："继子女继承了继父母遗产的，不影响其继承生父母的遗产。""继父母继承了继子女遗产的，不影响其继承生子女的遗产。"对于"有扶养关系"的概念，我国法律没有作出明确规定，也没有具体的衡量标准，造成实务中对此的认定难以统一。有的学者主张，在判定扶养关系时，应综合考虑双方共同生活的时间、家庭成员之间的身份认可程度、家庭生活的融入度、对子女的抚养支出等因素。[①] 如何认定有扶养关系，应由法官根据各方面的因素综合考虑、自由裁量，规定一个固定的标准可能缺乏灵活性。

5. 利用人工辅助生殖技术生育的子女

随着科学技术的发展，采用人工授精、试管婴儿、代孕等人工辅助生殖技术生育的子女越来越多。为保障利用人工辅助生殖技术生育的子女的继承权，应保障他们享有平等继承权。

（三）父母

父母作为被继承人最直接的直系尊血亲，也是子女最亲近的尊亲属，由于父

[①] 参见王葆莳：《论继父母子女之间的法定继承权——〈民法典〉第1072条和第1127条解释论》，载《法学》2021年第9期，第136页。

母子女之间具有最密切的人身关系和财产关系,各国均对其继承权作出了规定。根据权利与义务对等原则,子女有权继承父母的遗产,父母也有权继承子女的遗产。《民法典》第1070条规定:"父母和子女有相互继承遗产的权利。"

在立法例中,大多数国家未对父母的范围加以明确界定,一般仅以生父母为限,其实应当包括生父母、养父母和有扶养关系的继父母。我国《民法典》第1127条第4款明确地规定:"本编所称父母,包括生父母、养父母和有扶养关系的继父母。"

1. 生父母

生父母对其亲生子女有继承权,不论该子女为婚生子女还是非婚生子女。但亲生子女已由他人收养的,在收养关系解除前,生父母不得继承该子女的遗产。即使在收养关系解除后,若被收养的子女未与生父母恢复法律上的权利与义务关系,生父母对该子女的遗产依然无继承权。

2. 养父母

养父母的继承权以收养关系的存在为前提,在养子女死亡前已经解除收养关系的,不论解除收养关系的原因为何,也不论解除收养关系的被继承人是否与其生父母恢复权利与义务关系,收养人均无权继承其遗产。

3. 继父母

继父母对继子女的遗产是否享有继承权,应依是否相互形成扶养关系而定,只有形成扶养关系的继父母才有继承权。继父母与继子女形成了扶养关系,相互间产生法律上的权利与义务关系,继父母有权继承其继子女的遗产。若继父母与继子女之间只存在名义上的关系,并未形成实际上的扶养关系,则继父母无权继承继子女的遗产。《最高人民法院关于适用〈中华人民共和国民法典〉继承编的解释(一)》第11条第2款规定:"继父母继承了继子女遗产的,不影响其继承生子女的遗产。"

(四)兄弟姐妹

兄弟姐妹是被继承人最近的旁系血亲,兄弟姐妹一般都在家庭中共同生活多年,生活上相互照顾,经济上互相帮助,精神上相互慰藉,而且有负担能力的兄

姐，对于父母已经死亡或父母无力抚养的弟妹有抚养的义务，因而兄弟姐妹间有相互继承的权利。《民法典》规定兄弟姐妹为第二顺序继承人，第 1127 条第 5 款明确规定："本编所称兄弟姐妹，包括同父母的兄弟姐妹、同父异母或者同母异父的兄弟姐妹、养兄弟姐妹、有扶养关系的继兄弟姐妹。"

兄弟姐妹的范围界定为：一是同父母的兄弟姐妹，二是同父异母或者同母异父的兄弟姐妹，三是养兄弟姐妹，四是有扶养关系的继兄弟姐妹。至于堂兄弟姐妹和表兄弟姐妹，不属于继承法上的兄弟姐妹范畴，相互间不享有继承权。

1. 有血缘的兄弟姐妹

有血缘的兄弟姐妹，包括全血缘的兄弟姐妹与半血缘的兄弟姐妹。同父母的兄弟姐妹具有全血缘关系，互为继承人。同父异母或同母异父的兄弟姐妹具有半血缘关系，对其继承权有不同于同父母的兄弟姐妹的规定，有的国家对同父异母或同母异父的兄弟姐妹规定虽有继承权，但继承份额仅是同父母的兄弟姐妹的一半。

在我国，无论是全血缘还是半血缘的兄弟姐妹，毕竟存在血缘关系，他们之间相互继承遗产的权利是这种血缘关系的必然结果。根据继承权平等原则的要求，赋予兄弟姐妹间平等的继承权，不应当存在继承份额上的差异。

2. 养兄弟姐妹

收养关系产生拟制血缘关系，亲生子女与养子女及养子女相互间也是兄弟姐妹，互有继承权，法律没有将其排除在外的理由。只要收养关系不解除，养兄弟姐妹之间的法律地位如同同胞兄弟姐妹的法律地位，相互有继承遗产的权利。由于被收养人已与亲兄弟姐妹间的权利与义务关系因收养而解除，不能再继承亲兄弟姐妹的遗产。《最高人民法院关于适用〈中华人民共和国民法典〉继承编的解释（一）》第 12 条规定："养子女与生子女之间、养子女与养子女之间，系养兄弟姐妹，可以互为第二顺序继承人。""被收养人与其亲兄弟姐妹之间的权利义务关系，因收养关系的成立而消除，不能互为第二顺序继承人。"

3. 继兄弟姐妹

在现代各国法中，大多不承认继兄弟姐妹间的继承权，认为继兄弟姐妹间是

姻亲关系而非血缘关系。我国学者认为形成扶养关系的继兄弟姐妹在实际生活中是很少见的，主张不把他们作为法定继承人，而是赋予他们遗产酌给请求权，按《继承法》第 14 条的规定取得遗产。①笔者认为，继兄弟姐妹间虽没有血缘关系，但由于其父母再次结婚而形成姻亲关系，并且形成扶养关系的继兄弟姐妹间产生了权利与义务关系，形成扶养关系的继兄弟姐妹间应当相互有继承权。《最高人民法院关于适用〈中华人民共和国民法典〉继承编的解释（一）》第 13 条规定："继兄弟姐妹之间的继承权，因继兄弟姐妹之间的扶养关系而发生。没有扶养关系的，不能互为第二顺序继承人。""继兄弟姐妹之间相互继承了遗产的，不影响其继承亲兄弟姐妹的遗产。"这一规定比较科学、合理。

（五）祖父母、外祖父母

祖父母、外祖父母与孙子女、外孙子女之间是除父母子女以外的最近的直系血亲，彼此间的血缘联系密切，在现实生活中，祖父母、外祖父母与孙子女、外孙子女共同生活，彼此间形成抚养、赡养关系的十分普遍。在国外立法例中，有的直接将祖父母规定为一个独立顺序继承人，有的将祖父母规定为与父母同为尊亲属的继承顺序。我国《民法典》第 1127 条将祖父母与外祖父母规定为第二顺序法定继承人。

（六）对公婆或岳父岳母尽了主要赡养义务的丧偶儿媳或丧偶女婿

《民法典》第 1129 条规定："丧偶儿媳对公婆，丧偶女婿对岳父母，尽了主要赡养义务的，作为第一顺序继承人。"这一规定在各国立法中是没有先例的，是唯一将姻亲（血亲的配偶和配偶的血亲）规定为法定继承人的做法，为我国继承法所独有，称得上具有中国特色，受到一些好评，被有的学者认为是我国继承法在继承人顺序上的一个突出特色，也是对新中国成立以来司法实践的总结和发展。②不过，对于这样的立法，有的专家也提出质疑的意见，在编纂《民法典》时，有的专家建议改变这样不符合继承法传统的规定，采用适当分得遗产的方法解决。立法机关仍然坚持这样规定。

---

① 参见张玉敏：《继承制度研究》，成都科技大学出版社 1994 年版，第 253 页。
② 参见何勤华等主编：《中华人民共和国民法史》，复旦大学出版社 1999 年版，第 313 页。

依照《民法典》的规定,儿媳或女婿继承公婆或岳父母的遗产,应当具备一定的条件。

1. 存在丧偶的情形

儿媳与公婆、女婿与岳父母之间是姻亲关系,他们之间没有相互扶养、赡养的权利和义务。如果丈夫或妻子在世,儿媳或女婿对公婆或岳父母进行赡养被认为是代丈夫或妻子履行义务,符合传统和伦理。若公婆或岳父母死亡,基于夫妻关系存续期间一方继承的遗产为夫妻共同财产的规定,儿媳或女婿可以通过在世的丈夫或妻子参加继承实际上获得遗产。因此,只有发生丧偶时,儿媳或女婿才有可能以自己的名义作为继承人继承公婆或岳父母的遗产。至于丧偶儿媳或女婿是否再婚,在所不问。

2. 丧偶儿媳或女婿对公婆或岳父母尽了主要赡养义务

这是儿媳或女婿取得继承权的必备条件。《最高人民法院关于适用〈中华人民共和国民法典〉继承编的解释(一)》第19条明确地规定:"对被继承人生活提供了主要经济来源,或者在劳务等方面给予了主要扶助的,应当认定其尽了主要赡养义务或主要扶养义务。"

儿媳或女婿只要符合这两个条件,就可以作为第一顺序继承人参与继承,取得遗产,而且不论有无代位继承人代位继承。《最高人民法院关于适用〈中华人民共和国民法典〉继承编的解释(一)》第18条规定:"丧偶儿媳对公婆、丧偶女婿对岳父母,无论其是否再婚,依照民法典第一千一百二十九条规定作为第一顺序继承人时,不影响其子女代位继承。"

三、对法定继承人范围的完善

我国社会主义市场经济发展、家庭结构不断发生变化,使我国现行法规定的法定继承人范围并不完全适应我国当前的社会现实,《民法典》虽然有所改进,但是仍然需要继续进行改革。在我国现有法定继承人范围的基础上,对我国法定继承人范围的改革有以下建议。

(一) 四亲等以内的其他直系或者旁系血亲增列为法定继承人

虽然现代各国继承立法对法定继承人的范围呈现出由宽到窄的趋势，尽量缩小法定继承人的范围，但我国《民法典》规定的法定继承人范围是世界上最窄的。提出适当扩大法定继承人范围的意见基于以下理由：第一，继承应坚持尽量不将遗产收归国家所有的原则，法定继承人的范围不能过窄。第二，赋予四亲等以内的亲属有第三顺序法定继承权，同我国的历史传统习惯及现实生活相适应。[①] 在我国历史上，叔、伯、姑、舅、姨、侄子女、甥子女等之间是可以相互继承遗产的。在当前实际生活中，在农村客观存在未成年人在父母死亡后由叔伯、姑姑或舅舅、姨妈扶养，有些孤寡老人由侄子、侄女扶养。第三，一些国家的继承人范围有扩大的趋势[②]，我国增加第三顺序与此趋势相适应。第四，我国社会生活的现状要求增加继承人的范围。随着我国计划生育政策的贯彻推行，多数地区一个家庭只能生育一胎，虽然目前有所放开，但是不愿意生孩子或者少生孩子的夫妇大量存在，我国未来家庭组成大多数是"四二一"模式，也就是四个老人，一对中青年夫妇，一个孩子，导致法定继承人的实际范围大大减少，如果坚持较窄的法定继承人范围极易造成被继承人遗产无亲属继承的情形。因此，建议《民法典》将来增列四亲等以内的亲属为第三顺序法定继承人。

四亲等以内的其他直系或者旁系血亲包括被继承人的曾祖父母、外曾祖父母、伯父、叔父、舅父、姑母、姨母、堂兄弟姐妹、表兄弟姐妹、侄甥子女、侄孙甥子女等。四亲等以外的其他直系或者旁系血亲作为继承人继承的情形，实际上很少发生。

我国法定继承人范围过窄的问题，在两部民法典学者建议稿中都作出了探讨。[③] 而且有的学者建议增加"兄弟姐妹、祖父母、外祖父母之晚辈直系血亲和

[①] 参见杨震：《我国法定继承人范围与顺序的历史检验与当代修正》，载《四川大学学报（哲学社会科学版）》2018年第1期，第166页。
[②] 参见《韩国民法典 朝鲜民法》，金玉珍译，北京大学出版社2009年版。
[③] 参见梁慧星教授主持起草的民法典建议稿1847条、王利明教授主持起草的民法典建议稿第564条。

更远亲等的血亲（如曾祖父母等）及其晚辈直系血亲"为法定继承人。[①] 有的学者建议明确"叔、伯、姑、舅、姨、侄子、侄女、外甥、外甥女"为法定继承人。[②] 我国法定继承人范围的扩张是一个趋势，虽然现有的法定继承人范围已经存在多年，具有很大的社会惯性，编纂《民法典》继承编没有改变这一现状，仅仅增加了兄弟姐妹的子女的代位继承人地位，仍然不符合我国的社会生活习惯以及风俗传统，尚未科学地确立我国的法定继承人范围。

（二）丧偶儿媳与丧偶女婿宜排除在法定继承人范围之外

《民法典》赋予对公婆尽了主要赡养义务的丧偶儿媳或对岳父母尽了主要赡养义务的丧偶女婿第一顺序继承人的地位，使其参加继承，获得遗产。这样的规定还是值得商榷的。

继承权是基于特定身份而享有的财产权利，继承人享有继承权必须与被继承人存在一定的亲属身份关系。虽然各国关于这一亲属身份关系的范围规定不尽相同，但都公认须是与被继承人关系最亲密的亲属，而姻亲从来不在其中，这也是古今中外继承法所信守的法则。儿媳与公婆、女婿与岳父母毕竟不存在血缘关系，只是姻亲，而非血亲，应当不发生继承问题，规定其为第一顺序继承人与法定继承人以血缘关系为基础相悖，会破坏整个继承法的体系。

《继承法》第12条作此规定的立法理由，王汉斌在《关于〈中华人民共和国继承法〉（草案）的说明》中认为："丧偶儿媳赡养公、婆直至其死亡，丧偶女婿赡养岳父、岳母直至其死亡，为第一顺序继承人。这些规定都是为了有利于更好地赡养老人。"这一立法理由缺乏说服力。《继承法》作此规定，立法意旨在于通过赋予丧偶儿媳与女婿继承权以激励其赡养老人，但因儿媳对公婆、女婿对岳父母无论其丧偶与否，在法律上都无赡养义务。如此规定，实际上是将本应由道德规范调整的问题纳入了法律规范调整的范围，是立法上的失误。为达到赡养老

[①] 参见王泽宇、张广宏：《浅谈我国〈继承法〉中法定继承的修改》，载《黑龙江省政法管理干部学院学报》2001年第1期。

[②] 参见王歌雅：《〈民法典·继承编〉：编纂争议与制度抉择》，载《法学论坛》2020年第1期，第119页；李欣：《法定继承人范围规定的弊端及立法刍议》，载《佳木斯大学社会科学学报》2005年第2期。

人、淳化社会风俗的目的，完全可以借助另一路径，如丧偶儿媳对公、婆，丧偶女婿对岳父、岳母，尽了主要赡养义务，形成事实上的扶养关系，可以依《继承法》第 14 条中"继承人以外的对被继承人扶养较多的人，可以分给他们适当的遗产"的规定给予适当补偿。① 有的学者建议，为了强调丧偶儿媳与女婿的特殊身份，强调这种赡养行为的特殊意义，可以规定分给他们的遗产可以比照第一顺序继承人的应得份额，如此既可以坚持继承人资格的确定性和严肃性，又可以坚持权利义务的一致性。② 笔者赞同这种意见。《民法典》继续坚持《继承法》第 12 条的规定，仍然有不妥之处。

（三）孙子女、外孙子女应作为第一顺序继承人

《民法典》未规定孙子女、外孙子女为法定继承人，只规定被继承人的子女的代位继承人地位。对此学者有不同的看法。

将孙子女、外孙子女作为代位继承人，使其通过代位继承遗产，不能全面保护孙子女、外孙子女的继承权，况且按照我国的传统，孙子女、外孙子女在亲属中的地位极为显著，应当作为第一顺序继承人，使孙子女、外孙子女能够在子女不在位时，以第一顺位法定继承人的身份继承祖父母、外祖父母的遗产，以增大孙子女、外孙子女的继承概率。对此，本书将设专节进行讨论。

第三节　法定继承人的继承顺序

一、法定继承人的继承顺序概述

（一）法定继承人继承顺序的概念

法定继承人的继承顺序，又称为法定继承人的顺位，是指法律直接规定的法

---

① 持有这种观点的房绍坤教授。参见房绍坤：《继承制度的立法完善——以〈民法典继承编草案〉为分析对象》，载《东方法学》2019 年第 6 期，第 11 页。

② 参见李红玲：《继承人范围两题》，载《法学》2002 年第 4 期。

定继承人参加继承的先后次序。《民法典》第1127条第1款规定的就是我国的法定继承人继承顺序。

法定继承人皆有一定之继承顺序，顺序在先者有优先继承权，对于顺序在后者，得绝对排除之。[1] 法定继承人的继承顺序关系到各继承人以何地位参加继承，谁有权继承，谁无权继承，谁是合法继承人，谁是不当继承人，可以避免继承中许多不应发生的争议与纠纷，作用非常重要。各国继承立法都在法律条文中对法定继承人的继承顺序加以明确规定，以防滋生纷争。

（二）法定继承人继承顺序的特征

法定继承开始后，法定继承人按照继承法规定的继承顺序参加继承，即先由前一顺序的继承人继承，没有前一顺序的继承人继承时，才由后一顺序的继承人继承。法定继承人的继承顺序具有以下特征。

1. 法定性

法定继承人继承顺序的法定性，是指法定继承人的具体继承顺序是由法律根据继承人与被继承人之间关系的亲疏程度直接规定的，不是由当事人自行决定的。这同遗嘱继承不同。在遗嘱继承中，遗嘱继承人参加继承无先后次序之分，而是按照被继承人遗嘱的指定直接参加继承。

2. 强行性

法律确定法定继承人参加继承的先后次序的目的是保护不同地位的法定继承人的继承利益。在适用法定继承方式时，对于法律规定的继承顺序，任何人、任何机关都不得以任何理由改变，即使被继承人本人也无权改变。即使前一顺序的继承人也不得变更自己的顺序而作为后一顺序的继承人参加继承。换言之，继承人只可以放弃继承权但不能放弃自己的继承顺序。此外，"随意改变法定继承人的继承顺序，势必破坏法定继承方式，并给处于优先继承顺序的法定继承人的合法利益带来损害，并导致继承纠纷的发生，给社会秩序造成消极影响"[2]。

---

[1] 参见罗鼎：《继承法要论》，大东书局1947年版，第37页。
[2] 刘素萍主编：《继承法》，中国人民大学出版社1988年版，第212页。

3. 排他性

在法定继承中,继承人只能依法定的继承顺序依次参加继承,前一顺序的继承人总是排斥后一顺序的继承人继承。只要有前一顺序的继承人继承,后一顺序的继承人就不能取得和实现继承既得权,无权主张继承遗产。只有在没有前一顺序的继承人,或者前一顺序的继承人全部放弃继承或全部丧失继承权,或者前一顺序的继承人部分丧失继承权,其余的继承人全部放弃继承的情况下,后一顺序的继承人才有权参加继承。[①]

4. 限定性

法定继承为遗产继承的两种基本方式之一,法定继承人的继承顺序只限定在法定继承中适用,各法定继承人须按照法律规定的继承顺序依次取得被继承人的遗产。而在遗嘱继承中,遗嘱继承人不受法定继承人的继承顺序的限制,遗嘱人得于遗嘱中指定由后一顺序的继承人继承遗产,而不由前一顺序的继承人继承。

(三)法定继承人继承顺序的确定

1. 确定法定继承人继承顺序的因素

法定继承人的继承顺序不纯粹是一个立法技术问题,还涉及具体国情,历史、文化、宗教、民族特点、风俗习惯的差异,也决定了规定法定继承人的继承顺序上的差异。综观当今世界各国继承立法关于法定继承人继承顺序的规定,虽颇有差异,但确定法定继承顺序不外乎以下因素。

(1)血缘关系

被继承人与继承人之间血缘关系的远近,决定了被继承人与继承人之间的亲疏程度。与被继承人血缘关系近者,继承顺序在先;与被继承人血缘关系远者,继承顺序在后。

(2)婚姻关系

配偶是由婚姻产生的亲属关系,是家庭中的基本成员,相互间关系极为密切,当然得为法定继承人的一个顺序。各国继承立法都把配偶列入继承顺序,说明了婚姻关系在决定继承顺序方面的重要性。

[①] 参见郭明瑞等:《继承法》(第2版),法律出版社2004年版,第107页。

第三节　法定继承人的继承顺序

(3) 被继承人与继承人间相互扶养关系的亲疏

这既包括婚姻法规定的相互扶养的权利与义务关系，也包括亲属间事实上的扶养关系。被继承人与继承人间扶养关系近者，继承顺序在先；扶养关系远者，继承顺序在后。在特定情形下扶养关系甚至起着决定性的作用。

(4) 民族传统与习俗

"民族传统与习俗，在确定法定继承人的顺序方面也起着一定的作用。由于各国家、各民族的习俗不同，因此在确定继承顺序方面也有差异。"[①]

2. 确定法定继承人继承顺序的亲属类型

在法定继承人的继承顺序确定上，各国都是从以下两个方面作出规定的。

(1) 配偶

各国继承立法在对待配偶的继承顺序上有两种做法：一是将配偶列入一定的继承顺序，如我国《民法典》将配偶规定为第一顺序继承人；二是将配偶继承人单列，没有固定的继承顺序，而将血亲继承人依据亲疏划分为若干顺序，配偶得与任何一个顺序血亲继承人一同继承遗产，只不过其应继份因血亲继承人的顺序不同而不同。

(2) 血亲属

在确定血亲属的继承顺序及地位方面，各国的继承立法有的依照亲系继承制确定，有的依照亲等继承制确定，还有的兼采这两种方法。[②]

二、我国法定继承人的继承顺序

《民法典》第 1127 条只规定了两个继承顺序，即第一顺序是配偶、子女、父母，以及对公婆或岳父母尽了主要赡养义务的丧偶儿媳或女婿，第二顺序是兄弟姐妹、祖父母与外祖父母。

---

① 刘春茂：《中国民法学·财产继承》，中国人民公安大学出版社 1990 年版，第 242 页。
② 参见刘文：《继承法比较研究》，中国人民公安大学出版社 2004 年版，第 119 页。

（一）配偶、子女、父母为第一顺序法定继承人

1. 配偶

配偶，是因婚姻关系的成立和存续而形成的夫妻之间的亲属身份关系，他们之间虽无血缘关系，但相互之间感情最为密切，在经济上一般不分彼此，对财产共有，在精神上相互慰藉，相互扶持，为终身的伴侣和依靠。婚姻家庭法明确规定夫妻之间有相互扶助的义务。《民法典》认为，无论从亲属身份关系的亲疏程度上，还是从扶养关系的密切程度上，将配偶作为第一顺序法定继承人乃理所当然，也体现了配偶在家庭中的地位和他们之间的密切关系。

2. 子女

古今中外，子女都是第一顺序法定继承人。自罗马法以降，许多国家的法律还明确规定，父母没有正当的理由不能剥夺、取消子女的继承权。实际上，子女和父母是最近的血亲，关系最为密切，在经济关系上，父母子女之间互负扶养的义务；从所有人处分身后财产的意志来看，父母总是愿意把财产留给自己的子女，以达财产传承的目的；现代各国继承立法都把子女作为第一顺序法定继承人。

《民法典》规定子女为第一顺序继承人是必要的，只不过在具体语词表述上与国外继承立法有些差异，因为各国继承法一般规定"直系血亲卑亲属"为第一顺序法定继承人，而不是我国继承法规定的"子女"。用"直系血亲卑亲属"表述看起来具有概括性，可能发生顺序上的混乱，但是，由于实行"亲等近者优先"的继承原则，只有直系血亲卑亲属中的子女不能继承时，孙子女、外孙子女等卑亲属才能继承，这样就不必适用代位继承方式解决其他直系血亲卑亲属的继承问题，是更合理的规定。

立法者认为，被继承人的孙子女、外孙子女优先于被继承人的父母继承，与以亲属身份关系的亲疏划分继承顺序的依据相悖，因此，《民法典》坚持以"子女"为第一顺序继承人，对其他直系血亲卑亲属继承权的保护，可以通过代位继承制度来解决。笔者认为这种意见仍然值得斟酌，第一顺序直接规定为"直系血亲卑亲属"更为稳妥，因为遗产向下流转更合理。

第三节 法定继承人的继承顺序

3. 父母

我国历史上受宗祧继承观念的影响，认为继承是男性后裔对父祖的继承，包括父母在内的直系尊亲属不能作为子女等直系卑亲属的继承人，如果子女无后，由父母承受遗产，但遗产承受人与遗产继承人是不同的。①

父母为子女的最近的直系血亲尊亲属，他们无论是在经济上还是在情感上都有极为密切的关系，而且父母子女关系是家庭关系中的基本关系，在亲属身份关系上有相互扶养的义务，所以将父母列为继承人是合适的。

但是，是否应当将父母规定为第一顺序继承人，在各国继承法上规定不同，大多数国家将父母列于子女之后，为第二顺序法定继承人。有的学者主张在我国父母列于子女之后为第二顺序法定继承人更为合适。② 有的学者认为，随着社会经济发展，个人财产逐步增加，我国继承法规定父母为第一顺序法定继承人更有利于对老人的赡养，若将父母规定为子女与配偶之后的第二顺序法定继承人，他们将很难得到子女的遗产。

当前，中国的人口结构已经进入老龄化阶段，据权威部门的统计，截至2023年年底，我国60岁及以上老年人达到29697万人，占总人口的21.1%。③ 老年人口基数大、老龄化速度快，高龄、失能、独居、留守等老年群体不断增多，他们既有机构长期照护的刚性需求，又有依托社区居家便捷享受社会化、专业化服务的殷切期待。预计今后50年，老年人口还将以年均3.2%的速度递增。因而父母的继承权保护越发重要。

不过，在继承中，父母继承子女的遗产毕竟是小概率的事件，遗产向下流转是其基本规律。因此，父母究竟作为第一顺序继承人还是第二顺序继承人，应当认真研究。

(二) 兄弟姐妹、祖父母、外祖父母为第二顺序法定继承人

1. 兄弟姐妹

兄弟姐妹之间为旁系血亲，虽然共同生活于或曾经共同生活于一个家

---

① 参见史尚宽：《继承法论》，中国政法大学出版社2000年版，第55页。
② 参见张玉敏：《继承法律制度研究》，法律出版社1999年版，第208页。
③ 参见民政部、全国老龄办：《2023年度国家老龄事业发展公报》。

庭，但在法律上一般没有相互扶养、帮助的权利与义务，因此不应为第一顺序法定继承人。但毕竟兄弟姐妹在生活上互相帮助，感情上也很密切，而且在父母双亡或父母无力抚养的情况下，有负担能力的兄、姐对未成年的弟、妹负有扶养的义务，由兄、姐扶养长大的有负担能力的弟、妹，对丧失劳动能力、孤苦无依的兄、姐也负有扶养的义务，将兄弟姐妹列为第二顺序法定继承人比较合理。

2. 祖父母、外祖父母

祖父母、外祖父母与孙子女、外孙子女间为二亲等直系血亲，在通常情况下，子女由父母抚养，祖孙之间不发生权利与义务关系。不过，他们之间相互关系的密切程度虽次于父母子女关系，但也非常密切，如有负担能力的祖父母、外祖父母，对于父母双方已经死亡或者父母双方均丧失抚养能力，或父母一方死亡，另一方确实无能力抚养的未成年孙子女、外孙子女，有抚养的义务；有负担能力的孙子女、外孙子女，对于子女已经死亡或子女确无赡养能力的祖父母、外祖父母，有赡养的义务。基于此，将祖父母、外祖父母规定为第二顺序法定继承人也是比较合理的。

（三）对公婆、岳父母尽了主要赡养义务的丧偶儿媳、女婿视为第一顺序继承人

《民法典》第1129条规定："丧偶儿媳对公婆，丧偶女婿对岳父母，尽了主要赡养义务的，作为第一顺序继承人。"

三、法定继承人继承顺序的完善

（一）学者对我国法定继承人继承顺序的立法建议

有学者曾认为：我国的继承顺序虽比较简单，但每个顺序中的法定继承人范围较大，不至于造成近亲属在继承问题上互相排斥，有利于建立新型的家庭关系和发挥家庭职能，不至于造成遗产分配过于集中的现象；配偶固定在第一顺序中，体现了配偶在家庭中的地位和他们之间的密切关系。[①] 但是，由于社会经济

[①] 参见侯放：《继承法比较研究》，澳门基金会1997年版，第53-54页。

第三节 法定继承人的继承顺序

的发展变化，当前我国与《继承法》制定时的社会生活相比也出现了很大改变，《民法典》第1127条只规定两个继承顺序显然过少，应当结合我国的现实情况，对法定继承人的继承顺序进行完善。

在法定继承人继承顺序的完善方面，我国许多学者提出了建议。

有的学者认为我国法定继承人的继承顺序是：第一顺序为配偶、子女、父母。第二顺序为兄弟姐妹、祖父母、外祖父母。第三顺序为四亲等以内的其他直系或者旁系血亲。[①]

有的学者主张法定继承按下列顺序进行：第一顺序为子女及其直系卑血亲。第二顺序为父母。第三顺序为兄弟姐妹及其子女。第四顺序为祖父母、外祖父母。配偶可以和任一顺序的血亲继承人共同继承。[②]

(二) 有关我国法定继承人继承顺序完善的争议

具体分析有关我国法定继承人继承顺序完善的争议，主要集中在两个方面。

1. 配偶的继承顺序问题

关于配偶继承顺序的争论，主要集中在配偶是否作为一个固定的继承顺序参加继承上，这实际上也是关于配偶继承顺序两种立法例的借鉴的问题。

在法定继承中，将配偶以固定顺序规定为第一顺序，存在的问题是会造成剥夺其他继承人继承权的后果。在法定继承中，配偶一方死亡，没有子女也没有父母，第一顺序继承人就只有配偶一人，不论第二顺序继承人有多少，都不会发生第二顺序的继承问题，因此，死者的遗产就被配偶一人全部继承，等于在事实上剥夺了第二顺序继承人的继承权。

修订我国的法定继承人的继承顺序，应当采纳配偶的法定继承顺序不固定，即采用"零顺序"，即当存在一定顺序的血缘亲属时，配偶不得独自继承遗产，而是依序与在先顺序的血亲继承人一并继承，只有当某几个顺序的血亲继承人都不存在时，配偶才能独自继承遗产。[③]

[①] 参见梁慧星：《中国民法典草案建议稿附理由》(侵权行为编·继承编)，法律出版社2004年版，第156页。

[②] 参见陈苇等：《我国法定继承制度的立法构想》，载《现代法学》2002年第3期。

[③] 参见杨立新、和丽军：《我国配偶法定继承的零顺序改革》，载《中州学刊》2013年第1期。

2. 扩张后的继承人的继承顺序

面对我国法定继承人范围过窄、法定继承顺序过少的问题，扩大法定继承人的范围，增加和改善法定继承顺序势在必行。

在扩张和改善《民法典》的法定继承人的范围方面，意见比较一致，但在扩张的具体范围上不尽一致。有的学者主张将兄弟姐妹的子女扩张为法定继承人①，有的学者主张四亲等以内的其他直系或者旁系血亲为法定继承人。②

笔者赞同增列四亲等以内的其他直系或旁系血亲为法定继承人，同时改变现在的继承顺序。

经过几十年严格的计划生育政策的实施，我国的家庭结构与以前相比发生了重大变化，现代家庭一般为独生子女家庭，家庭的构成呈现简化的态势，亲属身份关系也趋向简单，这决定了在我国未来很容易出现被继承人死亡时没有目前规定的第一、第二顺序继承人的情形。而作为私法的继承法应当贯彻尽量不将私人财产收归国家所有的原则，如果未来民法的法定继承人范围与顺序继续沿用《民法典》的现行规定，势必会出现大量被继承人的遗产因无继承人继承而收归国有的情况。

为了与我国家庭结构职能的发展趋势相适应，对法定继承人的继承范围与顺序应当进行扩展。在现实生活中，叔侄、姑侄、舅甥、姨甥等之间生活上相互扶助的大有人在，应当将被继承人的曾祖父母、外曾祖父母、伯父、叔父、舅父、姑母、姨母、堂兄弟姐妹、表兄弟姐妹、侄甥子女、侄甥孙子女等列为法定继承人，但鉴于列举方式存在缺陷，应当以概括的方式规定法定继承人的第三顺序、第四顺序、第五顺序以亲等来划分，限制在四亲等③之内。

法定继承人分为五个顺序，分别为：

第一顺序：子女及其晚辈直系卑血亲。

第二顺序：父母。

---

① 参见陈苇等：《我国法定继承制度的立法构想》，载《现代法学》2002年第3期。
② 参见王歌雅：《〈民法典·继承编〉：制度补益与规范精进》，载《求是学刊》2020年第1期，第100页。
③ 我国现在亲属法中虽不存在亲等制度，但亲等制度在当今各国亲属法中被大量采用，而且许多学者建言在我国未来民法典中规定亲等制度。

第三顺序：兄弟姐妹。

第四顺序：祖父母、外祖父母。

第五顺序：其他四亲等以内的近亲属。

配偶为无固定顺序的法定继承人。

继承开始后，遗产由第一顺序继承人继承，其后顺序继承人均不参与继承。没有前一顺序继承人继承的，由后一顺序的继承人继承。

配偶的继承顺序不固定，依序与第一、第二、第三顺序继承人一并继承。①

第四节 代位继承

《民法典》第1128条规定："被继承人的子女先于被继承人死亡的，由被继承人的子女的直系晚辈血亲代位继承。""被继承人的兄弟姐妹先于被继承人死亡的，由被继承人的兄弟姐妹的子女代位继承。""代位继承人一般只能继承被代位继承人有权继承的遗产份额。"与该条规定相对应的是《继承法》第11条规定："被继承人的子女先于被继承人死亡的，由被继承人的子女的晚辈直系血亲代位继承。代位继承人一般只能继承他的父亲或者母亲有权继承的遗产份额。"对照比较，《继承法》规定代位继承只是被继承人的子女的晚辈直系血亲的代位继承，范围比较窄，《民法典》增加第2款，规定了被继承人的兄弟姐妹的子女的代位继承，扩大了代位继承的范围，有利于遗产在旁系血亲中的流转。

一、代位继承的概念和沿革

（一）代位继承的概念

代位继承是指被继承人的子女先于被继承人死亡时，由被继承人子女的直系

---

① 持有相同观点的，还有陈苇、董思远：《民法典编纂视野下法定继承制度的反思与重构》，载《河北法学》2017年第7期，第19页。对于配偶的法定继承顺序，本章有专节进行讨论。

晚辈血亲代替先亡的被继承人的子女，以及被继承人的兄弟姐妹的子女代替先亡的被继承人的兄弟姐妹，继承被继承人遗产的法定继承制度。

在代位继承中，被继承人的子女或者兄弟姐妹为被代位继承人，承继应继份的被继承人子女的直系晚辈血亲，或者被继承人的兄弟姐妹的子女，为代位继承人。应继份，是指各继承人对于遗产上一切权利与义务所得继承之成数或分率。①

（二）代位继承的沿革

代位继承是各国继承法的一项重要法定继承制度，其渊源甚早。

在罗马法时代，代位继承就已经出现。在生产力有所提高，大家庭的所有制被小家庭的私有制取代之后，血亲继承渐占主要地位，被继承人遗留的财产即按照感情疏密、亲等远近而定其继承的顺序，先由第一亲等的亲属继承，第一亲等的亲属中有先于被继承人死亡，或丧失继承权的，第二亲等的亲属代替他们来继承，但是，以第一亲等的亲属生前没有放弃继承权为条件，因为应推定被继承人对其直系晚辈血亲有同等的感情，特别在子女中有先死亡的，其所遗留的年幼尚不能自行谋生的儿童，更有予以照顾的必要。②起初，在罗马法中只是先死亡或受家父权免除者之子，承继父之应继份，后来，代位继承扩展到旁系亲属间。

日耳曼法最初没有代位继承制度，受罗马法的影响，在中世纪才确立了代位继承制度。

现代世界各国继承法大多规定了代位继承制度。这从一个侧面反映了代位继承制度是一种具有蓬勃生命力的制度。

关于代位继承的发生原因，有三种不同的立法例：

一是以被代位继承人先于被继承人死亡为代位继承发生的唯一原因。《法国民法典》属于这种类型，第744条第1款规定："对健在的人，不得替代其为代位继承，代位继承仅得对已去世的人设置。"

二是被代位继承人先于被继承人死亡和丧失继承权，都可以引起代位继

---

① 参见罗鼎：《继承法要论》，大东书局1947年版，第38页。
② 参见周枏：《罗马法原论》（下），商务印书馆2001年版，第476页。

承[①]，日本、韩国、意大利等国民法属于这一类型。

三是被代位继承人先于被继承人死亡、丧失继承权和抛弃继承权，均发生代位继承。德国、瑞士等国民法属于这种类型。

《继承法》采用第一种类型，《民法典》继续沿袭这样的做法。

代位继承仅限于被代位继承人先于被继承人死亡一种情形，失之过窄，不利于代位继承公平与育幼价值功能的实现，为了更充分发挥代位继承制度的作用，享有法定继承权的人在继承前死亡或丧失继承权时，都可以发生代位继承，将代位继承的发生原因改采第二种立法例。代位继承界定得更宽一些，使那些享有被继承人的子女在继承前死亡或丧失继承权时，由其直系晚辈血亲代位继承其应继份，社会意义显然更为重要。因此，《最高人民法院关于贯彻执行〈中华人民共和国继承法〉若干问题的意见》第28条关于"继承人丧失继承权的，其晚辈直系血亲不得代位继承"的规定，就值得研究。《最高人民法院关于适用〈中华人民共和国民法典〉继承编的解释（一）》第17条继续规定："继承人丧失继承权的，其晚辈直系血亲不得代位继承。如该代位继承人缺乏劳动能力又没有生活来源，或者对被继承人尽赡养义务较多的，可以适当分给遗产。"可见，现行的代位继承制度还存在改进的余地。

二、代位继承权的性质

（一）界定代位继承权性质的不同学说

代位继承权的性质，主要有固有权说和代表权说两种不同学说。

1. 固有权说

固有权说认为，代位继承人参加继承是自己本身固有的权利，代位继承人是基于自己的权利继承被继承人的遗产，而不是以被代位继承人是否有继承权为转移。依这种学说，只要被代位继承人不能继承，代位继承人就得代位继承，即使

[①] 参见罗鼎：《民法继承论》，上海法学编译社1946年版，第62页。

在被代位继承人丧失继承权或放弃继承权的情况下，代位继承人也得依自己的权利继承被继承人的遗产。在日本及我国台湾地区民法学界此说为通说，而且有的继承立法明确采用了固有权说，如《瑞士民法典》第541条规定，丧失继承权的"无继承资格人的直系血亲，按无继承资格人先于被继承人死亡的情况，继承被继承人的财产"。

2. 代表权说

代表权说又称为代位权说，认为代位继承人继承被继承人的遗产，不是基于自己本身固有的权利，而是代表被代位继承人参加继承，也就是代位继承人是以被代位继承人的地位而取得被代位继承人的应继份的。依这种学说，在被代位继承人丧失继承权或放弃继承权的情况下，不发生代位继承。法国民法采取这一学说，《法国民法典》第739条规定："代位继承为法律的拟制，其效果为使代位继承人取代被代位人的地位、亲等与权利。"

（二）我国立法的立场

《继承法》在代位继承权性质上采取的是代表权说，《民法典》继续坚持这样的立场。

基于《民法典》的规定，学者对代位继承权的性质也大多持代表权说，也有学者主张采取固有权说为妥当，并提出了如下理由论证固有权说的合理性：

第一，按照民法基本法理，自然人的民事权利能力始于出生，终于死亡。自然人死亡，其继承法律地位便不复存在。因此，不管被代位继承人是死亡还是丧失继承权，其代位继承人都不可能代替一个实际上已不存在的法律地位进行继承。代位权说违反民法关于自然人权利能力的基本原理，是不能成立的。

第二，代位权说不能解释，法律为什么规定某些继承人先于被继承人死亡，其直系晚辈血亲可以代位继承，而另一些继承人先于被继承人死亡，其直系晚辈血亲不能代位继承。只有固有权说才能圆满地解释这一问题。按照固有权说，代位继承人本来就是法定继承人范围以内的人，不过，在被代位继承人生存时，按照"亲等近者优先"的继承原则，他（她）们被排斥于继承之外；当被代位继承人先于被继承人死亡或丧失继承权时，他们基于自己的继承人资格和权利，按照

被代位继承人的继承顺序和应继份,直接继承被继承人的财产。法律关于哪些继承人先于被继承人死亡可以发生代位继承的规定,实质上就是关于法定继承人范围的规定。因此,哪些继承人先于被继承人死亡或丧失继承权,其直系晚辈血亲可以代位继承,取决于立法者所确定的法定继承人的范围。

第三,从制度上考察,代位继承是基于亲系继承和按支继承两种继承制度,没有亲系继承和按支继承,就不会有代位继承。亲系继承反映的是某个亲系的血缘亲属应当优先于其他血缘亲属继承的观念,按支继承反映的则是在每一亲系中,应当按支而不是按人分配遗产的观念。基于按支继承制度,某一支中与被继承人亲等最近者先于被继承人死亡,其应继份当然应留在该支内由其直系晚辈血亲代位继承,而不是转归他支。这些制度和观念都证明了固有权说的合理性。①

笔者赞同代位继承权的性质采取固有权说。除基于上述理由外,即使是从《民法典》规定的法定继承人的范围上考虑,也应当采取固有权说。理由是:

第一,《民法典》规定子女为第一顺序法定继承人,而且在第二顺序法定继承人中未将孙子女、外孙子女列为继承人。相比之下,国外立法一般规定直系晚辈血亲为法定继承人,并且实行"亲等近者优先"原则,在前一亲等被继承人的直系晚辈血亲不能继承时,后一亲等被继承人的直系晚辈血亲可以直接继承。在我国现时法律环境下,被继承人的子女的直系晚辈血亲并不是法定继承人,如果采取固有权说,赋予被继承人的子女的直系晚辈血亲固有的代位继承的权利,只要被继承人的子女因死亡或丧失继承权不能继承时,其就有权以固有的权利代位继承,可以在一定程度上弥补我国继承法对孙子女、外孙子女等直系晚辈血亲继承权益保护不足的缺陷。

第二,在国外立法例中,虽然大多认为法国采纳的是代表权说,实际上法国的代位继承权形式上是代表权,但实质上也是固有权。可以说代位继承权采取固有权说为一种趋势。② 总之,只要被继承人的子女先于被继承人死亡,被继承人的子女的直系晚辈血亲就应有权代位继承,这属于代位继承人自己的权利,而不

---

① 参见张玉敏:《代位继承比较研究》,载《中央政法干部管理学院学报》1997年第3期。
② 参见李红玲:《继承人范围两题》,载《法学》2002年第4期。

应依被代位继承人的权利状况而转移。即使先于被继承人死亡的子女有丧失继承权的情形，也不应因此而影响其直系晚辈血亲的代位继承权。因为已死亡父母的违法或犯罪行为，而让子女承担不能继承被继承人遗产的不利后果，与我国继承法律的基本精神未必相符。

三、代位继承的构成要件

代位继承须符合一定的要件才会发生。由于代位继承制度的共通性，代位继承的要件在各国立法上差别不大，但是，由于《继承法》立法时的历史条件、法学理论等因素所限，我国在代位继承的要件方面存在一些欠缺，《民法典》第1128条虽然有所改进，但是仍然存在不足。

我国的代位继承分为两种，下面分别讨论各自的构成要件。

（一）子女的直系晚辈血亲代位继承的构成要件

1. 须被继承人的子女在继承开始前已经死亡

被继承人的子女先于被继承人死亡是代位继承发生的必要条件，只有出现这一条件时，才有可能适用代位继承；被继承人的子女于被继承人死亡后未表示放弃继承或接受继承而死亡的，不适用代位继承，应当适用转继承。这也是代位继承与转继承的根本区别。

被继承人的子女先于被继承人死亡，包括自然死亡和宣告死亡。值得注意的是，如果被继承人的子女与被继承人同时死亡，是否适用代位继承。一般认为，推定同时死亡的，彼此不发生继承，由他们各自的继承人继承，应无适用代位继承的余地[1]，但是，基于代位继承权是代位继承人的固有权利，应当适用代位继承。另外，如果被继承人除子女外，没有其他第一顺序继承人或其他第一顺序继承人放弃继承权或丧失继承权，两个以上的被继承人的子女全部先于被继承人死亡，且被继承人的子女都有直系晚辈血亲，此时被继承人子女的直系晚辈血亲继承，是代位继承还是本位继承呢？过去大多主张是本位继承，由各继承人平均继

---

[1] 参见韩家勇：《试析代位继承中的几个问题》，载《中南政法学院学报》1988年第3期。

第四节 代位继承

承，不按支（股或房）继承。如果按本位继承对待则会出现不合理之处，例如，被继承人的已死亡或丧失继承权子女的子女较少者应继份因此而减少，而子女较多者应继份随之增加，这与代位继承权为固有权的性质不符，也有欠公允。因此，在此情形下仍应适用代位继承，先按支分配遗产，再在支内平均分割。

在其他立法例中，丧失继承权也是代位继承的要件。继承权的丧失一般发生在继承开始前，如为争夺遗产而杀害其他继承人的；伪造、篡改或者销毁遗嘱情节严重的，也有可能发生在继承开始后。被继承人的子女在继承开始前丧失继承权，应当适用代位继承。但继承开始后被继承人的子女丧失继承权的，是否适用代位继承，有的学者认为，仍应解释溯及于继承开始时发生效力，而有代位继承的适用。① 一般认为，"继承开始前已经死亡"与"丧失继承权"为两个不同的代位继承发生的原因，"丧失继承权"不受继承开始前的限制，即使丧失继承权发生在继承开始后，也应当适用代位继承，只不过代位继承的效力溯及于继承开始时。我国《民法典》没有采纳这样的规定。

丧失对被代位继承人的继承权者，是否可以作为代位继承人继承被继承人的遗产，罗马法采取肯定说，《法国民法典》第744条仿效罗马法。在理论上有肯定和否定两种主张，笔者赞同肯定说，理由是：第一，代位继承人系基于自己的固有权利直接代位继承被继承人的遗产，而不是基于对被代位继承人的继承权间接继承被继承人的遗产；第二，丧失继承权仅具有相对的效力，丧失对被代位继承人的继承权，不影响其对被继承人的继承权；第三，各国民法对此均无禁止性规定。

各国规定的代位继承发生原因范围广狭不一，而我国自《继承法》以来，一直规定被继承人的子女先于被继承人死亡一种情况。这样规定与我国立法及司法实践对代位继承的性质采代表权说有关，但是，通过上述对代位继承权性质的分析，代位继承权的性质应采固有权说为妥。在被继承人的子女丧失继承权时，也应适用代位继承。但是不能仿效德国、瑞士的立法例，将被继承人的子女放弃继承权也作为代位继承的发生原因。理由是，根据继承权的性质，继承权的放弃只

---

① 参见史尚宽：《继承法论》，中国政法大学出版社2000年版，第86页。

能发生在继承开始后,继承人放弃继承权后其应继份归属于其他同一顺序继承人或后顺序继承人,不存在适用代位继承的可能。不过,《民法典》没有接受这个意见,仍然坚持《继承法》的规定。

2. 被代位继承人须是被继承人的子女

被代位继承人必须是被继承人的血亲继承人,配偶一方先亡不发生其子女代位继承的问题,这是各国继承法的一致原则。

至于哪些血亲继承人能作为被代位继承人,各国的规定不同,有四种类型:一是被代位继承人限于被继承人的直系晚辈血亲;二是被继承人的直系晚辈血亲和兄弟姐妹及其直系晚辈血亲都可以作为被代位继承人;三是被代位继承人的范围包括直系晚辈血亲、父母及其直系晚辈血亲和祖父母及其直系晚辈血亲;四是被代位继承人的范围包括直系晚辈血亲、兄弟姐妹及其直系晚辈血亲、祖父母及其直系晚辈血亲。

子女的直系晚辈血亲的代位继承是第一种类型。《民法典》第1128条第1款规定,被继承人的子女先于被继承人死亡,由其直系晚辈血亲代位继承,将被代位继承人限于被继承人的子女。

子女,包括婚生子女、非婚生子女、养子女及有扶养关系的继子女。无论是婚生子女还是非婚生子女,都与被继承人有着天然的血缘关系,是被继承人的直系晚辈血亲,其作为代位继承中的被代位继承人,自不待言。养子女由于同被继承人产生了拟制血缘关系,且养子女同其生父母间的亲属身份关系消灭,养子女也可以作为被代位继承人。对于继子女是否为代位继承中的被代位继承人,各国有不同的看法。大多数国家不承认继子女对继父母的遗产享有继承权,且认为继子女非继父母的直系卑血亲,而是直系姻亲,故不承认继子女可以为被代位继承人。我国《民法典》规定,继子女若与继父母形成扶养关系,继子女对继父母也享有继承权,而且根据代位继承的固有权性质,有扶养关系的继子女亦可为被代位继承人。

有的学者认为,丧偶儿媳对公婆,丧偶女婿对岳父母尽了主要赡养义务的,且又先于公婆、岳父母死亡的,也可以作为被代位继承人。[①] 笔者不赞同这种观

---

① 参见韩家勇:《试析代位继承中的几个问题》,载《中南政法学院学报》1988年第3期。

点。《民法典》第 1129 条规定的尽了主要赡养义务的丧偶儿媳与丧偶女婿可以作为第一顺序继承人，实际上与继承法以血缘关系为基础相违背，损害了整个继承法的体系性，而且其作为被代位继承人与被代位继承人为"被继承人的子女"的定义不符。不过，《民法典》没有采纳这样的观点，自然应当遵守。同时，《最高人民法院关于适用〈中华人民共和国民法典〉继承编的解释（一）》第 18 条规定："丧偶儿媳对公婆、丧偶女婿对岳父母，无论其是否再婚，依照民法典第一千一百二十九条规定作为第一顺序继承人时，不影响其子女代位继承。"

3. 代位继承人须是被代位继承人的直系晚辈血亲

代位继承人必须是被代位继承人的直系晚辈血亲，这是代位继承的基本原则。在这个问题上，各国的规定基本上是一致的，但是，也有个别例外，如《韩国民法典》规定，妻子可代亡夫继承公婆的财产。值得注意的是，代位继承人必须是被代位继承人的直系晚辈血亲，但是，不一定是被继承人的直系晚辈血亲。实际上，在大多数国家，代位继承人的范围大大超出了被继承人直系晚辈血亲的范围。例如，承认父母或兄弟姐妹可以作为被代位继承人的立法，代位继承人的范围就扩及侄子女、甥子女及其直系晚辈血亲；承认祖父母为被代位继承人的立法，代位继承人的范围就扩及叔、伯、姑、舅、姨及其直系晚辈血亲。我国新增加的被继承人的兄弟姐妹的子女的代位继承，就是这样的规定。

我国古代封建社会法律虽有守志之妇继承夫份的规定，但是，《继承法》和《民法典》没有采纳这样的传统，代位继承人仅是被继承人的直系晚辈血亲，包括被继承人的孙子女、外孙子女等。

对养子女，多数国家规定可以作为代位继承人继承其养父或养母的直系尊血亲的财产。这种主张有利于稳定收养关系。美国等一些国家则认为，收养是收养人和被收养人之间的事，收养合同的效力不及于收养合同以外的其他人。养子女不能代养父或养母之位继承养父或养母的直系尊血亲或其他血亲的财产。被代位继承人的养子女与被继承人产生拟制血缘关系，养子女亦可作为代位继承人。

外国法律不承认继子女法律地位，除非继子女被继父或继母收养后，按养子女对待，否则无权利与义务关系。因此，在代位继承中，"继父母子女，非直系

血亲关系,而为直系姻亲,继子女自不能代位继承其继父母,尤为明了"①。《民法典》对此没有明确规定,有的学者基于继子女与继父母属姻亲关系、养子女与继子女在继承中的地位不同和最高人民法院的司法解释,认为继子女无代位继承权。②《民法典》第 1128 条明确规定代位继承人为被继承人子女的直系晚辈血亲,且继子女不为血亲,其仅有权对其生父或生母代位继承,不得对继父母代位继承。这样解释似乎有道理。但是,《民法典》第 1127 条第 3 款明确规定,有扶养关系的继子女也是子女,是因为形成扶养关系的继父母子女关系视为血亲关系,因此,形成扶养关系的子女适用代位继承的规定。

代位继承人是否应当限于被代位继承人死亡时已存在的直系晚辈血亲,被继承人的子女先于被继承人死亡而发生代位继承时,除其死亡时已有胎儿的,当然不可能在其死亡之后再有其他直系晚辈血亲。

符合上述三个要件,子女的直系晚辈血亲即可进行代位继承。

(二)被继承人的兄弟姐妹的子女代位继承的构成要件

1. 须被继承人的兄弟姐妹在继承开始前已经死亡

这一要件要求的是,在法定继承中没有第一顺序法定继承人,因此才有了第二顺序法定继承人的兄弟姐妹实现继承权的机会。但是,仅此还不足以成立这一要件,还须被继承人的兄弟姐妹在继承开始之前已经死亡。兄弟姐妹作为继承人发生的继承,不是纵向的继承关系,而是横向的继承关系;兄弟姐妹有权继承被继承人的遗产,而又在继承开始前死亡的,兄弟姐妹的子女才有代位继承的机会,因此构成兄弟姐妹的子女代位继承的第一个要件。

2. 被代位继承人是被继承人的兄弟姐妹

在兄弟姐妹的子女代位继承中,被代位继承人是兄弟姐妹,兄弟姐妹与被继承人是二亲等旁系血亲,是最密切的旁系平辈血亲。只有在被继承人没有第一顺序法定继承人的情况下,兄弟姐妹才能成为有资格继承被继承人遗产的法定继承人。

---

① 陈棋炎等:《民法继承新论》,三民书局 2001 年版,第 59 页。
② 参见韩来壁等:《被代位继承人的继子女无代位继承》,载《法学》1989 年第 9 期。

3. 代位继承人必须是被代位继承人的子女

在这种代位继承中，代位继承人是兄弟姐妹的子女，仅限于被代位继承人的子女，即侄子、侄女和外甥、外甥女，而不是直系晚辈血亲。

从这些要件看，对兄弟姐妹的子女代位继承的要求更高，代位继承人的范围更窄。

四、代位继承的法律效力

适用代位继承产生的法律效力，主要为代位继承人的应继份。一些国家的继承立法，都确认代位继承人应当继承被代位继承人的应继份。比如，在数个代位继承人代位被代位继承人继承遗产时，数个代位继承人只能继承该被代位继承人的应继份，《法国民法典》把这种情况称为按房继承，瑞士、德国、奥地利等国则称为按股继承。

代位继承权是代位继承人的固有权利，代位继承是继承顺序的提前，因此，代位继承人的应继份应根据被代位继承人的应继份确定，按房或支分割遗产。若在同一支内有两个以上的代位继承人，则由他们按人数均分被代位继承人的应继份。例如，被继承人原有甲、乙两子，甲已于继承开始前死亡，甲留有子女丙、丁二人，在被继承人死亡时，乙、丙及丁三人共同继承，但是，个人的应继份不同，乙应得遗产的1/2，丙与丁各得遗产的1/4。对此，《民法典》第1128条第1、3款也作出了规定："被继承人的子女先于被继承人死亡的，由被继承人的子女的直系晚辈血亲代位继承。""代位继承人一般只能继承被代位继承人有权继承的遗产份额。"

应当注意的是，《民法典》第1128条第2款规定被继承人的兄弟姐妹的子女代位继承的主要价值，是扩大法定继承人的范围。《民法典》规定的法定继承人范围过于狭窄，在旁系血亲中只有兄弟姐妹是法定继承人。将被继承人的兄弟姐妹的子女规定为代位继承的法定继承人，就有可能使侄子、侄女、外甥、外甥女成为代位继承的法定继承人，能够代位继承其伯、叔、姑、舅、姨的遗产，减少

无人继承的遗产。

应当注意区别的是，被继承人父母的子女的直系晚辈血亲的概念比较宽，包括孙子女、外孙子女、曾孙子女、曾外孙子女甚至玄孙子女、玄外孙子女等；而兄弟姐妹的子女，只包含兄弟姐妹的一代直系血亲。因此，兄弟姐妹的子女代位继承的范围比被继承人父母的子女的直系晚辈血亲代位继承的范围要窄得多。

第五节　配偶法定继承顺序的改革建议

《继承法》以及《民法典》第1127条都明确规定，配偶的法定继承顺序为第一顺序，与子女、父母同列。多年来，社会各界对此规定没有更多的不同意见。其实，这样的规定是不合理的，不仅没有保障配偶应有的地位与利益，更没有协调处理好与其他法定继承人之间利益的平衡。在编纂《民法典》时，有的学者提出应当采纳配偶法定继承的零顺序即无固定顺序更为妥当，在《民法典分则继承编草案》（室内稿）中曾经采纳过，但最终还是恢复了《继承法》的规定，没有修改。笔者认为，这项立法建议还是正确的，在将来适当时机修订《民法典》继承编时，应当认真考虑这一建议的合理性，作出新的修改。

一、配偶为法定第一顺序继承人存在的问题及改进的必要性

（一）配偶为法定第一顺序继承人存在的主要问题

《民法典》第1127条第1款第1项规定，我国法定继承的第一顺序继承人包括配偶、子女、父母；第1129条规定，对公婆或岳父母尽了主要赡养义务的丧偶儿媳或丧偶女婿，作为第一顺序继承人。在法定继承中，将配偶以固定顺序规定为第一顺序继承人并不妥当，存在以下主要问题。

1. 理论上不具有合理性和正当性

从理论上观察，规定配偶为第一顺序继承人不具有合理性和正当性。各继承

第五节 配偶法定继承顺序的改革建议

人与被继承人的关系各有不同。配偶是关系最为密切的亲属,它是血亲的源泉,姻亲的基础①,产生于婚姻关系。子女、父母与被继承人之间是一亲等的血缘关系。而对公婆或岳父母尽了主要赡养义务的丧偶儿媳或丧偶女婿与被继承人之间是姻亲关系。虽说现代继承法已经突破仅将血缘关系与婚姻关系作为继承权产生基础的立法传统,将特定的扶养关系也作为继承权产生的基础,但同时将三类与被继承人完全不同关系的人纳入同一继承顺序,既不属于亲等继承制,也不属于亲系继承制,这样规定的合理性与正当性均值得商榷。

2. 实践中会剥夺其他继承人的继承权

从实践中观察,这样规定第一继承顺序会造成剥夺其他继承人继承权的后果。在法定继承中,配偶一方死亡,没有子女也没有父母,第一顺序继承人就只有配偶一人,不论第二顺序继承人有多少,都不会发生第二顺序的继承问题,因此,死者的遗产就被配偶一人全部继承,剥夺了第二顺序继承人的继承权。这样的规定合理吗?1980年代末至1990年代初发生的汪某芝继承案,就能够清楚地说明这个问题。具体案情如下:

杨某是1949年去台湾的老兵,一直未婚,1980年代末回乡探亲,看望在北京某部队院校的哥哥及其他亲属,经介绍,与汪某芝相识结婚,用在台湾几十年积攒的钱,买了商品房和家庭生活用品,尚余30多万元现金。婚后不到一年,杨某病故,杨兄与汪某芝讨论继承问题,主张房子、生活物品及部分现金由汪某芝继承,杨兄与其他亲属继承部分现金。汪某芝不同意,杨兄诉讼到法院。一审法院按照杨兄的方案作出了判决。汪某芝上诉,二审法院仍然判决杨兄及其他亲属继承部分现金。

毫无疑问,这个判决是违反当时的《继承法》关于继承顺序的规定的。有些学者建议最高人民法院干预,最高人民法院给北京市高级人民法院发函,指定重新审理。北京市高级人民法院1年后回复,案件判决后,社会反响很好,没有必要重审改判,最后该案不了了之。这个案件说明,配偶为第一顺序法定继承人,有时会出现其他亲属不能继承遗产的后果。试想,杨某与杨兄是亲兄弟,海峡之

---

① 参见杨立新:《亲属法专论》,高等教育出版社2005年版,第26页。

隔几十年后方见面；而杨某与汪某芝的配偶生活不到1年。在这种情况下，如果杨某的遗产全部都由配偶继承，显然于法有据，于理不通。该案判决没有按照《继承法》关于配偶为第一顺序继承人的规定判决，实际上是将配偶作为零顺序对待，判决结果更加合理，因此才得到了好的社会效果。

(二) 对配偶继承顺序的改革应当继续进行

应当看到，《继承法》规定的继承制度存在较大的局限性。这是由于立法当时计划经济条件的限制，自然人个人的财产数量不多，普遍的社会保障制度尚未建立，遗产也主要用于保障实现家庭的养老育幼职能。同时，立法当时对继承法的理论基础准备不足，缺少必要的论证，也是重要原因。立法将配偶、子女、父母以及对公婆或岳父、岳母尽了主要赡养义务的丧偶儿媳或丧偶女婿这三类不同关系、不同类型的人放在同一继承顺序即第一顺序，在私人财产尚不丰富的社会发展时期尚能解决我国的遗产继承问题。

随着改革开放的深入及经济迅速发展，在个人对财富追求的积极性得到极大提高，个人财产显著增多的情况下，决定我国遗产具体分配流向的法定继承顺序规则愈发显现出其不合理之处。自然人个人对财产权利的重视及对自由权利的追求，也要求财产分配、转移、继承的规则要随着经济发展的新形势作出调整，以便更充分地体现被继承人分配遗产的意愿，公平、合理地分配遗产。目前，许多国家随着经济、社会、家庭结构与模式的发展变化，对法定继承人的范围及顺序都进行了相应调整：有的扩大法定继承人的范围；有的对法定继承人的应继份进行了调整；有的将配偶间互为继承人的顺序以弹性的方式作出规定，以平衡配偶与其他法定继承人之间在法定继承时的利益关系，并缓解法定继承过程中存在的矛盾。我国《民法典》没有接受这个立法修改的建议，并不妥当。对此，应当继续进行研究和探讨，将来的立法应当对配偶法定继承的第一顺序进行改革，避免继续出现上述问题。

二、配偶法定继承顺序立法例的比较研究

目前世界各国继承法均确认配偶互为继承人，但是，对配偶的法定继承顺序

的立法例并不相同，主要有三种，即固定顺序、非固定顺序和先取份加非固定顺序。

（一）配偶以固定继承顺序应召继承的立法例

在此类立法例中，一般不对血亲继承人和配偶继承人进行区分，总体上依据血亲继承人与被继承人血缘关系的远近及扶养关系等因素，将所有的法定继承人分成先后不同的继承顺序，配偶被列入某一继承顺序并被固定，其应继份与其他同一顺序的应召继承人的应继份相同，即实行均分。在此类立法例中，除极少数国家外，一般都将配偶置于第一顺序，采此立法例的国家有苏联、捷克、斯洛伐克、韩国、新加坡、泰国、马来西亚、越南、蒙古。

我国《民法典》的规定属于这种立法例。被继承人死亡后，除被继承人的配偶外，如果还存在其他第一顺序法定继承人，遗产就在配偶及其他第一顺序法定继承人之间按均等原则进行分配。在被继承人死亡后，如果既不存在其他第一顺序的法定继承人也不存在第一顺序法定继承人的代位继承人，遗产就由被继承人的配偶独自继承。在这种情况下，其他与被继承人具有较近血缘关系的亲属，即处于第二顺序的旁系血亲二亲等内的兄弟姐妹、直系血亲二亲等内的祖父母、外祖父母，均不得参与继承。

其他采配偶法定继承固定顺序的国家与我国的做法基本相同，部分国家的法定继承制度中甚至还保留着封建社会男女不平等的某些残余。①

（二）配偶以非固定继承顺序应召继承的立法例

在此类立法例中，将血亲继承人和配偶继承人进行区分，依据血亲继承人与被继承人关系的亲疏远近，将所有的法定继承人分成不同的继承顺序，配偶不被列入固定的继承顺序，可与任何一个顺序在先参加继承的血亲继承人同为继承，其应继份也因其参与的血亲继承人顺序的不同而有差别。

---

① 依据《韩国民法典》，韩国将继承分为财产继承与身份继承，其财产继承的顺序分为四个位序，它将直系血亲卑亲属、配偶放在第一顺序，直系血亲尊亲属为第二顺序。丈夫在妻子死后如果没有共同的直系血亲卑亲属，将独自继承妻子的遗产，但妻子在丈夫死后如果没有共同的直系血亲卑亲属，无权独自继承遗产，她得与第二顺序的直系血亲尊亲属一起继承。只有在没有第二法定继承顺序的直系血亲尊亲属时，妻子方可独自继承。参见《韩国民法典 朝鲜民法》，金玉珍译，北京大学出版社2009年版。

法国是采此立法例的典型。《法国民法典》自颁布至今已达二百余年,历经多次修整与完善,在21世纪初对继承法部分几乎进行了全部修改。① 在法定继承顺序及应继份额的规定中,配偶的法定继承顺序及应继份额相较旧法而言,是变动最大的一部分。通过对法国修改后配偶间继承顺序规则的分析,可以看到其对配偶继承顺序的最新认识与成果。其他采此立法例的国家还有瑞士、日本、埃塞俄比亚、保加利亚、奥地利、葡萄牙等。

《法国民法典》第734条、第745条规定:"在没有有继承权的配偶的情况下,亲属按照以下顺序继承遗产:1.子女和他们的直系卑血亲;2.父母、兄弟姐妹以及他们的直系卑血亲;3.父母之外的直系尊血亲;4.除兄弟姐妹以及他们的直系卑血亲以外的旁系亲属。以上四类亲属各成一个继承人顺序,并排除其后各顺序继承。""超过第六亲等的旁系亲属不参与继承。"② 据此,法定继承人的继承顺序分为四个,参与继承的旁系亲属被控制在六亲等以内。配偶是零顺序即无固定顺序继承人,但他(她)只参与第一顺序中的子女及他们的直系卑血亲或第二顺序中的父母的继承,并不参与第二顺序中的兄弟姐妹以及他们的直系卑血亲或其后第三、第四顺序继承人的继承。配偶与第一顺序的子女及子女的直系卑血亲共同继承时,配偶"可以选择:或者受领现存全部财产的用益权,或者受领1/4财产的所有权;如其中有一子女或数子女不是夫妻双方所生,有继承权的配偶受领1/4财产的所有权"。如果没有第一顺序继承人,配偶便与第二顺序继承人中的父母一并继承遗产,即"如被继承人没有子女或直系卑血亲,但其父母健在,有继承权的配偶受领遗产之一半,其余一半归父与母继承并各取遗产的1/4。如被继承人的父或母已先逝,原可由父或母继承的财产之部分转由死者健在的配偶继承之"。"如被继承人既无子女或直系卑血亲也无父母,健在配偶受领全部遗产。"

法国的继承人范围比较宽,从配偶、子女到所有的直系尊血亲、卑血亲,直

---

① 随着经济发展变革,为了能如实反映法国社会家庭观念与家庭关系的变化,法国不断对其民法典进行修整与完善,尤其是2004年5月26日第2004-439号法律、2006年6月23日第2006-728号法律对婚姻、家庭与继承法进行了大幅度的修改,修改后继承编的规定共达381条。参见《法国民法典》,罗结珍译,北京大学出版社2010年版。

② 《法国民法典》,罗结珍译,北京大学出版社2010年版,第208-213页。

第五节 配偶法定继承顺序的改革建议

到六亲等（含六亲等）的旁系血亲，扩展了继承人的范围，以保证遗产不流入与被继承人无血缘关系的人之手，尤其是不能成为无人继承遗产而被国家获得。配偶作为无固定顺序的法定继承人，可依序与第一顺序继承人或者第二顺序继承人中的父母一并继承遗产，当其均不存在时，配偶便可独自受领全部遗产。此时，第二顺序中的"兄弟姐妹以及他们的直系卑血亲"及其后第三、第四顺序的继承人均直接被排除在继承之外。只有当配偶、第一顺序子女和他们的直系卑血亲、第二顺序中的父母均不存在时，遗产才依序由第二顺序中的兄弟姐妹以及他们的直系卑血亲及其后顺序的法定继承人依序继承。在权利的享有上，配偶参与第一顺序继承时，还可以在所有权或用益权之间进行选择，其份额会因其所参与继承的顺序及选择的权利类型不同而有所不同，但基本趋势是参与继承的顺序越往后，其应继份比例就越高。在被继承人死亡时，如果健在配偶居住于被继承人某个用于居住的场所，健在配偶还可以优先分配被继承人的实际用于居住的场所及其内配备的动产的所有权或租赁权。同时，当健在配偶受领被继承人的财产过多（全部或 3/4）时，死者父母以外的直系尊血亲还可就先逝者的遗产按需要享有赡养债权。健在配偶与第一顺序继承人或第二顺序继承人中的父母共同继承遗产时，对被继承人的遗产进行计算时还适用归扣制度。但健在配偶只能就被继承人并未通过生前赠与也没有通过遗嘱处分的财产行使其权利，且不得影响特留份权利和请求返还的权利。而且健在配偶原受领的死者无偿处分的遗产，应计入其对遗产享有的权利。

在日本，法定继承人依序被分为子女、直系尊亲属、兄弟姐妹这三个顺序，配偶得依序与之共同继承，但其对婚生子女与非婚生子女、同父异母或同母异父与同父同母的兄弟姐妹的应继份作了区别。[①] 总体而言，子女及其直系血亲、父

---

① 《日本民法典》第 900 条规定："同顺位的继承人有数人时，依下列规定确定其应继份。子女及配偶为继承人时，子女的应继份及配偶的应继份各为二分之一。配偶及直系尊亲属为继承人时，配偶的应继份为三分之二，直系尊亲属的应继份为三分之一。配偶及兄弟姐妹为继承人时，配偶的应继份为四分之三，兄弟姐妹的应继份为四分之一。子女、直系尊亲属或兄弟姐妹为数人时，其各自的应继份相等。但是，非婚生子女的应继份为婚生子女应继份的二分之一；同父异母或同母异父的兄弟姐妹的应继份为同父同母的兄弟姐妹应继份的二分之一。"《日本民法典》，王书江译，中国法制出版社 2000 年版，第 162 页。

第三章 法定继承

母、兄弟姐妹及其直系血亲、其他旁系血亲被划分为不同的顺序，配偶依序与相应顺序的继承人共同继承，该做法实质与法国法相同。在不同顺序中配偶取得的应继份有所不同，但最低程度也得与第一顺序继承人均分遗产，其余随其参与继承顺序的靠后而应继份增加。

在这些国家，配偶的法定继承顺序虽非固定，却始终被重点考虑。只要存在部分与被继承人关系紧密的在先顺序的其他血亲继承人，配偶便得与其共同继承而不能独立继承遗产。同时，配偶的应继份根据与其分享遗产的继承人继承顺序的不同而不同。从应继份的量上看，配偶获得的应继份最低程度也是与第一顺序继承人均分，其余随其参与继承顺序的往后得到大幅度增加。在决定与配偶共享遗产继承权的人员范围时，各国多将其范围控制在被继承人的直系卑血亲、父母、兄弟姐妹等血缘较近、关系较密切的血缘亲属之内，并将他们放在不同的顺序。因继承顺序不同而出现的应继份的差异，实际上也正反映出他们在法定继承过程中存在的利益差别。这样，各国继承法都在重点保护配偶继承权的同时，通过让配偶与其他跟被继承人关系密切的血缘亲属继承人共享遗产的方式，依序兼顾后者的利益。这实际也是对配偶独自继承遗产权益的适当限制，同时又从遗产份额的量上来保障配偶的利益。这样，在法定继承顺序的总体安排上，既保证优位与重点，也有区别对待及兼顾，充分体现对配偶权利的重点保护与兼顾密切血亲的利益平衡观念。

在此需特别说明，在修改前的《法国民法典》里，法国的继承人仅分为"死者的子女及其直系卑血亲、直系尊血亲及旁系血亲"。配偶并非弹性顺序的继承人，仅当"死者未遗有按其亲等得为继承的血亲，亦未遗有非婚生子女"时，配偶方可继承遗产。无生存配偶时，遗产归属于国家。[①] 可见，只要有在先顺序的任何血亲尚生存，配偶便没有继承遗产的可能。基于其血亲没有代数限制，配偶能继承到遗产的可能性很低。而修改后的《法国民法典》彻底改变这种状况，让配偶从一个几乎不可能分得任何遗产的地位，一跃而为遗产的绝对获得者。可

---

① 《法国民法典》第 731 条、第 767 条、第 768 条（1958 年 12 月 23 日第 58-1307 号法令）。参见《法国民法典》，罗结珍译，中国法制出版社 1999 年版，第 204 页。

第五节 配偶法定继承顺序的改革建议

见,世界第一部民法典也有着制定当时难以突破的客观历史局限性,而其间的变化,更能充分说明配偶继承权的重点保护已经成为继承制度发展的趋势。

(三) 配偶以先取份+非固定顺序应召继承的立法例

在一些国家中,配偶最终取得的遗产由两部分构成:一部分为配偶在参加继承之前,其依法定遗产先取权的规定,从被继承人遗产中先取得的一定数量的遗产,即遗产先取份;另一部分为配偶依非固定继承顺序与其他特定顺序血亲继承人就余下遗产共同继承,从中取得其应继份。前后二者的总和,构成配偶所取得的遗产。采用此立法例的国家有德国、英国、美国、希腊、以色列等。

以德国为例进行分析:

关于配偶的先取份。《德国民法典》对先取份的对象范围及取得条件都有具体规定[①],先取份的对象仅指非土地从物的婚姻家计标的和结婚礼物。生存配偶和第一顺序直系血亲同为法定继承人时,配偶有权取得非土地从物的婚姻家计标的,但以其为维持适当的家计而需要它们为限;生存配偶和第二顺序直系血亲或第三顺序中的祖父母、外祖父母同为法定继承人时,配偶有权取得非土地从物的婚姻家计标的和结婚礼物。在配偶行使先取权之后,余下的财产才作为继承的标的物。表面看,先取份是作为一种非遗产性质的份额在遗产继承前取得,但实际上先取份仍然是被继承人死后留下的财产,实质上仍属于遗产的范围。

关于配偶的应继份。德国是以亲系继承制确定血缘亲属继承顺序的,《德国民法典》[②] 将法定继承人规定为五个顺序:第一顺序是被继承人的晚辈直系血亲;第二顺序是父母和父母的晚辈直系血亲;第三顺序是祖父母、外祖父母及其晚辈直系血亲;第四顺序是祖父母、外祖父母的父母及其晚辈直系血亲;第五顺序和更远顺序的是被继承人的比上述四个顺序的法定继承人辈分更大的祖先及其

---

① 《德国民法典》第1932条规定:"生存配偶和第二顺序直系血亲或祖父母、外祖父母同为法定继承人的,除应继份外,以属于婚姻家计的标的不是土地从物为限,这些标的和结婚礼物作为先取份归属于生存配偶。生存配偶和第一顺序直系血亲同为法定继承人的,这些标的归属于生存配偶,但以生存配偶为维持适当的家计而需要它们为限。"《德国民法典》(第3版),陈卫佐译注,法律出版社2010年版,第553-554页。

② 《德国民法典》第1924条至第1934条。参见《德国民法典》(第3版),陈卫佐译注,法律出版社2010年版,第551-554页。

晚辈直系血亲。在继承的等级顺序上，只要某一血亲有顺序在先的血亲，该血亲就没有资格继承。被继承人的生存配偶不固定其继承顺序，其在与第一顺序被继承人的晚辈直系血亲一起继承时，继承遗产的1/4；在与第二顺序的父母和父母的晚辈直系血亲或第三顺序的祖父母、外祖父母一起继承时，继承遗产的1/2；当第三顺序中的祖父母、外祖父母的晚辈直系血亲和祖父母、外祖父母一起继承时，生存配偶也从遗产的另一半中获得依第三顺序法定继承规则本来会归属于该晚辈直系血亲的应有部分。如果既无第一顺序被继承人的晚辈直系血亲或第二顺序的父母和父母的晚辈直系血亲，亦无第三顺序中的祖父母、外祖父母，生存配偶将获得全部遗产。此时，第三顺序中的祖父母、外祖父母的晚辈直系血亲及其在后顺序的法定继承人都将失去继承遗产的机会。在此，第三顺序中的被继承人的祖父母、外祖父母的晚辈直系血亲的继承顺序又被列于生存配偶之后，如果生存配偶在他们之前独立获得了全部遗产，则第三顺序中的被继承人的祖父母、外祖父母的晚辈直系血亲及其后顺序的法定继承人，自然就没有继承遗产的机会。同时，由于德国法对参加继承的血亲的亲等没有限制，规定一切与被继承人有血缘关系的人都可以是继承人，所以难免出现同一继承人有多重血统的情形。在第一、第二或第三顺序中同时属于不同血统的人，均可获得其中每一血统中归属于自己的应有部分，每一应有部分视为特别应继份。在生存配偶同时是被继承人血亲的情形，法律明确规定生存配偶既可凭配偶身份享有配偶继承权，也可凭血亲继承人身份参与血亲继承，因血统关系而归属于生存配偶的应继份，视为特别应继份。

依上述规定可见，在德国，继承人的范围没有像法国一样有亲等的限制，只要与被继承人存在血缘关系，就会成为继承人，这实际上包括一切与被继承人有血缘关系的人。因此，德国的血亲继承人范围是全世界最广泛的之一，在最大程度上排除遗产无人继承而归属国家的情形出现。在生存配偶非固定继承顺序的安排上，德国法将可与配偶共同继承遗产的亲属与被继承人之间的关系划分得较法国更远一些。依法国法，当第二顺序继承人中的父母（一亲等）不存在时，配偶就可独自受领全部遗产，而德国法要求只有当第三顺序中的祖父母、外祖父母

（二亲等）不存在时，生存配偶才可获得全部遗产。其间虽然只放宽一个亲等，但实际可能存在的人很多。可见，德国的规定也是在重点保护配偶利益的前提下，兼顾其他与被继承人血缘较近、关系较密切的血缘亲属的利益。它将兼顾利益的血亲范围依序控制在被继承人的直系卑血亲、父母及父母的直系卑血亲、祖父母及外祖父母这三个顺序里，但其范围较法国为广。其他采此立法例的国家与德国基本相同，配偶均为非固定继承顺序，其依序与其他继承顺序或在先顺序的继承人共同继承遗产，除应继份外，都可提前取得先取份。

可见，在此类立法例中，配偶均为非固定继承顺序，其可依序与前几个顺序的继承人共同继承遗产，而前几个顺序的继承人都是与被继承人关系较为密切的血缘亲属。与法国相同，配偶继承的遗产份额随其与之共同继承遗产的继承人顺序的不同而有异，总体趋势是随其参与继承的顺序越往后，应继份比例就越高。与法国不同的是，在与其他继承人共同继承遗产前，配偶都会取得先取份。有的国家规定配偶能取得的先取份仅为家庭生活用品，如希腊、以色列等。而在英国，当死者遗有直系血亲卑亲属时，配偶有权先取的财物有：全部"个人物品"；免税继承 25 000 镑的特留份；死者去世时到遗产分割时，以每年 4％的利率计算的法定遗产的利息；以前三项财产之外的剩余遗产中的半数财产设立信托而享有的终身用益权。当死者遗有的血缘亲属位序出现变化时，配偶有权先取的财物也会随之出现变化。美国关于配偶继承权的规定大致与英国相似，只是基于无成文的民法典且各州立法的差异，其生存配偶的继承份额也有所不同。

（四）比较分析

对以上不同国家的三类立法例进行分析，可以得出以下结论：

第一，在三种立法例中，除了第一种立法例是将配偶置于固定顺序进行法定继承，第二种和第三种立法例的配偶法定继承顺序都是零顺序即无固定顺序，区别仅仅在于配偶是否享有先取权而已。因此，可以断定，世界上的多数国家对于保障配偶继承权的做法是无固定继承顺序，而不是固定顺序。

第二，采取配偶法定继承固定顺序的国家，基本上属于原来实行计划经济的国家，苏联、捷克斯洛伐克、南斯拉夫、越南、蒙古等，莫不如此。而实行配偶

法定继承零顺序的国家，基本上都是发达的市场经济国家，配偶法定继承零顺序的规则对于人与人之间的财产利益分配当然更具妥当性，具有更好的利益平衡功能。

第三，在实行配偶法定继承零顺序的国家，不论规定配偶在何种继承顺序中参与继承、获得应继份，其基本目的都是既保障配偶的继承利益，又要在配偶与其他继承人之间对遗产利益进行合理分配。其意图避免的正是配偶法定继承固定顺序存在的在利益分配上的不合理性和不公平性。

综上所述，将配偶法定继承的固定顺序与零顺序两种不同制度进行比较，孰优孰劣，一目了然。至于非固定顺序与先取份＋非固定顺序之间，则无特别的根本性区别，而仅仅是如何使利益分配做到更精细而已。正如学者所言，如果任意设定的继承顺序表现为继承权的基本形式，那么没有在遗嘱中出现的法定继承顺序必须是建立在猜想的基础之上，近亲属的法定继承也就须符合被继承者未曾说出的意愿。[①] 规定配偶法定继承顺序的推定和猜想如果没有符合被继承者未曾说出的意愿，就不是正确的，而是没有任何根据的随意推定或猜想。配偶法定继承顺序必须真正反映民众的意愿且代表民众的利益，否则，可能会得出事与愿违的结果。

三、据以确定配偶法定继承零顺序的主要因素

世界各国对配偶法定继承多采用零顺序即非固定顺序，以在重点保护配偶利益的同时，兼顾部分血亲的利益。即使以前没有采此立法例的国家，也基于社会经济发展变革的现实，为能如实反映社会家庭观念与家庭关系的变化，均在其继承法的调整修订中采纳了配偶继承的零顺序规则。因此，改革我国配偶法定继承固定顺序势在必行。

在我国，决定配偶法定继承是否采纳零顺序的因素，除婚姻关系、血缘关系这两类决定法定继承人的范围及继承顺序的传统基础外，还包括扶养关系、社会

[①] 参见［德］G.拉德布鲁赫：《法哲学》，王朴译，法律出版社2005年版，第159页。

家庭结构的变化、现实民众的继承习惯等。

(一) 婚姻关系及扶养关系利益是配偶法定继承零顺序的基础

婚姻关系是决定配偶法定继承零顺序的基础。只有在婚姻关系缔结后，相互之间才会基于婚姻关系产生财产上的共有关系、生活上的相互扶养关系等。法律尽管允许配偶通过协议的方式实行约定财产制，但约定财产分别所有并不能消除配偶间基于婚姻关系而产生的互相扶养的法定义务。国家依法保护合法的配偶关系，以保证家庭、社会的稳定。配偶二人从结婚开始，共同经营家庭，养育子女，同甘共苦，患难与共，通过夫妻共同生活已经成为一个具有共同感情、财产等多种因素的社会共同体。当配偶一方死亡时，他方以最优先、最有利的顺序继承其遗产，这是法律的必然选择。

配偶间的扶养关系是决定配偶继承零顺序的重要因素。从扶养关系的发生根据看，配偶间的扶养关系、共同生活关系与其他因为对被继承人尽了扶养义务而可能产生继承或酌分遗产的非血缘非婚姻扶养关系、共同生活关系产生的原因并不相同。其他非血缘非婚姻扶养关系或共同生活关系基于当事人的自愿而发生、展开，当事人是否愿意对被继承人进行扶养或与之共同生活，完全出于当事人的自愿，并不负有任何强制性的义务。法律赋予扶养人继承权或酌分遗产请求权，是基于推定当事人之间自愿产生的扶养行为、共同生活行为会继续存在下去。配偶间的扶养关系、共同生活关系更多的却是法律规定的权利与义务使然，具有强制性。只要形成婚姻关系，配偶间生活上的相互扶养与照顾就不再是当事人有权自愿随意选择的问题，法律将会以同居义务、忠实义务、日常事务代理、相互扶养权等配偶权的方式，保障配偶间的共同生活关系顺利开展。其他非血缘非婚姻扶养关系或共同生活关系根本不能与配偶间的扶养关系相提并论。所以，配偶间的扶养行为更应得到法律的肯定与社会的鼓励，让其居于优位的法定继承顺序始为正确。

(二) 亲等继承、亲系继承等血亲利益是配偶继承零顺序的内在要求

配偶是基于婚姻而产生的亲属关系，而世界各国又多有近亲属禁止结婚的规定，所以，仅就配偶相互之间的继承而言，不会涉及亲系与亲等的问题。像德国

一样对有血统关系配偶的继承权直接规定的国家实为很少。① 但配偶作为血缘关系产生的源头，当要决定其与己之所出的长辈血亲或从己之所出的晚辈血亲之间的法定继承顺序究竟应该如何排列时，就不得不涉及亲系、亲等的继承顺序问题。各国采用亲等继承、亲系继承也正是利用其血亲之间关系的远近与利益的轻重，来决定其继承顺序。而配偶法定继承的零顺序也正是亲等继承、亲系继承等血亲利益的内在要求。

世界范围内有三种血缘亲属法定继承顺序的排列办法：一是亲系继承制，二是亲等继承制，三是兼采二者或二者相结合的继承制。② 如果对继承人范围持开放态度，通常应采用亲系继承制；如果对继承人范围持保守且意图尽量限制其范围的态度，通常应采用亲等继承制。但无论是采用亲系继承制还是亲等继承制，都须以被继承人为起点，按血缘关系由近及远地进行排列。依亲系继承制③，被继承人的子女、孙子女、曾孙子女等直系血亲卑亲属是第一顺序继承人。产生子女及直系血亲卑亲属前提的夫妻配偶，就更应该是继承顺序中重点考虑的对象。依亲等继承制④，子女、父母均为一亲等而居继承前列，而配偶作为承前继后的枢纽更应得到重视。可见，无论是依亲系继承制，还是依亲等继承制，位居于继承顺序计算起点的被继承人的配偶，本就属于从上承继血缘，往下延续血缘的中心与枢纽。

既然世界各国血亲的继承顺序都是以被继承人为中心由近及远地划分，那么即使配偶相互之间没有任何血缘关系，仅从他（她）与被继承人一起共同生活、承继血缘、延续血缘这一身份与地位来说，配偶的法定继承顺序自然应该优位于

---

① 《德国民法典》第1934条就明确地规定："生存配偶属于有继承权的血亲的，该配偶同时作为血亲继承。因血统关系而归属于生存配偶的应继份，视为特别应继份。"《德国民法典》（第3版），陈卫佐译注，法律出版社2010年版，第554页。

② 参见刘春茂主编：《中国民法学·财产继承》（修订版），人民法院出版社2008年版，第179页。

③ 亲系继承制，是指以死者自身的直系血亲卑亲属为一亲系，父母及其直系血亲卑亲属为二亲系，依次往上类推，以血亲血缘关系的远近为基础排列法定继承顺序的继承制度。

④ 关于亲等的确定，《法国民法典》第741条规定："亲属关系的远近按代数确定，间隔一代称为一亲等。"《德国民法典》第1589条规定："血统关系的等，按照使血统关系得以形成的出生数予以确定。"依照亲等继承制，继承人范围与顺序依照其与被继承人亲等的远近来确定，如果限制住了亲等的范围，就等于相对地限制住了在不同顺序可以参加继承的亲属的人数。

第五节 配偶法定继承顺序的改革建议

其他一切血缘亲属。如果担心将配偶独立设置于第一顺序会彻底导致其他血缘亲属失去继承遗产的机会，那么最佳的方式就是首先将配偶的法定继承顺序予以独立，不纳入任何顺序，然后将被继承人血亲的继承顺序由近及远地排列，由配偶依序与被继承人死亡后最应该获得一定遗产的前几个继承顺序的血亲一并继承遗产。基于配偶的特殊身份、地位及承继血缘的重要作用，其应继份应该随其参与的血缘亲属顺序的由近及远而逐渐增多。这便是配偶法定继承零顺序优于固定顺序的主要原因。

（三）家庭结构变化与扶养关系继承人的影响对配偶法定继承零顺序的促进作用

随着社会经济发展模式的转变，现代社会家庭结构发生的巨大变化，对配偶继承选择零顺序起到巨大的促进作用。根据2023年1月第七次全国人口普查的主要数据，全国人口14.117 8亿人，我国家庭户继续缩小，平均每个家庭户的人口为3.10人，比2000年人口普查的3.44人减少0.34人。老龄化进程逐步加快，60岁及以上人口2.64亿，占18.70%，上升1.35个百分点。在有60岁及以上老年人口的家庭户中，空巢家庭户占全国家庭户总数的9.99%，其中，单身老人户占全国家庭户总数的4.54%，只有一对老夫妇的户占全国家庭户总数的5.45%，地区间差异很大。[①]

可见，我国实行30多年的独生子女政策，明显地改变了血缘亲属多世同堂的局面。即使是血缘关系较近的亲属，甚至父母子女已不再像以往一样共同生活在一起。以夫妇及其子女组成的核心家庭，已经成为当代中国最普遍的家庭类型，而老龄化进程的加快及空巢家庭的不断增加，导致共同生活、相互扶养的人之间已经不再固守传统的血缘关系。以经济供给、生活照顾、精神慰藉三方面为主要内容的养老，已经不再是血缘亲属能够提供给尊亲属的传统生活保障方式，而国家社会保障制度的不健全，让这一切都得由当事人自己面对和解决。再加上独生子女婚姻导致的"四二一"家庭结构的大量增多，传统家庭以血缘亲属为纽

---

① 参见中华人民共和国国家统计局官方网站，http://www.stats.gov.cn/tjsj/pcsj/rkpc/6rp/index-ch.htm，最后访问时间：2023年8月25日。

带的家庭养老方式受到前所未有的挑战。在这样的情形下，配偶的相互扶养行为进一步被强化，而非血缘关系人之间即熟人之间的扶养也成为解决问题的重要渠道。针对此情形，除很少一部分人会选择遗赠扶养协议的方式对自己的老年生活进行安排外，绝大部分人仍然会依据法定继承的方式解决面临的问题。

针对配偶相互扶养行为进一步被强化，配偶相互继承遗产的优位性及应然性更应得到体现。同时，与被继承人存在不同关系且同时发生扶养事实的人，他们在家庭中代替或帮助血缘亲属扶养老人，保障家庭的正常职能，其作用都不可小觑。但他们与被继承人之间形成的扶养关系的重要性与作用效果不能与配偶之间的扶养关系相提并论。所以，在设置法定继承顺序时，无论授予他们法定继承权，还是酌分遗产请求权，配偶的继承权及继承顺序都应该优位于他们。我国继承法目前将不同类型的已形成扶养关系的人享有继承权，并安排在第一、第二法定继承顺序的做法也需要再探讨。

（四）中国民众继承习惯是配偶继承零顺序愿望的现实反映

相较于其他法律制度而言，继承制度更具有乡土性，具有固有法的特点。它与道德伦理因素密切相关，其规则根植于本国民众多年繁衍生息的现实生活之中。所以，在设置继承规则时，应当对民众的继承习惯进行调查分析，以保证其能客观反映民众的意愿及现实需要。这不仅是立法者设置本土性较强的继承法律规则、制度时应当持有的态度，也是所有立法活动中应该遵循的基本规则。

根据我国学者对北京、重庆、山东和武汉四地民众继承习惯调查的结果[①]，被调查民众仍然十分重视血缘关系的远近，并希望以婚姻关系和血缘关系作为确定法定继承人资格顺序的最主要因素。

比较集中的意见是，法定继承顺序的总体排序为：夫妻和子女，父母，兄弟姐妹、孙子女、外孙子女、祖父母、外祖父母，侄子女、外甥子女。配偶的继承地位继续被充分肯定，都认为配偶在继承序列中应居于最为优先的位置，子女也再次被强调列入第一顺序，但支持的比例低于父母。而父母作为第一顺序继承人

---

① 该部分的统计资料及基础分析参见：陈苇：《当代中国民众继承习惯调查实证研究》，群众出版社2008年版，第44—54页。

第五节 配偶法定继承顺序的改革建议

的地位受到民众意见的挑战，兄弟姐妹作为第二顺序继承人的地位也未得到民众的普遍支持。可见，关于法定继承人的范围和顺序，被调查地区民众的认识、继承观念与《民法典》的规定存在一定的差异，但配偶的继承顺序与地位始终都被放在首位，子女、父母、兄弟姐妹依序在后。民众希望在重点保护配偶利益的同时，紧随其后几个顺序血缘亲属的继承地位能得到进一步提升，其利益也能得到保护。

四、修改《民法典》时应当怎样规定配偶法定继承零顺序

（一）修改配偶法定继承零顺序的着眼点

法定继承顺序直接反映按婚姻关系、血缘关系、扶养关系、家庭结构、继承习惯等因素推定出的被继承人与继承人之间关系的亲密程度，也包含国家对个人利益、家庭利益、社会利益甚至国家利益的考量。正如有的学者所言："各个历史时代和各个国家的继承法关于法定继承人范围的规定，都是根据当时社会统治者的根本利益和意志，以婚姻、血缘和家庭关系为基本要素，同时参考各时代和各国的具体情况而制定。"[1] "我国确定继承顺序不是单纯以婚姻和血缘关系为根据，而是同时考虑继承人与被继承人血缘关系的远近、共同生活的密切程度以及在经济上相互依赖等状况。"[2]

通过前述分析可见，无论按哪一种规则排列法定继承顺序，配偶的继承权始终被排在最为重要的位置，也没有任何继承人能够与配偶相提并论。民众既希望因为婚姻关系而结成的配偶能在继承权上保持优位，又希望其他与被继承人血缘关系最近的血亲的继承权不会因为对配偶继承权的重视而被忽略，或者因配偶的独占继承而被架空。要满足民众的继承意愿，平衡好二者间的关系，最佳的解决方式便是对配偶的法定继承由固定的第一顺序改革为零顺序，即继承序位不固定。具体方式为：在保证配偶继承权优位的同时，适当扩大法定继承人的范围，

---

[1] 侯放：《继承法比较研究》，澳门基金会1997年版，第31页。
[2] 佟柔主编：《继承法教程》，法律出版社1986年版，第87页。

并增加其顺序,然后在关系最为密切的血缘亲属中划出一定序位的范围,由配偶按相应的序位与他们分享被继承人的遗产。这样,从继承序位上承认现实生活中血缘关系人之间在具有共同亲属性的基础上存在差异性,而这种生活关联程度的差异性反映在继承环节上,就表现为法定继承遗产时继承机会及份额的不同。同时,在面上尽量顾及与被继承人有血缘关系人的利益,以遵循继承法从古至今以婚姻关系、血缘关系为基础及纽带的传统,保持继承法应具有的生活朴实性,让遗产更多地留在血缘关系人之内。在点上,配偶是产生一切血缘关系的根本起点,作为延续血缘、繁衍后代的基础环节,接前续后,重要性自不待言,在其优位继承遗产的同时,也有义务让与其有重要血缘关系的人共同分得一定的遗产利益。这样,既能重点保证配偶的继承利益,又能兼顾血亲的利益;既能区别对待,又不至于顾此失彼。

(二)修改配偶法定继承零顺序的具体建议

笔者建议,在将来修改《民法典》时,规定配偶的法定继承顺序不固定,即采用"零顺序",即:当存在一定顺序的血缘亲属时,配偶不得独自继承遗产,而是依序与在先顺序的血亲继承人一并继承;只有当某几个顺序的血亲继承人都不存在时,配偶才能独自继承遗产。

具体建议法定继承人分为五个顺序,分别为:(1)子女及晚辈直系血亲;(2)父母;(3)兄弟姐妹;(4)祖父母、外祖父母;(5)侄子女、外甥子女。

配偶的继承顺序不固定,其可以依序与第一、第二、第三顺序继承人一并继承。当配偶与第一顺序继承人子女同为继承时,遗产在继承人之间实行均分;当配偶与第二顺序继承人父母同为继承时,配偶应继份为遗产的1/2,父母均分遗产的1/2,如父或母不生存,不生存父或母的份额归配偶;当配偶与第三顺序继承人兄弟姐妹同为继承时,配偶应继份为遗产的2/3,其他第三顺序继承人均分遗产的1/3。当第一、第二、第三顺序继承人都不存在时,配偶独自继承全部遗产,其他第四、第五顺序继承人不得继承;当配偶及第一、第二、第三顺序继承人均不存在时,遗产才依序由第四、第五顺序的法定继承人继承。

同时,基于配偶的继承权是以配偶权的存在为前提,在生存配偶因过错违

背夫妻相互忠实扶助义务，严重侵害被继承人的配偶权，双方感情确已破裂的情况下，剥夺配偶的继承人资格更能体现被继承人遗产处分的真实意愿。所以应规定，因生存配偶的过错，被继承人已申请离婚或已经同意离婚，并具备离婚的实质要件的，配偶不属于继承人范围。

第六节　孙子女、外孙子女等法定继承顺序的改革建议

《民法典》对孙子、外孙子女以及其他晚辈直系血亲的继承权保障，仅以第1128条规定的代位继承制度为之，存在较多问题，无法切实保障孙子女、外孙子女以及其他晚辈直系血亲的继承权。

在编纂《民法典》继承编中，有的学者建议对被继承人子女的直系晚辈血亲的继承顺序进行改革，没有受到立法机关的重视，因而仍然以《继承法》的规定为基础，没有作出改变。

笔者仍然建议，应当进一步深入研究、说明对孙子女、外孙子女以及其他晚辈直系血亲仅以代位继承制度保障其继承权仍然存在改革的必要理由，在将来修订《民法典》继承编时进行必要的改革，以更好地保障被继承人的其他晚辈直系血亲的继承权。

本节所称孙子女、外孙子女等，是指包括孙子女、外孙子女在内的晚辈直系血亲，即《民法典》第1128条第1款规定的"直系晚辈血亲"。与此相同的概念还有直系血亲卑亲属、直系卑属、直系卑血亲等。不过，在继承法的不同语境下，这一概念的含义不同：在作为第一顺序法定继承人时，晚辈直系血亲包括被继承人的子女、孙子女、外孙子女、曾孙子女、曾外孙子女等；在《民法典》规定的代位继承制度下，晚辈直系血亲包括被继承人的孙子女、外孙子女、曾孙子女、曾外孙子女，以及玄孙子女、玄外孙子女等。本节在不同语境下，分别使用孙子女、外孙子女等或者晚辈直系血亲的概念。

一、《民法典》的规定无法切实保障孙子女、外孙子女等的继承权

在《民法典》第1127条规定的法定继承人范围和法定继承顺序中，没有孙子女、外孙子女等，只规定了"第一顺序：配偶、子女、父母；第二顺序：兄弟姐妹、祖父母、外祖父母"。因此，按照《民法典》的上述规定，子女以外的晚辈直系血亲不是在法定继承顺序中的法定继承人。

但是，孙子女、外孙子女与祖父母、外祖父母是二亲等直系血亲，是除父母与子女以外亲属关系最近、最重要的直系血亲。其他晚辈直系血亲亦如此。按照遗产向下流转的遗产传承规律，晚辈直系血亲是最重要的法定继承人，其继承权是最应当受到法律保障的。由于《民法典》没有规定孙子女、外孙子女等晚辈直系血亲是在法定继承顺序中的法定继承人，因而晚辈直系血亲无法在法定继承顺序中享有和实现其应当享有的继承权。

《民法典》对晚辈直系血亲继承权保障所采取的办法，是规定其享有代位继承权，在代位继承中，代位继承祖父母、外祖父母等的遗产。《民法典》第1128条第1款对此规定："被继承人的子女先于被继承人死亡的，由被继承人的子女的直系晚辈血亲代位继承。"

代位继承，是指在法定继承中，被继承人的子女先于被继承人死亡时，由被继承人的子女的晚辈直系血亲代位继承其应继份额的法律制度。[①] 这一对代位继承概念的定义，是按照《继承法》规定的代位继承制度所作的界定，《民法典》规定的代位继承范围有所放宽。在其他国家规定的代位继承制度中，分为三种不同的体例：一是以被代位继承人先于被继承人死亡为代位继承发生的唯一原因；二是不论被代位继承人先于被继承人死亡还是丧失继承权，都可以引起代位继承；三是因被代位继承人先于被继承人死亡、丧失继承权和抛弃继承权而发生代位继承。[②] 我国《民法典》规定的代位继承属于第一种立法例，是狭义的代位继

---

① 参见郭明瑞、房绍坤：《继承法》，法律出版社2004年版，第112页。
② 参见郭明瑞、房绍坤、关涛：《继承法研究》，中国人民大学出版社2003年版，第78页。

第六节　孙子女、外孙子女等法定继承顺序的改革建议

承，只有被继承人的子女先于被继承人死亡时，才由被继承人子女的晚辈直系血亲代位继承，也就是孙子女和外孙子女等只能通过代位继承而实现其继承权，自己没有可能以自己的名义直接继承祖父母、外祖父母等的遗产。

通常认为，尽管《民法典》没有规定晚辈直系血亲的法定继承人地位和法定继承顺序，但仍然可以保障孙子女和外孙子女等晚辈直系血亲的继承权，具体方法就是通过代位继承制度，使他们的继承权得到保障。

事实上，在一般情况下，晚辈直系血亲的继承权可以通过代位继承的方法得到保障，但是，在晚辈直系血亲的父母等的继承权失权后，他们的代位继承权就无法得到保障，不能继承其祖父母、外祖父母的遗产。这正是《民法典》第1128条和《最高人民法院关于适用〈中华人民共和国民法典〉继承编的解释（一）》第17条规定对代位继承权采用代位权说带来的后果。该司法解释第17条规定："继承人丧失继承权的，其晚辈直系血亲不得代位继承。如该代位继承人缺乏劳动能力又没有生活来源，或者对被继承人尽赡养义务较多的，可以适当分给遗产。"这个解释符合代位权概念的要求，却为晚辈直系血亲实现继承权设置了重大的障碍。可见，如果孙子女、外孙子女等没有对祖父母、外祖父母等尽到赡养义务，甚至没有尽到较多的赡养义务，就完全丧失了继承权，不能从祖父母、外祖父母那里继承任何遗产，即使符合对祖父母、外祖父母尽到较多赡养义务的条件要求的，也不享有继承权，而仅仅是可以"适当分给遗产"而已。

《民法典》第1125条规定了五种继承人丧失继承权的事由，全都是继承人自己实施的行为，是由于他们自己实施了违法犯罪行为而使自己丧失了继承权。问题是：继承人由于实施违法犯罪行为而使自己丧失继承权，为什么就影响到没有实施这些违法犯罪行为的子女作为继承人的晚辈直系血亲的继承权呢？

不仅如此，父母作为继承人，如果其声明放弃继承权，同样导致其继承权失权，即如果其先于被继承人死亡，由于他对继承权的放弃，同样使晚辈直系血亲作为代位继承人无法代位继承其长辈直系血亲的遗产。可见，继承人对继承权的放弃也同样导致晚辈直系血亲代位继承权的丧失，使其无法继承长辈直系血亲的遗产。

有的学者认为，对晚辈直系血亲享有的继承权采取代位继承规则，与法律关于自然人的民事权利能力的原理不相符，已死亡的人是不存在继承法律地位的，也不能解释法律为什么规定某些继承人先于被继承人死亡的其直系卑亲属可以代位继承，而另一些继承人先于被继承人死亡的，其直系卑亲属不能代位继承，这与按系继承和按支继承的制度不符。① 因此，即使先于被继承人死亡的子女丧失继承权，也不应当因此影响其晚辈直系血亲的继承权。因已死亡父母的违法犯罪行为，而让子女承担不能继承被继承人遗产的不利后果，与我国法律的基本精神未必相符。② 继承人丧失继承权，并非仅限于自己失权而对其他人的相关权利不发生影响，在继承人丧失继承权后，该继承人的晚辈直系血亲或其他继承人的遗产利益、继承权之外的其他权利都将受到影响，即使继承法律关系之外的第三人的利益也不能幸免。③

显而易见，《民法典》规定的代位继承只能保证孙子女、外孙子女等晚辈直系血亲在其父母先于被继承人死亡，而其父母没有丧失继承权、没有放弃继承权时，才能使其对祖父母、外祖父母等长辈直系血亲的遗产享有的继承权得到实现；如果其父母发生了失权，继而就发生了"株连"，使孙子女和外孙子女等不能继承祖父母、外祖父母等的遗产，孙子女、外孙子女等的代位继承权实际上被剥夺，丧失了继承权。

这样的法定继承制度不符合遗产的传承规律，也不符合祖父母、外祖父母等长辈直系血亲支配遗产的意愿。

可见，《民法典》规定的代位继承，以及没有规定晚辈直系血亲为法定继承人和其法定继承顺序，都存在重大缺陷，不能全面保障晚辈直系血亲的继承权，因此必须进行改革，采纳更加科学、合理的继承法律制度，保障孙子女、外孙子女等晚辈直系血亲的继承权。

---

① 参见张玉敏：《代位继承比较研究》，载《中央政法干部管理学院学报》1997年第3期，第3-4页。
② 参见郭明瑞、房绍坤：《继承法》，法律出版社2004年版，第114页。
③ 参见和丽军：《继承权丧失对卑亲属代位继承权的影响》，载《昆明学院学报》2017年第1期，第76页。

二、对晚辈直系血亲继承权法律保障的立法比较

为了寻找更好的保障晚辈直系血亲法定继承权的立法方案，在《民法典》继承编中更好地保障晚辈直系血亲的继承权，下文先对 20 个国家和地区规定直系血亲卑亲属继承权保障的立法例进行比较分析。

(一) 四种立法例

继承法规定保障晚辈直系血亲的继承权，主要有以下四种立法例。

1. 直接规定被继承人的晚辈直系血亲是第一顺序法定继承人

继承法直接规定被继承人的晚辈直系血亲是第一顺序法定继承人，是采纳最多的立法例。

(1)《德国民法典》第 1924 条规定："第一顺序法定继承人是被继承人的晚辈直系血亲。"①

(2)《奥地利民法典》第 731 条规定："被继承人的直系血亲卑亲属，即其子女和子女的直系血亲卑亲属，属于第一顺位的法定继承人。"② 第 733 条规定："如果被继承人的子女先于其死亡，且存在一个或数个孙子女或外孙子女，则该先死亡子女应得的继承份额由唯一的孙子女或外孙子女全部继承，或者数个孙子女或外孙子女平均继承。如果孙子女或外孙子女之一也死亡，且遗有曾孙子女和外曾孙子女，则按照同样的方式，该死亡的孙子女或外孙子女的继承份额在曾孙子女或外曾孙子女之间平均分配。如果被继承人更远的直系血亲卑亲属存在，则依据上述规定按比例进行分配。"③

(3)《瑞士民法典》第 457 条规定："1. 被继承人的最近继承人为其直系卑血亲。2. 子女应当平均继承。3. 如子女先于被继承人死亡，则由子女的直系卑血亲按照亲等顺序代位继承。"④

---

① 《德国民法典》（第 4 版），陈卫佐译，法律出版社 2015 年版，第 567 页。
② 《奥地利普通民法典》，周友军、杨垠红译，周友军校，清华大学出版社 2013 年版，第 115 页。
③ 《奥地利普通民法典》，周友军、杨垠红译，周友军校，清华大学出版社 2013 年版，第 116 页。
④ 《瑞士民法典》，于海涌、赵希璇译、[瑞士] 唐伟玲校，法律出版社 2016 年版，第 169 页。

(4)《韩国民法典》第 1000 条规定:"继承人按照下列顺序继承:1. 被继承人的直系卑亲属;2. 被继承人的直系尊亲属;3. 被继承人的兄弟姐妹;4. 被继承人四亲等以内旁系血亲。"①

(5)《秘鲁共和国新民法典》第 816 条规定:"子女和其他直系卑血亲为第一顺序继承人;父母和其他直系尊血亲为第二顺序继承人;配偶或事实结合中生存的一方为第三顺序继承人;第四、五、六顺序之继承人,分别为第二、三、四亲等的旁系血亲。"②

(6)《法国民法典》第 731 条规定:"死者的遗产,按照以下确定的顺序与规则,归属于死者的子、女与直系卑血亲、直系尊血亲、旁系血亲及其健在的配偶。"③ 在"继承的各种顺序"一章,特别规定了"归属于直系卑血亲的遗产"一节,第 745 条规定:"子女或者子女的直系卑亲属,不论性别与长幼,即使属于不同的婚姻所生,均得继承其父与母、祖父与祖母或其他直系尊血亲的遗产。""子女或者子女的直系卑亲属,在其均属于第一亲等并以自己的名义继承时,按人头与相同继份继承;在他们全部或一部是代位继承时,应按房数继承。"④

(7)《意大利民法典》第 565 条规定:"于法定继承场合,继承财产依本章所定的顺序及规定,属于配偶、婚生及非婚生的卑亲属、婚生尊亲属、旁系血亲、其他血亲及国家。"⑤

(8)《阿根廷共和国民法典》第 3545 条规定:"法定继承,按照本法典规定的顺序和规则,分别属于死者的直系卑血亲、直系尊血亲、生存的配偶,以及包括四亲等在内的旁系亲属。"第 3557 条规定:"直系卑血亲无代数限制地进行代位继承;此时,或者是被继承人的先死子女(即使是不同婚姻中的子女)的直系卑血亲共同继承,或者是在被继承人的所有子女均先他而死亡时,所遗留的直系

---

① 《韩国最新民法典》,崔吉子译,北京大学出版社 2010 年版,第 258 条。
② 《秘鲁共和国新民法典》,徐涤宇译,北京大学出版社 2017 年版,第 159-160 页。
③ 《法国民法典》,罗结珍译,北京大学出版社 1999 年版,第 204 页。
④ 《法国民法典》,罗结珍译,北京大学出版社 1999 年版,第 206 页。
⑤ 《意大利民法典》,陈国柱译,中国人民大学出版社 2010 年版,第 115 页。

第六节 孙子女、外孙子女等法定继承顺序的改革建议

卑血亲不问亲等是否相同,均发生共同继承。"①

(9)《智利共和国民法典》对于法定继承顺序规定得不是特别明确,但是第990条规定:"死者未遗有直系卑血亲的,配偶及其亲等最近的直系尊亲属可继承之。"② 按照这样的规定,直系卑血亲是第一顺序继承人,包括子女、孙子女和曾孙子女等。

2. 规定子女为第一顺序继承人、晚辈直系血亲代位继承

规定子女为第一顺序继承人、晚辈直系血亲为代位继承人的立法例较少,主要有以下几种。

(1)《埃塞俄比亚民法典》第842条规定:"死者的子女得首先被召集继承死者。他们每人得接受相等份额的遗产。当事者及子女或子女之一已经死亡并且留有卑亲属时,死者由此等卑亲属代位继承。"③

(2)《日本民法典》第887条规定:"被继承人的子女为继承人。被继承人的子女,在继承开始前已经死亡,或者适用第891条的规定,抑或因废除而丧失其继承权时,由继承人的子女代袭为继承人。但并非继承人的直系卑亲属的人,不在此限。"④

(3)《路易斯安那民法典》第882条规定:"在直系晚辈为数众多的情况下,可以代位继承。代位继承在任何情况下均可发生,无论被继承人的子女是否与已故子女的晚辈达成合意,也无论所有先于被继承人死亡的子女,其晚辈与被继承人是否在同一顺序继承。"⑤

3. 规定直系血亲卑亲属与配偶均为第一顺序继承人

将直系血亲卑亲属与配偶都规定为第一顺序继承人的立法例也不多,主要有以下几种。

(1)《葡萄牙民法典》第2133条规定:"可继承遗产之人依下列顺序而被赋

---

① 《最新阿根廷共和国民法典》,徐涤宇译,法律出版社2007年版,第752、754-755页。
② 《智利共和国民法典》,徐涤宇译,北京大学出版社2014年版,第155页。
③ 《埃塞俄比亚民法典》,薛军译,厦门大学出版社2013年版,第121页。
④ 《最新日本民法》,渠涛编译,法律出版社2006年版,第192页。
⑤ 《最新路易斯安那民法典》,徐婧译,法律出版社2007年版,第134页。

权继承：a) 配偶及直系血亲卑亲属；b) 配偶及直系血亲尊亲属；c) 兄弟姊妹及其直系血亲卑亲属；d) 四亲等内之其他旁系血亲；e) 国家。"①

（2）《魁北克民法典》规定得更为细致。该法第 666 条规定："如被继承人留有配偶和直系卑血亲，遗产移转于他们。配偶取得遗产的 1/3，直系卑血亲取得另外的 2/3。"第 667 条规定："如被继承人死亡时无配偶，全部遗产移转于直系卑血亲。"第 668 条规定："如参与继承的全体直系卑血亲都处于同一亲等且以自己的名义继承，按人数平分遗产。"第 669 条规定："除非有代位继承，最近亲等的直系卑血亲排除全部其他直系卑血亲取得直系卑血亲的继承份额。"②

（3）《纽约州民法典草案》第 510 条规定："如果死者遗下丈夫，全部剩余财产，包括妻子在婚姻期间未予转让或者死时未以遗嘱或死因赠与有效处分的独立所有财产，均由其丈夫继承。如果死者遗下遗孀和直系卑亲属，则 1/3 的财产由遗孀继承，2/3 的财产由最近的直系卑亲属和已故直系卑亲属的继承人继承。"③

4. 规定子女、配偶、父母或者子女、配偶同为第一顺序继承人、晚辈直系血亲代位继承

规定子女、配偶、父母或者子女、配偶同为第一顺序继承人、晚辈直系血亲为代位继承人的有以下立法例。

（1）《俄罗斯联邦民法典》对法定继承顺序仍然沿袭《苏俄民法典》（1922年）第 418 条的规定，第 1142 条规定："第一顺序的法定继承人是被继承人的子女、配偶和父母。被继承人的孙子女（外孙子女）及其后代代位继承。"④

（2）《土库曼斯坦民法典》采用《俄罗斯联邦民法典》的立法例，第 1154 条规定："在法定继承中，享有平等继承份额的继承人包括：第一顺序继承人：被继承人的子女或养子女、配偶、父母或养父母，以及在他死亡后出生的子女。第二顺序继承人：被继承人的兄弟、姐妹、祖父母、外祖父母。""继承开始时，具

---

① 《葡萄牙民法典》，唐晓晴等译，北京大学出版社 2009 年版，第 388 页。
② 《魁北克民法典》，孙建江、郭站红、朱亚芬译，中国人民大学出版社 2005 年版，第 88、89 页。
③ [美] 戴维·达德利·菲尔德著：《纽约州民法典草案》，田甜译，王莹莹校，徐国栋审订，中国大百科全书出版社 2007 年版，第 110-111 页。
④ 《俄罗斯联邦民法典》，黄道秀译，北京大学出版社 2007 年版，第 395 页。

第六节 孙子女、外孙子女等法定继承顺序的改革建议

有继承资格的父母死亡的,则该父母的子女、孙子女及曾孙子女应为法定继承人,且在法定继承的情形下,子女、孙子女及曾孙子女对死亡父母应享有平等份额的继承权。""父母生前拒绝接受遗产的,则其子女、孙子女及曾孙子女不得代位继承其应享有的遗产份额。"①

(3)《蒙古国民法典》第 403 条第 1、2 款规定:"死者的配偶、子女(婚生子女、养子女、遗腹子女)、死者生前扶养且无劳动能力的生父母、养父母;无本款第一项规定的继承人和他们放弃遗产、丧失继承权的,死者的有劳动能力的父母(包括养父母)、祖父母(包括养祖父母)、兄弟姐妹。""在法定继承中享有继承权的父母在继承开始前死亡的,被继承人的孙子女、外孙子女及其卑亲属有权均等地继承其父母在法定继承中应继承的份额。"②

(4)《越南民法典》第 651 条规定:"1. 法定继承人的继承顺序如下:(1) 第一顺序继承人包括被继承人的配偶、生父母、养父母、亲生子女、养子女;(2) 第二顺序继承人包括被继承人的祖父、祖母、外祖父、外祖母、兄弟、姐妹,被继承人的孙子女、外孙子女;(3) 第三顺序继承人包括被继承人的曾祖父母、外曾祖父母,被继承人的伯伯、叔叔、舅舅、姑母、阿姨,被继承人的侄子女、外甥子女、曾孙子女、外甥孙子女。2. 同一顺序继承人可享有同等遗产继承权。3. 如果前一顺序继承人因死亡、丧失继承权、被取消继承权或拒绝接受遗产而无人继承,后面顺序的继承人才能继承遗产。"第 652 条规定:"被继承人的子女比被继承人先死亡或与被继承人同时死亡的情况下,这个孙子女和外孙子女可以继承其父亲或母亲生前可以享有的部分遗产;如果孙子女和外孙子女也比被继承人先死亡或与被继承人同时死亡的话,则曾孙和外曾孙可以享有其父亲和母亲生前可以享有的部分遗产。"③

(5)《荷兰民法典》第 4:10 条规定:"1. 继承人按照下列顺序继承遗产:a. 被继承人未分居的配偶及其子女;b. 被继承人的父母及其兄弟姐妹;c. 被继

---

① 《土库曼斯坦民法典》,魏磊杰、朱淼、杨秋颜译,蒋军洲校,厦门大学出版社 2016 年版,第 209 页。
② 《蒙古国民法典》,海棠、吴振平译,中国法制出版社 2002 年版,第 132 页。
③ 《越南民法典》,伍光红、黄氏惠译,商务印书馆 2018 年版,第 191-192 页。

承人的祖父母/外祖父母；d. 被继承人的曾祖父母/曾外祖父母。2. 子女、兄弟姐妹、祖父母和外祖父母、曾祖父母和曾外祖父母的后代代位继承。3. 只有与被继承人有亲属法律关系的人，才视为上述各款所称的血亲。"①

(二) 比较结论

比较分析以上立法例，得出的结论是：

第一，在上述20个国家和地区有关晚辈直系血亲法定继承的立法例中，有9个国家的继承法将被继承人的直系卑亲属规定为第一顺序法定继承人，包括子女、孙子女、曾孙子女等，占45%。其中，有的直接规定被继承人的晚辈直系血亲为第一顺序继承人，如德国、韩国、奥地利、瑞士；规定为"子女和其其他直系卑血亲"，如秘鲁；还有的将被继承人的晚辈直系血亲排在列举的顺序之先，如法国、意大利、阿根廷、智利。

第二，在3个国家和地区的继承法中，规定子女为第一顺序继承人，孙子女、外孙子女与曾孙子女、曾外孙子女等晚辈直系卑亲属为代位继承人。这3个国家和地区是埃塞俄比亚、日本、美国路易斯安那州，占20个国家和地区的15%。

第三，有3个国家和地区的继承法规定直系血亲卑亲属与配偶是第一顺序法定继承人，直系血亲卑亲属为数众多的，辈分在先的优先继承。这三个国家和地区是葡萄牙、加拿大魁北克和美国纽约州，占15%。

第四，有5个国家的继承法，将子女、配偶、父母或者子女、配偶列为第一顺序继承人，没有将其他晚辈直系血亲列为有法定顺序的继承人，适用狭义的代位继承制度分配遗产，甚至作出"父母生前拒绝接受遗产的，则其子女、孙子女及曾孙子女不得代位继承其应享有的遗产份额"的限制性规定。这些国家是俄罗斯联邦、土库曼斯坦、蒙古、越南以及荷兰，占20个国家和地区的25%。

我国《民法典》对此的规定显然属于苏联立法模式，是第四种立法例。可见，将晚辈直系血亲不列入法定继承顺序之中，仅以狭义的代位继承制度保障其继承权，并不是市场经济体制基础上的法定继承制度，没有尊重遗产向下流转的遗产传承规律，不能保障晚辈直系血亲的继承权。

---

① 《荷兰民法典》，高圣平译，尚未出版。

第六节 孙子女、外孙子女等法定继承顺序的改革建议

在上述立法例中,多数国家和地区采用被继承人的直系血亲卑亲属作为第一顺序继承人,辅以将配偶作为无固定顺序的法定继承人的法定继承制度,能够更好地保护孙子女、外孙子女以及曾孙子女、曾外孙子女等的继承权。这种保障晚辈直系血亲继承权的立法例,值得借鉴。

(三)我国现行法律规定晚辈直系血亲继承权保障的立法来源

1. 我国保障晚辈直系血亲继承权的立法并非来源于清末民初立法

清末民初以来,我国实行西法东渐,变律为法,将中华法系改为现代民法法制,其中继承制度就基本上采取西制,《大清民律草案》《民国民律草案》和《民国民法》都对晚辈直系血亲的继承权作出了完善的规定。

《大清民律草案》对于直系卑属的继承权,直接规定在第1466条:"所继人之直系卑属,关于遗产继承,以亲等近者为先。若亲等同,则同为继承人。"这样的规定将孙子女、外孙子女、曾孙子女、曾外孙子女等当然都包括在内,只是由亲等近者继承而已。如无亲等更近者,不论是孙子女、外孙子女、曾孙子女、曾外孙子女,都可以实现其继承权,继承遗产。《大清民律草案》第1467条也规定了代位继承,但是这种代位继承与现行《民法典》规定的代位继承完全不同:"继承人若在继承前死亡,或失继承之权利者,其直系卑属承其应继之份,为继承人。"第1468条规定,有前两条规定的继承人即直系卑属时,才适用继承顺序的规定,依照顺序,由其他法定继承人继承遗产。① 作出这样的规定就是要保障遗产向下传承,对孙子女、外孙子女等直系卑属的继承权予以了更好的保障。但是,其中有关重男轻女、妻的继承权受到轻视等缺陷,是不言而喻的。

《民国民律草案》在继承制度上反其道而行之,恢复宗祧继承制度,在宗祧继承上,于第1308条规定:"所继人之直系卑属,关于宗祧继承,以亲等近者为先,若亲等同则同为继承人。"在法定继承上,第1337条规定:"所继人之直系卑属,关于遗产继承,其次序依第1308条规定。"② 仍然是所继人之直系卑属,以亲等近者为先,若亲等同则同为继承人。这样的规定也能够保障晚辈直系血亲

---

① 参见杨立新主编:《中国百年民法典汇编》,中国法制出版社2011年版,第207页。
② 杨立新主编:《中国百年民法典汇编》,中国法制出版社2011年版,第362页、第366页。

的继承权。

《民国民法》对于法定继承人规定得最为清晰,第 1138 条规定:"遗产继承人,除配偶外,依左列顺序定之:(一)直系血亲卑亲属。(二)父母。(三)兄弟姐妹。(四)祖父母。"第 1139 条规定:"前条所定第一顺序之继承人,以亲等近者为先。"第 1140 条规定:"第 1138 条所定第一顺序之继承人,由于继承开始前死亡或丧失继承权者,由其直系血亲卑亲属代位继承其应继份。"第 1141 条规定:"同一顺序之继承人有数人时,按人数平均继承。但法律另有规定者,不在此限。"① 这才是科学、合理的继承制度。

2. 我国对晚辈直系血亲代位继承的规定来源于苏联立法例

我国《继承法》和《民法典》为什么不把晚辈直系血亲规定为第一顺序法定继承人,而采取代位继承的方法保护他们的继承权,其根源完全是照抄照搬苏联民法。

1922 年《苏俄民法典》第 418 条规定:"依法得为被继承人者系子女(包括养子女在内)、配偶、被继承人之父母无劳动能力者,以及其他无劳动能力之人,而由被继承人与其是完全赡养在一年以上者。""如被继承人是子女,有在继承开始前死亡者,则其应继份,由其子女(被继承人之孙)代位继承,如其子女死亡时,由其子女之子女(继承人之曾孙)代位继承。"② 1962 年 5 月 1 日施行的《苏联和各加盟共和国民事立法纲要》第 118 条规定法定继承,该条第 1 款和第 2 款的内容是:"在法定继承的情况下,死亡人的子女(包括养子女)、配偶和父母(养父母)为第一顺序继承人,他们的继承份额相等。死亡人死后出生的子女也是第一顺序继承人。""被继承人的孙子女和曾孙子女,他们的本人为继承人的父或母如果在继承开始前已经去世,得为法定继承人;他们平等继承他们的死亡了的父或母依法定继承的应继份。"③ 相隔 40 年的苏联先后两部民法,在对孙子女、外孙子女的法定继承权的规定上,没有太大的差别。即使当代的《俄罗斯联邦民

---

① 杨立新主编:《中国百年民法典汇编》,中国法制出版社 2011 年版,第 512 页。
② 《苏俄民法典》,王增润译,王之相校,新华书店 1950 年版,第 169 页、第 170 页。
③ 《苏联民法纲要和民事诉讼纲要》,中国社会科学院法学研究所译,法律出版社 1963 年版,第 49 页。

法典》对法定继承顺序仍然作这样的规定，没有改变。可见，苏联民法对被继承人直系血亲卑亲属继承权规则的影响极大。

我国《民法典》第 1127 条、第 1128 条的规定与 1922 年《苏俄民法典》第 418 条的规定，内容相似。可见，用代位继承制度保护晚辈直系血亲的继承权，并非中国继承制度所固有，而是从苏联搬过来的"舶来品"。

三、确定晚辈直系血亲为第一顺序继承人才能保障其继承权

（一）我国现行晚辈直系血亲代位继承规定的弊病

《民法典》规定的晚辈直系血亲代位继承制度存在以下弊病。

1. 不符合遗产传承规律的要求

在人类社会，一个人死亡后，其遗产的传承规律都是向下流转，只有在极少数情况下，遗产会向上流转或者向旁流转。这项规律反映的是，几乎所有的人在世辛苦工作、创造财富，为的是使后代即自己的晚辈直系血亲的生活富足、幸福。几乎没有人创造财富是为了死后将自己的遗产由其父母继承，或者由其兄弟姐妹、祖父母、外祖父母继承。因为在通常情况下，子女将在父母死亡之后死亡，只有出现意外或者疾病，才会出现"白发人送黑发人"的情形，任何人都不希望发生这样的事情。因此，遗产向下流转即向被继承人的晚辈直系血亲传承，才是正常的遗产流转方向。不是将孙子女、外孙子女等晚辈直系血亲规定为第一顺序法定继承人，而是将其规定为代位继承人，享有代位继承权而不是直接的继承权，使其不在法定继承人的法定继承顺序之内就剥夺了他们按照法定继承顺序继承遗产的继承权，只能按照代位继承的规则继承。晚辈直系血亲不能按照代位继承规则行使代位继承权，自己又不在法定继承顺序之中，就阻挡了被继承人的遗产向下流转的渠道，改变了遗产传承的方向，使遗产向上或者向旁流转。这是不正确的遗产流转方向。

2. 被继承人失权后果直接影响晚辈直系血亲继承遗产

被继承人的子女在继承权失权后，使孙子女、外孙子女等晚辈直系血亲无法

行使继承权。按照现在的法律和司法解释的规定,我国的晚辈直系血亲只能通过代位继承规则继承被继承人的遗产,并且继承人丧失继承权的,其晚辈直系血亲不得代位继承,只要被继承人的子女实施了故意杀害被继承人,为争夺遗产而杀害其他继承人,遗弃被继承人,虐待被继承人情节严重,伪造、篡改、隐匿或者销毁遗嘱情节严重的行为,即丧失继承权。不仅如此,被继承人的子女作为继承人,依照《民法典》第1124条第1款规定放弃继承权的,也使其继承权失权。在上述情况下,子女作为继承人,其继承权失权,就直接导致继承人的晚辈直系血亲也全部丧失了继承权。《民法典》规定的晚辈直系血亲通过代位继承实现其继承权,极易出现继承人失权的后果,继而形成株连失权的继承人的晚辈直系血亲不得行使继承权的不公平现象。

3. 违背被继承人处置遗产的推定意愿

在被继承人没有遗嘱或者遗嘱无效,不能按照遗嘱继承时,法定继承实际上是根据推定来确定被继承人处置遗产的意愿。其推定并非立法者随心所欲,亦非盲目偶然,而是以婚姻家庭法所规定的亲属身份关系为前置性基础或依据。法定继承人建立在亲属身份关系的基础上,特定的亲属身份关系是法定继承的依据,法定继承则是亲属身份关系的财产性法律后果;亲属身份权是法定继承的本源,法定继承则是亲属身份权的派生,因而法定继承关系在本质上归属于身份性财产关系。[①] 法定继承的这种身份性基础,正是推定被继承人在没有遗嘱或者遗嘱无效的情况下,处置自己财产真实意愿的法律依据。被继承人处置自己遗产的最真实希望,就是使自己的子女、孙子女、外孙子女以及其他晚辈直系血亲接受自己的遗产。在世界上绝大多数国家规定被继承人的直系血亲卑亲属是第一顺序法定继承人,体现的正是这种客观基础,以及直系血亲间的亲属感情。我国《民法典》第130条规定:"民事主体按照自己的意愿依法行使民事权利,不受干涉。"这就是规定了民事主体行使民事权利的自我决定权。被继承人通过遗嘱处置自己的遗产,就是在行使处置遗产的自我决定权;被继承人没有设立遗嘱或者遗嘱无效,就应该通过客观事实推定其行使处置遗产的自我决定权的意愿。而《民法

---

① 参见孟令志、曹诗权、麻昌华:《婚姻家庭与继承法》,北京大学出版社2012年版,第279页。

典》规定的晚辈直系血亲通过代位继承实现其继承权，不能体现被继承人处置遗产的真实意愿，干涉了被继承人行使民事权利的自我决定权。可以肯定，祖父母、外祖父母作为被继承人，当自己的子女作为继承人而丧失继承权的时候，如果自己的孙子女、外孙子女等晚辈直系血亲就不得继承自己的遗产，这绝不是祖父母、外祖父母的真实意愿。在我国古代就有"子承父份"的代位继承传统，父亲先于祖父母死亡时，儿子继承父亲的继承份额，父亲的继承权被剥夺，并不影响儿子的代位继承，如果儿子的继承权因此而被剥夺，则无人传承宗祧以及遗产，是与被继承人的意愿相违背的，也是我国传统伦理所不能接受的。[①] 可见，《民法典》规定晚辈直系血亲通过狭义的代位继承制度保障其继承权，是有重大缺陷的，即有可能剥夺继承人的晚辈直系血亲的继承权。

4. 不符合权利与义务相一致原则的要求

权利与义务的平衡符合立法之预期，是立法的基本要求。晚辈直系血亲对于子女已经死亡的长辈直系血亲也负有赡养义务，但是法律未赋予其固有的继承权，如果由于父母之原因丧失了继承权，而晚辈直系血亲尽了赡养义务，根据相关司法解释，则只能适当分给遗产，权利与义务完全不对等。[②] 正因为《民法典》规定的晚辈直系血亲通过代位继承制度保障其继承权的实现，立法缺陷十分明显。随着我国经济的发展，社会生活发生了深刻的变化，30多年前制定的代位继承规则已无法满足现代继承实践的需要，应当立足我国实际，结合中国传统习惯，对其进行必要的调整与改革[③]，以建立更加规范和先进的晚辈直系血亲继承权的保障制度。

（二）晚辈直系血亲对长辈直系血亲享有的继承权的性质

在继承制度上，对于晚辈直系血亲的继承制度，出现了第一顺序法定继承人

[①] 参见孟令志：《论我国代位继承制度之完善》，载陈苇主编：《中国继承法修改热点难点问题研究》，群众出版社2013年版，第234页。
[②] 参见孟令志：《论我国代位继承制度之完善》，载陈苇主编：《中国继承法修改热点难点问题研究》，群众出版社2013年版，第234页。
[③] 参见唐琳：《论我国代位继承制度的完善》，载杨立新、刘德权、杨震主编：《继承法的现代化》，人民法院出版社2013年版，第178页。

和狭义代位继承的立法和理论的分歧。这一分歧的理论基础是对晚辈直系血亲继承权的法律属性的不同认识。

确认晚辈直系血亲为第一顺序法定继承人的理论根据,是认可被继承人的晚辈直系血亲的继承权为固有权。祖父母、外祖父母与孙子女、外孙子女是二亲等直系血亲,仅次于父母与子女的一亲等直系血亲关系;曾祖父母、曾外祖父母与曾孙子女、曾外孙子女是三亲等直系血亲。中国社会的俗语称"隔辈亲",就体现了祖父母、外祖父母与孙子女、外孙子女的直系血亲关系亲于父母与子女之间直系血亲关系的现实。因此,祖父母、外祖父母与孙子女、外孙子女相互之间,以及其他晚辈直系血亲对长辈直系血亲的继承权,是法定的、固有的继承权。《民法典》规定祖父母、外祖父母对孙子女、外孙子女的遗产享有继承权,具有法定继承顺序,反过来,却没有规定孙子女、外孙子女对祖父母、外祖父母遗产的继承权,没有把晚辈直系血亲规定在法定继承顺序之中,显然违背客观实际。因此,既然祖父母、外祖父母对孙子女、外孙子女的遗产享有继承权,具有法定的继承顺序,那么从固有权的意义上说,孙子女、外孙子女对于祖父母、外祖父母的遗产必定享有法定继承权,必须有法定的继承顺序,且为第一顺序法定继承人。

以苏联为代表的规定晚辈直系血亲只能通过狭义的代位继承来继承被继承人的遗产,其法律依据就是晚辈直系血亲对祖父母、外祖父母遗产继承权的性质属于代位权,或者称为代表权。代位权说认为,代位继承人继承被继承人的遗产,不是基于自己本身固有的权利,而是代表被代位继承人参加继承,也就是代位继承人是以被代位继承人的地位而取得被代位继承人的应继份额的。因而,在被代位继承人丧失继承权或放弃继承权的情况下,不发生代位继承。[1] 正像《法国民法典》第739条规定的那样:"代位继承的法律的拟制,其效果为使代位继承人取代被代位人的地位、亲等与权利。"[2] 既然晚辈直系血亲是作为代位继承人参加代位继承,取代被代位继承人的地位、亲等与权利,当被代位继承人丧失继承权的时候,代位继承人当然不得代被代位继承人之位而继承被继承人的遗产。

---

[1] 参见郭明瑞、房绍坤、关涛:《继承法研究》,中国人民大学出版社2003年版,第79页。
[2] 《法国民法典》,罗结珍译,中国法制出版社1999年版,第205页。

综合以上两种对被继承人的晚辈直系血亲继承权性质的不同见解，显然可以看到，只有确认被继承人的晚辈直系血亲的继承权是固有权，才能使被继承人的晚辈直系血亲作为第一顺序法定继承人，取得被继承人的遗产。而按照代位权的见解，虽然被继承人的晚辈直系血亲在一般情况下能够通过代位继承来实现自己的继承权，但是在很多情况下，会使晚辈直系血亲丧失继承权，不能继承被继承人的遗产。因此，否定《民法典》中以代位权界定被继承人的晚辈直系血亲继承权的性质，是完全必要的，否则无法保障孙子女、外孙子女等晚辈直系血亲的继承权。

（三）不同代位继承制度的区别

世界各国的代位继承制度多有不同。除了从代位继承的发生原因分析，还可以从被代位继承人的范围分析，分为四种类型：一是被代位继承人限于被继承人的直系卑亲属；二是被继承人的直系卑亲属和兄弟姐妹及其直系卑亲属都可以作为被代位继承人；三是被代位继承人的范围包括直系卑亲属、父母及其直系卑亲属和祖父母及其直系卑亲属；四是被代位继承人的范围，包括直系卑亲属、兄弟姐妹及其直系卑亲属、祖父母及其直系卑亲属。[①]

从上述代位继承制度分析，其宽度、范围都不相同，分为最广义、广义和狭义的不同类型。我国的代位继承制度，不仅是以被代位继承人先于被继承人死亡为代位继承发生的唯一原因，而且被代位继承人仅限于被继承人子女的晚辈直系血亲和兄弟姐妹的子女。可见，我国现行的代位继承制度在世界各国的代位继承制度中是最狭窄的代位继承。这样的代位继承制度不能完善地保障孙子女、外孙子女等晚辈直系血亲的继承权，会使《民法典》第124条第1款规定的"自然人依法享有继承权"的部分内容落空。

四、对晚辈直系血亲法定继承制度改革的建议

（一）废除《民法典》第1128条第1款的规定

《民法典》第1128条第1款规定存在的问题已如上述。《最高人民法院关于

---

① 参见张玉敏：《代位继承比较研究》，载《中央政法管理干部学院学报》1997年第3期，第1-2页。

适用《中华人民共和国民法典》继承编的解释（一）》第 17 条规定则进一步暴露了该条文存在的弊病，更是加重了对晚辈直系血亲继承权的限制。因此，《民法典》第 1128 条规定和相关司法解释都应当进行修订，对孙子女、外孙子女等晚辈直系血亲只能作为代位继承人享有代位继承权的继承制度实行改革。目前还有很多学者对这一制度的弊病没有认识清楚，还需要进一步作理论说明，争取实现这一继承制度的改革。

（二）改革《民法典》第 1127 条关于第一顺序法定继承人的规定

《民法典》第 1127 条关于法定继承顺序的规定，完全是借鉴苏联民法的规则，是不符合市场经济社会的客观要求、不符合遗产传承规律要求的，必须进行改革。《民法典》第 1127 条第 1 款关于第一顺序法定继承人规定的最大缺陷，是把子女和父母这两个不同顺序的法定继承人放在同一顺序规定，会使遗产改变向下传承的正常方向。

（三）明确规定晚辈直系血亲都是第一顺序法定继承人

按照大多数国家的立法例，被继承人的直系血亲卑亲属都是第一顺序法定继承人，因为只有这样，才能够保障遗产的正常流转方向。《民法典》只是规定了子女为第一顺序法定继承人，没有规定其他晚辈直系血亲为第一顺序法定继承人。

可以肯定，在法定继承的第一顺序中，只规定子女是不正确的，因为这样规定后，仍然必须另行规定孙子女、外孙子女等晚辈直系血亲的代位继承作为补充，否则就完全剥夺了孙子女、外孙子女等晚辈直系血亲的继承权。因此，规定第一顺序法定继承人不能只规定子女，最起码应当规定子女和孙子女、外孙子女，最好规定为被继承人的晚辈直系血亲，将曾孙子女、曾外孙子女等晚辈直系血亲概括在内。只有这样，才能够保障被继承人的晚辈直系血亲（包括孙子女、外孙子女）的继承权。

（四）明确规定同一法定继承顺序亲等不同时亲等近者优先规则

对在同一法定继承顺序中规定不同亲等的多数法定继承人，很多人持有疑义，认为这不符合制定继承法的习惯；同时，在同一法定继承顺序中规定不同亲等的多数法定继承人，可能会发生继承顺序的混乱，因此不宜采用。

这种意见是不正确的。在世界上绝大多数国家的继承法中都规定第一顺序法定继承人为被继承人的直系血亲卑亲属，即在同一法定继承顺序中规定了不同亲等的多数法定继承人，最起码包括了子女、孙子女、外孙子女和曾孙子女、曾外孙子女，包含了"四世同堂"家庭的亲属关系。当在同一法定继承顺序中出现多数继承人时，只要规定了同一法定继承顺序亲等不同时亲等近者优先原则，就足以解决这个问题，即子女在位，孙子女、外孙子女不继承，子女不在位，孙子女、外孙子女继承；子女、孙子女、外孙子女都不在位，曾孙子女、曾外孙子女继承。按照这样的规则，同一顺位规定不同亲等的多数法定继承人，不会形成不同继承人的冲突，反而能够保障晚辈直系血亲的继承权。

第七节 法定继承中继父母子女形成扶养关系的认定

一、据以研究的典型案例

（一）基本案情

贾某、郭某为夫妻关系，二人生前均系中国银行职工，育有子女五人。20世纪70年代，银行给贾某、郭某二人分配了两套公租房，即七贤村7号楼1门401、402房（两房相通）。1987年，郭某去世。贾某于1988年10月17日与退休女职工刘某再婚，此时五名子女均已成年，其中较小的两名子女与贾某和刘某共同生活，相互照应至1998年，长达10年之久。1998年，银行进行公房改革，房管处与贾某签订了"退交原住房协议书"，贾某将七贤村7号楼1门401、402房调换为车公庄甲1号903房，在补交部分房款后取得房屋所有权证。此后，贾某与刘某一直在该房居住，贾某的子女经常来照顾生父和继母。其间，贾氏五个子女对继母照顾有加，关系融洽，善尽赡养义务。1999年以后，刘某多次生病，都是五名继子女陪同其就医，办理诊疗手续、陪护。刘某在2007年突患脑出血住院抢救、2009年白内障手术住院期间，都是五名继子女轮流陪护。刘某曾向

五名继子女表达自己去世后不愿安葬在江西九江,担心无人扫墓,希望安葬在北京,五位继子女便共同出资为刘某和贾某在北京选购了两块相邻的墓地。2012年1月,贾某去世后,贾氏五兄妹齐心协力照顾刘某,特别安排继女和继子媳与刘某同住,照顾其生活,陪同其就医。五名继子女先后为刘某治病花费17万元之多。2012年10月17日,刘某去世,五名继子女及大儿媳共同为其操办丧事,负担丧葬费用等,并遵从刘某遗愿,将其安葬在北京。刘某再婚时自称无子女,2009年提到有养子张某,在江西九江居住。张某很少来北京,在刘某病危期间也不来探视、照顾,贾氏五名子女对张某的身份并不清楚,在诉讼期间才知道其真实姓名。

2012年1月,贾某病逝时没有立遗嘱,没有进行遗产分割。2012年10月,刘某去世亦未留遗嘱。治丧期间,张某未承担任何费用,却趁机将刘某居住的车公庄甲1号903房的房产证及贾某与刘某生前的存单隐匿。2013年,张某向北京市某区法院起诉,要求继承车公庄甲1号903房及刘某存款的7/12。

(二)裁判要旨

受诉法院经一审判决认定,被继承人刘某与贾某再婚时,贾某长子等兄妹五人均已成年,即使五兄妹对刘某尽了扶养义务,但未形成扶养关系,因而不是刘某遗产的法定继承人,因此认定刘某的所有遗产全部由张某继承。至于贾某长子等人称张某并不是合法继承人且没有尽赡养义务,未提供充分、有效的证据加以证明,故不予采信。车公庄甲1号903房为贾某与刘某再婚期间购买,是夫妻共同财产。故判决确认张某的继承人身份,支持了张某的诉讼请求。

(三)典型意义

这一案件的一审判决在认定事实和法律适用上存在的问题较多,例如遗产范围确定、继承份额认定等,都有不当之处。但是最典型的意义,也是一审判决存在的最大问题,就是法定继承人中形成扶养关系的继父母子女应当如何认定。这不是一个法院的意见,而是较多的法院均持有的观点,影响甚广。故本节就此问题进行研究,阐释其不当之处,端正对此问题的认识;对其他问题,则在最后略作说明。

第七节　法定继承中继父母子女形成扶养关系的认定

二、对认定形成扶养关系的继父母子女为法定继承人的不同看法

（一）该案一审判决基本观点的理论依据是抚养说

该案发生时间在《民法典》颁布实施之前，是依据《继承法》判决的。由于《民法典》对此没有改变基本的立法立场，因此，这项判决依据的基本观点及其分析也适合于《民法典》颁布实施后现今的司法实践。

《继承法》第 10 条第 3 款和第 4 款是关于继父母子女作为法定继承人的规定，《民法典》第 1127 条第 3 款和第 4 款，即"有扶养关系的继子女"和"有扶养关系的继父母"享有继承权。按照规定，我国关于继父母子女的继承权问题不采用西方国家以是否进行收养为依据确定相互之间是否享有继承权，而是以继父母子女之间是否形成扶养关系为依据，确定是否享有继承权。继子女有无继承权决定于其与继父母之间有无扶养关系，有扶养关系的继子女有权继承继父母的遗产，没有扶养关系的继子女无权继承继父母的遗产，不是继父母的法定继承人。[①] 因此，我国关于继父母子女之间继承权的确定，相互之间是否形成扶养关系就成为唯一的判断依据。

正因为如此，该案的一审判决确认，被继承人刘某与贾某再婚时，贾氏五兄妹均已成年，相互之间没有形成扶养关系，即使贾氏五兄妹对刘某尽了扶养义务，也不是刘某遗产的法定继承人，故认定刘某的所有遗产全部由其养子张某继承。

本案一审判决的上述判决理由并非法官杜撰，而是较多地继承法专著、教科书和通俗普法读物的普遍性观点，甚至近乎于通说。举例说明如下：有的学者认为，继父母子女之间最为完整的抚养教育包括：（1）继父母子女共同居住；（2）继父或者继母对继子女提供了抚养物质；（3）继父或者继母对继子女进行知识和生活

---

① 参见郭明瑞、房绍坤：《继承法》（第 2 版），法律出版社 2004 年版，第 103 页。

的教育。上述抚养关系存续 5 个月，就认定为成立继父母子女间的扶养关系。① 这个观点非常明确，与一审判决书的内容基本相同。

有的学者认为，认定继父母与继子女之间是否有扶养关系，应从主、客观两个方面考虑：从客观上说，双方确实存在扶养的事实；从主观上说，双方有相互扶养的意思。如果客观上虽无抚养继子女的必要，但继父母仍愿意抚养，并且予以其他照顾的，也应当认定"有扶养关系"。② 更加绝对的观点是："父母再婚时，如果子女已成年，肯定与父母再婚的对象不能形成有抚养关系的继父母子女关系，互相之间没有相关的权利义务和继承权。""如果当时子女未成年，则要看具体情况判断是否与继父母形成抚养关系，比如看是否共同生活、是否有抚养教育实施，如果确认有抚养关系，那么继子女就有赡养继父母的义务，且双方互相产生法定继承权。"③ 这些观点的核心是，认定继子女对继父或者继母是否享有继承权，或者继父或者继母对继子女是否享有继承权，关键在于继父或者继母是否对未成年继子女尽到抚养义务：尽到抚养义务的，就形成了扶养关系，就享有继承权；未尽到抚养义务的，就未形成扶养关系，不享有继承权。这种观点可以概括为"抚养说"。

（二）对抚养说的不同观点

尽管前述观点在我国民法理论界和实务界具有较大的影响力，但是也有不同的观点。

一种观点认为，继子女对继父母是否享有继承权，应当以继子女是否对继父或者继母善尽赡养义务为依据：尽了赡养义务的，继子女就享有继承权；没有尽赡养义务的，继子女对继父或者继母就不享有继承权。④ 这种观点可以概括为"赡养说"。

另一种观点认为，不论继父母抚养了继子女，还是继子女赡养了继父母，只

---

① 参见李政辉：《析离婚后继父母子女间继承关系》，载杨立新等主编：《继承法的现代化》，人民法院出版社 2013 年版，第 174 页。
② 参见郭明瑞、房绍坤：《继承法》（第 2 版），法律出版社 2004 年版，第 103 页。
③ 王竹编写：《中华人民共和国继承法配套规定》，法律出版社 2009 年版，第 34-35 页。
④ 参见梁轶琳主编：《继承法律政策解答》，法律出版社 2010 年版，第 23 页。

第七节 法定继承中继父母子女形成扶养关系的认定

要一方扶养了另一方,就具有扶养关系,就能相互继承。① 这种观点可以概括为"广义扶养说"。

形成扶养关系的"赡养说"是有道理的,但不够全面。"广义扶养说"更为全面,准确地表达了《继承法》第 10 条、《民法典》第 1127 条规定的继父母子女间产生继承权的全部内容。

(三)认定继父母子女间形成扶养关系时采用"抚养说"的分析

1. 以"抚养说"解释形成扶养关系的基础

在解释继父母子女间形成扶养关系中,之所以形成了"抚养说",即形成扶养关系的继父母子女关系,只能是在继子女未成年时,继父或者继母对其进行抚养的观点,其原因是基于对《婚姻法》第 27 条第 2 款规定的不正确理解。该条款规定:"继父或继母和受其抚养教育的继子女间的权利和义务,适用本法对父母子女关系的有关规定。"《民法典》第 1072 条第 2 款规定:"继父或者继母和受其抚养教育的继子女间的权利义务关系,适用本法关于父母子女关系的规定。"这是关于继父母子女间的权利与义务关系内容的规定,有的学者将这个条款的规定套在解释《继承法》第 10 条、《民法典》第 1127 条关于继父母子女间享有继承权须双方形成扶养关系上面,就形成了继父母子女间扶养关系的形成,就是继父或继母抚养了未成年继子女,并且须为 5 个月以上。例如,认为《婚姻法》第 27 条第 2 款,是我国法律关于继父母子女关系总纲性的条款,该款区分了两种继父母子女关系:有抚养教育关系的继父母子女关系和没有抚养教育关系的继父母子女关系,没有抚养教育关系的继父母子女之间不适用父母子女的法律规定。② 正是在这个解释的基础上,进一步形成了继父或者继母抚养教育未成年继子女须经过一定时间才能构成扶养关系的学术的和实务的观念。

2. "抚养说"的不当之处

认定继父母子女之间形成扶养关系以继父或者继母对未成年子女进行抚养为

---

① 参见苏湘辉等:《遗产继承法律通》,法律出版社 2005 年版,第 32 页。
② 参见李政辉:《析离婚后继父母子女间继承关系》,载杨立新等主编:《继承法的现代化》,人民法院出版社 2013 年版,第 174 页。

标准的"抚养说",是不正确的,理由是:

第一,法律规定"扶养"概念的准确含义应当包括抚养、赡养和扶养。《现代汉语词典》对扶养的字义界定为"养活"①;百度百科上"扶养"有广义与狭义之分:广义的扶养是指一定范围的亲属间相互供养和扶助的法定权利义务,没有身份、辈份的区别;狭义的扶养专指夫妻之间和兄弟姐妹等平辈亲属之间相互供养和扶助的法定权利义务。② 上述字义界定均未将扶养特指抚养。法律意义上的扶养包括抚养、赡养和扶养,抚养是"爱护并教养"③,专指尊亲属对卑亲属的抚养教育;赡养是"供给生活所需"④,专指卑亲属对尊亲属的供养;扶养是指配偶及兄弟姐妹等平辈亲属之间的供养、扶助。扶养的双重含义分别是广义和狭义的概念。在亲属法和继承法中,这是常识性的知识,并非复杂的理论。以此为据,《继承法》第10条、《民法典》1127条规定的"有扶养关系的子女"和"有扶养关系的继父母"中的"扶养关系",与《婚姻法》第27条规定的"抚养"关系是不一样的,显然是广义的扶养概念。在继父母子女关系中,不存在平辈亲属之间供养、扶助关系的狭义扶养概念,只存在抚养和赡养关系,但是《继承法》第10条、《民法典》第1127条也规定了有扶养关系的继兄弟姐妹。因而,这个"扶养关系"是广义的概念,既包括抚养,也包括赡养,与《婚姻法》第27条规定的"抚养关系"显然不同。

第二,将"有扶养关系的继子女"中的"扶养"片面地理解为"抚养",并进而认为只有在未成年继子女与继父或者继母之间才能形成"扶养关系",成年继子女对继父母不存在"扶养关系"的观点,是不正确的。我国除《婚姻法》是按不同亲属主体的相互关系对抚养、扶养、赡养分别加以规定外,《刑法》《民法

---

① 中国社会科学院语言研究所词典编辑室:《现代汉语词典》(第5版),商务印书馆2005年版,第418页。
② 参见"扶养条",载百度百科,http://baike.baidu.com/view/73749.htm?fr=aladdin,最后访问时间:2014年07月17日。
③ 中国社会科学院语言研究所词典编辑室:《现代汉语词典》(第5版),商务印书馆2005年版,第422页。
④ 中国社会科学院语言研究所词典编辑室:《现代汉语词典》(第5版),商务印书馆2005年版,第1190页。

第七节　法定继承中继父母子女形成扶养关系的认定

通则》《合同法》《继承法》等法律都使用"扶养"概念，包含抚养、赡养和狭义扶养。既然广义上的"扶养"泛指特定亲属之间根据法律明确规定而存在的经济上相互供养、生活上相互辅助照顾的权利与义务关系，囊括了尊亲属对卑亲属的"抚养"，平辈亲属之间的"扶养"和卑亲属对尊亲属的"赡养"三种具体形态，将扶养理解为"抚养"，就限缩了"扶养"概念的含义，不符合《继承法》第10条、《民法典》第1127条规定的扶养概念的内涵，是对法律规定的错误理解。

第三，继父母子女间的继承权，既包括继子女对继父母的继承权，也包括继父母对继子女的继承权。有些学者和法官在解释《继承法》第10条规定的"有扶养关系"的概念时，只注重第3款"有扶养关系的继子女"的规定，忽略了第4款关于"有扶养关系的继父母"的规定。事实上，强调继父或者继母对未成年子女形成扶养关系，解决的应是后者，即有扶养关系的继父或者继母对继子女的继承权，因为继父或者继母对未成年继子女的抚养，产生了对继子女的继承权；而继子女对继父或者继母的赡养，产生的是继子女对继父或者继母的继承权。在逻辑上分析，"抚养说"是不适当的，因为只有继父或者继母抚养了未成年继子女，该继子女才对继父或者继母产生了继承权，并不符合简单的逻辑要求。而强调继子女对继父或者继母尽到赡养义务形成赡养关系，因而产生了对继父或者继母的继承权，才更符合逻辑的要求。这也是"赡养说"比"抚养说"更科学的逻辑基础。当然这只是在逻辑上的推论而已，在实际上，无论是抚养还是赡养，在继父母子女的双方之间都发生继承权。由此可见，《继承法》第10条、《民法典》第1127条规定的有扶养关系的继父母子女之间的继承权，产生的依据既包括继父或者继母对未成年子女的抚养关系，也包括继子女对继父或者继母的赡养关系，在具有了这样的继父母子女关系中，双方之间才具有相互之间的继承权，可以依据法定继承进行继承。这正是"广义扶养说"的科学基础。

第四，《婚姻法》第27条第2款、《民法典》第1072条第2款规定的目的，是确认继父母与受其抚养教育的继子女之间适用父母子女关系，但不能据此得出成年继子女与继父母之间不能成立扶养关系的结论。有些法官和学者依据《婚

姻法》第 27 条第 2 款关于"继父或继母和受其抚养教育的继子女间的权利和义务,适用本法对父母子女关系的有关规定"的规定,反推出成年继子女与继父母之间不能存在"扶养关系"的结论,既混淆了"扶养"与"抚养"概念的关系,也存在逻辑推理上的错误。应当指出,《婚姻法》和《民法典》的这一规定存在较大的缺陷,即"继子女和受其赡养的继父或者继母间的权利义务也适用婚姻法对父母子女关系的规定"属于立法的疏漏,应当依据逻辑进行补充,形成"继父或继母和受其抚养教育的继子女、继子女和受其赡养的继父或继母间的权利和义务,适用本法对父母子女关系的有关规定"这样完整的、科学的法律规范。

经过以上分析可以确认,《继承法》第 10 条第 3、4 款、《民法典》第 1127 条第 3、4 款规定的"有扶养关系的继子女"和"有扶养关系的继父母"是一个整体,其基本含义为,在继父或者继母与继子女之间形成的扶养关系,包括继父或者继母抚养未成年子女,以及成年子女赡养继父或者继母。这样形成的继父母子女关系在客观上类似于养父母子女关系,因而在相互之间发生继承权,有权继承对方的遗产。其中继父或者继母抚养了未成年继子女的,是有扶养关系的继父母子女关系中的主要部分,但并不排斥继子女赡养了继父或者继母也形成有扶养关系的继父母子女关系,并且是更应当提倡和鼓励的民事法律行为,因为这更有利于维护老年再婚家庭的团结和睦和社会稳定。可以说,"育幼"能形成有扶养关系的继父母子女关系,"养老"更能形成有扶养关系的继父母子女关系。这就是"广义扶养说"的科学基础。

(四)正确认定本案继父母子女之间是否形成扶养关系

1. 贾氏五名继子女与继母刘某之间形成了扶养关系

在贾某与刘某再婚时,贾氏兄妹五人与刘某之间发生继父母子女关系。由于五名继子女均已成年,不能与刘某发生抚养未成年继子女的法律关系,但是由于刘某与贾某再婚时已经退休,存在继子女对其进行赡养的需要和可能。贾氏五名继子女对继母的态度非常积极,将继母视作生母,提供物资供养,特别是两位与生父和继母共同生活的继子女,在长达 10 年间善待老人,相互照顾,形成了亲

第七节　法定继承中继父母子女形成扶养关系的认定

善、和睦的亲属关系。在刘某患病期间，在北京的三位继子女陪伴继母治疗，住院陪护，善尽照顾义务。在外地居住的两位与在京的三位继子女共同为继母提供治疗费用达17万元之多。在刘某在世时，五位继子女就集资为继母在北京购买墓地。这些都说明，贾氏兄妹五人作为继子女，对继母刘某善尽赡养义务，形成了有扶养关系的继父母子女关系，对刘某的遗产享有继承权，有权继承其遗产。

应当看到的是，贾氏兄妹五人在生父与继母再婚后，没有将刘某视为外人，而是因为其是生父的妻子，所以在感情上认作自己的亲人，对其承担与对生父一样的赡养义务，诚心照顾，特别是在生父去世之后仍然为继母养老、送终，尽到了子女应当尽到的赡养义务，是应当特别鼓励的行为。可以说，贾家兄妹五人对于继母，以及继母对于五位继子女，在感情上形成了浓厚的亲情，形同母子。这正是社会道德和法律希望再婚家庭，特别是老年再婚家庭能够达到的效果。这对于稳定再婚家庭，维护亲属关系和睦，都具有重要的意义。对此，当然应当认定他们已经形成了继父母子女间的扶养关系，享有继承权。一审判决错误理解"有扶养关系的继子女"的概念，片面解释为"被继承人刘某与贾某再婚时，贾氏兄妹均已成年，即使贾氏兄妹对刘某尽了扶养义务，也不是刘某遗产的法定继承人"，这是错误的，不仅违反《继承法》第10条（《民法典》第1127条）的规定，违反了民法基本原则，也违反了善良风俗，对亲属关系的维护和发展作出了错误的引导，是必须纠正的。

2. 继子张某与继父贾某之间没有形成扶养关系

在本案中，另一对继父母子女关系发生在贾某与张某之间。张某是刘某的养子，这个关系，不论刘某与贾某再婚时是否说明，只要双方的养母子的关系没有在法律上解除，就发生父母子女之间的权利与义务关系。只要贾某与刘某再婚，贾某就与张某之间发生继父子关系。不过，一般的继父母子女关系并非血亲关系，而是姻亲关系①，即张某是刘某的养子而非贾某的养子。由于贾某与刘某再婚时张某已经成年，不存在抚养问题，而是发生赡养问题。如果张某对贾某尽到赡养义务，双方就形成扶养关系，姻亲关系就会变为拟制血亲关系，就发生继承

---

① 参见房绍坤等：《婚姻家庭法与继承法》，中国人民大学出版社2007年版，第173页。

权。但是在事实上，张某在与贾某发生继父母子女关系之后，没有尽到任何赡养义务，甚至双方都不认识。因而，张某与贾某之间没有形成扶养关系，不产生继承权，对贾某的遗产不得继承。但是，从一审判决张某实际继承的份额观察，张某在继承了养母的 6/12 的遗产份额之外，还有 1/12 的遗产份额，而这 1/12 的遗产份额，就是从贾某的遗产中分到的。这个推断大体成立。这样的判决结果完全违反继承法的规则，也不符合善良风俗的要求。

将张某与贾氏兄妹五人对继父或者继母的行为进行对比，可以看到相差悬殊。尽管张某对继父贾某没有尽到赡养义务，但在法律上并不受到谴责，也不违反法律；但就社会道德和善良风俗而言，自有公正评价。在对继父没有尽到赡养义务，甚至对养母也没有尽到多少赡养义务的情况下，反而隐匿遗产，积极主张继承权，甚至侵吞其他法定继承人应当继承的遗产，司法对其的态度应当鲜明，而不是采取暧昧的立场。在这一点上，一审判决不仅错误理解法律，而且违反市民社会基本的公正观念，对于张某的继承要求予以全部满足，丧失了应有的是非观念和立场。

3. 张某与刘某及张某与贾氏兄妹五人之间的法律关系

刘某与张某是养母与养子关系，双方的权利与义务应当适用《婚姻法》第 26 条和《收养法》第 23 条（《民法典》第 1111 条）；其继承法律关系，应当适用《继承法》第 10 条第 3 款和第 4 款（《民法典》第 1127 条第 3、4 款）的规定。既然张某是刘某的养子，其对刘某的遗产就享有继承权。

对被继承人享有继承权与实际应当继承多少遗产，并不完全等同。换言之，有继承权的继承人继承遗产的具体份额，还应当看继承人在被继承人生前尽到多少扶养义务。《继承法》第 13 条（《民法典》第 1130 条）规定法定继承的原则是，同一顺序的继承人继承遗产的份额，一般应当均等。该条第 3 款和第 4 款同时规定：对被继承人尽了主要扶养义务或者与被继承人共同生活的继承人，分配遗产时可以多分；有扶养能力和有扶养条件的继承人，不尽扶养义务的，分配遗产时应当不分或者少分。张某与贾氏兄妹五人都是刘某的法定继承人，都享有继承权。相比较之下，贾氏兄妹五人对继母刘某尽了主要的赡养义务，而张某基本

第七节 法定继承中继父母子女形成扶养关系的认定

上没有尽到赡养义务。不过，法定继承人对遗产不分或者少分，除要具备不尽扶养义务的要件之外，还要具备"有扶养能力和有扶养条件"的要件，对此，一审判决并未调查和认定，在事实认定上有一定的不足。假如张某确实没有扶养能力和扶养条件，就应当按照均等份额分配遗产；如果有扶养能力和扶养条件而不尽扶养义务，则应当不分或者少分遗产。在这个问题上，需要继续调查，作出准确认定，依法分配遗产，伸张正义和公正。

4. 结论性意见

应当特别强调，《继承法》和《民法典》的立法宗旨是保护自然人对私有财产的继承权，公平确定亲属间的权利与义务关系，稳定家庭关系，建立和谐稳定的市民社会。法律鼓励家庭成员之间在物质与精神方面相互帮扶、供养，其目的正在于此。法官在如何看待成年继子女对继父母遗产的继承权问题上，应当准确理解法律规定的内涵，深刻理解《民法典》的立法精神与立法用意，正确适用《民法典》。

(1) 否认成年继子女对继父母遗产的继承权不符合公平原则

本案一审判决的核心错误，就在于对《继承法》第10条（《民法典》第1127条）关于有扶养关系的继子女享有继承权规定的错误理解，认为成年继子女对继父或者继母不享有继承权。这是违反公平原则的。

《民法典》第4条规定的公平原则，是民法的基本原则。在继承法律关系中，公平原则直接体现为权利与义务的对等性。在法定继承人分配遗产时，既要考虑继承人与被继承人之间的关系，还要考虑继承人对被继承人所尽义务的多少。《民法典》第1129条（《继承法》第12条）规定："丧偶儿媳对公婆，丧偶女婿对岳父母，尽了主要赡养义务的，作为第一顺序继承人。"《民法典》第1131条（《继承法》第14条）规定："对继承人以外的依靠被继承人扶养的人，或者继承人以外的对被继承人扶养较多的人，可以分给适当的遗产。"这些条文都是继承法律关系权利与义务对等原则的体现。按照这一原则，成年继子女与继父母之间有没有扶养关系，关键看成年继子女是否对继父母尽到了赡养义务。如果成年继子女没有对继父母尽到赡养义务，则不存在扶养关系，不享有对继父或者继母遗

产的继承权;如果成年继子女对继父母履行赡养义务,与亲生子女在事实上已没有区别,应当承认其与继父母之间成立扶养关系,享有对继父母遗产的继承权。在本案中,贾氏兄妹与继母关系融洽,赡养继母长达24年之久,付出了大量的心血和劳动。如果漠视这种扶养关系的事实,就剥夺了贾氏兄妹五人的法定继承权,对长期尽到赡养义务的成年继子女是极不公平的,违反了公平原则。

(2)否认成年继子女对继父母遗产的继承权有违善良风俗

《民法通则》第7条规定:"民事活动应当尊重社会公德,不得损害社会公共利益……"《民法典》第8条规定:"民事主体从事民事活动,不得违反法律,不得违背公序良俗。"这都是公序良俗条款,确认民事活动不能违背公序良俗。[1] 严格地说,法律并没有强制要求成年继子女对继父或者继母必须履行赡养义务,这是因为,继父母子女关系原则上属于姻亲关系,而不是血亲关系。但是当继父母子女之间形成了扶养关系,即继父或者继母对未成年继子女善尽抚养义务,或者成年继子女对继父或者继母善尽赡养义务时,双方之间的姻亲关系就发生了转变,变为拟制血亲关系,与收养发生同等效果。善良风俗原则鼓励继父母子女之间形成扶养关系,使继父母子女关系由姻亲关系变为拟制血亲关系,稳定亲属关系,建设和谐家庭。《婚姻法》第21条第1款规定:"父母对子女有抚养教育的义务;子女对父母有赡养扶助的义务。"《民法典》第26条规定:"父母对未成年子女负有抚养、教育和保护的义务。""成年子女对父母有赡养、扶助和保护的义务。"这里并没有排除成年继子女对继父母的赡养义务。从现实情况看,继父或者继母总是和生母或者生父一起生活的。如果法律强调子女对生父母的赡养义务,却否定成年继子女对继父或者继母的赡养义务,必然会造成继子女对继父母与生父母之间的权利与义务差别,导致继子女对生父母与继父母另眼相看,酿成家庭纠纷。如果这样理解法律和适用法律,只会恶化继父母与继子女之间本已脆弱的亲属关系[2],制造出更多的社会矛盾,有悖于善良风俗原则。

---

[1] 参见杨立新:《民法总则》,法律出版社2013年版,第65页。
[2] 参见李政辉:《析离婚后继父母子女间继承关系》,载杨立新等主编:《继承法的现代化》,人民法院出版社2013年版,第173页。

第七节 法定继承中继父母子女形成扶养关系的认定

随着公众观念的改变,中老年再婚的数量越来越多,成年继子女与继父母之间的继承权纠纷也不断增加,正确厘清继子女与继父母之间的权利与义务关系就显得更为重要。在本案中,继子女对继母履行赡养义务长达 24 年却被剥夺继承权,而未对养母尽到赡养义务的养子继承了被继承人的大部分遗产,甚至对未形成扶养关系的继父的遗产也予以继承,这样的判决结果的社会效果显然是负面的。

三、应当进一步说明的其他三个问题

对于本案的继承法律关系,除了上述最主要的问题,还有以下三个问题需略作说明。

(一) 刘某遗产范围的认定:房改房的权利归属

本案一审判决将贾某通过房改取得所有权的争议房,认定为贾某和刘某的夫妻共同财产。这样的认定是错误的。

中国的房改房是一种特殊的不动产,其上设立的物权也与一般的建筑物所有权不同。原因是,在过去较长时间里,我国城镇实行公有住房租赁制:城镇职工通过对所在单位建设的公有房的租赁,解决住房问题,其他城镇居民则通过租赁政府建设的公有房屋解决住房问题。因此,所有城镇公有房的所有权都是国家的,租赁者个人只享有租赁权。这种租赁权更具有债权物权化的特点。在公有住房制度改革中,国家将房屋所有权和土地使用权廉价出让给享有租赁权的职工或者居民,收取较低的出让金,享有租赁权的职工或者居民即取得房屋所有权和土地使用权,国家所有的房屋成为私人所有的房屋。在这种情况下,城镇职工或者居民取得的房改房的权属,具有很强的人身性和福利性,是由租赁权转化为所有权,权属登记在原租赁权人的个人名下。

在本案中,争议的房屋产权登记在贾某名下,其原来的租赁权属于贾某和其妻郭某。郭某去世后,银行作为贾某和郭某的工作单位,将原来的两套住房收回调整为新的一套,即将七贤村 7 号楼 1 门 401、402 房调换为车公庄甲 1

号 903 房。新的住房仍然是原来住房的调换，而非新购置的房屋。不论是原来的七贤村的两套房，还是车公庄甲 1 号的新住房，都是房改房，都属于贾某和郭某所有，房改时郭某已经去世，郭某的部分应当属于贾某及其子女的共同继承遗产。

一审判决将这套房屋认定为贾某与刘某的夫妻共同财产，理由是所有权的取得是在贾某和刘某夫妻关系存续期间。这样的认定是不正确的，侵害了贾某以及贾氏兄妹五人的不动产所有权，理由是，这所住房的租赁权原属于贾某和郭某，在郭某去世后，其中一半属于贾某，其余一半为贾某和贾氏兄妹五人共同继承，属于贾某及贾某之长子等六人的共有物。尽管其所有权取得于贾某和刘某婚姻存续期间，但由于是房改房，其所有权的取得与原来的租赁权密切相关，因而该房屋不属于刘某与贾某的夫妻共同财产，继承开始时，也就不能分出一半作为刘某的遗产，因而张某对该房屋不享有继承权，不得继承。

（二）本案存在三次继承法律关系

在本案中存在三次法定继承关系，由于前两次没有实际分割遗产，因此在第三次继承中必须一并处理。一审判决对前两次继承法律关系未作理睬，只处理了最后一次继承关系，使判决结果失去了准确的客观事实基础。仅此而言，这样作出的判决必然是不正确的。

第一次继承关系，是郭某去世时发生的继承关系，1987 年开始继承，当时《继承法》已经实施。依照该法第 25 条的规定，在继承开始后，继承人没有明确表示放弃继承权的，视为接受继承。如前所述，郭某去世后继承开始，各继承人对是否接受遗产均没有明确表示放弃，应当视为接受继承，因而形成了郭某的遗产由贾某及其子女共同继承的事实。这时的房屋所有权部分，应当有 7/12 的份额属于贾某，即 58.3%，贾氏兄妹五人各自享有 1/12 的份额，为 8.3%。按照这样的份额，该房屋属于六人的共有财产，存在上述潜在的个人权属份额。

第二次继承关系，是贾某去世时发生的继承关系。当时是 2012 年 1 月，贾某遗产的法定继承人分别是贾氏兄妹五人和刘某，由于各位继承人均未明确表示

放弃继承,因此属于共同继承。在贾某对该房屋的 7/12 的份额中,六位继承人各自享有 1/6 的继承权,因共同继承发生的共同共有,六人各自的潜在份额为 1/6,为该房屋总数的 7/72,为 9.7%。

第三次继承关系,是刘某去世时发生的继承关系。当时是 2012 年 10 月,刘某的继承人有张某和贾氏兄妹五人,共计六人。就刘某享有的共同继承贾某的房屋中的 1/6 的份额,六位继承人各自继承 1/6。张某就该房屋其实就享有 7/12 中的 1/6 的 1/6 即 7/432 的继承权,为该房屋总数的 1.6%。确认张某是刘某的养子,完全按照均等的份额与贾氏兄妹五人共同分配遗产,不考虑其对养母未尽赡养义务的情形,他也只能继承该房屋总数的 1.6%。

对于本案其他动产的继承问题,本书不再讨论。

(三) 对《民法典》规定继父母子女继承权的反思

通过对本案的上述讨论,可以发现,《继承法》和《民法典》将继父母子女之间的继承问题作如此规定存在较大的问题;同时也发现,《婚姻法》和《民法典》对继父母子女关系的规定也存在较大的问题。出现问题的原因,都是对苏联民法制度的盲目借鉴。因此,回到一个老问题上,那就是,在将来究竟应当怎样解决继父母子女的权利与义务关系问题。

对此,笔者赞同废除继子女继承权的意见[1],按照多数人的意见,即明确规定继父母子女的权利与义务关系,适用姻亲关系的规定,不发生拟制血亲关系。如果将该种姻亲关系转化为拟制血亲关系,须通过收养程序确定双方为养父母子女关系,即通过收养在继父母子女之间确立拟制血亲关系,产生养父母子女的权利与义务关系。这样不仅在亲属法上解决了困扰多年的实际问题,而且解决了继承法上令人困惑的疑难问题;也就能够理顺亲属法律关系和继承法律关系中的继父母子女之间的权利与义务关系,能够避免本文重点讨论的成年继子女的继承权问题,将是亲属制度和继承制度的一项重要改革。

---

[1] 参见郭逢兵、张楠:《我国继子女继承权之存废》,载《法制博览》2014 年第 2 期。

第四章
遗嘱继承

遗嘱继承，是被继承人依照自己的意志处分自己身后遗产的继承方式，最能够体现遗嘱人自由处分遗产的自我决定；虽然应当遵循遗嘱自由原则，但也要受到法律的一定限制，例如必留份、特留份的规则。《民法典》对遗嘱继承的规则规定得比较详细。

第一节　遗嘱继承概述

一、遗嘱继承的概念、沿革和特征

(一) 遗嘱继承的概念

遗嘱继承，是指于继承开始后，继承人按照被继承人合法、有效的遗嘱，继承被继承人遗产的继承方式。《民法典》第1133条第2款规定的就是遗嘱继承。

在遗嘱继承中，具体的继承人、继承顺序、应继份、遗产管理、遗嘱执行等，都可以由被继承人在遗嘱中指定，故遗嘱继承也被称为"指定继承"，与法

定继承相对应。

遗嘱继承开始后，享有遗嘱继承权的人为遗嘱继承人，其他任何人（包括遗嘱继承人之外的法定继承人）作为义务主体，对遗嘱继承人的继承权都负有不得侵害的义务。

遗嘱继承所指向的客体是被继承人指定的遗产份额。

（二）遗嘱继承的沿革

1. 国外遗嘱继承的沿革

一般认为，遗嘱继承最早肇始于古巴比伦王国。公元前18世纪古巴比伦王国的《汉穆拉比法典》第165条规定："倘自由民以田园、房屋赠与其所喜爱之继承人（即爱子），且给他以盖章之文书，则父死之后，兄弟分产之时，此子应取其父之赠物，此外诸兄弟仍应均分父之家产。"①

不过，通说认为遗嘱继承源于罗马法。古罗马的《十二铜表法》第5表第3条规定："凡以遗嘱处分自己的财产，或对其家属指定监护人的，具有法律上的效力。"公元前200年，遗嘱在罗马已为普通市民所使用。罗马法规定遗嘱继承的目的在于保持人格继承、祭祀继续及家产，而不是将财产从家族中分离出去，因此遗嘱继承是把家族代表权转移给指定继承人的手段，是为了保持"灵魂不死"；遗嘱的主要作用是决定继承人，而不是单纯分配财产；遗嘱继承完全排除法定继承，任何人不得就一部为遗嘱，以一部为遗嘱的为"无遗嘱而死亡"②。

中世纪的欧洲接受了古罗马的遗嘱继承制度。14世纪后的法国与15世纪后的德国，将遗嘱继承适用于一般庶民。③ 中世纪遗嘱继承的流行与当时的教会有关。在当时，宗教基金几乎完全来自私人遗赠，教会鼓励人们立遗嘱，把遗产赠给教会，据说这样做能够拯救死者的灵魂。④ 此时的遗嘱继承的目的已从保持人格继承、祭祀继续及家产制度转化为保障财产所有人能够任意处分身后财产。

---

① 刘文：《继承法比较研究》，中国人民公安大学出版社2004年版，第168页。
② 郭明瑞等：《继承法》（第2版），法律出版社2004年版，第133页。
③ 参见史尚宽：《继承法论》，中国政法大学出版社2000年版，第395页。
④ 参见刘素萍主编：《继承法》，中国人民大学出版社1988年版，第249页。

第四章 遗嘱继承

到了近代，遗嘱继承得到充分发展，在个人意思自治、所有权神圣的理念指引下，在财产继承中盛行遗嘱继承，强调遗嘱自由原则，遗嘱继承优先于法定继承。甚至在一些国家，如英国、美国，实行绝对的遗嘱自由原则，使得遗嘱继承占据主导地位。《德国民法典》第1938条规定："被继承人得以遗嘱，剥夺血亲配偶或同性伴侣之法定继承权，而不指定继承人。"《日本民法典》第964条规定："遗嘱者得以概括或特定之名义，处分其全部或部分财产。但不得违反特留份相关之规定。"

进入20世纪后，随着立法社会本位理念的确立，许多实行遗嘱绝对自由的国家也开始对遗嘱自由加以一定限制，如1938年的《英国家庭供养条例》、1952年的《英国无遗嘱继承条例》、1969年的《美国统一继承法典》都对遗嘱自由施加了限制。

2. 中国遗嘱继承的沿革

我国古代也有遗嘱继承制度。例如，《唐律·丧葬令》规定："诸身丧户绝者，所有部曲、客女、奴婢、店宅、资财，并令近亲（亲依本服，不以出降）转易货卖，将营丧事及量营功德之外，余财并与女（户虽同，资财先别者亦准此）。无女均入次近亲，无亲戚者官为检校。若亡人在日，自有遗嘱处分，证验分明者，不用此令。"① 我国古代的遗嘱继承虽得以存在，但由于受宗法制度的严格限制，加之封建社会漠视个人的权利与自由，并未形成完整的遗嘱继承制度。

近代以来，我国《大清民律草案》在继承编专设第三章"遗嘱"，规定遗嘱继承和遗赠；立法首次明确规定遗嘱继承，但未及实施。其后，《民国民律草案》继承编第五章规定"遗嘱"，对遗嘱继承和遗赠作出了明确规定。南京国民政府于1930年颁布民法继承编，详尽规定遗嘱继承制度。

1985年《继承法》总结长期的司法实践，明确规定遗嘱继承制度，第16条第1款规定："公民可以依照本法规定立遗嘱处分个人财产，并可以指定遗嘱执行人。"《民法典》继承编第三章规定"遗嘱继承和遗赠"，第1133条规定了遗嘱

---

① 《宋刑统》，中华书局1984年版，第198页。

继承和遗嘱的一般规则。

(三) 遗嘱继承的特征

1. 遗嘱继承以事实构成作为发生依据

遗嘱继承除了必须具备被继承人死亡这一法律事实,还须以被继承人订立合法、有效的遗嘱为要件,这两个法律事实缺一不可,两者构成一个完整的事实构成。遗嘱继承中的遗嘱要件是合法、有效的遗嘱,如果被继承人所设立的遗嘱无效,则遗产须按法定继承办理,不适用遗嘱继承。

2. 遗嘱继承直接体现被继承人的意志

虽然遗嘱继承与法定继承在一定程度上都是被继承人意志的体现,但二者的体现方式与程度是不同的。法定继承是通过推定被继承人愿意把遗产留给关系亲密的亲属来体现被继承人的意志,而遗嘱继承是通过对被继承人的遗嘱的执行与实现来直接体现被继承人的意志。在遗嘱继承中,不仅继承人,而且继承人的顺序、继承人继承的遗产份额或者具体的遗产,都是被继承人在遗嘱中指定的。按照遗嘱进行继承是充分尊重被继承人对自己财产的处分自由。

3. 遗嘱继承具有效力优先性

世界各国继承法都规定遗嘱继承的效力优于法定继承。在继承开始后,有合法、有效遗嘱的,先按照遗嘱进行继承。遗嘱继承在效力上的优先性,关系到谁可以实际参与继承,关系到遗嘱继承人可以得到多少遗产份额。

4. 遗嘱继承的主体具有限定性

这是《民法典》规定遗嘱继承的一个特征。在遗嘱继承人的确立上,各国立法规定有以下做法:一是遗嘱继承人可以是法定继承人范围之内的人,也可以是法定继承人范围以外的人,但只能是自然人;二是遗嘱继承人不仅可以为法定继承人范围以外的自然人,而且可以是法人、国家;三是遗嘱继承人只能是法定继承人范围之内的自然人。《民法典》第1133条第2款采取第三种做法,即:"自然人可以立遗嘱将个人财产指定由法定继承人中的一人或者数人继承。"遗嘱继承的主体具有限定性,限定在一定的范围之内。

二、遗嘱继承的适用条件和意义

（一）遗嘱继承的适用条件

遗嘱继承的适用，必须具备一定的条件，这就是遗嘱继承的适用条件。依照《民法典》的规定，只有具备以下条件时，才能按遗嘱继承办理：

1. 须立遗嘱人死亡

在遗嘱继承中，被继承人就是立遗嘱人，按照继承法原理，遗嘱继承的适用，必须是立遗嘱人死亡。继承只有在被继承人死亡后才能开始，如果立遗嘱人还没有死亡，则遗嘱继承不能适用。

2. 须被继承人立有合法、有效的遗嘱

作为遗嘱继承的事实构成之一的遗嘱，必须是被继承人生前订立的遗嘱，而且该遗嘱须为合法、有效。在实践中，虽然被继承人生前订立遗嘱，但并非所有订立的遗嘱都会有效，还要考察遗嘱是否符合法律规定的有效条件。如果存在被继承人无遗嘱能力、处分他人财产等情形，则遗嘱归于无效，不具有可以执行的效力。

3. 须指定继承人未丧失或放弃继承权

在适用遗嘱继承时，遗嘱指定的继承人也会因法定事由丧失继承权，此时指定继承人就不具有继承资格，不能享有继承权。对遗嘱中指定的由该丧失继承权的指定继承人继承的遗产，须依照法定继承处理。指定继承人对于遗嘱继承可以放弃，只要符合放弃继承的要求，就会产生放弃继承的效果，也就是指定继承人对遗嘱指定的遗产不再享有继承权。此时，遗嘱中指定的由其继承的遗产，也须按照法定继承处理。

4. 须指定继承人在继承开始后尚生存

在遗嘱继承中，被继承人一般都是提前立下遗嘱，在继承开始前的一段时间内，指定的遗嘱继承人可能会先于被继承人死亡，此时遗嘱涉及该指定继承人的部分不发生代位继承，也不发生转继承，只能适用法定继承。因此，遗嘱指定继

承人的生存是适用遗嘱继承必不可少的一个条件。

5. 须没有遗赠扶养协议

遗赠扶养协议具有最优先适用的效力，遗嘱继承与法定继承都不能对抗遗赠扶养协议，应当先执行遗赠扶养协议，在执行遗赠扶养协议后，再适用遗嘱继承或法定继承处理。被继承人在签订遗赠扶养协议对某项财产予以约定后，如果还通过遗嘱对该项财产进行遗嘱处分，应当先执行遗赠扶养协议，不能先按遗嘱继承办理。

当具备这些要件时，遗嘱继承得以适用。基于继承的非强制性，在遗嘱继承开始后，遗嘱指定的继承人也可以放弃继承。放弃继承应当按照《民法典》的规定进行，须以明示的方式作出意思表示，并且在特定的时间内，否则即视为接受继承。遗嘱指定继承人明确表示放弃继承时，对其放弃继承的遗产部分，不再适用遗嘱继承，而应按法定继承办理。

(二) 遗嘱继承的意义

遗嘱继承自确立以来，在人类历史上发挥了重要的作用。《继承法》对遗嘱继承予以规定，而且经过长时间的运作，也体现了其重要的意义。

1. 有利于保护自然人的私有财产权和继承权

《宪法》第13条第1、2款明确地规定："公民的合法的私有财产不受侵犯。""国家依照法律规定保护公民的私有财产权和继承权。"国家不仅应当保护自然人生前在不违反国家法律的前提下，按照自己的意志对自己的私有财产进行占有、使用、收益、处分的权利，而且对于自然人生前对自己私有财产的身后处分应当保护，这就是对自然人继承权的保护。遗嘱继承正是自然人生前对自己私有财产进行的处分，使自己的财产按照自己的意愿传承到继承人手中，体现了自然人的私有财产权和继承权。

2. 有利于体现被继承人的意志

作为私权的私有财产权，国家法律没有过度干预的必要，只要权利人不违法，就应当予以尊重。在遗嘱继承中，被继承人对自己的私有财产通过遗嘱进行处分，并且对遗嘱继承人、继承的顺序、继承的份额、遗嘱的执行、遗产的管理

等事项都根据自己的意志进行安排,充分体现了被继承人的意志。尊重遗嘱就是尊重被继承人的意志。

3. 有利于减少继承争议、稳定家庭关系

由于遗产的价值属性,在发生继承时,法定范围内的继承人基于逐利的目的,都希望谋求自己利益的最大化,导致在遗产分割时纷争不断。遗嘱继承同法定继承相比,是由被继承人对遗嘱继承人、遗产份额等在遗嘱中明确的继承方式,只要遗嘱合法、有效,有关的当事人就应当予以执行,能够避免继承纠纷。尊重自然人生前对自己财产的遗嘱处分,有利于稳定家庭关系,促进家庭成员间的和睦团结。

第二节　遗嘱与遗嘱能力

一、遗嘱概述

(一) 遗嘱的概念

遗嘱是指自然人在生前按照法律的规定对自己的财产处分作出意思表示,安排与此有关的事务,并于死后发生法律效力的单方民事行为。

遗嘱有广义与狭义之分,广义的遗嘱包括死者生前对于其死后一切事务作出处置和安排的行为,继承法的遗嘱是指狭义的遗嘱。① 随着我国民众生活水平的不断提高和法律意识的增强,对遗嘱含义理解没有分歧,不会发生疑义。

"遗嘱"一词,是就确定意思的证明而言的。罗马法的遗嘱与近现代法上的遗嘱是不同的。到了近现代,遗嘱获得了特定的含义,指自然人所作的于其死亡后发生法律效力的处分遗产的法律行为。我国古代对遗嘱有不同称谓,如遗命、遗令、遗言、遗诏、遗表等,含义较现代民法遗嘱的含义要广得多,凡

---

① 参见郭明瑞等:《继承法》(第2版),法律出版社2004年版,第136页。

于生前处理死后事务的意思表示,都可以称为遗嘱。随着我国立法对西方遗嘱继承的引进,现代遗嘱也具备了对遗产进行身后处分的意思表示的特定含义,不再泛指。

在遗嘱中,设立遗嘱的自然人称为立遗嘱人或遗嘱人,而遗嘱指定的继承人为遗嘱继承人。在订立遗嘱的过程中,有的遗嘱需要有人予以见证,这就是遗嘱见证人。此外,有的遗嘱还规定了遗嘱执行人。

(二)遗嘱的法律特征

1. 遗嘱是无相对人的单方民事法律行为

遗嘱仅有立遗嘱人自己的意思表示即可成立,无须取得遗嘱指定继承人的同意,不存在合意问题,因而遗嘱属于单方民事法律行为。遗嘱不以立遗嘱人的意思表示到达遗嘱继承人为生效要件,只要立遗嘱人作出自己的意思表示,遗嘱即可成立,并自被继承人死亡时生效。因此,遗嘱是无相对人的单方民事法律行为。正因为遗嘱是一种单方的且无相对人的民事法律行为,在遗嘱生效前的任一时刻,遗嘱人都可以自己的意思予以变更或撤回。

2. 遗嘱是遗嘱人亲自作出的独立的民事法律行为

遗嘱是遗嘱人处分自己身后财产的民事法律行为,影响其处分决定的因素,主要是遗嘱人与有关亲属之间的感情和遗嘱人的愿望,具有强烈的感情色彩,必须由遗嘱人亲自进行,不得代理。① 代书遗嘱,立遗嘱人只是请他人代笔,而遗嘱的具体内容还是立遗嘱人自己意思表示的口述,代书人的作用仅仅是记录。立遗嘱人必须具有遗嘱能力,其意思表示能力健全,不需征得他人的同意,无须他人的辅助。因此,遗嘱是独立的民事法律行为。

3. 遗嘱是于遗嘱人死亡后发生法律效力的民事法律行为

遗嘱虽是于遗嘱人生前因其单独意思表示即可成立的行为,但于遗嘱人死亡时才能发生法律效力,因此是死因行为。只要遗嘱人还健在,不管这种遗嘱订立了多长时间,均不发生法律效力,任何继承人都不能要求按照已订立的遗嘱继承财产。

---

① 参见张玉敏:《继承法律制度研究》,法律出版社1999年版,第238页。

遗嘱为死因行为，但死因行为并不都是遗嘱。例如，死因赠与也是于赠与人死亡后才发生效力的死因行为，但它属于双方民事法律行为，而不属于遗嘱。①

4. 遗嘱是要式法律行为

《民法典》明确规定了自书遗嘱、代书遗嘱、打印遗嘱、录音录像遗嘱、口头遗嘱和公证遗嘱的形式，立遗嘱人须根据这些形式订立遗嘱，否则无效。因此，遗嘱是一种要式法律行为。

二、遗嘱能力

（一）遗嘱能力的概念

遗嘱能力，是指被继承人依据法律享有的，在生前通过订立遗嘱自由处分自己财产的资格。

有些国家将遗嘱能力分为三种：一是立遗嘱的能力，二是遗嘱继承能力，三是遗嘱作证能力。② 笔者认为，所谓的遗嘱继承能力实际上是遗嘱继承人的继承资格问题，这属于继承权范畴内的问题，而遗嘱作证能力是遗嘱见证人的资格问题。因此，遗嘱能力应当就是立遗嘱的能力。《民法典》有关遗嘱能力的规定，也是从订立遗嘱的角度作出的。

遗嘱能力虽然与民事行为能力存在联系，都是一种资格，但两者不同：

一方面，两者的适用范围不同。遗嘱能力仅指被继承人（自然人）订立遗嘱的资格，而民事行为能力是指民事主体（包括自然人与法人、非法人组织）能够以自己的行为独立参加法律关系，行使民事权利和设定民事义务的资格。民事行为能力的范围更加广泛。

另一方面，两者的划分不同。虽然两者都根据行为人的意思表示能力进行划分，但在具体的划分上不一样。遗嘱能力一般划分为有遗嘱能力与无遗嘱能力两类，而民事行为能力划分为无民事行为能力、限制民事行为能力与完全民事行为

---

① 参见史尚宽：《继承法论》，中国政法大学出版社 2000 年版，第 399 - 402 页。
② 参见刘文：《继承法比较研究》，中国人民公安大学出版社 2004 年版，第 190 页。

第二节 遗嘱与遗嘱能力

能力三类。

只有具有遗嘱能力的人才有设立遗嘱的资格,具有了完全民事行为能力即具有遗嘱能力,而无民事行为能力与限制民事行为能力为无遗嘱能力。

(二)遗嘱能力的分类

1. 国外继承法关于遗嘱能力的分类

遗嘱能力关系遗嘱的效力,进而关系遗嘱人与指定继承人的切身权益。各国对此都非常重视,根据本国情况对遗嘱能力作出明确规定。

虽然各国基本上基于遗嘱人的意思表示能力对遗嘱能力进行划分,由于各国关于民事行为能力划分的差异,在遗嘱能力的划分上也存在差异,主要在于被继承人的遗嘱能力与民事行为能力是否一致。

一是遗嘱能力与民事行为能力不一致。遗嘱能力与民事行为能力并不完全一致,即使限制民事行为能力人在一定的条件下也可以具有遗嘱能力。这种立法例虽然赋予一部分限制行为能力人一定的遗嘱能力,但该遗嘱能力也是受到限制的,同完全民事行为能力人的遗嘱能力不完全一样。主要理由在于:遗嘱对于遗嘱人本身之利益并无任何损害;而遗嘱既在尊重人之遗志,自应尽可能予人有为遗嘱之机会;且遗嘱又系无相对人之单独行为,故民法对已有相当识别能力之人,即允许其为遗嘱。①

二是遗嘱能力与民事行为能力一致。将遗嘱能力与民事行为能力结合起来,完全民事行为能力人具有遗嘱能力,而限制民事行为能力人与无民事行为能力人不具有遗嘱能力。虽然遗嘱能力与民事行为能力一致,但并不完全等同。例如,在遗嘱能力上不存在限制遗嘱能力。

2. 《民法典》对遗嘱能力的分类

《民法典》规定自然人遗嘱能力的是第1143条第1款:"无民事行为能力或者限制民事行为能力人所立的遗嘱无效。"采纳遗嘱能力与民事行为能力一致的立法例。

我国自然人在遗嘱能力上分为有遗嘱能力人和无遗嘱能力人两种类型。

---

① 参见陈棋炎、黄宗乐、郭振恭:《民法继承新论》,三民书局2001年版,第302页。

(1) 有遗嘱能力人

有完全民事行为能力的人即具有遗嘱能力，为有遗嘱能力人。年满18周岁的成年人，以及年满16周岁以上以自己的劳动收入为主要生活来源的未成年人，均为有遗嘱能力人，可以设立遗嘱，处分自己的财产。

(2) 无遗嘱能力人

不满8周岁的未成年人和完全不能辨认自己行为的成年人、8周岁以上的未成年人和不能完全辨认自己行为的成年人，都无遗嘱能力，不得以遗嘱处分其财产，即使设立遗嘱也是无效的。

(三) 确定遗嘱能力的时间标准

确定遗嘱人有无遗嘱能力，应当有一个确定的时间标准。各国继承法一般认为确定遗嘱能力的时间标准是立遗嘱时。

《民法典》对此未明确规定，《最高人民法院关于适用〈中华人民共和国民法典〉继承编的解释（一）》第28条明确地规定："遗嘱人立遗嘱时必须具有完全民事行为能力。无民事行为能力人或者限制民事行为能力人所立的遗嘱，即使其本人后来具有完全民事行为能力，仍属无效遗嘱。遗嘱人立遗嘱时具有完全民事行为能力，后来成为无民事行为能力人或者限制民事行为能力人的，不影响遗嘱的效力。"明确规定了遗嘱能力的确定，应当以立遗嘱时有无民事行为能力为标准。无遗嘱能力人所立的遗嘱当然无效。

(四) 遗嘱能力的特殊问题

1. 精神病人的遗嘱能力

精神病人，无论是不能辨认自己的行为还是不能完全辨认自己的行为，在被确定为无民事行为能力或限制民事行为能力人后，都属于无遗嘱能力人。不过，精神病人的民事行为能力问题需要按照法定程序进行宣告。由于精神病的发生和治疗与法院对无民事行为能力或限制民事行为能力的宣告及撤销存在时间差，对于这段时间差内的精神病人的遗嘱能力问题，《民法典》并未作出规定。

自然人罹患精神病，在经过法院作出无民事行为能力或限制民事行为能力的裁判宣告前订立遗嘱，是否为有遗嘱能力，是一个应当解决的问题。根据遗嘱能

力以订立遗嘱时为判断依据,在该精神病人经无民事行为能力或限制民事行为能力宣告前,推定其有遗嘱能力,其所立遗嘱有效。如果有关利害关系人有确实的证据证明,该精神病人在立遗嘱时精神不正常,意思表示不真实,则可以依照《民法典》第1143条第2款关于"遗嘱必须表示遗嘱人的真实意思"的规定,认定其所立的遗嘱无效。

精神病人在治愈后,能够正确表达自己的意思时所立的遗嘱,或者患有间歇性精神病人在神志清醒时所立的遗嘱,经审查确属表达了本人真实意思的,应当承认其发生遗嘱效力,而无论其是否被撤销了无民事行为能力或限制民事行为能力的宣告。因为对精神病人的无民事行为能力或限制民事行为能力的宣告,仅仅是法律上的形式要求,但确立遗嘱能力,是探求立遗嘱人的真实意思表示,精神病人在立遗嘱时如果精神正常,其意思表示真实,应当予以尊重,确认其有遗嘱能力,使其所立遗嘱有效。不过,为了保护有关当事人的合法权益,应当在当事人就遗嘱人立遗嘱时确实属于神志正常的人发生争议时,由主张遗嘱有效的当事人举出医疗机构的权威性医疗结论作为证据。

2. 聋、哑、盲等遗嘱人的遗嘱能力

在古罗马法上,基于必须履行一定的遗嘱仪式,聋、哑人基于事实上的不能而无遗嘱能力,盲人只能按特别方式立遗嘱。①

在近现代法上,虽一般都承认聋、哑、盲人有遗嘱能力,但也多对其设立遗嘱作了特别规定。

我国《民法典》未对患聋、哑、盲等生理疾病而无精神障碍的成年人的遗嘱能力作出特别规定。根据我国民法基本原则关于平等的规定,患聋、哑、盲等生理疾病而无精神障碍的成年人应当与健全的成年人享有同样的遗嘱能力。为了切实落实对残障人的保护,应当根据具体的情况,对为患聋、哑、盲等生理疾病而无精神障碍的成年人订立遗嘱提供方便。对这部分人设立的遗嘱不仅要依法定形式,而且应当从设立方式能否真实表达遗嘱人的意思上判别真伪。例如,对不会书写的聋、哑人订立的代书遗嘱,代书人、见证人应为会哑语或明白其意思的

---

① 参见周枏:《罗马法原论》(下册),商务印书馆2001年版,第490-491页。

人。如果设立遗嘱的聋、哑人不识字，而代书遗嘱的代书人、见证人中又无人会哑语或明白其意思，则该代书遗嘱应当认定为无效。

第三节　遗嘱的形式

遗嘱的形式，是指遗嘱人表达自己处分其财产的意思的表示方式。订立遗嘱既反映遗嘱人对自己财产处分的意愿，又影响法定继承人对遗产的继承，是严肃的行为，需要在形式上予以明确。由于遗嘱行为是要式法律行为，遗嘱人非依法定方式作成，遗嘱不能发生效力，法律必须对遗嘱的形式作出规定。另外，遗嘱只有在遗嘱人死亡后才能生效，遗嘱的订立与生效之间存在时间差，为了确保遗嘱内容的真实性，防止发生纠纷，也需要对遗嘱的形式作出规定。不过，法律规定遗嘱形式不是为了限制遗嘱人设立遗嘱的自由。

《民法典》从我国的实际情况出发，适应我国的民族习惯与文化水平，在第1134条至第1139条规定了自书遗嘱、代书遗嘱、打印遗嘱、录音录像遗嘱、口头遗嘱和公证遗嘱六种法定形式，并对有关遗嘱的适用作出了规定。与《继承法》第17条规定的遗嘱形式相比较，重要的是为了适应社会生活变化和人们的实际需要，特别规定打印遗嘱，在录音遗嘱的基础上，更改为录音录像遗嘱。

一、自书遗嘱

自书遗嘱是遗嘱形式中最重要的遗嘱形式。《民法典》第1134条规定："自书遗嘱由遗嘱人亲笔书写，签名，注明年、月、日。"这一规定与《继承法》第17条第2款规定的自书遗嘱的内容相同。

（一）自书遗嘱的概念和发展

自书遗嘱，又称为亲笔遗嘱，是指以遗嘱人亲笔书写方式设立的遗嘱。自书遗嘱不需要见证人参加，只要遗嘱人亲笔书写出自己的意思表示即可。自书遗嘱对遗

第三节 遗嘱的形式

嘱人没有特别要求，只要遗嘱人有文字书写能力的，就可以独立作出自书遗嘱。

自书遗嘱最早源于罗马法，自书遗嘱仅由遗嘱人自己书写遗嘱全文，无须证人在场加以证明，即能产生法律效力。[1] 中世纪，自书遗嘱在法国成为一种较为普遍的遗嘱形式，但是，在法国的习惯法中，订立自书遗嘱要有见证人。自书遗嘱后来为《法国民法典》第969条确立，规定遗嘱得自书作成。后来，大多数国家的民法都确立了自书遗嘱，也使自书遗嘱成为应用最广泛的遗嘱形式。我国确认自书遗嘱的形式，在实践中适用广泛。

（二）自书遗嘱的形式要件

自书遗嘱应当符合以下形式要件的要求。

1. 须由遗嘱人亲笔书写遗嘱的全部内容

自书遗嘱必须由遗嘱人亲自书写，不能让他人代写，而且只能由遗嘱人用笔将其意思记录下来。用打字机、打印机打印等方式制作的遗嘱，属于打印遗嘱，遗嘱人应当亲笔签名，以便识别真伪。遗嘱的书写语言，可以采用通用的汉语言，也可以采用少数民族语言，还可以采用外国语言，只要字迹清楚、意思完整、用词准确即可。

2. 须是遗嘱人关于其死亡后财产处分的正式意思表示

自书遗嘱记载的，须是遗嘱人对其死后财产处分的正式意思表示，如果不是正式制作的，仅是在日记或有关的信件中提到准备在其死亡后对某财产作如何处理，不应认定为自书遗嘱。不过，自书遗嘱只要求是遗嘱人处分遗产的真实意思的书面记载，不要求须有"遗嘱"标题的字样。如果遗嘱人在有关的文书中对其死亡后的事务作出安排，也包括对其死亡后的财产处理作出安排，又无相反证明，则应当认定该文书为遗嘱人的自书遗嘱。司法经验认为，自然人在遗书中涉及死后个人财产处分的内容，确为死者真实意思表示，有本人签名，并注明了年、月、日，又无相反证据的，可以按自书遗嘱对待。

3. 须由遗嘱人签名

遗嘱人签名，是自书遗嘱的基本要求，它既证明遗嘱确为遗嘱人亲自书写，

---

[1] 参见周枏：《罗马法原论》（下册），商务印书馆2001年版，第485页。

也证明遗嘱是遗嘱人的真实意思表示。如果只有遗嘱的全部内容，而没有遗嘱人的签名，则没有遗嘱的法律效力。在自书遗嘱中，遗嘱人的签名须由遗嘱人亲笔书写上自己的名字，而不能以盖章、按指印、画押等方式代替。至于签名后是否需要加盖遗嘱人的私章，法律没有强制要求，但是也不禁止，遗嘱人可以自便。

4. 须注明年、月、日

自书遗嘱的年、月、日非常重要，不仅可以确定自书遗嘱的成立时间，在发生纠纷时方便辨明遗嘱的真伪，而且可以判明遗嘱人在立自书遗嘱时是否具有遗嘱能力，以确定遗嘱是否有效。同时，注明自书遗嘱的时间，还有助于辨明多份遗嘱的先后顺序，以确定哪份遗嘱是最后的具有法律效力的自书遗嘱。因此，自书遗嘱中必须注明设立遗嘱的时间，而且必须是年、月、日齐备，遗嘱中未注明日期，或者所注的日期不具体的，例如只注明年、月，而未写日，遗嘱都不能有效。

5. 增删或涂改处须遗嘱人签名并注明时间

自书遗嘱关系到遗产的处理，要求字迹清楚、意思明确，应当尽量避免增删、涂改。如果遗嘱人对自书遗嘱进行了涂改、增删，须于涂改、增删处签名，并注明时间，否则，其涂改、增删的内容无效。

（三）法律适用中应当注意的问题

自书遗嘱是最能真实体现被继承人分配遗产意思的书面形式，因此，是遗嘱最重要的表现形式。在司法实践中，由于真实、合法的遗嘱具有分配遗产的最高效力，因此，对遗嘱的形式要件要求非常严格，一旦遗嘱的形式要件存在瑕疵，将会引发继承人之间的利益关系变动。正因为如此，自书遗嘱的形式要件具有特别重要的意义。

由于自书遗嘱是被继承人自己制作的遗嘱，可能会存在不规范的问题，因而，《民法典》第1134条规定了自书遗嘱最基本的形式要件的要求，只有符合这些形式要件要求的自书遗嘱，才具有遗嘱的效力。

在遗嘱继承中，由于继承人之间的利益关系冲突，当被继承人以自书遗嘱的方式处分遗产时，利益相关的继承人往往是从自书遗嘱的形式要件入手，否定自

书遗嘱的真实性，进而否定自书遗嘱的效力，否定遗嘱继承效力，实行法定继承，保护自己的权益。因此，自书遗嘱的形式要件具有决定性的价值。法官在审理自书遗嘱的遗嘱继承纠纷案件中，必须严格按照本条的要求，确定自书遗嘱的真实性和效力，正确适用法律。

二、代书遗嘱

（一）代书遗嘱的概念

代书遗嘱，亦称为代笔遗嘱[1]，是指由他人以代为书写的方式设立的遗嘱。遗嘱人无文字书写能力，或者由于其他原因不能亲笔书写遗嘱的，为了保护遗嘱人的遗嘱自由，允许遗嘱人在符合法定条件的情形下，请他人代为书写遗嘱。《民法典》第1135条规定："代书遗嘱应当有两个以上见证人在场见证，由其中一人代书，并由遗嘱人、代书人和其他见证人签名，注明年、月、日。"这一规定与《继承法》第17条第3款规定的代书遗嘱的内容基本相同。

代书遗嘱简便易行，节省费用，故有必要特设此方法以应对需要。[2]

（二）代书遗嘱的形式要件

代书遗嘱须符合以下形式要件的要求。

1. 由遗嘱人口授遗嘱内容并由代书人代书

遗嘱是必须由遗嘱人亲自作出的行为，不允许他人代理。设立代书遗嘱，遗嘱人也必须亲自表述自己处分身后财产的意思，进行口述，由他人代笔书写下来。代书人仅仅是遗嘱人口授遗嘱的文字记录者，不是遗嘱人的代理人，不能就遗嘱内容提出任何意见。代书人须忠实地记载遗嘱人的意思表示，不得对遗嘱人的意思表示作篡改或修正。

2. 有两人以上在场见证

代书遗嘱的见证人是参加代书遗嘱，能够证明代书遗嘱真实性的人。为了保

---

[1] 参见陈棋炎等：《民法继承新论》，三民书局2002年版，第331页。
[2] 参见陈棋炎等：《民法继承新论》，三民书局2002年版，第333页。

证代书遗嘱的真实性，《民法典》第1135条规定，应当有两个以上见证人在场见证。如果只有代书人一人在场代书的代书遗嘱，不具有代书遗嘱的法律效力。

3. 代书人、其他见证人和遗嘱人在遗嘱上签名并注明年、月、日

代书人在书写完遗嘱后，应当向遗嘱人宣读遗嘱，在其他见证人和遗嘱人确认无误后，在场的见证人和遗嘱人都须在遗嘱上签名，并注明年、月、日。遗嘱人可以用按指印来代替签名，因为法律规定代书遗嘱，主要是因为有的人不具有自书遗嘱的能力，确有许多人连自己的姓名也不会写，所以，遗嘱人如确实是不会书写自己姓名的，可以用按指印或者盖章方式代替签名。但是，遗嘱的见证人、能够书写姓名的遗嘱人，须在遗嘱上签名，而不能以按指印或盖章方式代替签名。代书遗嘱同样要注明立遗嘱的年、月、日，否则代书遗嘱无效。

（三）法律适用中应注意的问题

在实践中，由于代书遗嘱有代书人代书，有见证人的见证，并且代书人通常具有相当的法律知识，因而，因代书遗嘱的效力问题出现的继承纠纷相对少一些。尽管如此，代书遗嘱的形式要件也是十分重要的，只要不符合代书遗嘱形式要件之一的，也会导致代书遗嘱无效，无法实现遗嘱人处分遗产的意愿。在以往的案例中，就有律师作为见证人见证代书遗嘱，由于只派了一名律师作为见证人，因而导致代书遗嘱无效，使遗嘱继承人丧失继承权，造成了遗嘱继承人的损失，因此律师事务所承担了赔偿责任。

在代书遗嘱中，应当注意的问题是：

第一，代书人应当懂得继承法律知识，了解代书遗嘱的形式要件要求，避免因代书人的基础知识不足而造成代书遗嘱无效。

第二，对于见证人，首先要符合两名见证人见证的要求，其次要见证人在场见证，最后要在代书遗嘱上签名。

第三，至于签名和注明年、月、日的要求，都是一样重要的要求，务必符合代书遗嘱的形式要件要求，特别是签名，遗嘱人、代书人和见证人都须签名。凡是不符合上述形式要件要求的代书遗嘱，不认可其遗嘱的法律效力。

第三节 遗嘱的形式

三、打印遗嘱

(一) 确立打印遗嘱的必要性

《继承法》在遗嘱的形式中没有规定打印遗嘱，主要是立法当时电脑应用尚未普及，打印遗嘱还不是普遍存在的遗嘱形式。在电脑应用普及之后，打印遗嘱越来越多，原因是，自然人在书写中，通常以电脑打印方式代替，用笔书写的方式已经越来越少。因而，用电脑写作、用打印机打印的遗嘱已经成为遗嘱的主要形式。

问题是，不仅由于《继承法》没有规定打印遗嘱的形式，而且由于对打印遗嘱合法、有效的形式要件无从把握，无法确定打印遗嘱应当比照何种遗嘱形式适用法律。在实践中，有的适用自书遗嘱的形式要件要求，有的适用代书遗嘱的形式要件要求，都不够妥帖，因而不同的法院有不同的做法，无法统一裁判尺度。在编纂《民法典》继承编时，专家和学者都建议增加打印遗嘱的规定。不过，至今为止，其他国家正式承认打印遗嘱效力的还是少数。

立法专家在编纂《民法典》时反复研究、讨论这个问题，认为不规定打印遗嘱是不正确的，但是，将其认定为自书遗嘱也是不正确的。首先，在社会的主要书写方式已经变为电脑写作的情况下，不承认打印遗嘱的效力，不是实事求是的态度，也会对司法实践确定遗嘱效力造成困惑和麻烦，不易统一裁判尺度。其次，笼统地认定打印遗嘱就是自书遗嘱也不正确，尽管打印遗嘱也是自己写出来的，带有自书遗嘱的性质，但是，自书遗嘱依据其亲笔书写的字迹的真实性来判断遗嘱是否为遗嘱人的真实意思表示。虽然打印遗嘱是遗嘱人在电脑上亲自写作，但是，由于电脑写作不具有亲笔书写文字的身份特征，因而无法依据打印遗嘱打印的文字来确定是否为当事人的真实意思表示。在这种情况下，确定打印遗嘱是否为遗嘱人的真实意思表示，就必须明确规定确认遗嘱真实性的其他条件，使之能够依据这些条件而确定遗嘱是否为遗嘱人的真实意思表示。

立法机关采纳了这种意见，《民法典》第1136条规定："打印遗嘱应当有两

个以上见证人在场见证。遗嘱人和见证人应当在遗嘱每一页签名，注明年、月、日。"这是根据实际情况作出的规定，是遗嘱继承制度中的一项新规则，弥补了我国遗嘱形式的空白，适应了社会生活和司法实践的需要。

（二）打印遗嘱的概念、特点与性质

打印遗嘱，是指遗嘱人通过电脑制作，用打印机打印出来的遗嘱。

打印遗嘱的特点是：第一，打印遗嘱是遗嘱人自己亲自写作的，是自己处分自己遗产的真实意思表示。第二，打印遗嘱虽然是遗嘱人亲自写作，却不是用笔和纸写作，而是用电脑写作，用打印机打印。第三，尽管打印遗嘱是遗嘱人自己亲自写作的遗嘱，但是由于在电脑上写作，通过打印机打印，文本储存在电脑之中，有可能出现他人代笔，以及被篡改的可能性，因而与自书遗嘱所具有的可鉴别性相比具有较大的差别。

对于打印遗嘱的性质多有不同看法。在电脑应用普及后，通过电脑写作和打印已经是书写方法的常态，打印遗嘱越来越多。《民法典》继承编规定了打印遗嘱的形式和要件，确认其为单独的有效遗嘱形式，统一了对打印遗嘱的认识。相信将来采用打印遗嘱形式的人会更多。

（三）打印遗嘱的形式要件要求

鉴于打印遗嘱应用的普遍性和判断的复杂性，《民法典》采纳专家和学者的意见，首先，规定打印遗嘱是法定的遗嘱形式，符合条件的，应当确认其法律效力；其次，规定了打印遗嘱有效的要件。

打印遗嘱的形式要件是：

1. 须为遗嘱人在电脑上写作、打印

打印遗嘱为电脑制作、打印机打印出来的遗嘱的文本形式，而非遗嘱人的自书遗嘱和代书遗嘱。至于打印遗嘱究竟是不是遗嘱人亲自通过电脑打印，已经无关紧要，可以通过其他要件进一步认定。

2. 须见证人见证

打印遗嘱应当有两个以上的见证人在场见证，并在打印遗嘱文本的每一页都签名。需要注意的是，见证人要有两名以上，要在场见证，要在遗嘱的每一页上

都签名。

3. 须遗嘱人签名认可

遗嘱人也必须在打印遗嘱文本的每一页都签名，证明打印遗嘱的每一页都是经过遗嘱人认可的。

4. 须注明立遗嘱的年、月、日

最后在遗嘱的文本上须注明立遗嘱的年、月、日。注明年、月、日应当是遗嘱人亲笔所为，例如将打印遗嘱的年、月、日打印为空白，由遗嘱人用笔填写具体日期；或者由遗嘱人在打印遗嘱的最后手写年、月、日。

具备这些要件，打印遗嘱发生遗嘱效力。

(四) 法律适用中应当注意的问题

就目前情况看，对打印遗嘱有效条件的要求比较严格，比代书遗嘱的条件还要严格。不过，这些对形式要件的要求，都是为了保证打印遗嘱的真实性，是根据打印遗嘱的特殊性提出来的，只有规定这些要件，才能确定其是否为遗嘱人的真实意思表示。

在实践中适用关于打印遗嘱的法律规定，要特别注意审查打印遗嘱的形式要件。凡是形式要件不符合要求，其他继承人有争议的，应当否定该打印遗嘱的法律效力。

四、录音录像遗嘱

(一) 录音录像遗嘱的概念

《继承法》第 17 条只规定了录音遗嘱形式，规定的条件也比较简单，只要有两个见证人在场见证即可。《民法典》第 1137 条规定："以录音录像形式立的遗嘱，应当有两个以上见证人在场见证。遗嘱人和见证人应当在录音录像中记录其姓名或者肖像，以及年、月、日。"这一规定与《继承法》第 17 条第 4 款的规定相比较，一是增加录像遗嘱形式；二是增加规定遗嘱人和见证人应当在录音录像中记录其姓名或者肖像，以及年、月、日。

录音录像遗嘱，是指以录音或者录像方式录制下来的遗嘱人的口述遗嘱。[①]这种界定，随着科学技术的发展应当予以扩展，因为现在不再仅仅是录音，录像机、电脑、智能手机等已经普及，影像技术大为进步，应当将录音录像遗嘱扩展为视听遗嘱，即使遗嘱人通过摄像机等拍摄的音像资料，只要符合录音录像遗嘱的要求，也应当予以认可。事实上，录音录像遗嘱就是用录音录像技术记录的视听遗嘱。

录音录像遗嘱究竟是一种遗嘱方式，还是两种遗嘱方式？在录像遗嘱中，自然包括录音，但是，在录音遗嘱中就没有录像。按照当前的技术发展，制作视频并非存在较大难度，有手机的人几乎都会制作视频。其实，录音录像遗嘱改为视听遗嘱更为妥当。不过，就目前来说，仍然有单纯的录音遗嘱存在的可能性，例如用录音笔制作遗嘱。因此，录音录像遗嘱分为两种不同方式的遗嘱还是有道理的。

（二）录音录像遗嘱的形式要件要求

录音录像遗嘱应当符合下列形式要件。

1. 须有两个以上的见证人在场见证

见证人在场见证的目的是保证录制的遗嘱确为遗嘱人的真实意思。在录制遗嘱时，见证人应当把各自的姓名、性别、年龄、籍贯、职业、所在工作单位和家庭住址等基本情况予以说明。

2. 须由遗嘱人亲自叙述遗嘱的内容

遗嘱人必须亲自清楚地口述遗嘱的全部内容，即不能由他人代述或转述遗嘱内容，口述的内容要清楚、明白，不能含糊不清。口述的内容应当具体，对有关财产的处分，应当说明财产的基本情况，说明财产归什么人承受。

3. 须遗嘱人、见证人在录音录像中记录其姓名或者肖像、注明日期

在遗嘱人录制完遗嘱后，见证人也应当将自己的见证证明录制在录制遗嘱的音像磁带上，并在录音录像中记录其姓名或者肖像，注明设立遗嘱的年、月、日。由于录音带、录像带等视听资料容易被他人剪辑、伪造，需要履行严格的封

---

① 参见郭明瑞等：《继承法》（第 2 版），法律出版社 2004 年版，第 146 页。

存程序，只有这样，才能确保录音录像遗嘱的真实性。遗嘱人与有关见证人在封存遗嘱时，应在封缝处共同签名，并注明年、月、日。

4. 须当众开启录音录像遗嘱

录音录像遗嘱必须在继承开始后，在参加制作遗嘱的见证人和全体继承人到场的情况下，当众启封，从而维护录音录像遗嘱的真实性。

符合以上形式要件要求的录音录像遗嘱是有效的遗嘱。

（三）法律适用中应当注意的问题

在实践中难以做到的难题是，录音录像的遗嘱中怎样能做到"遗嘱人和见证人应当在录音录像中记录其姓名或者肖像，以及年、月、日"。如果对录音录像遗嘱的真实性发生争议，就目前技术来看，遗嘱人和见证人应当在录音录像遗嘱中说明自己的姓名，录像遗嘱中应当留有肖像，并且述说年、月、日。在发生争议后核对遗嘱的真实性时，应当通过声纹鉴定和肖像比对，来确认遗嘱人和见证人的身份、日期和遗嘱内容的真实性。

五、口头遗嘱

（一）口头遗嘱的概念

口头遗嘱早在罗马法时期就已存在，是要式遗嘱的简化方式，即遗嘱人于证人面前口述遗嘱内容而成立的遗嘱。[1] 由于口头遗嘱简便易行，后世各国对口头遗嘱莫不承认。但是，口头遗嘱的内容完全靠见证人表述证明，容易发生纠纷，各国继承法也都对口头遗嘱的适用予以严格限制。

口头遗嘱，是指由遗嘱人口头表述，由见证人予以见证的遗嘱，也称为口授遗嘱。[2]《民法典》第1138条规定："遗嘱人在危急情况下，可以立口头遗嘱。口头遗嘱应当有两个以上见证人在场见证。危急情况解除后，遗嘱人能够以书面或者录音录像形式立遗嘱的，所立的口头遗嘱无效。"这一规定与《继承法》第17

---

[1] 参见周枏：《罗马法原论》（下册），商务印书馆2001年版，第484页。
[2] 参见陈棋炎等：《民法继承新论》，三民书局2002年版，第334页。

条第 5 款的规定基本一致。

(二) 口头遗嘱的形式要件要求

口头遗嘱须具备以下形式要件：

1. 遗嘱人处于危急情况下不能以其他方式设立遗嘱

危急情况，是指遗嘱人生命垂危、在战争中或者发生意外灾害，随时都有生命危险，来不及或无条件设立其他形式遗嘱的情况。如果遗嘱人不是处于危急情况，可以通过自书、代书、录音录像、公证等其他方式设立遗嘱，则无适用口头遗嘱的余地，即使遗嘱人立了口头遗嘱，该口头遗嘱也无效。

2. 有两个以上的见证人在场见证

订立口头遗嘱必须有两个以上的与遗产继承无利害关系的见证人在场见证。订立口头遗嘱时，见证人应将遗嘱人口授的遗嘱记录下来，并由记录人、其他见证人签名，注明年、月、日；见证人无法当场记录的，应于事后追记、补记遗嘱人口授的遗嘱内容，并于记录上共同签名，并注明年、月、日，以保证见证内容的真实、可靠。

3. 不存在危急情况解除后遗嘱人能够利用其他形式立遗嘱的情形

在危急情况解除后，遗嘱人能够用书面或者录音形式立遗嘱的，所立的口头遗嘱无效。口头遗嘱的效力受到限制，必须是不存在危急情况解除后遗嘱人可以利用其他形式订立遗嘱的情形，如果危急情况一旦解除，则在一定时间内遗嘱人应当另立遗嘱，否则，即使遗嘱人没有另立遗嘱，该口头遗嘱也失去法律效力。

(三) 法律适用中应注意的问题

《民法典》规定口头遗嘱，仍然与《继承法》第 17 条规定的内容一样，没有明确在危急情况解除后，遗嘱人应于多长时间内另立遗嘱，即没有规定口头遗嘱的有效期间。由于口头遗嘱原属遗嘱的简易方式，不得已而用之，对于其正确之点不能无疑[1]，因而设立有效期间十分必要。有的学者建议，应当规定口头遗嘱

---

[1] 参见胡长清：《中国民法继承论》，商务印书馆 1936 年版，第 201 页。

在危急情况解除后,经过 3 个月而失其效力,以保障遗嘱的真实性。① 在危急情况解除后,遗嘱人应于 3 个月内用书面或者录音录像等方式设立遗嘱;遗嘱人于危急情况解除后 3 个月内未另立遗嘱而死亡的,应当承认其所立的口头遗嘱;遗嘱人于危急情况解除后 3 个月后仍未设立其他形式遗嘱的,对其所立的口头遗嘱不予认可。② 这一立法建议没有被立法机关所采纳。

按照现在的条文要求,应当理解为,口头遗嘱效力期间,自危急情况发生,遗嘱人用口头方式立下遗嘱开始,至遗嘱人的危急情况消除,能够用其他方式设立遗嘱。只要遗嘱人的危急情况一经消除,能够用其他方式设立遗嘱,遗嘱人在危急情况发生时所立的口头遗嘱即失效。在司法实践中,遗嘱人在危急情况下所立的口头遗嘱的效力只维持到危急情况消除之时,因而确定口头遗嘱效力的终期,就是危急情况消除。在通常情况下,遗嘱人的危急情况就是病危;在病危通知下达后,就存在立口头遗嘱的条件;在病危通知解除后,危急情况即消除,按照规定,口头遗嘱在此时失效。

不过,这样的口头遗嘱效力期间似乎过短。其实,遗嘱人的危急情况消除后,还应当具备遗嘱人能够用其他方式设立遗嘱的条件。遗嘱人尽管已经脱离了病危状态,但是,还不能用其他方式立遗嘱的,口头遗嘱还应当具有法律效力。只有在遗嘱人脱离了病危状态,并且能够用其他方式设立遗嘱时,才能认为口头遗嘱已经失效,因为其能够用其他方式立遗嘱而未立其他形式的遗嘱,说明其已经不必再立遗嘱了,所以确认口头遗嘱无效是有道理的。

应当看到,在当代,口头遗嘱的可用价值在日渐萎缩,因为制作口头遗嘱还不如利用手机制作视频遗嘱即录音录像遗嘱,只是保留这一遗嘱方式,以备不时之需。

---

① 参见王歌雅:《〈民法典·继承编〉:制度补益与规范精进》,载《求是学刊》2020 年第 1 期,第 102 页。

② 参见郭明瑞等:《继承法研究》,中国人民大学出版社 2003 年版,第 119 页。

六、公证遗嘱

(一) 公证遗嘱的概念

公证遗嘱,是指通过法律规定的公证形式订立的,有关的订立程序、形式都由法律规定的遗嘱。公证遗嘱与遗嘱公证不能等同,遗嘱公证是公证机构按照法定程序证明遗嘱人设立遗嘱行为真实、合法的活动。《民法典》第1139条规定:"公证遗嘱由遗嘱人经公证机构办理。"强调公证遗嘱是遗嘱人到公证机构办理的遗嘱,其主体是遗嘱人。

公证遗嘱在罗马法时期就已出现,公证遗嘱由遗嘱人到法官或地方官处口述遗嘱的内容,由负责人把它记录在特定的簿册中。[①] 公证遗嘱在中世纪的欧洲得到发展。寺院法的遗嘱方式,要求在寺院执事和2名或3名证人面前订立遗嘱。13世纪,意大利将这种寺院法的遗嘱方式世俗化,以公证人代替寺院执事,近现代民法上的公证遗嘱制度正式确立。此后,这种遗嘱形式传入德国,14世纪的日耳曼有了在公证人和证人面前订立的公证遗嘱。到了近现代,大陆法系的许多国家都明文规定了公证遗嘱形式。[②]

公证遗嘱作为一种遗嘱形式具有重要的意义。首先,公证遗嘱是最为严格的遗嘱,较之其他遗嘱方式更能保障遗嘱人意思表示的真实性;其次,在当事人发生继承纠纷时,公证遗嘱是证明遗嘱人处分财产的意思表示的最有力的和最可靠的证据。

(二) 公证遗嘱的办理要求

根据《民法典》以及司法部《遗嘱公证细则》的规定,公证遗嘱的办理须符合以下要求:

1. 由遗嘱人亲自申办

遗嘱人亲自申办,是指立遗嘱人应当亲自作出遗嘱,不仅对有关遗嘱的内

[①] 参见周枏:《罗马法原论》(下册),商务印书馆2001年版,第485页。
[②] 参见刘文:《继承法比较研究》,中国人民公安大学出版社2004年版,第217-218页。

容,而且对申办公证应当亲自进行。申办遗嘱公证,遗嘱人应当填写公证申请表,并提交下列证件和材料:一是居民身份证或者其他身份证件;二是遗嘱涉及的不动产、交通工具或者其他有产权凭证的财产的产权证明;三是公证人员认为应当提交的其他材料。当事人确有困难(如因病或者其他原因)不能亲自到公证机构办理遗嘱公证的,可以要求公证人员到其住所或者临时住所办理遗嘱公证。但无论在何种情形下,遗嘱人不能由他人代理申办公证。

2. 于公证人员面前亲自书写遗嘱或者口授遗嘱

遗嘱人提供自书或者代书的遗嘱或者遗嘱草稿,由公证人员对该遗嘱或者遗嘱草稿进行审核,由遗嘱人签名确立公证遗嘱;遗嘱人未提供遗嘱或者遗嘱草稿的,公证人员可以根据遗嘱人的意思表示代为起草遗嘱,并由遗嘱人核对、签名。遗嘱人也可以在有2个以上的公证人员参加的情形下,在公证人员面前以书面或口头形式表述遗嘱的内容来确立公证遗嘱。遗嘱人亲笔书写遗嘱的,要在遗嘱上签名或盖章,并注明年、月、日;遗嘱人口授遗嘱的,由公证人员作出记录,然后公证人员须向遗嘱人宣读,经确认无误后,由在场的公证人员和遗嘱人签名、盖章,并应注明设立遗嘱的地点和年、月、日。

3. 公证人员遵守回避的规定

以公证方式订立遗嘱的,必须遵守法律、法规有关公证管理的规定。为保证公证遗嘱的真实性,遗嘱人与公证人员有近亲属身份关系的,公证人员应当回避;遗嘱人认为出场办理公证的人员有某种利害关系会影响公证的,有权要求公证人员回避。遗嘱人要求公证人员回避时,公证人员应当回避,由公证机构另行派出公证人员。违反公证管理规则订立的遗嘱,不能产生公证遗嘱的效力。

4. 公证人员依法作出公证

《遗嘱公证细则》第17条规定:"对于符合下列条件的,公证处应当出具公证书:(一)遗嘱人身份属实,具有完全民事行为能力;(二)遗嘱人意思表示真实;(三)遗嘱人证明或者保证所处分的财产是其个人财产;(四)遗嘱内容不违反法律规定和社会公共利益,内容完备,文字表述准确,签名、制作日期齐全;

（五）办证程序符合规定。不符合前款规定条件的，应当拒绝公证。"需要注意的是，公证人员对遗嘱的真实性、合法性的审查只能是形式上的，而不应也不能是实质上的。对遗嘱内容进行实质性审查是不合理的，因为这样做既不符合公证工作的保密原则，也容易延长办理公证的时间；同时也是不必要的，因为遗嘱内容是否有效是以遗嘱人死亡时的状态来确定的，于遗嘱设立时尚无法确定。[1]

对于公证遗嘱是否需要有见证人见证的问题，《继承法》没有规定。不过，见证人见证公证遗嘱，能够确保遗嘱人确系其人，精神状态正常，意思表示真实成立，此外还能起到防止公证人滥用职权的作用。[2]

不符合前述规定条件的，公证人员应当拒绝公证。

（三）公证遗嘱在法律适用时应当注意的问题

在《民法典》继承编草案的一审稿中，规定公证遗嘱的条文中还规定了办理遗嘱公证的公证员人数的要求，应当由2个以上的公证员共同公证。其实，对遗嘱公证要求2个以上的公证员共同公证是不现实的要求，也是对公证员的不信任。同时，对1个公证员进行公证时，须有的1名见证人究竟应当是什么身份，也没有明确的要求。

说到底，遗嘱公证并非极为特殊的公证，由一个公证员办理就足够，因为有秘书或者其他工作人员在场协助，可以实现避免作弊的目的。因此，办理公证遗嘱应当是由1名公证员，再配备1名工作人员办理，就符合《民法典》的要求，而非要2名公证员公证才行。

七、密封遗嘱

（一）认可密封遗嘱的必要性

密封遗嘱是指遗嘱人秘密作成并加密封后，于见证人面前提经公证人或者其

---

[1] 参见郭明瑞等：《继承法》（第2版），法律出版社2004年版，第144页。
[2] 参见陈棋炎等：《民法继承新论》，三民书局2000年版，第319页。

他见证人证明的遗嘱。密封遗嘱兼有自书遗嘱和公证遗嘱之长。① 遗嘱人希望于其生前保守遗嘱内容的秘密,又希望遗嘱具有强有力的证明力,就可以利用密封遗嘱实现其愿望。② 这是密封遗嘱存在的必要性。

不过,《继承法》没有规定密封遗嘱,《民法典》也没有规定密封遗嘱,主要原因是现实生活中很少使用密封遗嘱的方式,还有的反对意见认为,不能见到外国人有什么样的遗嘱形式,我国就一定要照搬。

这种看法其实是不对的。密封遗嘱具有独有的特征,即相较于其他遗嘱形式,密封遗嘱具有内容保密性、遗嘱保存人的多样性与灵活性、遗嘱制作的便利性、遗嘱效力转换的可行性。③ 况且,在现实生活中是存在密封遗嘱的,例如在公证处和中华遗嘱库中就存在这种秘密的遗嘱。遗嘱人设立了遗嘱后,不愿意被继承人知晓,就在公证处或者中华遗嘱库中秘密保存,并且公证处或者中华遗嘱库承诺为遗嘱人保密,待其去世后再公开遗嘱,执行遗嘱。这样的遗嘱其实就是密封遗嘱。遗嘱人在设立遗嘱后,经过律师见证,封存于律师事务所的密封遗嘱方式也有出现,应当为其准备好存在的空间。

规定不同的遗嘱形式,就可以给遗嘱人更多的选择,没有理由予以限制,规定密封遗嘱是可行的。订立遗嘱是被继承人的权利,密封遗嘱是遗嘱自由的表现,最能够体现遗嘱人处分遗产的自由意志,且有现实需要,对于解决遗产纠纷有重要的作用,应该成为我国遗嘱的形式之一。④

(二) 密封遗嘱的基本规则

被继承人设立密封遗嘱,应当在遗嘱上签名之后将其密封,并在封缝处签名,指定2个以上的见证人,对遗嘱进行公证。遗嘱人应当向公证员陈述其为自己的遗嘱;如非本人自写遗嘱,应当陈述书写人的姓名、住所。公证员应当在遗

---

① 参见李宜琛:《现行继承法论》,国立编译馆1947年版,第100页。
② 参见林秀雄:《继承法讲义》,元照出版公司2006年版,第230页。
③ 参见王歌雅:《〈民法典·继承编〉:编纂争议与制度抉择》,载《法学论坛》2020年第1期,第122页。
④ 参见陈苇主编:《外国继承法比较与中国民法典继承编制定研究》,北京大学出版社2011年版,第346页。

嘱封面记明该遗嘱提出的年、月、日及遗嘱人所为的陈述，与遗嘱人及见证人同时签名。① 中华遗嘱库封存遗嘱人的遗嘱，也有自己的一套规则。

密封遗嘱的方式较自书遗嘱更为复杂，如果方式不对致使密封遗嘱无效，实有违遗嘱人的真意。为尊重遗嘱人的最终意思，一旦出现密封遗嘱不具备上述方式，而符合自书遗嘱方式的，应当有自书遗嘱的效力②，仍然可以按照其遗嘱进行继承。此无效之密封遗嘱的转换，旨在尽量尊重遗嘱人的最终意思，乃无效行为转换的典型事例。③

既然在现实生活中存在密封遗嘱的形式，立法不加过问是不对的。因此，在将来修订《民法典》继承编时，应当增加规定密封遗嘱。

第四节　遗嘱的内容

一、遗嘱内容的概念

遗嘱的内容，是指遗嘱人订立遗嘱需要通过遗嘱表示出来对自己财产处分及安排相关事项的意思。

《民法典》未对遗嘱的内容进行强制规定，当事人是否设立遗嘱以及在遗嘱中规定哪些事项，全由当事人自己决定。但是，法律对于遗嘱内容的规定并非全为任意性的，遗嘱作为一种民事法律行为，应当受到《民法典》第143条规制，其内容应当不得违反法律、法规的强制性规定，不得违反公序良俗，否则将会导致遗嘱无效。

另外，遗嘱是对遗产及相关事项的处置和安排，遗嘱的内容应当具体、明确，便于执行，避免发生歧义。

---

① 参见杨立新：《对修正〈继承法〉十个问题的意见》，载《法律适用》2012年第8期。
② 参见林秀雄：《继承法讲义》，元照出版公司2006年版，第233页。
③ 参见陈棋炎等：《民法继承新论》，三民书局2002年版，第330页。

二、遗嘱的主要内容

遗嘱的内容应当包括以下七个方面：

1. 指定遗嘱继承人、受遗赠人

指定遗嘱继承人、受遗赠人，是遗嘱人订立遗嘱的主要目的，因此，指定遗嘱继承人、受遗赠人当然为遗嘱的主要内容。遗嘱人指定遗嘱继承人只能在法定继承人范围之内，具体指定的遗嘱继承人可以为法定继承人中的任何人，并且不受法定继承人继承顺序的限制，但不能是法定继承人以外的人。

遗嘱人指定遗嘱继承人应当明确、具体，在遗嘱中记明继承人的名字。遗嘱人也可以指定法定继承人范围之外的人为受遗赠人，也需要在遗嘱中载明受遗赠人的姓名或名称。受遗赠人可以是国家、集体，也可以是自然人。

2. 指定遗产的分配办法或份额

遗嘱的目的在于遗嘱人对自己的财产进行身后处分，相应的有关遗产的情况是遗嘱的主要内容。

首先，遗嘱人应当在遗嘱中载明遗嘱处分的财产及状况。遗嘱人应当列明自己所留下的财产清单，具体说明每项财产的名称、数量、存放的地点以及财产是否共有、抵押等。

其次，遗嘱应当载明对遗产的处分意思。遗嘱中应当说明每个指定继承人得继承的具体财产。指定由数个继承人共同继承某项遗产的，应当说明指定继承人对遗产的分配办法或者每个人应继承的遗产份额；遗嘱中指定由数人共同继承某项财产而又未说明分配办法或者各人的继承份额的，推定为指定数个继承人均分遗产。遗赠财产的，要具体说明将某一财产遗赠给何人、何单位。遗嘱人可以在遗嘱中处分全部财产，也可以处分部分财产。遗嘱中明确由指定继承人继承全部遗产的，为遗嘱人处分了全部财产。遗嘱中指明了某财产由某人继承，某财产赠与某人、某单位，而尚有财产未指明的，未指明的财产视为遗嘱未处分的财产。遗嘱中对财产的处置前后相互矛盾的，应推定为遗嘱人对该财产未作处分。

3. 对遗嘱继承人、受遗赠人附加的义务

遗嘱人享有遗嘱自由，不仅可以将自己的财产通过遗嘱处分给遗嘱继承人或受遗赠人，还可以在遗嘱中对遗嘱继承人或者受遗赠人规定附加义务。例如，遗嘱中可以指明某继承人或者受遗赠人应当将某项遗产用于特定的用途。遗嘱人也可以指定继承人承担其他的义务，例如遗嘱中将某项财产指定由某一未成年继承人继承，同时指定由该未成年人的父母在其成年前负责管理；又如遗嘱中将某项财产指定由某一继承人继承，同时指定该继承人须以该财产的部分收益扶养某人。对遗嘱继承人、受遗赠人附加的义务，如果指定的遗嘱继承人或受遗赠人接受继承或遗赠，就必须履行遗嘱所附加的义务；无正当理由不履行的，经有关单位和个人请求，法院可以取消其接受遗产的权利。

4. 再指定继承人、受遗赠人

再指定继承人是指遗嘱人于遗嘱中指定在被指定的继承人不能继承时由某人继承。再指定受遗赠人是指遗嘱人在遗嘱中指定在受遗赠人不能接受遗赠时将该遗产赠与某人。遗嘱中再指定的继承人一般称为替补继承人或者补充继承人；遗嘱中再指定的受遗赠人一般称为候补受遗赠人或补充受遗赠人。因为只有在指定继承人于遗嘱生效时具有继承能力并且具有继承权（继承期待权），也未放弃继承时，才会发生遗嘱继承，由指定的继承人继承遗嘱中指定由其继承的遗产；只有在指定的受遗赠人于遗嘱生效时有受遗赠能力且未丧失受遗赠权，也未放弃受遗赠的，才发生遗赠。如果指定继承人先于被继承人死亡，或者丧失继承权，或者放弃继承权，指定继承人不能或不参加继承，指定由该继承人继承的遗产须依法定继承办理。同理，若受遗赠人先于被继承人死亡，或者丧失受遗赠权，或者放弃受遗赠，指定由受遗赠人受赠的遗产也须按法定继承办理。为避免这种因指定继承人不继承而须由法定继承人继承，或受遗赠人不受遗赠而由法定继承人继承的情形，法律规定允许遗嘱人在遗嘱中指定替补继承人、候补受遗赠人。替补继承人只能在指定继承人不能继承的情形下，依遗嘱的指定参加继承；同理，候补受遗赠人也只能在受遗赠人不能接受遗赠的情形下，才依遗嘱接受遗赠。①

---

① 参见郭明瑞等：《继承法》（第 2 版），法律出版社 2004 年版，第 151 页。

第四节 遗嘱的内容

5. 指定遗嘱执行人

遗嘱执行人是于继承开始后执行遗嘱的人。因遗嘱执行人是否合适会关系到能否真正按照遗嘱人的遗嘱执行，以实现遗嘱人的意愿。所以，指定遗嘱执行人也是遗嘱中的重要内容。《民法典》在第1133条第1款规定，在遗嘱中"可以指定遗嘱执行人"。

这一规定比较原则，操作性不强。需要注意的是，遗嘱的主要内容并不是指定遗嘱执行人，因为遗嘱执行人并不是对遗产的处分，而只关涉遗嘱的执行。因此，遗嘱未指定遗嘱执行人的，不影响遗嘱的成立和执行。

遗嘱也可以指定遗产管理人，确定对遗产由谁进行管理。

6. 遗嘱人的签名以及遗嘱制作的日期

公证遗嘱、自书遗嘱、代书遗嘱、录音录像遗嘱都需要遗嘱人签名，以确定是遗嘱人的真实意思表示。同时，为了确定遗嘱人的遗嘱能力以及辨明遗嘱的前后顺序，这些形式的遗嘱都需要注明具体的年、月、日。遗嘱人签名以及注明制作日期的内容是强制性内容，遗嘱中必须加以载明，如果有的遗嘱没有遗嘱人的签名，比如代书遗嘱形式，则该遗嘱无效。

遗嘱应当由遗嘱人签名，注明年、月、日，是遗嘱的必备形式要件，遗嘱没有遗嘱人签名和注明年、月、日，原则上应当为无效遗嘱。但是，如果遗嘱没有遗嘱人签名，经过笔迹鉴定确实为遗嘱人所写；没有签署年、月、日，但是当事人只有一份遗嘱，并没有其他遗嘱与其发生内容冲突，这两种情形是否可以认定遗嘱有效，是有争议的。《最高人民法院关于适用〈中华人民共和国民法典〉继承编的解释（一）》第27条作出了相关的规定，即："自然人在遗书中涉及死后个人财产处分的内容，确为死者的真实意思表示，有本人签名并注明了年、月、日，又无相反证据的，可以按自书遗嘱对待。"这其实是更进一步强调遗嘱人签名和年、月、日等形式要件对遗嘱效力的重要意义。

处理这个问题的方法是，如果当事人对遗嘱效力没有争议，遗嘱人没有签名，注明年、月、日的遗嘱，认定其有效并无问题，但是在有争议的情况下，只能依照法律的规定处理，不能认定这样的遗嘱有效。

7. 其他事项

除上述内容外，遗嘱人还可以根据自己的意愿，在遗嘱中说明其他事项，例如遗嘱生效的条件、日期，接受遗嘱继承或者遗赠应当承担的义务，以及对丧事的安排和要求等。

第五节 遗嘱见证人和必留份

一、遗嘱见证人

（一）遗嘱见证人的概念

遗嘱见证人，是指在订立遗嘱时亲临遗嘱制作现场，并对遗嘱的真实性予以证明的第三人。

除自书遗嘱之外，其他各种遗嘱皆须有见证人参与，不外借此确保遗嘱之真实，与其他方式之正确，从而见证人之有无及信用如何，与遗嘱效力关系极大。[①]

遗嘱见证人证明的真伪直接关系遗嘱的效力，关系对遗产的处置。《民法典》规定，遗嘱人订立代书遗嘱、录音录像遗嘱、口头遗嘱时都须有2名以上的见证人在场见证。

（二）遗嘱见证人的条件

根据遗嘱见证人的目的，遗嘱见证人必须是能够客观、公正地证明遗嘱真实性的人，应当具备以下三个条件：

1. 具有完全民事行为能力

因为具有完全民事行为能力的人才能对事物有足够的认识能力和判断能力，无完全民事行为能力人对事物缺乏足够的认识能力和判断能力。未成年人、精神病人、老年痴呆者、聋哑人等，不得充当遗嘱见证人。

[①] 参见胡长清：《中国民法继承论》，商务印书馆1936年版，第203页。

2. 与继承人、遗嘱人没有利害关系

与继承人、遗嘱人有利害关系的人参加见证,有可能受其利益的驱动而作不真实的证明,会损害遗嘱人以及有关继承人的合法权益。

3. 知晓遗嘱所用语言

遗嘱见证人必须知晓遗嘱所用的语言,才能对遗嘱进行见证。遗嘱见证人中有的见证人为代书人,则遗嘱见证人还应当具有相应的文化知识,不能为文盲。

(三) 遗嘱见证人的资格限制

《民法典》第1140条对遗嘱见证人作出了资格的限制性规定,下列人员不能作为遗嘱见证人,其证明不能起到见证的法律效力。

1. 无民事行为能力人、限制民事行为能力人

无民事行为能力人、限制民事行为能力人,包括未成年人和精神病人,都不能作为遗嘱的见证人。基于见证人是证明遗嘱真实性的证人,见证人是否具有民事行为能力,应当以遗嘱见证时为准,如果于遗嘱人立遗嘱时为有完全民事行为能力人,而其后丧失行为能力,则不影响遗嘱见证的效力。相反,如果见证时为无民事行为能力人或者限制民事行为能力人,虽然其后具有完全民事行为能力,也不能认定其为遗嘱见证人,于不具有完全民事行为能力时对遗嘱人所作的见证仍不具有法律效力。成年人为无民事行为能力人、限制民事行为能力人,应经人民法院认定,如果未经人民法院被认定为无民事行为能力人或限制民事行为能力人的成年人,其虽然为精神病人但于遗嘱人立遗嘱时确实属于神志正常的人,应当认定其见证人资格适格。

2. 其他不具有见证能力的人

《民法典》第1140条增加规定,其他不具有见证能力的人,也不能作为遗嘱见证人。

见证人是否具有见证能力,应当以参加设立遗嘱的见证时为准。遗嘱见证能力,是指能够辨别遗嘱人设立遗嘱时具体精神状况和遗嘱内容是否真实的能力。在本条中,使用的是"其他不具有见证能力的人",所谓"其他",是指无民事行为能力人和限制民事行为能力人之外的不具有见证能力的人。例如,虽然具有完

全民事行为能力，但是智力发展不够健全的人，不能辨别遗嘱人设立遗嘱时的精神状况是否符合设立遗嘱的要求，对遗嘱内容是否真实缺乏正常的判断能力，都属于其他不具有见证能力的人。这些人不能作为遗嘱见证人，作了遗嘱见证人也不具有遗嘱见证的效力，会导致其所见证的遗嘱无效的后果。

3. 继承人、受遗赠人

继承人、受遗赠人与遗嘱有直接的利害关系，由他们作见证人难以保证其证明的客观性、真实性，易生弊端，所以，继承人、受遗赠人不能作为遗嘱的见证人。

4. 与继承人、受遗赠人有利害关系的人

与继承人、受遗赠人有利害关系的人是指继承人、受遗赠人能否取得遗产、取得多少遗产会直接影响其利益的人，因此应当包括继承人、受遗赠人的近亲属（如配偶、子女、父母、兄弟姐妹、祖父母、外祖父母），以及继承人、受遗赠人的债权人和债务人、共同经营的合伙人。① 这部分人因与遗嘱实际上有间接利害关系，也有可能影响对遗嘱作出客观、公正的见证。所以，与继承人、受遗赠人有利害关系的人也不能作为遗嘱见证人。

不具备遗嘱见证人资格的人不能作为遗嘱的见证人，其所作的见证不具有法律效力。但这并不是说不具备遗嘱见证人资格的人不能出现在设立遗嘱的现场。例如，遗嘱人设立代书遗嘱，当时有3人在场，其中有一个人不具备见证人的资格，如果该人为代书人，则该遗嘱不符合法定形式；但若该人不为代书人，不过是作为一般见证人在遗嘱上签名，则不能因此而认定该遗嘱不符合法定形式。因为虽然该人不具备见证人的资格，其见证无效，但该遗嘱仍有2人在场见证，其他2名具有见证人资格人的见证应当是有效的。②

（四）遗嘱见证人的见证事项

遗嘱见证人见证事项包括以下几个方面：

---

① 《最高人民法院关于适用〈中华人民共和国民法典〉继承编的解释（一）》第24条规定："继承人、受遗赠人的债权人、债务人，共同经营的合伙人，也应当视为与继承人、受遗赠人有利害关系，不能作为遗嘱的见证人。"

② 参见郭明瑞等：《继承法》（第2版），法律出版社2004年版，第149页。

1. 证明立遗嘱人的遗嘱能力

遗嘱见证人应当证明遗嘱人在订立遗嘱时的遗嘱能力，也就是遗嘱人是否是完全民事行为能力人。

2. 证明立遗嘱时的情况

主要是证明遗嘱人立遗嘱时是否出于自愿，有无不当影响。在口头遗嘱中，遗嘱见证人还应当证明遗嘱人当时所处的危急情况。

3. 记录遗嘱内容

在代书遗嘱中，应当由其中1名见证人代书，该见证人应当记录遗嘱内容。在口头遗嘱中，也需要见证人记录遗嘱内容。

4. 签名并注明年、月、日

在代书遗嘱、录音录像遗嘱中，有关见证人应当在代书的遗嘱与封存的磁带上签名，并注明年、月、日。

二、必留份

（一）必留份的概念及意义

必留份，又称"必留财产"、"必继份"或者"保留份"，是指被继承人在遗嘱继承或者遗赠中，必须依法留给缺乏劳动能力又没有生活来源的继承人，不得通过遗嘱自由处分的遗产份额。必留份是对被继承人行使权利处分自己遗产的一种法律限制。《民法典》第1141条规定："遗嘱应当为缺乏劳动能力又没有生活来源的继承人保留必要的遗产份额。"这一规定与《继承法》第19条的规定相同，其中"遗嘱应当为缺乏劳动能力又没有生活来源的继承人保留必要的遗产份额"，就是必留份。遗嘱非法处分必留份的，该部分遗嘱内容无效。

必留份与特留份相似，但又不同。特留份源于罗马法，多数国家都有规定，尽管内容有所不同。特留份是指法律规定的遗嘱人不得以遗嘱取消的，由特定的法定继承人继承的遗产份额。特留份的实质是通过对特定的法定继承人规定一定

的应继份来限制遗嘱人的遗嘱自由①：一面承认遗嘱自由主义，尊重被继承人之意思；一面为维持其亲属之关系，采取特留份制度，俾继承人不至因被继承人滥用其自由处分权，致于继承开始后，其生活状况或骤受影响。② 遗嘱人在设立遗嘱时，如果没有给特留份权利人保留法定的份额，则其相应部分的处分无效。一般说来，特留份的数额因与被继承人的亲等不同而相应增减。除法律特别规定外，被继承人不得剥夺继承人的特留份。

1985 年，《继承法》规定必留份借鉴的是《苏俄民法典》第 422 条第 2 款："遗嘱人不得剥夺未成年人子女和其他丧失劳动能力的继承人的法律规定的应继份。"从目前可以看到的立法例看，规定必留份的立法基本上是来源于《苏俄民法典》。2003 年的《乌克兰民法典》规定的必留份，借鉴的也是《苏俄民法典》的上述规定，但是《俄罗斯联邦民法典》已经不再规定必留份。在编纂《民法典》时，规定特留份替代必留份以及同时规定必留份和特留份的立法建议都没有被采纳，因此，第 1141 条规定的仍然是必留份。

必留份与特留份的主要区别是，必留份仅指为缺乏劳动能力又没有生活来源的继承人保留必要的遗产份额，只适用于这一种情况；而特留份保留的是法律规定范围内的继承人的部分应继份，法律规定的享有特留份权的继承人范围较宽，不仅包括缺乏劳动能力又没有生活来源的继承人，还包括其他特留份权利人。至于其价值和意义都是限制遗嘱人自由处分遗产的行为，以保护特留份权人和必留份权人享有的权利。

法律规定必留份的意义如下：一是对遗嘱自由给予一定的限制，通过遗嘱处分必留份，而认定处分的这一部分遗产的意思表示无效，从而限制遗嘱自由；二是有利于保护那些缺乏劳动能力又无生活来源的继承人的利益，使这些继承人不因遗嘱继承或者遗赠而使自己应当继承的遗产无法继承；三是可以减轻社会的负担，以防遗嘱人将应由家庭承担的义务推给社会。③

---

① 参见林秀雄：《继承法讲义》，元照出版公司 2006 年版，第 317 页。
② 参见刘含章：《继承法》，商务印书馆 1946 年版，第 237 - 238 页。
③ 参见刘春茂、陈跃东：《完善我国继承法的几点建议》，载《南开大学学报》1993 年第 4 期。

(二) 遗嘱剥夺必留份的效果

必留份权是一种权利,为缺乏劳动能力又没有生活来源的继承人所享有。遗嘱人在遗嘱中未为缺乏劳动能力又没有生活来源的继承人保留必要份额的,也称为违反保留"必要的遗产份额"的规定,即侵害了必留份权人的必留份权。

遗嘱未对缺乏劳动能力又没有生活来源的继承人保留必留份,为侵害必留份权的行为,其法律后果是认定相应部分的遗嘱内容无效。需要说明以下三点[1]:

第一,享有继承"必要的遗产份额"的继承人,必须同时具备缺乏劳动能力和没有生活来源这两个条件。有劳动能力而没有生活来源,或者缺乏劳动能力而有生活来源的继承人,都不在此列。

第二,法定继承人是否为缺乏劳动能力又无生活来源的人,应以继承开始时为准,不能以遗嘱人立遗嘱时继承人的状况为准。立遗嘱时为缺乏劳动能力又没有生活来源的人,于继承开始时具有了劳动能力或有了生活来源的继承人,不在此限。立遗嘱时有劳动能力或有生活来源而于被继承人死亡时丧失劳动能力又没有生活来源的,属于应为其保留必要遗产份额的继承人,遗嘱中没有为其保留必要的遗产份额的,仍然无效。缺乏劳动能力又没有生活来源的法定继承人,应当是被继承人死亡之时生存之人。

第三,遗嘱中未为缺乏劳动能力又没有生活来源的继承人保留必要的遗产份额时,遗嘱并非全部无效,而仅仅是涉及处分应保留遗产份额的遗嘱内容无效,其余内容仍有效。在遗产处理时,应当为该继承人留下必要的遗产,所剩余的部分,可以按照遗嘱确定的分配原则处理。

(三) 必留份不能代替特留份

在立法过程中,很多专家和学者都提出应当规定特留份制度,因为现有的必留份不能代替特留份。不过,也有人认为特留份与必留份是一样性质的规定,有了必留份就不用规定特留份。[2]

---

[1] 参见郭明瑞等:《继承法》(第2版),法律出版社2004年版,第159-160页。
[2] 参见李贝:《民法典继承编引入"特留份"制度的合理性追问——兼论现有"必留份"制度之完善》,载《法学家》2019年第3期,第83-95页。

这种意见是不对的。必留份制度存在的主要问题如下：一是适用范围过窄，仅限于缺乏劳动能力又没有生活来源的继承人，不能保护其他法定继承人的权益；二是适用标准存在歧义，"没有生活来源"的认定标准不确定；三是"必要的遗产份额"是一个不确定概念，在司法实践中存在操作困难。因而，必留份与特留份制度不同，因此不能替代。尽管在限制被继承人不当处分遗产，保护继承人继承权的目的上，两种制度是一致的，但是，并不能因为有了必留份制度，就否认特留份制度的价值，也不能将必留份制度予以充实，以替代特留份制度。这是因为，特留份制度并不要求法定继承人必须具备缺乏劳动能力以及没有生活来源的条件，只要是法律规定的享有特留份权的法定继承人，被继承人在通过遗嘱处分自己遗产的时候就必须给其留下必要的份额，否则，在遗嘱处分的遗产中就必须予以扣除。可见，特留份制度有独立存在的必要，既不能不规定，也不能以必留份制度替代特留份制度，或者合并成一项制度。

例如，"泸州张某受遗赠案"就是一个典型案例。黄某与其妻蒋某感情不和而分居，后与张某同居。数年后，黄某患肝癌，张某精心照料。黄某为感激张某，立遗嘱将自己价值大约 6 万元的部分遗产遗赠给张某，遗嘱经过公证。黄某去世后，张某向法院起诉，主张实现遗嘱，分得这部分遗产。法院以黄某的遗嘱违反公序良俗为由，判决无效，既剥夺了黄某的遗嘱自由权利，也剥夺了张某接受遗赠的权利。这样的做法是不正确的。黄某因与其妻感情不和分居而与张某同居；张某对患病的黄某不离不弃，黄某心存感激，遗赠部分遗产，无论如何也不能认为是违反公序良俗。如果规定了特留份制度，只要遗赠没有侵害特留份权人的权利，就应当认定遗嘱有效。

在司法实践中，是否能够适用必留份的规定而认可特留份的难度较大。最大的问题是，《民法典》对必留份规定的适用范围限制得很严格。如果需要扩大适用，则应当作出立法解释或者司法解释才行。

第六节　遗嘱的变更、撤回、内容抵触与共同遗嘱

一、遗嘱的变更、撤回与内容抵触

对于遗嘱的变更、撤回与内容抵触，《民法典》第1142条规定："遗嘱人可以撤回、变更自己所立的遗嘱。""立遗嘱后，遗嘱人实施与遗嘱内容相反的民事法律行为的，视为对遗嘱相关内容的撤回。""立有数份遗嘱，内容相抵触的，以最后的遗嘱为准。"这一条规定与《继承法》第20条的规定相比，最大的变化是删除了"自书、代书、录音、口头遗嘱，不得撤销、变更公证遗嘱"的"公证遗嘱效力优先"规定，确立了数份遗嘱内容抵触以最后的遗嘱为准的原则，回到了传统继承法的正确轨道。

（一）遗嘱变更和遗嘱撤回

1. 遗嘱变更和遗嘱撤回的概念

遗嘱变更是指遗嘱人在遗嘱订立后对遗嘱内容的部分修改。遗嘱撤回是指遗嘱人在订立遗嘱后又通过一定的方式取消原来所立的遗嘱。

《继承法》第20条规定的是遗嘱撤销，而不是遗嘱撤回，《民法典》将其改为遗嘱撤回。这种改变是因为遗嘱是单方意思表示，在遗嘱人作出遗嘱之后，其实一直都没有生效，只能撤回。但是，撤销是在意思表示已经生效之后又否认意思表示的效力，因而不能是遗嘱撤销。

遗嘱变更与遗嘱撤回的区别，主要在于遗嘱人对原立的遗嘱内容改变的程度不同。变更仅是遗嘱人部分地改变了原设立遗嘱时的意思，是对遗嘱部分内容的撤回；而撤回是遗嘱人改变原设立遗嘱时的全部意思，是对遗嘱内容的全部变更。

遗嘱变更与遗嘱撤回，和一般民事法律行为的变更与撤回有以下不同：

第一，是否无因不同。一般民事法律行为的变更、撤回须有法定的变更或撤

回民事法律行为的事由，或者须征得对方当事人同意，否则不得变更或撤回。而遗嘱的变更或撤回是遗嘱人的自由，遗嘱人可以单方面随意、随时、随地撤回或变更原来所立的合法遗嘱，而无须问其撤回或变更遗嘱的原因。

第二，对象不同。遗嘱变更或撤回的对象为已经成立、尚未发生效力的遗嘱，而一般民事法律行为变更或撤回的对象是已经发生法律效力的行为。

第三，能否代理不同。遗嘱是必须由遗嘱人亲自实施的行为，同理，遗嘱的变更或撤回也必须由遗嘱人亲自实施，不得由他人代理。而一般民事法律行为的变更或撤回、撤销，除了行为人本人，其代理人或继承人也可以代理行使。

第四，行使的时间不同。遗嘱变更或遗嘱撤回没有时间限制，在遗嘱人生存期间，可以随时、随地变更或撤回遗嘱。而一般民事法律行为的变更或撤回、撤销，只有在具备法定事由时才能实施，而且撤销权为形成权，受到除斥期间的限制。

2. 遗嘱变更和遗嘱撤回的要件

遗嘱人虽然可以在遗嘱设立后的任一时间、以任一理由变更或撤回遗嘱，但是，撤回或变更遗嘱也须具备一定的条件，才能发生遗嘱变更或撤回的法律效力。

（1）遗嘱人须有遗嘱能力

只有具有遗嘱能力的人才能订立遗嘱，而对遗嘱的变更或撤回等于重新订立遗嘱，因此，遗嘱人只有在具有遗嘱能力的情形下，才可以变更或撤回遗嘱。若遗嘱人于设立遗嘱后丧失遗嘱能力，则在其遗嘱能力恢复前对遗嘱所作出的变更或撤回不产生法律效力，原来的遗嘱仍有效。

（2）须为遗嘱人的真实意思表示

订立遗嘱须为遗嘱人的真实意思表示，遗嘱变更、撤回亦须为遗嘱人的真实意思表示。伪造遗嘱的变更和撤回不为遗嘱人的意思表示，不能发生遗嘱变更和撤回的法律效力。遗嘱人因受胁迫、受欺诈而变更、撤回遗嘱的，不发生遗嘱变更、撤回的法律后果，原遗嘱仍有效，利害关系人可以主张撤回遗嘱人的遗嘱变更和撤回的意思表示。

第六节 遗嘱的变更、撤回、内容抵触与共同遗嘱

(3) 须由遗嘱人亲自依法定的方式和程序为之

遗嘱的订立须遗嘱人亲自进行，对原遗嘱的变更、撤回，也须由遗嘱人亲自依法定的方式和程序为之。遗嘱变更、撤回同样不适用代理，只能由遗嘱人亲自为之。遗嘱是一种要式法律行为，遗嘱变更或撤回必须采用一定的方式。

3. 遗嘱变更、撤回的方式

遗嘱变更、撤回的方式有两种，即明示方式或者推定方式。

遗嘱变更、撤回的明示方式，是指遗嘱人以明确的意思表示变更、撤回遗嘱。遗嘱人依明示方式变更、撤回遗嘱的，须依照法律规定的设立遗嘱的方式作出。不具备遗嘱法定形式的变更、撤回遗嘱的意思表示，不能发生遗嘱变更、撤回的法律效力。变更、撤回遗嘱的形式不要求比遗嘱设立时采用的形式更严格。

遗嘱变更、撤回的推定方式，是指遗嘱人虽然未以明确的意思表示变更、撤回所设立的遗嘱，但是，法律根据遗嘱人的行为推定遗嘱人变更、撤回了遗嘱。法律的这种推定，不允许当事人以反证推翻。

推定遗嘱人变更、撤回遗嘱的情形主要有以下几种：

第一，遗嘱人立有数份遗嘱，且内容相抵触的，推定变更、撤回遗嘱。遗嘱人立有内容相抵触的数份遗嘱，当然应当推定最后一份遗嘱变更、撤回了前一份遗嘱。

第二，遗嘱人生前的行为与遗嘱的内容相抵触的，推定遗嘱变更、撤销。遗嘱人生前的行为，是指遗嘱人生前对自己财产的处分行为。遗嘱人生前的行为与遗嘱的意思表示相反，而使遗嘱处分的财产在继承开始前灭失、部分灭失或所有权转移、部分转移的，遗嘱视为被撤回或部分被撤回。例如，遗嘱人在遗嘱中指定某财物由某继承人继承或者赠与某人，而其后遗嘱人自己将该财物出卖或赠送给他人。遗嘱中有关处分该财物的内容视为被变更和撤回。

第三，遗嘱人故意销毁、涂销遗嘱的，推定遗嘱人撤回原遗嘱。例如，遗嘱人在立遗嘱后并未另立遗嘱撤回原遗嘱，而只是自己将原遗嘱毁坏，这表示遗嘱人废除了自己原立的遗嘱。遗嘱不是由遗嘱人自己销毁而是由他人毁坏的，不能

视为遗嘱人撤回遗嘱；遗嘱因意外的原因损毁、丢失而遗嘱人又不知道的，也不能推定遗嘱人撤回遗嘱。

4. 遗嘱变更、撤回的效力

遗嘱变更或撤回只要符合变更或撤回的条件，自作出之时即发生效力。遗嘱变更或撤回的效力，就在于使被变更或撤回的遗嘱内容不产生法律效力。

遗嘱变更的，自变更生效时起，以变更后的遗嘱内容为遗嘱人的真实意思表示，应以变更后的遗嘱确定遗嘱的有效、无效，依变更后的遗嘱执行。即使变更后的遗嘱内容无效而原遗嘱内容有效的，也应按变更后的遗嘱内容确认遗嘱无效。

遗嘱撤回的，自撤回生效时起，被撤回的原遗嘱作废，以新设立的遗嘱为遗嘱人处分自己财产的真实意思表示，以新设立的遗嘱确定遗嘱的效力和执行。遗嘱撤回后遗嘱人未设立新遗嘱的，视为被继承人未立遗嘱。

（二）数份遗嘱的内容抵触

遗嘱人设立数份遗嘱，内容相抵触的，应当视为以后设立的遗嘱取代或者变更了原设立的遗嘱。因此，遗嘱人设立数份遗嘱内容相抵触的，应当以最后设立的遗嘱为准，即"遗嘱设立在后效力优先"原则。

《继承法》第20条第3款规定："自书、代书、录音、口头遗嘱，不得撤销、变更公证遗嘱。"这一规定，要求在数份遗嘱内容相互抵触时，确定哪一份遗嘱具有效力，是以遗嘱的形式作为标准，即在所有的遗嘱方式中，只有公证遗嘱具有最高的效力，任何与公证遗嘱的内容相冲突的遗嘱，都不具有真实性，只有公证遗嘱才具有最高的效力。

应当看到的是，在各种不同的遗嘱类型之间，并不存在法律效力高低的问题，但由于《继承法》第20条第3款规定了"自书、代书、录音、口头遗嘱，不得撤销、变更公证遗嘱"的内容，就出现了自书遗嘱等遗嘱与公证遗嘱之间的效力冲突问题。

在《继承法》第20条第3款作出上述规定之后，《最高人民法院关于贯彻执行〈中华人民共和国继承法〉若干问题的意见》第42条规定："遗嘱人以不同形

第六节 遗嘱的变更、撤回、内容抵触与共同遗嘱

式立有数份内容相抵触的遗嘱,其中有公证遗嘱的,以最后所立公证遗嘱为准;没有公证遗嘱的,以最后所立的遗嘱为准。"在所有的遗嘱类型中,公证遗嘱具有最高的效力,任何其他类型的遗嘱(包括自书遗嘱)都不得与公证遗嘱相对抗。这一公证遗嘱效力优先原则的立法例,在世界各国和地区的继承法中较罕见。确立公证遗嘱效力优先原则的理由是,公证遗嘱是方式最严格的遗嘱,较之其他遗嘱类型更能保障遗嘱人意思表示的真实性。因此,在当事人发生继承纠纷时,公证遗嘱是证明遗嘱人处分财产意思表示的最有力和最可靠的证据。[①]

学者的基本意见都是反对公证遗嘱效力优先原则的,只有公证机构的代表以及部分法官坚持不可以改变公证遗嘱效力优先原则的意见。上述学者的观点尽管是比较普遍的意见,但相关文章比较少。杨成良撰写的《公证遗嘱效力优先性质疑》一文,认为公证遗嘱的效力优先性存在着诸多弊端,既与遗嘱继承之立法目的不相符合,违背了遗嘱自由原则,又限制了遗嘱人的遗嘱撤销权,不利于当事人合法权益的保护,因此,在继承立法中应予修改。[②] 这样的意见是正确的。

观察《继承法》和司法解释的有关具体内容,可以看到,《继承法》第 20 条第 3 款并没有说明公证遗嘱效力优先,而仅仅说自书、代书、录音、口头遗嘱,不得撤销、变更公证遗嘱,是间接承认公证遗嘱效力优先原则。《最高人民法院关于贯彻执行〈中华人民共和国继承法〉若干问题的意见》第 42 条在此基础上,则直接确立了公证遗嘱效力优先原则,表现是,遗嘱人以不同形式立有数份内容相抵触的遗嘱,其中有公证遗嘱的,以最后所立公证遗嘱为准。

公证遗嘱效力优先原则为我国所独创。其他国家和地区的继承立法都明确规定,遗嘱人立有数份遗嘱且内容抵触的,以最后所立遗嘱的效力为准。这一原则的弊病是:第一,当事人设立公证遗嘱并不是为了使其效力最优,因为《公证法》规定,公证的效力主要在于便于证明遗嘱的真实性,而不是使其具有最优的效力。第二,确立公证遗嘱效力优先原则,严重地限制了遗嘱自由原则,撤回、

[①] 参见房绍坤等:《婚姻家庭与继承法》,中国人民大学出版社 2007 年版,第 323 页。
[②] 参见杨成良:《公证遗嘱效力优先性质疑》,载《西安电子科技大学学报(社会科学版)》2002 年第 2 期。

变更遗嘱的真实意思表示不能迅速得到实现；一旦立有公证遗嘱的遗嘱人在紧急情况下欲撤回或者变更遗嘱内容，不能及时实现，就会使遗嘱人的真实意思表示因前一公证遗嘱来不及修正而不能实现。第三，公证遗嘱效力优先原则大大增加遗嘱人设立遗嘱的成本：一旦设立公证遗嘱，就必须再设立公证遗嘱对前一个公证遗嘱进行变更或者撤回；进行过一次遗嘱公证，就必须次次进行公证，否则就没有遗嘱效力，这是极不合理的规则。第四，公证遗嘱效力优先原则限制了遗嘱人的遗嘱撤回权。《继承法》第 20 条第 1 款规定了遗嘱人的遗嘱撤销权，该条第 2 款明确规定了遗嘱效力的基本原则是"立有数份遗嘱，内容相抵触的，以最后的遗嘱为准"，这本来是正确的规定，但该条第 3 款又规定其他遗嘱类型"不得撤销、变更公证遗嘱"，对遗嘱人的遗嘱撤回权进行不当限制，且与数份遗嘱效力的一般原则相冲突，是一个自相矛盾的条文。

当一个遗嘱人设立数份遗嘱，这些遗嘱的内容发生相互抵触时，究竟哪一份遗嘱最能够代表遗嘱人的真实意思呢？当然是离遗嘱人死亡的时间最近的遗嘱，是其真实意思表示。因此，各国民法典对此通常的规则就是"遗嘱时间在后效力优先原则"。例如，《德国民法典》第 2258 条规定："1. 前后遗嘱发生抵触者，其抵触部分，前遗嘱视为废弃。2. 后遗嘱经撤回者，于有疑义时，前遗嘱视为未废弃，仍发生效力。"《韩国民法典》第 1109 条规定："遗嘱的前后相抵触，或立遗嘱后所为的生前行为与遗嘱相抵触时，视为撤回被抵触部分的前遗嘱。"《日本民法典》第 1023 条规定："前遗嘱与后遗嘱抵触时就其抵触部分，视为以后遗嘱撤回前遗嘱。"

在编纂《民法典》时，立法机关纠正《继承法》第 20 条第 3 款规定的错误，确立了"立有数份遗嘱，内容相抵触的，以最后的遗嘱为准"的原则，改变了《继承法》第 20 条规定的公证遗嘱效力优先原则，是正确的立法选择。1985 年制定《继承法》，刚刚开始恢复法治建设，司法行政部门以及法律专业服务机构都刚刚设立，立法规定公证遗嘱效力优先，也是为公证机构开展工作提供支持。但是，规定公证遗嘱具有对抗其他一切遗嘱的效力，过于绝对化，特别是在被继承人设立了公证遗嘱之后，没有能力或者条件通过公证再立遗嘱撤销、变更公证

第六节 遗嘱的变更、撤回、内容抵触与共同遗嘱

遗嘱的时候，问题更为严重，等于剥夺了遗嘱自由的权利。

在编纂《民法典》时，顺利解决了这个问题，几乎没有反对意见，明确规定遗嘱人可以撤回、变更自己所立的遗嘱。被继承人所立多种形式的遗嘱内容相互抵触的，应当尊重遗嘱人的真实意思表示，以最后所立的遗嘱为准。

（三）适用遗嘱变更、撤回以及内容抵触规则的注意事项

在适用《民法典》第1142条的规定时，应当注意以下两个问题。

第一，遗嘱人撤回的意思表示再次被撤回时，原先被撤回的遗嘱是否恢复其效力。对此，各国规定的立法例有三种：一是原先被撤回的遗嘱恢复其效力；二是原先被撤回的遗嘱不恢复其效力；三是原先的遗嘱限制恢复效力，即只有在撤回遗嘱的行为是由于被欺诈、被胁迫造成的，才恢复其效力。《民法典》对此没有明文规定。上述第三种立法例比较符合情理、符合实际。因为遗嘱人在被欺诈、胁迫的情形下撤回原先的遗嘱，这种撤回不符合遗嘱人的本意，不是遗嘱人的真实意思，在该撤回原先遗嘱的行为被撤回时，应当恢复原先遗嘱的效力。不过，不是被欺诈、被胁迫撤回原先遗嘱的，即使后来遗嘱人又撤回了撤回原先遗嘱的行为，该再次撤回也未必与原先的遗嘱意思表示相符，因此不能恢复原先遗嘱的效力。

第二，要特别注意《民法典》第1142条对数份遗嘱内容相抵触效力规则的变更。在实践中，凡是一个遗嘱人订立了数份遗嘱且内容相抵触的，应当适用该条第3款规定的规则，认定最后的遗嘱具有优先效力，确认该遗嘱的效力。

二、共同遗嘱

（一）共同遗嘱的概念

《民法典》没有规定共同遗嘱，主要原因是社会生活中设立夫妻共同遗嘱的不多，且专家的意见不一致。实际上，在社会生活中，夫妻设立共同遗嘱的比较常见，是应当进行规范的。

共同遗嘱又称为合立遗嘱，是指两个或两个以上的遗嘱人共同订立一份同时

处分共同遗嘱人的各自或共同财产的遗嘱。共同遗嘱以夫妻双方合立的夫妻共同遗嘱为常见。

在《继承法》施行前，在现实生活中存在共同遗嘱，司法实践一般也承认共同遗嘱的效力。《继承法》未对共同遗嘱作出规定，《民法典》也没有采纳认可共同遗嘱的立法建议。

（二）共同遗嘱的类型

共同遗嘱分为三种类型。

1. 单纯的共同遗嘱

单纯的共同遗嘱，是指将两个以上的内容各自独立的遗嘱记载于同一遗嘱文书上。这种共同遗嘱具有形式上的同一性，内容上的独立性，各遗嘱人撤回或变更其遗嘱不影响他人遗嘱的效力。

2. 相互的共同遗嘱

相互的共同遗嘱是共同设立遗嘱者在同一遗嘱中互相指定对方为遗产的继承人或者受遗赠人，也就是遗嘱的遗嘱人互以对方为继承人或受遗赠人。

3. 相关的共同遗嘱

相关的共同遗嘱的遗嘱人互相以对方的遗嘱内容为前提条件，一方指定其遗产为某人继承是以另一方的遗产也由该人继承为条件的。在一方撤回遗嘱时，另一方的指定也就当然失去效力；一方的遗嘱内容执行的，另一方的遗嘱内容也须执行。[①]

（三）共同遗嘱的特征

共同遗嘱既具有遗嘱的一般特征，又有不同于一般遗嘱的特点。共同遗嘱的特殊之处是：

1. 共同遗嘱是一种共同行为

共同行为是指两人以上的有同一内容、同一目的的并行的意思表示一致的行为。共同行为属于双方或多方的法律行为，但与一般的双方或多方法律行为不同，因为共同行为各方的目的具有一致性。共同遗嘱既为双方或多方的法律行

[①] 参见陈棋炎、黄宗乐、郭振恭：《民法继承新论》，三民书局2002年版，第308页。

为，就须共同遗嘱人有着一致的意思表示，各方不能就遗嘱的内容达到一致同意的，共同遗嘱也就不能成立。而在一般遗嘱中，只要有遗嘱人一人单独的意思表示就可以成立。①

2. 共同遗嘱的遗嘱内容相互制约

在一般遗嘱中，遗嘱的内容完全是由遗嘱人一人决定的，在内容上不存在相互制约的问题。但在共同遗嘱中，尽管共同遗嘱人的意思表示有同一的目的，但毕竟须双方意思表示一致才能成立共同遗嘱。因此，在共同遗嘱中遗嘱人处分其个人财产的意愿受他方意思的制约。而且在共同遗嘱中遗嘱人的意思表示往往具有关联性，一方的意思表示是与另一方的意思表示互为条件的。有学者认为，处分的相关性或关联性就是共同遗嘱的本质特征。② 于遗嘱设立后夫妻关系恶化，其中一方撤回遗嘱，另一方尽管未撤回，遗嘱的内容也应当然地失去法律效力。

3. 共同遗嘱的生效时间与一般遗嘱不同

遗嘱发生效力的时间自被继承人死亡后开始。一般遗嘱只要遗嘱人死亡，则遗嘱人所立的遗嘱整个发生效力。但在共同遗嘱中，共同遗嘱人一般不会同时死亡。在共同遗嘱人中的一人死亡时，还不能使整个共同遗嘱发生效力，仅仅遗嘱中涉及该死亡遗嘱人遗产的内容发生法律效力，而涉及未死亡的遗嘱人遗产的遗嘱内容不能发生法律效力。只有在共同遗嘱人全部死亡的情况下，共同遗嘱才能全部生效。因此，对共同遗嘱效力的认定，应当以各个遗嘱人死亡的时间具体确定。

（四）共同遗嘱的效力

关于共同遗嘱的效力，域外法对共同遗嘱的态度不同。一是禁止共同遗嘱，否认共同遗嘱的效力。如《日本民法典》第975条规定："遗嘱不得由两人以上者以同一证书订立。"《智利共和国民法典》第1003条规定："两人或者更多的人在同一时间订立的遗嘱所包含的处分，不论是为订立人的相互利益，还是为第三

---

① 参见郭明瑞等：《继承法》（第2版），法律出版社2004年版，第168-169页。
② 参见王毅纯：《共同遗嘱的效力认定与制度构造》，载《四川大学学报》2018年第1期，第176页。

人的利益，均告无效。"二是承认共同遗嘱，如《德国民法典》第2265条规定："共同遗嘱仅得由配偶双方订立。"三是对共同遗嘱不置可否，既不承认也不否认共同遗嘱的效力。《民法典》的规定属于第三种立法例。

我国在学说上对共同遗嘱的效力存在三种见解。一是肯定说，认为我国继承法对于共同遗嘱没有作出规定，这是出于我国立法宜粗不宜细的原则考虑的。共同遗嘱在我国法律上没有明文禁止，只要与继承法的精神不相抵触的，可以在审判实践中承认其效力。[1] 二是有限制的肯定说。该说主张应当承认夫妻共同遗嘱，但对其他共同遗嘱不能承认。[2] 三是反对承认共同遗嘱，认为我国继承法对共同遗嘱不作规定，这说明了我国继承法不承认共同遗嘱这种形式。[3] 这些意见对解释《民法典》的规定也是准确的。

对共同遗嘱应当采取实事求是的态度。事实上，夫妻之间订立共同遗嘱比较常见。如果采取完全不承认主义，对于这些人的遗嘱就不会承认它的效力，他们自主处分自己遗产的意志就没有受到保护。同时，我国民事习惯尊重这种遗嘱的形式，法律对习惯认可的遗嘱形式完全采取不承认主义，也有悖于广大人民群众的意志。因此，应当有条件地承认共同遗嘱的效力，即对于夫妻之间的共同遗嘱承认其效力，对其他共同遗嘱不予承认。

应当考虑的具体规则是：两个以上的被继承人不得订立同一遗嘱。但夫妻双方订立同一遗嘱，符合法律关于遗嘱有效条件要求的，应当认定为有效。夫妻可以互相指定对方为继承人，可以作出效力上相关联的遗产处分。夫妻可以共同指定遗嘱继承人或受遗赠人。若无相反内容，共同遗嘱在夫妻一方生存时对遗嘱继承人和受遗赠人不发生法律效力。共同遗嘱的撤回适用合同解除的规定。在夫妻一方死亡后，共同遗嘱不得撤回。

---

[1] 参见刘文：《继承法比较研究》，中国人民公安大学出版社2004年版，第233-235页。
[2] 参见刘春茂主编：《中国民法学·财产继承》，中国人民公安大学出版社1990年版，第384-385页；王毅纯：《共同遗嘱的效力认定与制度构造》，载《四川大学学报》2018年第1期，第183页；汪洋：《民法典时代共同遗嘱的理论构造》，载《法商研究》2020年第6期，第47页。
[3] 参见刘素萍主编：《继承法》，中国人民大学出版社1988年版，第262-263页。

第七节 遗嘱的效力

《民法典》第1143条规定:"无民事行为能力人或者限制民事行为能力人所立的遗嘱无效。""遗嘱必须表示遗嘱人的真实意思,受欺诈、胁迫所立的遗嘱无效。""伪造的遗嘱无效。""遗嘱被篡改的,篡改的内容无效。"这是对遗嘱无效的规定,与《继承法》第22条规定相比较,只是把原来的"受胁迫、欺骗"改为"受欺诈、胁迫",文字表述与《民法典》的其他用语相一致。结合这一规定,本节研究遗嘱效力的规则和法理。

一、遗嘱效力的概念

遗嘱的效力,是指遗嘱人设立的遗嘱所产生的法律后果。

遗嘱作为一种单方民事法律行为,只要有遗嘱人单独的意思表示就可以成立。但是,已经成立的遗嘱只有具备法律规定的条件才能发生法律效力;不具备法律规定条件的遗嘱,不发生法律效力。

对遗嘱效力的判断,既应当从遗嘱的形式方面进行判断,也应当从遗嘱的实质内容方面进行判断。遗嘱人如果订立的遗嘱不符合法定的形式,则该遗嘱就是无效的。在内容方面,应当从遗嘱人是否具有遗嘱能力、遗嘱是否遗嘱人的真实意思表示、遗嘱中指定财产是否可以为遗嘱人处分、遗嘱中指定的继承人或受遗赠人是否生存等诸多方面加以判断。只有对有关的要素进行准确判明,才能对遗嘱的效力作出认定。

遗嘱效力判断的基准点是遗嘱人死亡时。因为遗嘱人订立遗嘱后,虽然遗嘱基于遗嘱人的意思表示真实,而且符合有关的要件而成立,但遗嘱的最终生效还是取决于遗嘱人的死亡,只有遗嘱人死亡时遗嘱才能发生法律效力。自遗嘱设立之时起至遗嘱人死亡止这段时间,遗嘱并不发生法律效力,只会发生遗嘱的变更

或撤回，不能发生遗嘱执行问题，继承人以及其他人既无权要求知道遗嘱的内容，也不得要求执行遗嘱。

根据遗嘱订立后的具体情形，遗嘱的效力可以划分为遗嘱有效、遗嘱无效、遗嘱不生效。

二、遗嘱有效

遗嘱有效是指遗嘱符合法律规定的要素，能够发生遗嘱人预期的法律后果，有关当事人可以请求执行该遗嘱。

遗嘱有效须具备以下条件。

1. 遗嘱人有遗嘱能力

这是遗嘱有效的前提条件。只有完全民事行为能力人才有遗嘱能力，才可以订立遗嘱。无民事行为能力人、限制民事行为能力人不具有遗嘱能力，不得订立遗嘱，即使订立遗嘱，也属无效遗嘱。《民法典》有关遗嘱能力的规定，是从订立遗嘱的角度作出的。

只有具有遗嘱能力的人才有设立遗嘱的资格，具有完全民事行为能力即具有遗嘱能力，而无民事行为能力与限制民事行为能力为无遗嘱能力。所以，《民法典》第1143条第1款规定，无民事行为能力人或者限制民事行为能力人所立的遗嘱无效。

2. 遗嘱是遗嘱人的真实意思表示

遗嘱是遗嘱人对自己身后财产的处分，因而遗嘱只有是遗嘱人的真实意思表示的方为有效，被欺诈、被胁迫所订立的遗嘱都属无效遗嘱。

遗嘱是否为遗嘱人的真实意思，原则上以遗嘱人最后于遗嘱中所作出的意思表示为准。

3. 遗嘱的内容合法

遗嘱是一种民事法律行为，内容必须合法方为有效。如果遗嘱的内容违法或者违反公序良俗，都将无效，不得执行。例如，遗嘱人在遗嘱中指定继承人继承

某物，在立遗嘱时该物并不为遗嘱人所有，因遗嘱人处分了他人的财产，遗嘱的该部分内容不合法，但是，如果其后于被继承人死亡前被继承人取得了该物的所有权，于继承开始时，遗嘱人所立的遗嘱就合法。遗嘱的内容是否合法，应以被继承人死亡时为准。

4. 遗嘱的形式符合法律规定的形式要求

遗嘱是要式法律行为，必须符合法律规定的形式，如果不符合法律规定的形式，则属无效遗嘱。对此，《民法典》第1134条至第1139条规定了各种类型遗嘱的形式要件，应当按照这些规定确定遗嘱的形式要件是否具备。遗嘱如果在形式上有欠缺，则因不符合遗嘱的形式要件要求而无效。

5. 遗嘱人死亡

遗嘱是死因行为，只有遗嘱人死亡才能发生法律效力。即使遗嘱具备了法定的形式和内容，遗嘱人尚生存的，遗嘱也不发生法律效力。

符合上述要件时，遗嘱发生法律效力，可以按照遗嘱处置被继承人的遗产，实现遗嘱人支配其遗产的意思表示。

三、遗嘱无效和遗嘱不生效

（一）遗嘱无效

1. 遗嘱无效的法定理由

遗嘱无效，是指遗嘱因不符合法律规定而不能发生法律效力。

遗嘱无效也就是遗嘱人在遗嘱中处分其财产的意思表示无效，也就不能依照遗嘱处置被继承人的遗产，遗嘱人在遗嘱中的意思表示不能实现，不能发生遗嘱人所预期的法律后果。

按照《民法典》第1143条的规定，遗嘱无效主要有以下几种情况。

（1）无遗嘱能力人设立的遗嘱

无民事行为能力人、限制民事行为能力人属于无遗嘱能力人，不具有以遗嘱处分其财产的资格，因此，无民事行为能力人、限制民事行为能力人所立的遗嘱无效。

完全民事行为能力人于设立遗嘱后被宣告为无民事行为能力人或限制民事行为能力人的，其原设立的遗嘱仍可有效；但其于民事行为能力变动以后对原设立遗嘱变更或撤回的，遗嘱的变更或撤回无效。

(2) 受欺诈、胁迫设立的遗嘱

遗嘱必须是遗嘱人的真实意思表示，遗嘱人因受欺诈、胁迫所立的遗嘱，不是遗嘱人的真实意思表示，欠缺遗嘱的合法要件而无效。

受欺诈所立的遗嘱，是指遗嘱人因受他人故意的、歪曲的、虚假的行为或者言词的错误导向而产生错误的认识，作出了与自己的真实意愿不相符合的遗嘱。

受胁迫所立的遗嘱是指遗嘱人受到他人非法威胁、要挟，为避免自己或亲人的财产或生命健康遭受侵害，违心地作出与自己真实意思相悖的遗嘱。

欺诈、胁迫遗嘱人的人，既可以是继承人，也可以是继承人以外的人；既可以是因遗嘱人受欺诈、胁迫所立的遗嘱而得到利益的人，也可以是不会从遗嘱人的遗嘱中得到任何利益的人。

欺诈和胁迫行为都是故意的，行为人不是故意而只是因其向遗嘱人提供了不正确的情况而导致遗嘱人改变处分财产意思的，不能构成欺诈行为。

《民法典》第1143条第2款规定，受欺诈、胁迫订立的遗嘱当然无效，任何人都可以请求确认无效。应当区别的是，《民法典》总则编将受欺诈和胁迫实施的民事法律行为都规定为可撤销的民事法律行为，因而与本条规定的后果不同。应当看到，《民法典》第1143条规定是特别法，《民法典》总则编关于受欺诈、胁迫实施的民事法律行为效力的规定是一般法，依照特别法优先于一般法的法律适用原则，对受欺诈和胁迫订立的遗嘱的效力认定，不应当适用《民法典》总则编关于受胁迫、欺诈实施的民事法律行为效力的一般规则，况且遗嘱是单方民事法律行为，遗嘱人可以随时撤回或者变更遗嘱，因此，对于遗嘱的效力问题，通常都是在遗嘱人死亡后发生争议，只能确定该遗嘱是有效还是无效，不存在撤销的问题。只要对遗嘱主张无效的当事人完成了证明遗嘱是遗嘱人因受胁迫、欺诈所设立的举证责任，证明成立的，就可以宣告遗嘱无效，否则该遗嘱就是有效的。

（3）伪造遗嘱

伪造遗嘱就是假遗嘱，是指以被继承人的名义设立，但根本不是被继承人意思表示的遗嘱。制造假遗嘱的人，一般是出于为自己或亲属取得财产，或者不因遗嘱人的处分而失去取得财产机会的目的，但是，伪造遗嘱者的动机和目的并不是伪造遗嘱的构成要件。只要不是遗嘱人的意思表示而名义上是遗嘱人的遗嘱，都属于伪造遗嘱。伪造遗嘱因为根本就不是被继承人的意思表示，所以，不论遗嘱的内容如何，也不论遗嘱是否损害了继承人的利益，都当然无效。主张遗嘱无效的当事人只需证明遗嘱并不是遗嘱人的意思表示即可。

（4）被篡改的遗嘱内容

被篡改的遗嘱内容，是指遗嘱人以外的其他人擅自对遗嘱的部分内容作出了更改，例如对遗嘱的修改、删节、补充等。篡改只能是遗嘱人以外的人对遗嘱人所立的遗嘱的更改，如果是遗嘱人自己对遗嘱进行修改、删节、补充，则属于遗嘱人对遗嘱的变更。被篡改的遗嘱，经篡改的内容已经不再是遗嘱人的意思表示，而是篡改人的意思表示，不再符合遗嘱的法定要件，不能发生遗嘱的效力，应为无效。遗嘱不能因被篡改而全部无效，遗嘱中未被篡改的内容仍然是遗嘱人的真实意思表示，仍然有效。

篡改遗嘱与伪造遗嘱，虽然在法律效果上都是无效，但表现不同。伪造的遗嘱不是遗嘱人的意思表示，无所谓篡改。篡改只能是对遗嘱的部分内容的更改。如果是对遗嘱的全部内容更改，则为伪造遗嘱。

2. 其他遗嘱无效的理由

《民法典》对遗嘱无效规定的情形不足，遗嘱无效还有以下三种情形。

（1）遗嘱中处分不属于遗嘱人自己财产部分的内容

遗嘱人以遗嘱处分了属于国家、集体或他人所有的财产，遗嘱的这部分应认定无效。不过，由于遗嘱在遗嘱人死亡后才生效，如果遗嘱人通过遗嘱处分他人的财产，在遗嘱人死亡时已经被遗嘱人取得，则应当视为有效。遗嘱中处分不属于遗嘱人自己的财产，仅仅是该有关不属于遗嘱人自己财产的部分无效，其他部分应当有效。

(2) 遗嘱非法处分必留份

《民法典》确认的必留份，是不能自由处分的。遗嘱人在遗嘱中处分必留份的，该部分遗嘱内容无效。遗嘱人在遗嘱中未为缺乏劳动能力又没有生活来源的继承人保留必要份额的，也称为违反保留"必要的遗产份额"的规定，即违法处分必留份，对于遗嘱涉及的这一部分遗产的处置，采用的办法就是认定其无效，不属于必留份部分的遗产处分内容，不受这种无效认定的影响。

(3) 代理遗嘱无效

由于代理订立遗嘱违反《民法典》的强制性规定，由他人代理订立的遗嘱无效。虽然代理订立遗嘱与伪造遗嘱在法律效果上都是无效，但是却存在不同，代理订立遗嘱是经被继承人同意的，而伪造遗嘱是假借被继承人的名义订立的。代理订立遗嘱符合代书遗嘱的形式要件要求的，代书遗嘱有效。

(二) 遗嘱不生效

《民法典》对遗嘱不生效的情形没有规定，应当补充规定，在实践中也应当以此作出判断。

遗嘱不生效，是指遗嘱虽然合法成立，但由于某种客观原因的发生，遗嘱人死亡时该遗嘱不发生法律效力。遗嘱不生效也称为遗嘱失效[①]，无论何种原因，只要遗嘱不生效，就不能执行遗嘱，遗嘱人的意思表示就无法实现。

遗嘱不生效与遗嘱无效都不发生法律效力，两者所涉及的遗产都应当按法定继承处理。但是，二者的根本区别在于：遗嘱不生效并非因遗嘱违法，该遗嘱的有关要件合法，只是由于某些客观原因致使该遗嘱不发生效力，不得依据该遗嘱进行处分，而遗嘱无效是因遗嘱不符合法律规定的条件而不能发生效力。

遗嘱不生效的情形包括以下五种。

1. 遗嘱所指定的遗嘱继承人或受遗赠人已经先于遗嘱人死亡

遗嘱所指定的遗嘱继承人或受遗赠人须在继承或遗赠开始时生存，才能根据遗嘱获得遗产。遗嘱所指定的遗嘱继承人或受遗赠人已经先于遗嘱人死亡的，遗嘱就不能发生法律效力，涉及遗嘱处分的财产按照法定继承处理。

---

① 参见张玉敏：《继承法律制度研究》，法律出版社1999年版，第266页。

2.遗嘱继承人或受遗赠人已经丧失继承权或受遗赠权

具有丧失继承权的法定事由,虽然遗嘱继承人由遗嘱指定,但是遗嘱继承人也丧失遗嘱继承权,遗嘱继承人也就丧失根据遗嘱继承遗产的资格,因此遗嘱不生效。

3.遗嘱人死亡时遗嘱中处分的财产标的已不复存在

遗嘱是遗嘱人对自己财产的身后处分,如果遗嘱处分的财产标的已不复存在,则该遗嘱将事实上不能执行。对此,应当区分遗嘱处分财产标的的具体情况进行分析。如果是被继承人将遗嘱所处分的标的物毁损、转让,应认为遗嘱人以自己的行为撤回遗嘱,不应将其归于遗嘱不生效的情况。[①] 但是,如果该财产系因其他原因而不复存在,比如不可抗力、意外事件等,则涉及该财产处分的遗嘱内容不发生效力。

4.附解除条件的遗嘱在遗嘱人死亡之前或之时条件成就

虽然遗嘱继承不得附停止条件,但可以根据遗嘱人的意思附解除条件。在遗嘱人死亡之前或之时,遗嘱所附的解除条件成就的,由于遗嘱尚未生效,而解除条件业已发生,因此遗嘱不生效。

5.附停止条件的遗赠受遗赠人于条件成就前死亡

遗赠可以附停止条件,在遗嘱人死亡后所附的停止条件成就的,受遗赠人可以获得遗赠物。受遗赠人在条件成就前死亡的,该遗嘱不生效。

第八节 遗嘱的执行概述

一、遗嘱的执行和遗嘱执行人

(一)遗嘱的执行

遗嘱的执行,是指于遗嘱生效后为实现遗嘱的内容所必要的行为及程序。[②]

[①] 参见张玉敏:《继承法律制度研究》,法律出版社1999年版,第266页。
[②] 参见郭明瑞等:《继承法》(第2版),法律出版社2004年版,第164页。

一般民事法律行为在生效后有履行问题。而遗嘱生效后,由于遗嘱人已经死亡,不存在遗嘱人自己履行的可能,因而发生遗嘱的执行问题。执行遗嘱的目的是实现遗嘱人在遗嘱中所表述的意思表示。但遗嘱内容中的各项事项并非均须通过遗嘱的执行才能实现。

遗嘱的内容可以分为两部分:一部分以积极的事项为内容,如对遗产的分割、遗赠等;另一部分以消极的事项为内容,如对某继承人不得继承的意思表示、对受遗赠人债务的免除等。

对于以消极事项为内容的行为,于遗嘱生效后自然发生效力而不需执行。但对于一些以积极事项为内容的行为,必须通过积极的执行行为方能实现。

因此,遗嘱的执行不仅对实现遗嘱人的意志具有决定性的意义,而且对于保护遗嘱继承人、受遗赠人及其他利害关系人的利益关系重大。

(二) 遗嘱执行人

由于遗嘱的执行是有关的行为及程序,具体的事项为遗嘱执行人所从事,因而,遗嘱执行须设遗嘱执行人。遗嘱执行人是指有权使遗嘱人订立的遗嘱内容得到实现的人。

罗马法上的遗嘱执行人,原则上为承继遗嘱人人格的继承人,只是在例外情形下依死后委任的方法,对于继承人以外的人,使其执行遗嘱内容。现代法上的遗嘱执行人制度中尚不存在这种制度。[①] 现代法中的遗嘱执行人制度发源于日耳曼法上的中介受托人,即被财产所有人指定以自己的名义进行遗产管理和处分的人,后来发展为德国、法国、瑞士、日本等国的遗嘱执行人制度。

《民法典》对遗嘱执行人的法律地位只是在第1145条规定遗嘱执行人可以作为遗产管理人,其他均未作明确规定。应当规定的是,遗嘱执行人是指有权使遗嘱人订立的遗嘱内容得到实现的人,其法律地位是独立的,既不是遗嘱人的代理人,也不是继承人的代理人,须以善良管理人的注意义务,按照遗嘱的内容实施行为。只有具有执行遗嘱所必须具备的能力的人,即完全民事行为能力人,才可以成为遗嘱执行人。法定继承人可以作为遗嘱执行人;如果遗嘱人指定法人、非

[①] 参见史尚宽:《继承法论》,中国政法大学出版社2000年版,第564页。

法人组织为遗嘱执行人，应当尊重遗嘱人的意志。

二、遗嘱执行人的法律地位

（一）有关遗嘱执行人法律地位的不同见解

关于遗嘱执行人的法律地位有不同的观点，分为代理权说与固有权说。

1. 代理权说

代理权说认为，遗嘱执行人在遗嘱继承关系中处于代理人的地位。代理权说主要有遗嘱人的代理说、继承人的代理说与遗产代理说三种不同观点。

一是遗嘱人的代理说认为，遗嘱执行人为遗嘱人的代理人或代表人，遗嘱执行人须依遗嘱人的意思为忠实的执行。遗嘱人的代理说具有不足之处，无异于承认死人有人格。[①]

二是继承人的代理说认为，遗嘱执行人为继承人的代理人，是代理继承人实施行为的。理由是，遗嘱人的权利能力因死亡而消灭，已不能委托代理人为法律行为。由于遗嘱的执行主要以遗产为标的，而遗产因继承的开始而归属于继承人，所以遗嘱执行人所为的行为实际上是代理继承人进行的。该说无法解释不存在继承人时的遗嘱执行人代理谁，也无法解释在执行遗嘱同继承人的利益相对立时遗嘱执行人代理谁。

三是遗产代理说认为，遗产为独立的特别财产，与法人处于同一之地位，属于无权利能力的财团，故遗嘱执行人为遗产的代理人。但遗嘱执行的内容不限于遗产，还会存在诸如取消继承人继承权、认领非婚生子女等非遗产行为。对此，遗产代理说无法作出解释。

2. 固有权说

固有权说认为，遗嘱执行人执行遗嘱是基于自己固有的权利，既不是仅仅代表遗嘱受益者的利益，也不是继承人的代理人。这种学说有以下三种不同观点。

一是机关说，认为遗嘱执行人为维护遗嘱人利益和实现遗嘱人意思的机关。

[①] 参见陈棋炎：《民法继承》，三民书局1985年版，第255页。

这种主张实际上将遗嘱人或遗产置于法人地位。

二是限制物权说，认为遗嘱执行人是遗嘱人所委托的执行遗嘱的人，因而对遗产享有限制的物权。但认可遗嘱执行人的限制物权人地位，与现代法治不符，因为在现代继承法中，遗产归继承人或受遗赠人获得，而遗嘱执行人只是将遗产在进行管理后交付给继承人或受遗赠人，并不享有任何物权。

三是任务说，认为遗嘱执行人如同破产管理人一样，在任务上有法律上的独立地位，在遗嘱所定的范围内，能够独立地为他人的利益而处理他人事务。

(二) 我国立法的应然立场

《民法典》对遗嘱执行人的法律地位未作明确规定。学者也有不同看法。

一种观点认为，比较起来，遗嘱人的代理说更符合实际，易于为大众所接受。因为遗嘱执行人无非是执行遗嘱人的意志，实现遗嘱人生前的遗愿，是代替遗嘱人执行遗嘱的。[1]

另一种观点认为，固有权说中的任务说更合理。遗嘱执行人有自己固有的法律地位，并不是遗嘱人或者继承人的代理人，也不是遗产的代理人。遗嘱执行人的法律地位决定于其任务，遗嘱执行人无论是实现遗嘱人的生前遗愿，还是保护继承人和其他遗嘱受益人的合法权益，都是其任务、职责，必须依法执行。[2]

关于遗嘱执行人法律地位的分歧，形式的、技术上的争议多于实质的争议，应当从实质的层面理解遗嘱执行人的地位。笔者认为，遗嘱执行人具有独立的法律地位，既不是遗嘱人的代理人，也不是继承人的代理人，必须按照遗嘱的内容执行，并应以善良管理人的态度执行遗嘱。

三、遗嘱执行人的确定

(一) 遗嘱执行人的资格

遗嘱执行人的资格是指执行遗嘱所必须具备的能力。

---

[1] 参见刘文：《继承法比较研究》，中国人民公安大学出版社2004年版，第304页。
[2] 参见郭明瑞等：《继承法》(第2版)，法律出版社2004年版，第166-167页。

遗嘱并不是任何人都可以执行的，必须具有一定的资格才能担任遗嘱执行人。《民法典》对遗嘱执行人的资格未作规定，根据遗嘱的执行行为也是一种民事法律行为，并且遗嘱的执行涉及相关利害关系人的利益，遗嘱执行人须具备相应的民事行为能力。遗嘱的执行属于重大的和复杂的民事行为，遗嘱执行人应为完全民事行为能力人。无民事行为能力人、限制民事行为能力人都不具有担当遗嘱执行人的资格。

法定继承人是否可以成为遗嘱执行人，我国采取肯定态度，《民法典》规定遗嘱人指定的遗嘱执行人既可以是法定继承人，也可以是法定继承人之外的人。

关于法人、非法人组织是否可以被指定为遗嘱执行人，《民法典》未作明文规定，但通常认为只要遗嘱人指定法人、非法人组织为遗嘱执行人，应当尊重遗嘱人的意志。

(二)遗嘱执行人的确定方式

1.遗嘱人在遗嘱中指定遗嘱执行人

《民法典》第1133条第1款规定，自然人可以立遗嘱处分个人财产，"并可以指定遗嘱执行人"。由遗嘱人在遗嘱中指定遗嘱执行人，最能够充分体现遗嘱人的内心意愿，也为各国继承法明确规定为遗嘱执行人的产生方式之一。如果遗嘱人在遗嘱中指定了遗嘱执行人，被指定的人即为遗嘱执行人。遗嘱中指定的执行人既可以是法定继承人，也可以是法定继承人以外的人。

遗嘱人在遗嘱中未直接指定遗嘱执行人，而是委托第三人指定遗嘱执行人，第三人依遗嘱中的委托指定遗嘱执行人的，遗嘱人既然有权指定遗嘱执行人，当然也就有权委托他人指定遗嘱执行人，遗嘱人委托的人指定遗嘱执行人也是遗嘱人的意思表示，应当予以尊重。

2.遗嘱人的法定继承人为当然遗嘱执行人

遗嘱人未指定遗嘱执行人或者指定的遗嘱执行人不能执行遗嘱的，例如被指定的执行人不具有遗嘱执行人的资格或者法定继承人以外的人不愿意担任遗嘱执行人的，遗嘱人的法定继承人为遗嘱执行人。法定继承人是被继承人的近亲属，有义务执行被继承人的遗嘱。法定继承人为数人的，全体继承人为被继承人遗嘱

的共同执行人。继承人也可以共同推举一人或数人作为代表来执行遗嘱。

3. 遗嘱人生前住所地的民政部门或者村委会为遗嘱执行人

在没有遗嘱中指定的遗嘱执行人，也没有法定继承人能执行遗嘱时，参照《民法典》第 1145 条的规定，可以由遗嘱人生前住所地的民政部门或者村委会作为遗嘱执行人。由于遗嘱人住所地的民政部门和村委会对遗嘱人的情况，尤其是对其财产状况相对较为了解，执行起来也比较方便，因此，由遗嘱人生前住所地的民政部门和村委会作为遗嘱执行人比较适宜。

遗嘱执行人为两人以上，执行遗嘱的意见不一致的，有不同意见的继承人以及其他利害关系人得请求人民法院裁决。①

四、遗嘱执行人的职责

遗嘱执行人的职责是遗嘱执行人的法律地位的具体体现，是由遗嘱执行人的任务决定的。遗嘱执行人的职责根据遗嘱的主旨而定，一般为管理遗产并有为其执行遗嘱所必需的行为。

遗嘱执行人的主要职责，应当参照《民法典》第 1147 条的规定确定，对此不再赘述。除此之外，遗嘱执行人的重要职责是查明遗嘱是否真实、有效。

遗嘱执行人要执行遗嘱，首先应审查遗嘱的真实性、有效性。例如，要查明遗嘱是否为遗嘱人的真实意思表示，遗嘱有无涂改，遗嘱的内容有无违法情况等。遗嘱执行人审查遗嘱时，对遗嘱内容不够明确的，还要弄清遗嘱人的真实意思，作出符合遗嘱人原意的解释。遗嘱执行人在查明遗嘱后，应当召集全体遗嘱继承人和受遗赠人，公开遗嘱内容。此外，还要排除执行遗嘱的各种妨碍。遗嘱执行人在执行遗嘱时，任何人不得妨碍。在执行遗嘱中受到他人的非法干涉和妨碍，不论此干涉和妨碍是来自继承人还是来自其他人，遗嘱执行人都有权排除，必要时得请求法院保护其执行遗嘱的合法权利。例如，继承人占有或隐匿遗嘱中处分的财产而拒不交出或擅自处分，他人非法侵占遗产的，遗嘱执行人有权请求

---

① 参见郭明瑞等：《继承法》（第 2 版），法律出版社 2004 年版，第 165 页。

法院责令不法行为人停止其侵害行为。

遗嘱执行人可以在执行上为必要的独立诉讼主体。遗嘱执行人如果认为有行使职务上的必要，可以自己作为诉讼主体独立起诉。比如，为了取得遗嘱人对他人的债权，遗嘱执行人可以独立起诉拒不履行的债务人；遗嘱规定的遗产为他人占有而占有者拒绝移交给遗嘱执行人时，遗嘱执行人可以占有者为被告向法院提起诉讼。

遗嘱执行人在执行遗嘱时，必须按照法律的要求和遗嘱人的意愿，忠实地履行自己的职责，并且应当与处理自己的事务一样予以重视。遗嘱执行人因其故意或过失而给继承人、受遗赠人和其他利害关系人造成损害的，应当依照《民法典》第1148条的规定负赔偿责任。例如，遗嘱执行人未及时向遗嘱人的债务人提出请求或未及时提起诉讼导致时效届满，对遗嘱原意作不利于某继承人的不正确解释，侵占遗产为自己谋利等。遗嘱执行人因怠于执行等原因，可能损害继承人、受遗赠人和其他利害关系人的利益的，遗嘱继承人、受遗赠人和其他利害关系人可以请求法院撤销遗嘱执行人的资格。

第九节　后位继承、替补继承与遗嘱信托

一、后位继承

（一）后位继承的概念、法律关系、价值

后位继承也称为次位继承或替代继承，是指因遗嘱中所规定的某种条件的成就或期限的到来，由某遗嘱继承人所继承的财产又移转给其他继承人承受。[①]

在后位继承法律关系中，首先承受遗嘱人遗产的继承人是前位继承人；从前位继承人那里取得遗产的继承人是后位继承人或次位继承人。后位继承人只有在

---

① 参见谭华霖：《后位继承法律关系之理论探索》，载《人民法院报》2011年5月25日第7版。

第四章　遗嘱继承

遗嘱中所规定的某种条件成就或期限届至时，才能从前位继承人那里取得财产。在此之前，后位继承人只能根据遗嘱的内容享有期待权。

对我国继承法是否应承认后位继承，有肯定说、否定说和部分肯定说三种观点。笔者持肯定立场。后位继承人实质上是遗嘱人对指定继承人的继承人的指定，是遗嘱人的真实意思表示，没有理由不予尊重。

应当看到的是，在保障晚辈直系血亲继承权的改革中，能够特别保障遗嘱继承中后位继承的优势。其优势在于，后位继承人在遗嘱中规定的某种条件成就或期限届至时，就能从前位继承人那里取得遗嘱人的遗产。

《继承法》没有规定后位继承制度，主要是由于在制定《继承法》时尚处于计划经济时期，自然人没有太多的合法财产，因而在死亡后也不会留有太多的遗产，在现实生活中没有提出规定后位继承的需求。在编纂《民法典》时，立法机关对继承法改革的内容中也没有考虑规定后位继承制度，而现实生活对于后位继承的需求是存在的。例如，有一位教授对自己的儿子和儿媳妇有看法，不想将未来的遗产留给儿子，而是想要通过一定的办法让孙子继承。这就是对后位继承的实际需求。

《民法典》继承编为适应社会需求，应当规定后位继承。其意义在于：第一，有利于充分维护遗嘱人的意愿，贯彻遗嘱自由原则，只要遗嘱人的遗嘱有后位继承的内容，就应当予以承认。第二，有利于将遗产留在家族内部，防止遗产向旁流转，后位继承人通常是遗嘱人的晚辈直系血亲，这样的遗产流转方向是符合遗产流转规律的。第三，由于我国遗嘱信托不发达，后位继承能够部分实现类似于遗嘱信托的功能，即前位继承人对遗产的继承，实际属性是一种管理权，是在后位继承人成熟前，由前位继承人管理遗产的管理权，最终仍然是由后位继承人继承遗产。第四，遗嘱人通过后位继承，还可以将遗产遗留给继承开始时尚未出生的人，更有利于保护孙子女等晚辈直系血亲的继承权。第五，保障配偶，尤其是老年配偶的继承利益。后位继承能够使老年人活用个人财产，通过对死后遗产的转移路径进行预先设计，在家庭内部获取更丰富的养老资源，以弥补公共福利中

的养老资源缺口。① 第六，在后位继承发生前，遗产归属于前位继承人，可以进行管理和支配，予以保值、增值，更有利于遗产发挥利用效率，而不是静等后位继承人继承遗产，使遗产价值减损。

正因为如此，多数国家继承法都规定后位继承制度，即使不明确规定后位继承的国家，也规定了类似功能的继承制度，例如《日本民法典》就规定了附条件、附期限遗赠的规定，通过这样的规定，可以解决后位继承的问题，保障孙子女、外孙子女等晚辈直系血亲的继承权。因此，在遗嘱继承中，为了更好地保障孙子女、外孙子女等晚辈直系血亲的继承权，将来修订《民法典》继承编时，在遗嘱继承中应当确立后位继承制度。

(二) 后位继承的遗产利益转移

立法建议的条文是："遗嘱人可以指定后位继承人按照一定的条件和期限取得前位继承人已经继承的遗产。遗嘱未规定后位继承人取得遗产条件的，遗产在前位继承人死亡时归属于后位继承人。""后位继承人可以是继承开始时尚未出生的人。""后位继承人只能指定一次。""后位遗赠准用后位继承的规定。"

可见，后位继承中的遗产利益实际发生了两次转移：第一次是在被继承人死亡时，前位继承人取得遗产所有权；第二次是在遗嘱指定的条件到来时，后位继承人从前位继承人处取得遗产所有权。从发挥遗产的实际利用效率出发合理地配置社会资源，既尊重遗嘱人的遗嘱自由，又充分保证遗产利益承受者对物的实际使用权利，是后位继承制度所要解决的问题，也是制度设计必须遵循的原则。后位继承制度既要保证前位继承人取得的遗产所有权不受他人追夺，又要保证后位继承人能够监督前位继承人，防止其滥用权利，以维护自己的期待利益。

(三) 后位继承的基本规则

后位继承的基本规则是：

第一，遗嘱人可以在遗嘱中规定，在某种条件成就或期限到来时，由遗嘱继

---

① 参见孙骥韬：《论后位继承之法理构造及制度功能》，载《中国政法大学学报》2019年第6期，第117页。

承人将其继承的财产移转给后位继承人承受。前位继承人放弃继承权或存在丧失继承权的事由的，只能在遗产分割之前进行。

第二，后位继承人在前位继承人死亡后，直接取得遗产；遗嘱指定后位继承发生的条件与前位继承人无关或为特定期限的，不发生后位继承，遗产由被继承人的法定继承人继承。如果该项遗产依法定继承由后位继承人取得，则不再发生后位继承。

第三，后位继承人发现前位继承人滥用权利，实施损害自己期待权的行为的，有权请求法院予以制止，以保护继承权。

二、替补继承

（一）替补继承的概念

替补继承也称为补充继承，是指在遗嘱继承中，遗嘱人可以预先指定继承人放弃继承、丧失继承权或先于遗嘱人死亡时，其应继承的遗产利益转归他人继承的遗嘱继承。[1]

《民法典》没有规定替补继承，但在社会生活中确实有实际需要，应当补充规定。[2] 例如，遗嘱人在遗嘱中没有为继承人指定替补的继承人，一旦继承人先于遗嘱人死亡，或者丧失继承权，或者放弃继承权，就有可能出现无人继承的现象。规定了替补继承人，当出现此种情形时，替补继承人就可以进行替补继承。

有的学者认为，就替补继承而言，遗嘱人只是为防止出现继承人空缺致使遗产应适用法定继承而采取的补救措施，不需要在法律上设计特殊规则，遗嘱继承的既有规则完全适用于替补继承。同时，遗嘱人作出这种安排完全符合遗赠自由原则，无涉公序良俗，也不违反法律规定，法律没有干涉的理由。因此，即使《民法典》没有规定替补继承，基于遗嘱人的意愿，其完全有权于遗嘱中指定替

---

[1] 参见刘春茂主编：《中国民法学·财产继承》（第2版），人民法院出版社2008年版，第305页。
[2] 参见陈苇主编：《外国继承法比较与中国民法典继承编制定研究》，北京大学出版社2011年版，第344页。

第九节 后位继承、替补继承与遗嘱信托

补继承人。① 这个意见是正确的。

（二）后位继承与替补继承的区别

替补继承与后位继承有共同之处，都属于遗嘱继承。主要区别在于：

1. 继承人之间的关系不同

替补继承是指遗嘱人在遗嘱中除了指定正式继承人，又指定替补继承人，以便补充正式继承人的缺额，确保遗嘱人在死后能有自己的继承人，而减少遗嘱无效的可能性。在遗嘱中指定替补继承人的情况下，如果在被继承人死亡之时，正式继承人放弃继承权或存在使其丧失继承权的事由，则替补继承人直接取得相应遗产的所有权。而后位继承中由遗嘱人指定的数个继承人，是顺位的关系，前位继承人并未取得遗产的所有权，行使的是管理权，后位继承人才是遗产的真正所有权人。

2. 具体继承开始的时间点不同

在具体继承开始的时间点上，替补继承发生在遗嘱继承开始之前或之后，但须在遗产分割之前发生；后位继承发生在遗嘱继承的前位继承人继承了遗产之后。

3. 再指定的原因不同

替补继承再指定继承人的原因，是被指定的继承人于继承前死亡，或者被指定的继承人拒绝继承；后位继承是在前位继承人继承遗产之后死亡时，其所继承的遗产的继承问题。

4. 优先顺序不同

在替补继承，遗嘱指定继承人优于再指定继承人；而在后位继承中，前位继承人在时间顺序上先于后位继承人，但最终是后位继承人优先。

（三）替补继承的基本规则

替补继承的基本规则是：

第一，遗嘱人可以在遗嘱中为继承人指定替补继承人。继承人先于遗嘱人死

---

① 参见房绍坤：《〈民法典〉中受遗赠人探析》，载《当代法学》2022年第3期。

亡、丧失继承权、放弃继承时，由替补继承人承受相应遗产。

第二，遗嘱人指定的替补继承人可以是一人，也可以是多人。同时，两个以上的人可以替补一个遗嘱继承人，一个人也可以替补两个以上的遗嘱继承人。

第三，遗嘱人可以为遗嘱替补继承人再指定替补继承人，即可以指定第二或第三遗嘱替补继承人，甚至更多顺位的遗嘱替补继承人。

第四，遗嘱人可以指定继承人被相互指定为替补继承人，即各遗嘱继承人相互之间都为替补继承人。

三、遗嘱信托

（一）遗嘱信托概述

《民法典》第1133条第4款规定："自然人可以依法设立遗嘱信托。"《继承法》没有规定遗嘱信托，《信托法》规定了遗嘱信托，《民法典》因此补充规定了遗嘱信托。

遗嘱信托，是指通过遗嘱而设立的信托，也称为死后信托。委托人以立遗嘱的方式，把自己的遗产交付信托，就是遗嘱信托。① 委托人应当预先以立遗嘱方式，将财产的规划内容，包括交付信托后遗产的管理、分配、运用及给付等，订立在遗嘱中。待遗嘱生效时，再将信托财产转移给受托人，由受托人依据信托的内容，管理处分信托的遗产。需要注意的是，遗嘱信托财产更多体现的是信托财产的性质而非传统的遗产。②

遗嘱信托的特点是在委托人死亡后才生效。通过遗嘱信托，由受托人确实依照遗嘱人的意愿分配遗产，并为照顾特定人而作财产规划，不但有立遗嘱防止纷争的优点，而且因结合了信托方式而使该遗产对继承人更有保障。

遗嘱信托的功能在于：一是遗嘱信托能够很好地解决财产传承问题。通过遗

---

① 参见百度百科："遗嘱信托"条，http://baike.baidu.com/view/636585.htm，最后访问日期：2012年6月3日。
② 参见葛俏、龙翼飞：《论我国遗嘱信托财产的法律属性界定》，载《学术交流》2015年第9期，第128页。

第九节　后位继承、替补继承与遗嘱信托

嘱信托，可以使财产顺利地传给后代，也可以通过遗嘱执行人的理财能力，弥补继承人无力理财的缺陷。二是遗嘱信托能够减少因遗产产生的纷争。因为遗嘱信托具有法律约束力，特别是中立的遗嘱继承人介入，使遗产的清算和分配更公平。[1]

遗嘱信托在被继承人订立遗嘱后成立，并于遗嘱人（被继承人）死亡时生效。

（二）遗嘱信托的当事人和类型

遗嘱信托应当采用书面形式订立。遗嘱信托的遗嘱，应当符合继承法的规定；遗嘱信托的信托，应当符合信托法的规定。公证的遗嘱信托的效力高于其他方式遗嘱的效力。

遗嘱信托包括下列三方当事人：一是委托人即被继承人。二是受托人即遗嘱执行人。遗嘱信托指定的受托人（遗嘱执行人），应当是具有理财能力的律师、会计师、信托投资机构等专业人员或专业机构。[2] 三是受益人即继承人。遗嘱信托的受益人可以是法定继承人的一人或者数人。遗嘱人可以将遗产受益人指定为法定继承人以外的人。

遗嘱信托分为遗嘱执行信托和遗产管理信托两种不同方式。

遗嘱执行信托是为了实现遗嘱人的意志进行的信托业务，其主要内容有清理遗产、收取债权、清偿债务、缴纳税款及支付其他费用、遗赠物的分配、遗产分割等。遗嘱执行信托是短期性的，一般遗嘱执行的成立有死亡者立的遗嘱为依据，继承人均已存在。

遗产管理信托是主要以遗产管理为目的而进行的信托业务。遗产管理信托的内容与遗嘱执行信托的内容虽有交叉，但侧重在管理遗产方面。遗产管理人可以由法院指派，也可以由遗嘱人或者其亲属会议指派。

信托法规定遗嘱信托中的遗嘱，应当符合《民法典》的规定。相应的，遗嘱

---

[1] 参见杨立新：《我国继承制度的完善与规则适用》，载《中国法学》2020年第4期，第93页。
[2] 需要注意的是，"中华遗嘱库"是一个保管库不是遗嘱信托的受托人。参见王建平、何跃：《遗嘱信托制度的构建及其路径——以〈民法典〉第1133条为基础》，载《社会科学战线》2021年第7期，第188页。

信托的内容，应当依照《信托法》的规定进行。

第十节　自书遗嘱典型案例点评

在遗嘱继承的诸种遗嘱类型中，自书遗嘱是遗嘱人自己亲笔所写，表达的是自己处分遗产的真实意思，是最重要的遗嘱类型，因而法律规定自书遗嘱须符合形式要件的要求，否则不能发生遗嘱的效力。本节结合一个典型案例，对自书遗嘱的形式要件及效力进行分析说明。

一、自书遗嘱形式要件的意义及要求

（一）自书遗嘱形式要件的意义

近现代继承法虽然保留了古代罗马法以来的遗嘱类型强制的传统，但其立法目的已经与古代法时期截然不同。确保遗嘱人真实意思表示，是近现代遗嘱类型强制的首要价值目标。[1] 这样的结论是完全正确的。

法律对于遗嘱形式要件的严格要求，是为了保证遗嘱的真实性，确保遗嘱表现的是遗嘱人处分自己死后遗产的真实意思。如果遗嘱的形式要件不符合法律要求，就不能确定遗嘱人在遗嘱中表达的意思是其处分自己遗产的真实意思表示，因而不能按照形式要件不符合法律要求的遗嘱进行遗嘱继承。

自书遗嘱也称为亲笔遗嘱，在日本称为自笔遗嘱[2]，是指立遗嘱人亲笔书写的遗嘱，最早源于罗马法，后世为各国民法普遍采用。由于自书遗嘱是遗嘱人自己亲自把自己处分遗产的意思用文字书写出来，不仅简便易行，而且能够保证内容真实，便于保密，因而在实践中使用极其广泛。[3]

---

[1] 参见孙毅：《论遗嘱类型的缓和主义进路》，载杨立新等主编：《继承法的现代化》，人民法院出版社2013年版，第234页。
[2] 参见［日］近江幸治：《亲族法·相续法》，成文堂2010年版，第312页。
[3] 参见郭明瑞、房绍坤：《继承法》（第2版），法律出版社2007年版，第144页。

(二) 自书遗嘱形式要件的要求

《民法典》规定自书遗嘱形式要件的条文是第 1134 条："自书遗嘱由遗嘱人亲笔书写，签名，注明年、月、日。"依照这一规定，我国自书遗嘱的法定形式要件应当符合以下具体要求。

1. 遗嘱人亲笔书写遗嘱

自书遗嘱必须由遗嘱人亲笔书写遗嘱的全部内容。这是自书遗嘱最主要的形式要件要求，也被称作自书遗嘱的本体要素。[①] 只要能够确认遗嘱不是遗嘱人亲笔书写，就可以确定该遗嘱不属于自书遗嘱，不适用自书遗嘱的法律规定，不发生自书遗嘱的法律效力。

对亲笔书写全部内容要件的具体要求，有绝对主义和相对主义之别。绝对主义认为，自书遗嘱的全部内容必须由遗嘱人亲自书写，只要有部分内容不是亲自书写，就不构成自书遗嘱。相对主义认为，不论自书遗嘱的内容是否为遗嘱人亲笔书写，只要能够确认遗嘱内容是遗嘱人的真实意思表示，且亲笔签名，注明年、月、日的，就应当认可其效力。《民法典》对此究竟采取绝对主义还是相对主义并不明确，值得斟酌。如果采取相对主义的条件要求较宽，似乎更为优越，可以将打印遗嘱、录音录像遗嘱等都概括在内，扩大自书遗嘱的范围，便于操作。如果采取绝对主义立场，只承认全部内容为遗嘱人亲笔书写的遗嘱为自书遗嘱，对打印遗嘱、录音录像遗嘱等，分别承认其类型强制的效力，道理也很充分。通过考察《民法典》关于六种遗嘱形式的内容，笔者认为后一种意见更准确，对自书遗嘱的这一形式要件应当采取绝对主义。如果遗嘱人没有亲笔书写遗嘱全文，不成立自书遗嘱。[②] 自书遗嘱中只要有部分内容不是遗嘱人亲笔书写，也不能认为是自书遗嘱。对自书遗嘱中涂改或者增删的部分，也必须是遗嘱人亲笔进行。

自书遗嘱的基本特征是"自书"，当然是自己书写。在电脑上书写尽管也是

[①] 参见孙毅：《论遗嘱类型的缓和主义进路》，载杨立新等主编：《继承法的现代化》，人民法院出版社 2013 年版，第 234 页。

[②] 参见孙毅：《论遗嘱类型的缓和主义进路》，载杨立新等主编：《继承法的现代化》，人民法院出版社 2013 年版，第 231 页。

遗嘱人亲自书写，但无法鉴别打印遗嘱究竟是遗嘱人本人书写还是他人代写，因而不符合自书遗嘱内容须本人亲自书写这一形式要件的要求。故《民法典》已经将打印遗嘱作为一种独立的遗嘱类型，规定了见证人见证的形式要件要求，以保证打印遗嘱能够准确反映遗嘱人的真实意思表示，避免发生错误。

2. 遗嘱人亲笔签名

遗嘱人亲笔签名，是遗嘱表现的遗嘱人的人格痕迹，因而具有认可遗嘱内容是其真实意思表示，愿意令遗嘱发生效力的作用。

遗嘱人在自书遗嘱上签名有两层含义：第一，在遗嘱落款处的签名，是遗嘱全文书写完成后，遗嘱人亲笔签名，郑重承认遗嘱为本人所写，在遗嘱上留下遗嘱人的人格痕迹。第二，在涂改、增删处签名，确认涂改或者增删的内容为遗嘱人本人所为，是对遗嘱内容的修正。

遗嘱人在遗嘱上的签名是否包括盖章、按指印、画押等，有不同的意见。有的学者认为，遗嘱人签名须由遗嘱人亲笔书写其姓名，而不能以盖章或按指印等方式代替。[1] 有学者认为遗嘱人的盖章、签名亦无不可[2]，但多数学者认为，自书遗嘱须遗嘱人亲自签名，且在解释上，不得以印章、按指印、画十字或其他符号代替。规定必须亲自签名，乃在可以借此知悉遗嘱人为何人，且足以借此知悉笔致之特征，以防止遗嘱之伪造或变造。[3]

《民法典》合同编认可签字、盖章或者按指印具有同等效力，但第1134条规定的就是签名，并不包括其他方式。因此，应当理解遗嘱人在遗嘱上的签名必须是亲笔签名，不得采取盖章、按指印、画押等方式代替签名。如果在自书遗嘱中已经留有遗嘱人亲笔书写的姓名，例如开头写明"立遗嘱人某某"，并为遗嘱人亲自书写的，但在最后落款处没有签名，有印章、按指印或者画押的，应认可其签名的法律效力。有的学者主张，自书遗嘱的签名须在遗嘱的每一页都要亲笔书写。[4] 在自书遗嘱的每一页都签名固然效果好，但并不能以每一页签名为必要。

---

[1] 参见郭明瑞等：《继承法研究》，中国人民大学出版社2003年版，第116页。
[2] 参见胡长清：《中国民法继承论》，商务印书馆1936年版，第190页。
[3] 参见林秀雄：《继承法讲义》，元照出版公司2009年版，第229页。
[4] 参见陈苇主编：《中国继承法修改热点难点问题研究》，群众出版社2013年版，第557页。

在遗嘱的落款处已经由遗嘱人亲笔签名之外,在每一页以及涂改、增删之处按指印,确认属实的,也应当认可该自书遗嘱的法律效力。

3. 遗嘱人亲笔注明立遗嘱的年、月、日

遗嘱人在自书遗嘱上亲笔注明立遗嘱的年、月、日,是自书遗嘱的必备形式要件之一,是遗嘱的证据要素。其目的,一是为了判断遗嘱人立遗嘱时是否具有遗嘱能力;二是在有多份遗嘱存在且内容相互抵触时,确认哪份遗嘱为遗嘱人最后所立的遗嘱。①

《民法典》之所以规定"注明年、月、日"而不是"注明日期",是为了进一步确定立遗嘱的准确时间,避免出现时间不准确而使发生内容抵触的数份遗嘱的时间顺序不清,无法确定最后所立的遗嘱。无年、月、日记载者,内容虽无产生疑问之余地,亦为无效。② 有年有月无日者、有月有日无年者以及有年有日无月者,均不符合这一形式要件的要求。注明的年、月、日可以是公历,也可以是农历,没有特别注明是农历的,应当推定为公历。通过其他方式能够推断出确定的年、月、日的,也为有效,如记载"某年元旦"或者"某人60岁生日"等。③

遗嘱记载的年、月、日应为遗嘱全部制作完毕,遗嘱人签名之日。我国有的学者认为,如果遗嘱内容众多,书写数日始完成时,自应记明该完成之日期,若未记明,则遗嘱尚未成立。完成遗嘱之数日后,始记明年、月、日时,虽完成遗嘱内容之日于记明之日期不同,仍以所记明之日为准。因过失而记载与完成遗嘱之日不同之日期,依其情形可推断遗嘱人有记明真实之日之意思表示时,则该遗嘱仍然有效。④ 这些意见都可以借鉴。

遗嘱人书写遗嘱全文并注明年、月、日,其年、月、日与遗嘱作成的年、月、日不符,或者记载错误的,对这样的遗嘱是否有效,有两种意见。一种意见认为,应当区别故意或者过失及错误记载日期不一致而异其效力:因故意记载不一致的,遗嘱无效,因为这足以推定遗嘱人有希望遗嘱不成立的意思,或至少足

---

① 参见郭明瑞等:《继承法研究》,中国人民大学出版社2003年版,第117页。
② 参见史尚宽:《继承法论》,中国政法大学出版社2000年版,第429页。
③ 参见房绍坤:《婚姻家庭法与继承法》,中国人民大学出版社2009年版,第323页。
④ 参见林秀雄:《继承法讲义》,元照出版社2009年版,第229页。

以断定其遗嘱非出于真意；因过失或错误记载不一致的，如果依照遗嘱内容的其他各种情形可以推断遗嘱人有记载真实日期的意思时，则遗嘱有效。① 另一种意见认为，遗嘱是否有效应当以能够证明记载日期真实，并能够依遗嘱的内容及外部条件证明真实作成日期为断，即能够证明真实作成日期的，为有效，反之则否，不应依遗嘱人的主观故意或者过失为断。② 笔者认为，这种情形应当将外部条件以及遗嘱人的主观状态作为判断依据。例如，注明的年、月、日出现错误，将4月、6月、9月、11月记载成31日，将非闰月2月记载为29日，如果能够确定遗嘱人为故意写错，遗嘱当然是不真实的意思表示，应当为无效；如果是过失所为或者就是记载错误，则可以推断该月的最后一日为真实的遗嘱日期。

4. 特别说明：关于涂改、增删的具体要求

自书遗嘱的涂改、增删，既包括对遗嘱内容的涂改、增删，也包括对签名和年、月、日的涂改、增删，是自书遗嘱三个形式要件的共同要求，是其组成部分，在自书遗嘱效力的判断上特别重要，因此需要专门进行讨论。

《民法典》第1134条在对自书遗嘱的规定中，没有关于遗嘱涂改、增删如何处理、判断的规定对自书遗嘱进行增删、涂改，改变了原来遗嘱的内容，须遗嘱人亲自署名，证明其是遗嘱人的真实意思表示。至于涂改、增删的原因，是于遗嘱书写之际笔误，或者写成之后要变更内容而增减、涂改遗嘱内容，则不论，但须说明涂改、增删的字数，同时注明涂改、增删的年、月、日。如果没有按照上述要求对自书遗嘱进行增删或者涂改，该自书遗嘱的内容无效。③

对待自书遗嘱的涂改、增删，应当特别强调两个问题。

第一，自书遗嘱的涂改、增删须是遗嘱人亲自所为，涂改、增删非为遗嘱人所为，即为对遗嘱的篡改，符合《民法典》第1143条第4款规定的要求，篡改的内容无效。

第二，对自书遗嘱进行涂改、增删，没有遗嘱人亲自签名并注明年、月、日

---

① 参见罗鼎：《法继承论》，三民书局1978年版，第183页。
② 参见史尚宽：《继承法论》，中国政法大学出版社2000年版，第432-433页。
③ 参见林秀雄：《继承法讲义》，元照出版公司2009年版，第230页。

的遗嘱，究竟是涂改、增删部分无效，还是整个遗嘱无效，应当依照《民法典》第1143条第4款的规定，认定构成篡改部分的内容无效，原来自书遗嘱符合形式要件要求的那部分内容仍然有效。

二、涉自书遗嘱形式要件的典型案例以及不同看法

（一）涉自书遗嘱形式要件的典型案例

1. 典型案例的基本案情[①]

原告马立军、马立翼、胡莉燕、胡郁诉称，2011年9月1日，被继承人马立良因故死亡，其生前留有自书遗嘱一份，主要内容为，被继承人马立良与其妻衣俊秀的共同财产不少于16亿元，被继承人将其个人资产（不少于8亿元）按以下方案分配：马文莘占30%，马立军占20%，马立翼占20%，胡莉燕和胡郁占25%，其余的5%由马立军负责支配。马立良遗嘱中所确定的遗产由衣俊秀实际掌控，原告要求其按照遗嘱分割遗产。

被告衣俊秀、马文莘辩称：马立军、马立翼、胡莉燕和胡郁提出的诉讼请求没有事实依据，因为与其提出的诉讼请求相应的证据为无效证据，被告能够提供证据证明本案涉及的遗嘱签名不是马立良书写，请求法院对遗嘱的真实性进行核实；马立良在遗嘱中所列财产，属于公司法人财产，不应予以认定；马立军、马立翼、胡莉燕、胡郁的诉讼请求没有法律依据，因四人在本案当中均不是被继承人马立良的第一顺序继承人，无权得到相关的遗产。

判决书认定：马立军、马立翼与马立良系兄弟关系，胡莉燕、胡郁为朋友关系（实际关系是胡莉燕与马立良同居，胡郁是其私生女），衣俊秀与马立良系夫妻关系，马文莘与马立良为父女关系。2011年9月1日，马立良因犯杀人罪，被判决死刑予以执行，马立军从审判该刑事案件的法庭领取了两份以同样文字书写的"遗嘱"，主要内容是对马立良约8亿元的遗产作了以上诉称的分配。马立军将一份遗嘱交给衣俊秀。衣俊秀认为该遗嘱不是马立良亲笔所写，委托司法鉴定

---

① 本案当事人的姓名均为化名。

机构对其签名进行真实性鉴定，结论为遗嘱中落款处的"马立良"签名与样本的签名不是同一人所写，且落款处的日期有涂改痕迹。

2. 争议自书遗嘱具体内容与文书检验司法鉴定结论

本案争议遗嘱的内容是：

我死后自愿将我全部资产包括××茶城、××小商品城、两处房产（市值应在3亿元）。××运动会馆（市值1亿元）。××热电厂（市值应不少于5亿元）、××化工厂（市值应不少于1.5亿元）。××办公楼及××市各处其他资产，含页岩矿等其他各项资产（应不少于1亿元），××公司项目，写字楼三层以下及地下车库价值（应不少于2亿元）。以及集团各公司经营利润年应不少于3 000万元，两年应不少于5 000万元。扣除集团各项负债应在几千万元。余下：总资产应不少于16亿元。

以上资产是我和衣俊秀的共同财产，我个人资产应不少于8亿元，将我个人的资产按以下方案分配：马文莘占30%，马立军占20%，马立翼占20%，胡莉燕和胡郁25%。余下的5%是我身后希望把我和爸妈葬在一起的费用和支付律师的费用，余下的部分使用于在这两年帮助过我的人（由马立军负责分配）。以上所写是我真实意思表示。立遗嘱人马立良　2011年9月1日①

"××物证鉴定中心文书检验司法鉴定意见书"（以下简称"文书检验司法鉴定意见书"）的内容是：

委托鉴定事项：1. 对检材上的'马立良'签名字迹与样本上的'马立良'签名字迹是否为同一人所写进行鉴定；2. 对检材上所有手写字迹是否有涂改进行鉴定。

鉴定意见：对现有送检材料检验分析，认为：1. 检材上'马立良'签名字迹与样本上'马立良'签名字迹不是同一人所写。2. 检材上正文第7行中'字'字及落款处的阿拉伯数字'9'均有涂改痕迹。

3. 本案判决认定自书遗嘱有效的理由

一审法院判决认为，关于被继承人马立良遗嘱的效力问题，向××市中级人民法院调取的马立良刑事案件卷宗显示，刑事卷宗中保留的两份遗嘱复印件与

---

① 该"遗嘱"中的文字和标点符号原文如此，未作改动。

原、被告各自持有的遗嘱内容、形式完全一致。遗嘱由马立军领取并签字确认。庭审中马立军、衣俊秀已承认其中一份遗嘱系由马立军转交衣俊秀。因法院卷宗系对案件审判活动的如实反映,记载了案件从立案到审结整个诉讼流程,故马立良的遗嘱由法院代为转交其家属并保留复印件,既是审判人性化的体现,也是卷宗记录的必然要求;具有客观性、真实性、关联性。而被告出示的鉴定结论虽结论为遗嘱签名非马立良书写,但该鉴定结论系单方作出,其鉴定机构的选择、检材的提供、样本的选取,均未取得马立军等原告的同意和认可,故不能作为有效证据予以采信。马立军、衣俊秀持有的遗嘱应为马立良亲自书写的遗嘱,该遗嘱系马立良真实意思表示,内容不违反法律法规的强制性规定,形式符合自书遗嘱的要求,为有效遗嘱。

(二)涉案自书遗嘱不符合自书遗嘱形式要件要求

本案当事人之间的争议焦点,是死者马立良所留遗嘱的真实性。原告一方认为遗嘱是真实的,是马立良亲笔所写,是其真实意思表示,遗嘱有效。被告一方认为遗嘱不是真实的,遗嘱的签名不是马立良所写,注明的日期经过涂改,属于无效的遗嘱,应当依照法定继承的规定继承。故确定本案争议遗嘱的真实性,是审理本案的关键问题。解决了这个问题,就解决了本案最基本的法律适用问题。

经过对争议的案涉"遗嘱"以及司法鉴定意见书的审查,结合本案其他情况,笔者认为,本案判决书认定为真实的、具有法律效力的马立良"遗嘱",不符合自书遗嘱的形式要件要求,是一个不真实的遗嘱,不能认定为马立良的自书遗嘱,不具有遗嘱的法律效力。理由如下:

第一"文书检验司法鉴定意见书"作出的两个结论确有根据,是正确的,没有理由对其产生怀疑。

"文书检验司法鉴定意见书"作出遗嘱签名非同一性鉴定意见的依据是,"检材上马立良的签名字迹清晰,特征基本稳定,可供检验;在样本上,马立良的签名字迹的书写特征基本一致,反映了同一人的书写习惯,可用于比对检验。进行比较检验,发现两者的字形、书写风格不同,且在单字马、立、良的书写特征上差异明显。因此结论是,比较检验中发现的检材与样本上的马立良签名字迹书写

特征差异点量多、质优，属本质性差异，反映了不同人的书写习惯。"依据审判经验，样本上的签名字迹与检材上的签名字迹都没有任何伪装，是完全不同的书写风格，肯定不是一个人书写。因此可以确信，"文书检验司法鉴定意见书"的这一鉴定结论是正确的，依据充分、确定，法院应当采信。

"文书检验司法鉴定意见书"的第二项结论是："检材上正文第7行'字'字及落款处的阿拉伯数字'9'均有涂改痕迹。"作出这个结论的依据是："检材上所有字迹书写在红色横线稿纸上，其上书写字迹均系蓝色圆珠笔书写。经用显微镜和VSC6000文检仪对检材上所有书写字迹进行检验，发现其正文第7行的'写字楼'中的'字'字及落款处'2011年9月1日'中的阿拉伯数字'9'均有涂改痕迹。"对这个鉴定结论也完全没有异议，因为仅凭肉眼就能够判断这两个字的涂改痕迹。对这个鉴定结论法院也应当采信。

第二，依据上述鉴定意见中确认"马立良"签名的字迹不是马立良所写，进而确定遗嘱内容中与该签名相同的文字，与马立良签名中的"马"字和"立"字的书写风格完全一致，可以断定"遗嘱"的内容是书写"马立良"签名的同一人所写。

既然鉴定结论认为遗嘱落款处的签名不是马立良自己的签名，且其结论是真实的，那么在争议的该份遗嘱中第15行相同的字迹就有"马文莘"、"马立军"和"马立翼"，在第18行和第19行还有一处提到"马立军"，四处相同的字迹也没有任何伪装，其中的"马"字和"立"字，与落款处马立良签名中的"马"字和"立"字的书写风格完全相同，应当确定是一人所写，这个结论不会有错。

因而可以得出的结论是：首先，既然马立良的签名不是马立良所写，与该字迹相同的"马文莘"、"马立军"和"马立翼"中的"马"字和"立"字也当然不是马立良所写，应当是伪造马立良签名的同一个人所书写。其次，整篇遗嘱的字迹工整，书写风格相同，前后文的书写特征完全相同，据此可以进一步推断，整篇遗嘱以及签名都是同一个人所写；既然签名不是马立良所写，那么整篇遗嘱也不是马立良所写。最后，为了进一步核实上述结论的准确性，还可以在马立良遗留的其他文件中，找到与遗嘱中相同的字，进一步进行文检，确定上述结论的真

实性。上述结论如果能够得到进一步的确认，就可以完全确定该份遗嘱是伪造的，不具有自书遗嘱的法律效力。即使不进行这一步工作，由于被告一方提出的遗嘱虚假的证明能够建立优势证据，而原告一方没有其他证据证明遗嘱的真实性，法官应当对被告主张的该事实建立确信，认定争议"遗嘱"的真实性不成立，否定该遗嘱的法律效力。

第三，关于自书遗嘱"注明年、月、日"的形式要件，争议"遗嘱"的年、月、日经过涂改，马立良没有在涂改处签名或者盖章或者按指印，也没有注明涂改的日期，仅凭此一点，即可认定该遗嘱为无效。

综合以上意见可以确认，本案争议的自书遗嘱完全不符合自书遗嘱形式要件的要求：第一，不能认定该自书遗嘱的全部内容为遗嘱人马立良亲自书写，甚至可以推断该遗嘱是由他人伪造；第二，有"文书检验司法鉴定意见书"作为证据，证明所谓的遗嘱人亲自签名并非马立良亲笔书写，尽管原告一方对该证据提出异议，但法院没有进一步进行重新鉴定，原告一方也没有提出新证据证明该遗嘱的真实性，因此遗嘱人亲笔签名的形式要件亦不成立；第三，遗嘱落款处签署的年、月、日被涂改过，被涂改的年、月、日恰好是马立良被执行死刑的时间，在涂改之处没有马立良的亲笔签名或者盖章或者按指印，也没有注明涂改的时间，因而即使该遗嘱为马立良亲笔书写，但是由于立遗嘱的时间被涂改，且无法识别原来签署的年、月、日，该遗嘱等于没有注明立遗嘱时间，因此自书遗嘱无效。故应认定，本案当事人争议的遗嘱，非为马立良亲笔书写的自书遗嘱，是一份无效的遗嘱。

本案判决书认定争议遗嘱有效没有客观事实的依据，多属于主观臆断，且取得遗嘱的当事人为利害关系人，存在严重的法律瑕疵，不符合证据规则的要求，因而本案判决书认定遗嘱有效的理由是错误的。理由是：

本案判决书首先认为，"刑事卷宗中保留的两份遗嘱复印件与原、被告各自持有的遗嘱内容、形式完全一致"。这并不是马立良遗嘱具有真实性的法律根据。马立良是刑事案件中的被告人，已经被判处死刑予以执行。其生前留有遗嘱，并不因为在刑事卷宗中保留了其复印件，就能够证明该遗嘱是马立良的亲笔自书遗

第四章 遗嘱继承

嘱。如果当事人对此没有争议，当属没有问题。但是，在当事人对其真实性有争议时，其真实性必须有其他证据证明。仅仅因为刑事案卷中保留的复印件与当事人持有的遗嘱相同，就确认该遗嘱的真实性，是没有法律依据的。对于刑事案件中的证据材料在民事案件中采信的原则是，应当依照《民事诉讼法》及相关司法解释的规定进行质证，并根据质证情况决定是否采信。马立良的遗嘱复印件保留在刑事案卷中，不能证明该遗嘱就是真实的。被告认为该遗嘱为伪造，质疑其真实性，并举出证据予以证明，民事判决不能直接认定其真实性而直接采信。

本案判决书认定："遗嘱由马立军领取并签字确认。庭审中马立军、衣俊秀已承认其中一份遗嘱系由马立军转交衣俊秀。"这样的认定也不能证明该遗嘱的真实性，理由是，马立军是第二顺序继承人，衣俊秀是第一顺序继承人，且该遗嘱的基本内容是剥夺衣俊秀的继承权，双方存在重大利益冲突，马立军对该遗嘱具有重大利害关系，与衣俊秀也有重大利害关系。由第二顺序继承人马立军到法院领取遗嘱并转交给第一顺序继承人衣俊秀，从情理上说不通。故这样的理由不是认定该遗嘱真实性的证据，反而增强了对该遗嘱真实性的疑问。

本案判决书认定："因法院卷宗系对案件审判活动的如实反映，记载了案件从立案到审结整个诉讼流程，故马立良的遗嘱由法院代为转交其家属并保留复印件，既是审判人性化的体现，也是卷宗记录的必然要求；具有客观性、真实性、关联性。"这个理由同样不能成立。法院明知遗嘱对于继承和遗产分配的重要性，且马立良遗嘱的主要内容是剥夺衣俊秀的法定继承权，却不将该遗嘱交给衣俊秀，反而交给第二顺序继承人马立军，恰好是怀疑遗嘱真实性的依据。法院代交遗嘱，并不能证明遗嘱的真实性，法院也没有说明马立良是在何种情况下立的遗嘱，如何交给法院，法院为什么交给马立军而不交给衣俊秀，也没有对此作出证明，因而由法院转交遗嘱的事实不能证明遗嘱的客观性、真实性和关联性。

本案判决书认定："被告出示的鉴定结论虽结论为遗嘱签名非马立良书写，但该鉴定结论系单方作出，其鉴定机构的选择、检材的提供、样本的选取，均未取得马立军等原告的同意和认可，故不能作为有效证据予以采信。"这样的结论也是不正确的。被告对本案争议遗嘱的真实性提出质疑，有权就遗嘱的真实性请

380

第十节 自书遗嘱典型案例点评

求鉴定机构进行鉴定，并将鉴定结论提交法院。按照证据规则的要求，如果对方当事人认可这样的鉴定结论，该鉴定结论就可以作为证据使用；如果对方当事人不认可这样的鉴定结论，可以提出相反的证据推翻该鉴定结论，或者由法院重新组织鉴定，由双方当事人协商选定鉴定机构，不能协商一致的，法庭应当指定新的鉴定机构进行重新鉴定，并且按照重新鉴定的鉴定结论认定案件事实。一审法院在原告对被告提交的鉴定结论提出异议的情况下，既没有让原告一方继续举证，也没有组织进行重新鉴定，而是按照法官的主观臆断，直接认定该存在争议的鉴定结论"不能作为有效证据予以采信"。这样的认定结论是不符合证据审查程序的，不能形成法官的内心确信或者心证，属于法官擅断。

本案判决书最后认定，"马立军、衣俊秀持有的遗嘱应为马立良亲自书写的遗嘱，该遗嘱系马立良真实意思表示，内容不违反法律法规的强制性规定，形式符合自书遗嘱的要求，为有效遗嘱"违反证据审查规则的要求，在没有确定该遗嘱为马立良自书遗嘱的情况下，认定该争议遗嘱是马立良的真实意思表示，形式符合自书遗嘱的要求，为有效遗嘱，视法律规定的自书遗嘱的形式要件为无物，是完全没有事实和法律根据的。

综上所述，对有证据证明马立良在遗嘱上的签名是真实的，遗嘱内容为马立良亲笔书写的结论均存在疑问，立遗嘱日期因有涂改而无效，不符合自书遗嘱形式要件的要求。在这种情况下，没有对争议遗嘱进行重新鉴定，本案判决书直接断定该遗嘱为马立良亲笔书写，是其真实意思表示，是有效的自书遗嘱，完全违背证据审查和事实认定的程序规则，既违反民事诉讼法的规定，也违反自书遗嘱形式要件的规定。

第五章
遗赠、遗托和特留份

遗赠是被继承人处理遗产的一种特别方式，在继承法律制度中，与遗嘱继承处于同样的地位，只是将遗产处分给继承人以外的国家、集体或者法定继承人之外的组织、个人。虽然《民法典》将遗赠与遗产继承规定在同一章中，但是，遗赠还是具有自己的特点。本章除了研究遗赠，还对遗嘱继承特有的遗托和特留份的基本规则进行深入研究。

第一节 遗 赠

一、遗赠概述

（一）遗赠的概念

遗赠，是指自然人在生前订立遗嘱，将个人身后遗产赠与国家、集体或者法定继承人以外的他人，于其死亡后发生法律效力的单方民事法律行为。或言之，遗赠者，遗赠人以遗嘱对于他人无偿给与财产上利益之谓也。[①] 立遗嘱的自然人

---

① 参见范扬：《继承法要义》，商务印书馆1935年版，第183页。

为遗赠人,被指定赠与财产的人为受遗赠人,遗嘱指定赠与的财产是遗赠财产或遗赠物,受遗赠人享有的权利为受遗赠权。

(二)遗赠的沿革

遗赠在古罗马时代就已出现。罗马法认为,遗嘱是以继承人的指定为使命的,遗赠不过是遗嘱的从属部分。

欧洲中世纪的遗嘱,开始将以死因赠与为前身的遗赠作为中心内容。奥地利、瑞士等在继承人的指定之外,容许为遗赠的遗嘱。[①] 后来,遗赠被各国教会广泛利用,教会利用遗赠从教徒那里接受遗产,为教会增加财产,遗赠成为遗嘱继承的方式。

近代各国的继承法对遗赠基本上都作出规定。各国民法典确立遗赠制度,主要是为了充分实现财产所有人处分自己财产的自由意志,把财产遗赠给自己希望的受遗赠人。在受遗赠人的范围上,不区分继承人与受遗赠人,不仅法定继承人范围之外的人可以受遗赠,而且法定继承人范围之内的人可以受遗赠。

《继承法》第16条第3款规定:"公民可以立遗嘱将个人财产赠给国家、集体或者法定继承人以外的人。"区分遗嘱继承和遗赠。《民法典》继续坚持区分遗嘱继承和遗赠,第1133条第3款规定了遗赠:"自然人可以立遗嘱将个人财产赠与国家、集体或者法定继承人以外的组织、个人。"

(三)遗赠的法律特征

遗赠作为一种民事法律行为,具有以下法律特征。

1. 遗赠是单方民事法律行为

遗赠的遗赠人,必须以遗嘱的形式进行遗赠,否则不为遗赠。遗赠的成立,并不以受遗赠人的意思表示为必要,只需有遗赠人一方的意思表示就可以成立。因此,遗赠是一种单方民事法律行为。

2. 遗赠是无偿民事法律行为

遗赠的标的是遗赠物,该遗赠物为财产利益,既可以为现有的积极财产,也可以为债权等消极财产,均须是遗赠人必须给予他人财产利益,不能通过遗赠为

[①] 参见史尚宽:《继承法论》,中国政法大学出版社2000年版,第498页。

他人设定债务。国外继承法存在概括遗赠,遗赠中所指定的受遗赠人既承受遗赠人的权利,也承受遗赠人的义务。《民法典》没有规定概括遗赠,遗赠必须是给他人财产利益。因此遗赠是一种无偿民事法律行为。在遗赠中遗赠人可以对遗赠附加某种负担,但即使附加了负担,所附加的负担也不是遗赠的对价,无损于遗赠的无偿性。

3. 遗赠是死因行为

遗赠虽然得因遗赠人通过遗嘱作出遗赠的意思表示而成立,但遗赠的成立不等于遗赠的生效,遗赠只有在遗赠人死亡后才能发生法律效力,这是因为遗赠是通过遗嘱设立决定的。即使存在遗赠,遗嘱中指定的受遗赠人已经知道自己是受遗赠人的,但在遗赠人生前也无权请求执行遗赠。遗赠是一种死因行为,遗赠人在其生前可以随时变更或撤销自己的遗赠,任何人不得干涉。

4. 遗赠是须由受遗赠人亲自接受的行为

遗赠是遗赠人对特定的受遗赠人给予财产利益,受遗赠的主体具有不可替代性。受遗赠人的受遗赠权也只能由自己亲自享有,不得转让。遗赠人将财产遗赠给国家、集体或者其他组织的,由国家、集体或者其他组织的代表机构或者负责人予以接受。受遗赠人为自然人,该自然人必须亲自接受遗赠;如果受遗赠的自然人先于遗嘱人死亡,遗赠即不能发生法律效力。受遗赠人即使在遗赠人死亡后、作出接受遗赠的意思表示前死亡的,遗赠也不能发生。受遗赠权存在承认和抛弃的问题,如果受遗赠人在遗赠人死亡后,抛弃其受遗赠权,其效力溯及遗嘱人死亡之时。① 有学者认为,受遗赠权属于财产权,应当可以继承,并主张应当规定受遗赠人在规定的期限内未及时作出是否接受遗赠的意思表示而死亡的,其继承人可以代其作出接受或放弃受遗赠的表示。② 这种意见值得商榷,因为遗赠是遗赠人对于特定的受遗赠人进行赠与的,如果该受遗赠人接受遗赠前死亡,令其继承人继承,则该受遗赠人的继承人未必是遗赠人愿意给予财产的人。而且遗赠是一种无偿民事法律行为,不令受遗赠人的继承人继承不会造成损害。因此,

---

① 参见黄右昌:《民法第五编继承法》,北京大学法律丛书版(无年份),第155页。
② 参见郭明瑞等:《继承法研究》,中国人民大学出版社2003年版,第143页。

这种意见欠妥。

5. 遗赠是向特定范围内的人赠与财产的行为

国外继承立法不区分受遗赠人与继承人，受遗赠人的确立根据遗赠人的指定。《民法典》明确规定，只能将财产赠给国家、集体或者法定继承人以外的组织、个人，这说明法定继承人范围之内的人只能成为指定的遗嘱继承人，不能成为受遗赠人。因此，遗赠是对特定范围内的人赠与财产，在受遗赠人的范围上具有特定性。

（四）遗赠的分类

《民法典》对遗赠的规定比较原则，内容简洁，没有划分遗赠的种类。遗赠的标的范围广泛，权利与义务关系也各有不同，有必要对遗赠进行分类。

1. 概括遗赠与特定遗赠

这是根据遗赠标的的不同进行的分类。概括遗赠又称包括遗赠，是指遗赠人把自己的全部财产权利和义务一并遗赠给受遗赠人。法国、日本民法都认可概括遗赠。而德国、瑞士等国民法不承认概括遗赠，不过，这些国家的立法规定，概括遗赠的受遗赠人具有继承人的地位。特定遗赠是指遗赠人将其某一特定财产（并非只限于特定物）遗赠给受遗赠人，而不能将财产义务一并遗赠。

我国在实践中也有以国家、集体为受遗赠人予以概括遗赠的，有的学者也认为，"从我国继承法的立法精神看，是承认概括遗赠的"[①]。这种看法不对，《民法典》的遗赠不包括概括遗赠，只规定了特定遗赠。因为如果认可概括遗赠，就与遗赠的无偿性相违背，受遗赠人的地位实际上等同于继承人的地位，这也与《民法典》关于继承人的规定不符。

2. 单纯遗赠与附负担遗赠

这是以遗赠是否附有义务为标准作的分类。单纯遗赠是不附任何条件或义务的遗赠，遗赠人就遗赠附加某种义务或某种条件的遗赠为附负担遗赠。

我国的遗赠既可以是单纯遗赠，也可以是附负担遗赠。在实践中，无论是单纯遗赠还是附负担遗赠都是存在的。

---

① 刘文：《继承法比较研究》，中国人民公安大学出版社2004年版，第286页。

3. 后位遗赠与替补遗赠

遗赠包括后位遗赠与替补遗赠，适用与后位继承和替补继承同样的规则。

二、遗赠与有关制度的区别

遗赠是在遗产继承中发生的赠与他人财产的法律现象，因此，遗赠与遗嘱继承、赠与、死因赠与有相似之处，但它们是不同的民事法律行为。

（一）遗赠与遗嘱继承的区别

1. 如何区分遗赠与遗嘱继承的立法例

遗赠与遗嘱继承都是被继承人以遗嘱处分个人财产的方式。各国立法基本上都同时规定了遗嘱继承与遗赠，但在如何区分遗嘱继承与遗赠的问题上，各国立法大体有以下三种立法例。

（1）以承受遗产的人所承受的遗产内容区分遗嘱继承与遗赠

遗嘱人既可以指定法定继承人范围内的人为继承人，也可以指定法定继承人以外的人为继承人；既可以指定法定继承人范围以外的人为受遗赠人，也可以指定法定继承人范围内的人为受遗赠人。但继承人须是对遗产权利与义务共同承受的，既须继承遗产权利，也须同时继承遗产债务；而受遗赠人继受的只能是遗产权利，不能包括遗产债务。德国民法、瑞士民法等均采此立法例。这种立法例以遗嘱中指定的人被指定继受的遗产的内容区分遗嘱继承与遗赠。凡是遗嘱指定某人概括继受遗产的，即为遗嘱继承；凡是遗嘱指定某人仅单纯继受权利的，即为遗赠。至于被指定的人是否为法定继承人，则在所不问。这种立法例是以继承责任的非有限性为前提的，遗嘱继承人对遗产债务的清偿承担无限责任，而遗赠人对遗产债务不负清偿责任。若遗嘱继承人对遗产的债务清偿仅以其实际继承的遗产数额为限，则遗嘱继承与遗赠之间并无多大实质性差别。

（2）以继受遗产的人与遗嘱人的关系区分遗嘱继承与遗赠

依此种立法例，遗嘱中指定法定继承人范围内的人继受遗产的，为遗嘱继承，且继承人须概括地继受遗产的全部或部分；遗嘱中指定法定继承人范围以外

的人继受遗产的，为遗赠，且遗赠人只能承受积极财产，而不承受消极财产。遗嘱继承人只能是法定继承人范围以内的人，而受遗赠人只能是法定继承人范围以外的人。

（3）不区分遗嘱继承与遗赠

凡遗嘱人将遗产通过遗嘱的方式指定给他人继受的，继受人一概称为受遗赠人，而不称为继承人。依此种立法例，遗赠可以分为概括遗赠和特定遗赠。

2. 我国遗赠与遗嘱继承的区别

《民法典》采取了第二种立法例，遗赠与遗嘱继承的区别主要有以下三点：

（1）受遗赠人和遗嘱继承人的范围不同

受遗赠人可以是法定继承人以外的任何自然人，也可以是国家和集体，但不能是法定继承人范围之内的人。遗嘱继承人则只能是法定继承人范围之内的人，而不能是法定继承人以外的自然人或组织。

（2）受遗赠权与遗嘱继承权客体的范围不同

受遗赠权的客体只是遗产中的财产权利，不包括财产义务，受遗赠人接受遗赠时只承受遗产中的权利而不能承受遗产中的债务。如果遗赠人将其全部遗产遗赠给国家、集体或某自然人，而其生前又有债务，则受遗赠人只能接受清偿债务后剩余的财产，但这种清偿只是对被继承人债务的处理，受遗赠人本身并不承受被继承人的债务。而遗嘱继承权的客体是遗产，而且遗嘱继承人对遗产的继承是概括地承受，在承受遗产的同时，还担负着清偿被继承人债务的义务。

（3）受遗赠权与遗嘱继承权的行使方式不同

《民法典》第1124条第2款规定："受遗赠人应当在知道受遗赠后六十日内，作出接受或者放弃受遗赠的表示；到期没有表示的，视为放弃受遗赠。"由此可见，受遗赠权的取得适用形成权的规则，60日的期间为受遗赠权取得的除斥期间，从知道受遗赠后60日内未作出接受的表示，即视为放弃受遗赠。受遗赠人表示接受遗赠的，取得受遗赠权，性质为请求权，可以请求遗嘱执行人向其移转遗赠的标的。受遗赠权优于继承人的继承权，法定继承人只能继承执行遗赠后剩余的遗产。《民法典》第1124条第1款规定："继承开始后，继承人放弃继承的，

应当在遗产处理前,以书面形式作出放弃继承的表示;没有表示的,视为接受继承。"遗嘱继承人在遗产分割前未明确表示放弃继承的,即视为接受继承,放弃遗嘱继承权须于此期间内作出明确的意思表示。

(二)遗赠与赠与的区别

遗赠与赠与都是将自己的财产无偿给予他人的行为,但二者是不同的民事法律行为,存在以下区别。

1. 性质不同

遗赠是单方民事法律行为,只需要有遗赠人一方赠与的意思表示即可,无须征得对方的同意。受遗赠人60日内作出接受遗赠的表示,是取得受遗赠权的意思表示,不是遗赠成立的要件。而赠与是一种双方民事法律行为,是一种合同关系,不仅要有赠与人赠与的意思表示,而且要有受赠人接受赠与的意思表示,只有双方的意思表示一致才能成立赠与,没有受赠人接受赠与的意思表示,不成立赠与合同。

2. 方式不同

遗赠必须以遗赠人所订立的遗嘱方式进行,而且是一种要式法律行为,具体事项由继承法予以调整。而赠与采取合同方式,属于非要式法律行为,书面或口头形式都可以,具体事项由合同法予以调整。

3. 发生法律效力的时间不同

虽然遗赠与赠与都属于诺成法律行为,行为人作出意思表示即成立,但是两者发生法律效力的时间不同。遗赠必须在遗赠人死亡后才能发生法律效力,是一种死因行为。而赠与是生前行为,自赠与合同成立时就生效,受赠人可以要求赠与人进行赠与。

(三)遗赠与死因赠与的区别

需要注意的是遗赠与死因赠与的区别。死因赠与是指赠与人生前与受赠人订立的于赠与人死亡后才发生赠与财产利益效力的双方法律行为。《民法典》虽然对死因赠与未明确规定,但在现实生活中较为常见。由于遗赠与死因赠与都是在赠与人死亡后才发生效力,具有相似性,因此有的国家规定,关于遗赠的规定准用于死因赠与。

但是，二者的性质是不同的，遗赠是单方民事法律行为，而死因赠与双方民事法律行为。两者的调整规范也不同，遗赠由继承法律调整，而死因赠与由合同法律调整。

三、遗赠的效力

（一）遗赠发生效力的要件

由于遗赠是遗赠人单方的意思表示，而且是通过遗嘱形式实施的行为，因此遗赠也须具备一定的要件才能发生法律效力。

1. 遗赠人有遗嘱能力

遗赠以遗嘱的形式进行，遗赠人应具有遗嘱能力。只有具有遗嘱能力的完全民事行为能力人才可以进行遗赠，无遗嘱能力的无民事行为能力人、限制民事行为能力人不能为遗赠。在遗赠人有无遗嘱能力的判断上，应当以立遗嘱时遗赠人的情况为准。

2. 遗赠人为缺乏劳动能力又没有生活来源的继承人保留了必留份

同遗嘱继承一样，遗赠也不能损害缺乏劳动能力又没有生活来源的继承人的合法权益。如果继承人中有缺乏劳动能力又没有生活来源的人，而遗赠人又没有为其保留必留份，涉及该必留份部分的遗赠无效。继承人中有无缺乏劳动能力又没有生活来源的人，以遗赠人死亡时继承人的状况为准。

我国也应当规定特留份制度以限制遗嘱自由，遗赠须不违反有关特留份的规定。如果遗赠侵害了继承人的必留份权、特留份权，受侵害的继承人于保全必留份、特留份必要的限度内，得主张遗赠无效。[①] 不过，《民法典》没有采纳规定特留份的意见，形成立法的缺项，在必要时应当修订《民法典》继承编，补充规定特留份制度，防止遗赠损害特留份权人的权利。

3. 遗赠人所立的遗嘱符合法律规定的形式

由于遗赠以遗嘱的形式进行，因此遗赠人设立的遗嘱必须符合法律规定的形

---

① 参见郭明瑞等：《继承法》（第2版），法律出版社2004年版，第178页。

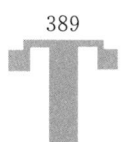

第五章 遗赠、遗托和特留份

式，不符合法定形式的遗嘱无效，遗赠当然无效。遗赠人的遗嘱是否符合法定形式，应当以遗嘱设立当时的法律要求为准。

4. 受遗赠人为法定继承人范围外且在遗嘱生效时生存之人

依照《民法典》的规定，受遗赠人须为法定继承人范围之外的组织、个人。作为受遗赠人的自然人，须在遗赠人死亡时具有民事权利能力。先于遗赠人死亡或者与遗赠人同时死亡的自然人，不能成为受遗赠人，因为其不具有民事权利能力。遗赠人死亡时已受孕的胎儿可以作为受遗赠人，但也应以活着出生的为限。如果胎儿娩出时为死体，则遗赠溯及既往地自始无效。未成立的法人、非法人组织不能为受遗赠人，继承开始时已经解散的法人或者非法人组织不能成为受遗赠人，但正在设立中的法人、非法人组织可以作为受遗赠人。国家作为受遗赠人，不存在上述问题，因为国家不会解散。

遗嘱的公证人、见证人及其配偶是否可以作为受遗赠人，有不同的观点。一种观点认为，由于遗嘱的公证人、见证人参与遗嘱的设立过程，若允许他们作为受遗赠人容易导致不公平现象的发生，因此不能允许遗嘱的公证人、见证人及其配偶为受遗赠人。有的国家立法明文规定上述人等及其直系血亲不能作为受遗赠人。这种观点是有道理的。依《民法典》的规定，遗嘱的公证人为受遗赠人的，公证人应当回避；受遗赠人为见证人的，不具有见证效力。因此，遗嘱的公证人、见证人及其配偶、直系血亲并非不能为受遗赠人，而是这些人作为公证人、见证人的遗嘱属于形式上有瑕疵的遗嘱。对于这样的遗嘱，利害关系人有权申请予以撤销。

5. 受遗赠人未丧失受遗赠权

受遗赠权会因法定事由的发生而丧失，《继承法》对丧失受遗赠权的事由没有明文规定，《民法典》作出了新规定，第1125条第3款规定："受遗赠人有本条第一款规定行为的，丧失受遗赠权。"确认受遗赠人丧失继承权的事由适用关于丧失继承权的规定，因为继承权的丧失与受遗赠权的丧失具有相通性。不过，也并非完全适用。比如，"遗弃被继承人的，或者虐待被继承人情节严重的"这一丧失继承权的事由，就不能适用于受遗赠权的丧失，因为受遗赠人为法定继承

人范围之外的人，不是家庭成员，则受遗赠人与遗赠人也就不存在法律上的扶养义务，不存在遗弃与虐待被继承人的可能。

6. 遗赠人已经死亡

遗赠是死因行为，必须遗赠人死亡才能发生法律效力。遗赠的效力发生必须存在遗赠人死亡这一要件，否则即使遗赠人设立了遗嘱，也不具有法律效力。遗赠人可以在生前撤回或变更遗嘱，受遗赠人无权在遗赠人死亡前要求执行遗赠。

(二) 遗赠的具体效力

在罗马法的帝政时期，遗赠的效力根据遗赠方式的不同而有差异：如为指物遗赠，受遗赠人直接取得遗赠标的物，受"物件返还之诉"和"役权确认之诉"的保护，受遗赠人不仅可追回原物，也可以请求原物所生的孳息。如为嘱令遗赠，受遗赠人仅取得对继承人（遗赠负担人）的债权，只能请求遗赠负担人将遗赠的标的物交付自己，不得自行占有，否则遗赠负担人得申请占有回复令状，收回对该物的占有。如为容许遗赠，效力与嘱令遗赠相同，受遗赠人也只能取得对遗赠负担人的债权。如为先取遗赠，受遗赠人可取得遗赠标的物的物权。[①] 罗马法的遗赠效力规定也影响了后世立法。

近现代以来，各国和地区的立法对于遗赠的效力有不同规定。一种立法例规定遗赠的效力是物权的，可以产生物权变动的效力，受遗赠人可以直接基于物权占有遗赠物。另一种立法例规定遗赠的效力是债权的，受遗赠人仅对承担遗赠义务的人有请求权。

我国有的学者认为，遗赠既可以发生物权效力，又可以发生债权效力，遗赠人可在遗嘱中自由选择。[②] 还有的学者认为，物权变动模式直接影响遗赠效力，我国法采取的形式主义物权变动模式决定了遗赠仅具有债权效力。[③]

笔者认为，受遗赠权不是物权。因为在遗赠执行前，受遗赠人对遗赠的标的物不享有物权权能，不处于物权人地位，其所享有的只是请求有关的遗嘱执行

---

① 参见周枏：《罗马法原论》（下册），商务印书馆2001年版，第606-607页。
② 参见翟远见、关华鹏：《论遗赠的效力》，载《云南社会科学》2021年第2期。
③ 参见房绍坤：《遗赠效力再探》，载《东方法学》2022年第4期。

人、遗产管理人或继承人交付遗赠标的物的权利。从这一点上来看，受遗赠权具有债权的效力。但是，受遗赠权又不完全等同于一般的债权，因为对于被继承人的一般债权应当进行清偿，而对于遗赠，如果被继承人的遗产在清偿债权后没有剩余遗产，则不执行遗赠，受遗赠人不能基于债权人的地位请求清偿。因此，受遗赠权具有自身的特殊性，不能简单地等同于物权或者债权。不过在遗赠的具体效力上，不论遗赠的标的是否为特定物，受遗赠人都不能直接支配遗赠的标的，只能向受遗赠的义务人请求执行遗赠，即要求其给予遗赠的标的，债权是其主要属性。

四、遗赠的执行

遗赠符合有关要件，即发生法律效力。遗赠发生效力并不意味着受遗赠人实际取得遗赠物，还存在遗赠的执行问题。遗赠的执行，是指在受遗赠人接受遗赠后，有关的遗嘱执行人按照遗嘱人的指示将遗赠的遗赠物移交给受遗赠人的制度。

（一）遗赠执行的义务人

受遗赠的义务人是遗赠执行的义务人，也就是遗嘱执行人、遗产管理人。在遗嘱执行前，继承人尽管为被继承人遗产的承继人，但在遗嘱执行前，继承人并不能处分遗产，而遗赠属于遗嘱的内容，有遗嘱就有遗嘱的执行，因此，应以遗嘱执行人为遗赠执行的义务人。

（二）遗赠执行的权利人

遗赠执行的权利人为受遗赠人。受遗赠人在知道受遗赠后60日内，向遗嘱执行人作出接受遗赠的意思表示的，即享有请求遗嘱执行人依遗赠人的遗嘱将遗赠物交付其所有的请求权。遗赠执行人应依受遗赠人的请求交付遗赠物。

这种权利究竟是什么权利？其实就是受遗赠权，基本属性是债权，需要向遗嘱执行人或者遗产管理人行使受遗赠权、提出执行遗嘱的请求，遗嘱执行人或者遗产管理人应当依照法律规定，满足受遗赠权人的权利请求。

（三）遗赠执行的内容

受遗赠权虽然是一种债权，但是，遗赠人的债权人的债权优于受遗赠人的受

遗赠权，受遗赠人不能与遗赠人的债权人平等分配遗产。因此，遗赠执行人不能先将遗产用于执行遗赠。《民法典》第 1162 条明确地规定："执行遗赠不得妨碍清偿遗赠人依法应当缴纳的税款和债务。"遗赠执行人应当在清偿被继承人生前所欠的税款及债务后，才能在遗产剩余的部分中执行遗赠。如果在清偿被继承人生前所欠的税款和债务后没有剩余的遗产，遗赠则不能执行，受遗赠人的权利也就此消灭，遗赠执行人也就没有执行遗赠的义务。如果遗赠人是以特定物为遗赠物的，而该物又已不存在，则因遗赠失去效力，遗赠执行人当然无执行的义务。

第二节 遗 托

一、遗托概述

（一）遗托的概念

遗托，也叫作附负担的遗赠或者附义务的遗赠，是指遗嘱人在遗嘱中向遗嘱继承人或受遗赠人附加提出的必须履行的某项义务的要求。[①] 在遗托中，受遗赠人一面取得遗赠的利益，另一面须负担一定的义务，不像不附义务的遗赠那样，受遗赠人纯得财产上的利益。[②] 遗托在遗嘱继承中同样适用。[③]

遗托中的"托"，实际就是委托之"托"，即通过遗嘱形式，向遗嘱继承人和受遗赠人委托事项。只不过这种委托之"托"附有继承遗产或者接受遗赠的权利而已。最典型的遗托如遗赠房屋，从而使受遗赠人看护及扶养自己的祖母。[④]

构成遗托，受遗赠人称为负担义务人，相对人称为负担受益人，双方为遗托关系的当事人。有时候，负担义务人与负担受益人为同一人。例如，某人遗赠

[①] 参见刘素萍主编：《继承法》，中国人民大学出版社 1988 年版，第 316 页。
[②] 参见徐百齐：《民法继承》，商务印书馆 1935 年版，第 160 页。
[③] 遗托制度并非只有遗赠才适用，在遗嘱继承中也同样适用。在本章阐释遗托制度，仅仅是为了篇幅的方便，而不是内容和逻辑的需要。
[④] 参见史尚宽：《继承法论》，荣泰印书馆 1980 年版，第 496 页。

100万元给某学校，负担为在该校设立以遗赠人为名称的奖学金基金。该遗托生效，则该学校既是负担义务人，也是负担受益人。

《民法典》没有使用遗托的称谓，第1144条规定："遗嘱继承或者遗赠附有义务的，继承人或者受遗赠人应当履行义务。没有正当理由不履行义务的，经利害关系人或者有关组织请求，人民法院可以取消其接受附义务部分遗产的权利。"这实际上规定的就是遗托。

（二）遗托的沿革

在罗马法上，遗托叫作信托遗赠，不限于继承人，对于由被继承人取得遗产者，无论遗赠或信托遗赠的受遗赠人，均可以设置遗赠或者遗嘱继承的负担。在查士丁尼时期，罗马法融合了遗赠与信托遗赠，将其称为对于受遗赠人所课负担的遗赠。

《德国民法典》承认遗托，以对受遗赠人所课的遗赠义务为负担，信托遗赠须在继承人所得财产以下，对于受遗赠人所课遗赠的负担，亦限定于遗赠利益的范围。受遗赠人抛弃遗赠时，负担受益人可以自己为受遗赠人。《奥地利民法典》称遗托为委任，第709条规定："被继承人将遗产以委任给与他人者，其委任视为解除条件，因委任的不履行，其遗产给予失去效力。"《日本民法典》第1002条也承认遗托制度："受附负担遗赠者，只于不超过遗赠标的价额的限度内，负履行负担义务的责任。"《乌克兰民法典》第1242条规定："1. 立遗嘱人可以将具备与其行为相关或者不相关的特定条件（具备其他继承人、在特定地方生活、子女的出生、接受教育等），作为遗嘱所指定的人产生继承权的条件。遗嘱中所确定的条件，应当在继承开始时存在。2. 遗嘱中确定的条件违反法律或者社会道德原则的，是法定无效的。3. 遗嘱中指定的人，无权基于其不知道条件或者条件成就不取决于其本人而请求认定条件无效。"当代各国民法基本都承认遗托制度。

（三）遗托的法律特征

1. 遗托须以遗嘱方式作出

遗托必须以遗嘱的形式作出，只有遗嘱人以遗嘱的方式作出要求遗嘱继承人或者受遗赠人履行某项义务时，才能发生遗托的法律效力。

2. 遗托是遗嘱继承和遗赠的附加义务

遗托不是一种独立的义务，而是一项依附于遗嘱继承或者遗赠的义务，也叫作遗赠的负担。遗嘱人只有授予遗嘱继承人和受遗赠人遗嘱继承权和受遗赠权，才能要求遗嘱继承人和受遗赠人履行遗托的义务。

3. 履行遗托的义务以接受遗产和接受遗赠为前提条件

履行遗托义务不是无条件的，而是有条件的，只有遗嘱指定的遗嘱继承人接受遗产以及受遗赠人接受遗赠，遗嘱继承人和受遗赠人才有义务履行遗托义务，否则可以拒绝履行遗托义务。遗嘱继承人和受遗赠人已经接受了遗产或者遗赠，就必须履行遗托的义务。

（四）遗托负担的内容要求

遗托所设负担的内容必须是能够实现的一定给付，不一定必须是金钱的价值。例如，委托受遗赠人管理事务、照顾坟墓等，都可以作为负担的内容，甚至消极的不作为也可以作为遗托的负担，如不公布遗嘱人的文学作品、不实施某种专利等，也可以作为负担的内容。至于负担究竟为谁的利益所设，是遗嘱人的利益还是第三人的利益，在所不论。但一般认为，如果设定的负担是法律上的义务，而不是法律义务之外的约定义务，则不是负担。

设定依托负担的给付内容不能是不确定事项、不法事项，所设负担不得违背公序良俗。凡是以不确定的、违法的或者违背公序良俗的事项为负担的，一律无效。

二、遗托与遗赠、附条件的遗赠

（一）遗托与遗赠

遗赠与遗托都为遗嘱人在遗嘱中指定的内容，但两者是不同的，在以下方面存在区别。

1. 性质不同

遗赠是遗赠人通过遗嘱对他人赠与财产的单方民事法律行为，而遗托是遗嘱人在遗嘱中向遗嘱继承人或受遗赠人附加提出的必须履行的某项义务的要求。所

以，遗赠与遗托在性质上存在根本区别。

2. 对象的权利不同

在遗赠中，受遗赠人获得财产利益，通常不承担义务，即使附负担的遗赠，所承担的负担一般也不具有对价。在遗托中，遗托指向的义务人必须履行遗嘱中指定的义务，而且有的遗托中仅仅要求义务人履行义务，而不享受权利。①

3. 独立性与附随性

遗赠具有独立性，只要遗赠人作出了意思表示，在遗赠人死亡后即发生效力。遗托是附随于受遗赠权或遗嘱继承权的，受遗赠人、遗嘱继承人履行遗托的义务以接受遗赠、遗嘱继承为前提条件。如果受遗赠人不接受遗赠，或者遗嘱继承人放弃继承权，则无履行遗托义务的责任。

4. 遗托因必须履行而具有不可免除性②

《瑞士民法典》第482条规定："被继承人得为其处分附加条件或要求。在处分生效时，各利害关系人得请求履行上述附加的条件和要求。"该条同时规定："有违反善良风俗或违法的附加条件或要求的，其处分无效。""如上述条件或要求令人讨厌或无任何意义时，得视其为不存在。"《民法典》未对遗托的义务作出限制性规定，但应当适用《民法典》第143条和第153条的规定，当然可以作出与瑞士法相同的解释。在遗托的义务违反社会公德，违反社会公共利益或者违法时，该遗托为无效。只要遗嘱人的遗托不违背法律和公序良俗，又是可以履行的，接受了遗产的受遗赠人或者遗嘱继承人就必须履行遗托的义务，不得免除。

（二）遗托与附条件的遗赠

一般认可遗赠可以附条件。附生效条件的遗赠，于所附条件成就时生效，而于被继承人死亡时并不生效。对于遗嘱继承，遗嘱是否可以附条件，有不同的观点。一般认为不可以附条件，有的也承认可以附停止条件，附停止条件的遗嘱自条件成就时生效。例如，《日本民法典》第985条规定："遗嘱附停止条件场合，

---

① 参见史尚宽：《继承法论》，中国政法大学出版社2000年版，第560页。
② 参见郭明瑞等：《继承法》（第2版），法律出版社2004年版，第177页。

其条件在遗嘱人死亡后成就时，遗嘱自条件成就时起，发生效力。"如果通过遗嘱进行遗嘱继承，则不允许附条件，因为附停止条件，无论对于遗产的及时分配还是合理利用都是不利的。而且遗嘱继承自被继承人死亡时开始，但附停止条件的遗嘱仅在条件成就时方为有效，这就使两者之间存在时间差，形成继承开始了，但遗嘱尚未生效的谬误。因此，遗嘱继承不得附条件，附停止条件的，所附的条件无效，应视为未附条件，遗嘱的其他内容仍应有效。通过遗嘱进行遗赠的，由于遗赠不同于遗嘱继承，对于遗赠可以附停止条件。① 例如，遗嘱人立下遗嘱，将一架钢琴遗赠其侄女，但以其侄女考上某音乐学院为条件。这就是附停止条件的遗赠，该遗赠在遗嘱人死亡后、其侄女考上某音乐学院时发生法律效力。

遗托与附条件的遗赠很相似，但存在以下区别。

1. 性质不同

遗托所附的义务是负担，附条件遗赠所负的是条件。遗托的负担是接受遗赠的附款，是接受遗赠应当履行的义务；而附条件遗赠中的生效条件，是遗赠生效的条件，完全不是义务。附解除条件的遗赠，其条件是某种条件的成就而使遗赠失效，而不是负担的义务。二者的性质完全不同。

2. 发生的时间不同

遗托义务发生的时间是在受遗赠人接受遗赠之时，即接受遗赠就要承担负担的义务。遗赠所附生效条件时，只有条件成就，遗赠的遗嘱才能生效，才能够发生遗赠的问题。而附解除条件的遗赠，尽管是在遗嘱生效之后发生，但并非在遗嘱生效之时发生，也与遗托不同。

3. 效力不同

遗托生效后，遗托的负担义务人应当履行负担义务，负担受益人产生请求权。即使遗托的负担义务人不履行负担义务，遗托也不必然无效，而是通过负担义务履行的纠纷方式解决，或者继续履行，或者由负担受益人请求撤销遗赠。而附生效条件的遗赠，其所附条件不成就，遗嘱就不发生效力，不存在遗赠的效力

---

① 参见郭明瑞、房绍坤、关涛：《继承法研究》，中国人民大学出版社2003年版，第126-127页。

问题。在附解除条件的遗赠中，所附条件成就，遗嘱解除，溯及既往地消灭，不再发生遗赠问题。

三、遗托的效力

遗托的效力主要表现在受遗赠人接受或者承认遗赠时而确定其负履行负担的义务。具体表现在以下两个方面。

（一）负担义务的归属和开始时间

遗托的负担义务人为受遗赠人，其相对人就是接受遗赠负担的权利人。这种权利从根本上说并不是债权，不具有债权的性质，但仍然是一种权利，因此也存在权利归属及其时间问题。其归属就是负担义务的承认和接受，受遗赠人决定接受或者承认遗赠，这时，负担受益人开始产生请求负担履行的权利。在此之前，负担受益人对于负担仅享有一种期待权，还不是现实的既得权，只有受遗赠人承认遗赠并接受遗赠，其权利才变为既得权，发生权利的归属问题。归属的时间，是继承开始的时间，从继承开始之时起，遗赠的负担受益人就产生这种权利，而受遗赠人作为负担义务人产生负担义务，必须履行负担。例如，前文所述遗赠房屋，从而使受遗赠人负担看护及扶养自己的祖母义务的事例，受遗赠人就是负担义务人，死者的祖母就是负担受益人。在负担权利与义务有归属之前，依据有效遗嘱，祖母只享有负担接受的期待权，待归属后，其祖母即享有现实的既得权，可以请求负担义务人履行义务。

依照《民法典》第1144条的规定，利害关系人是与遗产的承受有利害关系的组织和个人，如继承开始地的基层组织、法定继承人等。所以，《最高人民法院关于适用〈中华人民共和国民法典〉继承编的解释（一）》第29条规定："附义务的遗嘱继承或遗赠，如义务能够履行，而继承人、受遗赠人无正当理由不履行，经受益人或其他继承人请求，人民法院可以取消其接受附义务部分遗产的权利，由提出请求的继承人或受益人负责按遗嘱人的意愿履行义务，接受遗产。"在实践中，应当按照这一司法解释办理。

（二）受遗赠人以其所受利益为限负履行的义务

遗赠负担的范围以受遗赠人所接受的遗赠利益为限。遗赠人确定遗赠负担的限度，不能超过遗赠的利益范围，超过遗赠利益范围的部分为无效。如果遗赠人所设负担超过了遗赠利益的范围，负担受益人无权请求超出遗赠利益范围的负担部分。负担受益人主张负担义务人承担超出遗赠利益范围的部分负担的，负担义务人有权拒绝。

确定负担义务是否超出遗赠利益范围的时间，可以选择以遗赠发生效力或者受遗赠人承认和接受遗赠时为准，但由于设置负担不得对受遗赠人课以不利益，通说认为应当以负担义务人履行义务时为准，即负担义务人在履行义务时，考察其所履行的义务与其所接受的遗赠利益的量的关系，负担的义务应当少于遗赠利益。如果出现负担利益超出遗赠利益的范围的情况，并非遗赠全部无效，而仅仅超出遗赠利益范围的部分负担无效。如果遗赠利益存在金钱以外的利益，负担义务人不抛弃遗赠而准备履行负担义务，其遗赠和负担仍然为有效。如果负担义务人与负担受益人对此发生争议，应当提请法院裁决。

第三节　特留份

《继承法》没有规定特留份制度，因而出现面对遗嘱人通过遗嘱剥夺法定继承人的特定份额时无能为力的现象。笔者曾在《中国社会科学报》上撰文[①]，主张修订《继承法》时应当规定特留份制度，与已有的必留份制度并行。有些学者和立法部门的工作人员对此有不同的意见，认为修改《继承法》是否规定特留份制度仍值得研究，即使规定也应将其与必留份制度合一，进而《民法典》也没有规定特留份制度。笔者认为，特留份与必留份应该分别规定，不能替代，更不能合一，在将来修订《民法典》继承编时，应当增设特留份制度。

---

① 参见杨立新：《在〈继承法〉中规定特留份制度》，载《中国社会科学报》2012年7月18日A-07版。

第五章 遗赠、遗托和特留份

一、我国特留份制度的缺失及后果

在我国，家的观念历来是传统道德的重要组成部分，个人都是家庭、家族的附属，个人价值只有处于特定的家庭、家族且与之趋同才能得到认同与体现，个人自由及个人财产所有权的理念远不如西方社会那样广为贯彻。尽管有遗命、遗训、遗言或遗令等称谓的遗嘱可见于《国语·周语上》《左传·哀公三年》及《后汉书·樊宏传》等，作为生前预先处分财产留给亲属、后代的遗嘱，在秦汉时就已出现，且当时的官府在案件审理中就已经承认遗嘱继承的有效性，但基于个人财产权基础上的遗嘱自由从来就被限制。所以，遗嘱继承作为正式的法律概念，在《宋刑统·户婚律》所引唐丧葬令中才有出现。[①] 可见，在严格执行法定继承而排斥遗嘱继承的情况下，特留份制度的功能完全可通过法定继承得到实现，没有必要设置独立的特留份制度。

近代以来，西法东渐，在个人自由观念及个人财产权利意识逐渐为社会接受、法律认可并推崇的情形下，遗嘱自由成为财产所有人处分自己财产时所奉行的原则，我国迅速从严格遵循法定继承而排斥遗嘱继承的国家，转变成不仅承认遗嘱继承和遗赠，而且是对遗嘱自由限制较少的国家，所设置的限制仅有必留份制度。

1985年制定《继承法》时仅在第19条规定了"遗嘱应当对缺乏劳动能力又没有生活来源的继承人保留必要的遗产份额"的内容，没有规定特留份。对此，很多人将必留份误解为"特留份"制度，不对特留份制度与必留份制度作区分，甚至有些法规编辑者还直接将此条文冠名为"特留份规定"。这样的认识和做法都是错误的，会导致读者对该制度以讹传讹，无助于理解与健全合理的继承法律制度。诚然，该条规定的确会对遗嘱自由有所限制，但就其本质，实为必留份而非特留份。

另外，我国对未出生胎儿预留份的规定，与赋予继承人以外的依靠被继承人

---

① 参见程维荣：《中国继承制度史》，东方出版中心2006年版，第288-289页。

扶养的无劳动能力又无生活来源的人以遗产酌给请求权一样，也都是对遗嘱自由的限制，但都不属于特留份或必留份。

同样原因，《民法典》继承编也拒绝增设特留份的立法建议，继续只规定必留份和预留份，不规定特留份。

特留份制度是各国继承法的普遍制度，体现的是对遗嘱自由的必要限制，其制度的价值功能被广泛接受。《民法典》对此制度没有规定，如果被继承人在遗嘱中将遗产遗赠他人而不是留归其最亲密的配偶及血亲，被继承人的配偶及血亲的继承利益便无从保证。这对一个重视传统伦理，重视家庭传统道德，意图把保护自然人民事权益放在首位的国家来说，不能不说是一种缺憾。

随着社会的发展及个人财产独立经济意识的增强，在遗嘱自由渐为普遍实践的情况下，特留份制度缺失的负面效果将会更加明显。

正因为如此，将来有机会修订《民法典》继承编时，为实践优良的传统道德伦理精神，保护特定的法定继承人的利益，让其继承遗产的权利不因遗嘱自由而受到损害，应当设置特留份制度。

二、国外的特留份立法例

大陆法系特留份制度的历史源流和各国立法例有所不同，可以分为法国模式和德国模式。此外，在英美法系，英国、澳大利亚各司法管辖区都确立了遗属供养制度，美国法没有遗属供养制度，但不同的州分别选择适用寡妇产、鳏夫产、宅园份、动产先取份、临时家庭生活费、可选择份额等遗属保留份，以保护法定继承人的部分或全部继承权。[①] 尽管称谓各异，实施的方式也不尽相同，但其重点都是给予与被继承人共同生活者或期待其死后仰靠其财产者一定的特留财产，以为生活之保障。[②]

---

① 参见魏小军：《遗嘱有效要件研究：以比较法学为主要视角》，中国法制出版社2010年版，第150-151页。

② 参见陈棋炎、黄宗乐、郭振恭：《民法继承新论》，三民书局1998年版，第457页。

1. 法国模式

采法国模式立法的主要有法国、瑞士、比利时、荷兰、意大利、西班牙、葡萄牙、日本等国。

法国模式的特留份制度继受于日耳曼法。依日耳曼法的家产制，家长的财产处分权受家属的继承期待权的拘束，在教会奖励施舍而承认遗嘱处分的效力后，将遗产主要部分保留于法定继承人手中仍是维持家所必须，被继承人仅能就此以外的其余部分为自由处分，即日耳曼法所谓的自由份权。特留份便是被继承人的遗产扣除自由份后的剩余部分，其他法定继承人不得剥夺。正如《法国民法典》第912条规定："特留份是法律规定在被称为特留份继承人的特定继承人受召唤并接受继承时，确保向其转移属于遗产的不带任何负担的财产与权利之部分。可处分的财产部分是指法律没有规定应作为特留份的、死者可以自由地无偿处分的遗产与权利之部分。"[①]

据此，法国法将被继承人的遗产分为两部分：一为特留份。它是强制从被继承人的遗产中划出后确保转移给特定继承人的无任何负担的财产，实为遗产的一部分，有资格享有的仅限于法定继承人，非法定继承人不得请求特留份。且被继承人无权对特留份继承人进行选择，也无权处分特留份。特留份存在的实质，就是对被继承人遗嘱自由的限制。二为可自由处分的遗产，是指遗产中扣除特留份后，死者可以自由无偿对其进行处分的部分。从性质上看，法国将特留份权定性为继承权，非继承人不得享有，丧失继承权或抛弃继承权之人当然丧失特留份权。特留份以遗产为标的，以不带任何负担的积极财产为其计算基础。

法国将被继承人遗产作两部分划分的依据，是被继承人死亡时继承人类型的不同。如财产处分人死亡时仅留有子或女一人，其可以通过生前赠与或遗嘱无偿处分的财产部分不超过其全部财产的1/2；如处分人留有子女二人，其有权以此种方式无偿处分的财产部分不得超过其全部财产的1/3；如其留有子女三人或三

[①] 《法国民法典》第912条（2006年6月23日第2006-728号法律）、第913条（2007年1月3日第72-3号法律）、第914-1条（2001年12月3日第2001-1135号法律第13条）、第916条（2001年12月3日第2001-1135号法律第13条）。参见《法国民法典》，罗结珍译，北京大学出版社2010年版，第260-261页。

人以上，可以无偿处分的财产不得超过本人所有的财产的1/4。被继承人不得用遗嘱处分的部分变为特留份。在计算特留份继承人的人数时，只要是被继承人的直系卑血亲，不论属何亲等，均以子女的名义包括在其中。如果财产处分人没有直系卑血亲，但有与其未离婚的健在配偶，其可以通过生前赠与或遗嘱无偿处分的财产部分，不得超过其财产的3/4。财产处分人没有直系卑血亲也没有与其未离婚的健在配偶的情况下，得通过生前赠与或遗嘱无代价处分其全部财产。

法国模式特留份以被继承人的财产属于家的观念为基础，以法定继承主义为出发点。① 由于法国的第2006-728号法律废止了直系尊血亲享有特留份，故法国特留份权利的享有者仅包括配偶及直系卑血亲。配偶与子女相较，子女能享有更多的特留份财产权利。仅就被继承人的子女而言，子女人数越多，特留份数额就越大，被继承人能自由处分的财产就越少。只有当被继承人既没有直系卑血亲也没有健在配偶时，方可彻底地自由处分自己的财产。特留份的计算是以被继承人的遗产总额为参照数额。特留份作为不可侵害的继承份，被继承人为遗嘱时必须得留有部分遗产以保证特留份权的实现，否则被侵害人得通过扣减而从其他法定继承人处取回遗产。

2. 德国模式

德国、奥地利的特留份制度继受于罗马法义务份的规定，始基于对近亲的慈爱义务及经济扶养的观点而创设。罗马共和制末期，家制崩坏，家长权基础松弛，遗嘱自由被滥用而导致死者近亲属不得继承遗产，为确保死者对近亲的扶养义务而产生了义务份制度。义务份权人，即特留份权利人非以继承人资格，而是以被继承人近亲的资格享有特留份。如果死者的遗嘱非因正当理由未遗留给近亲属适当的财产，即当近亲属的义务份受到遗嘱侵害时，这些应由遗嘱人赡养、抚育的亲属基于自己享有特留份权，可以向遗嘱指定的继承人请求自己的特留份，在无其他救济办法的情况下，有权提起遗嘱逆伦之诉，以保护他们的继承权。②

---

① 参见陈棋炎、黄宗乐、郭振恭：《民法继承新论》(修订2版)，三民书局2004年版，第385页。
② 参见周枏：《罗马法原论》，商务印书馆2009年版，第524-529页。

第五章　遗赠、遗托和特留份

至优士丁尼法，必然的继承人之取得份，就其不足义务份之额，唯得提起义务份补充之诉，即唯有债权的请求权。① 即该权利最终是通过遗产的继承人给予一定数额金钱的方式来实现。

《德国民法典》用一章共 36 条对特留份进行了详细规定。第 2303 条规定："被继承人的晚辈直系血亲因死因处分而被排除在继承人之外的，该晚辈直系血亲可以向继承人请求特留份。特留份为法定应继份的价额的一半。被继承人的父母或配偶因死因处分而被排除在继承之外的，他们有同一权利。"在德国模式中，特留份权利主体包括因死因处分被排除在遗嘱继承人之外的被继承人的父母、配偶、晚辈直系血亲，其均本为法定继承人。特留份权的义务主体为其他遗嘱继承人。当特留份权利人因死因处分被排除在遗嘱继承之外时，其可以向其他遗嘱继承人行使特留份请求权。当特留份份额不足时，特留份权利人有权向其他遗嘱继承人请求补足特留份。根据规定，特留份数额为法定应继份额的一半。特留份请求权在继承开始时发生，而且可以继承和转让。② 在发生特定情形时，被继承人还可以剥夺晚辈直系血亲的特留份或进行限制。

德国模式的特留份制度以遗产自由处分为基础，以遗嘱继承主义为出发点。③ 从其性质而言，特留份是特留份权利人对其他继承人享有的一种请求权，属于债权。特留份的计算是以特留份权利人的应继份份额作为参照数额。当其权利受到侵害时，特留份权利人可以通过债权请求权的方式对其权利进行救济。按规定，该请求并不会导致被继承人超过义务份的遗嘱处分行为无效，其他遗嘱继承人也可以用金钱等替代方式对权利人享有的特留份进行偿付，而不用涉及遗产实物的分割。这有助于遗产作为经济实物时具体功能的维系。

3. 英美法模式

英国曾是世界上将私法自治在继承法领域贯彻得最为彻底的国家，1837 年颁布的《英国遗嘱法》对遗嘱设立采取绝对自由的态度，父母可以任意剥夺法定

---

① 参见史尚宽：《继承法论》，中国政法大学出版社 2000 年版，第 607 页。
② 参见陈卫佐译注：《德国民法典》（第 3 版），法律出版社 2010 年版，第 624 页。
③ 参见陈棋炎、黄宗乐、郭振恭著：《民法继承新论》（修订 2 版），三民书局 2004 年版，第 383 - 384 页。

继承人的继承权而将遗产给他人，且不受特留份或保留份的限制。在当时，"没有应继份的规定是英国遗嘱制度的一个重要特点"①。"近代英国法律学者，或有以此自由为绝对的，无限制者；又有以此为'英国法最显著特色之一'者，尚有人以为'这唯于英国法始能享有之特权。'"② 当特留份制度作为限制遗嘱自由的最有力手段在世界范围内以一种不可逆转的趋势陆续得到贯彻时，1938年颁布的《英国家庭供养条例》规定被继承人对家庭成员负有不可推卸的抚养义务。其后，通过不同法规的修订、完善及扩展③，英国最终确立以1975年通过的《英国继承法》及1995年通过的《英国继承改革法》为具体操作规则的适当抚养制度。按其继承法，英国要求被继承人将其一定数额的财产遗留给配偶和子女，如果遗产全部被遗赠给他人，则被继承人的合法配偶、无效婚姻中的配偶、离婚后尚未再婚的配偶、婚生和非婚生子女，可排除被继承人的遗嘱而继承部分遗产。同时，英国继承法赋予被继承人的配偶、未成年及不能自立生活的子女请求"财政津贴"的权利，"财政津贴"具有特留份的性质。而英国继承法对"财政津贴"的规定具有很大弹性，数额由法院因人、因时、因地而定，起点与我国继承法关于必留份的确定方法很相似。④

在美国，采用《美国统一继承法》的州都赋予被继承人的配偶、未成年子女和未独立生活的子女享有宅园特留份、豁免财产、家庭特留份的权利。故其特留份根据财产的种类可分为三种：宅园特留份、豁免财产、家庭特留份。但其对象均不是具体或特定的财产，实现方式都是从被继承人财产中提取一定数额价值的财产。故其特留份权为债权性质。家庭特留份还"可以以现款一次付清，也可以在一定期间内分期付清"；"家庭特留份是豁免财产，并优先于宅园特留份之外的其他债权受偿"。在权利的实现顺序上，配偶优先于子女享有特留份。⑤

---

① 何勤华、魏琼主编：《西方民法史》，北京大学出版社2006年版，第414页。
② 陈棋炎：《亲属、继承法基本问题》，三民书局1980年版，第451页。
③ 其间，经由1952年《无遗嘱继承条例》的修正，1958年《婚姻诉讼（财产和抚养条例）》、1966年《继承法》和1969年《家庭改革法令》的扩展。
④ 参见刘文编著：《继承法比较研究》，中国人民公安大学出版社2004年版，第257页；刘春茂主编：《中国民法学·财产继承》，人民法院出版社2008年版，第317页。
⑤ 参见刘春茂主编：《中国民法学·财产继承》，人民法院出版社2008年版，第317-318页。

4. 比较结论

大陆法系国家特留份制度更偏重保护家族利益，防止遗产分散。英美法系国家规定特留份权利人时更看重继承人的需要，不仅要求权利人具有配偶、子女身份，而且要有受扶养的客观需要，如未成年及不能自立生活等。因此，英美等国特留份的形式更具有多样性，特留份权利的实现途径也各有不同。无论是英国的适当扶养制度、"财政津贴"权利，还是美国的宅园特留份、豁免财产或家庭特留份，都是通过限制被继承人的遗嘱自由来保护配偶、子女对遗产的利益。

三、《民法典》设立特留份制度的必要性

特留份，是指法律规定的遗嘱人不得以遗嘱取消的，由特定的法定继承人继承的遗产份额。[①] 它起源于罗马法的义务份制度与日耳曼法的特留份制度[②]，经由近现代以来各国的继受与发展，已成为保护被继承人较近血亲和配偶的利益而对被继承人遗嘱自由进行适度限制的制度。

基于继受的源流不同，各国通过特留份制度对被继承人的意志进行强制性引导时，平衡被继承人的财产处分自由与其亲属利益、社会利益的手段也各不相同。特留份制度的产生并不是出于偶然，而是出于保护家庭亲属利益的客观需要。无论是继受于日耳曼法的法国模式，还是继受于罗马法义务份的德国模式，抑或是英美等国基于继承人的需要灵活采取的形式，都是以限制被继承人遗嘱自由的方式，保证遗产依传统尽量留归配偶、血亲，而不外流。各国随其发展均采纳且健全此制度，也皆因该制度在继承法领域存在着重要的价值，发挥着重要的功能。

1. 限制遗嘱自由功能

就特留份的具体称谓、权利享有者、份额及操作规则而言，各国的规定不尽相同，但各国特留份制度的根本目的，都是避免被继承人在遗嘱处分时因过分偏爱某人而忽视其亲密的法定继承血亲的利益，故对被继承人的遗嘱自由进行限

[①] 参见杨立新：《对修正〈继承法〉十个问题的意见》，载《法律适用》2012年第8期。

[②] 参见史尚宽：《继承法论》，中国政法大学出版社2000年版，第606－607页。

制，以保护被继承人一定范围内亲属的利益。

从继承制度的发展过程看，古代社会基于对家庭、社会利益的重点保护，个人的人格被家庭和家族所吸收，个人的遗嘱自由受到极大限制。如密拉格利亚指出的："古时社会的权利占优势，个人的权利则不重视。那时唯一盛行的权利，是表示家庭权利卓越的法定继承，而不是个人行为的遗嘱继承。"① 那时，家是财产的主体，个人是家的附庸，甚至其人格也被家吸收，家长作为家的财产管理人也不具有处分财产的自由，所以也不存在产生特留份的可能。

随着个人财产所有权在法律上得到承认，遗嘱便以财产所有人表达自由意志的方式得到法律的认可与尊重，遗嘱自由就成为继承领域意志自由的直接体现。当遗嘱自由发展到极致，遗嘱已经危及家庭的利益及那些需要遗嘱人扶养的家属的利益时，对遗嘱自由进行限制就成为社会发展的客观需要。此时，须对遗嘱自由进行适当限制，以达成遗嘱人与家庭、社会及需要扶养家属间利益的平衡，以矫正滥用遗嘱自由而导致的负面效果。正如学者所言："继承的法律，应调和家庭的权利与个人的正当要求，不可忽视继承的权利与家庭有直接的关联，足以影响于公共团体，故与国家有重大的利害关系。"② 基于限制遗嘱自由的目的，为保障与被继承人关系紧密的血亲、配偶及其他近亲能够享有被继承人的遗产，特留份制度便在各国渐被继受与完善。

2. 继承传递功能

在世界各国，享有特留份权利的主体通常是特定的，往往仅限于被继承人的配偶和直系血亲。无论采用何种模式设置特留份制度，其权利主体多仅包括配偶、直系卑血亲、直系尊血亲中的父母，其他血缘亲属即使是法定继承人也多不是特留份权利人。即使采用全部血亲均为继承人的德国也是如此。③

---

① ［意］密拉格利亚：《比较法律哲学》，朱敏章、徐百齐、吴泽炎、吴鹏飞译，李秀清勘校，何勤华主编，中国政法大学出版社 2005 年版，第 542 页。
② ［意］密拉格利亚：《比较法律哲学》，朱敏章、徐百齐、吴泽炎、吴鹏飞译，李秀清勘校，何勤华主编，中国政法大学出版社 2005 年版，第 541-542 页。
③ 参见陈卫佐译注：《德国民法典》（第 3 版），法律出版社 2010 年版，第 551-553 页。该法典将法定继承人规定为五个顺序，所涉及的法定继承人范围包括比被继承人的祖父母的父母及外祖父母的父母更大的祖先及其晚辈直系血亲，即一切生存着的血缘亲属。

从权利的确定看，法定继承人的范围及顺序是根据对被继承人的意愿推定得出，在推定过程中已经对个人、家庭、社会等多方利益因素进行权衡，而特留份只不过是在遗嘱自由违背法定继承核心理念时对其所作的限制，因此，特留份权利人的范围与顺序往往是法定继承人范围与顺序中核心部分。故特留份权利人都在法定继承人的范围内，其顺序也与法定继承人的顺序相一致。所以，特留份是不可改变的法定继承份，无论它是以遗产继承的方式获取，还是以债权的方式获得，其性质均属于遗产利益的继承，即排斥遗嘱继承的法定继承。其本质仍然在于保障被继承人的遗产仅在其最亲密的血亲之间传递而不外流，贯彻遗产按传统仅限于血亲之间继承传递的基本理念，体现特留份制度所具有的遗产继承传递功能。

3. 分配调控功能

基于各国特留份制度继受的法律源流不同，以及法律制度、法律体系、社会伦理、家庭结构的差异，各国在特留份的具体操作手段上有所不同，并出现"特留份""保留份""必留份""必继份""扶养费"等不同称谓。同时，出于不同因素的考虑及兼顾平衡利益对象的差异，各国特留份权利人的范围及顺序不尽一致，但一般都与其法定继承人的范围及顺序相吻合，且都只将顺序最靠前的一至两个顺序的法定继承人列为特留份权利人。两大法系都将配偶、子女作为特留份权利主体的重点保护对象，至多再加上父母，其他亲属多因居于相对次要地位而不纳入。排除源流导致的差异，特留份制度的本质是为保障被继承人的配偶、关系紧密的血缘亲属的利益，将被继承人遗产中的一部分强制无负担地划归其享有，让其不因被继承人的遗嘱而失去继承权。

以特留份制度对遗嘱自由进行限制并对遗产进行分配有其正当性。正如有的学者所言，特留份是被继承人依遗嘱处分其遗产时，依法为法定继承人保留的一定数量的遗产份额，其目的在于防止家长对遗嘱自由的滥用和家产的分散，确保家子享有受扶养的权利。[①] 从传统道义看，死者与其直系卑亲属、直系尊亲属中的父母及兄弟姐妹均为近亲，与配偶乃为夫妻，他们之间均存在密切的亲属关

---

① 参见李双元、温世扬主编：《比较民法学》，武汉大学出版社1998年版，第1108页、第1109页。

系，死者如果不将遗产的一部分留归此类最亲密的人而尽予他人，则与传统道义相违背，为社会人情所谴责。从社会利益及个人需要看，死者的配偶、关系紧密的血缘亲属与死者在现实生活中多形成扶养关系，其中部分人还必须依靠死者的遗产才能生活，基于生活的客观需要，他们也会对死者的财产心存期待。在此情形，如果以特留份的形式将遗产中的一部分按既定规则进行分配，让特定继承人获得生活的供养及经济上的保障，由此让其获得独立的生活能力，不再另寻他人扶养或社会供养而增加社会的负担，这在社会保障制度尚不健全的国家尤为重要。从适用范围看，各国都将特留份权利人控制在法定继承人的范围内，即只有与被继承人关系最为紧密的少数继承人才能享有特留份权。

4. 价值保持功能

在不同立法例中，特留份的实现方式并不相同，但无论是以继承权还是以债权实现特留份，特留份权利人只能取得遗产的一部分而不是全部。以继承权方式实现时，特留份权利人可以取得某项具体遗产的所有权。例如，依法国的继承权模式，特留份权利人便有权要求实物分割，这将可能导致在分割过程中实物价值被减损，且直接危及遗产的经济功能。以债权方式实现时，特留份权利人只取得法定数额的金钱。例如，依德国的债权模式，对于特留份权利人的特留份请求权，其他法定继承人可以金钱等替代方式对之进行支付，遗产不存在被实物分割的情形，其经济功能自然不会因特留份权的行使而受减损。

如果《民法典》规定了特留份制度，体现了这一制度的上述功能，再遇到"泸州张某受遗赠案"[1]，就完全有具体的法律规则予以应对，而不会援引公序良俗原则否定遗嘱的效力，既尊重遗嘱人的自由，又能保障特留份权人的权利。

四、特留份的规则设计

综上可见，由于起源、继受不同及其他因素的综合影响，各国通过特留份对被继承人的意志进行强制性引导时，被继承人的财产处分自由与亲属利益、社会

---

[1] 参见杨立新：《在〈继承法〉中规定特留份制度》，载《中国社会科学报》2012年7月18日A-07版。

利益之间平衡的手段各有不同。我国修订《民法典》如果要构建特留份制度，既要立足于原有的继承法律制度体系，更要借鉴他国不同模式特留份制度的优点，以发挥其最佳功能。在我国构建特留份制度时，应当秉承优良的道德传统，防止遗嘱自由被滥用而危及特殊法定继承人的利益，更需防止因过度的遗嘱自由而出现违背公序良俗的情形。

为此，设置特留份制度，必须对特留份的权利主体、取得方式、取得份额、丧失情形等作明确规定，以确保特留份权利的实现，体现特留份制度的应有价值。同时，依据财产所有权具有的保证遗嘱自由能最大程度实现的秉性，也可以对特留份的适用范围、条件、数额等进行严格的控制，以保证财产所有人最大限度按自己的意志对其私有财产进行处分。

（一）确定特留份权利主体的规则

作为法定不可被侵害的客体，特留份是在一定范围内的法定继承人基于不可被剥夺的法定继承权而享有的遗产份额。有资格获得者，必须是法定继承人，其获得基础仍然是法定继承权。基于法定继承人是否享有特留份或必留份，可以将其分为两类：

一是普通的法定继承人。该类继承人依法定继承顺序享有遗产继承权，如果被继承人留有有效遗嘱并对遗产作全部处分，其不得参与遗产继承。仅当被继承人没有遗嘱，或遗嘱无效，或遗嘱没有处分全部遗产时，其方能享有继承遗产利益的机会。

二是特殊的法定继承人。特留份权利人（也包括必留份权利人）也是法定继承人，依其身份本就有权按法定规则、顺序取得遗产。基于该类人中的部分法定继承人或因与被继承人关系较为亲密必须承继部分遗产，或因缺乏劳动能力又没生活来源故急需遗产维持生计，法律规定被继承人留有遗嘱时，不得剥夺此类人享有一定遗产的权利。即通过适度限制被继承人遗嘱自由的方式确保此类人有权从被继承人处取得遗产。其取得特留份的前提仍是法定继承人身份，故可以将此类人称为不能被剥夺继承权的法定继承人或特殊的法定继承人。

由于特留份实为法定继承人所享有而被继承人不得剥夺的必继份，故特留

份权利主体的范围及享有遗产的份额，应遵照与法定继承相同的标准与原理确定。确定特留份权利主体范围时，借鉴国外立法例，既不宜过宽，也不宜过窄。我国建立特留份制度，特留份权人的范围包括与被继承人关系最为亲密的子女、配偶以及父母，并根据其与被继承人的亲密程度确定所享有的特留份比例。

对于其他法定继承人，不应纳入特留份权利人的范围。

(二) 特留份份额、特留份权的规则

1. 特留份份额的确定

特留份是继承人继承的特定应继份，除该部分外，被继承人对剩余部分遗产可以自由处分。基于特留份是纯粹的积极财产，故在计算时应扣除债务。有特留份制度的国家，也都明确规定特留份的计算标准和方法。① 尽管数额比例不一，但总体上其份额都低于法定应继份，且往往是法定应继份的一半。

特留份的存在以被继承人的财产权为基础，只有在被继承人留有遗产的情况下，特定的法定继承人才能享有特留份。设置特留份制度，须考虑并兼顾财产所有人的意志。无论是从被继承人应该承担的道义责任，还是从生前所负的扶养义务看，享有其遗产的权利主体不应仅仅被推定为特留份权利人，而毫不考虑被继承人的遗愿而剥夺遗嘱继承人的利益。因此，作为纯粹积极财产的特留份，对其数额应以弹性或比例性的数额来规定，不应采用与美国一样的固定数额。

笔者建议，直接以被继承人留下的不包括任何债务的积极财产作为实现特留份的基础，按继承人应继承份的比例确定其特留份的份额。这种方式便于确定具体数额，能在保障特留份权利人利益的同时，兼顾到被继承人依自己意志对其遗产所作的利益安排。这也符合利用特留份制度对遗嘱自由进行适度限制，以协调、平衡财产所有人的遗嘱自由权与特别的法定继承人不可被剥夺的法定继承权，能更为合理地兼顾特留份权利主体的利益与被继承人的遗愿，协调好多方利益。

笔者还建议，在特留份权利人（被继承人的子女、配偶与父母）中，根据他

---

① 参见张玉敏：《继承法律制度研究》，法律出版社1999年版，第244页。

们与被继承人的亲密程度来确定其所享有的特留份比例。特留份权利人享有的具体份额为：配偶、子女享有的特留份为其应继份的 1/2，父母享有的特留份为其应继份的 1/3。

2. 特留份权利的行使方式

在确定特留份份额时，各国多以被继承人遗留的积极财产为基数，并不包括遗产债务等消极财产在其中。特留份作为必继份，应是纯粹的积极财产，不包括任何遗产债务。将来修订《民法典》，也应同时规定相应的归扣制度，且在计算特留份、必留份时都应适用。

在继承开始后，特留份权利人可以基于保全请求权保全其特留份。如果遗嘱人在遗嘱中没有对特留份作出安排，特留份权利人便有权请求遗产管理人或相关人从遗产中扣减出特留份的份额，故特留份权利的实现也是特别继承权的落实。所以，在实现特留份权利时，以行使继承权的方式实现特留份更符合特留份实为遗产法定继承份的本质。正如依法国模式，实现特留份按遗产继承规则进行，而不以债权的方式实现。但按此方式实现特留份，在特留份份额所涉遗物与遗嘱处分所涉遗物不发生冲突时尚可，如发生冲突，就存在依据客观情况变通适用的可能。

被继承人为遗嘱时，往往会根据遗产的性能、价值及继承人的需要等决定遗产的归属，而法律也应充分尊重遗嘱人的自由安排。在被继承人与继承人之间，非金钱类遗物除具有财产的性能外，往往还有其他特别的价值与性能附属其上，比如提供方便的住宿、寄托人的感情与思念等。当法律出于对特留份权利人的保护，因执行特留份而不得不对已被遗嘱人合理安排的遗物变更所有人时，这将可能直接影响特定遗物效用的发挥。故实现特留份时，不应完全遵从法国模式全部采用遗产继承规则来分割，而应视遗嘱是否与特留份发生冲突区别对待。当二者没有冲突时，遗嘱及特留份均按相应规则处理。当二者发生冲突时，遗嘱涉及的部分原则上按遗产继承规则处理，特留份涉及的部分在不影响遗物效能发挥的前提下按遗产继承规则处理。在特留份的实现影响到遗物效能发挥时，基于特留份的立法目的仅在于保护特留份权利人的继承利益，而非使其享用被继承人的遗产实物。为尽量保证遗物能按遗嘱人的安排发挥最佳功能及效用，可以由遗嘱继承

人选择，或者依遗产继承规则对遗物进行实物分配，或者允许遗嘱继承人用金钱等以债的形式对特留份进行替代偿付，以此实现特留份权。这也符合《民法典》及司法解释中遗产分割的规则和方法。①

3. 特留份权的丧失

在被继承人留有遗产的情况下，法定继承人享有的特留份权存在因出现某些特定情形而丧失的问题。与继承权因放弃而丧失相同，特留份权也会因权利人的明示放弃而丧失，即在被继承人死亡后、遗产处理前放弃特留份均会发生丧失的法律效果。除明示放弃外，特留份权利人的行为具有放弃特留份权利的性质，如特留份权利人已经向受遗赠人履行支付标的义务的，应视其放弃特留份。特留份权利人在放弃或被视为放弃特留份后，均不得再主张特留份权利。

尽管特留份权实为不可剥夺的继承权，但其保护的侧重点与继承权有所不同。法律规定继承权是为了对法定继承人的利益进行一般保护，而特留份的立法目的在于对法定继承人的继承利益进行特殊保护。② 二者间包含与被包含的关系将导致权利人放弃不同的权利时会产生不同的法律后果。因特留份权以继承权为基础且包含于继承权中，故继承人享有法定继承份时就无权再享有特留份，继承人放弃继承权就意味着放弃特留份权，但其放弃特留份权并不意味着放弃继承权。所以，在同时存在其他继承人时，某一个继承人放弃继承权就意味着其他继承人所享有的遗产份额（包括特留份的份额）都将随之增加，此时，如果该国继承法承认遗产的归扣制度与特留份的追索制度，则基于其他继承人特留份数额的增加，放弃继承权的人所丧失的可能就不仅仅是一种可得利益，在他曾经于被继承人死前受有特种赠与的情况下，他将受到因其他继承人特留份权利增加而导致的追索。但当某一个继承人仅放弃特留份权利时，意味着其他继承人仅仅在他放弃的特留份的份额内获益。

---

① 《继承法》第29条规定："遗产分割应当有利生产和生活需要，不损害遗产的效用。不宜分割的遗产，可以采取折价、适当补偿或者共有等方法处理。"《最高人民法院关于贯彻执行〈中华人民共和国继承法〉若干问题的意见》第58条规定："人民法院在分割遗产中的房屋、生产资料和特定职业所需要的财产时，应依据有利于发挥其使用效益和继承人的实际需要，兼顾各继承人的利益进行处理。"

② 参见郭明瑞、房绍坤、关涛：《继承法研究》，中国人民大学出版社2003年版，第153页。

特留份权除因放弃而丧失外，也会因继承人实施某些违法或严重违反伦理道德的行为后被剥夺而丧失。对此，与继承权丧失的情形相统一，执行同样的标准及规则。

4. 特留份权的恢复

基于特留份的本质为继承份，故特留份权的丧失与恢复应该遵循与继承权丧失与恢复大体相同的规则。依据《民法典》的规定，当享有继承权的权利人实施了故意杀害被继承人，为争夺遗产而杀害其他继承人，遗弃被继承人或虐待被继承人情节严重，伪造、篡改、隐匿或者销毁遗嘱情节严重，以欺诈、胁迫手段迫使或者妨碍被继承人设立、变更或者撤回遗嘱情节严重的行为时，其享有的继承权便丧失。同时，对于相对丧失继承权，以后确有悔改表现，而且被继承人生前表示宽恕或者事后在遗嘱中将其列为继承人的，其丧失的继承权予以恢复。如果我国特留份权恢复的规则也如此执行，将会过于严苛，且与国际通行的做法完全不同。

基于特留份实为必继份，属于法定继承人所享有的不能被遗嘱人以遗嘱剥夺的特有部分，相较其他法定继承权而言，特留份权受到的保护力度应该更大。故其因法定情形丧失后，经宽宥而恢复自然应该比恢复已丧失的继承权更为宽松，方为合理。鉴于目前世界各国大都规定经由被继承人的宽宥可以全部恢复继承人已丧失的继承权，少数国家虽不允许经宽宥恢复继承人已丧失的继承权，但也允许恢复已被剥夺的特留份的做法，笔者建议，所有因法定情形丧失的特留份权，均可因被继承人的宽宥而恢复，且不附加任何限制条件。

（三）对特留份与遗嘱、法定继承冲突的处理

特留份作为限制遗嘱自由的一种手段或措施，其限制作用只有当遗嘱内容或法定继承与特留份相冲突时才会得到体现。当被继承人的遗嘱没有危及特留份时，遗嘱将得到法律的认可并被执行。

当被继承人以遗嘱方式处分所有遗产，却没有在遗嘱中为特留份权利人留下特留份时，如果遗嘱人设立的遗嘱继承人已经包括特留份权利人，且其通过遗嘱继承享有的遗产份额已经等于或超过其应该获得的特留份份额，其应享有的特留

份已经包含于遗嘱继承份中,故特留份权利人无权再另行主张特留份。如果遗嘱人设立的遗嘱继承人已经包括特留份权利人,但其通过遗嘱继承享有的遗产份额低于应该获得的特留份份额,特留份权利人有权就特留份的不足部分主张权利,其方法与主张遗产权利相同。遗嘱中涉及该特留份不足的部分无效,其他部分仍然有效。如果遗嘱人没有设立特留份权利人为遗嘱继承人,则该遗嘱中涉及特留份相应比例的部分无效,且须得先为特留份权利人留下相应份额的遗产后,遗产中的其他部分才能按遗嘱执行。

当被继承人以遗嘱对部分遗产进行处分,但尚有部分遗产未经遗嘱处分而须按法定继承分配时,如果遗嘱人已经设立特留份权利人为遗嘱继承人,且其通过遗嘱继承享有的遗产份额已经等于或超过其应该获得的特留份份额,特留份权利人无权再另行主张特留份。如果遗嘱人已经设立特留份权利人为遗嘱继承人,但其通过遗嘱继承享有的遗产份额不足其应该获得的特留份份额,特留份权利人得主张先以未经遗嘱处分部分的遗产实现自己的特留份。只有当该部分遗产份额不能补足待实现的特留份时,才能以遗嘱处分的遗产部分补足特留份。此时,遗嘱相关部分的效力问题按前述规则处理。

第三编

遗产的处理

第六章
遗产的管理与分割

《民法典》继承编第四章规定的是"遗产的处理",内容丰富。本书把该章的内容分为两部分:一是"遗产的管理和分割",讨论遗产处理的一般性规则;二是"转继承、遗赠扶养协议和共同继承",讨论三种遗产处理中的特殊性规则。

第一节 遗产管理人

一、遗产管理与遗产管理人

(一)遗产管理

遗产管理是继承制度中的一个重要内容,涉及被继承人支配遗产意志的实现、继承人继承权的实现以及遗产其他利害关系人的合法权益,具有重要的意义。

遗产管理,是指对死者遗产进行保存和管理的继承制度。在继承开始后到遗产的最终分割、处理时止,为了保护遗产不被损毁或灭失,必须确定遗产管理人,对遗产进行管理。

《继承法》关于遗产管理的规定过于简陋,仅在第24条规定:"存有遗产的人,应当妥善保管遗产,任何人不得侵吞或者争抢。"但对被继承人的遗产无人

存有时，如何进行遗产管理等缺少规定。虽然有学者认为应当结合实际情况，由死者生前所在工作单位或者遗产所在地的继承组织负责管理①，但这还不够，应当借鉴国外立法例，规定完善的遗产管理制度。

关于遗产的管理，各国继承法主要有两种立法例：

一是由法院或主管官署依职权进行管理。德国、瑞士等国继承法采取此立法例，如《德国民法典》第1960条规定："遗产法院尤其可以命令存放印章，提存金钱、有价证券和贵重物品，以及编制遗产目录，并为成为继承人的人选任保佐人（遗产保佐人）。"

二是由民事法院根据利害关系人或者检察官的请求，指定遗产管理人。法国、日本等国继承法采此立法例，如《日本民法典》第936条规定："继承人有数人时，家庭法院应从继承人中选任继承财产管理人。"

《民法典》借鉴国外立法有关遗产管理的规定，结合我国的具体实践，对遗产管理规则进行了完善。

（二）遗产管理人

遗产管理人，是指对死者遗产负责保存和管理的人。遗产管理人在许多情形下都存在，比如在法定继承中，由承认继承的继承人作为管理人，遗嘱继承中的遗嘱执行人作为管理人，还有无人继承遗产中被指定的遗产管理人。

对此，各国继承法都作出明确规定。例如，《日本民法典》第918条第1款前段规定："继承人须以与其自己固有财产的相同注意管理继承财产。"②

《民法典》借鉴各国民法规定遗嘱执行人或者遗产管理人的做法，在第1145条至第1149条规定了我国的遗产管理人制度。

二、遗产管理人的产生

（一）《民法典》对遗产管理人产生方式的规定

规定遗产管理人，首先必须规定遗产管理人的产生方式。对此，《继承法》

---

① 参见刘文：《继承法比较研究》，中国人民公安大学出版社2004年版，第348页。

② 《日本民法典——2017年大修改》，刘士国、牟宪魁、杨瑞贺译，中国法制出版社2018年版，第233页。

没有规定,仅在第 24 条规定了"存有遗产的人,应当妥善保管遗产"的内容,带有遗产管理人的意思,并不是明确规定遗产管理人。鉴于遗产管理人在遗产处理中的重要地位和作用,《民法典》规定了遗产管理人制度,弥补了《继承法》没有规定遗产管理人的不足。

《民法典》第 1145 条规定:"继承开始后,遗嘱执行人为遗产管理人;没有遗嘱执行人的,继承人应当及时推选遗产管理人;继承人未推选的,由继承人共同担任遗产管理人;没有继承人或者继承人均放弃继承的,由被继承人生前住所地的民政部门或者村民委员会担任遗产管理人。"

(二)遗产管理人的产生方式

《继承法》只规定存有遗产的人保管遗产,对于在其他情形下的遗产管理人都未明确规定。依照《民法典》第 1145 条的规定,我国的遗产管理人的产生包括以下几种方式。

1. 遗嘱执行人为遗产管理人

继承开始后,遗嘱执行人作为遗产管理人。被继承人在遗嘱中指定了遗嘱执行人,没有指定遗产管理人的,该遗嘱执行人即为遗产管理人,在遗嘱生效时即取得遗产管理人的身份。被继承人在遗嘱中明确指定了遗产管理人的,法律自应尊重,继承人也应服从,在遗嘱生效时遗产管理人开始履行执行职责。

尽管《民法典》规定了遗嘱执行人就是遗产管理人,是遗产管理人产生的最主要方式,但是,对于遗产管理人与遗嘱执行人的关系,还要进一步厘清。

在实际生活中,遗嘱执行人与遗产管理人并非完全一致。一是,遗嘱指定遗嘱执行人执行遗嘱分配遗产的部分,对没有通过遗嘱分配的遗产,遗嘱执行人并没有当然的遗产管理人的身份。二是,在遗嘱中,既指定遗嘱执行人,又指定遗产管理人的,遗嘱执行人和遗产管理人各负其责。

可见,尽管遗嘱执行人也能起到遗产管理的作用,但是遗产管理人与遗嘱执行人不能完全等同,两者存在区别。

一是适用范围不同。遗嘱执行人只适用于遗嘱继承的情况,而在法定继承、遗赠、无人继承遗产等所有继承事件中可以设定遗产管理人。

二是产生方式不同。遗嘱执行人的确定有以下三种情况：由被继承人生前在遗嘱中指定；遗嘱人未指定遗嘱执行人或指定的遗嘱执行人不能执行遗嘱的，遗嘱人的法定继承人为遗嘱执行人；在没有遗嘱中指定的遗嘱执行人，也没有法定继承人能执行遗嘱时，由遗嘱人所在地的民政部门或者村委会作为遗嘱执行人。完善的遗产管理制度是，遗嘱继承的遗嘱执行人同时也是遗产管理人，管理遗嘱指定处分的遗产；而在法定继承和无人继承遗产中，没有遗嘱执行人，应当设立遗产管理人对遗产进行管理。

三是担任的条件不同。遗嘱执行人必须是完全民事行为能力人，无民事行为能力人或者限制民事行为能力人不能被指定为遗嘱执行人。遗产管理人在少数情况下，可能是无民事行为能力人或限制民事行为能力人，例如，在仅有一个继承人而该继承人是无民事行为能力人或限制民事行为能力人的情况下，该继承人可以是法定的遗产管理人，只是无民事行为能力人的遗产管理行为应当由其法定代理人代理，限制民事行为能力人的管理行为应得到其法定代理人的允许。

2. 继承人推选遗产管理人

被继承人没有指定遗嘱执行人的，继承人应当及时推选遗产管理人，以保存和管理遗产。继承人只有一人的，被继承人的遗产直接转化为该继承人的个人财产，其进行的遗产管理，既是遗产管理人对遗产的管理，也是所有权人对自己财产的管理。由于被继承人遗留的遗产的复杂性和多样性，单独的继承人无法自己管理遗产的，也可以推选遗产管理人。继承人为多人的，为了更好地进行遗产管理，全体继承人应当及时推选遗产管理人，遗产管理人确定后，应当及时进行遗产管理活动。

3. 全体继承人为遗产管理人

继承人为多数的，如果未推选遗产管理人，可以由全体继承人共同担任遗产管理人。这种遗产管理人的产生方式称为默示产生方式。全体遗产管理人共同管理遗产，按照共同的意思对遗产进行管理。不能取得一致意见的，应当按照多数人的意见进行管理。《民法典》没有规定多数遗产管理人的管理方法，对此，可以参考破产清算组的管理规则，确定具体的管理方法。

4. 民政部门或者村民委员会担任遗产管理人

被继承人没有继承人或者继承人均放弃继承的,没有人推选遗产管理人,由被继承人生前住所地的民政部门或者村民委员会担任遗产管理人,民政部门或者村民委员会对遗产进行管理。在城镇,居民委员会不能作为遗产管理人,因为有民政部门可以直接担任。在农村,鉴于民政部门的管理不便,由村民委员会直接作为法定的遗产管理人。

5. 遗产管理人产生的其他方式

《民法典》第1145条规定的遗产管理人产生方式,是主要的产生方式。在实际生活中,还存在其他产生方式。例如,被继承人通过遗嘱指定遗产管理人。

被继承人在遗嘱中明确指定了遗产管理人的,是被继承人根据自己的意志对遗产管理人作出的安排,法律应当尊重,继承人也应当服从。

不过,遗嘱指定的遗产管理人并非不可改变。遗嘱指定的遗产管理人未尽其应尽的注意义务,或者损害继承人及其他遗产利害关系人权益的,继承人或者其他利害关系人可以请求法院予以撤换。

(三)遗产管理人产生后的有关问题

遗产管理人选任后,应当解决的是以下问题。

1. 就任和催告

(1)就任

受委托指定的遗嘱执行人、遗产管理人,应当毫不迟疑地做出接受指定,同时,应当将接受指定的内容通知继承人。

(2)催告

遗产管理人选任后,如果没有及时就任,继承人和其他遗产利害关系人都可以对遗嘱执行人、遗产管理人进行催告,设定相当期间,催告其应在该期间内明确答复是否承诺就任。对此,遗嘱执行人或者遗产管理人在指定期间内未对继承人作出明确答复的,视为其已经承诺就任。

2. 辞任、解任和缺格

(1)辞任

遗产管理人有正当理由时,经继承人、受遗赠人等遗产利害关系人同意,可

以辞去其任务。遗嘱执行人资格被撤销或者辞去任务，按照规定重新确定遗嘱执行人。受委托指定遗嘱执行人的人要辞去其委托时，需毫不迟疑地将其意思通知继承人。在上述遗产管理人产生方式中，法定继承人、民政部门和村民委员会担任遗产管理人的，负有不得辞任的义务，但法定继承人放弃继承权的除外。这是因为，法定继承人管理遗产是其应尽的义务，当然不可以辞任，只有法定继承人放弃继承权，已经对遗产再没有利益关系的，才可以辞任。至于民政部门和村民委员会担任遗产管理人，是其职责所在，当然也不可以辞任。

（2）解任

遗产管理人不能适当履行自己的职责时，继承人、受遗赠人以及其他利害关系人可以申请法院撤销其资格。遗产管理人的行为已经或者将要损害其利益的，继承人可以请求法院更换遗产管理人。

（3）缺格

遗产管理人缺格，是指选任的遗产管理人不具有相应的民事行为能力，如选任的遗产管理人为无民事行为能力人，或者为限制民事行为能力人。对此，应当更换遗产管理人。

3.多数遗产管理人

多数遗产管理人也称为共同管理人，或者共同执行人。全体继承人担任遗产管理人的，是共同管理人。被继承人指定或者继承人委托多数遗产管理人的，也是多数遗产管理人。

对于多数遗产管理人的管理，首先，遗产管理人的意见不一致时，除遗嘱人在遗嘱中表示了另外意思外，应当按照半数以上的遗产管理人的意见处理，实行简单多数决。其次，遗产管理人对遗产的管理，可以共同管理，也可以分工管理。最后，各遗产管理人执行管理职责，可以对遗产实施紧急保存行为。

三、法院指定遗产管理人

（一）法院指定遗产管理人的法律依据

在继承中，对于遗产管理人的产生，除了《民法典》第1145条规定的产生

方式，在特定情况下，应当由法院直接指定遗产管理人。对此，《民法典》第1146条规定："对遗产管理人的确定有争议的，利害关系人可以向人民法院申请指定遗产管理人。"这是法院指定遗产管理人的规则。

（二）可以请求法院指定遗产管理人的情形

按照《民法典》第1146条的规定和实际情况，指定遗产管理人的特定情况如下：

1. 遗嘱未指定遗嘱执行人或者遗产管理人

遗嘱未指定遗嘱执行人或遗产管理人，继承人或者其他利害关系人对遗产管理人的选任存在争议。出现这种情形，利害关系人可以向人民法院起诉，请求法院指定遗产管理人。

2. 被继承人没有继承人或者继承人下落不明

遗嘱未指定遗嘱执行人或遗产管理人，被继承人没有继承人，或者虽然有继承人，但是继承人下落不明，都等于没有遗产管理人，利害关系人可以向法院请求指定遗产管理人。

3. 对指定遗产管理人的遗嘱效力有争议

遗嘱人在遗嘱中指定了遗产管理人，但是，继承人或者利害关系人对该遗嘱的效力，或者对该遗嘱指定遗产管理人的效力有争议时，可以向法院起诉，请求法院指定遗产管理人。对此，法院应当首先确定遗嘱效力或者遗嘱指定遗产管理人的效力，认定遗嘱有效或者遗嘱确定遗产管理人部分有效的，驳回其诉讼请求；遗嘱无效或者指定遗嘱管理人无效的，应当指定遗产管理人。

4. 被继承人的债权人认为继承人的行为损害其债权利益

没有产生遗产管理人，被继承人的债权人有证据证明继承人的行为已经或将要损害其债权利益的，被继承人的债权人可以向法院起诉，请求法院指定遗产管理人，对遗产进行管理，保全遗产，以便实现债权。

（三）法院指定遗产管理人的权力

出现上述情形之一，利害关系人可以向法院起诉，申请法院指定遗产管理人。

法院应当根据实际情况，指定遗产管理人。例如，指定继承人单独或者共同作为遗产管理人，指定遗嘱执行人作为遗产管理人，指定民政部门或者村民委员会作为遗产管理人。

法院在指定了遗产管理人之后，遗产管理人应当立即就位，履行遗产管理人的管理职责，保护各方当事人的合法权益。

在司法实践中，适用《民法典》的该条规定应当注意：为保证遗产的安全，避免遗产的损毁、灭失，法院在指定遗产管理人之前，经利害关系人的申请，可以对遗产进行必要的处分，即在紧急情况下（如遗产有毁损、灭失危险时），法院可以代行遗产管理人的部分职责。

四、遗产管理人的职责

（一）规定遗产管理人职责的重要意义

遗产管理人的职责，关乎多方当事人的利益：一是被继承人处置遗产的意愿是否能够实现；二是继承人或者受遗赠人是否能够按照遗嘱指定或者依照法律规定取得应当获得的遗产；三是被继承人的债权人的债权是否能够实现。

由于遗产管理人在管理遗产上的责任重大，因此，法律必须明确遗产管理人的职责范围，遗产管理人应当按照法律规定的遗产管理人的职责范围，严格履行职责。

《民法典》第1147条规定："遗产管理人应当履行下列职责：（一）清理遗产并制作遗产清单；（二）向继承人报告遗产情况；（三）采取必要措施防止遗产毁损、灭失；（四）处理被继承人的债权债务；（五）按照遗嘱或者依照法律规定分割遗产；（六）实施与管理遗产有关的其他必要行为。"这一规定详细列举了遗产管理人的职责。

（二）遗产管理人的具体职责范围

1. 清理遗产并制作遗产清单

首先，遗产管理人要履行的职责就是清理遗产。清理遗产，是指查清被继承

人遗留遗产的名称、数量、地点、价值等状况，使继承人和利害关系人对被继承人的遗产有准确的掌握。

其次，在对有关遗产查清的基础上，遗嘱管理人应当编制遗产清单。遗产清单又被称为遗产清册、财产目录，是限定继承责任的首要前提条件。[①] 制作遗产清单的要求是，全面、准确地载明遗产的具体情况，既包括对积极财产的记载，也包括对消极财产的记载。在遗产清单制作完成后，应当经过公证处的公证，使其具有公信力。

2. 向继承人报告遗产情况

遗产管理人在查清遗产、制作遗产清单后，应当向继承人报告遗产情况，使继承人依据遗产清单，掌握被继承人遗留遗产的具体情况。

3. 采取必要措施防止遗产毁损

遗产管理人还应当对遗产负有管理职责，遗产管理人应当采取必要措施，防止遗产被毁损、侵夺。首先，维持遗产的现状。其次，应当采取适当的处置措施，例如变卖易腐物品、修缮房屋、进行必要的营业行为、收取到期债权等。最后，实施这些必要的处分措施的目的是保存遗产，不能超越必要限度，如果超出必要限度，属于遗产管理人的非必要处分行为，对继承人、受遗赠人等造成损害的，遗产管理人应当承担赔偿责任，例如遗产管理人将遗产无偿赠与他人、将遗产故意毁坏等。

4. 处理被继承人的债权债务

对于经过清理能够确定的被继承人的债权债务，遗产管理人在通知或者公告后，一方面，应当对被继承人的债权依法向债务人进行主张，通过非诉或者诉讼的手段，实现被继承人的债权，并将实现债权所获得的财产列入遗产范围，不能实现的债权作为被继承人的消极遗产，纳入遗产范围；另一方面，应当对有关遗产债务进行清偿，在清偿中，应当以遗产的实际价值为限，承担被继承人的清偿责任。对遗产债务的清偿，应当按照一定的顺序，对同一顺序的债务无法全部清

[①] 参见陈苇、刘宇娇：《中国民法典继承编之遗产清单制度系统化构建研究》，载《现代法学》2019年第5期。

偿的，可以按一定的比例。只有在清偿债务后尚有剩余遗产的，才能进行遗产分割。

5. 按照遗嘱或者依照法律规定分割遗产

在继承开始后，遗产管理人应当将遗产进行集中管理，即使不能集中管理的遗产也应当采取保护措施，防止遗产减损。完成上述工作，遗产管理人应当依照法律规定或者约定，开始进行遗产分割。如果只有一个继承人，应当及时将遗产移交给继承人。如果有两个以上继承人，则应当按照遗嘱指定或者法律规定，对遗产进行分割，将分割后的遗产交给继承人或者受遗赠人。

6. 实施与管理遗产有关的其他必要行为

对于被继承人的遗产，遗产管理人应当善尽管理职责。对于与管理遗产有关的必要行为，都在遗产管理人的职责范围之内，都有权依法实施。

在实践中，遗嘱执行人就是遗产管理人，遗产管理人履行上述职责自有根据。如果既有遗产管理人又有遗嘱执行人，则遗产管理人负有遗产清理和遗产保管的职责，处理被继承人的债权债务，在法定继承中分割遗产；遗嘱执行人应当按照遗嘱的指定，执行遗嘱处分遗产的指定，分割遗产，如果遗嘱中还有处分债权债务的内容，遗嘱执行人应当依照遗嘱办理。简言之，凡是遗嘱指定的遗产处置内容，遗嘱执行人都有权执行，并排除遗产管理人的遗产处置权。

(三) 遗产管理人的注意义务标准

关于遗产管理人于执行职务时应尽何种注意义务，学界有两种观点：一种观点认为，管理人的注意义务应根据其是否受有报酬而有不同标准。受有报酬者，应尽善良管理人之注意义务；无偿任职者，则仅需尽与处理自己事务相同之注意义务。[1] 另一种观点认为，不必区分遗产管理人是否受有报酬，凡遗产管理人一律应以善良管理人之义务执行职务。其注意程度，应与宣告失踪人之财产管理人之注意义务相同。[2]

处理自己事务的注意义务难有统一标准，不仅认定上存在困难，而且对于继

---

[1] 参见戴炎辉等：《中国继承法》，三民书局1998年版，第224页。
[2] 参见史尚宽：《继承法论》，中国政法大学出版社2000年版，第374页。

承人、受遗赠人、遗产债权人等利害关系人不利。因此，为使遗产债权人、受遗赠人等遗产权利人的利益得到更多保障，应使遗产管理人负善良管理人之注意义务。遗产管理人须忠实、谨慎地履行管理职责，因遗产管理人不当履行上述义务给遗产债权人造成损害的，遗产债权人有权要求遗产管理人承担民事责任。

五、遗产管理人的报酬

关于遗产管理人是否可以收取报酬，《民法典》第1149条规定："遗产管理人可以依照法律规定或者按照约定获得报酬。"遗产管理人实施遗产管理行为，相当于对破产财产的管理，故获得报酬是应该的。

（一）遗产管理人的管理行为通常是有偿行为

遗产管理人提供遗产管理服务，可以是有偿服务，也可以是无偿服务。例如，受委托而作为遗产管理人的，一般应当是有偿服务；而继承人为自己的利益而为遗产管理人可以不收费，进行无偿管理。

在通常情况下，遗产管理人对遗产的管理是有偿的，因为遗产管理是管理财产的行为，为实现遗产的保值，保护遗产继承各方当事人的权益，支付管理费用理所当然。因此，遗产管理人收费是常态。

对遗产管理人应当给付的报酬，应当列入遗产管理成本，在分割遗产时具有优先受偿的效力，应当排在被继承人的丧葬费之后，依法缴纳的税款和债务之前的优先位置。

（二）确定遗产管理服务报酬的方法

1. 依照法律规定

对遗产管理人报酬的给付，有法律规定的，应当依照法律规定确定付费标准。例如，律师担任遗产管理人的，可以参照律师收费标准确定报酬数额，依照管理遗产数额的比例确定收费数额。目前律师收费标准没有对此作出规定，在积累一定经验的基础上，法律或者行政法规应当规定遗产管理服务收取报酬的标准，统一收费数额。

2. 按照约定

在当事人或者被继承人委托遗产管理人时，双方应当签订合同，约定报酬的标准和数额，遗产管理人按照约定取得报酬。没有约定或者约定不明确的，应当按照《民法典》第510条的规定进行补充协商，按照协商的意见确定收费标准；协商不成的，可以参照法定的收费标准确定报酬数额。

（三）对遗产管理人报酬权的保护

法律规定或者合同约定遗产管理人获得报酬的，遗产管理人的获得报酬权受法律保护。不履行给付报酬义务的，遗产管理人可以向法院起诉请求给付。

遗产管理人的报酬享有优先性，应当在遗产中优先支付。虽然《民法典》对此没有规定，但是依据法理应当如此。

第二节　遗产管理人失职损害赔偿责任

《民法典》第1145条至第1149条规定了遗产管理人制度，对遗产管理人的选任方法、选任有争议时的指定、遗产管理人的职责、遗产管理人失职时的民事责任和有偿服务，都作了规定，条文前后贯通，构成完整的制度体系，反映了我国市场经济对财富传承的实际需要，对管理和保护被继承人的遗产，平衡遗产利害关系人的利益关系，完善继承制度，都具有重要的价值。其中对遗产管理人失职民事责任的规定，是一个新的责任规范，理论研究尚不够深入，对该种民事责任的性质、责任构成、责任承担等问题，都需要深入展开探讨，进一步明确其法理，为实际应用提供有价值的参考意见。

一、对遗产管理人失职损害赔偿责任的定义与应探讨的问题

（一）遗产管理人失职损害赔偿责任的称谓和定义

《民法典》第1148条规定："遗产管理人应当依法履行职责，因故意或者重

第二节 遗产管理人失职损害赔偿责任

大过失造成继承人、受遗赠人、债权人损害的,应当承担民事责任。"这一条文规定的遗产管理人失职损害赔偿责任,是一个比较复杂的概念,必须准确界定。这由于是一个新的责任规范,在目前的著述中还缺少准确的称谓和定义。

1. 对遗产管理人承担的民事责任应当怎样称谓

首先要确定的是,对《民法典》第1148条规定的遗产管理人承担的民事责任应当怎样称谓。

对此,全国人民代表大会常务委员会法制工作委员会对《民法典》继承编的条文释义,只简单提到"遗产管理人责任"[1],没有具体说明遗产管理人失职造成遗产利害关系人损害时承担的民事责任应当怎样称谓。中国社会科学院法学研究所编写的《民法典评注》,对第1148条的条旨使用了"遗产管理人的民事责任"的称谓。[2] 中国人民大学出版社出版的《中国民法典释评·继承编》是笔者所写,把这种民事责任概括为"遗产管理人履行职责及责任"[3],也不够贴切。最高人民法院在《民法典》理解与适用的说明中,使用的概念是"遗产管理人未尽职责的民事责任"[4]。

相较而言,全国人民代表大会常务委员会法制工作委员会专家、中国社会科学院法学研究所学者以及笔者对这一责任概念的称谓都认为不尽人意。对遗产管理人承担的民事责任应该如何称谓,应当既符合实际情况,又要有自己的特点,不能简单地使用遗产管理人责任或者遗产管理人的民事责任这样的称谓,过于笼统,不能鲜明地表达这种民事责任的本质特征。最高人民法院使用的称谓比较具体,也比较符合实际情况,但也存在不足,即"遗产管理人未尽职责的民事责任"对遗产管理人责任的产生原因作了说明,但是,没有说明民事责任的方式和性质,同样未表达此种民事责任的本质。

笔者认为,对《民法典》第1148条规定的民事责任,应当使用"遗产管理

---

[1] 黄薇主编:《中华人民共和国民法典继承编释义》,法律出版社2020年版,第120页。
[2] 参见陈甦、谢宏飞主编:《民法典评注·继承编》,中国法制出版社2020年版,第235页。
[3] 杨立新:《中国民法典释评·继承编》,中国人民大学出版社2020年版,第192页。
[4] 最高人民法院民法典贯彻实施工作领导小组:《中华人民共和国民法典理解与适用》,人民法院出版社2020年版,第634页。

人失职损害赔偿责任"的称谓,既比较准确,又比较具体,更切合实际。其理由:一是明确了承担责任的主体是遗产管理人;二是明确了遗产管理人承担责任的原因是"失职",即遗产管理人违反职责;三是明确了民事责任的方式是损害赔偿。故这一称谓能够准确概括、清晰表达这一民事责任的基本特征。

2. 对遗产管理人失职损害赔偿责任的定义

目前,对遗产管理人失职损害赔偿责任的概念,学者在著述中还没有作出定义。笔者认为,遗产管理人失职损害赔偿责任,是指遗产管理人在管理遗产中,未尽善良管理人的注意义务,违反管理职责,造成遗产毁损、灭失,损害继承人、受遗赠人或者债权人等遗产利害关系人的民事权益,应当承担的损害赔偿责任。

这一定义揭示了遗产管理人失职损害赔偿责任的基本特征。这些特征是:

第一,民事责任的主体是遗产管理人。遗产管理人基于被继承人的指定、继承人选任或者法院的指定而任职。在履职中,当发生遗产毁损、灭失,应当对受害人承担责任时,遗产管理人是责任主体。至于其依据何种原因成为遗产管理人,并不过问。

第二,民事责任的产生原因是遗产管理人管理遗产违反管理职责。遗产管理人失职损害赔偿责任的产生,是遗产管理人违反了《民法典》第1147条规定的六项管理职责。遗产管理人履行职务,本应善尽善良管理人的注意义务,履行《民法典》规定的管理职责,却疏于职守,造成遗产毁损、灭失,产生了管理遗产的失职民事责任。

第三,引发民事责任的事实是造成遗产利害关系人的权益损害。产生民事责任须有其确定的事实依据,遗产管理人承担失职损害赔偿责任的事实依据,就是其失职造成遗产毁损、灭失,使遗产利害关系人享有的权益受到损害,因而才须对利害关系人的损害承担民事责任。如果没有造成遗产损失,遗产管理人即使违反管理遗产职责,也不承担损害赔偿责任。

第四,承担民事责任的方式是损害赔偿。遗产管理人承担损害赔偿责任的目的,是填补遗产利害关系人因遗产损失侵害了其权利而使其财产利益受到的损

害,因而承担民事责任的基本方式是损害赔偿,与对义务的直接强制履行相对应,体现了对义务的间接强制履行。① 至于是否可以适用停止侵害、消除危险等直接强制履行责任,应当视情况而定,但不是主要责任方式。

第五,赔偿请求权人是继承人、受遗赠人、债权人等遗产利害关系人。《民法典》第1148条规定,遗产管理人失职损害赔偿责任的请求权人限于与遗产损失有关的继承人、受遗赠人和债权人,其实也有其他利害关系人,例如遗赠扶养协议的扶养人等。这些利害关系人因遗产损失受到损害而享有损害赔偿请求权。因而其请求权人的范围应该开放而非封闭,应当用"等"字包容其他遗产利害关系人。

(二)对遗产管理人失职损害赔偿责任应当深入讨论的理论问题

《民法典》第1148条规定遗产管理人失职损害赔偿责任,条文内容比较顺畅,但是,存在较多应当在理论上进一步深入探讨的问题。

1. 应当怎样确定遗产管理人失职损害赔偿责任的性质

遗产管理人失职造成遗产毁损、灭失,致使继承人、扶养人、受遗赠人、债权人等的权利损害,承担的民事责任是何种性质,《民法典》第1148条只笼统规定为"民事责任",究竟是违约责任还是侵权责任抑或是其他责任,还需要进一步明确。

2. 遗产管理人失职损害赔偿责任保护的客体是何种民事权利

遗产管理人失职造成遗产毁损、灭失,使遗产的利害关系人享有的何种权利受到损害,《民法典》第1148条没有明确规定,只表述为"造成……损害"。由于不同的利害关系人对遗产享有的财产权利不同,遗产管理人承担的民事责任的性质也会有所不同。例如,继承人对遗产享有的权利是继承权,依照法律规定,继承开始时,继承人就对遗产享有所有权,因而遗产管理人失职造成遗产损失,侵害的既是继承人的继承权,也是对遗产享有的所有权。被继承人的债权人在被继承人死亡后,享有的是以遗产为权利实现财产基础的债权,遗产管理人失职造成遗产损失,债权人受到损害的是债权,而不是其他财产权利。受遗赠人实现受

---

① 参见冯珏:《我国民事责任体系定位与功能之理论反思》,载《政法论坛》2022年第4期,第77页。

遗赠权的财产基础也是遗产，但受遗赠权既不是物权，也不是继承权，一般认为是请求以遗产为基础实现的债权①，因而受遗赠人因遗产损失受到损害的权利，也是债权，这种损害是受遗赠的债权本应实现而未能实现的预期财产利益损失。遗赠扶养协议的扶养人因遗产损失受到损害的权利，虽然也是受遗赠权，但与遗赠的受遗赠权有所不同：对遗产权利的取得，受遗赠人应当在60日内表示是否接受，而扶养人的受遗赠权在被扶养人死亡时即产生。对于这些遗产利害关系人对遗产享有的不同权利受到侵害所造成的损失，尽管遗产管理人承担的都是财产责任，但其保护的客体不同，承担的责任性质也不相同，因而需要深入研究。

3. 如何确定遗产管理人承担民事责任的主观要件

遗产管理人失职造成继承人、受遗赠人、债权人等对遗产权益的损害，把承担民事责任的主观要件规定为遗产管理人"因故意或者重大过失"是否妥当，特别值得研究。遗产管理人无偿管理遗产，造成遗产毁损、灭失的，依照这样的主观要件确定损害赔偿责任当然没有问题。但是，依据《民法典》第1149条的规定，有偿担任遗产管理人，因一般过失造成遗产毁损、灭失，给继承人、受遗赠人或者债权人等造成损害，因不具有故意或者重大过失的要件而免除赔偿责任，违反《民法典》第6条关于公平原则规定的要求，会使遗产管理人的权利和义务不对等，造成不公平的后果。② 对此可以借鉴的，一是《西班牙民法典》第1031条关于"遗产不足以支付债务和履行遗赠的，遗产管理人仅以全部遗产为限履行支付义务，但应对其过错和疏忽造成的损害承担责任"的规定③；二是《荷兰民法典》第4：163条关于"遗产管理人未按照善良管理人的方式管理的，应当对资产权利人承担责任"的规定。④ 这些条文都规定遗产管理人有过失就有责任，并没有强调只有故意或者重大过失的遗产管理人才承担失职损害赔偿责任。虽然

---

① 参见庄加园：《试论遗赠的债物两分效力》，载《法学家》2015年第5期。
② 参见杨立新：《中国民法典释评·继承编》，中国人民大学出版社2020年版，第194页。
③ 参见《西班牙民法典》，潘灯、马琴译，中国政法大学出版社2013年版，第280页。
④ 转引自杨立新：《中国民法典释评·继承编》，中国人民大学出版社2020年版，第362页。

第二节　遗产管理人失职损害赔偿责任

也有法国和意大利规定须有重大过失才应承担赔偿责任作为借鉴的基础[①]，不过，这种立法例终究不妥。

4. 如何界定遗产管理人失职损害赔偿责任的请求权人的范围

遗产管理人管理失职造成遗产毁损、灭失承担损害赔偿责任，对被继承人的遗产享有权利的利害关系人，都是请求权人。按照《民法典》第1148条的规定，仅有继承人、受遗赠人、债权人是请求权人，且为封闭性的表述，是否还有其他利害关系人呢？例如，遗赠扶养协议中的扶养人，依据遗赠扶养协议对被扶养人尽了扶养义务，当然对被扶养人的遗产享有给付请求权，是遗产给付的债权人，遗产毁损、灭失使其权利不能实现，从而享有损害赔偿的请求权。另外，被继承人生前欠缴税款，国家税务机关对遗产享有税款清偿请求权，遗产毁损、灭失，该请求权受到损害，因此国家税务机关也是损害赔偿请求权人。遗产管理人管理失职造成遗产损失，使遗赠扶养协议的扶养人以及国家税务机关享有的债权受到损害，他们可以请求遗产管理人承担赔偿责任，《民法典》第1148条只规定享有请求权的利害关系人是继承人、受遗赠人和债权人，采用封闭性表述规定利害关系人的范围是不妥的，应当进一步补充。

5. 确定损害赔偿责任的具体方式和计算方法

《民法典》第1148条规定的遗产管理人失职民事责任的性质不明确，从遗产管理人失职造成遗产损失，进而使继承人、受遗赠人、债权人等的权益受到损害的基础出发，可以确定是损害赔偿责任。对这种损害赔偿责任的具体承担，只有进一步明确怎样计算，赔偿范围如何确定等，使其具有可操作性。

这些应当进一步研究和明确的理论问题，说明《民法典》对遗产管理人虽然规定了5个条文，在继承编中的条文最多，占全部47个条文的10.64%，但具体规则还是有所欠缺。其中第1148条规定的遗产管理人民事责任存在的这些需要进一步明确的问题，只有在民法理论研究和司法实践中不断完善，才能使其理论基础丰满，依照"权利—义务—责任"逻辑关系[②]搭配合理，在司法实践中才能

---

① 参见陈苇、石婷：《我国设立遗产管理制度的社会基础及其制度构建》，载《河北法学》2013年第7期。
② 参见魏振瀛主编：《民法》（第7版），北京大学出版社、高等教育出版社2017年版，第43页。

更具有可操作性。

二、产生遗产管理人失职损害赔偿责任的基础法律关系

研究遗产管理人失职损害赔偿责任的上述问题，依赖于遗产管理人失职损害赔偿责任的基础法律关系，具体包括遗产管理人产生的法律关系、遗产管理人与遗产利害关系人之间的法律关系。

（一）产生遗产管理人的代理法律关系

1. 产生遗产管理人的不同法律关系

依照《民法典》第1145条的规定，遗产管理人主要基于以下几种民事法律关系而产生。

（1）遗嘱人指定遗嘱执行人或者遗产管理人

在遗嘱继承或者遗赠中，遗嘱人指定遗嘱执行人是产生遗产管理人的主要方式。遗嘱人指定遗嘱执行人分为两种：一是通过遗嘱人与遗嘱执行人协商后在遗嘱中指定，即先有委托合同，后在遗嘱中指定。这是遗嘱人对遗嘱执行人的委托，基于委托法律关系产生遗嘱执行人。二是遗嘱人在遗嘱中直接指定遗嘱执行人，遗嘱人与遗嘱执行人并未事先协商，也未在遗嘱订立后说明，而是在遗嘱生效后揭晓遗嘱才知道谁是遗嘱执行人。不过，不论双方是否协商，遗嘱人与遗嘱执行人之间的法律关系都是委托关系，是基于遗嘱人的委托产生遗嘱执行人，即使未事先协商的遗嘱指定，由于遗嘱执行人可以接受指定或者不接受指定，因而其实质仍然是委托法律关系。遗嘱人对遗嘱执行人的委托是死因委托。

遗嘱执行人作为遗产管理人，应当按照遗嘱处分遗产的范围管理遗产，对超出遗嘱处分遗产范围的遗产，遗嘱执行人并无当然的管理权，应当依据继承人的意愿确定是否可以管理全部遗产。继承人不同意遗嘱执行人管理遗嘱处分遗产范围以外的遗产的，应当依照《民法典》第1145条规定的其他方法确定遗产管理人。

（2）继承人选任遗产管理人

依照《民法典》第1145条的规定，没有遗嘱执行人的，继承人应当及时推

第二节 遗产管理人失职损害赔偿责任

选遗产管理人。没有遗嘱执行人分为三种情形：一是遗嘱没有指定遗产管理人，二是遗嘱指定的遗嘱执行人不能处分遗产范围之外的遗产部分，三是法定继承当然没有遗嘱执行人。对此可以通过推选产生遗产管理人，只要不是继承人自己担任遗产管理人，而是推选他人担任遗产管理人的，包括多数继承人推选部分或者一个继承人担任遗产管理人，继承人与遗产管理人之间的关系也是委托关系，是基于委托合同关系产生的遗产管理人，否则，无法解释推选遗产管理人的基础。

（3）继承人担任遗产管理人

全体继承人共同担任遗产管理人，是全体继承人管理自己的遗产，构成多数遗产管理人。这种遗产管理人是行使自己的权利，既是继承权人，又是遗产管理人，属于自任遗产管理人。

（4）民政部门和村委会担任遗产管理人

民政部门和村委会担任遗产管理人的前提，是没有继承人或者继承人均放弃继承权，其产生的依据是法律规定。这时的遗产是权属未定的财产，日本法的见解是正确的，即继承人的存在不明确时，继承财产是法人[①]，即遗产成为财团法人。对此，《民法典》没有规定，在学理上将其解释为财团法人（我国法的非营利捐助法人），是一个很好的解决办法。对无人继承的遗产，民政部门和村委会担任遗产管理人是遗产财团的法定代理人。即使有受遗赠人存在，也因其不是继承人且存在利害关系而不能担任遗产管理人，也不能受委托担任遗产管理人；民政部门和村委会是法律指定的遗产管理人，是法定代理的代理人。

（5）法院指定遗产管理人

依照《民法典》第1146条的规定，法院指定遗产管理人的前提，是对确定遗产管理人有争议。故法院指定遗产管理人，产生的基础虽然是法院指定，但遗产管理人不是由法院委托，而是因法院指定而产生的指定代理人，是管理遗产的指定代理人，受益人是继承人以及其他遗产利害关系人。

[①]《日本民法典》第951条规定："继承人的存在不明确时，继承财产为法人。"《日本民法典——2017年大修改》，刘士国、牟宪魁、杨瑞贺译，中国法制出版社2018年版，第242页。

2. 产生遗产管理人法律关系的共同性

对于遗产管理人的法律地位，一是认为，遗产管理人是继承人的代理人①，例如《日本民法典》规定遗产管理人、遗嘱执行人是继承人的代理人。② 二是采纳"固有权说"，认为遗产管理人具有独立的法律地位，应当将其视为独立的法律主体，在我国法律中，类似于清算机构、破产管理人等主体。③ 三是认为遗产管理人是信托受托人，因为遗产管理差不多相当于信托。④ 四是采"法定任务"说，认为遗产管理人于继承人出现之前所为之职务上行为对继承人有效，是为保护交易安全，不许继承人否定遗产管理人在职务上所为的行为非真正的代理，因此遗产管理人是基于固有的法定任务。⑤

在上述不同意见中，第二种观点与实际情况不合，《民法典》并未将遗产管理人视为独立主体。第三种观点对遗产管理人地位界定的范围过窄，只适用于遗产信托管理中的信托人。第四种观点认为遗产管理人基于法定任务而定其地位，理由不够充分。所以，认为遗产管理人是代理人的观点比较稳妥，只有多数继承人自任遗产管理人的除外。至于产生代理的委托，包括被继承人的委托和继承人的委托。

综上所述，可以看到遗产管理人的共同属性，即不论基于委托关系的意定，还是根据法律的规定，以及法院的指定，最终结果都是遗产管理人产生代理权，代理被继承人、继承人或者遗产财团管理遗产。产生的方法不同，结果只是代理的性质不同，分别是委托代理、法定代理和指定代理。只有全体继承人作为共同遗产管理人或者只有一个继承人自己作为遗产管理人，才是对自己的遗产进行管

---

① 参见檀钊：《论我国遗产管理制度的构建与完善》，载《海南广播电视大学学报》2013年第2期，第123页。

② 《日本民法典》第1015条规定："遗嘱执行人，视为继承人的代理人。"《日本民法典——2017年大修改》，刘士国、牟宪魁、杨瑞贺译，中国法制出版社2018年版，第254页；陈甦、谢鸿飞主编：《民法典评注·继承编》，中国法制出版社2020年版，第237-239页。

③ 参见最高人民法院民法典贯彻实施工作领导小组主编：《中华人民共和国民法典理解与适用》，人民法院出版社2020年版，第635页。

④ 如《中国民法典草案建议稿》第641条规定："遗嘱执行人视为被继承人的信托受托人。"王利明主编：《中国民法典草案建议稿及说明》，中国法制出版社2004年版，第91页。

⑤ 参见刘耀东：《论我国遗产管理人制度之立法构建——兼论与遗嘱执行人的关系》，载《广西大学学报（哲学社会科学版）》2014年第4期。

理，不涉及代理问题。只不过这种对遗产的管理，也涉及其他遗产利害关系人的权益，也受到继承法的约束。认为遗产管理人是受遗赠人、债权人等利害关系人的代理人[①]的意见不妥，他们不能委托遗产管理人对遗产进行管理，只能对遗产管理人的管理活动进行监督。

还需要讨论的是，既然遗产管理人是代理人，被代理人究竟是谁。

继承人委托的遗产管理人，被代理人当然是继承人，即使部分继承人接受其他继承人的委托作为遗产管理人的，被代理人也是全体继承人，而不仅仅是管理自己的事务。遗产管理人的指定代理虽然是由法院依照职权指定，被代理人仍然是继承人。至于民政部门和村委会担任遗产管理人，由于没有继承人或者继承人放弃继承权，虽然没有继承人的授权，但如果将遗产视为财团，被代理人就是遗产这个捐助法人。

遗嘱人指定遗嘱执行人，遗嘱执行人作为遗产管理人究竟代理的是被继承人还是继承人，颇值得斟酌。依据基础法律关系，遗嘱执行人应当是遗嘱人的委托代理人，但是，遗嘱人既然已经死亡，遗嘱执行人的代理就缺少被代理人。不过，由于遗嘱人委托遗嘱执行人是死因行为，遗嘱执行人作为遗嘱人的代理人执行其委托的身后财产处置，也能够说得通。

3. 对继承人承担的遗产管理人失职损害赔偿责任产生于代理关系

由于遗产管理人在执行遗产管理职责时的身份是代理人，且为继承人或者被继承人的代理人，故《民法典》第 1147 条规定的遗产管理人的职责就相当于遗产管理人作为代理人应当承担的代理义务。就继承人而言，遗产管理人失职损害赔偿责任的基础是违反代理职责，依照《民法典》第 164 条第 1 款关于"代理人不履行或者不完全履行职责，造成被代理人损害的，应当承担民事责任"的规定，属于违反代理职责的行为，应当承担违约责任。

不过，从另一个角度观察，继承从被继承人死亡时开始，被继承人死亡，其生前的合法财产成为遗产，同时也就被继承人所继承，所有权发生转移，从这个意义上说，遗产管理人失职造成遗产损害，其实损害的是继承人的继承既得权或者所

---

① 参见檀钊：《论我国遗产管理制度的构建与完善》，载《海南广播电视大学学报》2013 年第 2 期。

有权,这种损害赔偿责任又是侵害继承权或者物权的侵权责任。所以,遗产管理人失职造成遗产损失对继承人承担的赔偿责任,构成责任竞合,继承人既可以请求承担违约责任,也可以请求承担侵权责任,且承担侵权责任更为合情、合理。

(二)遗产管理人与其他遗产利害关系人之间的法律关系

确定遗产管理人失职损害赔偿责任的法律关系基础,还须分析遗产管理人与受遗赠人、债权人等其他遗产利害关系人之间的法律关系。

前文提过,在继承法律关系中,作为与遗产有关的其他利害关系人,受遗赠人和被继承人的债权人享有的权利都是对被继承人的债权。即使遗赠扶养协议的扶养人、征收税款的税务机关享有的权利,也属于债权或者类似于债权。

债权是相对权,只约束债权人和债务人,不约束债的关系之外的第三人。但是,遗产管理人与受遗赠人、债权人等其他遗产利害关系人并不存在相对的权利与义务关系,却基于以下三点,发生法律关系:第一,依照《民法典》第3条关于"民事主体的人身权利、财产权利以及其他合法权益受法律保护,任何组织或者个人不得侵犯"的规定,遗产管理人作为第三人,对受遗赠人、债权人等遗产利害关系人负有不得侵害的不作为义务。这是遗产管理人依自己的身份产生的义务。第二,遗产管理人作为继承人、被继承人或者遗产财团的代理人管理遗产,就此与遗产的受遗赠人和债权人发生利益关系,因而作为被代理人的遗产管理代理人,代理被代理人与受遗赠人和债权人等发生权利与义务关系。这是作为被代理人的代理人负有的义务。第三,遗产管理人因自己的失职造成遗产损失,既损害继承人的利益,也损害受遗赠人或者债权人等其他利害关系人的利益,因而产生损害赔偿责任的基础还是自己责任,是自己失职造成损害的责任,而不是由被代理人承担责任,更不是由被代理人承担替代责任。

因此,遗产管理人失职对其他遗产利害关系人承担损害赔偿责任的基础,不是代理遗产管理事务的行为,而是作为管理遗产的人对受遗赠人、债权人等享有的债权未尽不可侵义务,过错造成他们的权益损害,构成第三人侵害债权。所以,遗产管理人失职损害赔偿责任对受遗赠人和债权人等遗产利害关系人而言,是侵权责任而非违约责任,因为双方之间不存在相对性的合同关系。

第二节　遗产管理人失职损害赔偿责任

（三）小结

讨论遗产管理人失职损害赔偿责任的基础法律关系后，可以得出以下结论：

第一，遗产管理人失职损害赔偿责任的基础法律关系有两种：一是代理关系，包括法院指定的代理关系、遗嘱人委托的代理关系和继承人委托的代理关系；二是遗产管理人与其他遗产利害关系人享有的债权的不可侵关系。

第二，基于这样的基础法律关系，遗产管理人失职造成遗产毁损、灭失产生的法律关系，属于代理人身份时，产生违约责任和侵权责任，构成竞合；遗产管理人与其他遗产利害关系人之间没有直接的基础法律关系，只是存在第三人对债权人债权的不可侵义务，违反义务造成遗产毁损、灭失，就侵害了其他遗产利害关系人的债权，构成侵权责任。

第三，遗产管理人失职损害赔偿责任构成责任竞合的，继承人可以选择；构成对其他遗产利害关系人债权损害的，其责任性质确定，只能行使侵权损害赔偿请求权。

有了这样的结论，再去研究遗产管理人失职损害赔偿责任的具体问题，就有了扎实的理论基础。

三、遗产管理人失职损害赔偿责任的归责原则、构成要件与具体承担

遗产管理人失职损害赔偿责任的性质基本上是侵权责任[①]，即使在遗产毁损、灭失造成继承人的继承权损害时会构成委托合同的违约责任，但也发生责任竞合。不过，遗产管理人失职损害赔偿责任的请求权基础是《民法典》第1148条，不必适用第164条第1款和第1165条的规定，统一依照该条规定确定责任即可。

针对前文提出的遗产管理人失职损害赔偿责任存在的五个需要继续研究的问题，在讨论遗产管理人失职损害赔偿责任的构成与承担中说明。

---

① 参见罗师：《〈民法典〉视域下遗产管理人制度实务问题研究》，载《社会科学动态》2022年第7期。

(一)遗产管理人失职损害赔偿责任的归责原则

毫无疑问,遗产管理人失职损害赔偿责任的归责原则是过错责任原则。[①]

首先,《民法典》第1148条已经明确规定,遗产管理人管理遗产,只有"因故意或者重大过失"造成损害才承担民事责任,就确定了适用过错责任原则。

其次,在遗产毁损、灭失侵害了继承人的继承权时,依照《民法典》有关侵权责任的规定,也应当适用过错责任原则。遗产管理人失职造成继承人和其他遗产利害关系人的权益损害,属于一般侵权行为,而不是特殊侵权行为,应当依照第1165条的规定承担侵权损害赔偿责任。这与第1148条的规定是一致的。如果继承人选择委托合同的违约损害赔偿责任,适用过错推定原则,可以减轻举证负担,亦无不可;选择第164条第1款主张遗产管理人失职赔偿,继承人证明其不履行或者不完全履行职责即可,亦可推定其有过错,也不违反法律适用原则。

再次,遗产管理人失职造成其他遗产利害关系人权益损害的,受到侵害的是债权,也应当适用过错责任原则,不存在适用其他归责原则的可能。

最后,可以借鉴的立法例是,《荷兰民法典》第4:163条规定的就是适用过错责任原则。

(二)遗产管理人失职损害赔偿责任的构成要件

依照《民法典》第1148条和第1165条的规定,遗产管理人失职损害赔偿责任的构成,须具备以下要件。

1. 遗产管理人实施了违反管理职责的行为

侵权损害赔偿责任的首要构成要件是违法行为。遗产管理人失职损害赔偿责任的首要要件,就是违反管理职责的行为,具有违法性。《民法典》第1147条规定了遗产管理人应当履行的六项管理职责,既是法定职责,也是遗产管理人作为受托人应当履行的义务。违反这些管理职责之一的,就成立遗产管理人失职损害赔偿责任违法行为。

[①] 参见王改萍:《论遗产管理人民事责任的承担》,载《山西高等学校社会科学学报》2015年第6期。

（1）违反清理遗产并制作遗产清单的职责

在遗产管理人就任履职后，最先要履行的职责就是清理遗产、制作遗产清单，使遗产范围明确，遗产内容确定。遗产管理人如果没有清理遗产、制作遗产清单，或者清理遗产、制作遗产清单不当，出现遗漏，都可能造成遗产损失，都是违反这一职责的行为。

（2）未向继承人报告遗产情况或者报告有错误

报告遗产的方式应该是书面报告，遗产较少的也可以口头报告。遗产管理人违反职责未向继承人报告遗产情况，或者虽然报告但报告的遗产情况有错误，属于违反遗产管理职责的行为。

（3）未采取防止遗产毁损、灭失的必要措施或者采取措施不当

采取必要措施防止遗产毁损、灭失的职责要求，首先是保管，对遗产要妥善保管，不能被别人侵害。其次是保全，遗产有毁损、灭失危险或者毁损、灭失可能的，遗产管理人要对遗产进行保全。保管、保全的目的都是防止遗产毁损、灭失，未采取必要措施防止遗产毁损、灭失，或者采取的措施不当的，都是违反遗产管理职责的行为。

（4）未处理或者未处理好被继承人的债权债务

被继承人的债权债务都是遗产，遗产管理人应当善尽管理职责，及时追讨债权，清偿债务。遗产管理人未尽该项职责，致使债权灭失或者债务人产生抗辩权，或者债务未清偿或超额清偿，都属于遗产管理人违反管理职责的行为。

（5）未按照遗嘱或者依照法律规定分割遗产

这是遗产管理人妥善管理遗产，保障继承人和其他遗产利害关系人权益的重要职责。遗产管理人未按照遗嘱或者未依照《民法典》的规定分割遗产，也属于违反遗产管理职责的行为。

（6）未实施或者未正确实施与管理遗产有关的其他必要行为

凡是管理遗产有必要行为，遗产管理人都应当积极实施，应当实施而未实施必要行为，或者虽然实施了但实施的管理遗产行为不适当，构成违反职责的行为。有学者认为，管理遗产的必要行为分为非诉必要行为和诉讼必要行为[1]，是

---

[1] 参见罗师：《〈民法典〉视域下遗产管理人制度实务问题研究》，载《社会科学动态》2022年第7期。

有道理的。

2. 遗产利害关系人权益受到损害的事实

只有违反职责的行为，还不能构成遗产管理人失职损害赔偿责任，尚须具备遗产利害关系人权益损害的客观事实，才有可能发生损害赔偿责任。遗产管理人失职损害赔偿责任的损害事实须有以下两个层次：

（1）遗产毁损、灭失的客观事实

这是产生损害赔偿责任的客观基础要件，没有损失，当然就没有赔偿责任。至于造成遗产毁损、灭失的具体原因，例如是受到侵权人的侵害，还是遭受自然灾害，以及应当收回的遗产没有收回等，都不论。

（2）遗产利害关系人的权益损害

遗产的毁损、灭失，使继承人以及受遗赠人、债权人等其他遗产利害关系人对遗产享有的权益受到损害，是遗产管理人失职损害赔偿责任损害事实构成要件的必然要求。由于遗产利害关系人的身份不同，基础法律关系的性质不同，遗产的毁损、灭失尽管都造成财产利益的损失，但受到侵害的权利有所区别。

一是遗嘱继承人或者法定继承人的继承权损害。遗产管理人失职管理行为造成遗产毁损、灭失，引起继承人的继承权损害，使其能够继承的遗产不能得到继承而成为自己的财产，造成了财产利益的损失。

二是受遗赠人的受遗赠债权损害。依照遗嘱人的遗嘱，指定受遗赠人接受遗产，产生受遗赠债权。因遗产的毁损、灭失而使其受遗赠权无法实现，造成了受遗赠人的财产利益损失。

三是被继承人的债权人的债权损害。被继承人死亡后，其债权人实现债权的财产基础就是被继承人的遗产。遗产管理人失职造成遗产毁损、灭失，使债权人的债权落空，债权的预期利益不能实现，构成债权人的财产利益损失。

四是遗赠扶养协议的扶养人受遗赠权的损害。扶养人对遗产享有的受遗赠权，与一般的受遗赠人的受遗赠权不同，是以履行对被扶养人生养死葬义务为代价的，遗产管理人失职造成遗产毁损、灭失，使扶养人的受遗赠权受到损害，造成财产利益的损失。

五是税务机关对被继承人享有的税款债权不能实现的损害。在被继承人死亡后，保障其税款优先权的遗产毁损、灭失，也使税款债权落空，构成权益损害。

3. 遗产管理人失职行为与遗产利害关系人权益损害的因果关系

确定遗产管理人失职行为与遗产利害关系人权益损害之间的因果关系，也应从两个方面考察。

一是，遗产管理人的失职行为直接造成了遗产的毁损、灭失。由于被继承人的遗产非常复杂，因而遗产遭受毁损、灭失的表现形式也多种多样。主要的损失是被继承人遗留财产的减少、灭失，以及《民法典》总则编第五章规定的其他财产权的损害，如被继承人享有的用益物权的具体权利、债权、知识产权、股权以及其他投资性权利等，都是被继承人的遗产，都可能会因遗产管理人的失职行为而造成毁损、灭失。造成这些遗产毁损、灭失的原因，都是遗产管理人的失职行为，二者具有引起与被引起的因果关系。

二是，遗产毁损、灭失所引发的后果，是继承人、受遗赠人、遗产债权人、扶养人以及国家税务机关等享有的权利的损失，二者具有因果关系。这种遗产利害关系人财产权利损害的发生原因，是被继承人遗产的毁损、灭失，进而使遗产利害关系人对遗产享有的权利受到损害，不能实现。不过，由于引起遗产损失的原因是遗产管理人的失职行为，因而遗产管理人失职行为就是造成继承人、受遗赠人、债权人、扶养人以及国家税收机关享有的权利不能实现，本应当得到的财产利益不能得到的原因。

因此，遗产管理人失职损害赔偿责任构成的因果关系有两个环节，具体表现为：一是遗产管理人失职行为引起了遗产损失；二是遗产的损失继而引发遗产利害关系人的权益损害，造成可得利益的损失。

这种因果关系虽然有两个环节，但是因果关系表现直接，链条关系清晰，并不复杂。在具体判断时，适用相当因果关系规则即可，应依吾人智识经验，于行为时一般可得而知之条件为基础[①]，在一般情况下，依据一般的社会智识经验，失职行为能够造成这种结果，而实际上又因此造成了这样的损害结果，就能确定

---

① 参见史尚宽：《债法总论》，中国政法大学出版社2000年版，第169页。

遗产管理人失职行为与遗产利害关系人权益损害之间的因果关系。

4. 遗产管理人的过错

遗产管理人失职损害赔偿责任的主观要件分为两种：无偿管理行为为重大过失和故意；有偿管理行为为一般过失，举轻以明重，当然包括故意或者重大过失。有学者认为，遗产管理人应以善良管理人之注意义务妥善保管遗产，而违反善良管理人注意义务的，理论上只要是抽象轻过失就应承担责任，不应该限于故意或重大过失的情形。①《民法典》第1148条规定的主观要件为故意或者重大过失，有失妥当，在具体的法律适用中，应当特别注意。

遗产管理人失职行为的故意，是对行为的故意，还是对行为结果的故意，对构成这种损害赔偿责任并无区别。对失职管理行为的故意，是故意不履行管理职责，主观心理包括希望和放任。对失职管理行为结果的故意更为恶劣，是希望或者放任造成遗产利害关系人的权益损害。无论上述哪一种故意，都包括直接故意和间接故意，都构成遗产管理人失职损害赔偿责任的故意要件。

遗产管理人失职行为的重大故意，是对遗产的严重疏于职守，严重不负责任，是对遗产管理轻慢、毫无认真负责的态度，造成了遗产的毁损、灭失。对此，《埃塞俄比亚民法典》第1010条的规定可以借鉴，即清算人得以善良家父的审慎和热情管理遗产。②这就要求遗产管理人对遗产管理负有高度注意义务，即善良管理人的注意义务。用典型的描述方法，就是连一般人都能够注意到的，遗产管理人竟然都没有注意到，因此造成了管理的遗产毁损、灭失，最终造成遗产利害关系人的权益损害。例如，应当申请法院以公示催告程序，在限定的期间内，公告被继承人的债权人及受遗赠人，令其在该期间内报明债权及为愿受遗赠与否的声明，被继承人的债权人及受遗赠人为管理人已经知道的，应当分别通知。③遗产管理人未进行公示催告，或者未进行分别通知的，为有重大过失。

遗产管理人失职行为的一般过失，是未尽谨慎注意义务，违反遗产管理人应

---

① 参见张平华：《〈民法典·继承编〉的创新与继承法之整理》，载《甘肃政法大学学报》2020年第6期。
② 参见《埃塞俄比亚民法典》，薛军译，中国法制出版社、金桥文化出版（香港）有限公司2002年版，第195页。
③ 参见五南法学研究中心：《必备六法》（第8版），五南图书出版公司2007年版，第188页。

第二节 遗产管理人失职损害赔偿责任

当履行的职责，致使遗产毁损、灭失，造成遗产利害关系人的权益损害。

应当特别说明，遗产管理人对受遗赠人、债权人等遗产利害关系人造成债权损害的过错要件，与第三人侵害债权的责任构成的主观要件有所不同。对已经申报的受遗赠权、债权人等的债权，只要遗产管理人对遗产管理不善造成毁损、灭失，就构成侵权责任。对受遗赠人、被扶养人没有申报的受遗赠权，债权人没有申报的债权等，遗产管理人的一般过失不构成损害赔偿责任，对须公告或者通知申报权利，应当进行而未进行具有重大过失或者故意的，方可认定为侵害债权的主观要件。前者为已知的债权，第三人有一般过失时就构成侵权；后者为应知的债权，第三人有重大过失时方构成侵权。

概言之，遗产管理人的故意，既可以是对遗产毁损、灭失的故意，也可以是侵害遗产利害关系人权利的故意。遗产管理人的重大过失或者一般过失，都是对遗产管理的不注意心理状态，进而表现为对遗产利害关系人的权利的不注意心理状态。

（三）遗产管理人失职损害赔偿责任的具体承担

1. 遗产管理人失职损害赔偿责任的当事人

（1）损害赔偿请求权人

构成遗产管理人失职损害赔偿责任，受到损害的遗产利害关系人产生损害赔偿请求权，有权主张遗产管理人承担损害赔偿责任。这在《民法典》第1148条中已经明确规定，请求权人就是继承人、受遗赠人和债权人。

如前所述，遗赠扶养协议的扶养人享有受遗赠权，被继承人生前欠缴税款的税务机关享有请求权。遗产管理人失职行为造成遗产毁损、灭失，因为这两种债权有优先权保障，所以扶养人和税务机关享有的损害赔偿请求权应当优先受偿。

在上述损害赔偿请求权中，《民法典》第1148条没有规定优先顺序，应当根据遗产利害关系人受到侵害的权利的性质确定优先顺序。遗赠扶养协议的扶养人的受遗赠权，依照《民法典》第1123条的规定，具有优先性。税款债权，依照《民法典》第1159条关于"分割遗产，应当清偿被继承人依法应当缴纳的税款和债权，但是，应当为缺乏劳动能力又没有生活来源的继承人保留必要的遗产"的

规定，税款债权优先于普通债权，但不得优先于必留份权人的继承权。

因此，遗产利害关系人受到损害的权利之间的优先顺序是：遗赠扶养协议扶养人的受遗赠权→必留份权人的继承权→税款债权→遗嘱继承权和法定继承权、受遗赠人的受遗赠权、债权。并列的权利为平等权利。

依此，遗产管理人失职损害赔偿责任的请求权也应当依照这个顺序排列，即遗赠扶养协议扶养人的损害赔偿请求权→必留份权人的损害赔偿请求权→税款损害赔偿请求权→继承权损害赔偿请求权、受遗赠权损害赔偿请求权和债权损害赔偿请求权。

遗产债权人的债权存在以被继承人的财产设定抵押、质押等物权担保的，其债权具有优先受偿性，其损害赔偿请求权优先于其他债权的损害赔偿请求权。

（2）损害赔偿责任人

至于遗产管理人失职损害赔偿责任的责任主体，是有过错造成遗产损失的遗产管理人。遗嘱执行人与遗产管理人毕竟有所不同[①]，被继承人指定遗嘱执行人执行遗嘱确定的遗产份额，遗嘱执行人作为遗产管理人管理这一部分遗产，仅就这一部分遗产的损失负有损害赔偿责任。超出部分的遗产，应当由另外选任的遗产管理人进行管理，这一部分遗产的损害，遗产管理人应当承担损害赔偿责任。

2. 行使遗产管理人失职损害赔偿请求权的法律基础

受到损害的遗产利害关系人行使遗产管理人失职损害赔偿请求权，最直接的法律依据是《民法典》第1148条。但要明确三个问题：第一，第1148条规定的请求权人是封闭的，并没有规定遗赠扶养协议的扶养人，也没有规定税务机关。对此，这两种请求权人请求遗产管理人承担失职损害赔偿责任，应当以第1123条和第1159条作为请求权基础。第二，继承人行使这种损害赔偿请求权，也可以依据第164条的规定，依照被代理人的身份请求遗产管理人代理失职的损害赔偿责任。第三，其他遗产利害关系人行使损害赔偿请求权，因为其享有的财产权

---

① 参见刘耀东：《论我国遗产管理人制度之立法构建——兼论与遗嘱执行人的关系》，载《广西大学学报（哲学社会科学版）》2014年第4期。

第二节 遗产管理人失职损害赔偿责任

受到侵害,所以可以《民法典》第1165条作为请求权基础。

3. 确定遗产管理人承担损害赔偿责任的范围

遗产管理人失职行为造成遗产毁损、灭失,承担损害赔偿责任的范围,《民法典》第1148条没有明确规定,应当依据《民法典》第1184条的规定,承担财产损害的全部赔偿责任。遗产管理人失职损害赔偿的责任方式也包括返还财产和恢复原状[①],不必细论,为侵权责任原有之意。

造成遗产全部毁损、灭失的,遗产管理人应当对遗产的全部价值承担损害赔偿责任。造成遗产部分毁损、灭失的,应当确定部分损失的范围,依此确定遗产管理人应当承担的赔偿责任范围。

在确定遗产管理人失职损害赔偿的责任范围时,要强调原因力的规则,即遗产管理人的失职行为与造成的遗产损失发生的作用力。遗产管理人的失职行为是造成遗产损失的全部原因的,应当承担全部损失的赔偿责任。遗产管理人失职行为是与其他原因共同作用下造成遗产损失的,应当进行失职行为与遗产损失发生的原因力鉴定,例如自然灾害发生与遗产管理人的失职管理行为共同作用造成遗产损失的,就要根据自然灾害与失职管理行为对损害发生的原因力比例,确定遗产管理人的损害赔偿责任。

对于遗产损失用一般的方法就可以判断的,确定具体的赔偿范围比较容易。对于遗产类型较多、性质复杂的,应当通过专门的评估机构进行评估确定。评估确定遗产损害赔偿责任范围,应当有继承人和其他遗产利害关系人参加并确认。

4. 遗产管理人失职损害赔偿责任的性质

遗产管理人是自然人的,对其失职造成的遗产损失,应当以自己的财产承担赔偿责任,为无限责任。

遗产管理人是法人或者非法人组织的,承担失职损害赔偿责任应当根据其性质,确定承担有限责任还是无限责任。遗产管理人是法人的,例如遗产管理人是

---

① 参见王改萍:《论遗产管理人民事责任的承担》,载《山西高等学校社会科学学报》2015年第6期,第91页。

信托公司等企业法人，应当承担有限责任；不存在"法人人格否认"的，不承担无限责任，不能追究公司股东的责任。如果遗产管理人是律师事务所等专业服务机构，是非法人团体，性质属于合伙企业，应当承担无限责任，非法人组织的财产不足以承担赔偿责任的，合伙人应当承担无限责任。

应当看到的是，在遗产管理人管理数额巨大的遗产时，其失职造成损害的赔偿责任也十分巨大，因此，承担遗产管理的法人或者非法人组织应当投保，将赔偿风险分散到保险公司，避免自己因承担巨额损害赔偿责任而导致破产。

5. 遗产管理人失职损害赔偿责任的承担方法

遗产管理人的身份不同，承担失职损害赔偿责任的方法也不同。

遗产管理人是法人或者非法人组织的，如果是具体执行管理遗产事务职务的人因自己的过错行为造成遗产损害的，法人或者非法人组织承担的是替代责任。这时，触发《民法典》第1191条第1款规定的用人单位责任规则的适用，即用人单位的工作人员在执行职务期间，因自己的过错行为造成遗产利害关系人的损害，用人单位应当承担赔偿责任，承担了赔偿责任后，可以向有故意或者重大过失的工作人员追偿。笔者认为，这样的规定欠妥①，工作人员不论因故意或者重大过失，还是因一般过失，都可以进行追偿，只是用人单位在追偿时，可以根据过错程度，在追偿的范围上有所区别，例如故意所致损害应当全部追偿，重大过失可以大部分追偿，一般过失进行部分追偿。

共同遗产管理人承担失职损害赔偿责任，是连带责任还是按份责任，《民法典》也没有明确规定。笔者认为，遗产管理人失职损害赔偿责任是侵权责任，既然共同管理人失职造成遗产毁损、灭失，应当依照《民法典》第1168条的规定，承担共同侵权行为的连带责任。如果遗产管理人之间的职责和权限明确，则按照各自的职责和权限范围承担责任②，为按份责任。

---

① 参见杨立新：《侵权责任法》（第4版），法律出版社2021年版，第303页。
② 参见罗师：《〈民法典〉视域下遗产管理人制度实务问题研究》，载《社会科学动态》2022年第7期。

第三节 遗产的清理

处理或分配遗产,首先必须对遗产进行清理和保护,同时还要进行析产,确定遗产的范围。《民法典》第1150条规定了清理遗产的继承通知,据以确定继承人的范围;第1151条规定了继承人对遗产的保护义务,以防止遗产受到侵害;第1153条规定了遗产分割之前的析产,以确定遗产的范围。

一、继承的通知

继承开始后,应当进行继承通知,使被继承人的继承人和遗嘱执行人知道继承开始,继承人的继承期待权已经转化为继承既得权,可以继承被继承人的遗产。遗嘱执行人知悉继承开始,应当按照约定或者指定赴任,履行遗嘱执行人的职责。

对此,《民法典》第1150条规定:"继承开始后,知道被继承人死亡的继承人应当及时通知其他继承人和遗嘱执行人。继承人中无人知道被继承人死亡或者知道被继承人死亡而不能通知的,由被继承人生前所在单位或者住所地的居民委员会、村民委员会负责通知。"这一规定与《继承法》第23条的规定基本一致。

(一)继承开始的通知义务

被继承人死亡,知道被继承人死亡的继承人负有继承开始的通知义务。

继承开始的通知义务,是指知道继承人死亡的继承人等,应当将被继承人死亡的事实通知继承人和遗嘱执行人,使继承人和遗嘱执行人能及时履行处理有关继承问题的义务。继承开始后,通知继承人是继承的必要环节,也是继承人行使继承权的前提条件。因此,继承开始后,通知义务人应当及时履行继承开始的通知义务。

在现实生活中,当近亲属死亡时,知道该近亲属死亡的近亲属通常要进行奔

丧，即通知其他近亲属，赶赴治丧地祭奠。如周化礼仪规定，子女在外，如父母死，闻丧即应以哭答使者，然后详问父母死因，哭毕即着深衣戴素冠急归故乡，途中素食，凡过一处皆哀哭过境，到家则自门外号哭于堂上。如因残病、临产、生育等原因不能奔丧，则寄物以吊。

现实生活中的"奔丧"，包含的内容并不仅是通知被继承人死亡，归乡祭奠，在继承法上的意义更重要，就是通知继承人继承开始，可以准备清理遗产和行使继承权的事实。某案例中，父亲死亡后，与其共同生活的兄长不通知在外地生活的弟弟，独自发丧，数年后弟弟才得知父亲逝世的消息，起诉追究其兄侵害其悼念权。事实上，该兄长的行为不仅侵害了弟弟的悼念权，更是侵害了弟弟的继承权，因为没有进行继承通知，没有使弟弟知道可以行使继承权的信息，进而无法行使继承权，使父亲的遗产被兄长独自取得。因此，弟弟有权行使继承回复请求权或者侵害继承权的侵权损害赔偿请求权，保护自己的继承权。

可见，继承开始的通知直接影响继承人及其利害关系人的权利行使与放弃。继承开始通知义务履行的具体意义表现在以下四个方面。

第一，对于继承人而言，接到继承开始的通知，就确定继承人是否享有继承权，能否作出接受与放弃继承的意思表示。这是因为，只有在继承开始后，继承人才能判断自己是否在继承人范围之内，是否享有继承权，能否作出接受与放弃继承的意思表示。没有通知继承人，继承人不知道继承已经开始，将无法作出判断，无法行使继承权。

第二，对于遗嘱执行人而言，继承开始的通知也非常重要。继承开始，就意味着遗嘱生效，遗嘱执行人就应当开始执行遗嘱。如果义务人不履行通知义务，遗嘱执行人不知道继承已经开始，就无法判断遗嘱是否生效，是否需要执行遗嘱。

第三，对于受遗赠人而言，继承开始的通知同样重要，因为：受遗赠人在接到继承开始通知并知悉受遗赠的事实后，必须在法律规定的 60 日内作出是否接受遗赠的意思表示；如果没有接到通知，则无从知道自己的受遗赠权，作出是否接受遗赠也就无从谈起，甚至由于未作出意思表示而被认为拒绝接受，因而损害

其财产权益。

第四，对于遗赠扶养协议的扶养人以及被继承人的债权人而言，继承开始的通知同样重要。遗赠扶养协议中的扶养人在继承开始后，就根据协议约定取得受遗赠的财产，取得所有权。被继承人的债权人在得到继承开始通知后，可以向遗产管理人主张通过遗产实现债权。

(二) 通知义务的主体

继承通知义务人，是负有对其他继承人和遗嘱执行人通知被继承人已经死亡，继承已经开始义务的人。依照《民法典》第1150条的规定，继承开始的通知义务人有三种。

1. 知道被继承人死亡的继承人

在继承开始后，主要通知义务人，是知道被继承人死亡的继承人，负有及时通知其他继承人和遗嘱执行人的义务。对其他继承人的通知，相当于民间的"奔丧"，奔丧主要是告知被继承人死亡的信息，而通知义务是通知其他继承人被继承人已经死亡、继承已经开始、所有的继承人的继承期待权成为继承既得权的信息，继承人可以实现继承权。知道有遗嘱执行人的，还应当及时通知遗嘱执行人，以便执行遗嘱。

2. 被继承人生前所在单位或者住所地居民委员会、村民委员会

继承开始后，继承人中无人知道被继承人死亡，或者知道被继承人死亡而不能通知，例如通知义务人是无民事行为能力人，则被继承人生前所在单位或者住所地的居民委员会、村民委员会是通知义务人，履行对继承人和遗嘱执行人进行通知的义务。

3. 其他通知义务人

除了法律规定的通知义务人，其他知晓被继承人死亡事实的主体，也可以告知继承人、遗嘱执行人或者其他利害关系人被继承人死亡的事实。例如，遗嘱人在遗嘱库或者公证处立遗嘱，并且封存在此，其继承人并不知道，甚至被指定的遗嘱继承人也不知道被指定的事实。对此，公证处和遗嘱库应当及时掌握情况，被继承人死亡的，应当及时履行通知义务。

（三）通知义务的履行

对继承开始通知的具体时间和方式，《民法典》没有明确规定。负有通知义务的继承人或单位，应当及时发出通知。

履行通知义务的要求是及时，也就是在继承人等通知义务人知悉被继承人死亡的事实后，应当及时通知其他继承人、遗嘱执行人。通知是否"及时"，应当根据具体情况确定，一般的要求是立刻而不延迟地向受通知人发出继承开始的通知。

通知的方式，应当以将继承开始的事项传达给对方为原则，可以采取口头方式，也可以采取书面方式，还可以采取公告方式。

上述负有通知义务的继承人或单位，有意隐瞒继承开始的事实，造成其他继承人或者利害关系人损失的，应当承担责任。

（四）不履行通知义务的后果

《民法典》没有规定通知义务主体未履行通知义务的后果，因而使这一通知义务有可能变成不真正义务，即软义务。通知义务主体未履行通知义务，造成了继承人、受遗赠人或者被继承人的债权人损害的，难道不应当承担赔偿责任吗？

对此，应当依照《民法典》第176条关于"民事主体依照法律规定或者按照当事人约定，履行民事义务，承担民事责任"的规定，确认继承开始的通知义务是法定义务，该义务不履行，造成通知权利主体财产利益损害的，违反义务的通知义务人应当承担赔偿责任。

二、遗产的保护

（一）遗产保护的必要性

遗产的保护不是遗产管理人对遗产的保护职责，而是存有遗产的人对存有遗产的保护，防止其占有的遗产被他人侵夺或者因其他原因而毁损、灭失。因此，《民法典》在《继承法》第24条规定的基础上，规定了第1151条："存有遗产的人，应当妥善保管遗产，任何组织或者个人不得侵吞或者争抢。"这是存有遗产的人应当履行的妥善保管遗产的义务。

第三节 遗产的清理

遗产的保护，是对死者遗产予以保护，防止其发生毁损、灭失或者被他人侵吞的遗产管理制度。存有遗产的人保护其占有的遗产，履行这一法定义务，就是为了保护被继承人的遗产的完整性，使遗产不被损毁或灭失，保护继承人、受遗赠人以及被继承人的债权人的财产利益，使其不受损害。

遗产保护的时间界限，应当为自继承开始时起，到遗产最终分割、处理完毕时止。在此期间，由于财产的所有人已经死亡，没有所有人以所有的意思进行管理，因此，占有遗产的继承人应当履行这一义务。

（二）存有遗产的人保护遗产义务

1. 存有遗产的人保护遗产义务的性质改变

规定存有遗产的人负有保护遗产的义务，很难看到相同的立法例，因为这基本上是一个应知的道理。由于《继承法》没有规定遗产管理人，因此作了这样的类似于遗产管理人的规定。

不过，《继承法》第24条对此的规定还是比较简单，对遗产保护的力度比较薄弱，由于没有遗产管理人的规定，因而也没有遗产管理的详细规则。其原因在于，1985年制定《继承法》时，我国的自然人并没有太多的财富，在被继承人死亡后也就没有较多的遗产，加之没有经验，因此规定谁占有遗产谁就应当承担保护遗产的义务。

《民法典》继续规定了这个占有遗产的人的遗产保护责任，但是全面规定了遗产管理人制度，因而尽管第1151条的条文内容没有较大的变化，但其性质发生了改变，由过去规定为遗产管理的基本规则，变为存有遗产的人的保护义务与任何组织和个人不得侵吞或者争抢遗产的具体规范。

2. 存有遗产的人保护遗产义务的要旨

第一，在继承开始后，遗产如果为特定的人所保存，存有遗产的人就负有妥善保管遗产的义务。"妥善"的含义，是存有遗产的人对遗产的保管负有善良管理人的注意义务，违反该注意义务即为有过失。存有遗产的人应当将存有遗产的情况，如实报告给遗产管理人，以便确定遗产的数额，进行遗产分割。

第二，对存有遗产的人保管的遗产，任何组织和个人，特别是遗产继承人、

受遗赠人、被继承人的债权人等利害关系人，也包括存有遗产的人，都不得侵吞和争抢。任何组织和个人侵吞或者争抢遗产，造成遗产损失的，都应当承担赔偿责任。

（三）存有遗产的人违反遗产保护义务的责任

在司法实践中，适用本条规则存在的问题仍然是，无论是对存有遗产的人还是所谓的"任何组织或者个人"规定的义务，都没有规定相应的责任。对此，应当确定：

1. 遗产保护义务人的责任

存有遗产的人不论是何身份，例如继承人、受遗赠人、被继承人的债权人以及其他人，只要是存有被继承人的遗产，就负有妥善保护遗产的义务。存有遗产的人违反妥善保管遗产的义务，例如侵吞遗产，或者造成了遗产的损坏，损害了利害关系人如继承人、受遗赠人、被继承人的债权人等的财产利益，构成侵权，因而应当承担侵权责任，赔偿受害人的损失。

2. 任何组织或个人的责任

在上述利害关系人之外，其他任何人都对遗产负有不得侵夺和争抢的义务。违反这一义务对遗产进行侵夺或争抢，造成了继承人、受遗赠人以及被继承人的债权人财产利益的损害，也构成侵权，应当承担赔偿责任。

3. 占有遗产的人与遗产管理人的关系

占有遗产的人并不一定是遗产管理人。如果占有遗产的人就是遗嘱执行人，或者是遗产管理人，其应当负有遗产管理人的职责。占有遗产的人并不是遗嘱执行人或者遗产管理人，而选定了遗产管理人或者有遗嘱执行人的，占有遗产的人还有一个向遗嘱执行人或者遗产管理人移交遗产的义务，应当清点遗产数额、种类等，编制遗产清单，向遗嘱执行人或者遗产管理人移交遗产。

三、继承前的析产

（一）先析产对后继承的重要意义

在实际生活和司法实践中，处理遗产继承及其纠纷，析产都是非常重要的一

第三节 遗产的清理

环。因此,在分割遗产之前,应当先进行析产,以确定遗产的范围。《民法典》第1153条规定:"夫妻共同所有的财产,除有约定的以外,遗产分割时,应当先将共同所有的财产的一半分出为配偶所有,其余的为被继承人的遗产。""遗产在家庭共有财产之中的,遗产分割时,应当先分出他人的财产。"这一条文源于《继承法》第26条,文字有所变化,但基本内容没有变化。

如果被继承人只有一人,其生前合法所有的财产就是单独所有。在这种情况下,不存在析产问题,因为被继承人生前遗留下来的所有的合法财产,都是遗产,不用析产就能够确定遗产的范围。

不过,在通常情况下,被继承人死亡时所遗留的遗产,是与夫妻共有财产、家庭共有财产以及其他形式的共有财产交织在一起的。因此,在分割遗产之前,必须先进行析产,在这些共有财产中分析出配偶一方、其他家庭成员以及其他共有人的财产,之后才能确定遗产的范围。因此,析产在遗产继承中非常重要,是确定遗产范围的基本方法。

所谓析产,就是在共有财产中分析出死者个人的遗产。通过析产,使遗产范围清晰,避免将与被继承人形成共同共有关系的其他共有人的财产误认为是遗产,侵害其他共同共有人的财产权利。

(二)对不同的共有财产的析产

《民法典》该条规定的析产类型,是夫妻共有财产的析产和家庭共有财产的析产。此外,还有对合伙共有财产的析产。只有对这些共同共有的财产进行了析产,才能确定原为共同共有人的被继承人所遗留的遗产范围。

1. 对夫妻共有财产进行析产

夫妻共同共有的财产,除有双方另有约定的以外,在分割遗产时,必须先将夫妻共同共有财产的一半分出来,为配偶所有,其余的一半为被继承人的遗产。

这是因为,我国夫妻财产性质是共同共有,除非当事人另有约定。夫妻只要没有关于财产所有方式的其他约定,夫妻财产就是法定的共同共有财产。由于夫妻共同财产是不分份额的共同共有,因而在双方夫妻关系存续期间一般不得进行分割。当配偶一方死亡时,夫妻关系消灭,应当将夫妻一方的财产分开,才能确

457

定死亡一方配偶的财产为遗产。在夫妻关系消灭时，分割夫妻共有财产的方法，是确定每人分有一半为个人财产。

对夫妻共有财产析产的具体方法是：首先，在家庭共有财产中分析出夫妻个人财产，没有其他家庭共有财产的，直接进行下一步析产，以确定夫妻共有财产的范围。其次，将确定为夫妻共有财产的财产一分为二，一半作为生存一方当事人的个人财产，另一半确定为被继承人的遗产。

如果夫妻双方约定为分别财产制，则不存在这种析产问题。

2. 家庭共有财产的析产

家庭共有财产的状况比较复杂，既有夫妻共有财产，又有其他家庭成员出资作为共有人的共有财产；如果是由不同的家庭成员，却没有夫妻关系的家庭成员形成的家庭共有财产，就都是家庭共有财产，而不进行夫妻共有财产的分析。

遗产在家庭共有财产之中的，在遗产分割时，应当先分出他人的财产。这是《民法典》第1153条第2款规定的在家庭共有财产中的析产，以确定被继承人的遗产范围。

具体的析产方法是：

首先，从家庭共有财产中分析出夫妻共有财产，对夫妻共有财产的分析，适用夫妻共有财产的分析方法进行。

其次，在家庭共有财产中分析出其他家庭成员的财产，例如析出家庭共有财产中属于子女的财产，以确定被继承人个人的遗产范围，使被继承人在家庭共有财产中的遗产分析出来。

最后，分析家庭共有财产不适用分析夫妻共有财产每人一半的规则，而是按照对家庭共有财产的贡献大小确定。

（三）对合伙共有财产进行析产

《民法典》第1153条在法律适用中应当注意的问题是，条文没有规定其他共同共有财产中的被继承人遗产范围的析产方法。

对其他共同共有财产的析产，主要是指对被继承人参与的合伙等共有财产的分析。对此，与确定夫妻共有财产或者家庭共有财产的析产方法基本规则相同。所不同的是，对于合伙共有财产的析产，在一般情况下都有合伙份额的约定，即尽管合伙合同财产是共同共有，但是，由于合伙人入伙和分红都有出资份额和分红份额的约定，因此，在作为合伙人的被继承人死亡后，应当对合伙中的被继承人的财产进行析产，首先确定被继承人的投资数额，其次应当确定在合伙收益中被继承人的应有部分，将两项财产份额加到一起，就是被继承人的遗产范围，纳入被继承人的总体遗产范围。当合伙的剩余合伙人一致同意死亡的合伙人的继承人入伙继承死亡合伙人的权利时，不必析产，继承人继承其合伙份额即可。

四、遗嘱适用法定继承

（一）遗嘱适用法定继承的规定

在继承中，遗嘱人设定了遗嘱继承或者遗赠的遗嘱，本来应当适用遗嘱继承或者遗赠的规定分配遗产，但是，在法律规定的情形下，对于遗嘱设定的遗嘱继承或者遗赠不适用遗嘱，而适用法定继承，就是遗嘱适用法定继承。实际上，遗嘱适用法定继承就是遗嘱继承或者遗赠因法定事由出现而转化为法定继承的情形。对此，《民法典》第1154条规定："有下列情形之一的，遗产中的有关部分按照法定继承办理：（一）遗嘱继承人放弃继承或者受遗赠人放弃受遗赠；（二）遗嘱继承人丧失继承权或者受遗赠人丧失受遗赠权；（三）遗嘱继承人、受遗赠人先于遗嘱人死亡或者终止；（四）遗嘱无效部分所涉及的遗产；（五）遗嘱未处分的遗产。"《继承法》也对此作了规定，与《继承法》的规定相比较，《民法典》第1154条增加了受遗赠人丧失受遗赠权的，也应当依照法定继承处理。

（二）遗嘱适用法定继承的法定事由

在继承领域，遗嘱继承或者遗赠优先于法定继承，有效的遗嘱排除法定继承规则的适用。遗嘱继承或者遗赠适用法定继承的法定情形是：

1. 遗嘱继承人放弃继承或者受遗赠人放弃受遗赠

被继承人死亡，遗嘱有效，遗嘱继承人或者受遗赠人接受继承或者接受遗

赠，自然按照遗嘱继承或者遗赠的规则继承遗产或者接受遗赠。如果遗嘱继承人放弃继承，或者受遗赠人放弃受遗赠，就不再发生遗嘱继承和遗赠的效力，对遗嘱继承或者遗赠所处分的遗产部分，当然应当按照法定继承办理，不再受遗嘱的约束。

2. 遗嘱继承人丧失继承权或者受遗赠人丧失受遗赠权

遗嘱继承人实施了《民法典》第1125条第1款规定的故意杀害被继承人的行为，或者为争夺遗产而杀害其他继承人的行为，或者遗弃被继承人或者虐待被继承人情节严重的行为，或者伪造、篡改、隐匿或者销毁遗嘱，情节严重的行为，或者以欺诈、胁迫手段迫使或者妨碍被继承人设立、变更或者撤回遗嘱，情节严重的行为，以及受遗赠人实施了上述行为，法律后果是丧失继承权或者丧失受遗赠权，不能继承或者接受遗赠。遗嘱确定的遗嘱继承或者遗赠部分的遗产，应当适用法定继承处理。

3. 遗嘱继承人、受遗赠人先于遗嘱人死亡或者终止

遗嘱继承人、受遗赠人如果先于遗嘱人死亡或者终止，使其遗嘱继承权和受遗赠权消灭，不能继承或者接受遗嘱人的遗产，应当按照法定继承处理遗产。需要特别注意，遗嘱继承不适用《民法典》第1152条关于转继承的规定，遗嘱继承转化为法定继承。

4. 遗嘱无效部分所涉及的遗产

遗嘱全部无效或者部分无效，实际上就对遗产不具有有效遗嘱的拘束，遗嘱人处分其遗产的内容不再具有效力，遗嘱确定的遗嘱继承人或者遗赠人就不再产生遗嘱继承权或者受遗赠权，因而无效遗嘱所处分的遗产部分不再受遗嘱的约束，应当按照法定继承办理。

5. 遗嘱未处分的遗产

遗嘱未处分的遗产，不属于遗嘱继承或者遗赠的范围，当然不能依照遗嘱继承或者遗赠的方法处理遗产，应当按照法定继承处理。这一项规定的问题，其实并不是转化为法定继承，就是法定继承，应当按照法定继承办理。

（三）法律适用中应注意的问题

《民法典》第1154条的规定与《继承法》第27条的规定相比较，增加的新

规则是第 2 项规定的事由,即"受遗赠人丧失受遗赠权"。

遗嘱继承人丧失继承权,这一部分遗产应当按照法定继承办理。同样道理,受遗赠人丧失受遗赠权,其中对遗赠有关部分的遗产也应当按照法定继承办理。《继承法》第 27 条之所以没有作这个规定,是因为该法第 7 条只规定了继承人丧失继承权,没有规定受遗赠人丧失受遗赠权。《民法典》第 1125 条第 3 款增加规定了"受遗赠人有本条第一款规定行为的,丧失受遗赠权"的内容,因此,相应地增加了本条的这一新规则。

将这一新规则明确表述出来,就是受遗赠人故意杀害被继承人、故意杀害其他继承人等,丧失受遗赠权的,遗嘱人在遗嘱中让受遗赠人接受的这一部分遗产,应当按照法定继承办理。因此,应当将这一部分遗产纳入遗产范围,按照法定继承的规则进行继承。

第四节 遗产债务清偿

一、遗产债务的概念、范围与清偿顺序

(一)遗产债务的概念

遗产债务的清偿,说到底,就是对遗产的清算。①

遗产债务,是指应当以遗产负责清偿的债务。在继承开始后,被继承人在遗留遗产的同时,也可能遗留有关债务,在继承开始后还会基于遗产管理等产生一些新的债务,如继承费用。对于这些遗产债务应当进行清偿。

(二)遗产债务的范围

遗产债务清偿的前提,是确定遗产债务的范围。有学者认为,遗产债务即被继承人所欠债务,是指被继承人生前个人依法应当缴纳的税款和完全用于个人生活需要所欠下的债务。遗产债务主要包括以下几类:(1)被继承人依照我国税法

---

① 参见吴岐:《民法继承》,武汉大学出版社 1933 年版,第 42 页。

的规定应当缴纳的税款；（2）被继承人因合同之债而欠下的债务；（3）被继承人因侵权行为而承担的损害赔偿的债务；（4）被继承人因不当得利而承担的返还不当得利的债务；（5）被继承人因无因管理而承担的补偿管理人必要费用的债务；（6）其他属于被继承人个人的债务，如合伙债务中属于被继承人应当承担的债务，被继承人承担的保证债务。①

这种主张与《继承法》第33条的规定相一致，但是有遗漏之处。遗产债务虽然主要是被继承人生前所欠下的债务，但是，遗产债务比被继承人债务的范围要宽，在继承开始后基于遗产产生的债务也属于遗产债务，应当进行清偿。

《民法典》第1159条对遗产范围的规定是："分割遗产，应当清偿被继承人依法应当缴纳的税款和债务；但是，应当为缺乏劳动能力又没有生活来源的继承人保留必要的遗产。"《继承法》对此没有相应规定。

本条对遗产债务范围的规定比较简单，只有依法应当缴纳的税款和债务。具体的遗产债务范围是：

1. 税款债务

被继承人生前所欠税款，是被继承人作为国家税收管理相对人，对国家应当缴纳的税款，例如经营税、个人所得税、交易税等。在遗产债务中，被继承人依法应当缴纳的税款是最重要的部分，优先于被继承人所欠他人的债务。

2. 欠债权人的债务

被继承人生前所欠债务，是遗产债务的主要部分，是被继承人生前因自己的行为所欠下的债务，包括被继承人因合同、侵权行为、无因管理、不当得利所欠债务。为保护被继承人的债权人的合法债权，在用遗产支付的丧葬费和遗产管理费之外，该债务处于优先地位。

除此之外，以往认为被继承人酌情分给遗产的债务和遗赠债务，也属于遗产债务。有的认为，酌给遗产债务是基于法律规定和扶养事实产生的，属于遗产债

---

① 参见郭明瑞等：《继承法》（第2版），法律出版社2004年版，第200页。

务①；或者认为遗赠只是赋予受遗赠人请求执行遗赠的权利，在本质上属于债权范畴，属于遗产债务。也有的认为特留份也属于遗产债务②，即继承人中有缺乏劳动能力又没有生活来源的人，即使遗产不足清偿债务，也应为其保留适当的遗产，然后再按有关规定清偿债务。对于这些，《民法典》都认为是遗产分割的问题，而不是遗产分割之前的清偿债务范围。

3. 继承费用债务

继承费用，是指为完成管理、清算、分割遗产及执行遗嘱而支出的费用。在继承进行中，为完成一定的事项，需要支出一定的费用，如遗嘱执行费、遗产管理费、公示催告费、诉讼费等。这些费用是必须支出的，应从遗产中开支，并应将继承费用债权作为具有优先性的债权。因继承人和遗产管理人过失而支出的费用不属于继承费用，应当由有过失的继承人和遗产管理人自己负担。

至于丧葬费用，应当列入遗产债务范围还是列入继承费用范围，日本有学者将丧葬费用列入继承费用之中。③ 但按《德国民法典》的规定，丧葬费用不能列入继承费用之中，而应当由继承人负担。丧葬费用既不能列入遗产债务，也不能列入继承费用。因为无论从法律上还是从社会道德上，继承人都有义务殡葬已故被继承人。为此支出的费用，应当由负有殡葬义务的继承人负担。如果被继承人生前所在单位负责被继承人的丧葬费用，则继承人无须负担丧葬费用。④

4. 酌给遗产债务

《民法典》第1131条规定："对继承人以外的依靠被继承人扶养的人，或者继承人以外的对被继承人扶养较多的人，可以分给适当的遗产。"酌给遗产债务是基于法律规定和扶养事实产生的，属于遗产债务。⑤ 其中，基于扶养事实产生的遗产酌给的重点在于扶养关系，而不在于特定身份关系，但在我国这种特定身

---

① 参见张玉敏：《继承法律制度研究》，法律出版社1999年版，第164页。
② 参见张玉敏：《继承法律制度研究》，法律出版社1999年版，第164页。
③ 参见史尚宽：《继承法论》，中国政法大学出版社2000年版，第164页。
④ 参见郭明瑞等：《继承法》（第2版），法律出版社2004年版，第201页。
⑤ 参见张玉敏：《继承法律制度研究》，法律出版社1999年版，第164页。

份关系包括但不限于养子女、继子女、生育辅助治疗出生的子女等。①

5. 遗赠扶养协议的遗赠债务

遗赠扶养协议的遗赠债务与一般的遗赠债务不同,遗赠扶养协议扶养人对遗赠权的获得,是以对遗赠人的生养死葬义务的履行为代价的,因此,继承开始,扶养人就获得了该遗赠债权,应当从遗产中给付。

6. 遗赠债务

遗赠只是赋予受遗赠人请求执行遗赠的权利,在本质上属于债权范畴,属于遗产债务。民法理论认为,遗赠是债的发生根据之一,继承开始以后,受遗赠人有权请求有关义务人履行遗赠,交付遗赠财产。

有的学者认为特留份也属于遗产债务。②《民法典》没有规定特留份,但规定了必留份。笔者认为,特留份和必留份都属于继承人的权利,不属于遗产债务,不应当在遗产债务中研究和处理。

(三)遗产债务的清偿顺序

有学者主张,遗产债务应当依据继承费用随时清偿、生存权益优先、特定物担保优先、普通债务优于无偿性债务、惩罚性债务劣后于普通债务以及无偿性债务与负担兜底等原则确定遗产债务的清偿顺序。③依照《民法典》的规定,确定遗产债务清偿顺序,首先是应当缴纳的税款,其次是被继承人所欠债务。不过,遗产债务的范围较广,应当统一起来确定遗产债务的清偿顺序。

1. 继承费用债务

在遗产债务清偿中,继承费用为清偿的最优先级。为完成遗产管理、清算、分割及执行遗嘱支出的费用,例如遗产管理人的报酬,以及在继承中支出的遗嘱执行费、公示催告费、诉讼费等,都属于继承费用,在遗产中最优先清偿。

继承费用债务优先清偿的立法例有两种:一是将遗产管理费用列为遗产债务

---

① 参见李佳伦:《民法典编纂中遗产酌给请求权的制度重构》,载《法学评论》2017年第3期。
② 参见张玉敏:《继承法律制度研究》,法律出版社1999年版,第164页。
③ 参见汪洋:《遗产债务的类型与清偿顺序》,载《法学》2018年第12期。

的首位；二是将遗产管理费用从遗产中先行拨付，即在清偿遗产债务之前，遗产管理费用已经从遗产中先行偿付了。这两种做法的效果是一样的，都能够保证遗产管理费用得到最优先的清偿。基于继承费用的遗产债务性质，还是将继承费用债务列为清偿顺序的首位为宜。

2.酌给遗产债务和遗赠扶养协议的遗赠债务

对于继承人以外的依靠被继承人扶养的缺乏劳动能力又没有生活来源的人或者继承人以外的对被继承人扶养较多的人，在清偿遗产债务时，应当向遗产酌给请求权人给付。在遗产清偿债务中，对继承人以外的依靠被继承人扶养的人酌分债务，具有人身性，应当为次优先级的债务清偿。

对继承人以外的对被继承人扶养较多的人的酌分遗产，以及遗赠扶养协议中扶养人接受遗赠的债务，均为扶养被继承人所应获得的报酬，都属于遗产债务中的优先债务，次于继承费用债务，优于税款债务。

3.税款债务

被继承人生前依法应当缴纳的税款，应当在遗产债务中首先清偿，具有优先性，顺序优先于欠债权人的债务。

4.欠债权人的债务

被继承人的遗产源于被继承人生前所从事的各类法律行为。被继承人生前进行法律行为以获得债权为目的，而履行债务是获得债权的代价，即债务是债权的基础。从这个意义上说，没有被继承人生前的法律行为，没有债务的负担，就没有遗产可言。因此，在清偿遗产债务时，应当优先考虑被继承人生前所欠债务的清偿问题。

被继承人生前负有的不论何种类型的债务，都应当以其遗产清偿。在编纂《民法典》时，曾经有过欠债权人的债务优先于税款债务的动议，但是被立法机关最终否决，欠债权人的债务劣后于税款债务。

5.遗赠债务

遗赠债务放在遗产债务清偿的最后顺位，是其他国家和地区的普遍做法。《日本民法典》第931条规定："限定承认人除非依前二条规定对各债权人进行清

偿后，不得对受遗赠人清偿。"

之所以这样规定：一是因为被继承人的债权人一般都是有偿取得债权，存在对价，而遗赠是无偿的；二是因为被继承人的债务一般在继承开始前就已经发生，而遗赠债务是在继承开始后才发生的。可见，遗赠债务与遗嘱继承处于同一法律地位，应当劣后于欠债权人的债务，受到"有限继承原则"的限制，清偿顺序排在遗产债务清偿的最后。

（四）法律适用中应当注意的问题

在司法实践中应当注意的问题是：

第一，被继承人遗留的遗产不足以清偿全部遗产债务时，同一顺序的债权按照比例受偿。

第二，被继承人的丧葬费用应当怎样处理。被继承人的丧葬费用，似乎可以列入遗产债务范围，甚至可以将丧葬费用列入继承费用之中。① 不过，《德国民法典》规定，丧葬费用不能列入继承费用之中，应当由继承人负担。笔者认为，丧葬费用既不能列入遗产债务，也不能列入继承费用，理由是，无论从法律上还是从社会道德上，继承人都有义务殡葬已故被继承人。

第三，有学者把清偿债务优先于执行遗赠作为一项原则。② 笔者认为，《民法典》第1162条规定："执行遗赠不得妨碍清偿遗赠人依法应当缴纳的税款和债务。"在遗赠和清偿债务的顺序上，清偿欠债权人的债务优先于遗赠债务，但是这种结果并非为某种原则使然，而是由于遗赠作为一种遗产债务与被继承人生前所欠债务在清偿上的顺序不同而已；因为被继承人生前所欠债务较遗赠债务的顺序靠前，所以要先清偿被继承人的生前债务，然后才能执行遗赠。

二、有限（限定）继承

在继承原则上，存在有限继承和无限继承之分。《民法典》采取有限继承原

---

① 参见史尚宽：《继承法论》，中国政法大学出版社2000年版，第164页。
② 参见郭明瑞等：《继承法》（第2版），法律出版社2004年版，第202-203页。

则立场。《民法典》第1161条规定："继承人以所得遗产实际价值为限清偿被继承人依法应当缴纳的税款和债务。超过遗产实际价值部分，继承人自愿偿还的不在此限。""继承人放弃继承的，对被继承人依法应当缴纳的税款和债务可以不负清偿责任。"这一规定承继的是《继承法》第33条，基本内容一致，只是调整了部分文字表述方法。

（一）有限继承的基本规则

自1985年《继承法》生效以来，我国一直实行有限继承原则，继承人对被继承人的遗产债务的清偿，只以遗产的实际价值为限，超过遗产实际价值的部分，继承人不负清偿责任。继承人对被继承人的遗产债务不负无限清偿责任，仅以继承的遗产的实际价值负有限的清偿责任。这对于保护继承人的利益有利，可以使继承人通过限定继承免于对遗产承担无限责任。

在现实生活中，有的子女对亡父、妻子对亡夫所欠债务竭尽全力予以清偿，承担无限责任。这是行为人对自己的严格要求，是受诚信观念和诚信道德所支配，是高尚的行为，但是，限定继承不是对高尚的人制定的规则，而是对一般的普通人制定的规则。法律规定有限继承原则，并不限制继承人自愿实施无限继承原则的高尚行为。

理解有限继承原则时要注意以下几点：

1. 正确理解有限继承原则的内容

"继承人以所得遗产实际价值为限清偿被继承人应当依法缴纳的税款和债务"，是对有限继承原则的规定。

首先，继承人继承了遗产，应当清偿被继承人依法应当缴纳的税款和债务，缴纳税款和清偿债务以所得遗产实际价值为限。这是原则，如果继承人不想承担清偿债务和缴纳税款的义务，则可以放弃继承。

其次，缴纳税款和清偿债务，以继承人所得遗产实际价值为限，这就是有限继承原则的体现。即使继承了遗产，也以继承的遗产范围为限，承担清偿债务、缴纳税款的义务。

最后，将继承人以所得遗产实际价值为限移到句前作为状语，进一步强调了

有限继承的主旨，具有更好的宣示作用。

2. 继承人可以突破有限继承原则

"超过遗产实际价值部分，继承人自愿偿还的不在此限"，是在实行有限继承原则的基础上，对继承人自愿承担无限继承责任的行为，持肯定态度，因为这对保护债权人的债权有利，也是继承人诚信道德和诚信观念的表现。但是，承担无限继承责任须继承人自愿，而非强制，也不得强制。

3. 放弃继承不负担遗产债务

继承人放弃继承的，对被继承人依法应当缴纳的税款和债务可以不负偿还责任。依照权利与义务相一致原则，继承人如果不继承遗产，则对被继承人应当缴纳的税款和债务，都可以不负偿还责任。

(二) 适用限定继承的要点

在司法实践中，适用限定继承原则，应当掌握的要点是：

第一，按照限定继承原则的要求，对超过遗产实际价值的部分，唯继承人自愿偿还的不受限定继承原则限制外，继承人对遗产债务均负有限责任。任何人都不能强迫继承人偿还超过遗产实际价值的遗产债务。即使共同继承人中的某个继承人自愿承担无限责任，亦不对其他继承人发生法律效力。

第二，在继承纠纷的民事诉讼中，如果继承人自愿承担无限继承责任，法院在调解中可以予以支持，但是，在判决中不可以如此裁判。因为适用无限继承原则，是继承人的道德义务，不是法律义务。超过遗产实际价值部分，继承人自愿负担无限继承责任，如果写进调解协议以及调解书，就是自愿行为，而不是法律上的强制行为，当然不违反法律；但法官如果在判决中判决继承人承担无限继承责任，则违反《民法典》的规定，是没有法律依据的判决。

三、执行遗赠

(一) 遗赠债务的执行

《民法典》第 1162 条关于"执行遗赠不得妨碍清偿遗赠人应当缴纳的税款和

债务"的规定，实际上说的就是遗赠债务的清偿顺序问题。《继承法》也有这样的规定。

遗赠，是被继承人通过遗嘱，将遗产的部分或者全部处分给继承人以外的人。遗赠只要符合遗嘱的要件，受遗赠人表示接受的，即发生法律效力。

遗赠发生效力，并不意味着受遗赠人实际取得遗赠物，还存在遗赠的执行问题。遗赠的执行，是指在受遗赠人接受遗赠后，有关的遗嘱执行人按照遗嘱人的指示，将遗赠的遗赠物移交给受遗赠人受领的继承法律制度。

遗赠执行的义务人是遗嘱执行人。在遗嘱执行前，继承人尽管为被继承人遗产的承继人，但是，在遗嘱执行前，继承人并不能处分遗产，而遗赠属于遗嘱的内容，有遗嘱就有遗嘱的执行，因而，应当以遗嘱执行人为遗赠执行的义务人。

遗赠执行的权利人为受遗赠人。受遗赠人在知道受遗赠后 60 日内，向遗嘱执行人作出接受遗赠的意思表示的，即享有请求遗嘱执行人依遗赠人的遗嘱，将遗赠物交付其受领的请求权。遗嘱执行人应当依受遗赠人的请求交付遗赠物。

受遗赠权不是一种普通债权，遗赠人的债权人的债权优于受遗赠人的受遗赠权，受遗赠人不能与遗赠人的债权人平等地分配遗产。因此，遗赠执行人不能先将遗产用于执行遗赠。这是明确规定的原则，遗赠执行人只有在清偿被继承人生前所欠的税款及债务后，才能在遗产剩余的部分中执行遗赠。如果在清偿被继承人生前所欠的税款和债务后没有剩余的遗产，则遗赠不能执行，受遗赠人的权利也就消灭，遗赠执行人也就没有执行遗赠的义务。如果遗赠人是以特定物为遗赠物的，而该物已不存在，则因遗赠失去效力，遗赠执行人当然也无执行的义务。

（二）清偿债务优先于执行遗赠的法理基础

有的学者把清偿债务优先于执行遗赠作为一项原则[①]，是有一定的法理基础的。但是，在执行遗赠和清偿债务的顺序上，清偿债务优先于执行遗赠，并非某种原则使然，而是由于遗赠作为一种遗产债务，同被继承人生前所欠债务在清偿

---

① 参见郭明瑞等：《继承法》（第 2 版），法律出版社 2004 年版，第 202 - 203 页。

上的顺序不同。因为被继承人生前所欠债务较遗赠债务的顺序靠前，所以，要先清偿遗赠人的生前债务，然后才能执行遗赠。故清偿债务优先于执行遗赠，是一项继承的规则，而不是一个原则。清偿债务优先于执行遗赠中的债务，也包括被继承人对国家依法应当缴纳的税款。

执行遗赠妨碍了清偿遗赠人应当缴纳的税款和债务的，执行遗赠的行为无效，应当退回接受遗赠的财产，仍然先依法清偿税款和债务，之后遗产有剩余的部分，才可以执行遗赠。

优先权和遗产债务优先权的法理，是《民法典》关于"执行遗赠不得妨碍清偿遗赠人依法应当缴纳的税款和债务"规定的基础和依据。

四、遗产分割后继承人、受遗赠人清偿遗产债务的顺序

《民法典》第1163条规定："既有法定继承又有遗嘱继承、遗赠的，由法定继承人清偿被继承人依法应当缴纳的税款和债务；超过法定继承遗产实际价值部分，由遗嘱继承人和受遗赠人按比例以所得遗产清偿。"《继承法》对此没有相应规定，《民法典》根据继承的实际情况，规定了遗产分割后法定继承人优先于遗嘱继承人和受遗赠人清偿债务的规则。

（一）遗产已经分割而未清偿债务

由于《继承法》对这一情形没有作出规定，《最高人民法院关于贯彻执行〈中华人民共和国继承法〉若干问题的意见》第62条规定："遗产已被分割而未清偿债务时，如有法定继承又有遗嘱继承和遗赠的，首先由法定继承人用其所得遗产清偿债务；不足清偿时，剩余的债务由遗嘱继承人和受遗赠人按比例用所得遗产偿还；如果只有遗嘱继承和遗赠的，由遗嘱继承人和受遗赠人按比例用所得遗产偿还。"《民法典》第1163条正是在这一司法解释的基础上修改而成的法律规范。

对被继承人的遗产继承，既可以先清偿遗产债务后进行继承，也可以先继承遗产再由继承人清偿债务。在实践中，这两种方法都可以适用，并且都受到有限

继承原则的限制。当采用先继承遗产、后清偿遗产债务时，遗产已经分割，而债务尚未清偿的，就是遗产已经分割而债务未受清偿。

遗产已分割债务未受清偿的，当然应当由已经继承了遗产的人对债务负清偿义务。在一个被继承人的遗产继承中，既有法定继承，又有遗嘱继承、遗赠的，究竟应当由谁承担遗产债务的清偿责任，就是法定继承人和遗嘱继承人、受遗赠人承担清偿遗产债务的顺序问题。

（二）法定继承人或者遗嘱继承人、受遗赠人清偿遗产债务的顺序

在这种情况下，被继承人的遗产既发生了法定继承，又发生了遗嘱继承、遗赠的，究竟先由哪一部分继承的遗产承担遗产债务，既涉及对不同的继承和遗赠的效力认定问题，也涉及对被继承人的债权人的债权保护问题。

依照《民法典》第1123条关于"继承开始后，按照法定继承办理；有遗嘱的，按照遗嘱继承或者遗赠办理；有遗赠扶养协议的，按照协议办理"的规定，不同的继承方式和遗赠扶养协议的优先顺序是：第一，遗赠扶养协议；第二，遗嘱继承和遗赠；第三，法定继承。然而，在发生了继承、遗赠后，需要继承人以其继承的遗产、受遗赠人以其接受的遗产，清偿被继承人的遗产债务时，应当按照相反的顺序进行。

本条规定的规则是：

第一，由法定继承人清偿被继承人依法应当缴纳的税款和债务。这是因为，遗嘱继承和遗赠的效力优先于法定继承，在清偿遗产债务时，当然应当先用法定继承人继承的遗产部分，清偿被继承人应当依法缴纳的税款和债务。

第二，被继承人依法应当缴纳的税款和债务的数额超过法定继承遗产的实际价值，由法定继承人继承的遗产清偿被继承人依法应当缴纳的税款和债务仍有不足的，依照有限继承原则的要求，法定继承人不再承担清偿责任，而由遗嘱继承人和受遗赠人按比例，以所得遗产予以清偿。所谓按比例，就是遗嘱继承人和受遗赠人接受遗产的效力相同，不存在先后顺序问题，因而应当按照所得遗产的比例，以所得遗产清偿债务。

在司法实践中适用《民法典》的该条规范，应当注意的问题是：

第一，无论是法定继承还是遗嘱继承、遗赠，承担遗产债务清偿责任，都受有限继承原则的约束，对超过其所得遗产部分的遗产债务（包括被继承人依法应当缴纳的税款和债务），都不再承担清偿责任。

第二，由于遗赠扶养协议的扶养人接受遗产是有对价的，因此，遗赠扶养协议的扶养人对遗产债务不承担清偿债务的责任。因而，《民法典》在该条只规定了遗嘱继承人和受遗赠人的义务，并没有规定遗赠扶养协议的扶养人承担这种责任。在司法实践中，不得强制遗赠扶养协议的扶养人以其取得的遗产承担被继承人依法应当缴纳的税款和债务的清偿责任。

（三）遗产清偿债务的优先权

优先权也称先取特权，是指特定的债权人依据法律的规定而享有的就债务人的总财产或特定财产优先于其他债权人而受清偿的权利。[1]

在优先权中，就债务人不特定的总财产上成立的优先权，叫一般优先权；就债务人特定动产或不动产上成立的优先权，叫特别优先权。[2]

优先权是独立的法定担保物权。它既不是优先受偿效力或特殊债权的清偿顺序，也与抵押权等担保物权具有明显的区别。[3]

在遗产债务上法律规定的优先权的特征是：

第一，遗产债务的优先权是一种他物权，其存在的基础在于被继承人的遗产，而不是就自己的财产所设立的物权，因而遗产债务的优先权属于特定的优先权，属于他物权性质。

第二，遗产债务优先权是一种担保物权，具有的基本属性在于，对他人财产的代位性和保证性，从属于其所担保的遗产债权而存在，其目的就在于保证遗产债权的实现，因而，遗产债务优先权的性质是担保物权，而不是用益物权。

第三，遗产债务优先权是法定担保物权，与留置权一样。不过，遗产债务优先权与一般优先权一样，其法定性更为强烈，都是依据法律的明确规定产生，而

---

[1] 参见谢怀栻：《外国民商法精要》，法律出版社 2002 年版，第 158 页。

[2] 参见申卫星：《物权立法应设立优先权制度》，载王利明主编：《物权法专题研究》（下册），吉林人民出版社 2001 年版，第 414 页。

[3] 参见王利明：《物权法论》（修订本），中国政法大学出版社 2004 年版，第 720 页。

不是由当事人约定设立；其担保的效力都要依据法律的明确规定，所担保的债权范围、优先权效力所及的标的物范围以及优先权之间、优先权与其他担保物权之间的顺位，都必须依据法律的明确规定，当事人不能自由约定。

第四，遗产债务优先权是无须公示而产生的担保物权。尽管物权公示原则是物权法的基本原则，但是优先权例外，属于无须公示仅因法律规定就能够产生的担保物权，无须交付，也无须登记。由于优先权欠缺公示性，所以在很大程度上，遗产债务优先权将会对其他权利人尤其是那些有担保的债权人的利益造成损害。

因此，应当对受偿顺序严格限制，遗产债务优先权应先就被继承人遗产中的动产受偿，不足部分才能就遗产中的不动产受偿；以被继承人的不动产遗产受偿时，应先就无担保的不动产受偿，不足部分才能再以有担保的不动产受偿。同时，还要对权利行使期限进行必要限制，否则会使权利处于长期不稳定的状态，影响优先权的积极作用。

五、遗产债务清偿时间

《民法典》没有关于遗产债务清偿时间的规定。根据民法原理与司法实践的一般做法，继承开始后，继承人或遗产保管人在清点遗产之后，应当及时通知债权人声明债权，以便于继承人清偿债务。

对已到期债务，继承人应当及时清偿；对未到期债务，继承人经债权人同意可以提前清偿，也可以在分割遗产时保留与债权数额相等的遗产数额，或分配给某一继承人负责清偿。

债权人声明债权是否应当有时间限制，在我国法律没有规定的情况下，继承人不能限定期间要求债权人声明债权。但如果债权人超过了法律规定的诉讼时效期间而未请求清偿遗产债务，则继承人可以不负清偿责任。

在遗产债务清偿时间问题上，许多国家还作出了限制性规定。如《德国民法典》第2014条规定："继承人有权拒绝清偿遗产债务，直到接受遗产后最初三个

月过去之时,但不超过遗产清册的编制的时间。"该法第 2015 条第 1 款规定:"继承人在接受遗产后一年以内提出发布对遗产债权人的公示催告的申请,并且该申请获得准许的,继承人即有权拒绝清偿遗产债务,直到公示催告程序的终结。"《日本民法典》第 928 条规定:限定继承人在公告期间届满前,可以对继承债权人及受遗赠人拒绝清偿。《瑞士民法典》第 586 条亦规定:"在制作财产清单期间,不得要求继承人履行被继承人的债务。"可见,许多国家都对遗产债务的清偿时间有所限制,赋予继承人在一定期间内有拒绝清偿债务的权利。这种规定是合理的,有利于保护继承人和全体债权人的利益,防止出现不公平的现象。

第五节 遗产的分割

一、遗产的分割概述

(一)遗产分割的概念与采取的立场

遗产的分割,是指各共同继承人按其应继份进行分配,以消灭遗产的共同所有关系为目的的法律行为。①

在继承人为复数的共同继承中,在遗产被分割前,各继承人对遗产是一种共同共有关系,但与普通共同共有关系不同,只是暂时的状态,以遗产的分割为终局目的。只有经过遗产分割,各共同继承人才能个别地享有其权利及负担其义务,才能更好地发挥遗产的实际效用,促进财产的流通和安全,保护各共同继承人的利益。因此,各继承人享有遗产分割权,可以随时请求分割遗产。

我国清末之前的旧律实行遗产继承的强制保存主义,遗产虽为被继承人的诸子共同共有,但遗产掌握在男性尊亲属手中,未经尊长许可,卑幼不得擅自使用处分,也不得请求分割。到了近代,在清末修律后才逐渐取消了这种限制。民国政府的继承立法采取强制分割主义,继承人原则上有可以随时请求分割遗产的自

---

① 参见刘文:《继承法比较研究》,中国人民公安大学出版社 2004 年版,第 395 页。

由权利。

《继承法》和《民法典》都采取强制分割主义，而非强制保存主义，但同时强调继承人可以随时请求分割遗产的权利，尊重继承人的意愿。

（二）遗产分割的时间

继承从被继承人死亡时开始，在继承开始后，继承人有权随时请求分割遗产。遗产分割的时间，就是在继承人提出分割请求后进行实际分割遗产的时间。

1. 遗产分割时间的确定

遗产分割的时间须在继承开始之后。至于遗产分割在继承开始后的什么时间内进行，《民法典》没有作出具体规定。按照遗产分割自由原则，在继承开始后的任何时间内，继承人都有权要求分割遗产。具体的分割时间由继承人协商确定；继承人协商不成的，可以通过调解确定，也可以通过诉讼程序由人民法院确定。如果继承人经过协商，确定在一定期限内不分割，或者继承人都不提出分割遗产的要求，这种遗产的共有状况就会持续下去。无论持续多长时间，继承人想分割遗产的，都有权请求分割。

在遗产分割的时间上，应当把遗产分割的时间与继承开始的时间区别开。两者的区别主要体现在：

第一，继承开始时间是法定的，只能是被继承人死亡的时间，继承人或其他任何人都不能加以变更；而遗产分割时间不是法定的，可以是继承开始后的任何时间，具体时间须经过继承人协商或以其他方式确定。

第二，继承开始时间是一个具体的时间，一般具体到日，有的还可能具体到时、分、秒；而遗产分割时间可以是一个具体的期日，也可以是期间，即在一段时间内分割遗产，但一般不具体到时。

第三，继承开始时间发生的是继承人取得继承既得权的效力，继承人可以行使继承权，但不能处分其应继份；而遗产分割时间发生的是继承人实际取得遗产的单独所有权的效力，继承人可以对其分得的遗产加以处分。

2. 对遗产分割时间的限制

继承人虽然可以自由行使遗产分割请求权，但有时也会受到一定限制，这就

第六章 遗产的管理与分割

是对遗产分割时间的限制。限制遗产分割时间的具体事由主要有以下几种：

(1) 非经遗产债务清偿不得分割遗产

在遗产债务清偿与遗产分割问题上，各国继承立法有两种不同规定：一是非经清偿遗产债务，不得分割遗产。德国、瑞士等国采取这种主张。二是清偿遗产债务不是分割遗产的前提，遗产债务清偿前，继承人可以分割遗产。法国、日本等国采取这种主张。

《民法典》对此没有明确规定，在司法实践中一般采取以下两种方法：

一是先清偿债务，后分割遗产。先清偿债务后分割遗产，是一种总体清偿方式。按照这种清偿方式，共同继承人首先从遗产中清算出遗产债务，并将清算出的相当于遗产债务数额的遗产交付债权人；然后，根据各继承人应继承的份额，分配剩余遗产。

二是先分割遗产，后清偿债务。先分割遗产后清偿债务，是一种分别清偿方式。按照这种清偿方式，共同继承人首先根据他们应当继承的遗产份额，分割遗产，同时分摊遗产债务；然后，各继承人根据自己分摊的债务数额向债权人清偿。如果遗产已被分割而未清偿债务，则应当按照《民法典》第1163条的规定处理。如果有法定继承又有遗嘱继承和遗赠，首先由法定继承人用其所得遗产清偿债务。不足清偿时，剩余的债务由遗嘱继承人和受遗赠人按比例用所得遗产偿还。只有遗嘱继承和遗赠的，由遗嘱继承人和受遗赠人按比例用所得遗产偿还。

(2) 遗嘱禁止在一定期间内分割遗产

遗产的分割应尊重被继承人的意愿，被继承人可以用遗嘱禁止遗产分割。如果被继承人在遗嘱中禁止分割遗产的时间过长，或无期限地禁止分割，使遗产永远或长期处于共同共有状态，将有碍遗产的利用。因此，许多国家规定被继承人以遗嘱禁止分割遗产的，须有一定期间限制。例如，《日本民法典》第908条规定："被继承人可以以遗嘱指定或委托第三人确定分割方法，或以遗嘱禁止自继承开始时起不超过5年的期间内实行分割。"《法国民法典》规定遗嘱限制遗产分割的期限为5年。《德国民法典》规定的期限为继承开始后30年。

《民法典》对遗嘱限制遗产分割的期限没有规定，是否应当对限制分割作出

规定，立法或司法解释都没有涉及。建议对现实中遇到的遗嘱限制遗产分割，首先应当承认其效力，其次要进行限制，5年期限较妥。

（3）继承人协议在一定期间内不得分割遗产

经共同继承人一致同意，可以订立不分割遗产的协议，继续维持遗产共同共有关系。只要继承人订立的协议不违反法律，不损害公序良俗，就应当承认其效力，继承人中的一人或数人不得随时请求分割遗产。以协议禁止遗产分割，不问是就其一部还是全部遗产，均无不可。这种约定不应有时间限制。

（4）有尚未出生继承人的可以暂时禁止分割遗产

这种限制是为了保护胎儿的继承利益。许多国家规定，在胎儿出生前不得分割遗产。我国也有学者认同这种观点。① 《民法典》没有采纳这种立法方法，而是在第1155条规定："遗产分割时，应当保留胎儿的继承份额。胎儿娩出时是死体的，保留的份额按照法定继承办理。"《最高人民法院关于适用〈中华人民共和国民法典〉继承编的解释（一）》第31条规定："应当为胎儿保留的遗产份额没有保留的，应从继承人所继承的遗产中扣回。""为胎儿保留的遗产份额，如胎儿出生后死亡的，由其继承人继承；如胎儿娩出时是死体的，由被继承人的继承人继承。"

《民法典》虽然并不限制在存在胎儿的情况下继承人分割遗产，但为防止继承人之间串通，损害母亲及婴儿的合法权益，特别是在多胞胎的情况下，采用在胎儿出生后分割遗产的方法较为合适。

（5）暂缓遗产分割

遗产的分割应有利于财产效用的发挥，而不应损害遗产的价值。对遗产即时分割将会严重损害其价值的，法院可以应继承人的请求，裁决暂缓分割。暂缓分割可以适用于全部遗产或仅适用于遗产中的一部分。

（三）共同遗产的分割程序

1. 确定共同遗产的增减

共同遗产进行分割，遗产的范围应当按照继承开始时确定。在现实中，尤其

---

① 参见房绍坤：《论继承导致的物权变动——兼论继承法相关制度的完善》，载《政法论丛》2018年第6期。

是明示或者默示的共同继承财产关系已经延续了很长时间,财产必然会出现变化。当对共同遗产进行分割时,不仅要将遗产的范围确定清楚,还要将遗产的增减数额及其原因分析清楚,为共同遗产的分割做好准备。

第一,分清共同遗产的自然消耗和折旧。这些因素应当从共同遗产中予以扣除,例如知识产权所缴纳的年费等费用。

第二,分清共同遗产的增值。共同遗产在经营中发生增值的,应当将增值部分计算清楚,也作为共同遗产的范围,参加分割。如果共同遗产增值较大或者巨大,则应当成为一般的共同共有财产,按照共同共有财产分割,而不再考虑采用共同遗产的分割方法进行分割。

第三,分清个人对共同遗产的占用或者侵占。在共同继承财产关系存续期间,有的共同继承人占用共同遗产或者对这一部分财产非法侵占的,应当准确确定,追回作为共同遗产参加分配;也可以将其价值作为分割给该人的部分,而不予追回。

2. 确定各人应当分得的份额

确定个人的应继份,应当按照《民法典》第1130条的规定进行。一是,在一般情况下,继承人应当均等分割。二是,在特殊情况下可以不均等分割:对生活有特殊困难的缺乏劳动能力的继承人,对被继承人尽了主要扶养义务或者与被继承人共同生活的继承人,可以多分财产;对于有扶养能力和扶养条件却不尽扶养义务的继承人,可以不分或者少分。各继承人协商同意不均等分割的,也可以不均等分割。

(四)遗产分割的效力

遗产分割的效力,是指遗产分割在法律上产生何种后果。它主要包括遗产分割的溯及效力与共同继承人之间的瑕疵担保责任。

1. 遗产分割的溯及效力

由于遗产的分割一般都是在继承开始后的一段时间进行,遗产分割的效力是从遗产分割时开始,还是从继承开始时开始,就是遗产分割的溯及效力问题。

对此,各国采不同立法例。

一是转移主义。罗马法采取转移主义,以遗产分割为一种交换,各继承人因

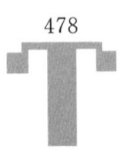

第五节 遗产的分割

分割而互相让与各自的应有部分,而取得分配给自己的财产的单独所有权,遗产分割有转移的效力或创设的效力,而不具有溯及力。德国、瑞士等采取转移主义。《德国民法典》第 2042 条将遗产分割适用普通共同共有财产分割的规定,确定了遗产分割的转移主义。德国民法虽然承认遗产共同共有为一时的存在,但并没有规定遗产分割具有溯及的效力,其目的是贯彻共有关系的理论。①

二是宣告主义,又称溯及主义,认为因遗产分割而分配给继承人的财产,视为自继承开始时业已归属于各继承人单独所有,遗产分割不过是宣告既有的状态而已,遗产分割有宣告的效力或认定的效力,因此,遗产分割的效力应溯及继承开始时。《日本民法典》第 909 条规定:"遗产分割溯及于继承开始时发生效力,但不得侵害第三人的权利。"

《民法典》没有规定遗产分割的效力,学者有不同的看法。有的学者认为:"遗产一经分割,属于多个继承人共同继承、支配的共有物转归各个继承人支配,各继承人的共有权也成为个人的所有权。这种效力与分析共有财产的效力相同。"② 这种观点采取移转主义立场。也有的学者认为:"从继承开始到遗产分割以前,各共同继承人为暂时的共同所有关系。但遗产的分割与通常的共有物的分割是不同的,通常共有物的分割是从分割时开始发生效力的,而遗产分割的效力应当溯及既往。"③ 这种观点采取宣告主义立场。还有一种观点认为,遗产分割应当采取宣告主义,但为了保护债权人的利益,应当作以下限制:一是分割的溯及效力仅限于现物分割;二是在遗产分割以前,各共同继承人对于全部遗产的应继份,原则上不得以物权的效力为处分;三是相互负担保责任。④

对此,通说采宣告主义。主要理由是:第一,有利于简化取得遗产所有权的手续;第二,有利于保护善意的继承人⑤;第三,《民法典》采取的是当然继承主义,在继承开始后,继承人就取得遗产,因此,遗产的分割只是将继承人的应

---

① 参见陈棋炎:《亲属、继承法基本问题》,三民书局 1980 年版,第 404 页。
② 李静堂等:《继承法的理论与实践》,武汉大学出版社 1986 年版,第 161 页。
③ 刘春茂主编:《中国民法学·财产继承》,中国人民公安大学出版社 1990 年版,第 596 页。
④ 参见马俊驹等:《民法原论》(下册),法律出版社 1998 年版,第 977 页。
⑤ 参见郭明瑞等:《继承法》,(第 2 版)法律出版社 2004 年版,第 217 页。

继份加以特定化而已，并不是重新设立继承人的权利。

2. 遗产分割瑕疵担保责任

遗产分割瑕疵担保责任，是指共同继承人之间对分得的遗产瑕疵承担的相互担保责任。大陆法系国家继承立法对遗产分割瑕疵担保责任均作规定。《民法典》对遗产分割的相互担保责任没有规定。遗产分割瑕疵分为物的瑕疵和权利瑕疵，遗产分割瑕疵担保责任也应当包括两个方面，即遗产瑕疵担保责任和权利瑕疵担保责任。

（1）遗产瑕疵担保责任

遗产瑕疵担保责任也就是物的瑕疵担保责任，是指担保遗产标的物无瑕疵，即遗产标的物的价值、效用或品质无瑕疵。

各共同继承人对其他继承人所分得的遗产的瑕疵负有担保责任，必须具备担保责任成立的要件：遗产的瑕疵必须在分割以前就已经存在；该瑕疵必须不是由于分得该物或权利的继承人本人的过失而发生的；在遗产分割时分得该遗产的继承人不知其所分得的物或权利有瑕疵；没有特别约定。[①]

（2）权利瑕疵担保责任

权利瑕疵担保责任也称为对遗产被追夺的担保责任，是指担保遗产标的物的权利无瑕疵，保证不因第三人对遗产标的物主张任何权利而被追夺。

应当将共同继承人的担保责任与出卖人的瑕疵担保责任等同，适用一样的规则。由于遗产分割的特殊性，共同继承人的瑕疵担保责任与出卖人的瑕疵担保责任在具体实现上略有不同，即继承人瑕疵担保责任的实现，可以采用重新分割遗产或者请求补偿的方式，而出卖人瑕疵担保责任的实现须承担违约责任。

二、遗产分割的原则和方法

（一）遗产分割原则

遗产继承最终必须进行遗产分割。分割时，应当按照遗产分割原则和具体方

---

① 参见刘文：《继承法比较研究》，中国人民公安大学出版社2004年版，第418-419页。

第五节 遗产的分割

法进行。《民法典》第 1156 条规定:"遗产分割应当有利于生产和生活需要,不损害遗产的效用。""不宜分割的遗产,可以采取折价、适当补偿或者共有等方法处理。"这一规定与《继承法》第 29 条规定的内容相同。

遗产分割应在一定的原则指导下进行。遗产分割原则可以概括为以下三项。

1. 遗产分割自由原则

遗产分割自由原则,是指共同继承人得随时请求分割遗产。继承开始后,各共同继承人对遗产共同共有。但遗产共同共有与普通共同共有相比具有特殊性,即在普通共同共有存续期间,共有人不得请求分割共有财产,而遗产共同共有是一种暂时的共有关系,允许继承人得随时请求分割,以更好地满足继承人的生活和生产需要。继承人享有的这种遗产分割请求权是遗产分割自由原则的基础。继承人得随时行使遗产分割请求权,任何继承人不得拒绝分割,否则,请求分割遗产的继承人可以通过诉讼程序分割遗产。遗产分割请求权的性质是形成权,继承人可以随时行使,不因时效而消灭。

遗产分割自由原则在大陆法系国家的继承立法中多有规定。我国学者也主张遗产分割自由原则,如梁慧星教授主持的民法典草案建议稿第 1916 条和王利明教授主持的民法典学者建议稿第 645 条都有"继承人得随时请求分割遗产"的规定[①],体现了遗产分割自由的原则。

遗产分割自由也是一种相对自由,在特定情形下,继承人不得请求分割遗产。各国关于遗产分割自由原则的限制主要有:非经遗产债务清偿,不得分割遗产;遗嘱禁止在一定期间内分割的,不得分割遗产;继承人协议在一定期间内不得分割的,不得分割遗产;在有尚未出生的继承人的情况下,暂时禁止分割遗产。

2. 互谅互让、协商分割原则

互谅互让、协商分割原则,是我国继承法有关遗产分割的特有原则。《民法

[①] 参见梁慧星:《中国民法典草案建议稿附理由》(侵权行为编·继承编),法律出版社 2004 年版,第 255 页;王利明:《中国民法典学者建议稿及立法理由》(人格权编·婚姻家庭编·继承编),法律出版社 2005 年版,第 617 页。

典》第 1132 条规定:"继承人应当本着互谅互让、和睦团结的精神,协商处理继承问题。遗产分割的时间、办法和份额,由继承人协商确定;协商不成的,可以由人民调解委员会调解或者向人民法院提起诉讼。"这是遗产分割的互谅互让、协商分割原则的集中表述。在遗产分割时,强调继承人之间互谅互让、协商分割遗产,有利于促进家庭的和睦团结,有利于精神文明建设。互谅互让要求继承人在分割遗产时要相互关心、相互照顾,对法律规定需要特殊照顾的继承人,如缺乏劳动能力、生活特殊困难的继承人,应当适当多分给遗产;协商分割要求继承人在遗产分割时,对遗产的分割时间、分割办法、分割份额等都应当按照继承人之间协商一致的意见处理。

3. 不损害遗产效用原则

不损害遗产效用原则,是指在具体分割遗产标的物时,应当从有利于生产和生活的需要出发,注意发挥遗产的实际效用。大陆法系的许多国家都注意贯彻不损害遗产效用原则,在继承法规范中将此规定为遗产分割时所应遵循的原则。

《民法典》第 1156 条第 1 款规定:"遗产分割应当有利于生产和生活需要,不损害遗产的效用。"《最高人民法院关于适用〈中华人民共和国民法典〉继承编的解释(一)》第 42 条规定:"人民法院在分割遗产中的房屋、生产资料和特定职业所需要的财产时,应依据有利于发挥其使用效益和继承人的实际需要,兼顾各继承人的利益进行处理。"不损害遗产效用是遗产分割必须遵循的原则。在进行遗产分割时,应当考虑遗产的种类、性质、效用等各方面的情况,再结合继承人的职业、性别、文化程度、经营管理能力等具体情况,确定具体遗产标的物的归属。按照不损害遗产效用原则分割遗产,有利于发挥遗产的实际效用,有利于满足继承人的生产和生活需要,从而促进整个社会财富的增加。在我国司法实践中,法院一般都按照这一原则进行裁判,考量有关情形,确定遗产的分配。

(二)遗产分割方法

对遗产分割的具体方法,《民法典》第 1156 条只是作出了原则性的规定,遗产分割的方式主要有以下四种。

1. 实物分割

遗产分割在不违反分割原则的情况下，可以采取实物分割的方法。适用实物分割的遗产是可分物，可以作总体的实物分割。例如对粮食，可以划分出每个继承人应继承的数量。

2. 变价分割

对遗产不宜进行实物分割，或者继承人都不愿取得该种遗产的，可以将遗产变卖，换取价金，由继承人按照各自的应继份比例，对价金进行分割。使用变价分割方法分割遗产，实际上是对遗产的处分，遗产的变价应当经过全体继承人的同意。

3. 补偿分割

对不宜实物分割的遗产，如果继承人中有的愿意取得该遗产，则由该继承人取得该遗产的所有权，由取得遗产所有权的继承人按照其他继承人应继份比例，分别补偿给其他继承人相应的价金。如果继承人中有多人愿意取得遗产的所有权，而又无法达成协议，则应当根据继承人的实际需要和发挥遗产的效用，确定给某个继承人，对其他继承人予以补偿。

4. 保留共有的分割

遗产不宜进行实物分割，继承人又都愿意取得遗产，或者继承人基于某种生产或生活目的，愿意继续保持遗产共有状况的，可以采取保留共有的分割方式，由继承人对遗产享有共有权，其共有份额按照应继份的比例确定。共有分割之后，继承人之间就不再是原来的遗产共有关系，而变成了普通的按份共有关系。

（三）遗产分割方法与原则的关系

遗产分割是继承领域中的具体问题，无论采取哪种具体的分割方法，都应当遵循不损害遗产效用原则，争取做到物尽其用，有利于生产和生活。在具体处理遗产分割纠纷时，应当尽量促使当事人协商解决，当纠纷不能协商解决，需要到法院诉讼解决时，法官首先应当调解纠纷，调解不成而裁判时，根据实际情况，依照不损害遗产效用原则，分割遗产，妥善解决纠纷。

三、胎儿的继承能力和应继份

《民法典》第 1155 条对保留胎儿应继份的规定，是与《民法典》第 16 条有关胎儿利益保护的规定相衔接的规范；与《继承法》第 28 条规定的内容相比基本没有变化，只是将"胎儿出生为死体"改为"胎儿娩出时为死体"，使用的概念更加准确，也更严谨，因为"出生"包括出和生，既然是死体就不能为"出生"，改为娩出，就包含了胎儿的活体和死体的形态。《民法典》第 1155 条规定："遗产分割时，应当保留胎儿的继承份额。胎儿娩出时是死体的，保留的份额按照法定继承办理。"

（一）胎儿的继承能力

继承能力同民事权利能力紧密相连，是民事权利能力的一项内容。现代各国大多承认自然人自出生开始到死亡为止具有民事权利能力，因而具有继承能力，即继承人的继承能力只和自然人的生命相联系，与其他因素没有关系。[1] 继承能力与自然人年龄、智力等状况无关，不因当事人的民事行为能力状态不同而不同。

对于胎儿是否具有继承能力问题，有两种不同的观点和立法例。

肯定说认为，胎儿具有继承能力，因此享有继承权。具体的立法例如下：一是采取罗马法的一般主义，认为胎儿如果是活产者，则于出生前有权利能力，胎儿具有附解除条件的人格，于继承开始时如同已出生，具有继承能力；如果娩出时为死产，则其权利能力溯及地消灭。二是采取个别主义，并不一般地规定胎儿的权利能力，仅就继承、遗赠、损害赔偿等个别的法律关系视胎儿为已出生。相应的，在继承问题上，承认于继承开始时已受孕但尚未出生的胎儿，视为已出生，具有继承能力。[2]

否定说认为，于继承开始时，尚未出生的胎儿不具有继承能力，但法律采取一定的措施，保护胎儿出生后的合法利益，承认于继承开始时已受孕，在其后活

---

[1] 参见张玉敏：《继承法律制度研究》，法律出版社 1999 年版，第 24 页。
[2] 参见刘春茂主编：《中国民法学·财产继承》（第 2 版），人民法院出版社 2008 年版，第 83 页。

着出生的，有继承能力。

胎儿继承能力是与胎儿的权利能力结合在一起的，只有具备了权利能力，才能具备继承能力。在《民法通则》和《继承法》中，都没有规定胎儿的权利能力问题。《继承法》第28条只规定遗产分割时，应当保留胎儿的继承份额。胎儿出生时是死体的，保留的份额按照法定继承办理。这种做法相当于否定说，于继承开始时已受孕的胎儿在其后活着出生的，有继承能力。

《民法典》第16条规定："涉及遗产继承、接受赠与等胎儿利益保护的，胎儿视为具有民事权利能力。但是，胎儿娩出时为死体的，其民事权利能力自始不存在。"有了这个规定，就确定了我国对胎儿继承能力的立场从否定说转变为肯定说。这是一个重要的转变。笔者认为，胎儿具有准人格，也就是限制民事权利能力（或者称为部分民事权利能力），只是其民事权利能力受到一定的限制而部分具有。①

从这样的立场观察可以看出，《民法典》第1155条的规定与《继承法》第28条的规定相比，只是将"出生"改为"娩出"，使文字更为准确，其根本内容并未改变。但是，在对待胎儿的继承能力上，产生了极大的转变。这种转变产生了好的法律效果。

（二）胎儿的应继份

胎儿在其出生之前，并非不具有民事权利能力，亦并非不具有继承能力，只是其民事权利能力受到限制的部分不包括继承能力，而是其他部分的民事权利能力受到限制，因而，胎儿具有的部分民事权利能力就包括继承能力。这是认识和解决胎儿继承问题的理论基础。

不过，胎儿尽管具有部分民事权利能力，但因其尚未出生，还不能以自己的行为接受继承，因而要在继承开始后，为其保留遗产的应继份；在其出生后，其民事权利能力不再受到限制，具备了完全的民事权利能力，因而有了实际的继承能力，就能够以自己的行为接受继承了。胎儿的遗产应继份，就是其依照法定继承应当分得的遗产份额，或者遗嘱继承的被继承人指定给胎儿的部分

---

① 参见刘召成：《准人格研究》，法律出版社2012年版，第187页。

遗产。

如果胎儿娩出时是死体的，则其不再具有继承能力，不能继承被继承人的遗产，为胎儿保留的继承份额仍属于被继承人的遗产，为其保留的应继份额应当按照法定继承处理，由被继承人的继承人再行分割。

（三）法律适用中应注意的问题

在适用胎儿继承权保护规则时，应当注意四个问题：

第一，于继承开始后，利用人工生殖技术受孕的胎儿在出生后，可否继承被继承人的遗产，法律无明确规定。这是现代生殖技术带来的新问题。[①] 法律应当因应社会发展，对不违反法律和人伦道德的新型生殖技术孕育的胎儿，按照传统的母体孕育胎儿对待，适用《民法典》第1155条关于胎儿继承规则的规定。

第二，在继承开始时，如果怀孕的胎儿为一个，应继份当然就是一份；如果知道怀孕的胎儿为多胞胎，则应当按照胎儿的数量保留相应的应继份。如果不知道究竟怀孕了几个胎儿，而实际上只保留了一份应继份，则在胎儿出生时，从继承人已经继承的遗产中扣回其他胎儿应当继承的份额。

第三，为胎儿保留的继承份额，如果胎儿出生时为活体的，则该份额由胎儿继承后，由其亲权人即父和母（法定代理人）代为保管。

第四，胎儿娩出时为活体但在出生后死亡的，为胎儿保留的继承份额成为他的遗产，在其死亡后，再由他的法定继承人依法定继承的方式继承。

第六节　对配偶再婚时继承财产的保护与无人继承又无人受遗赠的遗产

一、对配偶再婚时继承财产的保护

配偶一方死亡另一方再婚，其所继承的遗产转化为自己的财产，有权进行处

---

① 参见郭明瑞等：《继承法》（第2版），法律出版社2004年版，第53页。

第六节 对配偶再婚时继承财产的保护与无人继承又无人受遗赠的遗产

分,即使再婚,法律也予以保护。《民法典》与《继承法》第30条规定的内容相同,继续坚持这一规则。《民法典》第1157条规定:"夫妻一方死亡后另一方再婚的,有权处分所继承的财产,任何组织或者个人不得干涉。"

(一) 配偶再婚时保护其继承遗产的重要意义

夫妻一方死亡后另一方再婚的,有权处分其所继承的财产,尽管在条文的表述中包括了男方和女方,但是,其主要针对的是对女方的权益保护。因为只有女方作为妻子,在继承夫家财产时,才会受到歧视待遇。当然,这里之所以使用的是夫妻一方的称谓,是因为也包括了对入赘男子合法权益的保护。

歧视女方和赘夫的合法权益的传统由来已久。在我国古代,妻子不能继承夫家的财产,丈夫死亡后,财产由儿子继承,妻子受儿子供养;无子孙的寡妇"守志"者,得占有、管理和使用丈夫留下的财产,但不得"擅卖田宅",更不得于改嫁时带走亡夫留下的财产。不仅是中国,在印度,《摩奴法典》也规定,未生儿子的女儿只要一死,女婿就可以立即把那份财产拿走,但是,寡妇却不能拿走亡夫的财产,寡妇如果为无子的亡夫而与同族生了一个儿子,她应该把亡夫的全部财产交给那个儿子。在欧洲中世纪,法兰克王国的法律承认,在同一亲等中男性优先,妻子不能继承丈夫的财产。

近代以来,这种歧视妇女的继承制度有所改变,直到现代,这种歧视妇女的继承权男女不平等的规则才发生根本改变。但是,由于我国幅员辽阔、人口众多,特别是偏远农村,封建残余仍然发挥着影响,在继承领域歧视妇女的做法仍然存在。同样,歧视赘夫的现象也有存在。为保护妇女和赘夫的合法权益,特别是保护其继承权,特设这一条文规定。

(二) 保护丧偶一方继承权的具体办法

夫妻一方死亡后另一方再婚的,有权处分所继承的财产,任何人不得干涉,是保护丧偶一方继承权的基本方法。在具体操作时,应当解决的问题是:

第一,夫妻一方死亡后另一方再婚是两个条件:一是一方死亡,二是另一方再婚。两个条件都具备时,成立保护丧偶一方继承权的前提条件。

第二,有权处分所继承的财产,究竟继承的是谁的遗产。一般情况是,配偶

一方在对方配偶死亡时，继承了对方配偶的遗产，也有可能是配偶双方共同继承了先于该配偶死亡的子女的财产，或者一方配偶死亡，另一方因尽了主要赡养义务而继承了对方父母的遗产。

第三，丧偶一方有权处分自己所继承的财产，是将已经继承、取得了所有权的财产，在再婚后进行处理，例如男方死亡，女方继承了其遗产后，与他人再婚，处分了继承的财产，或者带走了已经继承的财产。这是继承了财产的该方当事人的合法权益。须知，继承开始，被继承人的遗产由继承人继承后，立即转化为继承人的财产，继承人享有所有权。既然如此，财产的所有权人处分自己的财产，是行使所有权的行为，完全是合法行为。这种处分财产的行为，是所有权权能的体现，任何人不得干涉。

第四，任何人不得干涉，就是相对于处分自己继承财产的丧偶一方的其他任何人（包括其他所有的自然人、法人和非法人组织），都是该财产所有权人的义务人，都对该财产所有权人的所有权负有不可侵害的不作为义务。这一规定，正是所有权义务人所负义务的体现。

第五，值得探讨的是，依照《民法典》第1129条的规定，丧偶儿媳对公婆，丧偶女婿对岳父母，尽了主要赡养义务的，作为第一顺序继承人，继承了公婆或者岳父母的遗产后再婚的，是否也适用对再婚配偶继承的遗产予以保护规则。首先，对于公婆或者岳父母均已死亡的，丧偶儿媳或者女婿再婚，对其继承的遗产应当保护，当然没有问题。其次，按照情理，既然丧偶儿媳和丧偶女婿对公婆或者岳父母尽到主要赡养义务，取得遗产后也应当继续对健在的公婆或者岳父母一方履行赡养义务，否则一旦再婚，对健在的公婆或者岳父母一方履行赡养义务就会发生障碍。按照这样的推论，对再婚配偶继承遗产保护规则，似乎有所不当。但是，丧偶儿媳对公婆、丧偶女婿对岳父母尽了主要赡养义务，并非要求他们在继承了遗产后必须对尚健在的公婆或者岳父母另一方继续履行赡养义务，而是基于其在再婚之前履行了主要赡养义务，对其再婚之前的行为的肯定，并没有要求其如果再婚，就应当退回继承的遗产。所以，这个问题应当有肯定的结论，配偶一方在再婚时，其继承了公婆或者岳父母的遗产，仍然受到《民法典》的保护，

第六节　对配偶再婚时继承财产的保护与无人继承又无人受遗赠的遗产

任何组织或者个人不得干涉。

严格适用《民法典》第1157条规定的规则，能够保障丧偶一方当事人，特别是丧偶女方对所继承财产享有的权利，实现继承权男女平等，不受任何人的侵害。

（三）法律适用中应注意的问题

在实践中适用这一规则，最重要的是保护妇女的继承权。在现实社会中，继承权男女不平等的情形还是存在的，特别是在男方死亡，女方继承了丈夫的遗产或者公婆、子女的遗产后，不改嫁好说，一旦改嫁，是不能带走夫家的财产，甚至要净身出户的。

对此，不仅司法机关应当旗帜鲜明地适用本条，保护好妇女的继承权和财产所有权，而且地方政府部门和有关人民调解委员会、妇联、居民委员会、村民委员会等组织，都要以本条为指导，保护好妇女的合法权益，使其合法权益不受侵害。

上述规则，对保护赘夫的继承权当然也适用。

二、无人继承又无人受遗赠的遗产

对无人继承又无人受遗赠的遗产的处理，《民法典》第1160条规定："无人继承又无人受遗赠的遗产，归国家所有，用于公益事业；死者生前是集体所有制组织成员的，归所在集体所有制组织所有。"《继承法》第32条的规定是："无人继承又无人受遗赠的遗产，归国家所有；死者生前是集体所有制组织成员的，归所在集体所有制组织所有。"相比之下，《民法典》将无人继承又无人受遗赠的遗产收归国家所有的目的，限定为"用于公益事业"，这是对继承规则的创新。

（一）无人继承又无人受遗赠的遗产的概念

无人继承又无人受遗赠，是指在被继承人死亡后，在法定期限内没有人接受继承又没有人受领遗赠的情形。无人继承又无人受遗赠的遗产，是指被继承人死亡后，在法定期限内，既没有人接受继承又没有人受领遗赠的财产。

第六章　遗产的管理与分割

在编纂《民法典》之前，有学者对《继承法》第 32 条的规定存在不同的看法。有的学者认为，该条是无人继承遗产的处理规则，"无人继承的遗产，是指公民死亡时，既无法定继承人又无遗嘱继承人与受遗赠人，或者其全部继承人都表示放弃继承，受遗赠人表示不接受遗赠，则死者的遗产即属无人继承的遗产"①。有的学者认为，该条是遗产无人继承规则，"被继承人死亡以后，不能确定是否有继承人，这种事实状态叫遗产无人继承，又叫继承人旷缺，无人承认继承，继承人不存在"②。还有的学者认为，该条是对无人承受的遗产的规定，"根据我国继承法的规定，无人承受的遗产是指没有继承人或受遗赠人承受的遗产"③。对于该条的界定，可以适当借鉴继承人旷缺制度作为参考。

在罗马法中，当继承人告缺或者被设立的继承人处于不配者境地时，国库继承空落的财产。最初是由城邦的金库继承，但是，随着帝国时代的进步，取得权转归国库，就像在落空份额的继承问题上一样。国库不是以遗产继承名义取得遗产，因而它并不继承死者的法律地位，这是真正的财产取得，其标的只包括盈余部分，即罗马人真正称之为"财产"的那一部分。④ 在日耳曼法中，死者无规定近亲时，其遗产归属于氏族团体或有裁判权之王侯、伯；动产经 1 年，不动产经 3 年无人主张继承权时，为无继承人之遗产，归有裁判权者所有。⑤

自 1804 年《法国民法典》以来，大陆法系各国几乎都确立了继承人旷缺制度。《法国民法典》第 768 条规定，无继承人时，遗产归属于国家。之后，各国基本上都作相类似的规定。《德国民法典》第 1936 条规定："1.（1）如在继承开始时既无被继承人的直系血亲亲属又无被继承人的配偶存在，被继承人在死亡时所属的邦（州）的国库为法定继承人；（2）如被继承人属于数个邦（州）者，此类邦（州）的国库均享有此遗产的相等份额。2. 被继承人是不属于任何邦（州）的德国人者，由帝国国库为法定继承人。"《瑞士民法典》第 555 条规定："1. 主

---

① 刘素萍主编：《继承法》，中国人民大学出版社 1988 年版，第 376 页。
② 张玉敏：《继承法律制度研究》，法律出版社 1999 年版，第 178 页。
③ 郭明瑞等：《继承法》（第 2 版），法律出版社 2004 年版，第 224 页。
④ 参见［意］彼得罗·彭梵得：《罗马法教科书》，黄风译，中国政法大学出版社 1992 年版，第 520－521 页。
⑤ 参见史尚宽：《继承法论》，中国政法大学出版社 2000 年版，第 365 页。

第六节 对配偶再婚时继承财产的保护与无人继承又无人受遗赠的遗产

管官厅如不确知被继承人是否有继承人或全体继承人是否均已知悉时，应以适当方式公告，以催告权利人在一年内提出继承的申请。2. 在前款规定的期限内，无人申请继承，且继承人仍不详时，遗产归属于有继承资格的国家机关。但遗产的回复之诉，不在此限。"《日本民法典》对此的规定比较详细。第958条规定："前款第一项的期间届满后，继承人的存在仍不明时，家庭法院应因管理人或检察官的请求，将如有继承人时，应在一定期间内主张其权利之旨进行公告。但其期间，不得少于6个月。"第958条之二规定："在前条期间内，没有主张继承人权利的人时，为继承人及为管理人所不知的继承债权人及受遗赠人，不得行使其权利。"第958条之三规定："1. 于前条场合，如认为相当时，家庭法院得因与被继承人共同生活的人、努力于被继承人治疗和护理的人及其他与被继承人有特别关系的人的请求，对该人等分与清算后剩余继承财产的全部或一部。2. 前项的请求，应在第958条的期间届满后3个月内为之。"第595条规定："依照前条的规定，未被处分的继承财产，归属国库。于此场合，准用第956条第2项的规定。"相比之下，《民法典》的规定比较简单。

继承人旷缺，是指继承人有无或生死不明的状态，即是否有继承人不能确定。对于继承人旷缺，须特别设定遗产管理人，对继承人进行公告和搜索，以便最终确定遗产有无人承受及其归属。这与我国的无人继承又无人受遗赠的遗产的规定是有区别的。这些区别是：第一，我国规定的无人继承又无人受遗赠的遗产，是指确定地知道无人继承，也无人受遗赠的财产；而继承人旷缺是指继承人的不确定，不知道是否有继承人。第二，遗产无人继承又无人受遗赠，必须无继承人，也无受遗赠人；而继承人旷缺认为，受遗赠人之有无与继承人旷缺程序的发动无关，即使被继承人指定有受遗赠人，亦不妨碍搜寻继承人等程序的进行。第三，国外立法例中的继承人旷缺制度，有关于遗产管理人、搜寻继承人等的规定；而我国关于无人继承又无人受遗赠的遗产没有这些规定。

我国古代曾经存在户绝制度。所谓户绝，是指被继承人无男性后代。户绝财产的归属，被继承人生前遗嘱中有处分的，依遗嘱办理；如无遗嘱，则归被继承人女儿所有；如无女儿，则归其他近亲属所有；至于其他近亲属亦无者，收归官

府。这种意义的绝户，同无人继承又无人受遗赠的遗产不同。因为古代的绝户产，是指无男系血亲卑亲属继承的遗产。绝户是我国封建继承制度的组成部分，是宗法制度的产物。而无人继承又无人受遗赠的遗产的处理，是我国现行财产继承制度的组成部分，两者在继承人的范围、遗产归属的条件和性质、遗产处理等方面不同。[①]《民法典》规定的无人继承又无人受遗赠的遗产，与我国古代户绝制度划清了界限，借鉴的是现代民法制度。

（二）形成无人继承又无人受遗赠的遗产的原因

形成无人继承又无人受遗赠的遗产的原因包括：一是没有法定继承人、遗嘱继承人和受遗赠人；二是法定继承人、遗嘱继承人放弃继承，受遗赠人放弃受遗赠；三是法定继承人、遗嘱继承人丧失继承权，受遗赠人丧失受遗赠权。

无人继承又无人受遗赠所余留的遗产，就是无人继承又无人受遗赠的遗产。

（三）无人继承又无人受遗赠的遗产的管理

《民法典》对无人继承又无人受遗赠的遗产的管理没有明确规定。无人继承又无人受遗赠作为一种状态，会持续一定的时间，需要进行管理，才能保护有关当事人、国家或集体的利益。对此，域外继承人旷缺财产的管理方法是可以借鉴的。

1. 遗产管理人的选任

继承人旷缺的遗产管理人的选任有三种方法：一是瑞士民法规定，由主管官厅负责管理遗产，主管官厅通常委托公证人或私人承担此项职责，被委托者称为遗产管理人。二是德国民法规定，在继承人不知名或不确定时，遗产法院负有注意保全遗产的职责，并可指定遗产保佐人。如利害关系人申请，法院应当指定遗产保佐人。三是日本民法规定，在继承人有无不明时，家庭法院因利害关系人或检察官的请求，应选任遗产管理人，并应急速将遗产管理人的选任进行公告。

《民法典》不认可亲属会议。国外通过法院、主管官厅管理的做法，在我国也不现实。

[①] 参见刘文：《继承法比较研究》，中国人民公安大学出版社 2004 年版，第 427 页。

对此，应当采取的办法是：借鉴《民法典》第1145条至第1149条关于遗产管理人的规定，没有继承人或者继承人下落不明，而遗嘱中又未指定遗嘱执行人的，经利害关系人申请，法院得指定遗产管理人。已经确认遗产无人继承又无人受遗赠的，应当认定为遗产财团，依照《民法典》第1145条、第1160条的规定，由民政部门或者村民委员会管理。

2. 遗产管理人的职责

遗产管理人主导无人承继遗产的处理，依照《民法典》第1147条的规定，确定其主要职责是：保管遗产；编制遗产清单，记明遗产名称、数量、价值、特征等；进行公告，督促权利人在一定期间主张权利；对死者生前应缴纳的税款和债务进行清偿；遗产清算完毕确认无继承人主张继承，将剩余遗产移交有关部门上缴国库；如果死者生前是集体所有制组织成员的，移交所在的集体所有制组织。

（四）无人继承又无人受遗赠的遗产的归属

各国继承立法对继承人旷缺时的遗产都规定归国家所有，但在对国家取得遗产地位上存在着不同的认识，主要有两种观点：一是法定继承权主义，认为国家作为无人继承遗产的法定继承人而取得遗产的。二是先占权主义，认为国家有优先取得无人承受遗产的权利。

《民法典》关于无人继承又无人受遗赠遗产的处理的规定与其他国家的规定有所不同。《继承法》第32条规定是按死者的身份来确定无人继承遗产归属的：死者生前是国家机关、全民所有制单位的职工，城镇个体劳动者及无业居民的，其无人承受的遗产归国家所有；死者生前是城镇集体所有制单位的职工，农村集体所有制单位的职工、村民的，其无人承受的遗产归死者生前所在的集体所有制组织所有。本条规定有所调整，但基本内容是相同的，即由于无人继承又无人受遗赠被继承人所余留的遗产，因此其应当归国家所有，国家用于公益事业；如果死者生前是集体所有制组织成员的，则其归所在集体所有制组织所有。

（五）在法律适用中应当注意的问题

在司法实践中适用《民法典》的这一规定，应当注意以下两个问题：

第一，应当看到的是，我国继承制度中法定继承人的范围狭窄，只有两个继承顺序，遗赠适用又不广泛，因而容易形成无人继承又无人受遗赠的遗产，规定这些无人继承又无人受遗赠的遗产归国家所有或者归集体所有制组织所有，并不是最佳的处理方法。遗产是死者生前的个人合法财产，既然如此，在其死亡后，其遗产既没有人继承，也没有人受遗赠，应当还有其他亲属，这些亲属虽然不是法律规定的法定继承人，但是毕竟与被继承人有血缘关系，将这样的遗产交给他们继承，毕竟还是在他们的家族中流转，国家有什么必要将其收归国有呢？这样的规定，本来是应当进行纠正的。有学者主张，将遗产获得主体的范围予以适当扩充，在保护民众私有财产权的前提下尽量使遗产免于归公，避免产生国家"与民争利"之感。① 由于《民法典》编纂中对继承制度，特别是法定继承制度没有进行根本性的改革，基本上还是延续《继承法》规定的制度，因而仍然没有办法纠正这样的问题，只是在将无人继承且无人受遗赠的遗产收归国有后，作出"用于公益事业"的规定，可谓有了一些进步。

第二，在处理无人继承遗产时，如果有继承人以外的依靠被继承人扶养的缺乏劳动能力又没有生活来源的人，或者继承人以外的对被继承人扶养较多的人，则可以分给他们适当的遗产。

第七节　《民法典》应当补充归扣规则

《民法典》没有规定归扣规则。在编纂《民法典》时，对是否规定归扣有赞成和反对两种意见，赞成者居多，反对者亦有相当数量，最终立法没有规定。笔者认为，归扣规则既有合理性，也有缺陷，应当扬长避短，对其适当改革，采纳中间路线，使其既能充分尊重被继承人自由处分财产的意志，又能发挥其平衡共同继承人利益的调整功能，将来在修订《民法典》时予以规定。

---

① 参见石婷：《民法典编纂中无人继承遗产处理的反思与制度重构》，载《北方法学》2019年第2期。

第七节 《民法典》应当补充归扣规则

一、归扣概述

（一）归扣的概念及起源

1. 归扣的概念

归扣，也叫冲算、扣除、合算，指的是被继承人生前对继承人所为的赠与或应继承份预付，在遗产分割时应计入遗产，作为应继份的基数，并从其应继份中扣除的制度。①

归扣的目的，在于防止个别继承人因被继承人的生前赠与获利过多，以保障共同继承人之间公平分配遗产。

与归扣相近的词有扣减、扣还，都与归扣有本质区别。

扣减，是规定特留份制度的国家，为保证特留份权利的实现而采取的制度，它特指被继承人的生前赠与或遗赠侵害了特留份权利人的特留份时，特留份权利人有权请求从被继承人的生前赠与或遗赠中返还特留份的差额，以实现特留份权利人的特留份。

扣还，是指继承人对被继承人负有债务时，不因继承而发生混同，故为顾及其他继承人的利益，在遗产分割时，将继承人对被继承人所负的债务数额，从该继承人应继份中扣去，以之为其所负债务的返还。

2. 归扣的起源

归扣制度由来已久，其思想最早可见于古巴比伦时期《汉穆拉比法典》，规定："倘父给予其妾所生之女嫁妆，并为之择配，立有盖章的文书，则父死之后，她不得再从父之家产中取得其份额。""倘父未给其妾所生之女以嫁妆，且未为之择配，则父死之后，她之兄弟应依照父家之可能性给她以嫁妆，而遣嫁之。"②古罗马时期，按照市民法的规定，各继承人所分割的遗产，以被继承人死亡时所有的财产为准。但按照大法官法的规定，已解放和已出嫁的直系卑亲属、仍处于

---

① 参见张玉敏：《继承法律制度研究》，法律出版社 1999 年版，第 152 页。
② 世界著名法典汉译丛书编委会编：《汉谟拉比法典》，法律出版社 2000 年版，第 87 页。

第六章 遗产的管理与分割

家长权之下的子女均享有对其父系血亲尊亲属的继承权,但其须将在脱离家长权期间的劳动所得或接受的赠与、继承的遗产等,加入其父的遗产中去,与其他继承人共同分配。这便是大法官创设的"财产加入",简称"加入"制度,以弥补继承过程中的不公平缺陷。该制度的实质是将所有直系晚辈血亲的财产都计入遗产范围之内,让全体继承人在平等的条件下分配遗产。此项制度的根据是尊亲属对卑亲属有同等的慈爱,其情感一样深,因而在继承时应当一视同仁,平均分配,尊亲属过去对某卑亲属的赠与或设立的嫁妆等,视为该卑亲属预先提取了自己的应继份,所以现在继承被继承人的遗产时,就应当将预先取得的那部分财产加入遗产中,以示公平。

该制度创建初期仅适用于法定继承,至优士丁尼一世时,发展到同样适用于遗嘱继承。但尊亲属在遗嘱中有相反规定的,其过去赠与给某亲属的财产,不需要"加入"。而且在优士丁尼时期,已通行扣除和实物返还的办法进行"加入",以实现对遗产的分配。①

至此,财产合算制度获得了符合其新特点的完满形象,以达到纠正因继承人(主要是"自家人"和脱离了父权的子女)法律地位的差别而产生的异常的财产性后果。同时,通过嫁资合算制度,要求已出嫁的、归顺了他人夫权的女儿必须也将嫁资并入遗产。财产合算不再是通过保证金实行,而是采用实物合并或在分配时计算价值的方式进行。如果死者明确宣布某些财物免于合算,新的合算制度的根据即终止。②

可见,从归扣起源开始,其目的就在于维护共同继承人之间利益的平衡。为实现该目的,法律以公力救济的方式强制性地使已经生效的赠与行为失去效力,以实现共同继承人之间相对的公平。在此过程中,法律通过对受赠人的既得权的阻却来防止其他共同继承人的遗产继承权受到妨碍。随着家父权势微并逐渐消亡,发展至现代,已经从广泛的生前赠与财产合算制度演变为特种赠与财产归扣

---

① 参见周枏:《罗马法原论》(下册),商务印书馆2009年版,第576-579页。
② 参见[意]彼德罗·彭梵得:《罗马法教科书》,黄风译,中国政法大学出版社2005年版,第373-374页。

第七节 《民法典》应当补充归扣规则

制度,其须"加入"或"合算"的财产也逐渐缩小至主要为被继承人生前对继承人的特种赠与。无论妥当与否,现代归扣制度在理论上更强调归扣的基础源于法律对被继承人生前意愿的推定,即推定被继承人必然会对所有继承人公平对待,且希望在所有继承人之间绝对公平地分配遗产,而不希望给予某继承人不同于其他共同继承人的特别恩惠。同时,归扣制度还认为被继承人对继承人的生前赠与具有更多遗产预付的性质,当接受赠与的继承人接受继承时,其于被继承人生前接受的赠与便从自己所有转变成了被继承人的遗产,其不再拥有所有权。这都与罗马法中强调裁判官法创制财产合算制度旨在衡平继承人的利益有所不同。如有学者言,这一推定根本不涉及遗嘱人的意愿本身,只是法律为达到衡平共同继承人之间利益的目的而对一种法律事实的颇具强制性的认可。从一定意义上讲,这是法律主体的个人意思自治从完全的"个人本位"转向"社会本位"在民法上的表现。[①] 由此,法律上的推定就在直接否定被继承人对继承人赠与行为法律效力的同时,直接否定被继承人自由处分财产的权利。

(二) 归扣的适用

从古至今,各国对归扣也并非持一致的意见。尽管在当今社会,适用归扣制度的国家占大多数,但仍然有部分国家及地区不适用归扣制度,如俄罗斯、丹麦、挪威、墨西哥及澳大利亚部分州[②]等。它们多认为被继承人有权依据所有权自由原则处分自己的财产,继承人已经接受的赠与本就不属于遗产,如果再对其适用归扣制度,这将与受赠人已取得的财产既得权相抵触。因此,仅在部分适用特留份制度的国家,如果该赠与侵害了继承人的特留份,有的要求扣减。

在适用归扣立法例的国家里,在法律规定及相关理论中对归扣还有结算、合算、冲算、返还、均衡、扣除、扣抵等不同称谓,具体规则也有所不同,但总体

[①] 参见费安玲:《罗马继承法研究》,中国政法大学出版社2000年版,第207-208页。
[②] 在澳大利亚,除维多利亚州、南澳大利亚州、塔斯马尼亚州、澳大利亚首都地区以及北部地区仍设有遗产归扣制度外,其他州已经废除了该制度。参见〔澳〕肯·马蒂、马克·波顿:《澳大利亚继承概要》(第2版),陈苇主持编译,西南政法大学外国家庭法及妇女理论研究中心内部印刷2007年版,第246页。

思路大体一致，其意图都是让接受了赠与财产的继承人将被继承人生前赠与归并入遗产的范围，以谋求在共同继承人之间实现遗产分配的公平。而就归扣的客体，即使适用归扣立法例的大陆法系国家，其规定也存在差异，分为三种情况：

第一种，凡是赠与均须归扣。其代表国家主要有法国、德国、意大利、荷兰、葡萄牙、西班牙、奥地利、瑞士等。其中法国与意大利又较为相同，都规定只要是被继承人所为的生前赠与，无论何种赠与均须归扣。被继承人有相反表示或免除归扣义务的除外，但免除返还的财产超过被继承人有权处分的部分，均仍应返还。① 在德国，各直系血亲卑亲属在被继承人生存时从其取得的婚嫁立业资财、超出被继承人财产状况相当程度的为用作收入而给予的补贴及为职业培训而支出的费用，以及被继承人在给予时已指示应均衡的其他生前给予，或者在晚辈直系血亲的代位继承及转继承中，均须适用均衡。② 在瑞士，被继承人生前赠与继承人的嫁妆、结婚费用或转让财产，只要不受差额计算，都应视为应继份的前付而予以归扣。应继份的前付及出卖所得、被继承人可以自由撤销的生前赠与或被继承人在其生前最后5年内的赠与（一般礼物不在此限）、被继承人明显地为避免对其处分的限制而转让的财产，都应与遗嘱一样扣减。③

第二种，除赠与外，遗赠也需归扣。其代表国家主要有日本。在日本，不仅共同继承人中因婚姻、收养或作为生计资本而给予继承人的赠与需要归扣，甚至连继承人自被继承人处所受的遗赠也需归扣，其相加额均视为继承财产，只有被继承人赠与时有相反意思表示，且不违反特留份规定的范围内的赠与，方可免于归扣。④

第三种，特种赠与方须归扣。

在上述采纳归扣制度的国家及地区中，其法律也都允许被继承人依据自己的

---

① 《意大利民法典》第737~742条。参见《意大利民法典》，陈国柱译，中国人民大学出版社2010年版，第143-144页。《法国民法典》第843条~第863条。参见《法国民法典》，罗结珍译，北京大学出版社2010年版，第247-250页。

② 《德国民法典》第2050条、第2051条。参见《德国民法典》，陈卫佐译注，法律出版社2010年第3版。

③ 《瑞士民法典》第527条。参见《瑞士民法典》，殷生根、王燕译，中国政法大学出版社1999年版。

④ 《日本民法典》第903条。参见《日本民法典》，王书江译，中国法制出版社2000年版。

意愿决定哪些赠与应予归扣，哪些赠与不予归扣。从表面上看，这的确让被继承人在法律允许的范围内享有处分自己财产的权利及自由；但从该权利的设置模式上看，法律规定只要被继承人不明确表示不予归扣，就视为须归扣，此时，被继承人对继承人的生前赠与处分行为实质上便归于无效，这仍然是将继承人公平获得遗产的推定置于比财产所有人即被继承人自由处分财产的权利更为重要的位置，即使不违反强制性规定，财产所有权的自由本性在此也湮灭于法律对被继承人意愿的单方推定之中。同时，在被继承人对继承人的生前赠与数额超过其应继份时，大多数实行归扣制度的国家或地区均又规定继承人所受赠与超过应继份的部分不必返还，即使超过数额巨大也是如此，只不得再受遗产分配，且成为实行归扣制度的国家或地区的通说。法律采此规定的理由及基础如何，值得讨论。但也有学者对此持不同的意见，认为依通说及实务见解，归扣制度的立法意旨乃在维持共同继承人间的公平，而将被继承人的生前特种赠与推测为应继份的前付，若贯彻归扣制度之立法意旨，自应令受有特种赠与的继承人，对其超过应继份之部分负返还义务。[①]

（三）归扣的免除

关于归扣的免除，各国规定大体一致，基本都规定被继承人明示赠与为应继份以外的特殊权益，或明示免除归扣义务的，该赠与可以免于归扣。关于归扣义务人的范围，各国规定不尽相同，在法国、日本，归扣义务人为受有被继承人生前赠与且需将该赠与物或其价额进行归扣的共同继承人。在德国、瑞士，归扣义务人只限于被继承人的直系卑亲属。在意大利，归扣义务人限于被继承人的子女及其直系卑亲属和配偶。而归扣权利人便是未受特种赠与或受特种赠与较少的共同继承人，但丧失继承权、放弃继承权以及受有遗赠人均无权请求归扣。就归扣的方式，存在需将所有权转移的现物归还主义与不需转移所有权仅需将赠与物作价归还的价额归还主义两种立法例。因现物归还主义既违背被继承人的意志，更有害于交易安全及已经形成的交易秩序，故自近现代以来，渐被各国立法所抛弃，现今实施归扣制度的国家几乎都采价额归还主义。

[①] 参见林秀雄：《继承法讲义》，元照出版公司2012年版，第135页。

除上述大陆法系国家的规定外，英国《遗产管理法》第 47 条曾对被继承人生前特定赠与的归扣作出规定，但在 20 世纪 90 年代，该国对遗产归扣制度进行改革时，其《〈继承法〉改革法》第 1 条第（2）款第（a）项直接废除了该规定，故于 1996 年 1 月 1 日起，英国不再适用被继承人生前特定赠与的归扣制度。美国《统一遗嘱检验法典》规定，只有死亡者在赠与的同时以书面形式宣称或者无遗嘱继承人以书面形式承认该赠与为应继份的预付，或者该死亡者或无遗嘱继承人以书面形式表示，该赠与在计算对死者无遗嘱遗产的分割与分配时要被考虑在内，该死亡者生前赠与的财产才被视为其应继承遗产份额的预付，才对其实行归扣。如果被继承人没有以书面形式宣称或无遗嘱继承人未以书面形式承认，并且不能从其宣称或承认中推定某项财产是生前预赠，则免除归扣。[①] 美国的这种做法，被继承人赠与时须同时明示才能归扣，否则免除归扣，而其他国家正与之相反，只要被继承人在赠与时无免除归扣的意思表示，均须归扣。这两种不同的归扣免除方式，出发点不同，导致的效果有较大差别。前者将不归扣视为一种常态，如非明示需归扣，便不归扣；后者则将归扣视为一种常态，如非明示免除归扣，均需归扣。其间的差别也体现着立法者对归扣制度蕴含价值的取舍及对归扣制度所持的态度明显不同。

二、对归扣的客观评价及学界的不同态度

（一）对归扣的客观评价

1. 归扣在现代社会的利益平衡功能

在遗产继承中，当被继承人死亡时，如果存在多个继承人且需共同继承遗产的情形，就产生被继承人遗产在多个继承人之间进行分配的问题。在通常情况下，将被继承人的遗产在共同继承人之间按规则进行公平分配便能实现遗产继承的目的。不过，现实生活的复杂性注定了分配规则的多样性与例外性，按《民法

[①] 参见陈苇主编：《外国继承法比较与中国民法典继承编制定研究》，北京大学出版社 2011 年版，第 613、616-617、624 页。

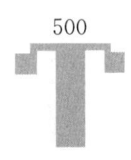

典》的规定，继承人只能继承被继承人死亡时未处分的遗产。如果被继承人生前对大量财产进行了处分，甚至于临终前才处分，仅留下少部分遗产，由此导致部分继承人因没能从被继承人的生前处分中受益或受益很少，在遗产继承中尽管能与其他应召继承人共同平均分配遗产，但其最终实际从被继承人处得到的财产利益，相较其他已事先经被继承人生前赠与的共同继承人而言，自然会明显偏少。由此，便出现同一顺序的应召继承人表面享有同样的继承权，但实际对被继承人财产权益的享有大相径庭。

正因如此，归扣制度的利益平衡功能就表现在，从继承人应公平享有被继承人财产权益的推定出发，为达到各共同继承人能公平地分配被继承人遗产的目的，在遗产的继承过程中，让应召继承人于被继承人生前从其所得的特种赠与予以返还，并纳入遗产范围，以在所有共同应召继承人之间进行公平的分配。

可见，归扣从其源起时始，就承载着平衡各法定继承人之间继承利益的功能。从家庭伦理观念及继承人之间的亲属关系出发，法律推定被继承人对自己的继承人都将平等对待，其表现在遗产的继承上，便是所有继承人都将从被继承人处平均得到相应的遗产。如果被继承人的生前处分行为将导致继承人之间取得遗产数额不平等，法律便以归扣为手段，将导致不平等的生前赠与部分纳入遗产范围，以求在所有继承人之间获得平衡，以此保证在应召继承人之间对被继承人的财产即遗产进行公平分配。这正是归扣制度在应召继承人共同继承遗产时所发挥的利益平衡功能。

2. 归扣的缺陷

归扣制度尽管保证了继承人之间对被继承人遗产的平均分配，却与民法物权的基本理念不一致，导致一系列缺陷的出现。

（1）对遗产范围的非正当扩展

对遗产的范围，当代各国对其都有明确、具体的规定。无论各国在遗产类别上的规定有何差异，遗产仅为被继承人死亡时遗留的个人的合法财产是全球共识。

从时间点上看，遗产仅限于被继承人死亡时归其所有的财产权益的总和，包

括可以流转的一切债权债务。如果被继承人在生前通过自己的行为对其财产进行了一系列处分，例如赠与，此时，被赠与行为所处分的物的所有权在被继承人死亡前就已经发生了转移，不再属于遗产的范围。

按所有权转移的相关理论，被继承人生前已经合法赠与他人的财产，其所有权已经归属于受赠与人，受赠与人基于自己对该财产的所有权，可以对该物作相应处分而不受他人的非法限制。因此，其他共同继承人对已经归属于受赠与人所有的财产，自然无权要求将其退回并归入遗产范围，以进行分配，更无权主张对其享有继承权。

但依据归扣制度，被继承人如果生前将财产赠与非继承人，此时，作为非继承人的受赠与人对赠与财产会取得完全的所有权，也不用担心有朝一日该赠与财产是否会再被收回；但如果被继承人生前将财产赠与继承人，此时，根据法律的推定而非被继承人的明确表示，该被继承人对继承人的生前赠与便具有继承人应继份预付或前付的性质，在被继承人死后，该赠与财产的性质会因继承人的态度或选择而截然不同。如果继承人选择放弃继承，则其原从被继承人处受有的赠与仍归其所有，其对该财产享有的所有权不会发生任何变化，即使该赠与物的数额超过其应继份也是如此。但如果继承人选择接受继承，则其原从被继承人处受有的赠与便不再归其所有，无论是采用现物归还主义还是价额归还主义，法律均要求继承人将其通过受赠从被继承人处合法取得所有权的财产再退回，归入遗产范围。

由此，被继承人生前赠与的本已属继承人所有的财产便转归入被继承人的遗产，这实际上是强行将遗产的范围变相扩大，不仅与遗产的本质属性相违背，也直接与所有权的基本理念相冲突，而这一财产所有权主体得以在瞬间转变的理由，说是为了将所有共同继承人置于同等的法律地位，不免过于牵强。

(2) 与物权平等保护原则不一致

从归扣在现代社会的适用情况看，出于对归扣范围的限制，实施归扣制度的各国在现行民法条文中规定，归扣的对象多仅限于被继承人因继承人结婚、分居、营业而对其所为的生前赠与。

第七节 《民法典》应当补充归扣规则

抛开现实中对此归扣范围产生的争议不谈，仅就被继承人所为的生前赠与行为而言，其实是财产所有人对其所有权所为的一种自由处分行为。被继承人之所以在生前有权对其财产为赠与等自由处分行为，是因为被继承人对其所处分的财产享有物权。

根据我国物权平等保护原则，《民法典》对各类财产实行一体确认，并予以平等保护。正如英国学者约翰·洛克的名言："没有个人物权的地方，就没有公正。"依《民法典》第240条的规定，所有权人对自己的不动产或者动产，依法享有占有、使用、收益和处分的权利。作为所有权积极权能中的处分权，特指所有人对其动产或不动产进行消费和转让的权利。[①]

所以，在被继承人生前对其财产为赠与转让时，只要被继承人的赠与行为出其本意，且不违反相关的强制性规定，法律便无权干涉，更无权否定其赠与行为的法律效力。而归扣制度不仅未从财产所有人的自由意志出发对其物权处分行为进行保护，反而在被继承人死亡后，对依其意志自由所为的已生效的赠与处分在未依法撤销的情形下，强行要求接受赠与的应召继承人交出与赠与物价值相当的价金，将其算入遗产范围，不仅是对自然人财产处分自由意志的侵害，更是对物权平等保护原则的违反。

按此方式进行归扣，意味着接受赠与的继承人即使取得赠与物的所有权，也无权对其进行消费或转让，否则在发生归扣情形时，其仍须将与已消费或转让的遗赠物价值相当的价额归扣入遗产范围。而同为接受被继承人生前赠与的非应召继承人或非继承人，其接受赠与后却均能按物权保护的基本原则对赠与物享有完全的所有权，可以随其意志在不违反法律强制性规定的前提下对赠与物进行占有、使用、收益和处分，而不用担心赠与人死亡后得对自己曾从其处受有的赠与进行归扣。同为法律地位平等的物权主体，依同性质的赠与行为对赠与物享有所有权，却因受赠人与赠与人关系的不同或是否存在继承关系的差异，其所享有的物权在物权保护上竟然出现如此巨大的差别，直接与我国物权平等保护原则所确立的法律地位平等、适用规则平等及保护平等的内容相违背。

---

① 参见王利明：《物权法研究》，中国人民大学出版社2007年版，第404页。

(3) 对合法赠与行为的否定

归扣的原因在于被继承人生前将自己的财产赠与继承人。而被继承人之所以有权将其财产赠与他人，正是因为他是赠与财产的所有人，对赠与物享有完全的物权。基于私法自治，物权人得自由行使其物权，包括物权的让与和抛弃。①

被继承人将物赠与他人，正是物权人行使其财产处分权的一种表现。所有人对物行使处分权，直接决定物的归属，这也是所有权区别于其他物权的重要特征。依赠与合同的规定及相关理论，如果被继承人生前将其财产赠与他人，只要赠与的财产权利发生了转移，受赠人便取得对该赠与物的所有权，赠与人就无权要求受赠人将赠与物返还。

同时，赠与合法、有效，赠与人对其赠与自然无任意撤销权及法定撤销权。因此，在被继承人死亡后，要求继承人将已经通过合法赠与行为取得所有权的财产再返还并归入遗产范围，实际是在没有任何法理依据的基础上，对合法赠与行为的直接否定。按此规定，被继承人对继承人的生前赠与行为实际上并非有效，这与赠与的相关理论及物权取得的理论都直接冲突。

(二) 我国学界对归扣的不同态度

《继承法》和《民法典》都没有规定归扣制度。对继承法没有规定归扣，学者也都提出了自己的见解。总体而言，除少部分学者对归扣持否定态度外，大多数学者都主张应该增设归扣制度。

1. 反对立场

对归扣持否定态度的学者认为，将被继承人生前特种赠与拟制为对继承人应继份的预付，实际上否认了继承期待权和继承既得权的区别，令继承期待权实有化。且同作为受赠人，为何一般受赠人能够获得受赠物，而和被继承人关系更近的继承人要承担受赠物被归扣的忧虑，这实际上造成了受赠人之间不平等的法律后果。②

2. 肯定立场

就对归扣持肯定态度的学者意见看，在梁慧星、王利明各自主持的民法典草

---

① 参见王泽鉴：《民法物权》（第一册），中国政法大学出版社 2001 年版，第 20 页。
② 参见王翔：《对我国应否建立归扣制度的商榷》，载《石河子大学学报》2007 年第 6 期。

第七节 《民法典》应当补充归扣规则

案建议稿均主张,只要被继承人生前没有相反的意思表示,继承人在继承开始前因结婚、分居、营业、超过通常标准的教育、职业培训以及其他事由而从被继承人处获得赠与的财产,都应当列为遗产,在遗产分割时,继承人已接受的赠与数额均从其应继承份中扣除。尽管前建议稿将其称为"赠与的冲抵",后建议稿将其称为"归扣"。①

也有学者认为该两部建议稿采狭义归扣立法主义不甚妥当,建议采广义归扣立法,同时规定归扣与扣还。② 陈苇教授也建议将被继承人的生前赠与以归扣形式纳入遗产范围,以实现在应召共同继承人间公平地分配遗产,且其建议稿条文更为详细,分别对归扣及扣减中的不完全遗产的范围,遗产归扣的主体、标的、方法及遗产归扣义务的免除等,进行了规定。③ 龙翼飞教授也对归扣的主体、客体和计算方法进行过研究。④

可见,在我国,较多学者都希望能通过对被继承人生前赠与的归扣来平衡应召共同继承人之间的继承利益,且均认为在归扣的对象上应该有所限制,而不能适用于被继承人所为的一切生前赠与。

关于实行归扣制度的基础,除美国外,国外的立法例及我国学者多认为,被继承人生前对继承人的赠与应被推定为对继承人应继份的预付,故被继承人生前将自己的财产赠与他人,他人虽然对之获得所有权,但如无明确的相反表示,在被继承人死后,该财产应被纳入遗产范围,予以归扣。而该生前赠与为应继份预付的推定源于何种理由,其是否正当、充分,以至于足以通过对私权自治原则及物权平等保护原则的违背来实现,甚至直接通过对已生效的赠与的否定来保障其实施,各学者对此几乎都没有详细的论述。

另外,也有学者主张,继承人于被继承人生前所受之特种赠与可以视为"提

---

① 参见王利明:《中国民法典学者建议稿及立法理由:人格权编·婚姻家庭编·继承编》,法律出版社 2005 年版,第 476 页;梁慧星:《中国民法典草案建议稿附理由 侵权行为·继承编》,法律出版社 2004 年版,第 148 页。
② 参见张平华、刘耀东:《遗产分割中归扣法律制度研究》,载《法学论坛》2009 年第 1 期。
③ 参见陈苇主编:《外国继承法比较与中国民法典继承编制定研究》,北京大学出版社 2011 年版,第 258-260 页。
④ 参见龙翼飞、窦冬辰:《遗产归扣制度在我国的适用》,载《法律适用》2016 年第 5 期。

前继承",纵受赠于被继承人死亡之前,但其获得的权利仍为继承既得权。且其认为正因受特种赠与人与被继承人关系更近(系继承人)才更有归扣之必要。①

无论实施归扣制度的理由及措施为何,防止被继承人用生前赠与的方式损害法定继承人的合法权益,是将来修订《民法典》继承编需要解决的问题。

将来修订《民法典》继承编,究竟应当对归扣制度采取何种态度,必须首先对归扣制度作出客观的评价,正确对待其调整功能和存在的缺陷,斟酌各方的不同意见才能决定。

三、归扣的发展趋势与我国立法应采取的中间路线

对于归扣的态度,除了对立的赞成派和反对派立场,其实还有一种中间路线,既不完全赞同、也不反对规定传统意义上的归扣,而是顺应归扣制度的发展趋势,对其进行改革,使之适应我国国情,避免其缺陷,发挥其调整功能。继承制度发展至今天,其为保护及平衡各继承人的利益已经增设或完备了更多有效的制度或措施,以保证其与其他法律制度相衔接而不产生冲突。当不同类型的继承人处于特定情形或具备特定条件时,已经有必留份、特留份等制度对其进行特别保护的情况下,归扣制度存在的缘由或基础就有必要进行适度矫正。这是本书对归扣立法的基本立场。

(一)修正归扣的必然趋势

如果仅从被继承人的生前赠与行为看,依被赠与人是否为赠与人的继承人将赠与区分为一般赠与和特别赠与,并具有不同的法律效力,这不符合赠与的基本原理,且与赠与的法律规定相违背。被继承人将其财产赠与他人后死亡,依据赠与的相关规定,该赠与行为已生效。此时,在受赠人是赠与人的非继承人的情形,其所受赠与因不受任何限制而仍应归属于受赠人,受赠人仍合法地对其享有物权法上的一切权利。在受赠人是赠与人的继承人的情形,如其放弃继承,依通说,已获赠与不必归扣,对赠与物仍然享有一切权利。但如果其承认继承,则对

---

① 参见张平华、刘耀东:《继承法原理》,中国法制出版社2009年版,第106页。

已获得所有权的赠与物便将不再具有所有权,如受赠人仍意图对该受赠与物的实体予以控制或使用而不将其返入遗产,无论是适用作价归还主义还是价额归还主义,受赠人均应将与该受赠财产等额的价金返入赠与人的遗产范围内,该受赠财产的性质也便在瞬间由赠与物转变为预付遗产。此时,如果受赠人既不将赠与物返入遗产,也不将与该受赠财产等额的价金返入遗产范围,受赠人便会因其对该物不再享有所有权,其占有该受赠与物便为非法。通过合法行为对物获得的合法所有权何以在瞬间基于一种立法者的主观推定变为非法,不再受到法律的保护,这实属有违法理。而且两种情形前后相较,受赠与人与赠与人无继承关系反而能自始至终享有对赠与物的所有权,并任由其处置;受赠与人与赠与人存在继承关系反而必须将赠与物返入遗产,从而在实质上失去对赠与物的所有权。这实为于法不符,于理不通。

继承法发展至今,为做到对继承人继承利益的充分保护与对各方关系人利益的合理平衡,对处于特别情形或与被继承人存在特别亲密关系的继承人,基于其特定继承利益的需要,已经通过对被继承人遗嘱自由进行限制的方式,设立或即将设立完整的必留份或特留份制度等对其继承利益进行充分保护,而且对被继承人遗嘱自由的限制,实质仍是对自然人个人财产权的限制。如果说基于对特定继承人继承利益的保护而限制被继承人的遗嘱自由尚属必须,仍在法理可以接受的范围之内;为保证所有继承人能平均分配遗产而直接侵害被继承人的财产处分权,甚至直接剥夺受赠与人已经获得的财产权,这实为非法,故不足取。因此,在完善《民法典》继承编的立法而规定归扣制度时,对归扣制度进行改革,建立符合实际国情的、完善的归扣规则。

(二)规定归扣时宜选择适用中间路线

法律对继承人之间的继承权应该平等保护,应召继承人之间在分配遗产时也应该遵循平均分配的基本原则。但是,平等保护继承权不是奉行无原则的平均主义,更不应该侵害被继承人对其财产的自由处分权。无视被继承人合法赠与行为的法律效力,而将本不属于遗产范围的赠与物归入遗产或视为遗产,以在继承人之间进行平均分配,以此标示法律对同一顺序的应召继承人的继承权予以平等保护,未免矫枉过正。以保证继承人能平均继承遗产为理由,无原则地否定合法赠与的效力,以此为基础实施归扣,不仅侵害被继承人的财产处分自由权,更侵害受赠与人的财产所有权。如此以直接侵害他人财产权为代价,以确保遗产继承过程中的平均,实属法不足取。

因此,简单地对归扣制度进行肯定或者否定都是不正确的。正确的做法是采取中间路线,其要旨是:归扣制度的基础仍应建立在对自然人个人所有权的充分尊重与保护之上,而不是在无视被继承人个人财产所有权及意志自由的情况下,为实现继承人平均继承遗产,甚至为实现立法者毫无根据推定出的被继承人希望生前赠与物也应纳入遗产再次平均分配的意愿,便置合法的赠与行为中物权转移的基本原理而不顾。因此,基于整个社会对自然人个人所有权予以普世保护的精神,在被继承人生前将其财产赠与他人时,依赠与行为的相关理论,被继承人的赠与行为依赠与规则便产生相应的法律效力。但当被继承人将财产赠与继承人时,其表示该赠与为遗产的预先给付,或表示赠与财产须加入继承开始时被继承人的财产范围的,在被继承人死亡后遗产继承时,该赠与的价额自然应计入继承财产,与其他遗产一并作为继承人的继承标的,并在继承人之间按遗产继承规则进行分配。而且,只要被继承人在赠与时作如此表示,且至死亡前未对此表示撤回,在被继承人死亡后,该赠与物均应纳入遗产范围作为继承的对象,而不用考虑该赠与行为距赠与人死亡时的时间长短。反之,被继承人对继承人为赠与时,没特别说明该赠与实为应继承财产的预先拨付,或表明该赠与须加入继承开始时被继承人遗产范围的,对此赠与,无论从物权平等保护的基本原则看,还是从赠与的法律效力看,法律对其均有尊重与保护的必要,而不应再对之作其他推定性的解释,否则,将直接违背被继承人自由处分其财产的意志自由。

因此,为公平起见,更为对自然人财产处分自由意志的保障,贯彻物权保护的基本精神,在对归扣进行规范时,仅被继承人生前向继承人为赠与时曾明确表示须将该赠与财产加入继承开始时其遗产范围的,才能将其赠与价额计入应继承遗产范围,以实行归扣。对被继承人向继承人为赠与时没有表示其赠与应计入应继承遗产范围的,自然不应实行归扣。同时,基于赠与人对其财产享有的自由处

508

第七节 《民法典》应当补充归扣规则

分权,对赠与财产的种类及赠与时间更不应再作任何限制。只有如此规范,才能保证继承法作为财产法的本质属性并与财产所有权的本性相统一,才不会因为妄自推定被继承人希望所有继承人能够平均分配财产而违背被继承人合法处分自己财产的意志,强行将本已生效的赠与行为解除,从而导致继承法领域财产处分行为的规则与物权法领域所有权的规则相背离。

(三)我国修改《民法典》继承编时对归扣制度的应然规定

从平衡各共同应召继承人之间的继承利益出发,我国在修订《民法典》继承编时,应增设归扣。但该归扣制度的建立不应以对被继承人赠与行为性质的单方推定为基础,而应以被继承人明确的意思表示为依据:当被继承人于生前赠与他人财产时,无论受赠与人是谁,也无论其是否与被继承人存在继承关系,受赠与人均会因合法、有效的赠与行为取得赠与物的所有权而不受他人非法干涉。只有当被继承人向继承人赠与财物,其以明确的意思表明其赠与实为继承人应继份的预付时,归扣制度才能得到适用。

只有以被继承人的明确意思表示为基础而非以立法者单方的意思推定为导向建立的归扣制度,才更符合民事法律行为应以意思表示决定其性质的原则。也只有如此,才能保证继承法领域所涉及的财产权利的流转与其他法律体系中财产权利的流转遵循相同的原理而不生抵牾,更不会基于立法者的单方推定,让当事人已经通过合法赠与取得的财产所有权处于随时可能会被定性为非法占有的状态。也只有如此,才能有效地避免用第三方的推定来否定他人对受赠与物已经获得的物权,同时,还直接防止由此侵害自然人对自己财产进行自由处分的权利。归扣制度作为一种财产处分方式,也只有建立在充分尊重自然人财产权的基础之上,才可能更为妥当与合理。因此,将来修订《民法典》继承编时,对遗产分配过程中的归扣应当规定为:

第一,被继承人于继承开始前赠与继承人财产时,应以明示方式确定适用归扣制度。被继承人以书面等方式明确表示,其赠与财产须加入继承开始时被继承人的财产范围的,该赠与价额计入应继承财产。

第二,被继承人作出确定适用归扣意思表示的,可以随时用书面等方式撤

回。撤回适用归扣的意思表示一经作出，即发生撤回其归扣意思表示的效力。

第三，被继承人生前作出适用归扣的意思表示，并且没有明示将其撤回的，在适用归扣将继承人取得的赠与财产计入应继承财产后，于遗产分割时，应将该赠与财产从该继承人的应继份中扣除。超过应继份的赠与，继承人应予返还。

第四，应当实行归扣的赠与财产，限于个人特种赠与，包括以下内容：一是因结婚而为的赠与；二是因培训或超过普通教育而为的赠与；三是因分家或独立生活而为的赠与；四是因生产或营业而为的赠与；五是因生育而为的赠与。

第五，赠与的具体价额，依赠与时的价值计算。

第六，被继承人没有对其财产赠与行为表示适用归扣制度的，不适用归扣制度。

第七章
转继承、遗赠扶养协议与共同继承

《民法典》第1152条规定了转继承，第1158条规定了遗赠扶养协议；对共同继承虽然没有明文规定，但是在社会生活中普遍存在，也应当高度重视。本书在第六章讨论了遗产处理的一般性规则，本章对转继承、遗赠扶养协议与共同继承这些遗产处理的特别规则进行深入研究。

第一节 转继承

一、转继承概述

《民法典》第1152条规定："继承开始后，继承人于遗产分割前死亡，并没有放弃继承的，该继承人应当继承的遗产转给其继承人，但是遗嘱另有安排的除外。"对转继承，《继承法》没有规定，《最高人民法院关于贯彻执行〈中华人民共和国继承法〉若干问题的意见》第52条规定："继承开始后，继承人没有表示放弃继承，并于遗产分割前死亡的，其继承遗产的权利转移给他的合法继承人。"

第七章 转继承、遗赠扶养协议与共同继承

《民法典》这一条文对在司法实践中一直坚持的转继承规则予以肯定，上升为法典规范，确认转继承制度。

（一）转继承的概念

转继承，是指在继承开始后，继承人未放弃继承，但于遗产分割前死亡的，所应继承的遗产份额由其继承人承受的法定继承制度。

转继承法律关系有三种主体：一是被继承人；二是被转继承人，也就是被继承人的继承人，包括遗嘱继承人和法定继承人；三是转继承人，即被转继承人的继承人。

界定转继承的概念，有的学者认为，转继承中须继承人在生前未表示放弃继承，也未表示接受继承，只有继承人的继承法律地位尚处于不确定状态，才可以发生。[①] 这种说法值得商榷，若继承人的法律地位尚不确定，何谈继承人的继承人进行转继承呢？根据《民法典》第1124条第1款关于"继承开始后，继承人放弃继承的，应当在遗产处理前，以书面形式作出放弃继承的表示；没有表示的，视为接受继承"的规定，继承人死亡，有明确表示的，法律地位当然确定；即使没有表示的，也视为接受继承，法律地位也是确定的，不存在继承人的法律地位不确定的可能。这正是"默示继承"规则的目的。因为继承开始，继承人就取得遗产的所有权，遗产分割只是一种认定或宣示，所以，转继承只是将继承人继承的遗产份额由转继承人再继承，而不是继承权利的移转。

其他国家或者地区的民法典也有规定转继承的，有些国家继承法虽然不将其称为转继承，但在关于接受继承的权利和放弃继承的权利上规定的规则与转继承相近。例如，《法国民法典》第781条规定："如应当继承遗产的人死亡，死前并未明示或默示放弃或接受遗产，该人的继承人得以其名义接受或放弃之。"《瑞士民法典》第569条第1项规定："继承人在表示放弃或者接受遗产之前死亡的，其抛弃权转移至其继承人。"《日本民法典》第916条规定："继承人未承认或放弃继承时，前条第1款的期间自该人的继承人知道自己的继承已开始之时起计算。"《俄罗斯联邦民法典》第1156条对转继承作出了很详细的规定，条文内容

---

① 参见张玉敏：《继承制度研究》，成都科技大学出版社1994年版，第275页。

不再引述。

(二) 转继承的性质

对于转继承,《民法典》没有将其规定在"法定继承"一章,而是规定在"遗产的处理"一章中,表明《民法典》将其视为一种遗产分割中的具体问题,而不是法定继承方式。这种做法也值得探讨,因为立法机关的工作人员在解释《民法典》继承编时也认为,继承根据继承人本人是否实际继承,可以分为本继承、代位继承和转继承。① 这说明,转继承实际上是一种继承方式,与本继承和代位继承相对应。但把转继承规定在"遗产的处理"一章,在逻辑上并不够顺畅。

在学说上,对转继承的性质有以下两种观点:

一是认为,转继承只是继承遗产权利的转移,处理这类案件时不应将被转继承人应继承的遗产份额视为其同配偶的共同财产②;转继承的客体是被转继承人的继承权,也就是被转继承人接受和放弃继承的权利,而不是已归属于被转继承人的财产。③

二是认为,转继承只是将被转继承人应继承的遗产份额转由其继承人承受,转继承所转移的不是继承权,而是遗产所有权。应将被转继承人应继承的遗产份额视为其同配偶的共同财产(如果没有另外的特别约定)。转继承关系的客体是被转继承人应取得的遗产份额,而不是被转继承人应取得的全部遗产份额。④

笔者认为,后一种观点比较妥当,理由是:

第一,继承开始后,被继承人原所享有的财产权利与义务已经由继承人承受,只要继承人没有放弃或丧失继承权,被继承人的遗产就成为继承人的合法财产。因此,被继承人死亡后,尽管继承人还没有实际接受遗产,但已成为遗产的

---

① 参见黄薇主编:《中华人民共和国民法典继承编释义》,法律出版社2020年版,第128页。
② 参见周水森:《转继承只是继承权利的转移》,载《法学》1987年第1期。
③ 参见张玉敏:《继承法律制度研究》,法律出版社1999年版,第234-235页。
④ 参见王作堂等:《试论转继承的性质》,载《中外法学》1993年第5期;韩家勇:《转继承论析》,载《政治与法律》1992年第6期。

共有人。

第二，根据《民法典》的规定，在婚姻关系存续期间所取得的财产，除另有约定外，归夫妻双方共同所有。在被继承人死亡时，继承人如有配偶存在，则该继承人所继承的被继承人的遗产，自应属于继承人与其配偶的共同财产。即使继承人在遗产分割前死亡，这种性质也不能改变。

第三，转继承在本质上是两个先后发生的继承关系，转继承人所继承的是被转继承人的遗产，而不是被继承人的遗产。

第四，如前所述，继承法律关系的客体为遗产，转继承作为继承制度之一，其客体也应当为遗产，而不能为被转继承人的继承权，否则将面临继承继承权的逻辑悖论。

因此，转继承虽然与本继承、代位继承相对应，但是在我国的民事法律中，其主要的性质还不是一种继承方式，而是对遗产分割的具体规则，是转继承人对被转继承人继承的遗产的继承，而不是直接继承被继承人的遗产。

（三）转继承与代位继承的区别

转继承是由被继承人的继承人的继承人直接取得被继承人的遗产的制度，因而与代位继承有一定的相似性，例如从表征上看，两者都存在被继承人的子女死亡的情形，且均由其直系卑血亲作为继承人直接取得被继承人的遗产。

但是，转继承与代位继承在本质上是两种完全不同的继承方式，存在根本性的区别，主要体现在以下方面。

1. 性质不同

转继承是一种连续发生的二次继承，是在继承人直接继承后，又转由转继承人继承被继承人的遗产，所以，转继承人实际上享有的是分割遗产的权利，而不是对被继承人遗产的继承权。而代位继承是在发生法定情形时，代位继承人基于其固有的代位继承权，直接参与对被继承人遗产的继承的制度。有的学者认为，转继承具有连续继承的性质，代位继承具有替补继承的性质[①]，说得很形象，也很准确。

---

① 参见郭明瑞、房绍坤：《继承法》（第2版），法律出版社2004年版，第128页。

2. 发生的原因不同

转继承是因被继承人的继承人在被继承人死亡后、遗产分割前死亡而发生，而且被转继承人对被继承人遗产的应继份是转继承的基础，如果被转继承人放弃或丧失继承权而不能获得被继承人遗产的应继份，就不可能发生转继承，例如被继承人甲的长子乙为了争夺遗产杀害其他继承人而丧失继承权，在对甲的遗产分割前乙死亡的，乙的继承人丙、丁也不能通过转继承取得乙对甲遗产的继承份额。

根据代位继承中的代位继承权的固有权性质，被继承人的子女先于被继承人死亡的，就可以发生代位继承，并且许多立法例规定被继承人的子女丧失继承权也可以发生代位继承。

代位继承人依据的是代位继承权，因此直接可以取得被继承人的遗产。而转继承不是权利，而是二次继承，只能取得被转继承人应当继承的遗产份额。

3. 继承的主体不同

在转继承中，被转继承人是享有继承权的继承人，无论是法定继承人还是遗嘱继承人，而转继承人是被转继承人死亡时仍然生存的所有继承人。而代位继承的主体具有特定性，被代位继承人只能是被继承人的子女，或者是被继承人的兄弟姐妹，而代位继承人是被继承人子女的直系卑血亲，都是特定的。因此，转继承发生的机会要比代位继承发生的机会多。

4. 继承的客体不同

转继承的客体，虽有学者认为是已亡继承人的继承权，具体包括继承选择权和遗产分配权[①]，但转继承只是对遗产份额的再继承，而非继承权利的移转，所以其客体是遗产份额。而代位继承的客体是被代位人的继承权，代位继承人的应继份应当依此确定。

5. 适用范围不同

转继承既可以适用于法定继承，又可以适用于遗嘱继承。代位继承由其性质决定，只适用于法定继承，因为在遗嘱继承中，遗嘱指定的继承人或受遗赠人先

---

① 参见张玉敏：《继承制度研究》，成都科技大学出版社1994年版，第276页。

于被继承人死亡的,遗嘱所指定份额按法定继承办理。遗嘱中指定的继承人发生法律规定的事由而丧失继承权时,对遗嘱中指定的由该丧失继承权的继承人继承的遗产,也须按照法定继承来办理。

二、转继承的构成要件和法律效果

(一) 转继承的构成要件

转继承可以发生在法定继承中,也可以发生在遗嘱继承中。无论在哪一种继承方式中发生转继承,都须具备下列要件。

1. 继承人在被继承人死亡后、遗产分割前死亡

这是转继承发生的时间要件。只有继承人在被继承人死后、遗产分割前死亡的,才会发生转继承。这就给转继承限定了一个时间范围,也就是在被继承人死亡后,至遗产分割前的这一时间之内。如果被继承人还没有死亡,则继承尚未开始,无论是法定继承还是遗嘱继承,不存在转继承的问题。即使继承人先于被继承人死亡,也只会发生代位继承,不存在转继承。如果继承人于遗产分割后死亡,则该继承人的继承人直接继承其遗产,而不必直接参与对被继承人遗产的分割,也不存在转继承的问题。

2. 继承人未丧失亦未放弃继承权

这是转继承发生的客体要件。如果继承人因触发《民法典》规定的法定事由,丧失了继承权,或者自己放弃了继承权,因其不能继承被继承人的遗产,即使于被继承人死亡后、遗产分割前死亡,也不发生其应继份由何人承受的问题,也就不能发生转继承。

3. 由死亡继承人的继承人继承其应继承的遗产份额

这是转继承的结果要件。在转继承中,虽然继承人死亡,但其应继承的份额并不归属于被继承人的其他继承人,而是归属于自己的继承人。至于具体的应继份以及死亡继承人的继承人的应得份额,根据具体的法定继承与遗嘱继承的规则判定。

4. 被继承人的遗嘱没有其他安排

这是转继承发生的排除性要件。这里的遗嘱是指被继承人的遗嘱,而不是其他人的遗嘱。遗嘱没有其他安排,是指被继承人在其遗嘱中,没有特别说明所遗留遗产仅限于给继承人本人,不得转继承给其他人。遗嘱中如果有这样的排除转继承的安排,就不适用转继承。如果遗嘱中没有这样的安排,具备其他条件就可以发生转继承。

(二) 转继承的法律效果

转继承的法律效果,是指具备了上述转继承的要件,发生转继承后产生的继承的效力。

在适用转继承时,作为转继承客体的被转继承人的应继份,根据死亡的被转继承人的继承方式而有差异。如果死亡的被转继承人根据法定继承方式进行继承,则其应继份为根据法定继承取得的份额;如果被转继承人为遗嘱继承人,则依照被继承人的遗嘱取得的应继份,即遗嘱应继份。

在转继承中,转继承人取得的份额也根据继承方式的不同而有差异。转继承人在存在合法、有效的遗嘱时,适用遗嘱继承取得被转继承人的遗产份额;无有效遗嘱存在时,适用法定继承取得被转继承人的遗产份额。在现实生活中,绝大部分遗嘱都是遗嘱人对拥有的合法财产按照自己的意志进行遗产分配,而罕见有被转继承人对应继份立遗嘱进行分割的,因此,转继承人获得的遗产多为法定继承方式取得,即使取得被转继承人的遗嘱继承份额,也是依据被继承人的遗嘱。

转继承是对被转继承人应继承的遗产份额的转移,因此,转继承的适用不能对继承关系的结果发生影响。也就是说,在不适用转继承时,如果继承人有配偶存在,则其应继承的遗产属于夫妻双方共有。而在适用转继承时,除另有约定外,死亡继承人的遗产份额也应当作为夫妻共有财产,在死亡继承人的继承人进行转继承时,先分出死亡继承人配偶的部分,再将剩余部分进行遗产分割。例如,甲仅有一子乙,乙与丙结婚并生有一女丁。甲死亡后,其遗产归乙继承。于甲死亡后不久乙死亡,此时丁提出继承其父的遗产,与丙发生纠纷。处理这一案件,乙从甲处继承的遗产即应为夫妻共有财产(除乙与丙有另外约定外,或者甲

遗嘱确定只有乙继承），在确定乙的遗产时，应当先分出归丙的一半，而不能由丙与丁平分乙所继承的甲的遗产。如果甲另有一女，其女未与乙分割父亲的遗产，乙死亡后由甲的女儿继承与丙、丁转继承甲的遗产，对于乙应取得的遗产份额也应当依上述原则分配。因为这里实际上是两个继承关系：一个是乙继承甲的遗产的份额转由其继承人丙、丁承受，由丙、丁与甲的女儿一同分割甲的遗产；另一个是乙的遗产的继承，而乙继承的甲的遗产份额构成其遗产的一部分，但不能全部列为遗产。

第二节　遗赠扶养协议

一、遗赠扶养协议的概念、特征与法律地位

（一）遗赠扶养协议的概念

遗赠扶养协议，是指遗赠人和扶养人为明确相互间遗赠和扶养的权利与义务关系订立的协议，是《民法典》规定的一项具有特色的继承法律制度。该法第1158条规定："自然人可以与继承人以外的组织或者个人签订遗赠扶养协议。按照协议，该组织或者个人承担该自然人生养死葬的义务，享有受遗赠的权利。"

在遗赠扶养协议中，需要他人扶养并愿将自己的合法财产全部或部分遗赠给扶养人的人为遗赠人，也称为受扶养人；对遗赠人尽扶养义务并接受遗赠的人为扶养人。接受扶养的遗赠人只能是自然人；履行扶养义务的扶养人，既可以是继承人之外的自然人，也可以是有关组织。自然人作为扶养人，不能是法定继承人范围内的人，因为法定继承人与被继承人之间本来就有法定的扶养权利与义务。

（二）遗赠扶养协议的特征

遗赠扶养协议具有以下法律特征。

1. 遗赠扶养协议为双方民事法律行为

遗赠扶养协议是自然人生前对自己死亡后遗留遗产的一种处置方式，但与被继

承人立遗嘱处分遗产不同。遗嘱继承或者遗赠是一种单方民事法律行为，而遗赠扶养协议是双方民事法律行为，须双方的意思表示一致才能成立。遗赠扶养协议存在双方当事人，一方为接受扶养的遗赠人，另一方为提供扶养的扶养人，双方订立协议对有关扶养与遗赠的事项进行明确，行为的性质是双方民事法律行为。

有学者基于遗赠扶养协议的双方民事法律行为的特征，认为遗赠扶养协议应受合同法调整，其订立就须依照合同的订立程序，任何一方不经法定程序和有法定事由，不得擅自变更或解除协议。① 笔者认为，遗赠扶养协议具有双重性：一方面，遗赠扶养协议与一般的合同不同，不能认为凡是双方民事法律行为就是合同，我国合同法也不认为合同包含那些特殊的双方民事法律行为，比如婚约；另一方面，遗赠扶养协议时就是双方当事人的协议，协议就是合同，况且《民法典》继承编规定遗赠扶养协议时没有规定具体的协议内容和具体程序，需要依照《民法典》合同编通则关于合同的一般规则订立和实施。

所以，遗赠扶养协议与一般的合同不同，需要注意遗赠扶养协议的特殊性，但在本质上又是双方合意，应当适用合同的一般规则。

2. 遗赠扶养协议为诺成法律行为

遗赠扶养协议自双方的意思表示达成一致时起发生效力，因此遗赠扶养协议是诺成法律行为。遗赠扶养协议包括扶养与遗赠两个方面，在遗赠扶养协议签订后，扶养人就应当按照遗赠扶养协议的约定履行扶养义务，这一效力的发生比较即时，但有关遗赠人的财产遗赠的约定须在遗赠人死亡后才发生权利转移的效力。

可见，遗赠扶养协议的遗赠部分并不是完全的死因行为，同遗赠在遗赠人死亡后发生财产权利转移效力的死因行为不同，因为在遗赠扶养协议成立后，该协议的遗赠部分实际上也是发生法律效力的，比如未征得扶养人的同意，遗赠人不得另行处分遗赠的财产。当然，有关遗赠财产在受扶养的遗赠人死亡后才发生权利转移则属于遗赠扶养协议的履行，并非遗赠扶养协议于受扶养人死亡时才成立生效。

---

① 参见郭明瑞等：《继承法》（第2版），法律出版社2004年版，第220页。

3. 遗赠扶养协议为要式法律行为

关于遗赠扶养协议的形式，《继承法》未作明确规定，《民法典》也未作规定。

根据遗赠扶养协议的性质，订立遗赠扶养协议应采用书面形式，不能采用口头形式约定。这是因为，遗赠扶养协议涉及扶养人与遗赠人双方的权利与义务和具体利益，而且存续时间多数较长，法律应当对其形式采取严格要求。采取书面形式有利于维护双方当事人的利益，也可以避免不必要的纷争，还可以具有证明的证据作用。

我国的公证实践已经确立了遗赠扶养协议的书面形式要求，《遗赠扶养协议公证细则》第8条明确地规定当事人应当向公证处提交遗赠扶养协议。基于此，有的学者认为，遗赠扶养协议不仅要以书面形式作成，而且应经过公证或请无利害关系人到场见证。

这样的要求是不适当的。因为遗赠扶养协议是双方当事人的私法行为，只要双方意思表示一致即可生效，书面形式是形式上的要求，增强其严肃性和作为将来执行依据和证据，没有必要必须经过公证，或者必须有无利害关系的见证人在场见证。只要有书面形式的遗赠扶养协议，确认是双方当事人的真实意思表示，内容不违反公序良俗，该遗赠扶养协议就是有效的。有关当事人当然可以基于自身的考虑，到遗赠人或扶养人的住所地公证处进行公证，提交有关证据和材料，公证处在进行审查后出具公证书。

4. 遗赠扶养协议为双务、有偿法律行为

有的学者认为，遗赠扶养协议不是双务合同。[①] 其实，遗赠扶养协议是当事人双方都负有义务的法律行为，属于双务法律行为。在遗赠扶养协议中，通过协议，确定扶养人负有负责受扶养人生养死葬的义务，受扶养人也有将自己的财产遗赠给扶养人的义务。

可见，遗赠扶养协议又是一种有偿法律行为，任何一方享受权利都以履行一定的义务为对价。扶养人不履行对受扶养人生养死葬的义务，则不能享有受遗赠的权

---

① 参见缪宇：《遗赠扶养协议中的利益失衡及其矫治》，载《环球法律评论》2020年第5期。

利；受扶养人不将自己的财产遗赠给扶养人，也不享有要求扶养人扶养的权利。

5. 遗赠扶养协议具有效力优先性

《民法典》第1123条规定，遗赠扶养协议具有效力优先性。在自然人死亡后，如果遗赠扶养协议与遗赠、遗嘱继承并存，应当优先执行遗赠扶养协议。遗赠扶养协议在继承开始后，具有最优先的法律效力。《民法典》第1123条明确规定："继承开始后，按照法定继承办理；有遗嘱的，按照遗嘱继承或者遗赠办理；有遗赠扶养协议的，按照协议办理。"按照这一规定，三种继承方式的优先顺序是：遗赠扶养协议→遗嘱继承或者遗赠→法定继承。遗赠扶养协议处于最优先级。

（三）遗赠扶养协议的法律地位

遗赠扶养协议是《民法典》特有的继承制度，其法律地位如何，有很大争论，主要有三种不同的意见：一是合同说，认为遗赠扶养协议属于合同问题，不属于继承的问题，不应在继承法中规定。二是继承说，认为遗赠扶养协议是我国继承立法的创造，具有中国特色。[①] 三是折中说，认为前两种观点都有道理，遗赠扶养协议虽然属于合同问题，但也与遗产的处置相关，在继承法中加以规定未尝不可。[②]

在上述学说中，继承说和折中说占多数，为主流观点，都肯定在继承制度中应当规定遗赠扶养协议，但对遗赠扶养协议在继承法律制度中处于什么位置的意见不同：一是把遗赠扶养协议作为遗嘱继承中遗赠的一部分；二是把遗赠扶养协议作为遗产处理的一部分；三是把遗赠扶养协议作为独立的继承制度单独规定。[③]《民法典》把遗赠扶养协议规定在"遗产的处理"一章，采纳的是第二种见解。

---

① 参见刘春茂主编：《中国民法学·财产继承》，中国人民公安大学出版社1990年版，第290页。
② 参见郭明瑞等：《继承法研究》，中国人民大学出版社2003年版，第186页。
③ 在中国社会科学院梁慧星教授主持起草的民法典草案以及中国人民大学法学院王利明教授主持起草的民法典草案中都是把遗赠扶养协议作为独立的部分加以规定的。参见梁慧星主编：《中国民法典草案建议稿》，法律出版社2003年版；王利明主编：《中国民法典草案建议稿及说明》，中国法制出版社2004年版。

遗赠扶养协议属于继承制度的具体制度,既不同于遗赠,也不同于一般的遗产处理,更不是单纯的合同问题,应当作为一种具体的继承法律制度对待。对此,有以下依据。

1. 遗赠扶养协议不是遗赠

遗赠扶养协议与遗赠虽然在某些方面具有相似性,比如遗赠人给予受遗赠人遗产,但两者是完全不同的制度。一是,遗赠扶养协议是一种双方民事法律行为,而遗赠是单方民事法律行为;二是,遗赠扶养协议具有有偿性,虽然扶养人与受扶养人双方的行为不一定等价,但遗赠是一种无偿行为;三是,在生效时间上,遗赠扶养协议是诺成协议,自扶养人与受扶养人双方意思达成一致时发生效力,而遗赠是死因行为,在遗嘱人死亡时才发生法律效力;四是,在适用方面,遗赠扶养协议具有优先性,在遗赠与遗赠扶养协议并存时,应当先执行遗赠扶养协议。遗赠扶养协议与遗赠在这些方面的差异,决定了遗赠扶养协议与遗赠是两种根本不同的继承法律制度。

2. 遗赠扶养协议不是单纯的遗产处理

遗赠扶养协议虽然必然涉及遗产处理,并且《民法典》是在关于"遗产的处理"中规定的,但并不是遗产处理制度的内容之一。遗赠扶养协议有两个方面的内容:一为扶养,二为遗赠。扶养是其更重要的方面。在遗赠扶养协议的执行中,由于协议已经对有关财产的遗赠问题予以明确,因此对这些遗产的处理也比一般的继承简单。可见,遗赠扶养协议具有独立于遗产处理的地位。

3. 遗赠扶养协议也不是单纯的合同

基于遗赠扶养协议的订立形式以及有关内容,许多学者认为遗赠扶养协议是合同的一种,没有特殊性,还有学者认为遗赠扶养协议属于特别法上的有名合同,是扶养协议与代物清偿预约相融合的结果。[①] 对此,两部民法典草案学者建议稿都建议对遗赠扶养协议适用合同法的规定。

这些观点都值得讨论。虽然遗赠扶养协议具有合同的外观形式,而且多表现

---

① 参见王利明:《中国民法典学者建议稿及立法理由——人格权编·婚姻家庭编·继承编》,法律出版社2005年版,第607页。

为书面的协议形式,但是,并不能因此而简单地将其归结为合同之一种。一方面,我国的遗赠扶养协议承担着一定程度的社会保障功能,扶养人与受扶养人双方虽然签订协议,但该协议未必具有完全的对价。例如,有的遗赠扶养协议的受扶养人只有很少的财产,但扶养人对受扶养人承担的责任大大超过该财产,或者与此相反。另一方面,将遗赠扶养协议等同于合同,也会导致遗赠扶养协议成为一种逐利行为,诱发道德风险,导致一些财产很少的孤寡老人无法得到扶养。至于有关遗赠扶养协议适用合同法规则的建议,也是对《民法典》第464条第2款"婚姻、收养、监护等有关身份关系的协议,适用有关该身份关系的法律规定"的忽视,因为遗赠扶养协议具有身份的因素。因此,遗赠扶养协议不是合同法的合同,而是继承法律制度中的具体制度。

1991年司法部制定《遗赠扶养协议公证细则》,对遗赠扶养协议的公证作了专门规定。1996年《老年人权益保障法》第24条规定:"鼓励公民或者组织与老年人签订扶养协议或者其他扶助协议。"该法在2012年修订后,第36条规定:"老年人可以与集体经济组织、基层群众性自治组织、养老机构等组织或者个人签订遗赠扶养协议或者其他扶助协议。""负有扶养义务的组织或者个人按照遗赠扶养协议,承担该老年人生养死葬的义务,享有受遗赠的权利。"这些规定都体现了遗赠扶养协议的独立地位,也被吸收到《民法典》第1158条规定中。这充分说明了遗赠扶养协议在我国的存在以及不断地完善。

二、遗赠扶养协议的意义以及与继承契约

(一)遗赠扶养协议的意义

遗赠扶养协议作为《民法典》规定的一项特色继承制度,符合我国国情,实现了"规范人事,而服务人世"的立法主旨,对我国规范现实生活秩序具有重要的意义。

1. 有利于保护老年人的合法权益

我国已经步入老龄社会,老年人在整个社会人口中所占的比重不断加大,整

个社会也面临着老年人权益保障问题，应当从各个方面进行应对，比如制定《老年人权益保障法》。但是，在一些具体问题上，基于我国国情以及一些错综复杂的社会现实情况，需要有一些更有利于老年人合法权益保障的举措，遗赠扶养协议即属一例。

在现实生活中，随着我国几十年的计划生育政策的施行，出现了一对年轻夫妇要担负四位老人的养老问题，而且有的老人面临着无后代养老的现实。尽管强制的计划生育政策发生了改变，但是结婚比例下降、离婚比例上升、年轻夫妇不愿意生孩子的情况比较严重，这样的问题还会继续存在，并且会不断增多。虽然我国现有的社会保障措施可以在一定程度上维护老年人的权益，但是，毕竟老年人的生活并不只是简单的物质问题，还有精神生活等各方面的需求。

通过订立遗赠扶养协议，老年人选择适合自己的扶养人，并明确有关的扶养事项，可以使老年人的生活有所保障，实现老有所养和养老优化。

遗赠扶养协议还有激励需要扶养的人的近亲属善尽扶养义务的作用。如果老年人的近亲属能够很好地善尽扶养义务，需要扶养的人也就没有必要也不会与他人或集体组织签订遗赠扶养协议，避免出现遗产不在继承人中传承而外溢。

2. 有利于发扬我国优良的尊老民族传统

中华民族具有优良的道德传统，在源远流长的历史长河中形成了尊老、敬老、爱老、助老的民族传统。在老年社会中，我国应当坚持这些优良传统，继续发扬光大，保护好老年人的合法权益。

在遗赠扶养协议中，通过协议确定扶养人对老年遗赠人的扶养义务，体现了尊老、敬老、爱老、助老的优良传统；通过协议，可以使非继承人的自然人或者组织尽到养老的义务，使丧失劳动能力的孤寡老人或身边无子女照顾的病、残老人得到扶养和照料，以安度晚年，从而使老年人的合法权益得到保障。

3. 有利于减轻国家和社会养老的负担

在老龄化社会，需要他人扶养的是缺乏劳动能力的老年人和残疾人。对于这些需要救助的人，《宪法》第45条中有"中华人民共和国公民在年老、疾病或者丧失劳动能力的情况下，有从国家和社会获得物质帮助的权利"的规定，国家应

第二节 遗赠扶养协议

当对这些人提供完善的社会保障。

不过,由于我国现在的社会保障事业的发展还有局限,还不能完全满足社会保障的需要,尤其是在农村社会老年人的权益保障仍然付诸阙如,国家和社会难以把所有的养老事业全部包下来。因此,遗赠扶养协议制度可以使一些需要扶养的人,尤其是无法定扶养义务人的人的生养死葬问题得到解决,使之有可靠的保障,就能够减轻国家和社会的养老负担。

很多学者都主张遗赠扶养协议有利于更好地解决"五保户"的扶养问题[1],因此遗赠扶养协议的重要意义之一,就是保障"五保户"中的老年人。王汉斌在《关于中华人民共和国继承法(草案)的说明》中指出:"在民间,特别是农村,有的老人与扶养人签订遗赠扶养协议,规定扶养人承担扶养老人的义务,享有受遗赠的权利。有些地方缺乏劳动能力又缺乏生活来源的公民与所在集体所有制组织签订'五保'协议,规定集体所有制组织承担供养'五保户'生养死葬的义务。'五保户'死亡后,遗产归集体所有制组织所有。实践证明,从我国目前实际情况出发采取这些办法,有利于对老人的照顾、扶养,对老人安度晚年很有好处。草案将这些好的做法,用法律形式加以肯定。"[2] 这种意见不完全准确。遗赠扶养协议与"五保"供养是两种完全不同的制度,或许在农村"五保"供养工作的初期存在一些同遗赠扶养协议相似的地方,但是随着《农村五保供养工作条例》的发布,"五保"供养是集体经济组织践行集体福利的义务,也是社会保障的组成部分,并非集体经济组织可以随意选择的权利。基于我国社会的发展现实以及农村的现状,规定"五保"供养中在某些条件下集体经济组织可以取得"五保户"的遗产,是可以理解的,但是这不是遗赠扶养协议。

遗赠扶养协议对于更好地解决老年人的扶养、发扬优良传统、减轻社会负担、维护受扶养人的利益,有重要的作用。《民法典》继续坚持这一做法,更明确地规定遗赠扶养协议。全国人民代表大会常务委员会副委员长王晨在2020年5月22日第十三届全国人民代表大会第三次会议上所作的《关于〈中华人民共和

---

[1] 参见郭明瑞等:《继承法》(第2版),法律出版社2004年版,第221-222页。
[2] 刘素萍主编:《继承法》,中国人民大学出版社1988年版,第320页。

国民法典（草案）〉的说明》特别提道，"完善遗赠扶养协议制度，适当扩大扶养人的范围，明确继承人以外的组织或者个人均可以成为扶养人，以满足养老形式多样化需求"①，对遗赠扶养协议的意义说得更准确。

（二）遗赠扶养协议与继承契约

遗赠扶养协议作为我国继承法的一项本土立法经验，同国外的有关继承制度有相似之处，比如继承契约。在理论上和实践中，应当准确区分它们。

1. 继承契约

国外继承法的继承契约制度也称继承合同②，是指两个或两个以上的家庭成员（主要是夫妻或未婚夫妻）之间所订立的关于遗产继承的合同，是被继承人与对方订立的关于继承或遗赠的协议。继承契约订约的相对人虽可为任何人，但以法定继承人为常见，受益人也不限于订约的相对人，可以为第三人。

目前世界上对继承契约有两种不同的立法例：一是明确承认继承契约，如德国、瑞士、匈牙利、英国、美国等。二是否定继承契约的效力，甚至明文规定禁止订立继承契约，如法国，日本在解释上亦采取否定态度。

订立继承契约的主体可以是被继承人与继承人，如夫妻、家庭成员；也可以是被继承人与非继承人，如《德国民法典》所反映的继承契约多发生在订有婚约的未婚男女之间，并可以与婚姻契约结合在同一证书中。

继承契约一般有如下特征：一是继承契约是双方法律行为，其主体的意思表示是对应互动的一致，具有一般民事合同的共同特性。二是继承契约双方的权利与义务可以是单务无偿性的，也可以是双务有偿性的，要根据其内容确定。三是继承契约一旦订立，即对双方产生一定的法律拘束力，尽管继承契约中的某些内容在被继承人死亡时其效力才能实现，但在其实现前，双方均应消极地受其约束，不得为积极的违约行为；而关于承担扶养义务或支付终身定期金的义务只能在被继承人生前积极履行。四是继承契约的撤销有严格要求，只能由契约双方当

---

① 《中华人民共和国民法典（含草案说明）》，中国法制出版社2020年版，第214页。
② "继承合同是被继承人指定继承人以及作出遗赠和遗产信托、抛弃继承权的合同，通过这种合同，他方当事人被指定为其相续人或与其对继承权为处置。"徐国栋主编：《绿色民法典草案》，社会科学文献出版社2004年版，第292页。

事人协议撤销或者基于法定事由撤销或废除。①

继承契约的内容通常是：（1）指定继承人或受遗赠人；（2）商定遗产分配方式；（3）约定承担扶养义务或支付终身定期金；（4）规定遗嘱负担；（5）约定将来不撤销遗嘱；（6）声明被继承人不立遗嘱或继承人放弃继承权。

2. 遗赠扶养协议与继承契约的区别

我国的遗赠扶养协议与外国法上的继承契约相似，两者都是双方民事法律行为，协议的双方都应当接受协议的约束。

有的学者认为，在继承合同与遗赠扶养协议的关系上，"遗赠扶养协议是继承合同的一种，扶养人据此承担被继承人生养死葬的义务，享有受遗赠的权利"②。更有学者认为可以考虑以继承契约代替遗赠扶养协议，因为继承契约既可以约定继承，又可以约定遗赠，适用性更强。③

笔者认为，遗赠扶养协议与继承契约是两种不同的制度，二者不能替代。它们在下列方面是不同的：

第一，订立协议的主体不同。遗赠扶养协议的双方当事人为遗赠人与扶养人，而且扶养人可以是自然人或者组织。而继承契约的主体主要是家庭成员，尤其是夫妻，相互之间订立继承契约。

第二，受益人不同。遗赠扶养协议的受益人就是扶养人，继承人不用也不能订立遗赠扶养协议。而继承契约的受益人常为法定继承人，也可为第三人。

第三，当事人的权利与义务关系不同。遗赠扶养协议包括扶养人对遗赠人的扶养义务和遗赠人对扶养人遗赠财产的义务，而继承契约指定的继承人、受遗赠人，在一般情况下不承担扶养义务。

第四，成立的方式不同。遗赠扶养协议一般采取书面形式，不必进行公证或者见证等特殊程序。但是，继承契约必须遵照法律明文规定的程序和方式，一般要采取公证遗嘱方式，证明其效力。

---

① 参见麻昌华等：《共同遗嘱的认定与建构》，载《法商研究》1999年第1期。
② 徐国栋主编：《绿色民法典草案》，社会科学文献出版社2004年版，第292页。
③ 参见张玉敏：《继承法律制度研究》，法律出版社1999年版，第286页。

至于将继承契约界定为被继承人与继承人之间就继承权和受遗赠权的取得或放弃问题而订立的合同,因此主张我国继承法应当承认继承合同的意见[①],值得探讨,确立继承契约是可以的,但是不能以继承合同替代遗赠扶养协议。

三、遗赠扶养协议的内容和效力

(一) 遗赠扶养协议的主要内容

依 1991 年司法部发布的《遗赠扶养协议公证细则》第 11 条的规定,遗赠扶养协议应包括下列主要内容:

(1) 当事人的姓名、性别、出生日期、住址,扶养人为组织的应写明单位名称、住址、法定代表人及代理人的姓名。

(2) 当事人自愿达成协议的意思表示。即双方当事人经过协商一致,自愿达成的合意。

(3) 遗赠人受扶养的权利和遗赠的义务,扶养人受遗赠的权利和扶养义务,包括照顾遗赠人的衣、食、住、行、病、葬的具体措施,遗赠人的责任田、口粮田、自留地的耕、种、营、收,遗赠财产的名称、种类、数量、质量、价值、坐落或存放地点、产权归属等。

(4) 遗赠财产的保护措施或担保人同意担保的意思表示。保护措施应当明确,担保人应当担保哪一方的利益,以何种方式进行担保等。

(5) 协议变更、解除的条件和争议的解决方法。协议变更遗赠扶养协议的内容应当怎样进行,约定解除的具体条件,就协议发生争议采用何种解决争议的方法等。

(6) 违约责任。对一方或者双方违约的,约定承担民事责任的方法等。

上述是遗赠扶养协议的主要内容,当事人约定其他必要的内容,只要双方意思表示一致即可。

---

① 参见朱凡:《继承合同效力研究及我国继承合同制度的构想》,载陈苇主编:《家事法研究》2006 年卷,群众出版社 2007 年版,第 142、147 页。

(二) 遗赠扶养协议的效力

遗赠扶养协议的效力,是指遗赠扶养协议对双方当事人的法律约束力。遗赠扶养协议自订立之日起产生法律约束力。

遗赠扶养协议的效力包括三个方面:一是遗赠扶养协议的法律适用效力;二是遗赠扶养协议的对人效力,即遗赠扶养协议对扶养人、遗赠人、第三人的效力;三是遗赠扶养协议作为遗产处理根据的效力。

1. 遗赠扶养协议的法律适用效力

在遗赠人死亡后,要按照遗赠扶养协议向扶养人执行协议约定的遗赠财产,如果遗赠人同时还存在遗赠、遗嘱继承以及法定继承等情形,遗赠扶养协议的法律适用效力如何?按照《民法典》第1123条的规定,遗赠扶养协议的效力为最优先级。在法律适用上,遗赠扶养协议具有最高效力,在继承开始后,如果存在合法、有效的遗赠扶养协议,则遗赠扶养协议排除遗赠、遗嘱继承的适用,更排除法定继承的适用。原因是遗赠扶养协议是遗赠人与扶养人订立的协议,是遗赠人的真实意思表示,也是遗赠人对自己遗产的处分,应当予以尊重。而且遗赠扶养协议是双务有偿协议,同遗赠、遗嘱继承等单务无偿行为相比,应当具有更高的效力。

2. 遗赠扶养协议的对人效力

遗赠扶养协议由扶养人与遗赠人双方签订,在两者之间产生有关权利与义务关系。同时,也会对有关第三人产生效力。

(1) 遗赠扶养协议对扶养人的效力

根据遗赠扶养协议的性质,遗赠扶养协议的扶养人依协议的约定,负有对遗赠人进行生养死葬的义务,以及于遗赠人死亡后取得协议中约定的财产的权利。

具体的扶养义务及遗赠财产事项,应当根据具体的遗赠扶养协议确定。

一是,扶养人对遗赠人生养死葬的义务。基于遗赠扶养协议的性质,遗赠扶养协议中的扶养人的扶养义务,自协议生效时起即发生效力,并且是继续性的。自协议生效时起,扶养人就须对遗赠人按照协议的约定或者合理情形予以扶养,并且这一扶养义务的履行除协议解除或出现法定事由时不得中断,直至

遗赠人死亡。即使在遗赠人死亡时，扶养人还须依协议办理遗赠人的丧葬事宜。扶养人不认真履行扶养义务的，遗赠人有权解除遗赠扶养协议，并且对先前扶养费用不必进行补偿。遗赠人不解除协议的，对不尽扶养义务或者以非法手段谋夺遗赠人财产的扶养人，经遗赠人的亲属或者有关单位的请求，法院可以剥夺扶养人取得遗赠人遗产的权利；对不认真履行扶养义务，致使遗赠人经常处于生活缺乏照料状况的扶养人，法院也可以酌情对扶养人取得遗赠人遗产的数额予以限制。

二是，扶养人取得遗赠财产的权利。遗赠扶养协议的扶养人取得约定遗赠财产的权利，自遗赠人死亡后才发生法律效力，并且以其善尽扶养义务为前提条件。在遗赠人生前，扶养人不得向遗赠人主张取得协议中约定的财产。扶养人不尽或不认真履行扶养义务的，其依协议约定的取得财产的权利将会丧失或部分丧失。为了保障扶养人可以取得约定遗赠的财产，未征得扶养人的同意，遗赠人不得另行处分遗赠的财产，但对该财产享有使用权。

遗赠扶养协议与收养协议不同。因遗赠扶养协议的签订对遗赠人承担生养死葬义务的扶养人，与遗赠人并不形成拟制的血亲关系，与其自己的亲属也并不因此解除法律上的权利与义务关系。因此，扶养人取得受遗赠的财产不影响其继承父母及其他亲属的遗产；扶养人继承了其父母或其他亲属遗产的，也不影响其依遗赠扶养协议取得受遗赠的财产。

（2）遗赠扶养协议对遗赠人的效力

遗赠扶养协议对遗赠人的效力，表现为遗赠人有权要求扶养人履行扶养义务，并负有在其死亡后将协议中约定的财产赠与扶养人的义务。

由于遗赠扶养协议是以遗赠人将其协议约定的财产于死亡后赠与扶养人为条件的，因此，扶养人对将来可以成为遗赠人遗产的财产，享有期待利益。尽管扶养人取得遗赠人遗产的权利在遗赠人死亡时才发生法律效力，在遗赠人生前不能主张其权利，遗赠人仍对财物享有完整的所有权，但是，由于扶养人对在协议中约定的财产已经享有期待权，遗赠人若处分协议中约定的财产则会侵害扶养人的权利。因此，如何处理遗赠人的所有权与扶养人的期待权之间的关系十分重要。

为平衡扶养人与遗赠人两者之间的利益,遗赠人不得擅自处分协议中约定的财产,征得扶养人事先同意或事后认可的,遗赠人可以处分协议中约定的财产。

(3) 遗赠扶养协议对第三人的效力

遗赠扶养协议虽然由遗赠人与扶养人签订,但是除了对遗赠人、扶养人双方发生法律效力,对协议之外的遗赠人的继承人、受遗赠人也会产生一定的法律效果,即遗赠扶养协议对第三人的效力。此外,由于在遗赠扶养协议的履行期间,遗赠人与扶养人对遗赠财产虽然作了约定,但遗赠人依然占有、使用该财产,因此基于该约定遗赠的财产遗赠人会与其他第三人发生关系,对第三人也会因此产生一定的法律效果。

一是,对遗赠人的继承人、受遗赠人的效力。遗赠扶养协议并不以遗赠人没有法定继承人为前提,在被继承人死亡后,有遗赠扶养协议的,须先执行遗赠扶养协议,而后才能继承。只要是遗赠扶养协议中约定的遗赠财产,就应当依协议由扶养人取得,不论是受扶养人遗嘱中指定的继承人还是遗赠人的法定继承人,均不得主张取得该财产。因此,遗赠人死后占有约定遗赠财产的继承人,有将遗赠财产转移给扶养人的义务。如果遗赠人死亡时还留有遗赠扶养协议所约定的财产之外的遗产,则根据遗赠人的意愿对该遗产进行遗赠、遗嘱继承或者法定继承。

二是,对其他第三人的效力。在遗赠扶养协议存续期间,与遗赠人基于约定遗赠的财产发生关系的继承人或受遗赠人之外的其他第三人,例如遗赠人未经扶养人同意而转让给财物的第三人,遗赠扶养协议对其具有约束力。对此,《德国民法典》关于继承契约的有关规定值得借鉴。《德国民法典》第 2286 条规定,被继承人以法律行为生前处分自己财产的权利,不因有继承契约而受限制。当被继承人滥用权利时[①],扶养人可以在被继承人(赠与人)赠与他人时,并在取得遗产权利后,行使不当得利请求权;在被继承人(赠与人)将财产毁损、损坏时,

---

① 如果被继承人(赠与人)以损害扶养人为目的进行赠与、转让、设置财产负担,则构成权利滥用。权利滥用的结果是:一方面受害人可以提起无效之诉;另一方面权利滥用也可以构成侵权。参见王泽鉴:《民法总则》,中国政法大学出版社 2001 年版,第 551-552 页。

享有以物上价额为限的请求权或者请求取回权及除去负担权。对于遗赠扶养协议，在遗赠人擅自处分财产，致使扶养人无法实现取得遗赠人遗产的权利时，扶养人有权解除遗赠扶养协议，并得要求遗赠人补偿其已经支付的扶养费用。扶养人不解除遗赠扶养协议，该处分行为为有偿的，第三人可以取得受让的财物；该处分行为是无偿的，扶养人可以在取得遗产权利后向该财物的非善意取得人主张返还不当得利。

3. 遗赠扶养协议作为遗产处理根据的效力

遗赠扶养协议是遗赠人在生前对其财产所作的一种处分，也是遗产处理的依据之一。而且遗赠扶养协议在处理遗产上具有最优先的效力。因此，遗赠扶养协议作为遗产处理的根据非常重要，在遗赠人死亡后，扶养人应当对遗赠扶养协议进行证实，以将遗赠人与扶养人签订的协议作为遗产处分的根据。由于遗赠扶养协议通常为采取书面形式的要式行为，扶养人提交书面的遗赠扶养协议即可。

我国的公证业务中存在遗赠扶养协议公证，公证机构应当事人的申请，依法证明遗赠人与扶养人之间签订协议行为具有真实性、合法性。遗赠扶养协议公证并不是遗赠扶养协议的生效要件，遗赠扶养协议公证对该协议的生效没有影响，遗赠扶养协议只要双方当事人的意思表示达成一致即可生效。不过，遗赠扶养协议公证是对协议的真实性、合法性的证明，遗赠扶养协议公证可以在当事人对协议的真实性、合法性发生争议时发挥重要的作用。

四、遗赠扶养协议典型案例及其分析

1995年，笔者在最高人民检察院民事行政检察厅工作时，审查办理了一起抗诉案件，即毛某清、龙某臣与梅某仙的遗赠扶养协议纠纷抗诉案，历经多次审理，最终正本清源，正确地适用了遗赠扶养协议的法律规定。

（一）基本案情

1987年2月17日，出家的孤寡老人毛某清、龙某臣（均为女性）由张某亮、陈某华等人在场，况某达、肖某伦、况某良代笔，立下遗嘱，主要内容是："毛

第二节 遗赠扶养协议

某清、龙某臣师徒二人因年高缺乏劳力，……目前生活无人奉养，一旦死了又有谁来安埋？日夜忧思无方可想，只有我的亲外甥（女）梅某仙可以寄托我们的晚年，为此，经亲邻朋友证明，当人移交给梅某仙继承我原建的住房三间，在解放东路299号，但我师徒二人的生前生活要梅某仙负责到底，我们死后要梅某仙风光安埋，我自立字据之日起这一屋三间的主权属梅某仙所有，任何人不得侵犯干涉，空口无凭立遗嘱一纸为据。"

同年3月6日，毛某清、龙某臣与梅某仙到贵州省赫章县公证处公证。公证的文书为"赠与书"，主要内容为："赠与人毛某清、龙某臣，受赠人梅某仙，赠与人毛某清、龙某臣在赫章县城关镇解放东路299号自己修建的土木瓦结构平房三间，面积约60平方米，价值11 000元，现因年老多病，又无其他亲人，为减轻国家和人民负担，自愿将上述房屋和压面机及其他家具有条件地赠与侄女梅某仙，从赠与书生效之日起，产权即归梅某仙所有，同时梅某仙必须负责毛某清、龙某臣的生养死葬。"

同年4月16日，赫章县公证处在出具公证书时，梅某仙对公证员表示：老人在时负责吃、穿，死时负责安葬。如果不尽"赠与书"所说的义务，老人有权收回财产。

协议签订后，毛某清、龙某臣二人将房屋、压面机等交付梅某仙，梅某仙也给毛某清、龙某臣二人提供了粮食、蔬菜等。在征得毛某清、龙某臣二人同意后，梅某仙对解放东路299号房屋重建，将该房屋拆除，修建成面积为120平方米砖混结构一楼一底的房屋，花费约1.5万元。拆房之初，毛某清、龙某臣二人向城关镇居委会借房居住。房屋建好后，梅某仙将该房用作经营，楼上开旅馆，楼下开餐馆，对毛某清、龙某臣不闻不问。

1990年，另一出家人雷某吉（女）经人介绍来到赫章县，与毛某清、龙某臣二人共居，自食其力，梅某仙不满，双方产生矛盾。加之毛某清的经书被公安机关没收，毛某清怀疑是梅某仙告发，关系进一步恶化。梅某仙放弃对毛某清、龙某臣二人的扶养，毛某清、龙某臣二人靠借种土地、捡拾破烂和群众接济维持生活。毛某清、龙某臣二人多次向居委会、公证处反映梅某仙不尽生养义务。县

公证处曾组织调解，居委会亦两次组织调解，梅某仙承认几年来没有尽义务，自己对不起老人，但因其无扶养毛某清、龙某臣二人的诚意，经多次调解均无结果。在居委会和群众的支持下，毛某清、龙某臣以"房屋赠与梅某仙，是有条件的赠与，现梅某仙对我们不尽义务"为由，于1991年6月5日向赫章县人民法院起诉，请求解除遗赠关系，归还房屋和其他财产。

（二）诉讼经过和最终结果

赫章县人民法院经审理认为：毛某清、龙某臣二人与梅某仙之间的遗赠扶养协议属实，但梅某仙未尽到生养义务，双方矛盾逐渐加深，关系日趋恶化，致使原告拒绝梅某仙对其扶养，遗赠扶养协议难以继续维持。毛某清、龙某臣二人所赠房屋及财产，梅某仙理应返还。梅某仙翻修后的房屋与原房屋之间的差价，毛某清、龙某臣二人应适当补偿。1991年11月5日，法院判决：毛某清、龙某臣与梅某仙所订立的赠与合同，至本判决生效起废止；梅某仙将毛某清、龙某臣房屋翻建的房屋归毛某清、龙某臣所有；梅某仙退还毛某清、龙某臣压面机2台、电动机1台以及家具；毛某清、龙某臣付给梅某仙1.5万元。梅某仙不服判决，向毕节地区中级人民法院提起上诉。

二审法院经审理认为：梅某仙与毛某清、龙某臣签订遗赠扶养协议后，梅某仙尽了一定的义务。雷某吉与毛某清共同生活后，梅某仙不满，加之毛某清经书被公安机关收缴怀疑是梅某仙告发，双方发生纠纷。梅某仙修建房屋是征得毛某清、龙某臣二人同意后拆除重建，原房屋已不存在，梅某仙原住房已出卖，现无房居住，因此对毛某清要求返还原房屋的诉讼请求不予支持。双方不能继续履行遗赠扶养协议，应由梅某仙对毛某清、龙某臣的原房折价赔偿，故判决：维持一审法院判决第1条；改判一审判决第2、3条为新建房屋归梅某仙所有，由梅某仙付给毛某清、龙某臣1.5万元；梅某仙返还毛某清、龙某臣压面机等财产。

二审判决后，毛某清、龙某臣二人向检察机关提出申诉。1992年7月，龙某臣因病死亡，当地群众集资将其安葬。贵州省人民检察院经审查认为，遗赠扶养协议是一种附条件的法律行为。扶养人只有在全面、切实履行协议规定的生养死葬义务后，方可享有接受遗赠物的权利，梅某仙拒绝履行对毛某清、龙某臣二

人的扶养义务，二审法院却判决房屋归其所有，适用法律错误。且梅某仙另有房屋居住。1993年8月贵州省人民检察院向贵州省高级人民法院提出抗诉。贵州省高级人民法院裁定指令毕节地区中级人民法院另行组成合议庭再审。

毕节地区中级人民法院经再审认为：梅某仙与毛某清、龙某臣所签订的遗赠扶养协议，是附条件民事法律行为，其所附条件符合，协议自然生效，否则反之。梅某仙未能很好地履行生养义务，其所改建之房应归还毛某清、龙某臣，毛某清、龙某臣二人对梅某仙作适当补偿。遂判决撤销二审判决，维持一审判决；房屋归属及一应物品按一审判决执行。

梅某仙不服毕节地区中级人民法院再审判决，向贵州省高级人民法院提出申诉。

1995年11月贵州省高级人民法院裁定提审，经审理认为：毛某清、龙某臣与梅某仙于1987年3月6日签订的"赠与书"是双方真实意思表示，并经公证，认定为合法、有效，该"赠与书"不是遗赠扶养协议，亦不是附条件的法律行为，是合法、有效的附条件赠与合同。履行情况是，房屋及其他财产的所有权已转归梅某仙所有，毛某清、龙某臣二人也接受了梅某仙的扶养。毛某清、龙某臣二人要求收回房屋及其他财产所有权的理由不充分。遂判决：撤销毕节地区中级人民法院再审判决、二审判决和赫章县人民法院一审判决；诉争之房归梅某仙所有，其他财产归梅某仙所有由毛某清使用；梅某仙支付毛某清生活补助费5 000元，每月支付给毛某清生活费200元，直到毛某清死亡；毛某清的住院医疗费及死亡安葬由梅某仙负责。

梅某仙依据该判决支付给毛某清生活补助费5 000元，毛某清拒收。1995年5月毛某清立下遗嘱，其死后由赫章县城关镇居委会作为其权利承受人。1996年1月9日毛某清死亡，梅某仙依据贵州省高级人民法院判决，办理了毛某清的后事，支出13 717.38元。

贵州省人民检察院认为贵州省高级人民法院再审判决适用法律确有错误，向最高人民检察院提请抗诉。赫章县城关镇居委会作为毛某清的权利承受人，向最高人民检察院提出申诉。

最高人民检察院经过审查复核，确认再审判决适用法律错误，于1996年12月16日向最高人民法院提出抗诉。

最高人民法院受理抗诉后，1998年3月10日指令贵州省高级人民法院对本案再审。1998年4月26日，贵州省高级人民法院经再审认为：1987年2月17日毛某清、龙某臣所立遗嘱及1987年3月6日与梅某仙到赫章县公证处签订的"赠与书"的内容，为梅某仙在接受遗赠财产的同时，必须承担毛、龙二人的生养死葬义务。梅某仙对毛某清、龙某臣所赠与的房屋进行修建需征求毛某清、龙某臣二人同意的事实表明，梅某仙虽然占有了毛某清、龙某臣二人的财产，但房屋的所有权没有过户，其产权的合法转移应在梅某仙对毛某清、龙某臣二人尽了生养死葬义务后才得以实现。据此，双方的法律关系应为遗赠扶养法律关系。赫章县公证处将双方协议的文书公证为"赠与书"，将遗赠扶养的法律关系变更为赠与法律关系，违背了《中华人民共和国民法通则》规定的公平、等价有偿原则，亦违背了毛某清、龙某臣的真实意思表示，该"赠与书"应属无效。梅某仙对毛某清、龙某臣没有完全履行生养死葬义务，在当地造成不良影响，依法不能享有受遗赠财产的权利。原审判决认定"赠与书"有效，双方签订的协议属有条件的赠与合同，适用法律不当，应予以改判。最高人民检察院的抗诉理由成立。故判决：维持原再审判决第一项；撤销原再审判决第二、三、四、五项；诉争之房归毛某清的权利承受人赫章县城关镇居委会所有，其他财产即压面机等亦归赫章县城关镇居委会所有；赫章县城关镇居委会给付梅某仙房屋修建费1.5万元，毛某清安葬费13 717.38元；梅某仙支付给毛某清的生活补助费5 000元归梅某仙所有。[①]

（三）对本案的评析

这样一个并不十分复杂的民事纠纷案件，竟然经过了如此复杂的审理和抗诉过程，几乎穷尽了《民事诉讼法》规定的所有审理程序，并且有的程序多次适用，是难以想象的。不过，可以肯定的是，这一案件的反复审理，实际上都是法

---

① 本案例节选于《毛某清、龙某臣诉梅某仙遗赠扶养协议纠纷抗诉案》，载《中华人民共和国最高人民检察院公报》1999年第2期。

律适用的不同见解,并没有其他原因介入,焦点是本案协议的性质究竟是遗赠扶养协议还是附条件赠与。最后的判决结果正确认定了协议的性质是遗赠扶养协议,维护了老年人的合法权益,维护了社会正义的基本观念。

最高人民检察院在讨论对本案再审判决的抗诉意见时,确定了抗诉理由是以下几点。

第一,原判认定毛某清和龙某臣将其所有的房屋和其他财产赠与梅某仙,经公证以后,梅某仙即取得该财产的所有权,是不符合客观事实的。毛某清、龙某臣与梅某仙签订的遗赠扶养协议,是以遗嘱的形式作出的。在公证过程中,经办的公证员本应公证该遗嘱,却另行起草"赠与书"进行公证。尽管如此,"该赠与书"的内容仍然是在遗赠财产的同时,梅某仙必须承担毛某清、龙某臣二人的生养死葬义务。该民事法律关系的基本特征仍然是遗赠扶养协议。且梅某仙虽然占有毛某清、龙某臣的财产,但是无论是在毛某清、龙某臣的生前还是死后,其房屋的所有权都没有过户,仍为毛某清、龙某臣二人的遗产。原判认定"赠与书"有效,梅某仙已经取得了毛某清、龙某臣二人的财产所有权,违背事实。

第二,原判认定梅某仙对毛某清、龙某臣尽了生养死葬义务与事实不符。原判认定梅某仙在签订了"赠与书"以后,双方关系尚好,其扶养事实双方均予认可,梅某仙向毛某清、龙某臣二人提供生活日用品及钱物均是事实。但客观事实是,梅某仙在"赠与书"公证以后,仅向毛某清、龙某臣二人提供了部分钱物,与毛某清、龙某臣二人的生活需要相差悬殊;且梅某仙在占有了毛某清、龙某臣二人的房屋以后,用毛某清、龙某臣的房屋经营饭店和旅店,却不再提供任何生活用品及钱款,毛某清、龙某臣二人生活靠拾破烂、借种他人土地和20多名群众以及居委会、村委会的接济维持。事实证明,梅某仙与毛某清、龙某臣签订遗赠扶养协议的真实意图,就是侵占毛某清、龙某臣二人的遗产,在得到遗产以后,即不再承担扶养义务。对这种违背社会公德的恶意行为,原判却予以支持,严重地侵害了当事人的合法权益,违背了社会正义原则。

第三,原判将遗赠扶养协议认定为有条件的赠与合同,适用法律确有错误。原判认定,"赠与书"为合法、有效的有条件赠与合同,从赠与生效之日起,所

赠的房屋及其他财产即归梅某仙所有，同时梅某仙承担毛某清、龙某臣二人生养死葬的义务。这两个内容同时生效，混淆了遗赠扶养协议与赠与合同的界限，违背了民法的公平、正义、等价有偿原则，违背了遗托的规则，也违背了最高人民法院关于"扶养人或者集体组织与公民订有遗赠扶养协议，扶养人或者集体组织无适当理由不履行，致协议解除的，不能享有受遗赠的权利，其支付的供养费用一般不予补偿"的规定。原判在扶养人不履行扶养义务的情况下，判决在遗嘱人死亡前其遗赠物就转移所有权，适用法律确有错误。

这三个理由，是抗诉书陈述的抗诉理由，也是笔者作为承办人对该案的基本看法。

这个案件的争议焦点在于，双方的协议究竟是遗赠扶养协议还是附条件赠与。这不是一个简单的法律认识问题，而是司法人员适用法律的基本态度和基本立场问题。单纯从公证文书看，这个案件的法律关系确实与附条件赠与十分相似；但是，从社会正义的角度和维护老年人合法权益的立场观察，无论如何不能将其认定为附条件赠与，因为如此认定，就支持了恶意霸占、抢夺老年人财产的恶劣行为，损害的是老年人的合法权益，败坏的是尊老爱老的民族优良传统，违背了善良风俗。经过最高人民检察院抗诉后，贵州省高级人民法院再审改判，最终认定双方协议的性质为遗赠扶养协议，并据此判决恶意抢夺老人财产的梅某仙败诉，维护了老人的合法权益和社会正义，也维护了善良风俗。

第三节　共同继承

一、共同继承概述

（一）共同继承在我国实际社会生活中普遍存在

在继承领域，共同继承是一个特殊问题，在社会生活中普遍存在，但是，《继承法》和《民法典》都没有对其作出规范。

之所以认为共同继承在我国社会生活中普遍存在,是因为我国的民间习惯:父母一方死亡后,并不进行继承,直至另一方也死亡后,才对父母遗留的遗产进行继承。由于我国的继承法律制度是被继承人死亡是继承开始的时间,继承人自此时起,取得被继承人遗产的所有权,因此,父母一方死亡后,不管其继承人是否继承遗产,只要是不放弃或者未丧失继承权,就自动取得遗产的所有权,因而形成未分割遗产的共同继承。

由于《民法典》没有规定共同继承的规则,因此,要从继承法律规范中找到共同继承的规则。这不仅是因为共同继承是多数继承人对被继承人的遗产进行继承而发生的权利与义务关系,同时,还涉及物权法的共同共有规则的适用,因而更为复杂。此外,以下几点理由,也能够说明研究共同继承的必要性。

第一,共同继承发生在家庭具有近亲属身份关系的成员之间,厘清近亲属之间的关系,确定继承人与被继承人之间的关系,本身很复杂,加上近亲属身份关系中总是存在较多的纷争和意见,属于"清官难断家务事"的范围。探讨解决共同继承的规则,对于维护家庭关系、维护正常的社会秩序具有重要的意义。

第二,在我国现实生活中,一个家庭的父母一方死亡后,一般不进行析产继承,夫妻财产、家庭财产、个人财产没有明显界限,没有确定遗产范围,共同继承的继承份额很难确定,增加了确定遗产范围和共同继承的难度。在经过很长时间另一方死亡后开始继承,要对夫妻财产和家庭财产进行析产,对遗产范围进行界定、对继承份额的确定,对遗产进行分割,都要进行两次,而时过境迁,增加了共同继承财产的分割难度。

第三,共同继承的遗产与夫妻共有财产、家庭共有财产掺杂在一起,不同性质的财产相互交叉,共有和单独所有的权利相互结合,很难厘清相互之间的界限。遗产和其他财产的范围和界限很难厘清。

第四,共同继承面临两种法律规范调整。《民法典》规定的继承规则调整继承关系,《民法典》规定的物权规则调整共同继承财产的权利与义务关系。面临两种民事法律的调整,使其适用法律更为复杂。

尽管如此,共同继承是客观存在的,与共同继承相关的法律规则也都明

确——应当依靠《民法典》规定的继承法和物权法规则的指导。因此，在理论和实践上完善共同继承的规则，不仅有利于共同继承纠纷的解决，更有利于平衡家庭成员之间的财产利益关系，稳定社会秩序，促进社会发展。

（二）共同继承的概念

共同继承与单独继承相对应，是指由两个或者两个以上的继承人共同继承被继承人的遗产。

共同继承人，是指共同继承被继承人的遗产的享有并行使继承既得权的数个同一顺序的法定继承人。

有的学者把共同继承称为遗产分割前的共有。① 这种称谓与共同继承的概念基本一致，但是并不十分准确。理由是：

第一，把共同继承称为遗产分割前的共有，具有临时形态，通常是强调从继承开始后到遗产分割之时的时段，通常持续的时间不长。事实上，这只是共同继承的一种表现形式。更常见、更典型的共同继承，是继承开始后长期保持遗产共有的形态，即所有的继承人共同保持着共同共有遗产的所有权，形成共同共有中的一种形态。仅仅说共同继承是遗产分割之前的共有，主要概括的是前一种情形，不能准确涵盖后一种情形。

第二，共同继承既包括长期保持遗产共有的形态，也包括短时分割遗产之前的遗产共有状况，因为不管是长期的还是短期存续的这种状态，其性质是一样的，都是财产的共同共有，区别只是时间的长短。因此，共同继承与遗产分割前的共有在基本性质上是一样的。

第三，共同继承还是一种继承方式，是数人一起继承被继承人的遗产，因而与单独继承相对应。不过，共同继承有的是数个继承人明确约定共同继承，形成共同共有；有的是出于习惯或者伦理，数个继承人没有明确约定，在事实上形成共同继承。因此，我国的共同继承数量相当多，是一种主要的继承方式。

在我国的继承生活实践中，在法定继承开始后，单独继承比较少，共同继承更常见。在共同继承中，对内涉及各共同继承人之间的权利义务，对外关涉被继

---

① 参见陈华彬：《物权法原理》，国家行政学院出版社1998年版，第480页。

承人的债权人等遗产利害关系人的利益。共同继承对遗产的管理、使用、收益、处分、清算及分割,都十分重要。

(三) 共同继承的种类

在我国,基于传统的社会观念和思想影响,人们的继承思想较为保守,典型表现为多不愿意用遗嘱的方式处分自己将来的遗产。如果一个继承人在被继承人在世时就让他写遗嘱处分身后遗产,通常会被斥责为"不孝"。即使在父母一方死亡另一方在世时,也习惯于不继承,由在世的一方父母继续持有死亡一方的遗产,形成多数继承人共同继承财产的现实。因此,我国的共同继承的形式多样,可以分为三种主要方式。

1. 暂存的共同继承

暂存的共同继承,表现为仅是在共同继承人分割遗产之前的短暂时间内存在的共同继承,遗产在这个期间是多数继承人共同共有。随着遗产被分割,这种共同继承财产的情形消灭,并且自继承开始时,各继承人分别取得遗产的所有权。这种情形可以称为短暂的共同继承。

2. 明示的共同继承

明示的共同继承,是在继承的事实发生,继承开始后,共同继承人共同商定,协议共同继承,将继承的遗产作为共同财产共有。这是依据多数继承人的合意发生的共同继承财产,是典型的共同继承。共同继承的遗产,其性质是共同共有。但也不能排除在典型的明示共同继承中,当事人约定为按份共有遗产,因而形成按份共有的共同继承。

3. 默示的共同继承

默示的共同继承,是在被继承人死亡,继承开始后,共同继承人没有明确表示接受遗产或者放弃遗产,默认发生共同继承的事实。发生默示的共同继承,被继承人的遗产变为被数个继承人共同继承,形成共同共有关系。

在上述这些不同的共同继承类型中,都发生共同继承遗产,形成共有财产关系。面对这些不同类型的、复杂的共同继承财产,应当认真研究共同继承财产的权利与义务内容,确定正确的规则进行规范。当出现纠纷的时候,正确适用法律

解决纠纷，维护正常的继承秩序，保障被继承人处分遗产愿望的实现，保护财产所有权。

（四）共同继承遗产

1. 共同继承遗产的概念

共同继承遗产是指继承开始之后，两个或者两个以上的继承人共同继承遗产，或者数个继承人分割遗产之前，对继承的遗产共同共有的形式。

共同继承和共同继承遗产的关系是：共同继承是一种继承法律关系，共同继承遗产则是指法律关系的客体即财产。共同继承是一种继承的法律关系，是共同继承人就共同继承遗产发生的共同共有的权利与义务关系。同时，共同继承也是一种行为，是共同继承人对共同继承的遗产行使继承权的法律行为。而共同继承遗产是指共同继承法律关系的客体，是被共同继承人继承的被继承人的遗产，经过共同继承之后，被继承人的遗产转化为共同继承人共同共有的财产。

2. 共同继承遗产的特征

作为共同继承法律关系客体的共同继承遗产，具有以下法律特征。

（1）共同继承遗产是一种财产所有权形态

共同继承遗产是一种财产所有权存在的形态。在共同继承的行为实施后，被继承人的遗产已经转移到了继承人手中，遗产由被继承人的所有权转变为继承人的财产所有权，不再是遗产的形态。

其实，遗产存在的期间是极为短暂的，通常可以说只是一个瞬间，因为被继承人死亡，其财产就变为遗产；而遗产一经存在，继承人继承遗产的权利是从继承开始时取得的。如果被继承人有数个继承人，并且实施共同继承，这个遗产就即时成为共同继承人的共有财产。如果被继承人只有一个继承人，该继承人马上接受遗产，也即时变为继承人的财产。

不过，遗产在两种情况下会有一定时间的存在。一是遗赠的遗产，因为《民法典》第1124条第2款规定，受遗赠人接受或者放弃遗赠，应当明示表示，期限为60日，因而遗产会在这个期间内存在。二是被继承人的遗产无人继承又无人受遗赠，在收归国有或者集体所有之前，是以遗产的形式存在的，遗产的形态要保持一

段时间，直到收归国有或者集体所有后，才成为国家或者集体所有的财产。在遗产变为受遗赠人所有，或者被收归国有或集体所有之前，其性质是遗产财团，属于《民法典》规定的捐助法人的形态。不过，这两种情形都与共同继承遗产无关。

（2）共同继承遗产是数个继承人接受遗产形成的财产所有权形态

成立共同继承遗产的前提，是被继承人有数个继承人，他们共同地继承了被继承人的遗产。共同继承遗产的所有权，不是一个人单独所有权，而是数个主体共同享有的所有权。如果被继承人仅有一个继承人，或者虽然有几个继承人但其他继承人都丧失或者放弃了继承权，只有一个人可以继承，是以单独继承的方式继承遗产，不发生共同继承问题，也就不发生共同共有的可能。

构成共同继承，发生共同继承的遗产的所有权转变为共同共有的后果。这种所有权形态是共有的形态，每一个共同继承人都享有共同继承的遗产的所有权，而不是分为各个不同的部分，成为单独所有权。所以，共同继承遗产符合共有的所有特征，为共有的所有权形态。

（3）共同继承遗产是遗产分割前的一种财产所有权形态

共同继承遗产是在遗产分割之前的遗产所有权形态，说明这种所有权存在时间的限制，不是永久存续。共同继承遗产存在的期间，是在被继承人死亡后，共同继承人对遗产进行分割之前的这一段时间。

首先，共同继承遗产是在被继承人死亡之后发生的，在被继承人死亡之前，被继承人所有的财产，不会成为遗产。其次，在发生了共同继承，且共同继承的遗产被共同继承人分割之后，共同继承遗产这种共有形式不复存在，被共同继承人分割成为每一个继承人的单独所有权。最后，共同继承遗产不会永远存在，总有一天共同继承人会进行遗产分割，因而就像所有的共同共有一样，最终的结果总是要被共有人分割，变成个人的单独所有权。

3. 共同继承遗产的性质

共同继承遗产是何种法律性质，各国有不同的立法例。

（1）大陆法系

大陆法系各国对共同继承遗产的性质看法不同：一是按份共有主义，二是共

第七章　转继承、遗赠扶养协议与共同继承

同共有主义。

按份共有主义的立法例源于罗马法。《十二铜表法》明文规定，被继承人的债权和债务，由各继承人按他的所继份的多少，比例分配之。这里说的虽然是遗产中的债权和债务，按照应继份进行比例分配，但亦包含遗产按份共有的意思。

后世的法国、日本、韩国等国民法继受了此种立法例。这种立法贯彻个人主义思想，主张自继承开始后，各共同继承人不仅对遗产整体有其应继份，而且对于构成遗产的各个标的物有其应有部分。以此为基础，各共同继承人不仅可对其应继份进行处分，而且每个继承人对其在遗产的各个标的物上的应有部分可以单独自由处分，进行转让、设定抵押等。属于被继承人的以可分给付为标的的债权、债务也自动分割而归属于各共同继承人。属于被继承人的以不可分给付为标的的债权、债务，则成立共同继承人的连带债权、债务。

共同共有主义的立法例源于日耳曼法，后为德国、瑞士等国以及我国的民国民法所沿袭。

这种立法贯彻团体主义思想，认为在继承开始后，遗产作为共同体归属于全体共同继承人，各共同继承人对构成遗产的各个财产没有自己的应继份，只是对遗产整体享有自己的应继份，其应继份为潜在的、不确定的份额。在遗产最终分割前，各共同继承人仅可以处分其应继份，但除经过全体共同继承人同意外，不得对构成遗产的个别财产进行处分。相应地，遗产的债权、债务自继承开始后成为各共同继承人的连带债权与连带债务。

（2）英美法系

英美法实行遗产管理人制度，即在继承开始后，被继承人的遗产暂归遗产管理人进行清算，并不当然地、直接地归属于继承人，直至清算结束后且有剩余财产时，继承人才能取得遗产。因此，英美法创建了复杂的遗产管理人和遗产管理制度，并且把这类纠纷案件归属于衡平法的排他管辖①，继承人之间一般不发生共同继承。

---

① 参见［英］弗雷德里克·威廉·梅特兰：《梅特兰衡平法与信托法讲义》，吴至诚译，法律出版社2022年版，第256－284页。

(3)《民法典》的立场

《继承法》和《民法典》对共同继承都没有明文规定,学界对此存在争论。有的学者认为共同继承取得的财产为按份共有[①];也有学者认为共同继承所形成的共有是共同共有。[②] 笔者认为,共同继承人对共同继承的遗产形成的共有是共同共有,主要理由是:

首先,中华民族对继承的遗产有共同共有的历史传统。在我国历史上,只有家产而无家庭成员的个人财产,对家产,不仅在家长生前被认为是家长和家庭成员的共同共有财产,即使家长死亡后,一般仍不分家析产,继续维持共同共有关系。在现时民众的生活实践中,依然受此传统影响,保留着共同继承遗产且不分份额的做法。因此,我国共同继承遗产的性质与日耳曼法共同继承的团体主义立场相似,对共同继承遗产应当认定为共同共有。

其次,认定共同继承遗产的性质为共同共有,有利于保护遗产债权人。基于共同继承遗产的共同共有性质,各共同继承人基于共同共有对遗产债权人的债权承担连带责任,遗产债权人可以向共同共有的任何一个或者全体遗产共有人主张债权,实现债权。这对保护遗产债权人的债权当然有利。

再次,认定共同继承遗产的性质为共同共有,符合当代民法的发展趋向。逐步由个人本位转向社会本位,是当代民法的发展方向。将共同继承遗产界定为共同共有,与当代民法向社会本位立场发展的方向相契合。

最后,我国以往的司法解释认可共同继承人对遗产的共有是共同共有。《最高人民法院关于贯彻执行〈中华人民共和国民法通则〉若干问题的意见(试行)》第177条规定:"……继承开始后,继承人未明确表示放弃继承的,视为接受继承,遗产未分割的,即为共同共有。"在《民法典》公布实施后,最高人民法院虽然没有在新的司法解释中继续作出同样的规定,但这一规定确立的规则是正确的,符合民法法理。

因此,可以确认,共同继承遗产的性质为共同继承人共同共有,只有共同继

---

① 参见刘素萍主编:《继承法》,中国人民大学出版社1988年版,第178页。
② 参见刘春茂主编:《中国民法学·财产继承》,中国人民公安大学出版社1990年版,第526页。

承人另有约定的，作为除外规则对待。正如学者所云："唯公同共有制度，实发源于共同继承，而共同继承即是公同共有之典型。"① 所以，《民法典》关于共同共有的一般规定，在共同继承遗产的共同共有中可以适用。

不过，共同继承遗产的共同共有与普通的共同共有存在差异，因而应加以注意。

首先，两种共有的客体不同。普通的共同共有一般是指数人对某项财产的共同共有，多数是以物作为客体，当然也包括准共有的其他财产权利。而共同继承遗产共同共有的客体不仅包括物，而且包括可以继承的债权及其他可继承的权利。

其次，两种共有的财产分割根据不同。普通共同共有以共有关系本身为其终局目的，在普通共同共有关系存续期间，各共有人负有保持义务，无权请求分割共有财产，只有在共有关系消灭时，才能请求分割共有财产。而共同继承遗产的共同共有始终以遗产分割为终局目的，对遗产的共同共有实行遗产分割自由原则，各共同继承人可以随时请求分割共同共有的遗产。

最后，两种共有的财产分割的效力不同。普通共同共有的财产分割采取转移主义，自财产分割时发生财产的归属及相互转移的效力，即具有创设物权的效力。而对共同继承遗产的共同共有的遗产分割，须采取宣告主义，遗产的分割溯及自继承开始时发生就权利取得的效力，即从继承开始时起，财产已专属于继承人所有。②

4. 共同继承的遗产范围及其特点

共同继承的遗产范围，是被继承人的遗产范围。应当按照《民法典》第1122条的规定确定，与单独继承的遗产没有区别，即"遗产是自然人死亡时遗留的个人合法财产"，例外的是，"依照法律规定或者根据其性质不得继承的遗产，不得继承"。

---

① 刘春茂主编：《中国民法学·财产继承》，中国人民公安大学出版社1990年版，第526页；陈棋炎等：《民法继承新论》，三民书局2001年版，第147页。

② 参见郭明瑞等：《继承法》（第2版），法律出版社2004年版，第193页。

共同继承的遗产范围具有以下特点。

（1）共同继承的遗产范围相对固定

一方面，共同继承的遗产范围是法定的，按照《民法典》第1122条的规定确定遗产的范围；另一方面，遗产在被继承人死亡时就已经固定化了，不会改变。遗产就是遗产，其范围既不会扩大，也不会缩小。由于共同继承的遗产范围相对固定，给共同继承的权利义务确定以及共同继承的遗产分割创造了有利条件。

（2）共同继承的遗产数额会发生变化

共同继承的遗产数额不是绝对不变的，会随着保持共有关系时间的延长而增加或者减少。共同继承的遗产保持共有关系的时间越短，共同继承的遗产数额变化越小，分割共同继承的遗产就越容易；反之，共同继承的遗产保持共有关系的时间越长，共同继承的遗产数额的变化就会越大，分割共同遗产的难度也会越大。这是因为，共同继承的遗产在共有关系存续期间，会因为使用而增值，也会因为使用而减损、贬值或者灭失，因而共同继承的财产数额的变化是必然的。正因为如此，法律并不鼓励更长时间地保持共同继承形成的财产共有关系，能分割的应当尽早分割。

（3）共同继承的遗产与夫妻共有财产和家庭共有财产会相互交叉

共同继承的遗产大部分与夫妻共有财产和家庭共有财产交叉在一起，因而经常出现界限不清的状况。

在继承人决定接受继承，只是在遗产尚未分割前暂存的共同继承关系中，这些界限还较为清楚，因为继承刚刚发生，一切情况较为明确。在明示的共同继承中，由于共同继承人对共同继承有明确的意思表示，愿意接受被继承的遗产为共同共有遗产，因而对共同继承的遗产范围基本清楚，要终止共同共有关系，容易分清可以继承的遗产界限。比较难判断的是默示的共同继承，其遗产与夫妻共有财产、家庭共有财产交叉在一起，界限不清，规则欠缺，当事人容易酿成纠纷，在分割财产和处理纠纷时都会增加难度。

（4）私人企业的集合财产作为共同继承的财产较为普遍

在当前的经济领域中，私人企业的规模大小不一，财产形式多数是企业集合

财产。在私人企业的股东等投资人死亡发生继承时,由被继承人的数个继承人共同继承投资权益,对企业共同经营,既有利于企业的发展,也有利于稳定家庭亲属身份关系,对社会有利。但是由于营利法人以及非法人组织的性质所致,股东或者其他投资者死亡后,处理其遗产,特别是在企业中的财产权益,较为复杂。私营企业中多有合伙企业,被继承人是合伙人之一,其死亡之后,继承人存在继承合伙的股份或者从合伙企业中退伙、清算的问题,也给共同继承的遗产处理带来较大的困难。

二、共同继承关系的发生

(一) 共同继承关系的发生条件

按照一般的共有理论,共有财产应当依据共有关系的存在,共有关系基于法律的规定而发生。共同继承关系的发生却表现较为特殊,不仅要具有共同关系的存在和法律的规定,还须具备具体的发生条件。只有这些条件具备时,才发生共同继承法律关系。

共同继承关系依据以下条件发生。

1. 被继承人死亡,继承已经开始

共同继承关系发生的前提条件,是被继承人已经死亡,遗产继承已经开始。

被继承人的死亡,包括自然死亡和宣告死亡,都发生遗产开始继承的效果。这时,遗产的范围已经确定,只要被继承人有继承人,就必然发生继承的后果,遗产就转化为继承人所有的财产。出现这样的条件时,共同继承关系就有发生的可能。

2. 继承人为二人或者二人以上

发生共同继承关系须具备继承人的量的条件,即继承人须为二人或者二人以上。只有继承人在数量上符合为多数的要求,才能在数个继承人的身上发生继承遗产并且遗产被共同继承人共同共有的效果。只有一个继承人时,不会发生共同继承,不会产生共同继承关系。

3. 遗产因共同继承或者尚未进行分割而整体存在

共同继承关系的发生,是遗产没有被分割,或者被共同继承人共同继承,因而成为各个继承人的共有财产。前者是遗产的共同共有,唯在分割遗产前一时的成立,构成特别财产。[①] 后者是共同继承人明示或者默示共同继承遗产,形成共同共有财产。在共同继承法律关系上,前者只是一种遗产存在的临时状态,后者才能真正形成共同继承遗产的共同共有财产关系。

在具备上述三个条件时,共同继承法律关系发生,在各个继承人之间产生共同继承的共同共有关系,每一个共同继承人成为共同共有人。

(二) 共同继承关系的潜在财产应有部分

共同继承关系的客体为共同共有财产,由全体共同继承人对该财产共同享有权利,共同承担义务。

在共同继承权利与义务中,应当特别研究各共同共有人即共同继承人在共同共有关系中的潜在应有部分。原因在于,在共同继承关系中,共同继承的共同共有财产的潜在应有部分,具体表现最为突出。

共同继承发生的共同共有关系的潜在应有部分,是指在共同继承关系中存在的,各共同继承人对将来分割共同继承的财产时,会发生决定性影响的不敢公开表现出来的份额。

共同继承为共同共有关系,虽然各个共有人并不对共有的财产划分份额,共同享有所继承的财产的所有权,共有财产的所有权属于全体共同继承人即共有人,而不是按照应有部分(应继份)享有所有权,故对该共同共有财产的全部,共有人没有应有部分存在。

但是,共同继承遗产关系中没有应有部分,并不是说就没有任何关于应有部分的因素,潜在的共同继承对遗产的应继份就是应有部分,虽然不公开表达,但是在暗中发挥着作用。这不仅是在将来分割共同继承的遗产时要按照应继份进行分割,而且按照应继份分割共同继承的遗产的所有权取得时间,一直追溯至继承开始之时。所以,共同继承关系中对财产这种潜在的应有部分,表现更为明显。

---

① 参见史尚宽:《物权法论》,荣泰印书馆1979年版,第164页。

可见，在遗产的共同共有中，遗产继承的应继份就是对遗产分割的份额，是指各个法定继承人应当分得的遗产的数额。[①] 在继承开始之后，只要存在数个继承人的，就发生共同继承遗产，就会存在应继份的问题。例如，夫妻二人加上两名子女，丈夫死亡，共同继承人就是妻子和两名子女。在夫妻共有财产中分出一半，为妻子所有的财产，另外的一半为丈夫的遗产，发生继承问题。这时，妻子和两个子女都是第一顺序继承人，都享有继承权，为共同继承人，继承的份额应当是一样的，即各为1/3。这个1/3就是每个共同继承人的应继份，也是共同继承关系中遗产分割的份额。

共同继承遗产中的应继份，就是共同继承遗产的潜在应有部分。与其他共同共有的潜在应有部分相比较，共同继承遗产中的潜在应有部分表现得更为充分。在其他共同共有财产中，例如夫妻共有财产和家庭共有财产中，潜在的应有部分确实是"潜在"的，并不表现出来，直到最后共同共有关系消灭时，潜在的应有部分才表现出来，发挥作用。而共同继承财产的应继份并不这样"含蓄"，而是在继承一开始就显性地表现着；就是在共同继承财产关系存续期间，它也一直表现着，说明继承是要按照应继份进行的；直到共同继承财产关系消灭，对遗产进行分割时，应继份最终发挥作用，要按照应继份分割共同遗产。

（三）共同继承关系的主体

1. 共同继承关系主体的概念

共同继承关系的主体，是共同继承的共同共有的权利主体，即合法继承被继承人遗产的数个法定继承人。

在法定继承中，法定继承人的范围是法律规定的。共同继承关系的共同共有权利主体，须是法定继承人，他们享有继承权且没有丧失或者放弃继承权。

2. 共同继承关系主体的特征

（1）共同继承关系的权利主体须是法定继承人

法定继承人包括配偶、子女、父母以及兄弟姐妹、祖父母、外祖父母。其中配偶、子女和父母为第一顺序继承人，兄弟姐妹、祖父母、外祖父母为第二顺序

[①] 参见刘素萍主编：《继承法》，中国人民大学出版社1988年版，第239页。

继承人。对公婆或者岳父母尽了主要赡养义务的丧偶儿媳或者丧偶女婿,可以作为第一顺序的继承人,为合格的继承人。共同继承关系的权利主体不仅应是合格的法定继承人,而且须顺序在先,或者是第一顺序继承人,或者虽然是第二顺序继承人但没有第一顺序继承人。

(2) 共同继承关系的权利主体应具有继承能力

具有民事权利能力的人都具有继承能力。尚未出生的胎儿在继承上视为已经出生,在出生前应当为其保留应继份。失踪的人尽管下落不明,但也具有继承能力,在继承时也是合格的继承人。这些有继承能力的继承人,都能成为共同继承关系的权利主体。

(3) 共同继承遗产的权利主体须享有合法继承权

共同继承关系的权利主体不仅须享有继承权,且须没有丧失继承权。《民法典》第1125条规定了丧失继承权的五个法定事由,凡是具有这些法定事由之一的继承人,都丧失继承权,不能作为共同继承关系的权利主体。

(4) 共同继承关系的权利主体没有放弃继承权

按照《民法典》第1124条的规定,继承人可以放弃继承权,放弃继承权应当采用明示方式,在遗产处理之前作出放弃继承的表示。没有明示表示的,视为接受继承。在遗产处理之前,继承人明示表示放弃继承权的,不能成为共同继承关系的权利主体,不能成为对遗产共同共有的共有人。

三、共同继承人的权利与义务

(一) 共同继承人的权利与义务关系概述

共同继承人的权利与义务关系是共同继承法律关系,是指共同继承财产之后形成的共同继承人之间的权利与义务关系,以及共同继承人与其他遗产权利人之间的权利与义务关系。

共同继承人之间的权利与义务关系是共同继承人的内部关系,也叫共同继承人对遗产的关系;共同继承人与其他人的权利与义务关系,是遗产共同继承的对

外关系,是共同继承人基于共同继承而与其他任何人构成的绝对权法律关系。

自继承开始到遗产分割前,共同继承的遗产归各共同继承人共有。由于我国民族传统、历史文化等方面的因素,这一期间一般都比较长。如何规范、调整在此期间内各共同继承人之间的对内关系,以及各共同继承人与被继承人的债权债务人之间的对外关系,尤为重要。这些关系主要有各共同继承人对遗产的关系,各共同继承人对遗产的管理,遗产债务清偿及遗产分割,共同继承人与被继承人的债权人或者债务人之间的关系等。

(二)共同继承的共有人享有的权利

1. 共同的使用、收益权

在共同继承中,每个继承人都有其潜在的、不确定的应继份;对于个别的应继财产,各共同继承人按其对于遗产价值的应继份,均有使用的权利,但也不排除其他共同继承人的使用权利。应当实现共同继承人对遗产的使用,以实现遗产的最大利用价值。在遗产共同共有期间,各共同继承人应当遵循协商一致,订立遗产使用规则,各共同继承人按规则使用遗产。经其他共同继承人同意,各共同继承人也可以对自己所占有的遗产单独使用,直至遗产分割时止。其他共同继承人的同意未必是明示的,其对既有的占有、使用状态未提出异议的,应当视为同意。这样既符合我国社会生活的实际民情,又有利于发挥遗产的利用价值,维护共同继承人间的团结和睦。

共同继承人对于共同共有的遗产享有平等的用益权,可以共同或单独使用共同遗产,共同享用共有继承的财产产生的收益,不得主张就共同遗产有其特定的部分。[①] 部分共同继承人自己即使在暗中划分自己的应有部分,对其他共有人也没有法律的拘束力。

形成共同共有的遗产往往是集合物,由全体共同继承人占有,共同使用,或者物的占有者经过其他共同继承人的同意,可以使用。在使用和收益中,尽管可以由某继承人对某物单独使用或将某一收益分给某继承人,但应当与共同使用和

---

① 在这个问题上,要特别注意夫妻共有财产中的特别现象。这就是在夫妻关系存续期间,个人使用的物品属于个人财产。这个问题不是对共同共有规则的破坏,而是法律的特别规定。

共同收益的原则不相冲突。

遗产所产生的收益应归于共同继承人共有，各共同继承人对遗产的收益有按其应继份享受的权利。该收益应于何时分割，《德国民法典》规定在遗产分割时对收益进行分割，但有禁止分割的情形且禁止分割的时间超过1年，则各共同继承人得于每年年末时，请求分割收益。《民法典》虽然对此没有明文规定，但在实践中应当借鉴此种做法，在全体共同继承人没有特别约定时，根据上述原则对收益进行分配。

2. 对共有遗产的部分处分权

在共同继承关系存续期间，共同继承人不能全部处分共有遗产，只能处分部分共同遗产。

依照共有原理，对共有遗产的处分权属于全体共同继承人，处分部分共有遗产也应经全体共同继承人一致同意。任何共同继承人个人未经其他共同继承人同意，不得擅自处分共有遗产的个别部分。部分共同继承人擅自处分共有遗产，其他共同继承人明知而不提出异议的，应当视为同意，发生所有权转移的后果。其他共同继承人对处分的情况不知情，但受让的第三人是善意，符合《民法典》第311条规定的善意取得要件的，发生所有权转移的效力，受让人取得受让之物的所有权。

在共同遗产分割前，共同继承人享有的应继份能否转让。《民法典》对共同继承人能否在遗产分割前转让自己的应继份没有规定，在实践中也未出现过判例。理论上有三种观点：一是不得转让说，主张任何共同继承人都不得将其应继份转让给他人；二是许可内部转让说，主张继承人可以将自己的应继份转让给其他共同继承人，但不得转让给共同继承人之外的第三人，因为如果允许转让给第三人，在被继承人的债务清偿等对外关系上会增添许多麻烦①；三是许可转让说，主张为维护公平，应当允许继承人将其应继份转让给其他继承人，也可以转让给第三人，不过为了保持遗产的完整性，应赋予其他继承人优先的购买权。②

---

① 参见刘春茂主编：《中国民法学·财产继承》，中国人民公安大学出版社1990年版，第529-530页。
② 参见张玉敏：《继承制度研究》，成都科技大学出版社1994年版，第193页。

笔者认为，在遗产分割以前，共同继承人之间是以相互的身份关系为基础的共同共有关系，应当准许共同继承人之一转让应继份给共同继承人以外的第三人。为了保护其他共同继承人的权利和利益，应当赋予其他共同继承人优先购买权。至于共同继承人将自己的应继份转让给其他共同继承人，更应在准许之列。

3. 物权请求权

共同继承人对共有遗产享有物权请求权，依照《民法典》第 235 条、第 236 条、第 1167 条的规定，包括所有物被他人非法侵占时的所有权返还请求权、所有物受到妨害时的妨害排除请求权以及所有物受到侵害时的停止侵害请求权。当共有遗产受到不法侵夺时，共同继承人均享有物权请求权，共同继承人可以共同行使这一权利，也可以独自行使这一权利，以保全共有遗产。行使此种权利，须为全体共有人的利益而行使，不得仅为个人或者部分共有人的利益而行使。

在程序上，共有人的一人或数人正当行使物权请求权的，为适格当事人，法院不必追加其他共同继承人为共同当事人。

4. 在共有遗产上设置物上权的权利

在共有遗产上设置物上权，应由全体共同继承人协商一致，或者由有代表权的继承人与他人以法律行为设立。例如，在共有遗产上设立担保物权、用益物权，这种行为涉及共有遗产的命运，须由全体共同继承人同意才能够实施。共同继承人擅自以个人的名义在共有财产上设定物上权的行为无效。

5. 代表权

共同继承人行使权利可以共同进行，也可以推举一个继承人作为代表，其行为代表全体共同继承人的意志。约定推举产生的代表人，有权代表全体共同继承人处分共有遗产，有权代表全体共同继承人与他人实施民事法律行为，就共有遗产设定民事法律关系。不过，在我国现实生活中，父母一方死亡另一方占有死者遗产，也成立共同继承关系。在这种情况下，健在的另一方父母实际上行使的就是代表权，将他（她）视为共有遗产的代表人，对其处理遗产的行为视为行使代表权的行为，更为稳妥。

6. 请求分割自己应继份的权利

在共同继承关系中，如果是暂存的共同继承关系，各个继承人当然不得提出分割自己应继份的请求，须待继承开始后对遗产进行分割，然后取得自己应当继承的那一部分财产。

在明示的共同继承关系和默示的共同继承关系中，共同继承人可以请求按照应继份分割属于自己的应有部分。其他共同继承人应当准许，分割部分应继份后，共同继承关系仍然存在。如果除了要求分割的继承人，其他继承人只有一人，则不再存在共同继承财产关系，共同继承财产关系消灭。

分割自己的应有部分之后，成为自己所有的财产，可以对其依照自己的意志进行处分。将分割的共有财产予以处分，以合同方式转让给第三人的，该第三人对于分割没有权利干预，但对于因分割应有部分归属于出让人的部分，有权请求交付。唯应注意的是，一共同继承人不得处分他对于遗产的各个标的上的应有部分。① 这是为了保护其他共同继承人对共有遗产的权利行使，不受不必要的损害。

7. 优先购买权

《民法典》只规定了按份共有人享有优先购买权，未规定共同共有人的优先购买权。共同继承关系的部分共同继承人可以主张分割自己的应有部分，因此，也应当适用优先购买权的规则，共同继承人在处分自己的应有部分给第三人时，其他共同继承人有优先购买权。② 故我国司法实践应当确认，部分共同继承人处分其共有遗产中的应有部分，其他共同继承人享有优先购买权，在同等条件下，应当由其他共同继承人购买。

8. 管理权

对共有遗产的管理，既是权利也是义务，原则上应当由全体共同继承人共同进行，也可以由继承人中推举一人进行管理。③

由于共同继承开始后，原来属于被继承人所有的财产虽然转归全体共同继承人

---

① 参见史尚宽：《物权法论》，荣泰印书馆1979年版，第165、166页。
② 参见史尚宽：《物权法论》，荣泰印书馆1979年版，第165页。
③ 参见史尚宽：《物权法论》，荣泰印书馆1979年版，第166页。

所有，但在遗产最终分割前，遗产的最终归属尚无法确定，为了保护遗产免受损失，进而保护全体继承人、受遗赠人和遗产债权人的合法权益，需要对遗产进行管理。共同继承时遗产的管理，是指对遗产的占有取得、保管、防御侵害、修缮、使用安排、孳息收取、投保、起诉应诉以及债权收取等行为。遗产管理对继承人、受遗赠人及遗产债权人都相当重要，《民法典》第1151条规定："存有遗产的人，应当妥善保管遗产，任何组织或者个人不得侵吞或者争抢。"这一规定内容过于简单、粗略，难以达到遗产管理的目的，应当在司法实践中进一步完善管理规则。

在共有遗产的管理上有两种方式：一为由继承人管理，二为由专门的遗产管理人管理。

遗产管理，原则上应当由共同继承人全体进行，管理方法必须全体协商一致，而非实行多数决。各共同继承人就遗产的占有取得、保管、防御侵害、修缮、使用安排、孳息收取、投保、起诉应诉以及债权收取等所必要的行为，负有相互协助的义务；若有违反，其他共同继承人可以请求法院判决其履行该义务。对于紧急情形下的修缮、出卖易腐的遗产及孳息的收取等为保存遗产所必要的行为，各共同继承人可以单独进行。

在共同继承中，由共同继承人对共有遗产进行管理，可能在某些情形下存在一定的困难，若以专门的遗产管理人进行管理可能会收到更好的效果，于此则应由专门遗产管理人管理遗产。遗产管理人应当依照《民法典》第1145条至第1149条的规定产生、指定、管理。应当特别强调的是，对于共有遗产的管理，特别是复杂、多样、需要专业进行管理的共有遗产，采取信托管理的方法是效果良好的管理方式。依照《民法典》第1133条关于"自然人可以依法设立遗嘱信托"的规定，遗嘱人可以遗嘱指定对其遗产进行信托管理，共同继承人也可以设立信托合同，把共有遗产交给信托公司管理。信托公司作为遗产管理人，对共有遗产进行管理，保值增值，为共同继承人获取收益。

（三）共同继承的共有人的义务

1. 不得处分共有遗产的义务

在共同继承中，共有遗产分割前，遗产为共同继承人共同共有的特别财产，

非经全体继承人一致同意，不得处分属于遗产的各部财产，擅自处分的，其处分行为无效。在暂存的共同继承关系中，这一义务是绝对的，但在明示或者默示的共同继承关系中，共同继承人不得处分构成遗产的各部，但对其应继份可以单独处分。由于遗产为特别财产，以遗产分割为终局目的，所以，遗产的债务人应当向全体共同继承人给付，各共同继承人不能按其应继份受领清偿，应当将所受清偿归于整个遗产中。各共同继承人不得以继承债权抵销其对遗产债务人的个人债务，遗产的债务人也不得以其对共同继承人中一人的债权，抵销其对被继承人所负的债务，因为该债务是对整个遗产的债务。

2. 对共有遗产进行维修、保管、改良的义务

对共有遗产进行维修、保管、改良，是全体共同继承人的义务，每个人均应承担。具体履行这项义务，可以由部分继承人负责，费用从共有遗产或者其用益共有遗产的收益中支出。

3. 对被继承人所欠债务承担清偿责任

共同继承被继承人的遗产，也包括继承其债务。《民法典》第1161条规定："继承人以所得遗产实际价值为限清偿被继承人依法应当缴纳的税款和债务。超过遗产实际价值部分，继承人自愿偿还的不在此限。""继承人放弃继承的，对被继承人依法应当缴纳的税款和债务可以不负清偿责任。"共同继承人既然共同继承了被继承人的遗产，构成了共同继承关系，应当偿还被继承人负担的债务。各共同继承人对该债务应当负清偿责任，以共有遗产予以清偿，但以遗产的范围为限，超出遗产范围的部分，不承担清偿责任。

4. 对共有遗产所欠债务的连带清偿责任

共有遗产在使用、经营、管理、修缮、改良等日常生活和经营活动中所欠债务，共同继承人须负连带清偿责任，各共同继承人为连带债务人。连带的方法是：首先债权人可以向任何一个共同继承人要求清偿，从共有遗产中为支付；其次，此种义务的性质为无限连带义务，共有遗产不足以清偿的，共同继承人有其他财产的，亦应清偿。

5. 共有遗产造成他人损害及为管理共有财产致人损害的赔偿义务

共有遗产因管理不善造成他人损害，全体共同继承人应当对受害人承担连带赔

偿责任。共同继承人在执行管理共有遗产事务中致人损害，亦由全体共同继承人承担连带赔偿责任。承担上述两项损害赔偿责任，以现有共有遗产支付，不足部分，由于是全体共同继承人的过失所致，因而应当以自己的财产承担无限连带责任。

（四）共同继承人的对外关系

自继承开始时起，被继承人的债权成为全体共同继承人的共同债权，被继承人的债务人须向全体共同继承人进行清偿；如果有遗产管理人或遗嘱执行人，则应向遗产管理人或遗嘱执行人清偿，所得纳入遗产范围。各共同继承人虽然可以单独行使请求权，但应当请求债务人向共同继承人全体为给付。被继承人的债务人向部分共同继承人清偿的，在法律上不能构成有效清偿，对其他共同继承人仍然承担清偿责任。基于遗产的法律性质及其独立的法律地位，在被继承人的债务人对部分共同继承人享有债权时，被继承人的债务人不得主张抵销自己的债务，各共同继承人也不得以继承债权抵销个人的债务，以维护其他共同继承人的合法权益。

被继承人的债务也成为全体共同继承人的共同债务。在共同继承人对被继承人生前所负债务如何承担责任上，有三种不同的立法例：一是分割主义，即：共同继承人就被继承人生前所负债务，给付可分者，按各人应继份负责清偿；给付不可分者，则由各共同继承人承担不可分债务人的责任。这一立法例自罗马法以降，为法国、日本民法所采取。二是连带主义，即无论给付可分与否，被继承人生前所负债务，应当由各共同继承人负连带清偿责任。德国、瑞士采此立法例。三是折中主义，即在遗产分割以前，被继承人的债权人仅能对遗产请求实现其债权，而在遗产分割后，对各共同继承人按其应继份请求清偿。荷兰、葡萄牙民法采此立法例。①

《民法典》没有明确规定各共同继承人对遗产债务应当承担何种责任。通说认为，各共同继承人对遗产债务承担的是连带责任。其理由是：首先，有利于保护被继承人债权人的利益。如果采取分割责任，继承人仅仅按照其应继份承担责任，则债权人可能面临难以得到清偿的问题，对于债权人实现债权过于烦琐。其次，各共同继承人对遗产系共同共有，依照共同共有的原理，共同继承人对遗产

---

① 参见陈棋炎等：《民法继承新论》，三民书局2001年版，第151-152页。

债务也应当承担连带责任。最后，我国继承法采取的是限定继承，各共同继承人的连带责任也必须在所继承的遗产价值范围内，不能以继承人的固有财产承担连带责任，因此，采用连带责任不会损害继承人原有的利益。

按照连带责任原则，被继承人的债权人有权向共同继承人全体，或者共同继承人中的一人或数人，请求在遗产实际价值范围内清偿全部遗产债务，任何继承人不得拒绝。尽管共同继承人对外就遗产债务承担连带责任，但是，在共同继承人内部仍有份额之分。当共同继承人全体或共同继承人中的一人或数人清偿了全部遗产债务时，在共同继承人内部，就应当按照各自遗产份额的比例分担遗产债务。在遗产分割后，各共同继承人仍然要对被继承人的债权人负连带责任。不过，对于遗产分割后的继承人连带责任问题，应当有一定的时间限制。《民法典》对此没有明文规定。

共同继承为共同共有关系，根据共同共有人在债的关系中所负责任应为连带责任，且采取连带主义的立法例有助于保护被继承人的债权人的权益，所以，共同继承人对遗产债务的清偿应负连带责任。据此，被继承人的债权人既可以向共同继承人全体请求清偿，也可以向共同继承人中的任何一人请求全部债务的清偿，被请求的继承人不得以应继份为由拒绝清偿。虽然各共同继承人对被继承人的债务对外负连带责任，但各共同继承人相互间存在应继份的不同，相互间最终应当按其应继份比例承担被继承人的债务。

此外，遗产债权人的同意为免除共同继承人连带责任的，应当是有效的，法律乐观其成。

四、共同继承关系的消灭和共有遗产的析产

（一）共同继承关系的消灭

1. 共同继承关系消灭的原因

共同共有关系的消灭，在于产生该种共同共有关系的基础关系的终止。共同继承关系消灭，原则上也适用这个规则，但有其特点。共同继承关系消灭，例如

第七章　转继承、遗赠扶养协议与共同继承

所有的共同继承人协议不再保持共同继承关系,或者尚存的父母一方也死亡,须对两次继承的遗产进行清算等,均为共同继承关系消灭。在部分共同继承人主张分割自己应有部分,其他共同继承人只剩一人时,也导致共同继承关系消灭。共同继承关系消灭,据以产生共同继承关系的共有遗产进行分割,转化为个人财产。

共同继承关系消灭的原因是:

(1) 暂存的共同继承遗产分割

暂存的共同继承遗产,是一种继承的过渡阶段,是连接被继承人死亡到遗产被分割完毕的过渡阶段,也是连接继承发生到继承结束的过渡阶段,是一种暂时的状态。在遗产清理完毕后,开始进行遗产分割,共同继承产生的共同共有关系就消灭了。

这种共同继承的消灭原因是继承的一般程序,不涉及严格的、典型的共有财产分割规则,仍适用财产继承规则。

(2) 部分共同继承人请求分割共同继承财产

部分共同继承人提出分割共有遗产,也是消灭共同继承关系的原因。除了被继承人有禁止分割遗产的遗嘱或者契约另有约定,各继承人可以随时请求分割共有继承的财产。[①] 部分共同继承人提出分割共有遗产的请求,如果不主张分割共有遗产的继承人还有数人,分割出去部分共同继承人的共有遗产应有部分,其余的部分还可以继续存在共同继承关系,这是部分消灭共同继承关系。如果只剩下一个继承人,或者剩下的数个继承人也不再保持共同继承关系,共同继承关系则完全消灭。

(3) 全体共同继承人协议终止共同继承关系

在共同继承关系存续期间,全体共同继承人协议终止共同继承关系,发生消灭共同继承关系的后果。这种消灭共同继承关系的原因,是最典型的共同继承关系消灭的原因。

(4) 其他原因

其他消灭共同继承关系的原因如共有遗产灭失,共有遗产被转让等,这些原

---

① 参见史尚宽:《物权法论》,荣泰印书馆1979年版,第166页。

因也都消灭共同继承关系。

其实,在中国的继承领域,最主要的共同继承关系消灭的原因,是父母一方死亡后另一方也死亡,因而不再存在共同继承关系,需要对共有遗产进行分割,所不同的是,这种共同继承关系消灭引起的共有遗产分割,先要对第一次发生的共同继承的共有遗产进行析产,然后才进行后死一方父母的遗产继承和分割。

2. 共同继承关系消灭的后果

共同继承关系消灭的后果,一般认为是"其分割溯及于继承开始时,发生效力"[①]。可以参考的立法例是《日本民法典》第909条:"遗产的分割,溯及继承开始时生效。"不论共同继承财产关系存续多久,一旦消灭,其分割遗产的效力一直溯及继承开始之时,从那时起,计算共有遗产的分割问题。对此也有不同意见,理由是,作这样的规定等于根本否定共同共有存在的实际情况,并且与共同继承关系存续期间各共同继承人应负担保责任的规定相矛盾。

尽管后一种意见符合共有规则,但是,在继承领域自有继承规则的适用余地。如果承认共有财产的共有性质,就应当承认分割共有遗产就是分割共同共有财产,效力并不溯及既往,那继承法的基本规则就失去了适用的余地,不符合继承的本质要求。因此,对于共同继承关系消灭的共有遗产分割,仍要坚持《民法典》第1121条第1款规定的"继承从被继承人死亡时开始"的基本规则,即使明示或者默示的共同继承关系存续较长时间,在分割共有遗产时,也须遵守这一规则,分割遗产的效力溯及自继承开始时起。

(二) 共有遗产的析产

在共同继承关系消灭之后,对共有遗产进行分割之前,须对共有遗产进行析产,确定共有遗产的具体范围,为共有遗产分割做好准备。

社会生活的复杂性和共有遗产的广泛性,决定了特定的自然人可能会出于满足家庭生活需要的目的或者其他目的,而与家庭其他成员或者其他社会成员建立财产共有关系,出现各种不同形式的共有财产混合在一起的情况。在该自然人死亡之后,如果不进行析产,就没有办法确定遗产范围,无法进行继承。

---

① 史尚宽:《物权法论》,荣泰印书馆1979年版,第166页。

共同继承关系消灭后须进行析产。司法实践流行的法谚是"先析产、后继承"。这句法谚说明了析产在继承中的重要性和必要性,司法实务工作者务必重视。

1. 对共有遗产与夫妻共有财产析产

《民法典》第1153条第1款规定:"夫妻共同所有的财产,除有约定的外,遗产分割时,应当先将共同所有的财产的一半分出为配偶所有,其余的为被继承人的遗产。"这一规定,就是在夫妻共有财产中分析出死亡一方的遗产,确定遗产范围的规则。在我国,夫妻财产的性质通常是共同共有财产,除非当事人另有约定。只要没有其他约定,对夫妻财产采用的就是法定的夫妻婚后所得财产共同共有制。分析夫妻共有财产与共有遗产,就是要将夫妻共有的财产分开,确定死亡的一方配偶的财产为遗产。

这种析产应当把握这样的规则:

一是分析出夫妻个人财产。分析出夫妻个人财产,要对夫妻一方的婚前财产和婚后所得财产,依照法律规定,把个人所有的财产分出来,个人婚前财产属于个人。

二是确定夫妻共有财产的范围。将凡是婚后所得的、属于夫妻共有财产的财产放在一起计算,确定夫妻共有财产的范围。很多人把夫妻举行婚礼、双方共同生活之后所得财产作为夫妻共有财产,其实自结婚登记后各自所得财产都是夫妻共有财产。

三是分出共同继承财产。确定夫妻共有财产的范围后,将夫妻共有财产一分为二,一半作为生存一方当事人的个人财产,另一半确定为死者的遗产,是共同继承的共有遗产。

如果夫妻双方约定为分别财产制,则不存在这种析产问题。

2. 共有遗产与家庭共有财产的分析

《民法典》第1153条第2款规定:"遗产在家庭共有财产之中的,遗产分割时,应当先分出他人的财产。"这规定的是在家庭共有财产中析出遗产,确定遗产范围的规则。

分析家庭共有财产和共有遗产，是因为死者的遗产与家庭共有财产混合在一起，只有分析清楚，才能确定遗产范围。这是在家庭成员共同创造、拥有的财产中，按照被继承人的应有部分分析出来，确定为他（她）的遗产。

一是分析出家庭成员个人的财产。属于个人所有的财产，不能作为家庭共有财产分割。例如，个人的生活用品，未成年家庭成员接受遗赠、赠与所得的财产，转业退伍军人的生活安置费、治疗费等费用，用于个人治疗的人身损害赔偿金等，都是个人财产，不能作为家庭共有财产。

二是分析出家庭共有财产中属于子女的财产。对家庭共有财产的形成作出贡献的子女，是家庭共有财产的共有人，享有共有权。在析产时，应当把他们的财产应有部分析出，防止把他们的财产与父母的夫妻共有财产相混淆，都作为遗产分割，损害他们的财产权益。对其他家庭成员的财产份额也应当析出，不能作为遗产的组成部分。此外，还应当把混入家庭共有财产的其他财产，如寄托的他人财产、代管的他人财产等，从家庭共有财产中分析出去。

三是分析出遗产。对家庭成员一起出资建立的财产，不论是按份共有，还是共同共有，都要按照应有部分或者潜在应有部分，分出死者享有的部分，作为遗产范围。

四是分析出被继承人个人的遗产债务。被继承人生前所欠债务，有的是家庭共同债务或者夫妻共同债务，有的是个人债务，应当区分开。用于满足家庭共同生活需要所欠债务，为家庭共同债务或者夫妻共有债务，应当作为家庭或者夫妻共有财产的一部分，被继承人只承受属于自己的那一部分债务作为遗产负担。被继承人为个人某种需要所欠的债务，为个人遗产债务，是遗产的组成部分，应当用被继承人的遗产清偿。

经过上述析产过程，能够确定在家庭共有财产中被继承人的遗产，分析出来作为遗产范围，成为共同继承的共有遗产。

3. 共有遗产与其他共有财产的分析

共有遗产与其他共有财产的分析，主要是指共有遗产与合伙共有财产的分析。在实际生活中，被继承人与他人合伙经营，对合伙的投资和经营所得，为共

同共有，但都存在被继承人的潜在应有部分。被继承人死亡，分割共有遗产，应当从合伙财产中分析出死者的投资和可分的利益，将其作为共有遗产进行分割。

首先应当确定被继承人的投资数额，其次应当确定在合伙收益中被继承人的应有部分。将两项财产份额加到一起，就是被继承人的全部遗产。将这一部分财产析出，就是共有遗产部分。

在共同继承关系消灭后，完成析产，确定了共有遗产的具体范围，就应当依照遗产分割方法分割遗产，使之成为每一个继承人的个人财产。

参考文献

著　作

1. 汪澄之：《女子继承权诠释》，民治书店 1929 年版。
2. 李谟：《继承新论》，大东书局 1932 年版。
3. 吴之屏：《民法继承编论》，上海法政学社 1933 年版。
4. 吴岐：《民法继承》，武汉大学 1933 年版。
5. 范扬：《继承法要义》，商务印书馆 1935 年版。
6. 徐百齐：《民法继承》，商务印书馆 1935 年版。
7. 胡长清：《中国民法继承论》，商务印书馆 1936 年版。
8. 招汉明：《民法继承论》，万公法律事务所 1939 年版。
9. 郑国楠：《中国民法继承论》，中华书局 1945 年版。
10. 罗鼎：《民法继承论》，上海法学编译社 1946 年版。
11. 刘含章：《继承法》，商务印书馆 1946 年版。
12. 李宜琛：《现行继承法论》，国立编译馆 1947 年版。
13. 罗鼎：《继承法要论》，大东书局 1947 年版。
14. 中央人民政府法制委员会编：《苏俄民法典》，王增润译，王之相校，新华书店 1950 年版。
15. 《马克思恩格斯全集》，人民出版社 1956 年版。

16. 史怀璧：《略论我国继承制度的几个基本问题》，法律出版社 1957 年版。

17. ［英］梅因：《古代法》，商务印书馆 1959 年版。

18. 马克思、恩格斯：《德意志意识形态》，人民出版社 1961 年版。

19. 中国社会科学院法学研究所译：《苏联民法纲要和民事诉讼纲要》，法律出版社 1963 年版。

20. 《马克思恩格斯全集》，人民出版社 1965 年版。

21. 罗鼎：《法继承论》，三民书局 1978 年版。

22. 陈棋炎：《亲属、继承法基本问题》，三民书局 1980 年版。

23. 中国社会科学院法学研究所民法研究室编：《苏俄民法典》，中国社会科学出版社 1980 年版。

24. 史尚宽：《继承法论》，荣泰印书馆 1980 年版

25. 戴炎辉：《中国继承法》，三文印书馆 1981 年版。

26. 《宋刑统》，中华书局 1984 年版。

27. 刘淑珍编著：《继承法知识和案例分析》，辽宁大学出版社 1985 年版。

28. 佟柔主编：《继承法教程》，法律出版社 1986 年版。

29. 李静堂等：《继承法的理论与实践》，武汉大学出版社 1986 年版。

30. 巫昌祯、王德意：《继承法概论》，浙江人民出版社 1987 年版。

31. 《瑞士民法典》，殷生根译，艾棠校，法律出版社 1987 年版。

32. 陈棋炎：《民法继承》，三民书局 1987 年版。

33. 刘素萍主编：《继承法》，中国人民大学出版社 1988 年版。

34. 刘歧山：《民法问题新探》，中国人民公安大学出版社 1990 年版。

35. 刘春茂主编：《中国民法学·财产继承》，中国人民公安大学出版社 1990 年版。

36. ［意］彼得罗·彭梵得：《罗马法教科书》，黄风译，中国政法大学出版社 1992 年版。

37. 张玉敏：《继承制度研究》，成都科技大学出版社 1994 年版。

38. 林秀雄：《家族法论集》，汉兴书局 1994 年版。

39. ［韩］《朝鲜法律体系的考察（1）——民事关系法》，世宗研究所 1994 年版。

40. 房绍坤、丁海湖、於向平：《中国民事立法专论》，青岛海洋大学出版社 1995 年版。

41. 刘心稳：《中国民法学研究述评》，中国政法大学出版社 1996 年版。

42. ［德］黑格尔：《法哲学原理》，范扬、张企泰译，商务印书馆 1996 年版。

43. 侯放：《继承法比较研究》，澳门基金会 1997 年版。

44. 巫昌祯主编：《婚姻与继承法学》，中国政法大学出版社1997年版。

45. ［英］梅因：《古代法》，沈景一译，商务印书馆1997年版。

46. ［英］F. H. 劳森、B. 拉登：《财产法》，施天涛等译，中国大百科全书出版社1998年版。

47. 马俊驹等：《民法原论》，法律出版社1998年版。

48. 戴炎辉等：《中国继承法》，三民书局1998年版。

49. 李双元、温世扬主编：《比较民法学》，武汉大学出版社1998年版。

50. 陈华彬：《物权法原理》，国家行政学院出版社1998年版。

51. 刘素萍主编：《继承法》，中国人民大学出版社1988年版。

52. 张玉敏：《继承法律制度研究》，法律出版社1999年版。

53. 戴东雄：《继承法实例解说》，三民书局1999年版。

54. 房绍坤等：《继承法》，法律出版社1999年版。

55. 何勤华等主编：《中华人民共和国民法史》，复旦大学出版社1999年版。

56. 《法国民法典》，罗结珍译，中国法制出版社1999年版。

57. 《瑞士民法典》，殷生根、王燕译，中国政法大学出版社1999年版。

58. 《日本民法典》，王书江译，中国法制出版社2000年版。

59. 费安玲：《罗马继承法研究》，中国政法大学出版社2000年版。

60. 史尚宽：《民法总论》，中国政法大学出版社2000年版。

61. 史尚宽：《债法总论》，中国政法大学出版社2000年版。

62. 史尚宽：《继承法论》，中国政法大学出版社2000年版。

63. 陈棋炎等：《民法继承新论》，三民书局2000年版。

64. 林秀雄：《民法亲属继承争议问题研究》，五南图书出版公司2000年版。

65. 世界著名法典汉译丛书编委会编：《汉谟拉比法典》，法律出版社2000年版。

66. 周枏：《罗马法原论》，商务印书馆2001年版。

67. 陈棋炎等：《民法继承新论》，三民书局2001年版。

68. 王泽鉴：《侵权责任法》，中国政法大学出版社2001年版。

69. 王利明主编：《物权法专题研究》，吉林人民出版社2001年版。

70. 王泽鉴：《民法总则》，中国政法大学出版社2001版。

71. 王泽鉴：《民法物权》（第一册），中国政法大学出版社2001年版。

72. 海棠、吴振平译：《蒙古国民法典》，中国法制出版社2002年版。

73. 《越南社会主义共和国民法典》，吴尚芝译，卢蔚秋校，中国法制出版社 2002 年版。

74. 《埃塞俄比亚民法典》，薛军译，中国法制出版社、金桥文化出版（香港）有限公司 2002 年版。

75. 谢怀栻：《外国民商法精要》，法律出版社 2002 年版。

76. 杨与龄：《民法概要》，中国政法大学出版社 2002 年版。

77. 《现代汉语辞海》，光明日报出版社 2002 年版。

78. 郭明瑞、房绍坤、关涛：《继承法研究》，中国人民大学出版社 2003 年版。

79. 何勤华、李秀清、陈颐：《新中国民法典草案总览》，法律出版社 2003 年版。

80. 梁慧星主编：《中国民法典草案建议稿》，法律出版社 2003 年版。

81. 郭明瑞、房绍坤：《继承法》，法律出版社 2004 年版。

82. 刘文：《继承法比较研究》，中国人民公安大学出版社 2004 年版。

83. 陈棋炎、黄宗乐、郭振恭：《民法继承新论》，三民书局 2004 年版。

84. 徐国栋主编：《绿色民法典草案》，社会科学文献出版社 2004 年版。

85. 梁慧星：《中国民法典草案建议稿附理由 侵权行为编·继承编》，法律出版社 2004 年版。

86. 王利明：《物权法论》，中国政法大学出版社 2004 年版。

87. 王利明主编：《中国民法典草案建议稿及说明》，中国法制出版社 2004 年版。

88. ［德］G. 拉德布鲁赫：《法哲学》，王朴译，法律出版社 2005 年版。

89. 王利明：《中国民法典学者建议稿及立法理由：人格权编·婚姻家庭编·继承编》，法律出版社 2005 年版。

90. 苏湘辉等：《遗产继承法律通》，法律出版社 2005 年版。

91. 中国社会科学院语言研究所词典编辑室：《现代汉语词典》，商务印书馆 2005 年第 5 版。

92. ［意］密拉格利亚：《比较法律哲学》，朱敏章、徐百齐、吴泽炎、吴鹏飞译，李秀清勘校，何勤华主编，中国政法大学出版社 2005 年版。

93. 《魁北克民法典》，孙建江、郭站红、朱亚芬译，中国人民大学出版社 2005 年版。

94. 《最新日本民法》，渠涛编译，法律出版社 2006 年版。

95. 何勤华、魏琼主编：《西方民法史》，北京大学出版社 2006 年版。

96. 程维荣：《中国继承制度史》，中国出版集团、东方出版中心 2006 年版。

97. 林秀雄：《继承法讲义》，元照出版公司 2006 年版。

98. 王利明：《物权法研究》，中国人民大学出版社 2007 年版。

99. 陈苇主编：《家事法研究》2006 年卷，群众出版社 2007 年版。

100. 《最新路易斯安那民法典》，徐婧译，法律出版社 2007 年版。

101. 彭诚信：《继承法》，吉林大学出版社 2007 年版。

102. 《俄罗斯联邦民法典》，黄道秀译，北京大学出版社 2007 年版。

103. 陈苇、宋豫主编：《中国大陆与港、澳、台继承法比较研究》，群众出版社 2007 年版。

104. 房绍坤等：《婚姻家庭法与继承法》，中国人民大学出版社 2007 年版。

105. 五南法学研究中心：《必备六法》（第 8 版），五南图书出版公司 2007 年版。

106. ［美］戴维·达德利·菲尔德：《纽约州民法典草案》，田甜译，王莹莹校，徐国栋审订，中国大百科全书出版社 2007 年版。

107. ［澳］肯·马蒂、马克·波顿：《澳大利亚继承概要》，陈苇主持编译，西南政法大学外国家庭法及妇女理论研究中心内部印刷 2007 年版。

108. 刘春茂主编：《中国民法学·财产继承》（第 2 版），人民法院出版社 2008 年版。

109. 陈苇：《当代中国民众继承习惯调查实证研究》，群众出版社 2008 年版。

110. 许少峰编：《近代汉语大词典》，中华书局 2008 年版。

111. 王竹编写：《中华人民共和国继承法配套规定》，法律出版社 2009 年版。

112. 《现代汉语大词典》，上海辞书出版社 2009 年版。

113. 《汉语常用字大词典》，商务印书馆 2009 年版。

114. 《韩国民法典 朝鲜民法》，金玉珍译，北京大学出版社 2009 年版。

115. 《葡萄牙民法典》，唐晓晴等译，北京大学出版社 2009 年版。

116. 张平华、刘耀东：《继承法原理》，中国法制出版社 2009 年版。

117. 林秀雄：《继承法讲义》，元照出版公司 2009 年版。

118. 房绍坤等：《婚姻家庭法与继承法》，中国人民大学出版社 2009 年版。

119. 张康林：《继承回复请求权研究》，中国政法大学出版社 2010 年版。

120. 梁轶琳主编：《继承法律政策解答》，法律出版社 2010 年版。

121. 李宏：《遗嘱继承的法理研究》，中国法制出版社 2010 年版。

122. 陈聪富主编：《月旦小六法》，元照出版公司 2010 年版。

123. 魏小军：《遗嘱有效要件研究：以比较法学为主要视角》，中国法制出版社 2010 年版。

124. 《韩国最新民法典》，崔吉子译，北京大学出版社 2010 年版。

125. 《德国民法典》，陈卫佐译，法律出版社 2010 年版。

126. 《法国民法典》，罗结珍译，北京大学出版社 2010 年版。

127. 《意大利民法典》，陈国柱译，中国人民大学出版社 2010 年版。

128. ［日］近江幸治：《亲族法·相续法》，成文堂 2010 年版。

129. 陈苇主编：《外国继承法比较与中国民法典继承编制定研究》，北京大学出版社 2011 年版。

130. 孟令志、曹诗权、麻昌华：《婚姻家庭与继承法》，北京大学出版社 2012 年版。

131. 高点法学研究中心主编：《民事法规（含大法官解释）》，高点文化事业有限公司 2012 年版。

132. 刘召成：《准人格研究》，法律出版社 2012 年版。

133. 林秀雄：《继承法讲义》，元照出版公司 2012 年版。

134. 陈苇：《婚姻家庭继承法学》，群众出版社 2012 年版。

135. 《辞源》，商务印书馆 2012 年版。

136. 《埃塞俄比亚民法典》，薛军译，厦门大学出版社 2013 年版。

137. 《西班牙民法典》，潘灯、马琴译，中国政法大学出版社 2013 年版。

138. 《奥地利普通民法典》，周友军、杨垠红译，周友军校，清华大学出版社 2013 年版。

139. 杨立新、刘德权、杨震主编：《继承法的现代化》，人民法院出版社 2013 年版。

140. 陈苇主编：《中国继承法修改热点难点问题研究》，群众出版社 2013 年版。

141. 马忆南：《婚姻家庭继承法学》（第 3 版），北京大学出版社 2014 年版。

142. 《智利共和国民法典》，徐涤宇译，北京大学出版社 2014 年版。

143. 陈卫佐译注：《德国民法典》，法律出版社 2015 年版。

144. 杨立新主编：《继承法修订入典之重点问题》，中国法制出版社 2016 年版。

145. 张玉敏：《继承法律制度研究》，华中科技大学出版社 2016 年版。

146. 朱庆育：《民法总论》，北京大学出版社 2016 年版。

147. 《土库曼斯坦民法典》，魏磊杰、朱淼、杨秋颜译，蒋军洲校，厦门大学出版社 2016 年版。

148. 《瑞士民法典》，于海涌、赵希璇译，［瑞士］唐伟玲校，法律出版社 2016 年版。

149. 《德国民法典》，台湾大学法律学院、台大法学基金会编译，北京大学出版社 2017 年版。

150. 《秘鲁共和国新民法典》，徐涤宇译，北京大学出版社 2017 年版。

151. 和丽军：《继承权丧失研究》，法律出版社 2017 年版。

152. 何勤华、李秀清、陈颐编：《新中国民法典草案总览》（增订本），北京大学出版社 2017 年版。

153. 《日本民法典》，刘士国、牟宪魁、杨瑞贺译，中国法制出版社 2018 年版。

154. 魏振瀛主编：《民法》（第 7 版），北京大学出版社、高等教育出版社 2017 年版。

155. 黄薇主编：《中华人民共和国民法典总则编释义》，法律出版社 2020 年版。

156. 黄薇主编：《中华人民共和国民法典继承编释义》，法律出版社 2020 年版。

157. 陈甦、谢鸿飞主编：《民法典评注·继承编》，中国法制出版社 2020 年版。

158. 最高人民法院民法典贯彻实施工作领导小组：《中华人民共和国民法典理解与适用》，人民法院出版社 2020 年版。

159. 《中华人民共和国民法典（含草案说明）》，中国法制出版社 2020 年版。

160. 《乌克兰民法典》，刘鹏译，商务印书馆 2022 年版。

161. ［英］弗雷德里克·威廉·梅特兰：《梅特兰衡平法与信托法讲义》，吴至诚译，法律出版社 2022 年版。

162. 黄右昌：《民法第五编继承法》，北京大学法律丛书版（无年份）。

期 刊

1. 吴培洪：《浅谈丧失配偶的媳妇或女婿对公婆、岳父母遗产的继承问题》，载《上海司法》1981 年第 1 期。

2. 朱平山：《法定继承初探》，载《法学研究》1981 年第 6 期。

3. 李皓光：《儿媳女婿继承权的管见》，载《上海司法》1982 年第 7 期。

4. 舒炼、余年凤：《试析丧偶儿媳、女婿对公、婆及岳父、岳母遗产的继承权》，载《法学评论》1986 年第 2 期。

5. 戴东雄：《继承回复请求权》，载《法学丛刊》1986 年第 1 期。

6. 周水森：《转继承只是继承权利的转移》，载《法学》1987 年第 1 期。

7. 胡牧：《有关丧偶儿媳女婿对公婆和岳父母遗产继承权的三个问题——兼向舒炼、余年凤同志请教》，载《法学评论》1987 年第 2 期。

8. 韩家勇：《试析代位继承中的几个问题》，载《中南政法学院学报》1988 年第 3 期。

9. 韩来壁等：《被代位继承人的继子女无权代位继承》，载《法学》1989 年第 9 期。

10. 邵士兴：《浅析我国继承法应把孙子女、外孙子女列为第二顺序继承人》，载《江西法学》1991 年第 4 期。

11. 韩家勇：《转继承论析》，载《政治与法律》1992 年第 6 期。

12. 刘春茂、陈跃东：《完善我国继承法的几点建议》，载《南开大学学报》1993 年第 4 期。

13. 王作堂、魏盛礼：《试论转继承的性质》，载《中外法学》1993 年第 5 期。

14. 张玉敏：《代位继承比较研究》，载《中央政法干部管理学院学报》1997 年第 3 期。

15. 麻昌华等：《共同遗嘱的认定与建构》，载《法商研究》1999 年第 1 期。

16. 王泽宇、张广宏：《浅谈我国〈继承法〉中法定继承的修改》，载《黑龙江省政法管理干部学院学报》2001 年第 1 期。

17. 杨成良：《公证遗嘱效力优先性质疑》，载《西安电子科技大学学报（社会科学版）》2002 年第 2 期。

18. 陈苇等：《我国法定继承制度的立法构想》，载《现代法学》2002 年第 3 期。

19. 李红玲：《继承人范围两题》，载《法学》2002 年第 4 期。

20. 冯乐坤：《继承权本质的法理透析》，载《法律科学》2004 年第 4 期。

21. 冯乐坤：《继承制度与社会保障制度的协调——兼论法定继承制度的重新构建》，载《当代法学》2004 年第 4 期。

22. 李欣：《法定继承人范围规定的弊端及立法刍议》，载《佳木斯大学社会科学学报》2005 年第 2 期。

23. 王翔：《对我国应否建立归扣制度的商榷》，载《石河子大学学报》2007 年第 6 期。

24. 张萱、陶海荣：《打印遗嘱的法律性质与效力》，载《法学》2007 年第 9 期。

25. 张平华、刘耀东：《遗产分割中归扣法律制度研究》，载《法学论坛》2009 年第 1 期。

26. 张晋藩：《从晚清修律官"固有民法论"所想到的》，载《当代法学》2011 年第 4 期。

27. 谭华霖：《后位继承法律关系之理论探索》，载《人民法院报》2011 年 5 月 25 日第 7 版。

28. 宋寒亮：《再看"泸州二奶继承案"——以法社会学为视角的思考》，载《辽宁行政学院学报》2011 年第 10 期。

29. 付翠英：《遗产管理制度的设立基础及体系架构》，载《法学》2012 年第 8 期。

30. 檀钊：《论我国遗产管理制度的构建与完善》，载《海南广播电视大学学报》2013 年第 2 期。

31. 刘正全、汪福强、彭桐亮：《继承权丧失制度解析及立法修改建议》，载《南方论坛》2013年第3期。

32. 王利明：《继承法修改的若干问题》，载《社会科学战线》2013年第7期。

33. 陈苇、石婷：《我国设立遗产管理制度的社会基础及其制度构建》，载《河北法学》2013年第7期。

34. 郭逢兵、张楠：《我国继子女继承权之存废》，载《法制博览》2014年第2期。

35. 刘耀东：《论我国遗产管理人制度之立法构建——兼论与遗嘱执行人的关系》，载《广西大学学报（哲学社会科学版）》2014年第4期。

36. 郭明瑞：《民法典编纂中继承法的修订原则》，载《比较法研究》2015年第3期。

37. 庄加园：《试论遗赠的债物两分效力》，载《法学家》2015年第5期。

38. 王改萍：《论遗产管理人民事责任的承担》，载《山西高等学校社会科学学报》2015年第6期。

39. 葛俏、龙翼飞：《论我国遗嘱信托财产的法律属性界定》，载《学术交流》2015年第9期。

40. 龙翼飞、窦冬辰：《遗产归扣制度在我国的适用》，载《法律适用》2016年第5期。

41. 和丽军：《继承权丧失对卑亲属代位继承权的影响》，载《昆明学院学报》2017年第1期。

42. 龙翼飞、窦冬辰：《遗嘱解释论》，载《河南财经政法大学学报》2017年第2期。

43. 李佳伦：《民法典编纂中遗产酌给请求权的制度重构》，载《法学评论》2017年第3期。

44. 马新彦、卢冠男：《民法典编纂中继承法编几个问题的探讨》，载《当代法学》2017年第3期。

45. 于晓：《继承人有无不明时的继承法完善》，载《政法论丛》2017年第6期。

46. 陈苇、董思远：《民法典编纂视野下法定继承制度的反思与重构》，载《河北法学》2017年第7期。

47. 王毅纯：《共同遗嘱的效力认定与制度构造》，载《四川大学学报》2018年第1期。

48. 杨震：《我国法定继承人范围与顺序的历史检验与当代修正》，载《四川大学学报（哲学社会科学版）》2018年第1期。

49. 房绍坤：《论继承导致的物权变动——兼论继承法相关制度的完善》，载《政法论丛》2018年第6期。

50. 汪洋：《遗产债务的类型与清偿顺序》，载《法学》2018 年第 12 期。

51. 石婷：《民法典编纂中无人继承遗产处理的反思与制度重构》，载《北方法学》2019 年第 2 期。

52. 张家骥、天野：《配偶法定继承顺序安排的价值取向与利益诉求》，载《南通大学学报》2019 年第 2 期。

53. 李贝：《〈民法典〉引入"特留份"制度的合理性追问——兼论现有"必留份"制度之完善》，载《法学家》2019 年第 3 期。

54. 陈苇、刘宇娇：《中国民法典继承编之遗产清单制度系统化构建研究》，载《现代法学》2019 年第 5 期。

55. 房绍坤：《继承制度的立法完善——以〈民法典继承编草案〉为分析对象》，载《东方法学》2019 年第 6 期。

56. 孙骥韬：《论后位继承之法理构造及制度功能》，载《中国政法大学学报》2019 年第 6 期。

57. 罗冠男：《我国继承制度中的价值取向和利益平衡》，载《法学杂志》2019 年第 10 期。

58. 王歌雅：《〈民法典·继承编〉：制度补益与规范精进》，载《求是学刊》2020 年第 1 期。

59. 王歌雅：《〈民法典·继承编〉：编纂争议与制度抉择》，载《法学论坛》2020 年第 1 期。

60. 缪宇：《遗赠扶养协议中的利益失衡及其矫治》，载《环球法律评论》2020 年第 5 期。

61. 任江：《民法典继承编遗嘱形式要件效力解释论》，载《法商研究》2020 年第 6 期。

62. 张平华：《〈民法典·继承编〉的创新与继承法之整理》，载《甘肃政法大学学报》2020 年第 6 期。

63. 汪洋：《民法典时代共同遗嘱的理论构造》，载《法商研究》2020 年第 6 期。

64. 汪洋：《中国法上基于遗赠发生的物权变动——论〈民法典〉第 230 条对〈物权法〉第 29 条之修改》，载《法学杂志》2020 年第 9 期。

65. 陈苇、贺海燕：《论民法典继承编的立法理念与制度新规》，载《河北法学》2020 年第 11 期。

66. 翟远见、关华鹏：《论遗赠的效力》，载《云南社会科学》2021 年第 2 期。

67. 陈苇、刘宇娇：《我国〈民法典〉遗产债务申报通知与公告制度立法完善研究》，载《学术论坛》2021 年第 6 期。

68. 王建平、何跃:《遗嘱信托制度的构建及其路径——以〈民法典〉第 1133 条为基础》,载《社会科学战线》2021 年第 7 期。

69. 房绍坤:《〈民法典〉中受遗赠人探析》,载《当代法学》2022 年第 3 期。

70. 龙翼飞、阴赵丹:《〈民法典〉继承宽宥的制度价值与法律适用》,载《理论学刊》2022 年第 4 期。

71. 房绍坤:《遗赠效力再探》,载《东方法学》2022 年第 4 期。

72. 冯珏:《我国民事责任体系定位与功能之理论反思》,载《政法论坛》2022 年第 4 期。

73. 罗师:《〈民法典〉视域下遗产管理人制度实务问题研究》,载《社会科学动态》2022 年第 7 期。

图书在版编目（CIP）数据

中国继承法研究/杨立新著. -- 北京：中国人民大学出版社, 2025.1. --（中国当代法学家文库）.
ISBN 978-7-300-33470-7
Ⅰ. D923.54
中国国家版本馆 CIP 数据核字第 2025449MR4 号

"十三五"国家重点出版物出版规划项目
中国当代法学家文库
中国继承法研究
杨立新　著
Zhongguo Jichengfa Yanjiu

出版发行	中国人民大学出版社			
社　　址	北京中关村大街 31 号	邮政编码	100080	
电　　话	010-62511242（总编室）	010-62511770（质管部）		
	010-82501766（邮购部）	010-62514148（门市部）		
	010-62511173（发行公司）	010-62515275（盗版举报）		
网　　址	http://www.crup.com.cn			
经　　销	新华书店			
印　　刷	涿州市星河印刷有限公司			
开　　本	720 mm×1000 mm　1/16	版　次	2025 年 1 月第 1 版	
印　　张	36.75 插页 2	印　次	2025 年 6 月第 2 次印刷	
字　　数	548 000	定　价	168.00 元	

版权所有　侵权必究　　印装差错　负责调换